Eberhart/Fischer
Web Services

Bleiben Sie einfach auf dem Laufenden:
www.hanser.de/newsletter
Sofort anmelden und Monat für Monat
die neuesten Infos und Updates erhalten.

Andreas Eberhart
Stefan Fischer

Web Services

Grundlagen und praktische Umsetzung
mit J2EE und .NET

HANSER

Andreas Eberhart
International University, School of Information Technology, 76646 Bruchsal

Prof. Dr. Stefan Fischer
TU Braunschweig, Institut für Betriebssysteme und Rechnerverbund, 38106 Braunschweig

www.hanser.de

Alle in diesem Buch enthaltenen Informationen, Verfahren und Darstellungen wurden nach bestem Wissen zusammengestellt und mit Sorgfalt getestet. Dennoch sind Fehler nicht ganz auszuschließen. Aus diesem Grund sind die im vorliegenden Buch enthaltenen Informationen mit keiner Verpflichtung oder Garantie irgendeiner Art verbunden. Autor und Verlag übernehmen infolgedessen keine juristische Verantwortung und werden keine daraus folgende oder sonstige Haftung übernehmen, die auf irgendeine Art aus der Benutzung dieser Informationen – oder Teilen davon – entsteht.

Ebenso übernehmen Autor und Verlag keine Gewähr dafür, dass beschriebene Verfahren usw. frei von Schutzrechten Dritter sind. Die Wiedergabe von Gebrauchsnamen, Handelsnamen, Warenbezeichnungen usw. in diesem Buch berechtigt deshalb auch ohne besondere Kennzeichnung nicht zu der Annahme, dass solche Namen im Sinne der Warenzeichen- und Markenschutz-Gesetzgebung als frei zu betrachten wären und daher von jedermann benutzt werden dürften.

Bibliografische Information Der Deutschen Bibliothek:

Die Deutsche Bibliothek verzeichnet diese Publikation in der Deutschen Nationalbibliografie; detaillierte bibliografische Daten sind im Internet über http://dnb.ddb.de abrufbar.

Dieses Werk ist urheberrechtlich geschützt.
Alle Rechte, auch die der Übersetzung, des Nachdruckes und der Vervielfältigung des Buches, oder Teilen daraus, vorbehalten. Kein Teil des Werkes darf ohne schriftliche Genehmigung des Verlages in irgendeiner Form (Fotokopie, Mikrofilm oder ein anderes Verfahren) – auch nicht für Zwecke der Unterrichtsgestaltung – reproduziert oder unter Verwendung elektronischer Systeme verarbeitet, vervielfältigt oder verbreitet werden.

© 2003 Carl Hanser Verlag München Wien
Lektorat: Margarete Metzger
Herstellung: Irene Weilhart
Copy editing: Josef Forster
Datenbelichtung, Druck und Bindung: Kösel, Kempten
Printed in Germany

ISBN 3-446-22530-7

Inhaltsverzeichnis

1	**Einführung**	**1**
1.1	Motivation	1
1.2	Aufbau des Buches	6
1.3	Die Web-Seite zum Buch	11

Teil I: Grundlagen ... 13

2	**Verteilte Anwendungen**		**15**
2.1	Grundlagen verteilter Systeme und Anwendungen		16
	2.1.1	Geschichte	16
	2.1.2	Warum überhaupt verteilte Systeme?	17
	2.1.3	Definition und wichtige wünschenswerte Eigenschaften	18
	2.1.4	Grundlagen von Netzwerken	22
	2.1.5	Implementierung	24
2.2	Architektur moderner Web-Anwendungen		27
	2.2.1	Das World-Wide Web	27
	2.2.2	Web-Infrastruktur	28
	2.2.3	Dynamische Web-Seiten-Erzeugung	31
	2.2.4	N-Tier-Architectures	33
2.3	Die Java 2 Enterprise Edition (J2EE)		36
	2.3.1	Konzeption der Java-Welt – von J2ME, J2SE und J2EE	37
	2.3.2	Java-Umgebungen laden und installieren	39
	2.3.3	Ein kurzer Überblick über die Sprache Java und Standardwerkzeuge	40
	2.3.4	Die J2EE-Klassenbibliothek	42
	2.3.5	Die J2EE-Werkzeuge	44
	2.3.6	Web-Anwendungen mit J2EE	44
2.4	Microsoft .Net		49
	2.4.1	Warum und wie Microsoft zur Internet-Company wurde	50
	2.4.2	.Net-Übersicht und Architektur	50
	2.4.3	Common Language Runtime (CLR)	51
	2.4.4	Die Klassenbibliothek	53
	2.4.5	Visual Studio .Net	54
	2.4.6	Die neue Sprache C# – Unterschiede zu Java	55
	2.4.7	Web-Anwendungen mit .Net	55

2.5	Die Beispielanwendung des Buchs	61
2.6	Übungsaufgaben	62

3 Web Services – Middleware basierend auf offenen Standards ... 63

3.1	Die Entwicklung des Web Service Ansatzes	64
3.2	Standardisierung: W3C & Co.	67
3.3	Interaktionsmodell und Schichtenarchitektur	70
3.4	Web Services in den Plattformen	78
	3.4.1 Web Services-Konzept in J2EE	78
	3.4.2 Web Services-Konzept in .Net	79
3.5	Die Konkurrenz: CORBA, RMI und Sun RPC	80
	3.5.1 CORBA	81
	3.5.2 Java RMI	83
	3.5.3 Sun RPC	84
3.6	Vor- und Nachteile von Web Services	84
3.7	Übungsaufgaben	86

4 Die Transportschicht ... 87

4.1	Das Internet und TCP/IP	87
4.2	HTTP	88
	4.2.1 Uniform Resource Identifiers (URI)	89
	4.2.2 Protokollarchitektur von HTTP	90
	4.2.3 Die HTTP-Methoden und das HTTP-Request-Paket	92
	4.2.4 Das HTTP-Response-Paket und die Status-Codes	94
	4.2.5 Der Protokollablauf von HTTP	95
	4.2.6 Erhalten von Kontextinformation in HTTP	96
4.3	HTTPS	98
	4.3.1 Asymmetrische Schlüsselverfahren	98
	4.3.2 Secure Socket Layer (SSL)	99
	4.3.3 Architektur von HTTPS	100
	4.3.4 Verwendung	101
4.4	SMTP & Co.	101
	4.4.1 Warum andere Transportsysteme als HTTP?	101
	4.4.2 Architektur des Internet-Email-Systems	102
	4.4.3 Das Email-Format	103
	4.4.4 Email-Protokolle und deren Zusammenspiel	105
4.5	JMS Message Queues	106
	4.5.1 Klassische Anwendungsbereiche von Message Queues	107
	4.5.2 Garantierte Auslieferung von Nachrichten	108
	4.5.3 Java Message Service (JMS)	110
4.6	Übungsaufgaben	110

5 Werkzeugunterstützung für den Transport ... 111

- 5.1 TCP Monitor ... 111
- 5.2 Tomcat Web Server ... 115
  - 5.2.1 Installation ... 115
  - 5.2.2 Basic Authentication ... 117
  - 5.2.3 SSL-Konfiguration ... 119
- 5.3 Java Mail API ... 122
  - 5.3.1 SMTP-Client ... 123
  - 5.3.2 POP3-Client ... 124
- 5.4 OpenJMS Service ... 125
  - 5.4.1 JMS-Sender ... 126
  - 5.4.2 JMS-Empfänger ... 127
- 5.5 Übungsaufgaben ... 128

6 Extensible Markup Language XML ... 129

- 6.1 Die Geschichte von XML ... 129
- 6.2 Designziele ... 130
- 6.3 Die Struktur von XML-Dokumenten ... 131
- 6.4 Namespaces ... 133
- 6.5 XML Schema ... 135
  - 6.5.1 Simple Types ... 136
  - 6.5.2 Complex Types ... 137
  - 6.5.3 XML Schema und Namespaces ... 139
  - 6.5.4 Import von Datentypen ... 140
  - 6.5.5 Document Type Definition (DTD) ... 141
  - 6.5.6 Wieso nicht DTDs? ... 141
- 6.6 Validierung ... 142
- 6.7 XPath ... 145
- 6.8 eXtensible Stylesheet Language for Transformations (XSLT) ... 146
- 6.9 Übungsaufgaben ... 149

7 Werkzeugunterstützung für XML ... 151

- 7.1 Parser und Validierer ... 151
  - 7.1.1 Simple API for XML (SAX) ... 152
  - 7.1.2 Document Object Model (DOM) ... 153
  - 7.1.3 Validierung ... 155
  - 7.1.4 XSLT-Transformation ... 156
- 7.2 XML, objektorientierte Datenstrukturen und Datenbanken ... 157
  - 7.2.1 Java Beans ... 158
  - 7.2.2 Vergleich von XML, Datenbanktupeln und Objekten auf der Instanzebene 161
  - 7.2.3 XML, Datenbanken und Programmiersprachen auf der Schemaebene 161

	7.2.4	Komplexe Strukturen 163
7.3	Automatische Transformation der Schema-Repräsentation............... 165
	7.3.1	Java Architecture for XML Binding (JAXB).................... 165
	7.3.2	java2wsdl 166
	7.3.3	XML-Unterstützung in Datenbanken 167
	7.3.4	Das Toolkit Castor 170
7.4	Grafische Editoren 171
7.5	Übungsaufgaben... 173

Teil II: Dienstaufrufe mit SOAP und WSDL 175

8 SOAP – Simple Object Access Protocol 177
8.1	Aufgaben und Standardisierung von SOAP.............................. 177
8.2	Das SOAP-Nachrichtenformat... 178
8.3	Typische Kombinationen von Nachrichten 180
	8.3.1 Das dialogorientierte MEP 180
	8.3.2 Das RPC-MEP 181
8.4	Das Verarbeitungsmodell von SOAP.................................... 183
	8.4.1 Das Attribut role 183
	8.4.2 Das Attribut mustUnderstand 185
	8.4.3 Das Attribut relay 185
8.5	Protokollbindungen 186
	8.5.1 Die SOAP-HTTP-Bindung.................................... 186
	8.5.2 SOAP über Email 188
8.6	SOAP Encodings 189
8.7	Übungsaufgaben... 191

9 WSDL – Web Service Description Language 193
9.1	Grundlagen von Schnittstellenbeschreibungen 193
9.2	WSDL-Standardisierung 195
9.3	Aufbau einer WSDL-Dienstbeschreibung 196
	9.3.1 Inhalt einer WSDL-Beschreibung.............................. 196
	9.3.2 Grundstruktur der WSDL-Datei 197
	9.3.3 Spezifikation von Datentypen................................. 197
	9.3.4 Nachrichtenformate.. 199
	9.3.5 Interfaces... 200
	9.3.6 Beschreibung von Bindungen................................. 201
	9.3.7 Beschreibung des Dienstes 203
9.4	Ein Beispiel zur Verdeutlichung 204
9.5	Migration von WSDL 1.1 zu WSDL 1.2 205
9.6	Muss ich SOAP und WSDL jemals selbst anfassen?..................... 205

9.7	Übungsaufgaben	206

10 Werkzeugunterstützung für SOAP und WSDL ... 207

10.1	W3C, .Net und JAX-RPC	207
10.2	Apache Axis	208
	10.2.1 Installation	208
	10.2.2 Die Architektur von Axis	209
	10.2.3 Die ersten Schritte	210
	10.2.4 wsdl2java	214
	10.2.5 Struktur der generierten Klassen	215
	10.2.6 Der Axis-Client	216
	10.2.7 Mehrere Service-Instanzen, eine WSDL-Beschreibung?	217
	10.2.8 Axis-Clients und .Net	217
	10.2.9 Service-Deployment	218
	10.2.10 Deployment-Deskriptoren	221
	10.2.11 Java2WSDL	223
10.3	Microsoft .Net	224
	10.3.1 Web Services mit C#	224
	10.3.2 Konfigurationsparameter im Internet Information Server	228
	10.3.3 Web Service Clients mit C#	228
	10.3.4 Web Services in Office XP	232
10.4	Interoperabilität	236
10.5	Übungsaufgaben	236

11 Die Beispielanwendung mit Web Services ... 239

11.1	Vorstellung des Szenarios	239
11.2	Schnittstellenbeschreibung	240
11.3	Deployment von Testdiensten	244
	11.3.1 Generieren der B2B-WSDL-Beschreibung	244
	11.3.2 Service Deployment	245
	11.3.3 Service Test	246
11.4	Übungsaufgabe	247

12 Einbettung in die bestehende Infrastruktur ... 249

12.1	Trennung von Präsentation und Anwendungslogik	249
12.2	Enterprise Java Beans	250
	12.2.1 Was ist eigentlich ein Applikations-Server?	250
	12.2.2 Merkmale von EJBs	251
12.3	Vor- und Nachteile eines Applikations-Servers	253
12.4	Das Authentifikationsproblem	253
	12.4.1 Explizite Kontextpropagierung	254

	12.4.2	Implizite Kontextpropagierung.................................. 255
	12.4.3	Gemeinsame Benutzerverwaltung 256
	12.4.4	Szenario: Web-basierte Schnittstelle für eine Anwaltskanzlei....... 256
	12.4.5	Szenario: Webmail 257
	12.4.6	Wo findet die Benutzerprüfung statt?........................... 257
12.5	Übungsaufgaben.. 258

13 Sicherheit von Web Services 259

13.1	Sicherheitsanforderungen.. 260
	13.1.1	Vertraulichkeit 260
	13.1.2	Authentizität 260
	13.1.3	Integrität 261
	13.1.4	Nicht-Anfechtbarkeit 261
	13.1.5	Verfügbarkeit und Zugangskontrolle 262
13.2	Sicherheitsmechanismen 262
	13.2.1	Kryptographische Algorithmen 262
	13.2.2	Vertraulichkeit durch Verschlüsselung.......................... 263
	13.2.3	Digitale Signaturen 264
	13.2.4	Digitale Zertifikate 265
	13.2.5	Firewalls 266
13.3	Genügt denn HTTPS nicht?.. 267
13.4	XML Encryption 268
13.5	XML Signature.. 271
13.6	XML Key Management Specification (XKMS) 275
13.7	Security Assertions Markup Language (SAML) 277
13.8	Extended Access Control Markup Language (XACML).................... 280
13.9	Ein übergreifender Ansatz: WS-Security...................................... 280
13.10	Werkzeuge und Bibliotheken 281
13.11	SOAP-Proxies... 282
13.12	Übungsaufgaben.. 283

14 Die Beispielanwendung mit Einbindung von EJBs..................... 285

14.1	JBoss Applikations-Server... 285
	14.1.1	Installation und Hello World!.................................. 286
	14.1.2	Was ist hier nun passert?....................................... 287
	14.1.3	Woher kommt die Deployment-Information? 288
14.2	Aufruf der EJB-Komponenten vom Web-Service-Container 289
	14.2.1	Voraussetzungen... 290
	14.2.2	JBoss.Net 290
14.3	Implementierung.. 291
	14.3.1	SSL und Basic Authentication im .Net-Client 291
	14.3.2	SSL und Basic Authentication im Axis-Server 292

	14.3.3 Sessions: Web Services - EJB Schnittstelle	293
	14.3.4 Realisierung von Sessions	293
	14.3.5 EJB-Clients in JSPs und Web Services	294
	14.3.6 Authentifikation in der Java Middleware: JAAS	295
14.4	Übungsaufgaben	295

Teil III: Business-to-Business-Szenarien **297**

15 UDDI – Universal Description, Discovery and Integration ... 299

15.1	Grundlagen von Verzeichnisdiensten	300
15.2	Architektur und Datenstrukturen von UDDI	301
	15.2.1 UDDI-Registries	302
	15.2.2 Zugriff auf Registries	303
	15.2.3 Kategorien von UDDI-Einträgen	304
	15.2.4 Zentrale Datenstrukturen und Dienste	304
15.3	Suche	306
15.4	Registrierung	307
15.5	Nutzung von UDDI zur Design- und Laufzeit	308

16 Werkzeuge für die UDDI-Nutzung 309

16.1	UDDI-Server	309
	16.1.1 Systinet WASP UDDI-Registry	310
	16.1.2 Windows 2003 Server UDDI Registry	312
16.2	UDDI-Client	313
	16.2.1 Microsoft UDDI SDK	314
	16.2.2 UDDI4J	315
16.3	Übungsaufgaben	317

17 Die Beispielanwendung mit UDDI 319

17.1	Architektur	319
	17.1.1 Die Client-Seite der Reiseportale	319
	17.1.2 Die Server-Seite der Fluggesellschaften	320
17.2	Implementierung eines dynamischen Systems mit UDDI	320
17.3	Übungsaufgaben	323

18 B2B-Standards mit XML und Web Services 325

18.1	B2B-Anwendungen	325

18.2	Nutzen und Probleme von Standards	327
18.3	UDDI und ebXML	327
18.4	B2B-Vokabulare	329
	18.4.1 cXML	329
	18.4.2 RosettaNet	331
	18.4.3 xCBL und UBL	332
18.5	Workflow Frameworks	334
	18.5.1 BPML	335
	18.5.2 BPEL4WS	335
	18.5.3 WSCI	336
18.6	Übungsaufgaben	338

Teil IV: Ausblick und Zusammenfassung ... 339

19 Ausblick ... 341

19.1	Heutige und zukünftige Bedeutung von Web Services	341
	19.1.1 Web Services heute	341
	19.1.2 Geschäftsmodelle	342
	19.1.3 Einsatzgebiete für Web Services in den nächsten Jahren	343
19.2	Ontologien und das Semantic Web	343
	19.2.1 Schichtenarchitektur des Semantic Webs	344
	19.2.2 RDF/RDF Schema	345
	19.2.3 Web Ontology Language	348
	19.2.4 RuleML	348
	19.2.5 Semantic Web Services	349
19.3	Grid Computing	349
	19.3.1 Idee des Grid Computing	349
	19.3.2 Architektur eines Grid	350
	19.3.3 Das Globus Toolkit	351
19.4	Übungsaufgaben	352

20 Zusammenfassung ... 353

Anhang: Literaturverzeichnis und wichtige Web-Seiten ... 355

Index ... 357

Vorwort

Im Frühjahr 2003 hatten wir beide schon eine Reihe von Veranstaltungen zum Thema Web Services durchgeführt, sei es an der International University in Bruchsal, an der TU Braunschweig oder gemeinsam für die Deutsche Informatik Akademie in Bonn. Was uns fehlte, war – wie das oft der Fall ist – ein Buch, das wir als Literatur zu unseren Kursen empfehlen konnten. Es gab zwar zu dem Zeitpunkt schon einige Bücher über Web Services auf dem Markt, aber keines schien uns so richtig zu passen, da bei den meisten der theoretische Hintergrund und die Einordnung in größere Zusammenhänge fehlte. Die verbleibenden Werke gingen uns wiederum zu theoretisch an das Gebiet heran, es fehlten einfach Beispiele und praktische Anwendungen. Außerdem gefiel uns nicht, dass man entweder .Net oder Java als Anschauungsmaterial verwendete und nicht beide, denn eigentlich sind Web Services doch dazu da, Brücken zwischen den beiden Welten zu bauen.

Was tut man in so einem Fall? Man schreibt ein eigenes Buch. Wir haben versucht, in diesem Buch die richtige Mischung aus Theorie und Praxis zu finden. Unsere Leser sollen zunächst einmal etwas über die Hintergründe einer Technologie lernen, bevor sie an die praktische Umsetzung gehen. Außerdem wollten wir genau die angesprochene Einordnung in größere Zusammenhänge hinbekommen. Und nicht zuletzt wollten wir den beiden großen Welten (Java und .Net) ein faire Chance geben, indem wir beide immer wieder für unsere Beispiele verwenden. Wir überlassen es unseren Lesern zu beurteilen, wie gut uns die Verwirklichung dieser Ziele gelungen ist.

Zum Glück fanden wir sofort ein offenes Ohr bei unserem „Hausverlag". Margarete Metzger vom Carl Hanser Verlag, die uns schon beim Vorgängerprojekt betreut hatte, war sofort begeistert von der Idee und räumte auch bei uns die letzten Zweifel aus. Wie immer war die inhaltliche Betreuung bis zur endgültigen Ablieferung des Manuskripts professionell, sehr hilfreich und völlig reibungslos. In den Dank möchten wir auch Irene Weilhart einschließen, die uns bzgl. Layout sowie Rechtschreibungs-, Grammatik- und Stilfragen hilfreich zur Seite stand. Selbstverständlich sind alle noch im Text vorhandenen Fehler die Fehler der Autoren, die entweder eine Korrektur übersehen oder einfach ihren Kopf durchgesetzt haben – wir sind immer noch überzeugt, dass die neue Rechtschreibung praktisch alles erlaubt.

Ein herzlicher Dank geht auch an eine ganze Reihe von Studierenden und Mitarbeitern an unseren jeweiligen Hochschulen sowie an die Teilnehmer unserer Seminare. Sie zwangen uns durch ständiges Nachbohren immer wieder, uns im Detail mit der Materie auseinanderzusetzen. Am Ende hatten wir dadurch so viel Material angesammelt, dass es nur noch darum ging, das Ganze aufzuschreiben und in Form zu bringen. Wir hoffen, dass gerade sie bzw. ihre Nachfolger von unserem Buch profitieren werden.

Schließlich gilt ein großer Dank unseren Familien, speziell Karin, Alex und Sonia sowie Claudia, Katharina und Alexander. Ein bisschen Zeit nimmt das Schreiben eines solchen Buches natürlich schon in Anspruch, und wer konnte schon ahnen, dass der Sommer 2003 ein solcher Jahrhundertsommer werden würde? Mit schlechtem Gewissen saßen wir also meistens im abgedunkelten Zimmer, während die Familien ins Freibad zogen. Wir können nur die Geduld bewundern, die speziell unsere Frauen mit uns hatten. Wir versprechen, für den nächsten Sommer nehmen wir uns nichts Derartiges vor!

Bruchsal/Braunschweig, im August 2003

Andreas Eberhart   Stefan Fischer

Kapitel 1
Einführung

1.1 Motivation

Sicherlich hat fast jeder unserer Leser schon einmal einen im World-Wide Web verfügbaren Dienst genutzt, sei es nun, um ein Buch zu kaufen, eine Flugreise zu buchen oder einfach nur eine bestimmte Information zu finden. Das Vorgehen ist immer dasselbe: Man begibt sich zur Web-Seite seiner Wahl (die man eventuell vorher noch mittels einer Suchmaschine gefunden hat), füllt eines oder mehrere der zumeist sehr ansprechend aufbereiteten Formulare aus und erhält als Antwort normalerweise eine ebenso aufbereitete Bestätigungsmeldung auf seinem Bildschirm sowie wenige Tage später vielleicht noch ein Postpaket oder ein etix© auf seiner Kreditkarte, je nach gewähltem Service.

Das Web bietet inzwischen Millionen solcher interaktiver Dienste an. Diese zeichnen sich durch etwas aus, was wir eben etwas beiläufig erwähnt haben: Sie sind „ansprechend aufbereitet". Die Nutzung dieser Dienste ist komplett auf den menschlichen Benutzer hin optimiert. Das Design der Seiten ist einerseits darauf ausgelegt, neue Kunden anzuziehen und es andererseits dem Kunden möglichst einfach zu machen, den Dienst zu nutzen – wenn die Nutzung zu kompliziert, zu ungewohnt oder zu langwierig ist, kommt er ja nicht wieder. Meist enthält die Seite Formularfelder, die vom Kunden auszufüllen sind, um eine Eingabe für den gewünschten Dienst zu spezifizieren. Zwei schöne Beispiele für bekannte Dienste, die diesen Zielen auf sehr unterschiedliche Art folgen, zeigt Abbildung 1.1, die die Hauptseiten des ADAC und der Suchmaschine Google darstellen. Während sich Google mit einer sehr einfachen Schnittstelle auf sein Kerngeschäft konzentriert, preist der ADAC sein Angebot insbesondere durch ein peppiges Design und eine Vielzahl unterschiedlicher Dienste an.

Stellen Sie sich nun einmal vor, Sie wollten selbst die Welt mit so einem Dienst beglücken. Beispielsweise könnten Sie auf die glorreiche Idee gekommen sein, ein Online-Reisebüro zu eröffnen. Jetzt fragen Sie sich natürlich als Erstes: Wie löse ich das technisch (na gut, vielleicht fragen Sie sich zunächst, ob Sie der Erste mit dieser Idee sind ...)? Selbstverständlich wollen Sie nicht anfangen, eine eigene Datenbank mit Flügen, Hotel- und Mietwagenangeboten aufzubauen, auf die Ihre Kunden dann online zugreifen können.

Abbildung 1.1: Die Homepages des ADAC und von Google

Schließlich gibt es ja das alles schon z.B. bei der Lufthansa, bei Hertz oder bei der mallorquinischen Hotelvereinigung. Es wäre doch prima, wenn Sie diese Angebote nutzen könnten.

Prinzipiell geht das heute auch. Möglichkeit 1 bestünde darin, die öffentlichen Web-Seiten der Unternehmen aufzusuchen und deren Möglichkeiten zu nutzen. Aber: Sie wollen natürlich nicht bei jeder Anfrage selbst zu der Seite hinsurfen, Formulare ausfüllen und das Ergebnis dann an Ihre Kunden weitergeben. Ein bisschen automatisch soll es schon sein, in Anbetracht der zu erwartenden Millionen von Kunden. Nun stehen wir aber vor einem großen Problem und das liegt genau in der beschriebenen ansprechenden Aufbereitung: Für das menschliche Auge ist diese Web-Seite wunderbar benutzbar, aber sie ist leider nicht im Geringsten auf die automatische Verarbeitbarkeit hin entworfen worden. Die

1.1 Motivation

Sprache, in der diese Seiten beschrieben sind, heißt HTML; HTML ist dazu gedacht, Dokumentenlayouts zu beschreiben. Wenn Sie ein Programm eine solche Seite lesen lassen, dann kann es zwar die Struktur des Dokuments erkennen und entsprechend reagieren (ein Web-Browser tut nichts anderes), aber es kann nicht (oder nur mit massiver Unterstützung des Benutzers) erkennen, welche Daten auf dieser Seite eigentlich repräsentiert werden.

Betrachten wir dazu das Beispiel aus Abbildung 1.2, das eine Antwort auf eine Fluganfrage bei British Airways zeigt. Als Benutzer kann man mehr oder weniger auf den ersten Blick erkennen, was hier mitgeteilt wird. Schauen wir nun aber auf den HTML-Code, der eine Einzige der Tabellenzeilen repräsentiert (die Dritte von oben):

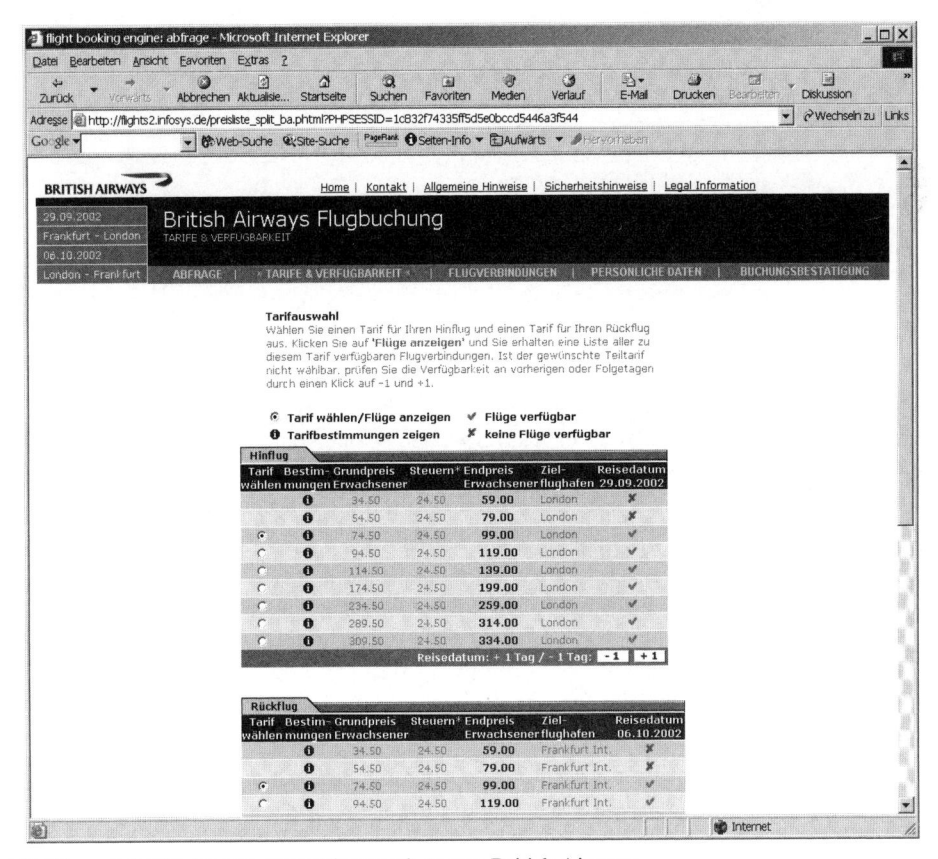

Abbildung 1.2: Ein Auszug eines Flugangebots von British Airways

```
<TR>
    <TD CLASS=norm align=center><input type=radio CHECKED name=first
        value=-3></TD>
    <TD CLASS=norm align=center><img src="/templates/baplc_de/shim.gif"
        width="1" height="5"></TD>
```

```
            <TD CLASS=norm align=center><A HREF="
                rules_netto.phtml?PHPSESSID=1c832f74335ff5
                d5e0bccd5446a3f544&farebase=LEUNBA2N&fqdnr=3&carrier=BA">
                <IMG SRC="http://www.infosys.de/secure/pics/baplc_de/button2.gif"
                BORDER=0></A></TD>
            <TD CLASS=norm align=center><img src="/templates/baplc_de/shim.gif"
                width="1" height="5"></TD>
            <TD CLASS=norm align=center>74.50  </TD>
            <TD CLASS=norm align=center><img src="/templates/baplc_de/shim.gif"
                width="1" height="5">
            </TD>
            <TD CLASS=norm align=center>24.50  </TD>
            <TD CLASS=norm align=center><img src="/templates/baplc_de/shim.gif"
    width="1" height="5"></TD>
            <TD CLASS=norm align=center><b><font
                color=#000066>99.00  </font></b></TD>
            <TD CLASS=norm align=center><img src="/templates/baplc_de/shim.gif"
                width="1" height="5"></TD>
            <TD CLASS=norm align=left nowrap>London</TD>
            <TD CLASS=norm align=center><img src="/templates/baplc_de/shim.gif"
                width="1" height="5"></TD>
            <TD CLASS=norm align=center>
                <IMG  SRC="/pic/mini_ok.gif" BORDER=0></TD>
            <td><img src="/templates/baplc_de/shim.gif"
                width="1" height="20"></td>
        </TR>
```

Abgesehen davon, dass dieser Code für uns nicht mehr lesbar ist, ist er auch für ein Computerprogramm im Sinne eines Verständnisses der Bedeutung nicht lesbar. Die Semantik der Daten ist bei der Übersetzung in HTML verloren gegangen. Mit anderen Worten: Dieser Ansatz ist für Ihr Reisebüro nicht nutzbar, da es Ihnen nicht gelingen wird, ein so cleveres Programm zu schreiben, das alle Web-Seiten Ihrer Lieferanten „verstehen" wird.

Bleibt Möglichkeit 2, für die man zunächst wissen muss, dass die Daten, die Ihnen von Lufthansa & Co. präsentiert werden, ja auch nicht aus dem Nichts kommen. Vielmehr greift die Web-Seite der Lufthansa auf die riesigen Datenbanken des Unternehmens zu, um z.B. für eine Flugbuchung die richtigen Daten zu finden. Diese Daten werden dann erst in HTML-Form gebracht, um dann von Ihrem Web-Browser zu Hause dargestellt werden zu können (wie diese Web-Anwendungen genau funktionieren werden wir im nächsten Kapitel schildern).

Tja, werden Sie sagen, warum verwenden wir dann nicht auch einfach die Datenbanken der Lufthansa statt der offensichtlich unpraktischen Web-Seite?

Nun, da gibt es den ersten und wichtigsten Hinderungsgrund: Die Lufthansa wird Sie nicht an die Datenbank heranlassen. In dieser Datenbank sind die wichtigsten Daten der Firma abgelegt. Eine Zerstörung oder schon eine Fehlfunktion hätte katastrophale Folgen. Es wird also sehr genau darauf geachtet, wer tatsächlich Zugang zu dieser Datenbank bekommt. Jeder Externe wird standardmäßig nur auf die Web-Seite und keinesfalls auf die Datenbank direkt zugreifen können.

1.1 Motivation

Allerdings könnten Sie es ja zum absoluten Premiumpartner Ihrer Lieferanten gebracht haben, so dass Ihnen wegen Ihrer großen Vertrauenswürdigkeit und technischen Kompetenz ein direkter Zugriff auf die internen Unternehmensdatenbanken (und sonstigen Informationssysteme) gewährt wird. Nun stehen Sie vor dem nächsten Problem: Es gibt buchstäblich hunderte von Möglichkeiten, die Schnittstelle eines Informationssystems verfügbar zu machen. Abgesehen von den unterschiedlichen Abfragesprachen wie SQL für Datenbanken oder ABAP für SAP R/3-Systeme gibt es eine Menge von Programmiersprachen, in denen Schnittstellenbibliotheken (API = Application Programming Interface) angeboten werden (ein Beispiel: JDBC = Java Database Connectivity). Und schließlich gibt es eine ganze Menge von sog. Middleware-Ansätzen, die eine komfortable Programmierung der Schnittstellen über Rechnergrenzen hinweg erlauben – zu nennen wären hier CORBA, Java Remote Method Invocation, Enterprise Java Beans oder DCOM von Microsoft. Diese Middleware hat allerdings die negativen Eigenschaften, dass sie komplexe Ablaufumgebungen benötigt, relativ komplexe und oft proprietäre Protokolle verwendet und die einzelnen Ansätze schließlich zueinander inkompatibel sind. Das bedeutet in der Konsequenz, dass selbst bei der Verfügbarkeit eines direkten Zugriffs die Programmierung einer eigenen Anwendung, die über möglicherweise unterschiedliche Middleware-Ansätze und mit verschiedenen Programmier- und Abfragesprachen mit unterschiedlichsten Informationssystemen kommunizieren muss, extrem komplex und teuer werden wird.

Als Konsequenz all dieser Überlegungen hat man sich vor nicht allzu langer Zeit einen neuen Ansatz ausgedacht, der all diese Nachteile nicht hat: den *Web Service*. Als Nutzer eines Web Services bekommen Sie statt eines Dokuments mit einem schicken Layout einfach eine Menge von Daten, von denen Sie genau wissen, was sie bedeuten. Um diese Daten zu bekommen, müssen Sie nicht direkt auf den internen Datenbestand einer Organisation zugreifen; vielmehr wird der Web Service auf einem öffentlich zugänglichen Rechner wie beispielsweise einem Web-Server installiert. Schließlich kommunizieren Sie mit einem Web Service über sehr einfache und vor allem standardisierte Protokolle. Es wird damit sehr leicht, Web Services überall ohne größere Kosten anzubieten und zu nutzen.

Web Services sind aus genau den genannten Gründen im Moment „das" heiße Thema im Umfeld der Implementierung verteilter Anwendungen. Dabei sind die großen „Pusher" weniger die kleinen Online-Reisebüros; vielmehr haben vor allem die Großen der Branche wie Microsoft, Sun Microsystems, IBM und SAP den Web-Service-Ansatz mit allen Mitteln gefördert. Die Firma SAP setzt heute beispielsweise massiv auf Web Services mit ihrer „Enterprise Services Architecture" und der dafür bereitgestellten Infrastruktur, dem SAP NetWeaver. SAP wird mit diesen Produkten ihren Kunden äußerst mächtige Werkzeuge an die Hand geben, um Supply Chain Management (SCM) und Customer Relationship Management (CRM) weiter zu automatisieren und trotzdem zu individualisieren und damit zu verbessern. Das zeigt, wie wichtig es ist, sich mit dieser neuen Technologie zu befassen.

Wir wollen an dieser Stelle gar nicht noch mehr verraten, schließlich soll ja noch etwas für den Rest des Buches übrig bleiben. Schauen Sie sich deshalb bitte im folgenden Abschnitt zunächst an, was Sie im Rest des Buches erwartet.

1.2 Aufbau des Buches

Dieses Buch beschäftigt sich ausführlich mit dem Thema Web Services. Es wird als Mischung aus theoretischen Grundlagen und anschließender praktischer Anwendung aufgebaut sein. Sie werden als Leser also zunächst die wichtigsten Grundlagen eines Ansatzes kennen lernen und dann sehen, wie man die Grundlagen in Programme und Anwendungen umsetzen kann. Um die Motivation zur Eigenarbeit noch ein bisschen zu verstärken, haben wir an einige der Kapitel Übungsaufgaben angehängt, die Sie zum Teil auf Papier, zum Teil am Rechner lösen können. Natürlich gibt es auch die Lösungen; diese finden Sie auf der Web-Seite zum Buch.

Apropos praktische Anwendung: Es gibt in der Web-Services-Welt heute zwei große miteinander konkurrierende Produktwelten, nämlich alles das, was sich um Microsofts .Net-Architektur mit der neuen Sprache C# (sprich: „See-sharp") dreht, und die Ansätze aus der Java-Welt. Wir wollen uns in diesem Buch bei der Diskussion von Werkzeugen und Beispielen nicht auf eine Welt festlegen, sondern jeweils für beide Welten zeigen, wie Lösungen umgesetzt werden können. Der Leser mag sich dann aussuchen, in welche Welt er durch eigene Versuche tiefer eindringen möchte. Möglicherweise sind es ja auch beide. Um die Vielfalt an Informationen zu diesem Thema etwas zu strukturieren, haben wir das Buch in vier große Inhaltsabschnitte sowie einen Anhang aufgeteilt.

Den ersten Teil haben wir mit dem Begriff „Grundlagen" überschrieben. Er umfasst die Kapitel 2 bis 7. Wir stellen Ihnen dort die wichtigsten Begriffe rund um das Thema Web Services vor und führen außerdem in die grundlegenden Technologien ein, auf denen Web Services beruhen. Diese sind so allgemein verwendbar, dass man sie nicht exklusiv den Web Services zuordnen kann.

Kapitel 2 beschäftigt sich zunächst mit dem Begriff der verteilten Anwendungen, die ja durch die Verfügbarkeit des Internets erst populär geworden sind. Wir schauen uns zunächst die wichtigsten Grundlagen des Gebietes der verteilten Systeme an (insbesondere in Abgrenzung zu Anwendungen, die allein auf einem einzigen Rechner ablaufen). Sodann betrachten wir eine ganz spezielle Klasse der verteilten Anwendungen, nämlich die Web-Anwendungen, die im vorherigen Abschnitt ja auch schon kurz angesprochen wurden. Web-Anwendungen haben heute eine ganz spezielle Architektur – die N-Tier-Architecture –, die wir dort ebenfalls vorstellen wollen. Nicht zuletzt ist diese Architektur eine der wichtigsten Grundlagen für die Erbringung eines Web Services. Aber eine Architektur allein genügt nicht, um die Entwicklung von Anwendungen zu ermöglichen. Vielmehr benötigt man entsprechend Software-Rahmenwerke, die diese Architektur umsetzen und die Entwicklung von Anwendungen durch eine reichhaltige Werkzeugauswahl unterstützen. Wir haben die beiden großen Rahmenwerke eben schon genannt: die Java 2 Enterprise Edition und die .Net-Architektur. Beide stellen wir in diesem Kapitel vor, wobei wir auch kurz auf die jeweiligen Programmiersprachen Java und C# eingehen werden (ohne eine komplette Spracheinführung geben zu wollen). Abgeschlossen wird dieses Kapitel durch die Vorstellung unserer Beispielanwendung, die sich durch den ganzen Rest des Buches ziehen wird.

Kapitel 3 steigt dann bereits voll in das Thema Web Services ein. Nach einem Überblick über die zeitliche Entwicklung, die die Dynamik des Ansatzes deutlich machen wird, stel-

1.2 Aufbau des Buches

len wir die Schichtenarchitektur vor, auf der das Konzept beruht – in der Kommunikation versucht man ja, alles in Schichten einzuteilen, um die Komplexität beherrschbar zu machen, so also auch hier. Diese Architektur gibt dann auch den Rahmen für die weiteren Kapitel vor, denn natürlich wollen wir anschließend auf jede einzelne Schicht, deren Aufgaben und die bereitgestellten Lösungen eingehen. Dieses Kapitel wird aber auch noch einmal detailliert auf die Konkurrenz im Bereich Middleware eingehen, also die schon genannten Konzepte von CORBA, Java RMI und DCOM näher beleuchten. Aus diesem Vergleich werden sich dann die Vor- und Nachteile von Web Services ableiten – denn auch das darf man nicht verschweigen: Web Services sind nicht die Lösung für jedes verteilte Anwendungsproblem.

Am Beginn der Diskussion über die Schichtenarchitektur steht die Netzwerkplattform. Web Services sind für das Internet geschaffen worden oder zumindest für Netze, die auf Internettechnologien beruhen. Sie machen sich deshalb diese Technologie auch massiv zunutze. Wir werden in Kapitel 4 auf das Herz des Internets, die TCP/IP-Protokollfamilie und vor allem auf deren Funktionsweise und Eigenschaften eingehen. Das sind zuächst die Protokolle IP und TCP selbst, dann aber vor allem die „Anwendungstransportprotokolle" HTTP aus der Web-Welt und SMTP aus dem Email-Bereich. Diese beiden (vor allem HTTP) spielen eine große Rolle für die Erbringung von Web Services, so dass man gut verstanden haben sollte, wie sie funktionieren. Es gibt jedoch auch weitere Protokolle, die als „Transportesel" für Web Services dienen können, so dass dieses Kapitel sich beispielsweise auch mit dem Protokoll FTP sowie den JMS Message Queues beschäftigen wird.

Das Erfreuliche an Web Services ist, dass es schon jetzt eine Vielzahl von Werkzeuglösungen gibt, ja sogar schon gab, bevor der Begriff überhaupt geprägt wurde. Dies hängt mit der schon angesprochenen klaren Standardorientierung zusammen: Für die Protokolle des Internets gibt es eben schon eine große Zahl von Lösungen. Im fünften Kapitel schauen wir uns einige dieser Lösungen für die Transportschicht an. Das Ziel besteht darin, dem Programmierer so viel Arbeit wie möglich abzunehmen. Dies gelingt z.B. mittels des TCP Monitors, mit dessen Hilfe man sich auf einfache Art und Weise den Inhalt von Paketen anschauen kann, die zwischen Web-Service-Partnern ausgetauscht werden. Weitere wichtige Hilfen bieten die großen Bibliotheken der Programmsysteme wie etwa die Netzwerk- oder Email-APIs von Java, die die Verwendung der SMTP- und HTTP-Protokolle extrem vereinfachen, indem sie sie in die objektorientierte Welt einbetten. In diesen Rahmen passen auch die verschiedenen Programme, die die Transportinfrastruktur für Web Services realisieren, also z.B. die Web- oder Mail-Server. Wir werden uns in diesem Kapitel stellvertretend den Tomcat Web-Server anschauen. Abgerundet wird die Werkzeugpalette für den Transport durch eine Implementierung des JMS-Dienstes, den *Open JMS Service*.

Eine wichtige Grundlage fehlt uns nun noch: Da man mittels Web Services Daten austauschen will, muss man diese Daten auf irgendeine Art beschreiben können. Web Services setzen hierzu die neue „lingua franca" des Internets, die Sprache XML ein. Wir wollen uns deshalb in Kapitel 6 zunächst einen Überblick über die Sprache verschaffen, ohne die heute fast keine Internet-Anwendung mehr auszukommen scheint. Nach einer Betrachtung der „historischen" Entwicklung von XML, basierend auf der damaligen Situation und den daraus abgeleiteten Designzielen, gehen wir auf die für das weitere Buch wichtigsten Sprachkonstrukte zur Beschreibung von XML-Dokumenten ein. Neben den XML-Tags gehören dazu vor allem die sog. Namespaces und die XML-Schemata. In den weiteren Abschnitten schauen wir uns die wichtigsten Anwendungsmöglichkeiten an. In diese Kategorie gehören die Validierung von XML-Dokumenten sowie deren Transformation in andere XML-Formate oder sogar andere Sprachen. Nicht vergessen werden darf die Möglichkeit, XML auch im Datenbankenbereich einzusetzen. Neben der Beschreibung von Datensätzen in einer solchen XML-Datenbank sind insbesondere XML-basierte Abfragesprachen von Interesse.

Wie fast zu erwarten war, gibt es inzwischen eine breite Werkzeugpalette, die Programmierer und Anwender bei der Nutzung der vielfältigen Möglichkeiten unterstützen. Kapitel 7 stellt eine Reihe solcher Werkzeuge vor. Ganz grundlegend sind die XML-fähigen Web-Browser, die eine einfache Syntaxprüfung gestatten. Viel spannender aber wird es dann schon mit den XML-Parsern auf SAX- und DOM-Basis, die eine Umwandlung eines XML-Dokuments in programminterne Datenstrukturen unterstützen. Reden wir von internen Datenstrukturen, dann gehört in diesen Bereich auch die Darstellung von XML-Daten in der objektorientierten Java- bzw. C#-Welt mit dem Ziel, dem Programmierer das Leben zu erleichtern. Neben der Verwendung interner Datenstrukturen zur Weiterverarbeitung ist der Transformationsansatz weit verbreitet, der auf der Basis von sog. Stylesheets arbeitet. Die entsprechenden Werkzeuge, Transformatoren oder Stylesheet Engines, möchten wir ebenso kurz vorstellen wie syntaxgesteuerte Editoren zur Eingabe von XML-Dokumenten und existierende Datenbanken auf XML-Basis. Mit diesem Kapitel ist der Grundlagenteil dann abgeschlossen.

Basierend auf diesen Grundlagen kann sich der zweite Teil nun intensiv mit den eigentlichen Web-Services-Technologien befassen. Dies geschieht in den Kapiteln 8 bis 14.

Kapitel 8 geht zunächst auf das Simple Object Access Protocol SOAP ein. Dieses Protokoll hat die Aufgabe, aufsetzend auf einem der Transportprotokolle (HTTP & Co.) einen Mechanismus zur Repräsentation von Daten (insbesondere von Nicht-XML-Daten) und für deren Austausch z.B. mittels eines Remote Procedure Calls (RPC) zwischen einem Dienstanbieter und einem Dienstnutzer bereitzustellen. SOAP ist damit mehr oder weniger das Herz der Web-Service-Architektur.

Woher weiß nun eigentlich ein Dienstnutzer, wie er den angebotenen Dienst verwenden kann, d.h. welchen Namen der Dienst hat, welche Eingaben er erwartet und welche Ausgaben er liefert? Nun, dies geschieht auf der Basis von *Dienstbeschreibungen*. Dies ist kein neues Konzept, wie wir bis dahin in einem der früheren Kapitel schon erfahren haben werden. Aber für Web Services gibt es eine neue Beschreibungssprache, die Web Service Description Language WSDL. Keine Überraschung: Wie auch SOAP basiert WSDL auf XML. Kapitel 9 geht auf die Details der Sprache ein, soweit sie für das Verständnis notwendig sind. Dies betrifft vor allem die Beschreibung von Methoden, Nachrichten und komplexen Datenstrukturen.

Schon im nächsten Kapitel werden wir jedoch feststellen, dass viele der Details von SOAP und WSDL zwar interessant und für das Verständnis auch durchaus hilfreich sind, dass man sich in der Anwendungsentwicklung jedoch nicht zu sehr darum zu kümmern braucht. Dies liegt daran, dass es auch für diese beiden Technologien reichlich Werkzeuge gibt. Die Beschreibung in Kapitel 10 ist dazu in zwei Teile geteilt. Zunächst betrachten wir die Java-basierten Werkzeuge, die sich rund um die SOAP-Engine Apache Axis entwi-

1.2 Aufbau des Buches

ckelt haben. Anschließend schauen wir uns das Äquivalent auf der .Net-Seite an, indem wir die Werkzeugunterstützung für die Entwicklung von Web Services mit C# näher beleuchten.

Nun wird es Zeit, das bisher Gelernte anhand eines größeren Beispiels noch einmal zu vertiefen. Dazu werden wir in Kapitel 11 für die eingeführte Beispielanwendung einige erste Web Services entwerfen, mittels WSDL beschreiben und dann jeweils in Axis und .Net implementieren. Ein kleiner Client zeigt, wie man die Dienste nutzen kann.

Dieses einfache Beispiel zeigt zwar schon sehr schön, wie Web Services eingesetzt werden können, aber das genügt uns noch nicht. Nun interessiert uns vielmehr, wie wir die bestehende Infrastruktur der N-Tier-Anwendungen für unsere Zwecke nutzen, also beispielsweise die Dienste und Daten aus einer Datenbank oder von einem Applikations-Server als Web Service verfügbar machen können. Dazu gehen wir in Kapitel 12 zunächst noch einmal auf den in Kapitel 2 schon einmal angesprochenen Aspekt der Trennung von Anwendungs- und Präsentationslogik ein und betrachten ihn aus der Sicht der Web Services. Anschließend sehen wir uns dann an, wie bestehende Anwendungslogik aus der Java 2 Enterprise Edition in Enterprise Java Beans kodiert und mittels Web Services verfügbar gemacht werden kann.

Ein weiterer wichtiger Aspekt, der bei der Entwicklung des Konzeptes für Web Services eine ganze Zeit lang sträflich vernachlässigt wurde, ist die Sicherheit bei deren Nutzung. Kapitel 13 geht zunächst auf die wichtigsten Sicherheitsprobleme ein und zeigt dann heute gängige Lösungen auf. Neben der sicheren Variante des HTTP-Protokolls, dem HTTPS, betrachten wir vor allem stärker nachrichtenbasierte Formate wie XML Encryption und XML Signature.

Einbettung und Sicherheit werden wir dann zum Abschluss dieses zweiten Teils auch praktisch vorführen, indem wir in Kapitel 14 die Beispielanwendung entsprechend ergänzen. Dazu müssen wir zunächst einen Application Server einführen, auf dem wir Enterprise Java Beans ablaufen lassen können. Für unsere Zwecke genügt der JBoss-Server dazu völlig. Wir zeigen dann, wie die EJB-Komponenten aus einem Web Service heraus genutzt werden können. Den Sicherheitsteil decken wir mit einer Authentifizierungsanwendung ab.

Damit können wir nun problemlos die Dienste und Daten einer Web-Anwendung eines Unternehmens nach außen verfügbar machen. Das genügt uns jedoch immer noch nicht. Woher soll denn nun ein Dienstnutzer eigentlich wissen, welche Web Services es gibt? Klar, mit den direkten Geschäftspartnern lässt sich das leicht klären: Man besorgt sich die Dienstschnittstelle einfach per Email oder Web und schreibt dann seine Anwendung so, wie wir das eben kennen gelernt haben. Das genügt zwar in vielen Fällen, oft ist das aber nicht komfortabel genug. Viel besser wäre eine Art globales Verzeichnis, in dem alle verfügbaren Web Services aufgelistet sind und in dem außerdem beschrieben wird, wie man sie benutzen kann. Dann könnte man sogar so weit gehen, Web Services von Anwendungen automatisiert suchen und nutzen zu lassen. Und tatsächlich, so etwas gibt es, und unser dritter großer Teil, der sich über die Kapitel 15 bis 18 erstreckt, beschäftigt sich genau damit.

Kapitel 15 stellt dieses Verzeichnis, das in der Web-Services-Welt als *UDDI (Universal Description, Discovery and Integration)* bekannt ist, zunächst vor. Dazu wollen wir uns zunächst ein grundlegendes Verständnis des Problems der Dienstlokalisierung verschaffen, bevor wir dann konkret auf die Architektur und die wichtigsten Datenstrukturen von UDDI eingehen. Sodann beschreiben wir die wichtigsten Aktionen, die auf einem UDDI-Verzeichnis möglich sind, nämlich die Registrierung eines Dienstes und die Suche nach einem speziellen gewünschten Dienst. Das Kapitel schließt mit einer Betrachtung der unterschiedlichen Bindungsarten eines Dienstes, nämlich der Bindung zur Design- und der Bindung zur Laufzeit.

Keine Web-Service-Technologie ohne Werkzeuge, so auch nicht UDDI: Kapitel 16 geht auf existierende Programmierschnittstellen sowie auf bekannte UDDI-Server ein, die man entweder einfach nutzen (im Falle globaler Web Services) oder für seine eigenen Zwecke (UDDI im Intranet) einsetzen kann.

Auch wollen wir wiederum anhand unserer großen Beispielanwendung zeigen, wie sich UDDI in Business-Anwendungen integrieren lässt. Dazu picken wir uns als Anwendungsfall das Supply Chain Management heraus, das sich geradezu hervorragend für eine UDDI-Unterstützung eignet. Über eine Diskussion der Klassifikation von Diensten wollen wir dann zum Abschluss zur Implementierung eines dynamischen Systems kommen, in dem sich Anwendungen ihre eigenen Web Services je nach benötigter Klasse suchen und einsetzen.

An diesen Beispielen werden wir feststellen, dass für die effiziente Nutzung der Web-Services-Technologie in der Inter-Unternehmenskommunikation noch mehr getan werden könnte. Die dazu vorhandenen Ansätze beschreiben wir in Kapitel 18. Hier wird es insbesondere um Rahmenwerke für die Beschreibung von Workflows, also der Beschreibung der Kombination mehrerer Web-Service-Aufrufe, gehen sowie um XML-Vokabulare, die zu einheitlichen Datenformaten für beispielsweise ganze Branchen führen sollen.

Damit haben wir die wichtigsten aktuellen Technologien für die Realisierung von Web Services kennen gelernt. Der vierte Teil beschäftigt sich deshalb schließlich mit der Zukunft des Webs als globales Informationssystem. Dazu analysieren wir zunächst die aktuelle Bedeutung der Web-Services-Technologie, indem wir vor allem einige existierende und bekannte Web Services sowie die „Geschäftsidee" dahinter präsentieren wollen.

Basierend auf Web Services denkt man bzgl. der zukünftigen Ausrichtung zurzeit in zwei großen Richtungen weiter: Zum einen versucht man, die automatische Verarbeitung von Informationen noch viel weiter zu verbessern. Die Frage ist, wie man z.B. Programme dazu bringen kann, Web Services selbständig auszuwählen oder erhaltene Daten eigenständig zu interpretieren und dann darauf aufbauend weitere Aktionen auszuführen. Mit diesen Fragestellungen beschäftigt sich das Forschungsgebiet des „Semantic Web", wobei es darum geht, Daten eine formal beschriebene Bedeutung zu geben, da nur auf dieser Basis eine automatische Interpretation möglich sein wird.

Zum anderen ist es offensichtlich, dass Computer immer weiter in alle Bereiche unseres Lebens vordringen und ihre Benutzung für immer mehr Leute zu einer selbstverständlichen alltäglichen Handlung wird. Dies versucht man in einem Ansatz weiter zu fördern, den man als „Grid Computing" bezeichnet. Im amerikanischen Sprachgebrauch verwendet man den Begriff „grid" z.B. für das Strom- und Wassernetz. Strom und Wasser sind überall erhältlich, wo auch immer man sich befindet: Es genügt, die Leitung aufzudrehen oder den Stecker einzustöpseln, und schon hat man Zugriff auf das jeweilige Netzwerk.

Genau das ist auch die Idee des Grid Computing: Wo auch immer man sich befindet, soll es genügen, sich an ein Terminal zu setzen und Zugriff auf ein weltweites riesiges Daten-, Speicher- oder Rechnerkapazitätsverbundnetz zu erhalten. Die Infrastruktur für bzw. der Zugriff auf einen solchen Verbund wird dabei mit einiger Sicherheit auf der Basis von Web Services erfolgen, weswegen wir uns gegen Ende des Buches diesem doch noch etwas visionären Thema widmen wollen.

All diese Punkte sind Thema des Ausblickskapitels 19. Mit einer Zusammenfassung der wichtigsten Erkenntnisse schließt Kapitel 20 den inhaltlichen Teil ab. Im Anhang finden sich Literaturhinweise sowie die Auflistung einiger wichtiger Web-Seiten.

1.3 Die Web-Seite zum Buch

Selbstverständlich gibt es eine Web-Seite zum Buch, auf der Sie eine Vielfalt von Informationen rund um dieses Buch sowie um das Thema Web Services finden können. Die URL der Seite lautet

> `http://www.ibr.cs.tu-bs.de/ws-buch/`

Dort finden Sie alles Wissenswerte rund um dieses Buch, insbesondere

- Links zur verwendeten Software wie die Axis SOAP-Engine oder verschiedene XML-Werkzeuge,
- verschiedene Beispieldateien,
- Lösungen zu den Übungsaufgaben.

Sollten noch Fragen offen bleiben, dann sind wir gern bereit, Ihnen unter

> `fischer@ibr.cs.tu-bs.de`

und

> `andreas.eberhart@i-u.de`

Rede und Antwort zu stehen. Natürlich sind wir auch für alle Hinweise auf Fehler, Anregungen, Kritik, Lob etc. sehr dankbar!

Teil I

Grundlagen

Kapitel 2

Verteilte Anwendungen

Im ersten Kapitel haben wir schon gehört, dass Web Services eine neue Technologie zur Implementierung verteilter Systeme darstellen. In diesem Kapitel wollen wir uns deshalb zunächst einmal mit den wichtigsten Begriffen aus der Welt der verteilten Systeme und Anwendungen vertraut machen – Forschung und Entwicklung auf diesem Gebiet sind schon recht alt. Zu diesem Kurzüberblick gehört neben einer Definition des Begriffs eines „verteilten Systems" auch eine Einführung in die Welt der Netzwerke, die wir jedoch sehr kurz halten wollen.

Moderner dagegen sind die so genannten Web-Anwendungen, eine der jüngsten Entwicklungen bei den verteilten Anwendungen. Diese Anwendungen hat sicher jeder von Ihnen schon einmal genutzt, sei es nun beim Bücherkauf bei Amazon.de, bei der Bestellung eines neuen Features bei Web.de oder beim Buchen eines Lufthansa-Fluges. Wir werden uns die Technik, die hinter diesen Anwendungen steckt, im zweiten Abschnitt des Kapitels etwas genauer anschauen, da Web-Anwendungen eine wichtige Grundlage für die Entwicklung von Web-Service-Anwendungen bilden.

Die dazugehörigen Implementierungsarchitekturen sind ebenfalls von breitem Interesse. Web-Anwendungen lassen sich auf vielfältigste Weise implementieren, bei Web Services wird die Luft schon dünner, zumindest was professionelle Lösungen angeht. Wie schon im ersten Kapitel kurz angesprochen, gibt es hier eigentlich nur zwei wirklich wichtige Plattformen, die Java 2 Enterprise Edition (J2EE) und Microsofts .Net-Lösung. Wir hatten versprochen, dass wir Beispiele in beiden Systemen entwickeln werden, so dass wir im dritten und vierten Abschnitt dieses Kapitels auch beide in Grundzügen vorstellen werden. Die beiden Plattformen sind jedoch inzwischen so komplex geworden, dass nur ein kleiner Teil dargestellt werden kann. Selbstverständlich werden wir jedoch Hinweise auf weiterführende Literatur und Web-Seiten geben.

Das Kapitel schließt mit der Beschreibung der Beispielanwendung, die dann an einigen Stellen des Buchs wieder auftauchen wird, sowie einigen Übungsaufgaben zu den besprochenen Themen.

2.1 Grundlagen verteilter Systeme und Anwendungen

An verteilten Systemen wird eigentlich schon recht lange gearbeitet. Aber erst mit der weiten Verbreitung des Internets und dann kurz danach des World-Wide Web trat diese Spezialform von Computerprogrammen ihren Siegeszug an. Vermutlich haben Sie selbst den Begriff „verteilte Anwendung" oder „verteiltes System" nie im Zusammenhang mit den heute bekannten Internet-Anwendungen gehört – was auch durchaus beabsichtigt ist, wie wir gleich sehen werden. Zunächst aber ein kurzer Blick auf die Verteilte-Systeme-Welt ausgehend von ihren Ursprüngen.

2.1.1 Geschichte

Verteilte Anwendungen sind das vorläufige Ende einer Entwicklung der Informatik, die vor etwa 50 Jahren begann, aber sicherlich noch nicht abgeschlossen ist. Die ersten Computer, die in den vierziger und fünfziger Jahren des 20. Jahrhunderts verfügbar wurden, waren für extreme Spezialanwendungen reserviert, u.a. für militärische Aufgaben wie das Ver- und Entschlüsseln von Nachrichten.

In den sechziger Jahren kam dann das so genannte *Batch Processing* auf, mit dessen Hilfe mehrere Benutzer ihre Rechenaufträge beim Betreiber des Computers abliefern konnten. Nach der Ausführung eines solchen Jobs gab der Betreiber das Ergebnis wieder beim Auftraggeber ab. Wegen der fehlenden Interaktivität wurden die Rechner damals hauptsächlich für numerische Anwendungen eingesetzt, also zur Lösung von Problemen, die wenige Benutzereingaben erforderten, aber in einem hohen Rechenaufwand resultierten.

Mit den Mainframes, also den Großrechnern, wie sie einige unserer Leser sicherlich noch kennen, kam auch die Interaktivität in die Anwendungen. Endlich konnten viele Benutzer einen Computer gleichzeitig im so genannten *Time-Sharing*-Betrieb nutzen. Aufträge wurden nicht mehr nacheinander wie beim Batch Processing abgewickelt, sondern es wurde jeweils nur ein kleiner Teil eines Auftrags abgearbeitet und dann zum nächsten wartenden Job umgeschaltet. Nun konnten insbesondere datenintensive Vorgänge wie betriebswirtschaftliche Anwendungen sinnvoll durchgeführt werden. Damals begann der Aufstieg von Firmen wie IBM.

Der nächste Trend, der mit der Einführung des PC im Jahre 1980 begann, lag in der Verlagerung der Rechenleistung von einem zentralen Rechner (dem Mainframe) auf den Schreibtisch (Desktop). Den Mitarbeitern stand nun direkt an ihrem Arbeitsplatz eine Rechenleistung zur Verfügung, von der sie vorher nur träumen konnten. Jeder Benutzer konnte seine eigenen Anwendungen auf dem Rechner installieren und sich damit prinzipiell ein optimal angepasstes Arbeitsumfeld schaffen. Es begann die große Zeit der standardisierten Office-Pakete, mit deren Hilfe die Büroautomation ganz erheblich vorangetrieben wurde. Firmen wie Microsoft und Intel waren die großen Gewinner.

Seit den neunziger Jahren des letzten Jahrhunderts geht nun der Trend immer mehr in Richtung verteilte Informationsverarbeitung, zum so genannten *Enterprise* oder *Distributed Computing*. Die bisher autonomen Arbeitsplatzrechner sowie zentrale Datei-, Datenbank- und Applikations-Server werden bei diesem Ansatz zu einem großen Verbund zusammengeschlossen, der von den Nutzern zur Lösung der anstehenden Aufgaben eingesetzt wird. Das können lokale Lösungen sein, bei denen innerhalb einer Organisation einige Rechner zusammengeschlossen werden, es können jedoch auch weltweite Verbundsysteme entstehen, für die das Internet bzw. das World-Wide Web die besten Beispiele sind.

Warum kam es zu dieser (immer weiter) wachsenden Bedeutung verteilter Anwendungen? Dafür gibt es mehrere Gründe:

- Die Kosten der Chip-Herstellung sanken extrem und ermöglichten damit die preiswerte Massenfertigung von Arbeitsplatzrechnern.
- Gleichzeitig wurden Netzwerktechnologien mit hoher Bandbreite entwickelt, eine Voraussetzung zur schnellen Übertragung großer Datenmengen zwischen mehreren Computern.
- Durch die immer stärkere Nutzung der großen Zentralrechner wurden die Antwortzeiten immer länger, so dass für den Benutzer inakzeptable Wartezeiten entstanden. Die Anschaffung eines stärkeren Rechners überlegte sich eine Firma wegen der hohen Preise für Großrechner zweimal.
- Mit der Verfügbarkeit einer entsprechenden verteilten Arbeitsumgebung entstand schnell auch der Wunsch nach neuen Anwendungen, die in einer zentralen Umgebung so nicht möglich waren. Diese Entwicklung führte von ersten Email-Anwendungen über das World-Wide Web hin zu gemeinsamer Informationsnutzung durch Leute, die sich möglicherweise an geografisch völlig unterschiedlichen Orten aufhalten. *Groupware*, Telekooperationssysteme und *Virtual Communities* sind hier die aktuellen Schlagworte.

2.1.2 Warum überhaupt verteilte Systeme?

Trotzdem hätte sich der Trend nicht so rasant entwickeln können, gäbe es nicht auch gute funktionale Gründe, verteilte Anwendungen zu verwenden. Denn Entwicklung und Betrieb verteilter Systeme sind nicht ganz unkompliziert; es gibt eine Reihe von Problemen, deren Lösung nicht leicht oder auch gar nicht möglich ist. Ein Beispiel für ein unlösbares Problem ist die Herstellung eines globalen einheitlichen Zeitverständnisses in einem verteilten System. Es ist aus physikalischen Gründen schlicht unmöglich, beide Rechner auf genau dieselbe Zeit einzustellen. Allerdings ist das auch fast nie wirklich nötig.

Was sind die wichtigsten Gründe aus funktionaler Sicht, dass sich verteilte Systeme durchgesetzt haben? Nun, sie liegen in den Vorteilen, die sich aus dem Verbund mehrerer Rechner ergeben. Schauen wir uns einige dieser Verbundeigenschaften an:

- *Kommunikationsverbund*
  Verschiedene Benutzer, die an verschiedenen Rechnern des Systems arbeiten, können miteinander kommunizieren, zum Beispiel per Email oder Videokonferenz.
- *Informations- und Datenverbund*
  Ein großes Reservoir an Daten und Informationen steht weltweit zur Verfügung. Um

Informationen, die auf einem anderen Rechensystem abgelegt sind, nutzen zu können, müssen Rechner Informationen austauschen. Typische Anwendungen, die diesen Vorteil nutzen, sind das World-Wide Web sowie verteilte Datenbanken.

- *Lastverbund*
  In einem Lastverbund werden stoßweise anfallende, gleichartige Lasten (Rechenarbeit) auf mehrere Rechner verteilt, so dass jeder einzelne Rechner entlastet wird. Heutige Load-Balancing-Systeme im Web sind ein gutes Beispiel hierfür. Man lässt die eintreffenden Web-Anfragen nicht nur von einem Rechner bearbeiten; vielmehr sorgt ein solches Ausgleichssystems dafür, dass alle Rechner, die diesen Dienst erbringen können, gleichmäßig belastet werden.

- *Leistungsverbund*
  Der Leistungsverbund ähnelt dem Lastverbund, da auch hier Arbeit verteilt wird, um einen einzelnen Rechner zu entlasten. Allerdings handelt es sich hier nicht um gleichartige Lasten, sondern es geht vielmehr darum, eine große Aufgabe in mehrere kleine Aufgaben aufzuteilen, die dann auf verschiedene Rechner verteilt werden. Ein beliebtes Bespiel ist das SETI@Home-Projekt, dessen Ziel es ist, mit Hilfe extraterrestrischer Funksignale außerirdisches Leben aufzuspüren. Nun gibt es jedoch so viele Signale, die analysiert werden müssen, dass dies nicht von einem Rechner allein erledigt werden kann. So wurde ein Leistungsverbund geschaffen, an dem jeder Rechner des Internets teilnehmen kann. Wenn Sie bspw. Ihren Rechner angemeldet haben, dann wird er regelmäßig von einem SETI-Server Aufträge erhalten und diese bearbeiten, wenn er gerade nichts Besseres zu tun hat.

- *Funktionsverbund*
  Schließlich gibt es in einem verteilten System oftmals Rechner mit sehr unterschiedlichen Fähigkeiten. So werden Sie oft eine große Zahl von Allzweckbenutzerrechnern finden, daneben aber auch einige Spezialrechner wie Drucker- oder Datei-Server oder Superrechner. Bleiben wir beim Beispiel Drucker: Mit Hilfe des Funktionsverbunds haben Sie wahrscheinlich Ihren Arbeitsplatzdrucker aus Ihrem Büro verbannt. In irgendeiner dunklen Ecke steht nun ein Drucker-Server, der Druckaufträge aus dem ganzen Netz annimmt und auf dem an den Server angeschlossenen Drucker ausgibt. Fragt sich natürlich, ob es wirklich ein Gewinn ist, dass Sie jetzt ihre Ausdrucke zunächst einmal suchen müssen ...

2.1.3 Definition und wichtige wünschenswerte Eigenschaften

Was macht ein verteiltes System bzw. eine verteilte Anwendung nun eigentlich aus? Die grundlegende Aufgabe eines solchen Systems besteht darin, ein bestimmtes Problem zu lösen. Da das System als „verteilt" bezeichnet wird, findet die Problemlösung offensichtlich nicht an einem zentralen Ort, sondern durch die Zusammenarbeit mehrerer Komponenten statt. Wie man sich leicht vorstellen kann, wurden im Laufe der Zeit zahllose Definitionen entworfen, die alle mehr oder weniger gut den Kern der Sache treffen. Es gibt jedoch einige wenige zentrale Komponenten, aus denen verteilte Systeme auf jeden Fall bestehen müssen:

2.1 Grundlagen verteilter Systeme und Anwendungen

- eine Menge autonomer Computer,
- ein Kommunikationsnetzwerk, das diese Computer miteinander verbindet,
- Software, die diese Komponenten zu einem kommunizierenden System integriert.

Der erste Punkt ist völlig klar. In der Informatik verwendet man Computer, so dass die Problemlösung in einem verteilten System natürlich mit Hilfe von Computern stattfindet. Da diese Lösung nicht zentral erbracht werden soll, müssen mehrere Computer beteiligt sein. Warum aber die Forderung nach „autonomen" Rechnern? Dieser Punkt sorgt für die notwendige Unterscheidung zu einem Zentralrechner, an den mehrere Terminals angeschlossen werden. Diese Terminals sind nämlich nicht in der Lage, selbständig irgendwelche Aufgaben zu lösen, da sie über keinerlei Rechenkapazitäten verfügen, sondern nur die vom Zentralrechner gesendeten Daten auf dem Bildschirm darstellen bzw. Benutzereingaben an den Rechner schicken können. Eine Konfiguration, auf die die Definition „Menge autonomer Computer" jedoch zuträfe, wäre eine Ansammlung von PCs.

Ein Kommunikationsnetz ist die zweite wichtige Komponente. Ohne irgendeine Art von Verbindung zwischen den Rechnern kann keinerlei Kommunikation stattfinden. Ohne Kommunikation kann ein Problem nicht gemeinsam gelöst werden. Weder können die Teilaufgaben, die zur Lösung erfüllt werden müssen, an die einzelnen Komponenten verteilt werden, noch können später die Teillösungen wieder an eine Koordinationskomponente verschickt werden.

Die Aufgabe der Software ist schließlich die Integration der Rechner zu einer Recheneinheit, die die gestellte Aufgabe löst. Sie übernimmt einerseits die Koordination der verschiedenen Teilkomponenten und sorgt andererseits dafür, dass das System für einen Benutzer wie eine Einheit aussieht. Diese *Verteilungstransparenz* ist eine wichtige Eigenschaft verteilter Systeme. Sie wird im folgenden Abschnitt noch einmal detailliert diskutiert.

Abbildung 2.1 zeigt das Zusammenspiel der drei Komponenten noch einmal grafisch auf.

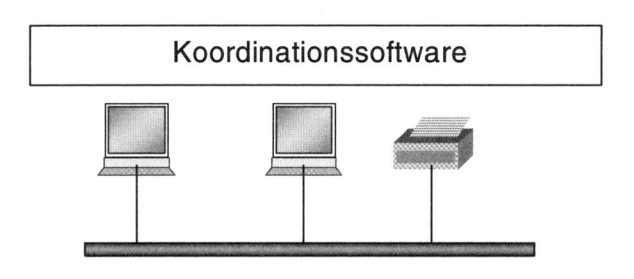

Abbildung 2.1: Die Komponenten eines verteilten Systems

Zusammenfassend lässt sich damit ein verteiltes System als eine Sammlung autonomer Computer beschreiben, die über ein Kommunikationsnetzwerk miteinander verbunden sind und auf denen jeweils Software zur Koordination der einzelnen Teilkomponenten arbeitet.

Unter einer verteilten Anwendung versteht man dann eine Anwendung A, deren Funktionalität in eine Menge von kooperierenden Teilkomponenten $A_1, .., A_n$, n aus IN und n > 1 zerlegt ist. Die Teilkomponenten A_i sind autonome Verarbeitungseinheiten, die auf verschiedenen Rechnern ablaufen (können). Sie tauschen untereinander Informationen mittels des Netzes aus, gesteuert durch die Koordinationssoftware. Koordinations- und Anwendungssoftware sind physisch oftmals integriert.

Basierend auf dieser sehr grundlegenden Definition wollen wir nun einige weitere wichtige Charakteristika verteilter Systeme herausarbeiten. Diese Eigenschaften beziehen sich alle auf den Begriff der *Transparenz*. Transparenz in der Informatik bedeutet, dass etwas „durchsichtig", also nicht sichtbar ist. In verteilten Systemen sollen verschiedene Dinge für den Benutzer nicht sichtbar sein. Die Komplexität des Systems soll vor dem Benutzer verborgen bleiben, weil dieser sich nicht mit anderweitig lösbaren Implementierungsfragen beschäftigen, sondern typischerweise ein Anwendungsproblem lösen möchte. Wie die Lösung schließlich realisiert wird, ist für diesen Benutzer relativ irrelevant. Bei der Realisierung dieses Charakteristikums eines verteilten Systems spielen deshalb die folgenden Transparenzeigenschaften eine große Rolle:

- *Ortstransparenz*
  Der Benutzer muss nicht wissen, an welchem Ort innerhalb des Systems sich eine Ressource befindet, die er nutzen möchte. Ressourcen werden typischerweise über Namen identifiziert, die keinerlei Rückschluss auf deren Lokation zulassen.

- *Zugriffstransparenz*
  Die Form des Zugriffs auf eine Ressource ist einheitlich für alle Ressourcen. So sollte es beispielsweise in einem verteilten Datenbanksystem, das aus mehreren Datenbanken unterschiedlicher Technologien besteht (relationale und objektorientierte Datenbanken), dennoch eine einheitliche Benutzerschnittstelle wie etwa die Abfragesprache SQL geben.

- *Replikationstransparenz*
  Die Tatsache, dass es eventuell von einer Ressource mehrere Kopien gibt, wird vor dem Benutzer verborgen. Dieser merkt also nicht, ob er auf das Original oder die Kopie zugreift. Die Änderung des Zustands einer Ressource muss ebenso transparent geschehen.

- *Fehlertransparenz*
  Der Benutzer wird nicht notwendigerweise über alle im System auftretenden Fehler informiert. Einige Fehler sind möglicherweise für seine Arbeit irrelevant, andere lassen sich eventuell *maskieren*, wie das etwa im Falle der Replikation möglich ist.

- *Nebenläufigkeitstransparenz*
  Verteilte Systeme werden üblicherweise von vielen Benutzern gleichzeitig verwendet. Oftmals kommt es vor, dass zwei oder mehr Benutzer gleichzeitig auf dieselbe Ressource, also z.B. eine Datenbanktabelle, einen Drucker oder eine Datei zugreifen. Nebenläufigkeitstransparenz sorgt dann dafür, dass dieser gleichzeitige Zugriff ohne eine gegenseitige Beeinflussung und das Entstehen falscher Ergebnisse möglich ist.

- *Migrationstransparenz*
  Bei dieser Form der Transparenz können Ressourcen über das Netz verschoben werden, ohne dass der Benutzer, der diese Ressource gerade verwendet, dies bemerkt. Ein typisches Beispiel sind die modernen Mobilfunknetze, in denen sich die Endgeräte frei durch die Landschaft bewegen können, ohne dass ein Kommunikationsabbruch beim Verlassen einer Senderzone erfolgt.

- *Prozesstransparenz*
  Es ist gleichgültig, auf welchem Rechner eine bestimmte Aufgabe (ein Prozess) ausgeführt wird, solange sichergestellt ist, dass sich die Ergebnisse nicht unterscheiden. Diese Form der Transparenz ist eine wichtige Voraussetzung für eine komfortable Implementierung eines Lastausgleichs zwischen Rechnern (s. auch weiter unten).

- *Leistungstransparenz*
  Bei Laständerungen kann es notwendig werden, ein System während des Betriebs dynamisch zu rekonfigurieren. Diese Maßnahme zur Leistungssteigerung sollte natürlich unbemerkt von den anderen Benutzern vor sich gehen.

- *Skalierungstransparenz*
  Soll ein System um weitere Rechner oder Anwendungen erweitert werden, dann sollte dies ohne eine Änderung der Systemstruktur oder der Anwendungsalgorithmen machbar sein.

- *Sprachtransparenz*
  Die Programmiersprache, in der die einzelnen Teilkomponenten des verteilten Systems bzw. der Anwendung erstellt wurden, darf keine Rolle bei der Zusammenarbeit spielen. Dies ist eine relativ neue Forderung und sie wird auch erst von neueren Systemen unterstützt.

Ein wichtiges Ziel von verteilten Systemen bzw. Anwendungen besteht darin, möglichst viele dieser Transparenzeigenschaften zu erfüllen, um das System so wenig komplex und so komfortabel wie möglich zu machen.

Neben Transparenz gibt es noch eine Reihe weiterer wichtiger Eigenschaften, auf die man beim Design und der Implementierung des Systems achten sollte. Dazu gehören zum Beispiel:

- *Offenheit*
  Ein verteiltes System sollte erweiterbar sein. Dazu muss es Schnittstellen nach außen hin besitzen, die auch bekannt sind. Man spricht dann von einem offenen System.

- *Nebenläufigkeit*
  In einem verteilten System sollten normalerweise viele Prozesse gleichzeitig aktiv sein können, um nicht die Leistungsfähigkeit einzuschränken.

- *Skalierbarkeit*
  Wenn ein verteiltes System erweitert wird, dann sollte es nichts von seiner Leistungsfähigkeit einbüßen. Einfach ausgedrückt: Wenn ein bestimmter Algorithmus für zehn Rechner gut funktioniert, dann wäre es gut, wenn er auch für hundert oder tausend Rechner gut funktionieren würde.

- *Sicherheit*
  Wenn Daten zwischen Rechnern ausgetauscht werden, dann besteht die Gefahr, dass diese Daten ausspioniert oder sogar verändert werden, ohne dass die Kommunikationspartner dies bemerken. Dies sollte man vermeiden.
- *Fehlertoleranz*
  Verteilte Systeme sind wesentlich fehleranfälliger als ein zentralisiertes System. Daher sollte man versuchen, ein System so auszulegen, dass es weiter funktioniert, auch wenn einzelne Komponenten ausfallen.

2.1.4 Grundlagen von Netzwerken

Einen wichtigen Teil der obigen Definition stellt die Notwendigkeit der Verbindung über ein Netzwerk dar. Einerseits will man bei einem verteilten System zwar eigentlich von einem Netzwerk abstrahieren, da man ja gerade die Verteiltheit vor den Nutzern verbergen will. Andererseits geht es aber auch nicht ohne und für einige wichtige Fragestellungen wie z.B. Leistungsfähigkeit einer verteilten Anwendung sollte man als Entwickler sehr gut wissen, wie das darunter liegende Netz funktioniert. Wir werfen deshalb einen kurzen Blick auf die bekannteste Netzwerkarchitektur: die des Internets. Die Architektur ist in Abbildung 2.2 auf der linken Seite zu sehen. Die rechte Seite zeigt den zu diesem Schema passenden detaillierten Aufbau der Schichten mit einzelnen Protokollen und der Information, in welchen Teilen des Betriebssystems diese typischerweise implementiert werden. Gehen wir nun etwas genauer auf einzelne Teile der Architektur ein.

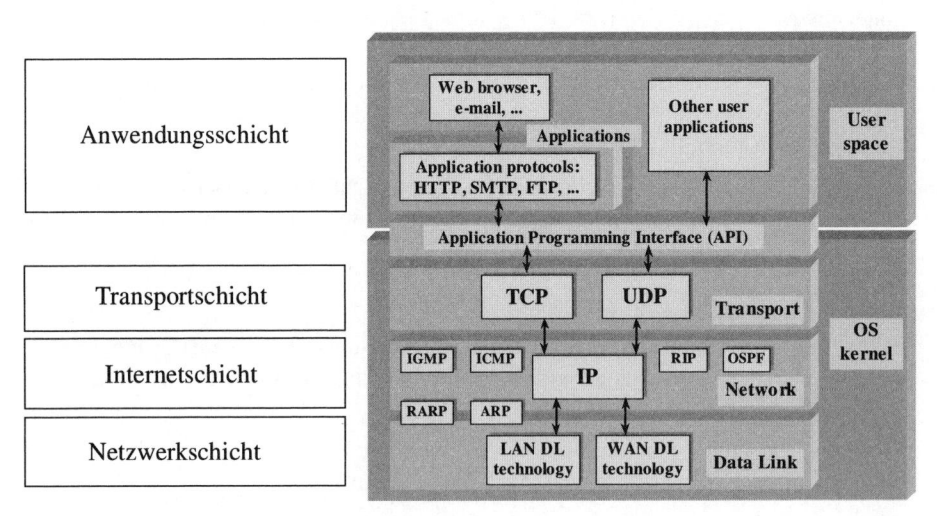

Abbildung 2.2: Netzwerkarchitektur des Internets

Netzwerkarchitekturen sind praktisch immer Schichtenarchitekturen. Netzwerke zu implementieren ist eine sehr komplexe Aufgabe, da viele kleine und größere Aufgaben zu

2.1 Grundlagen verteilter Systeme und Anwendungen

bewältigen sind. Dies lässt sich am besten erreichen, indem man die Aufgaben in Gruppen aufteilt und für jede Gruppe getrennte Lösungen sucht.

In der Internet-Welt gibt es entsprechend der obigen Grafik vier große Schichten: die Netzwerkschicht, die Internetschicht, die Transportschicht und die Anwendungsschicht. Je weiter oben, desto anwendungsnäher sind die Problemlösungen, je weiter unten, desto näher am Netzwerkkabel (bzw. heutzutage der Luftschnittstelle bei Funknetzen).

Die Netzwerkschicht beschreibt, wie physikalische Netzwerke funktionieren. Dazu gehören elektrische und physikalische Eigenschaften der Steckverbindungen, Arten der Verkabelung oder Form des Medienzugriffs. Beispiele von Netzwerkdefinitionen, die hier hinein gehören, sind Ethernet, Wireless LAN, ISDN oder die verschiedenen Varianten von DSL.

Mit der Netzwerkschicht kann man also beschreiben, wie Netze generell funktionieren. Damit lassen sich bereits Daten zwischen Rechnern im gleichen physikalischen Netz austauschen. Leider können diese Netze nun nicht so ohne weiteres miteinander verbunden werden. Was also, wenn man Rechner miteinander kommunizieren lassen will, die in unterschiedlichen Netzen liegen? Hier kommt die nächsthöhere Schicht ins Spiel, die Internetschicht. Sie hat die Aufgabe, physikalische Netze miteinander zu verbinden und so z.B. einen Rechner aus einem Ethernet mit einem ISDN-Computer kommunizieren zu lassen. Das wichtigste Protokoll, das dies im Internet erlaubt, ist zugleich das Herzstück des Internets: IP (Internet Protocol). Mit IP kann man Daten von jedem beliebigen Rechner des Internets zu jedem beliebigen anderen schicken. Zu den wichtigsten Mitteln, dies zu erreichen, gehört ein gemeinsamer Adressraum. Jeder einzelne Rechner im Internet (um genau zu sein: jede Netzwerkkarte) besitzt eine eigene IP-Adresse. Eine Reihe von Rechnern besitzt mindestens zwei: Dies sind die Router, die jeweils zwei Netze miteinander verbinden. Abbildung 2.3 zeigt ein Beispiel für ein Internet, bestehend aus drei Subnetzen, die über je einen Router miteinander verbunden sind.

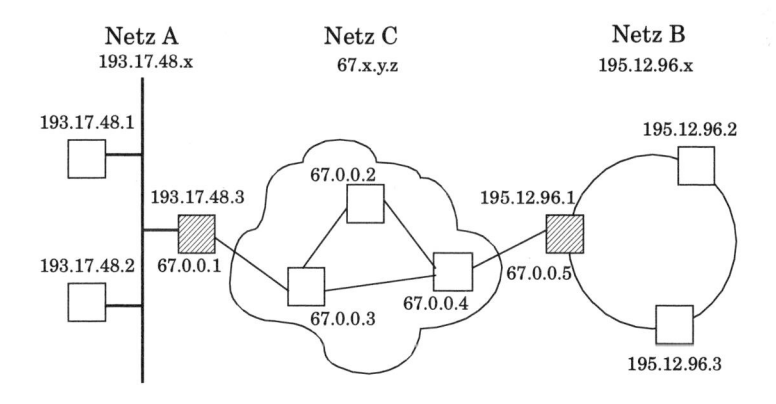

Abbildung 2.3: Ein IP-Netz

Über die Vergabe von IP-Adressen könnte man (und hat man) ganze Bücher schreiben; da dies für den weiteren Verlauf des Buchs nicht relevant ist, verweisen wir auf entsprechende Literatur (siehe Anhang).

Mit Hilfe der Netzwerkschicht können wir nun Daten von jedem Rechner im Internet zu jedem anderen schicken. Damit sind wir noch nicht auf der Anwendungsebene angekommen. Anwendungen laufen in Prozessen ab, so dass wir erst einmal eine Möglichkeit benötigen, Prozesse auf den nun miteinander in Beziehung stehenden Rechnern miteinander kommunizieren zu lassen. Natürlich – Sie werden es erraten haben – ist dies die Aufgabe der Transportschicht: sie überträgt Daten von einem Prozess einer Anwendung zu einer anderen. In der Internetwelt sind die bekanntesten Protokolle TCP und UDP. TCP gestattet verbindungsorientierte Kommunikation (wie beim Telefon), UDP verbindungslose (wie mit der Post).

Damit könnte man eigentlich schon glücklich sein, aber es gibt noch ein bisschen was dazu: Damit man nicht für jede Anwendung das Rad neu erfinden muss, stellt die Anwendungsschicht eine Reihe fertiger Protokolle zur Verfügung. So lässt sich z.B. mit Hilfe von SMTP (Simple Mail Transfer Protocol) und POP (Post Office Protocol) leicht ein elektronisches Mailsystem aufbauen. Und wenn sich alle an diese Protokolle halten, dann können alle Mailsysteme sogar miteinander kommunizieren – das Emailsystem des Internets zeigt, dass das wirklich funktioniert. Es gibt noch eine Reihe weiterer Anwendungsprotokolle, die dem Anwendungsprogrammierer das Leben erheblich erleichtern. Genannt sei auf jeden Fall noch HTTP, das Hypertext Transport Protocol, das die Grundlage des World-Wide Web bildet.

Allgemein siedelt man nun die verteilten Systeme in der Anwendungsschicht an; d.h., üblicherweise geht man bei den entsprechenden Betrachtungen davon aus, dass mindestens alle Protokolle bis zur Schicht 4 vorhanden sind und man mit seinen eigenen Implementierungen darauf aufsetzen kann.

2.1.5 Implementierung

Es gibt verschiedenste Möglichkeiten, eine verteilte Anwendung zu implementieren. Wir gehen dabei davon aus, dass die Infrastruktur für ein verteiltes System vorhanden ist: Eine Reihe autonomer Computer sind durch ein Netzwerk wie eben beschrieben miteinander verbunden. Wir werden uns im Folgenden auf TCP/IP-basierte Netze beschränken.

Abbildung 2.4 zeigt die drei grundsätzlichen Möglichkeiten auf, basierend auf TCP/IP eine verteilte Anwendung zu implementieren. Erstens kann direkt auf der Socket-Schnittstelle aufgesetzt werden, zweitens kann man eine so genannte Middleware einsetzen und drittens können existierende Anwendungsprotokolle (auch und gerade aus der TCP/IP-Welt) genutzt werden. Wir wollen uns diese drei Möglichkeiten etwas genauer anschauen.

Eine komplette TCP/IP-Implementierung stellt u.a. mindestens eine Programmierschnittstelle zur Verfügung, die Sockets. Ein TCP/UDP-Socket ist ein Kommunikationsendpunkt, über den ein Prozess mit einem anderen Prozess kommunizieren kann. Ein Paar von TCP-Sockets kann man sich wie die beiden jeweiligen Ausgänge einer Röhre vorstellen – was man in das eine Ende hineingibt, kommt genauso am anderen Ende wieder her-

2.1 Grundlagen verteilter Systeme und Anwendungen

aus. UDP-Sockets sind dagegen eher wie Briefkästen. Wenn man einen Stapel Briefe hineinwirft, so weiß man nicht, ob die Briefe angekommen sind und wenn ja, ob sie in der richtigen Reihenfolge ausgeliefert wurden. Der Unterschied zwischen TCP- und UDP-Sockets spielt für uns im Weiteren keine große Rolle, so dass wir uns jetzt nur noch TCP-Sockets anschauen wollen.

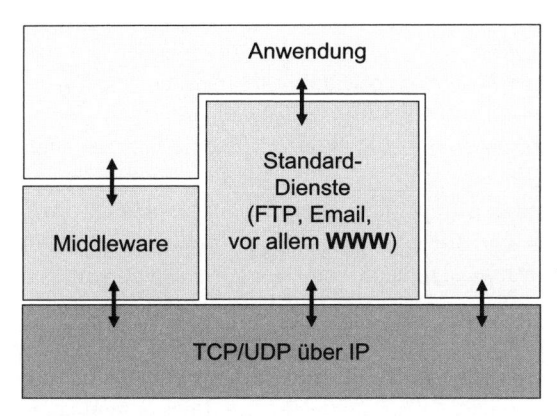

Abbildung 2.4: Die Möglichkeiten zur Implementierung verteilter Anwendungen

Um eine Socket-Verbindung aufbauen zu können, muss ein Client einem Server (s. oben: Client-Server-Modell) einen Verbindungsaufbauwunsch zusenden. Sobald dieser ihn angenommen hat, kann der Client Daten über die Verbindung senden (und auch umgekehrt, Socketverbindungen sind duplex).

Das Socket-Konzept hat den Vorteil, dass man als Programmierer sehr tief auf die Netzwerkebene hinunterreichen und seine Programme somit sehr gut „tunen" kann. Diese Flexibilität wird jedoch mit einigen Nachteilen erkauft, von denen besonders zwei zu nennen sind. Zum einen muss sich ein Programmierer in eine ganz andere Denkwelt begeben. Hat er bisher innerhalb seines Programmes hauptsächlich durch den Aufruf von Prozeduren oder Methoden mit anderen Programmteilen kommuniziert, so muss er nun Nachrichten bzw. Datenströme zusammenstellen und diese an einen Partner schicken. Bevor eine Datenstruktur verschickt werden kann, muss sie also zunächst in eine Nachricht umgewandelt werden. Viel angenehmer wäre es, wenn er in seiner Methoden- oder Prozedurenwelt verbleiben könnte. Zum anderen macht der Austausch von Daten zwischen Rechnern, die unterschiedliche Hardware und Betriebssysteme verwenden, normalerweise größere Schwierigkeiten. Stellen Sie sich vor, Sie müssen einen Integer von einer 64-Bit- zu einer 32-Bit-Maschine übertragen. Kommt dieser 64-Bit-Integer auf der anderen Seite an, so fällt es schwer, diesen zu interpretieren, da ein Integer dort ja ein 32-Bit-Wert ist. Nicht, dass das Problem unlösbar wäre, aber bei einer Socket-Implementierung muss man sich um die Lösung weitestgehend selbst kümmern.

Lösungen, die in der Programmierung weitaus komfortabler sind, beruhen auf Middleware-Ansätzen. Middleware liegt, wie der Name schon sagt, in der Architektur zwischen dem Netz und der Anwendung. Ihre wesentliche Aufgabe besteht darin, die Komplexität des Netzes vor der Anwendung bzw. dem Anwendungsprogrammierer zu verbergen. Man programmiert eine Middleware-Anwendung fast genauso wie eine zentralisierte Anwendung. Bei objektorientierten Ansätzen z.B. werden Programmteile, die auf entfernten Rechnern ablaufen, genauso über einen Methodenaufruf eines Objektes angesprochen wie in einem „normalen" Programm, das auf einem einzigen Computer abläuft. Nur steckt hinter diesem Methodenaufruf wesentlich mehr, nämlich die gesamte Netzkommunikation. Das Schöne daran ist einfach, dass man sich als Programmierer um deren Umsetzung nicht selbst kümmern muss.

Um dies zu ermöglichen, besteht eine Middleware meist aus einer Reihe von Werkzeugen sowie einer Klassenbibliothek, die fertige Lösungen zur Verfügung stellt. Oftmals ist das Kernstück eine übergeordnete Sprache, die es erlaubt, die Schnittstellen entfernter Objekte zu beschreiben. Mit Hilfe eines Compilers werden diese Beschreibungen dann in die Zielsprache auf dem jeweiligen Implementierungsrechner übersetzt. Dadurch wird es sogar möglich, für die unterschiedlichen Teile einer Anwendung auch unterschiedliche Programmiersprachen zu verwenden, natürlich auch auf unterschiedlicher Hardware und mit unterschiedlichen Betriebssystemen. Die Middleware übernimmt also die Aufgaben, die wir bei den Sockets als die schwierigen beschrieben hatten.

Dem Anwendungsprogrammierer bleibt dann normalerweise nicht sehr viel mehr Arbeit als die automatisch generierten Codestücke noch mit der eigentlichen Anwendungslogik aufzufüllen. Dabei muss er sich jedoch keine Gedanken über die Kommunikation machen, sondern kann sich voll auf diese Aufgabe konzentrieren.

Ein Nachteil des Middleware-Ansatzes soll auch nicht verhohlen werden: Middleware-Pakete sind praktisch immer groß und oftmals schwerfällig. Es ist nicht leicht, die Leistungsfähigkeit solcher Programme zu optimieren. Wir werden im nächsten Kapitel lernen, dass Web Services in die Middleware-Kategorie fallen und dann auch einen Vergleich mit bekannten Middleware-Ansätzen wie CORBA, Java Remote Method Invocation oder DCOM von Microsoft versuchen.

Die dritte Idee besteht schließlich darin, sich die existierenden Protokolle und Programme der Internet-Anwendungsschicht zunutze zu machen. Protokolle wie SMTP, HTTP oder FTP wurden entwickelt, um es leichter zu machen, (in der Kommunikation) standardisierte verteilte Anwendungen zu implementieren. Die Verwendung solcher Protokolle hat zwei große Vorteile: Erstens stellen sie bereits komplett fertige Prokollabläufe, meist bestehend aus Anfrage-Antwort-Paaren, zur Verfügung, so dass die notwendigen Kommunikationsschritte bereits immer vorgegeben und vor allem auch korrekt sind – die Protokolle sind schließlich alle schon seit Jahren erprobt. Zweitens existiert für viele der Protokolle und gerade für die eben genannten eine dichte Infrastruktur im Netz. Mit anderen Worten: Will man eine Implementierung einer Anwendung z.B. basierend auf SMTP durchführen, dann kann man sich dazu der zahllosen Email-Server im Netz und ihrer Eigenschaften bedienen. Es ist also gar nicht mehr nötig, eigene Server-Programme zu schreiben (wie dies bei Middleware und Sockets der Fall ist), sondern man verwendet einfach das, was da ist und setzt seine Anwendung darauf.

Das Paradebeispiel für diese Art der Implementierung sind die Web-Anwendungen, die wir uns im nun folgenden Abschnitt wegen ihrer Bedeutung sowohl allgemein als auch für die spätere Implementierung von Web Services genauer ansehen wollen.

2.2 Architektur moderner Web-Anwendungen

Web-Anwendungen domieren inzwischen eindeutig das Geschehen im Bereich der verteilten Anwendungen. Man hat sehr schnell die Vorteile erkannt, die sich bieten, wenn man Anwendungsfunktionalität über ein allgegenwärtiges Medium wie das Internet verfügbar macht. Natürlich funktionierte das nur, weil es diese Infrastruktur gab und vor allem, weil sie sich rasant weiterentwickelte.

Wir wollen uns im Folgenden zunächst kurz anschauen, wie sich Internet und World-Wide Web in der Vergangenheit entwickelt haben, bevor wir auf die Web-Infrastruktur und vor allem auf die dominierende Architektur für Web-Anwendungen, die N-Schichten-Architektur (engl. *N-Tier-Architecture*) zu sprechen kommen.

2.2.1 Das World-Wide Web

Das World-Wide Web oder WWW ist eine der neueren Entwicklungen im Internet, die sicherlich am meisten zum rasanten Aufstieg des Internets zu einem Massenkommunikationsmedium beigetragen hat.

Das WWW wurde im Jahre 1989 von einem Physiker namens Tim Berners-Lee am CERN in Genf entwickelt. Die Idee war, ein so genanntes *Hypertextsystem* zu schaffen, mit dessen Hilfe Kernphysiker sich gegenseitig in effizienter Weise über ihre Forschungsergebnisse informieren konnten. Ein Hypertextsystem bietet im Gegensatz zu einem *linearen Text* die Möglichkeit, von einer markierten Stelle innerhalb eines Dokuments an eine andere Stelle zu springen bzw. sogar in ein völlig anderes Dokument zu wechseln. Damit wird es sehr komfortabel, den Leser auf weitere Informationsmöglichkeiten hinzuweisen, ohne ihn tatsächlich zu zwingen, alle Informationen auch wirklich zu lesen, vor allem die nicht, die ihn nicht interessieren oder die ihm schon bekannt sind.

Aus dem anfänglich kleinen System, das aber bereits durch die Definition des Protokolls HTTP im Internet verankert war, wurde schnell ein weltweit vernetztes Informationssystem. Heute besteht das WWW aus vielen Millionen Dokumenten (den schon erwähnten Web-Seiten) und schon allein aus Marketing-Gründen verzichten immer weniger Organisationen auf ihren „Internet-Auftritt", der genauer gesagt ein Web-Auftritt ist.

Abbildung 2.5 zeigt die Größentwicklung des Internets in Form der Anzahl der im Domain Name System bekannten Rechner an, wie sie vom Internet Software Consortium regelmäßig veröffentlicht wird. Gut zu erkennen ist der exponentielle Anstieg bis etwa zum Jahr 2000/2001, der sich dann jedoch etwas abgeschwächt hat. Diese Abschwächung hat mit dem „Platzen der Dotcom-Blase" zu tun, was für uns hier jedoch nicht weiter relevant ist.

Bei der Gestaltung von Web-Seiten hat sich im Laufe des letzten Jahrzehnts eine Menge getan. Waren die ersten Dokumente noch rein textbasiert, so wurden bald Möglichkeiten geschaffen, auch Grafiken in die Seiten einzubinden und vor allem zu übertragen und darzustellen. Pionierarbeit wurde in dieser Hinsicht durch das Programm „Mosaic" geleistet, dem ersten grafischen *Web-Browser*. Web-Browser sind die Programme, mit deren Hilfe Web-Seiten bei den Benutzern angezeigt werden; es sind also die Clients im Web.

Mosaic wurde unter anderem von Marc Andreesen entwickelt, der später auf der Basis dieser Entwicklung die Firma Netscape gründete, einen der großen Browser-Anbieter. Die Darstellungsmöglichkeiten für Seiten wurden unterdessen immer mehr verfeinert und heute gibt es fast nichts, was ein Grafikdesigner nicht auf einer Web-Seite verwirklichen könnte. Tatsächlich wird der Web-Auftritt von vielen Firmen heute als so wichtig angesehen, dass ein großer Teil des Werbeetats dafür investiert wird.

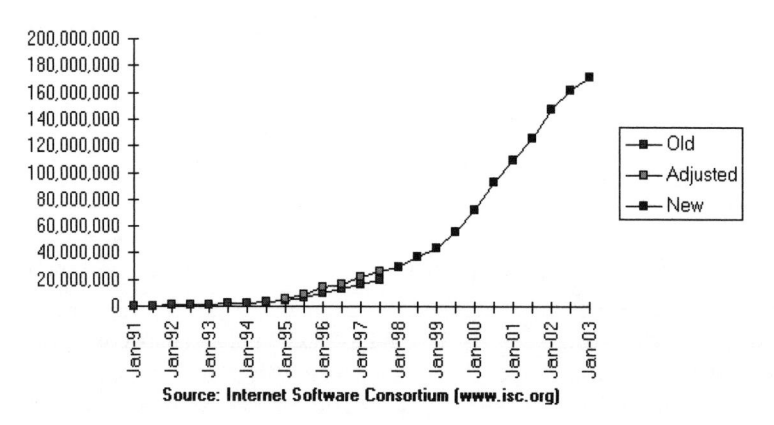

Abbildung 2.5: Entwicklung des Internets

Zum Aufbau eines Web-Auftritts werden einige Softwarekomponenten und Werkzeuge benötigt, die im Folgenden etwas genauer untersucht werden sollen.

2.2.2 Web-Infrastruktur

Zum Aufbau eines Web-Auftritts wird zunächst einmal ein *Web-Server* benötigt. Der Server übernimmt die Verwaltung des gesamten Datenmaterials, das für die Veröffentlichung bestimmt ist. Dazu wird auf der Platte des Rechners, der als Server-Rechner fungieren soll, ein Teil des Plattenplatzes bereitgestellt. Dort kann dann ein Verzeichnisbaum entsprechend den Bedürfnissen des Anbieters aufgebaut werden.

Zu den Aufgaben gehört außerdem die Beantwortung von Zugriffen der Clients, indem je nach Berechtigung die gewünschten Dokumente geliefert werden. Berechtigungen lassen sich in den meisten Web-Servern individuell pro Verzeichnis einstellen, so dass Teile des Angebots für alle Benutzer offen sein können, während andere nur für Einzelne oder für bestimmte Gruppen zugänglich sind.

Web-Server schreiben typischerweise alle Zugriffe auf Web-Dateien mit, so dass sich anhand der erzeugten *Log-Dateien* verschiedenste Analysen durchführen lassen, von der einfachen Feststellung, wie viele Zugriffe in einem bestimmten Zeitraum auf den gesamten Web-Auftritt stattgefunden haben, über die Analyse der geografischen Verteilung der Benutzer bis hin zur Überprüfung von Versuchen des unberechtigten Zugriffs.

2.2 Architektur moderner Web-Anwendungen

Schließlich starten Web-Server unter Umständen andere Programme, mit deren Hilfe zusätzliche Informationen erfragt oder generiert werden können. Diese Fähigkeit ist es, die die Grundlage aller verteilten Anwendungen auf der Grundlage des WWW bildet und daher im weiteren Verlauf noch sehr intensiv diskutiert wird.

Es gibt eine ganze Reihe von Web-Server-Produkten. Der mit Abstand populärste Server ist der Apache-Server. Er ist frei verfügbar und hat weltweit einen erheblichen Marktanteil (s. Abbildung 2.6). Er entstand aus dem frühen NCSA-Server und zeichnet sich durch eine Reihe von Patches, also Verbesserungen, aus, die im Laufe der Zeit vorgenommen wurden. Daraus ergibt sich auch der indianisch anmutende Name: *A PATCHy sErver*.

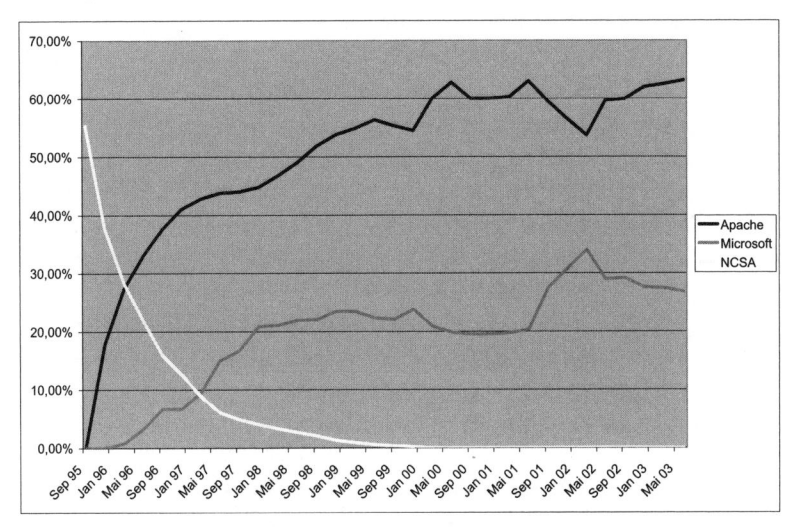

Abbildung 2.6: Marktanteile bei Web-Servern (Quelle: http://www.netcraft.com)

Web-Clients sind entsprechend die Programme, mit denen Benutzer auf ein Angebot im Web zugreifen können. Im Allgemeinen werden Web-Clients auch als Web-Browser bezeichnet. Und hier sollte man dann auch mit weiteren Erklärungen aufhören, denn Web-Browser sind heute fast so gängig wie Telefone. Vielleicht sollte man noch erwähnen, dass inzwischen der Microsoft Internet Explorer eine mehr oder weniger marktbeherrschende Stellung erreicht hat, während der vorher sehr weit verbreitete Netscape Navigator immer mehr an Bedeutung verliert.

Die Kommunikation zwischen Client und Server im WWW findet nun mit Hilfe des Protokolls HTTP statt. Da allzu viele Details des Protokollablaufs an dieser Stelle für das weitere Verständnis noch nicht von großer Bedeutung sind, genügt es, sich zunächst einmal mit den wichtigsten Eigenschaften des Protokolls vertraut zu machen.

HTTP ist ein rein textbasiertes Protokoll. Das bedeutet, Anfragen nach einem Dokument werden vom Client mittels eines „lesbaren" Befehls wie z.B. *get* an den Server übertragen. Der Server beantwortet die Anfrage, indem er das angefragte Dokument mitsamt einem Header sendet, der dem Client weitere Informationen zur Verfügung stellt. Unter Umständen kann der Server auch mit einer Fehlermeldung reagieren, wenn etwa das gesuchte

Dokument nicht vorhanden ist oder der Benutzer nicht die notwendigen Berechtigungen besitzt. Wir werden in Kapitel 4 noch genauer auf HTTP eingehen.

Bisher haben wir noch nicht angesprochen, wie denn nun Web-Seiten eigentlich geschrieben werden. Das wichtigste Mittel hierfür ist die Sprache HTML. Zwar werden im Web auch andere Dokumentdarstellungsformen wie etwa Postscript oder ASCII verwendet. Sie können jedoch die wahre Stärke eines Hypertextsystems, wie es das Web darstellt, nicht nutzen. Jedes nicht in HTML geschriebene Dokument ist (mit Ausnahmen) eine Sackgasse, da ein Weiterspringen zu anderen Dokumenten nicht mehr möglich ist.

HTML ermöglicht also generell die Organisation von Web-Seiten als Hypertext. Allgemein formuliert erlaubt HTML sowohl die Beschreibung des Inhalts einer Web-Seite als auch die Formatierung dieses Inhalts sowie die Angabe von Verweisen auf andere Web-Seiten.

Zur Beschreibung des Aufbaus einer Seite verwendet HTML so genannte *Tags*. Ein Tag gibt dem Browser, der ein HTML-Dokument aufruft, Informationen zur Formatierung bestimmter Textpassagen, er weist ihn an, an welcher Stelle welche Komponenten einzufügen sind, oder er legt fest, wo ein Verweis auf ein anderes Dokument eingefügt werden soll. Ein Tag in HTML besteht gewöhnlich aus den Symbolen <x>, wobei x für einen Buchstaben oder eine Buchstabenkombination steht. Die Formatierungsinformation dieses Tags gilt dann für den gesamten nachfolgenden Text, so lange, bis die Funktion des Tags durch einen weiteren Tag </x> aufgehoben wird. Einige Tags benötigen keinen solchen Abschlusstag.

Tags können durch Parameter erweitert werden. Ein solcher erweiterter Tag hat dann die Form <x param1=y param2=z ...>. Der Wert eines Parameters, also der Text nach dem Gleichheitszeichen kann auch in Anführungszeichen gestellt werden. Die Bedeutung solcher Parameter ist von Tag zu Tag unterschiedlich. Einige beinhalten detailliertere Formatierungsanweisungen, während andere wichtige Informationen zur Navigation in Hypertext-Dokumenten angeben können.

Sprachen wie HTML, SGML oder LaTeX ist gemein, dass sie im Wesentlichen die logische Struktur eines Textes bzw. Dokuments beschreiben, das ganz spezielle Layout jedoch den Programmen überlassen, die die Dokumente schließlich verwenden und darstellen. Im Falle von HTML sind dies gewöhnlich die Web-Browser, die ein von einem Web-Server empfangenes Dokument auf dem Bildschirm des Benutzers darstellen. So kann der eine Browser sich etwa entscheiden, den Tag für eine Überschrift der obersten Ebene so zu interpretieren, dass er den entsprechenden Text in 24 Punkt Times Roman setzt, während ein anderer Browser denselben Text in 18 Punkt Courier und zusätzlich in roter Farbe darstellt.

Wie man sich vorstellen kann, ist es für jeden Grafikdesigner und Marketing-Manager eine grauenhafte Vorstellung, dass von ihnen designte Seiten anders aussehen könnten als beabsichtigt. Aus diesem Grund gibt es inzwischen eine Reihe von HTML-Erweiterungen, die dem Browser keine allzu große Wahl bei der Darstellung mehr lassen. In diesen Bereich gehören beispielsweise die so genannten Cascading Style Sheets (CSS).

Man kann sich HTML-Dokumente zwar im Quelltext ansehen, schließlich sind sie in ASCII geschrieben, aber heute muss niemand mehr HTML-Code von Hand schreiben. Es

2.2 Architektur moderner Web-Anwendungen

gibt eine Vielzahl von HTML-Editoren, die eine WYSIWYG-Gestaltung („What you see is what you get") von Web-Seiten ermöglichen.

2.2.3 Dynamische Web-Seiten-Erzeugung

Die ersten HTML-Seiten im Web waren statischer Natur. Sie wurden einmal geschrieben und dann auf einem Web-Server abgelegt, um dort für ewige (Internet-)Zeiten zu schlummern bzw. von Zeit zu Zeit gelesen zu werden. Wollte man Informationen darstellen, die sich häufig änderten, dann blieb einem nichts anderes übrig, als die Seiten regelmäßig nach Bedarf von Hand zu ändern. Sie können sich vorstellen, dass das schnell anstrengend wurde, z.B. wenn man ein Aktienkursinformationssystem betreiben wollte.

Deshalb kam man recht schnell (in den ersten Jahren nach Erfindung des Webs) auf die Idee, diesen Prozess zu automatisieren. Was man benötigte, war ein Mechanismus, der Web-Seiten automatisch erzeugen konnte, wenn er dazu, z.B. wegen eines Client-Aufrufs, aufgefordert wurde. Dieses Vorgehen, man spricht von dynamischer Webseitengenerierung, ist heute natürlich Standard; es gibt inzwischen eine ganze Reihe von Ansätzen, die so eine dynamische Seitenerzeugung erlauben.

Werfen wir einen kurzen Blick auf die wichtigsten und bekanntesten Verfahren, bevor wir dann in den nächsten beiden Abschnitten sehen werden, wie sich ein solcher Ansatz in eine umfassendere Anwendungsarchitektur integrieren lässt. Wir konzentrieren uns hier auf diejenigen Ansätze, die in den Web-Server integriert werden. Man kann auch auf der Client-Seite Dynamik in die Webseitenerzeugung bringen; dieser Ansatz spielt jedoch für den Rest des Buches keine Rolle, so dass wir ihn aussparen. Hier die Liste der wichtigsten server-seitigen Verfahren:

- CGI-Skripte bzw. -Programm
- Active Server Pages (heute ASP.Net)
- Java Server Pages
- Java Servlets
- PHP

CGI-Skripte sind Programme, die auf einem Web-Server abgelegt sind und vom Client zur Ausführung veranlasst werden. Als Eingabe erhält ein CGI-Skript eine Reihe von Variablennamen samt deren Werten, die normalerweise vom Client bzw. dem Benutzer gesetzt wurden. Mit den Eingaben wird das Skript ausgeführt. Die meisten Skripte generieren als Ausgabe eine neue Web-Seite, die dann an den Client zurückgeschickt wird. Traditionell werden CGI-Skripte in der Skriptsprache Perl geschrieben, wobei aber auch Lösungen in C oder anderen compilierten Programmiersprachen möglich sind und auch eingesetzt werden.

Active Server Pages sowie deren Vorläufer, die *Server-Side Includes*, verfolgen einen etwas anderen Ansatz. Hier werden HTML-Seiten nicht vollständig neu generiert. Vielmehr werden Templates (Vorlagen) zur Verfügung gestellt, die bei ihrem Aufruf durch einen Client noch modifiziert werden müssen. Solche Templates beinhalten neben dem normalen HTML-Code auch besondere Kommandos, die beim Lesen des Dokuments ausgeführt werden. Das Ergebnis der Ausführung wird dann anstelle der Kommandos in das HTML-Dokument eingefügt. Zum besseren Verständnis wollen wir ein einfaches Beispiel aus dem Bereich der Server-Side Includes betrachten. Die Kommandos `#fsize` und `#flastmod` geben die Größe einer Datei und das Datum ihrer letzten Veränderung aus. Um dies für die Datei `beispiel.html` zu tun, muss das folgende Kommando in ein HTML-Dokument eingetragen werden:

```
Die Datei <tt>beispiel.html</tt> ist
<!-- #fsize file="beispiel.html"--> Bytes groß und wurde
zuletzt zu folgendem Zeitpunkt geändert:
<!-- #flastmod file="beispiel.html"-->
```

Beim Aufruf durch den Client wird nun das Dokument zunächst verarbeitet und alle Kommandos werden durch deren Aufrufergebnisse ersetzt, womit sich auf dem Bildschirm des Clients z.B. Folgendes ergeben kann:

> „Die Datei `beispiel.html` ist 15342 Bytes groß und wurde zuletzt zu folgendem Zeitpunkt geändert: Donnerstag, 24.01.2000, 7:44 h."

Active Server Pages haben inzwischen eine gründliche Renovierung erlebt und sind eine der zentralen Komponenten in der .Net-Umgebung. Wir werden bei deren Vorstellung deshalb noch einmal darauf eingehen.

Java Server Pages und Servlets sind schon jüngere Varianten zur dynamischen Erstellung von Web-Seiten. Sie kombinieren die Ideen und Vorteile von früheren Ansätzen, vor allem von Active Server Pages, Java Applets und CGI-Programmen. Wir werden auf beide Themen noch einmal intensiv bei der Diskussion der J2EE-Umgebung eingehen.

Eine wichtige Grundlage all dieser Ansätze bildet jedoch weiterhin (wie schon bei statischen Web-Seiten) die Seitenbeschreibungssprache HTML. Die Ausgaben der oben beschriebenen Programme, seien es nun Servlets oder CGI-Programme, sind immer noch HTML-Dokumente, die nach ihrer Generierung vom Web-Server an den Client geschickt werden. Und auch die Eingaben an ein Programm, das dynamische Web-Seiten generiert, werden über in HTML beschriebene Dokumente vorgenommen. Der übliche Ansatz ist hier, den Benutzer einige für den Programmablauf notwendige Eingaben machen zu lassen und diese Eingaben dann mittels HTTP an den Server und damit weiter an das Programm zur Verarbeitung zu schicken. Als Ergebnis erhält der Client schließlich das generierte HTML-Dokument und stellt es im Browser-Fenster dar. Die Benutzereingaben erfolgen über so genannte Formulare, also editierbare Dokumente.

2.2.4 N-Tier-Architectures

Nun kennen wir die im WWW zur Verfügung stehende Infrastruktur und können die Frage beantworten, wie verteilte Anwendungen auf dieser Basis implementiert werden können.

Wenn Sie sich eine konkrete Web-Anwendung vorstellen, etwa Amazon.de, dann denken Sie als Benutzer zunächst einmal an die Benutzerschnittstelle, die durch den Browser und die dort dargestellten HTML-Dokumente gebildet wird. Sie können sich aber auch leicht vorstellen, dass dahinter zumindest auch so etwas wie eine Datenbank laufen muss, in der z.B. alle Informationen über die Bücher gespeichert sind, die Amazon verkauft. Und dann muss es schließlich noch eine Präsentations- und Anwendungslogik geben, die die Anwendung erst zum Leben erweckt. Dazu gehört z.B. die Verwaltung der ausgesuchten Bücher, der Bezahlvorgang und all das ganze Drumherum, welches das Einkaufen und „Stöbern" bei Amazon interessant macht.

In Web-Anwendungen lassen sich diese vier generischen Komponenten nun auf unterschiedliche Art und Weise auf physikalische Knoten des Systems, sprich auf Computer, verteilen. Für die verschiedenen Varianten, die sich dadurch ergeben, hat sich der schon genannte Überbegriff der *N-Tier-Architektur* herausgebildet. Der Begriff deutet an, auf wie viele Ebenen die Komponenten verteilt werden. In der Praxis findet man als Ausbildungen die 2-, 3- und 4-Tier-Architekturen, die entsprechend aus zwei, drei oder vier Ebenen bestehen.

Die einfachste Variante ist die 2-Tier-Architektur, in der die Präsentationskomponente auf den Client-Rechnern und alle anderen Komponenten auf einem einzigen Server-Rechner untergebracht sind. Die grundlegende Ausprägung ist in Abbildung 2.7 dargestellt.

Tier 1: Präsentationsebene   Tier 2: Anwendung und Daten

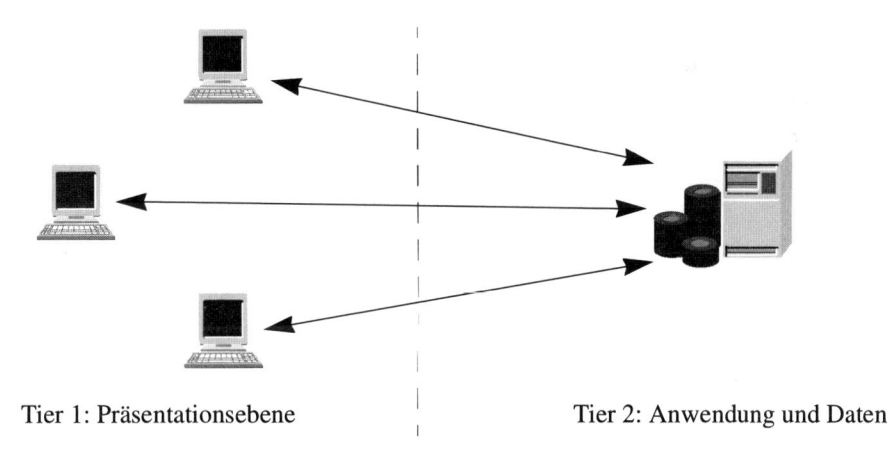

Abbildung 2.7: 2-Tier Architektur

Ein typisches Beispiel für diese Form der verteilten Anwendung sind TCP-basierte Client-Server-Anwendungen, die direkt aus dem Server-Prozess auf eventuell vorhandene Datenbanken zugreifen.

Einen Schritt weiter geht die 3-Tier-Architektur, die in Abbildung 2.8 zu sehen ist. Das wichtige Prinzip besteht hier darin, die Server-Komponenten weiter aufzuteilen, indem die eigentlichen Anwendungen von den Datenbeständen und eventuellen nicht verteilten Legacy-Anwendungen (Anwendungen, die bereits in der IT-Infrastruktur einer Organisation existieren und in die verteilte Landschaft integriert werden müssen) getrennt werden. Dies ist die derzeit dominierende Architektur, nach der sich der Großteil der Servlet- und CORBA-Anwendungen richtet.

4-Tier-Architekturen schließlich nehmen eine weitere Aufteilung vor, indem sie die Server-Schnittstelle auch noch von den Anwendungen trennen. Das entstehende Grundgerüst zeigt Abbildung 2.9. Die erste Ebene wird weiterhin von der grafischen Benutzerschnittstelle zum Client gebildet, die meist durch Web-Browser repräsentiert ist. Clients nehmen nur Kontakt zum Web-Server auf, der aber wiederum selbst nur zur Abwicklung des HTTP-Protokolls bzw. Übersetzung der Anfragen in andere Protokolle zuständig ist. Auch hier können z.B. Servlets auf dem Web-Server mit dieser Aufgabe betraut sein. Die eigentliche Anwendungslogik findet sich jedoch auf der dritten Ebene, die z.B. durch CORBA-Objekte repräsentiert ist. Allein diese Objekte können auf den eigentlichen Datenbestand zugreifen, der in der vierten Ebene über Datenbanken oder Legacy-Anwendungen zur Verfügung steht.

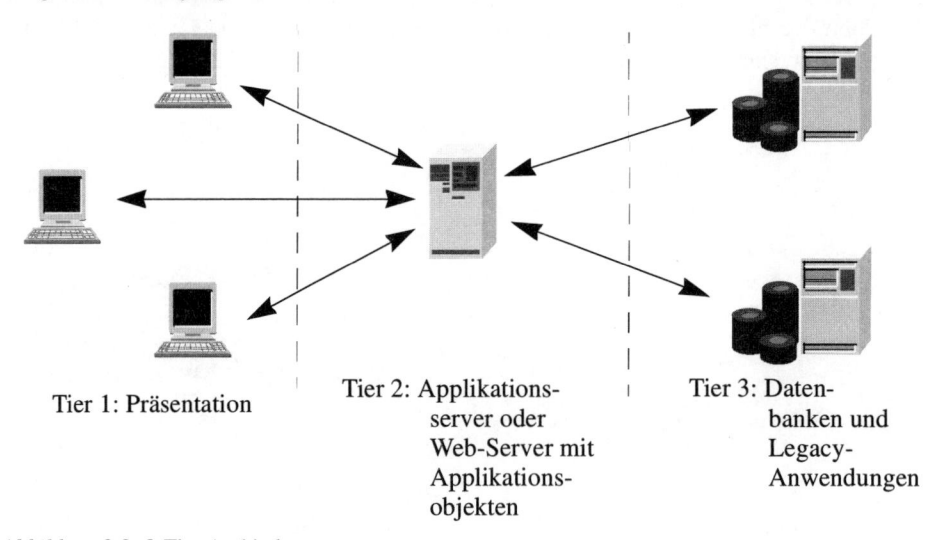

Abbildung 2.8: 3-Tier Architektur

Die im weiteren Verlauf dieses Buchs entwickelten Beispiele werden im Wesentlichen aus dem Bereich der 3-Tier-Architekturen kommen. Wir wollen jedoch auch zeigen, wie sich

2.2 Architektur moderner Web-Anwendungen

mit Hilfe von Servlets und CORBA-Objekten sinnvolle 4-Tier-Architekturen aufbauen lassen.

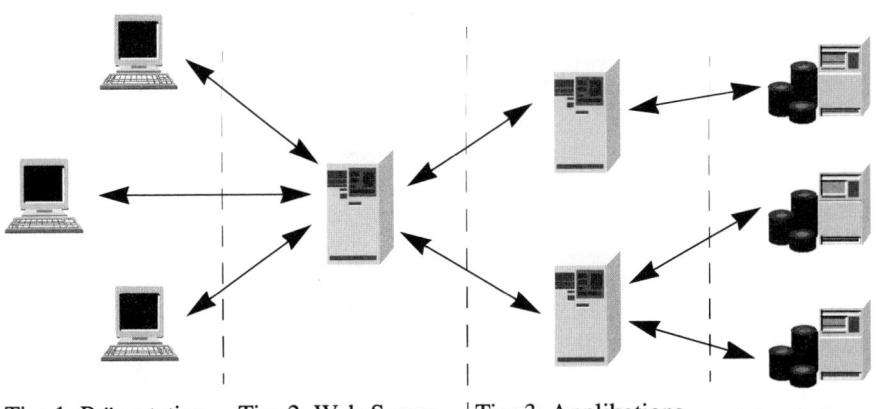

Tier 1: Präsentation   Tier 2: Web-Server   Tier 3: Applikationsserver   Tier 4: Datenbanken

Abbildung 2.9: 4-Tier Architektur

Nun stellt sich natürlich die Frage, was der Grund für eine Aufteilung insbesondere der Server-Komponenten auf verschiedene logische bzw. physikalische Komponenten ist. Diese Frage beantworten die folgenden drei Abschnitte, indem sie auf die Themen *Thin Clients*, Sicherheit und Skalierbarkeit eingehen.

Die weitgehende Aufteilung der Architektur eines verteilten Systems in verschiedene Komponenten mit jeweils unterschiedlichen Verantwortungsbereichen erlaubt grundsätzlich die Schaffung einfacherer und damit beherrschbarerer Einzelkomponenten. Das Ergebnis auf der Client-Seite besteht in der Entwicklung von *Thin* (deutsch: „dünn") *Clients*. Ein Thin Client ist ein Client-Programm, das praktisch keine Anwendungslogik enthält, sondern nur noch die Präsentationsschnittstelle zum eigentlichen Anwendungsprogramm bietet, das dann unter Umständen verteilt auf den verschiedenen Servern läuft. Zum Teil wird bei Ausführung der Anwendung und Benutzung der grafischen Schnittstelle Anwendungslogik auf den Client-Rechner geladen und dort lokal ausgeführt. Das Laden erfolgt jedoch nicht von der lokalen Festplatte, sondern immer über das Netz von einem Server.

Die heute gängigste Variante eines Thin Clients ist ein Web-Browser. Ein Web-Browser besitzt überhaupt keine Informationen über spezifische Anwendungen. Er hat einzig und allein die Fähigkeit, Web-Seiten darzustellen und eventuell noch Applets auszuführen. Wenn eine bestimmte Anwendung benutzt werden soll, dann müssen die entsprechenden Web-Seiten von einem Web-Server geladen werden.

Die Verwendung von Thin Clients hat eine Reihe von Vorteilen:

- Auf dem Client-Rechner entfällt die Notwendigkeit der Installation von Programmkomponenten. Damit sind weder Umkonfigurationen des Rechners noch regelmäßige Updates der Client-Software notwendig.
- Benutzer müssen sich nicht für jede verteilte Anwendung auf eine neue Benutzerschnittstelle einstellen. Der Zugriff erfolgt in jedem Fall über die bekannte Web-Browser-Schnittstelle. Damit entfällt zu einem nicht zu vernachlässigenden Teil der Schulungsaufwand.
- Client-Rechner können insgesamt günstiger ausgestattet werden, da teure große Festplatten zur Speicherung der Anwendungsprogramme entfallen können. Thin Clients sind damit ein wichtiger Schritt auf dem Weg Richtung *Network Computing* anstelle von *Personal Computing*.

Ein weiterer wichtiger Punkt ergibt sich durch die *Skalierbarkeit* des N-Tier-Ansatzes. Offensichtlich lassen sich auf diese Weise umso mehr Clients unterstützen, je mehr *Tiers* verwendet werden. Es sei an dieser Stelle nur ein kleines Beispiel genannt: Wenn Clients direkt auf Datenbanken zugreifen, muss jeder Client eine TCP-Verbindung zu diesem Datenbankrechner aufbauen. Außerdem erhält jeder Client auf dem Datenbankrechner oft einen eigenen Prozess, der die Aufgabe hat, die Client-Anfrage abzuwickeln. Durch das Bündeln der Client-Anfragen über einen Applikations-Server genügt es jedoch, wenn der Applikations-Server eine einzige Verbindung zu dem Datenbankrechner betreibt und alle Datenbankanfragen der Clients über diese eine Verbindung abwickelt. Es werden damit wertvolle Ressourcen auf dem Datenbankrechner eingespart.

Aus dem Ansatz der Web-Anwendungen, wie wir ihn jetzt vorgestellt haben, ist inzwischen viel mehr geworden. Inzwischen werden auf dieser Technologiebasis unternehmensweite Anwendungen implementiert, die zahlreiche Geschäftsprozesse umfassen. Und schließlich gehen die Einsatzgebiete inzwischen über ein einzelnes Unternehmen hinaus: B2B (Business-to-Business) Anwendungen spielen eine immer wichtigere Rolle bei der Integration der eigenen Geschäftsprozesse und Anwendungen mit denen der Kunden und Lieferanten. Um solche großen Konzeptionen auch umsetzen zu können, bedarf es nicht nur der in Abschnitt 2.2.3 vorgestellten Techniken, sondern einer kompletten Architektur, um die Komplexität bewältigen zu können.

Solche Architekturen gibt es inzwischen; dort sind solche Techniken wie Java Servlets oder Active Server Pages natürlich eingegangen. Wir wollen uns die beiden wichtigsten Architekturen nun ansehen und beginnen mit der Java 2 Enterprise Edition.

2.3 Die Java 2 Enterprise Edition (J2EE)

Die Java 2 Enterprise Edition oder J2EE ist die ältere der beiden großen Architekturen. Wie der Name schon sagt, stützt sie sich voll auf die Programmiersprache Java, ist aber auf vielen gängigen Betriebssystemen verfügbar. Wir wollen uns in diesem Abschnitt einen Überblick über die J2EE verschaffen. Dazu beginnen wir mit einem Blick auf die Java-Welt an sich, die eben nicht nur aus der J2EE besteht. Anschließend zeigen wir

Ihnen, wie Sie selbst Ihre Java-Umgebung auf Ihrem Rechner installieren können. Um die J2EE nutzen zu können, sollte man einigermaßen Java programmieren können, weshalb wir um eine Kurzeinführung in die Sprache nicht herumkommen. Viel wichtiger aber als die Sprache ist die J2EE-Klassenbibliothek, die es Anwendungen erst ermöglicht, die Mächtigkeit von J2EE voll zu nutzen. Dazu gehören auch die heute – zum Teil frei – verfügbaren Werkzeuge, die man benötigt, um die entsprechenden Schichten der N-Tier-Architecture zu realisieren. Zum Abschluss des Abschnitts wollen wir uns dann anschauen, wie Web-Anwendungen bzw. Enterprise Applications mit J2EE realisiert werden können.

2.3.1 Konzeption der Java-Welt – von J2ME, J2SE und J2EE

Java wurde von der Firma Sun Microsystems entwickelt, genauer von einem Team um James Gosling, der in der Internet- und Unix-Gemeinde vor allem für die Entwicklung des Texteditors Emacs bekannt war. In der ursprünglichen Planung war Java (das in der Originalfassung noch *Oak* hieß) gar nicht als Sprache für das Internet gedacht, sondern zur Steuerung aller Arten von Haushaltsgeräten wie z.B. Toastern, Mikrowellen, Fernsehern oder Stereoanlagen. Gängige Sprachen wie C oder C++ waren wegen ihrer Größe, aber auch wegen der Tatsache, dass in ihnen geschriebene Programme für jeden Prozessor speziell kompiliert werden mussten, wenig geeignet. Hardwarehersteller müssen sich sehr stark an Kosten und Leistung orientieren und deshalb bei der Einführung neuer Produktvarianten oft auf neuere Steuerungsprozessoren umsteigen. Die Software müsste in diesem Fall mit großem Aufwand jedes Mal wieder neu kompiliert werden.

Die seit 1990 entwickelte Sprache hatte deshalb auch die notwendigen Eigenschaften, d.h., sie war relativ klein, zuverlässig durch ihr striktes Typenkonzept und vor allem war sie prozessorunabhängig, da Java-Programme nicht übersetzt, sondern *interpretiert* werden. Das bedeutet, dass auf einem Prozessor nur eine Ausführungsumgebung für Java zur Verfügung stehen musste, und sofort war jedes Java-Programm, das sich an den Sprachstandard hielt, ohne jede Änderung ausführbar.

Als dann in der ersten Hälfte der neunziger Jahre das World-Wide Web seinen Siegeszug antrat, erkannten die Entwickler recht schnell, dass ihre Sprache genau das war, was sie benötigten, um Web-Seiten dynamischer zu gestalten. Wenn man beliebige Programme auf dem Web-Browser des Benutzers ausführen wollte, um den Inhalt der Seiten Client-seitig zu ändern, mussten folgende Anforderungen an die verwendete Programmiersprache gestellt werden:

- Die Programme mussten auf jeder beliebigen Prozessorarchitektur ausführbar sein, denn sie würden auf einem Server abgelegt sein und zur Ausführung von einem Web-Browser geladen werden. Dabei durfte es keinerlei prinzipielle Einschränkungen geben, egal, auf was für einem Rechner der Browser laufen würde.

- Die Programme mussten möglichst klein sein, denn sie mussten über das relativ langsame Netz übertragen werden. Je größer die Programme, desto länger musste der Benutzer auf die Anzeige der Seite warten.

- Die Sprache durfte wenig Sicherheitslöcher offen lassen, denn in einer Netzumgebung spielt die Kommunikationssicherheit eine wichtige Rolle.

Java erfüllte diese Bedingungen in optimaler Weise. Im Jahre 1995 wurde die Java-Technologie offiziell angekündigt und ebenfalls gleich ein Web-Browser geliefert, der in der Lage war, Java-Programme auszuführen und die Ergebnisse am Bildschirm darzustellen. Außerdem kündigte die Firma Netscape an, die Java-Technologie auch in ihrem eigenem Browser zu unterstützen. Dies führte zum endgültigen Durchbruch der Sprache.

Heute liegt die Standardisierung der Sprache weiterhin in den Händen von Sun Microsystems. Sun und andere Anbieter haben im Laufe der Zeit eine reichhaltige Palette an Klassenbibliotheken zur Lösung aller möglichen Anwendungsprobleme geschrieben. Mit dem Java Development Kit JDK stellt Sun das Herz von Java, nämlich die Klassenbibliotheken sowie einige Werkzeuge zum Erstellen von Programmen, kostenfrei zur Verfügung. Dies ist ein weiterer Grund für die rasche Verbreitung der Sprache. Es gibt jedoch heute auch zahlreiche kommerzielle Angebote, die von weiteren Klassenbibliotheken über integrierte Entwicklungsumgebungen hin zu komplett in Java geschriebenen Anwendungen reichen.

Heute hat Sun das Java-Angebot, das übrigens als *Java 2* bezeichnet wird, in drei große Blöcke aufgeteilt, die jeweils unterschiedliche Anforderungen erfüllen können. Der Kern von Java wird durch die Java 2 Standard Edition (J2SE) gebildet. Sie enthält alles, was man benötigt, um „normale" Programme auf einem Rechner zu implementieren: eine virtuelle Java-Maschine, einen Java-Compiler, einige zusätzliche Werkzeuge sowie eine riesiege Klassenbibliothek für verschiedenste Zwecke, darunter einfache Unterstützung für die Netzkommunikation, mit deren Hilfe verteilte Anwendungen geschrieben werden können, die nicht zu komplex sind.

Nach unten rundet die Java 2 Micro Edition (J2ME) das Angebot ab. J2ME ist das Java für eingebettete Systeme wie z.B. Handys. Es benötigt sehr viel weniger Speicherplatz, ist aber auch wesentlich schlechter ausgestattet als J2SE.

Der professionelle Bereich wird schließlich durch die J2EE abgedeckt. Mit deren Hilfe kann man auf sehr komfortable Art äußerst mächtige verteilte Anwendungen realisieren. Die J2EE ist kein allein ablauffähiges Paket, man muss, bevor man sie benutzen kann, immer zunächst die J2SE installieren. Sie besteht aus einer Reihe von Werkzeugen, die rund um einen frei verfügbaren einfachen Web- und Applikations-Server gruppiert sind, und einer Klassenbibliothek, die die Enterprise-Eigenschaften realisiert. Zur Drucklegung dieses Buches sind J2SE und J2EE jeweils in den Versionen 1.4 verfügbar. J2EE 1.4 ist noch sehr „frisch" und enthält als wesentliche uns interessierende Neuerung gegenüber der Version 1.3 die Unterstützung von Web Services, doch darüber werden wir natürlich später noch sehr viel mehr hören.

Zur J2EE gehört jedoch neben diesen Softwarepaketen eine ganze Konzeption, die sich in der Verfügbarkeit einer Architekturbeschreibung, von sog. *Blue Prints*, also Mustern zur Implementierung von J2EE-Anwendungen, und einer größeren Sammlung von Tutorials ausdrückt. Als Entwickler wird man also nicht mit dem riesigen Softwareangebot allein gelassen. Und wenn die angebotenen Hilfen nicht ausreichen, so bleiben immer noch die vielen *Communities*, in denen man sich Rat holen kann. Es sind übrigens nicht nur gleich-

2.3 Die Java 2 Enterprise Edition (J2EE)

gesinnte Nutzer, sondern oft genug auch die Java-Gurus von Sun, die in diesen Gruppen aktiv sind.

Rund um Java hat sich ansonsten eine lebhafte Software- und Beratungsindustrie gesammelt. Viele große und etablierte Firmen wie z.B. IBM oder Borland bieten J2EE-Produkte an, andere sind erst im J2EE-Umfeld wirklich bedeutend geworden wie z.B. die Firma BEA. Sun selbst unterstützt diese Entwicklungen massiv, da es natürlich im ureigensten Interesse der Firma liegt, Java so stark wie möglich zu machen. Dazu werden u.a. regelmäßig Java-Entwicklerkonferenzen, die JavaONE-Serie, organisiert. Man kann sicherlich sagen, dass Java und das Java-Umfeld heute zu den bedeutendsten Zweigen der Softwareindustrie gehört.

2.3.2 Java-Umgebungen laden und installieren

An die aktuellen Java-Programmierumgebungen kommt man am besten über die Web-Seite (s. Abbildung 2.10:)

```
http://java.sun.com.
```

Dort wird man schnell auf die entsprechenden Seiten der J2ME, J2SE oder J2EE geleitet. J2SE und J2EE stehen zurzeit für das Sun-eigene Betriebssystem Solaris sowie für Microsoft Windows in den verschiedenen Ausprägungen und für Linux zur Verfügung. Wir vermuten, dass es Java-Portierungen auch für einige andere Betriebssysteme gibt.

Abbildung 2.10: Die Java-Web-Seite

Laden Sie sich zur Installation der Pakete bitte die entsprechenden Dateien für Ihr jeweils benutztes Betriebssystem herunter und folgen Sie den zumeist einfachen Anweisungen zur Installation. Denken Sie daran, zuerst die J2SE und dann die J2EE zu installieren.

2.3.3 Ein kurzer Überblick über die Sprache Java und Standardwerkzeuge

Java ist ein Paradebeispiel für eine objektorientierte Programmiersprache. Ohnehin kann man sagen, dass neue Programmiersprachen heutzutage in den meisten Fällen objektorientierte Eigenschaften aufweisen. Das bedeutet im Wesentlichen, dass Daten und Programme nicht mehr getrennt voneinander betrachtet werden. Ein objektorientiertes Programm modelliert die reale Welt als eine Sammlung von miteinander kommunizierenden Objekten. Jedes Objekt besitzt einen Zustand, der durch interne Variablen repräsentiert wird, und Methoden, mit denen der Zustand abgefragt oder verändert werden kann. Kommunikation zwischen Objekten findet durch Methodenaufruf statt. Einem Objekt ist es normalerweise nicht möglich, direkt auf den internen Zustand anderer Objekte zuzugreifen; dies bezeichnet man als Information Hiding. Objekte gleichen Typs werden zu Klassen zusammengefasst; vergleicht man objektorientierte mit der traditionelleren prozeduralen Programmierung, dann entsprechen Klassen den dortigen Datentypen und Objekte den Instanzen bzw. Variablen.

Ein Problem, das sich aus der Kapselung von Daten mit ihren Zugriffsmethoden ergibt, ist das der *Redundanz*. Prinzipiell benötigt man für jeden einzelnen Datentyp auch jeweils eigene Zugriffsmethoden, selbst wenn die Methoden sich in ihrem Verhalten sehr ähnlich sind. Als Beispiel betrachte der Leser je eine Klasse zur Modellierung eines Quadrats und eines Rechtecks. Bei beiden Klassen sähe die Methode zur Berechnung der Fläche gleich aus, indem nämlich die Länge mit der Breite multipliziert würde. Wegen der Kapselung müsste jedoch die Methode bei beiden Klassen sowohl programmiert als auch gespeichert werden – ein offensichtlich überflüssiger Aufwand.

Die Lösung besteht bei objektorientierter Programmierung in der Einführung von *Klassen-* bzw. *Objekthierarchien* mit Hilfe des Prinzips der Vererbung. Hierarchien bestehen aus mehreren baumartig angeordneten Klassen. Eine Klasse, die in der Hierarchie höher steht, wird als Oberklasse, die tiefer stehende entsprechend als Unterklasse bezeichnet. Eine Unterklasse besitzt sämtliche Methoden und Zustandsvariablen (also alle Eigenschaften) ihrer Oberklasse sowie eventuell zusätzliche eigene. Sie kann außerdem, falls Bedarf besteht, Methoden der Oberklasse überschreiben. Dies wird dann als *Overloading* bezeichnet.

Das letzte für uns wichtige Prinzip ist das der Abstraktion. Abstraktion wird oftmals, aber nicht notwendigerweise, zusammen mit Vererbung eingesetzt. Man geht dabei so vor, dass man bei der Oberklasse Methoden nur deklariert, aber nicht ausprogrammiert. Eine solche Klasse ist dann abstrakt, es können keine Instanzen davon erzeugt werden. Schreibt man eine Unterklasse, die die Eigenschaften der Oberklasse erbt, dann muss man die abstrakte Methode angeben, um tatsächlich Instanzen erzeugen zu können. Abstraktion kann auch mittels *Schnittstellen* erreicht werden. In einer Schnittstelle werden nur Deklarationen von Methoden angegeben. Diese Methoden müssen dann von Klassen ausprogrammiert werden, die behaupten, diese Schnittstelle zu implementieren. Schnittstellen sind aus soft-

2.3 Die Java 2 Enterprise Edition (J2EE)

waretechnischer Sicht ein wichtiges Instrument, um Anforderungen an die Implementierung einer Klasse zu spezifizieren.

Java-Programme bestehen aus einer Menge von Objekten, von denen eines dadurch ausgezeichnet ist, dass es eine main()-Methode besitzt. In dieser Methode beginnt die Verarbeitung eines Programms, wenn es aufgerufen wird. Verteilte Anwendungen in Java bestehen aus mehreren solcher Programme, die über das Netzwerk miteinander kommunizieren. Je nach verwendetem Kommunikationsmechanismus „sieht" der Anwendungsprogrammierer mehr oder weniger von der eigentlichen Kommunikation: Bei Verwendung der Socket-Klassen von Java muss die Kommunikation explizit programmiert werden, bei den höherwertigen Mechanismen der J2EE und später dann auch der Web Services wird die Kommunikation automatisch im Hintergrund durchgeführt.

Wir werden hier natürlich keine vollständige Java-Einführung geben, da dies den Rahmen des Buches doch sprengen würde. Trotzdem wollen wir ein wenig das Gefühl für Java-Programme vermitteln, wobei auch diejenigen, die bisher nicht in Java programmiert haben, schnell feststellen werden, dass auch die Java-Programmierung kein Hexenwerk ist. Betrachten wir also ein kleines Beispiel für ein Java-Programm, bestehend aus mehreren Objekten, in dem mit geometrischen Formen gearbeitet wird. Wir schreiben zunächst das Hauptprogramm, das nur aus einer main()-Methode besteht:

```java
public class Beispiel {
    public void main() {
        Quadrat q = new Quadrat(5);
        Kreis k= new Kreis(3);

        float flaeche1 = q.flaeche();
        float flaeche2 = k.flaeche();
    }
}
```

In diesem Programm werden zwei Objekte instanziiert, nämlich ein Quadrat und ein Kreis. Anschließend wird je eine Methode der entsprechenden Klasse aufgerufen und das Ergebnis zwei lokalen Variablen zugewiesen.

Was uns nun noch fehlt, sind die Implementierungen der beiden Klassen. Dazu denken wir uns eine kleine Klassenhierarchie, bestehend aus den Klassen Form, Quadrat und Kreis aus. Die abstrakte Klasse Form soll die Oberklasse der beiden anderen Klassen sein. Sie hat das folgende, für uns stark vereinfachte Aussehen:

```java
public class Form {
    public Form() { }
    public float flaeche();
}
```

Die Methode Form() ist ein so genannter *Konstruktor*, der aufgerufen wird, sobald eine neue Instanz von Form bzw. einer ihrer Unterklassen erzeugt wird. In Konstruktoren werden Initialisierungsaufgaben erledigt.

Die beiden Unterklassen müssen nun die abstrakte Methode flaeche() implementieren. Außerdem gibt es jeweils noch Instanzvariablen und Konstruktoren, die speziell auf die jeweilige Klasse zugeschnitten sind:

```
public class Quadrat extends Form {
   int kantenlaenge;

   public Quadrat(int l) {
      kantenlaenge = l;
   }

   public float flaeche() {
      return kantenlaenge*kantenlaenge;
   }
}
```

Der Konstruktor initialisiert die Instanzvariable kantenlaenge mit dem entsprechenden Wert aus dem Aufruf (s. dazu das Hauptprogramm). Ähnlich gehen wir bei Kreis vor:

```
public class Kreis extends Form {
   int radius;

   public Kreis(int r) {
      radius = r;
   }

   public void flaeche() {
      return 2*pi*radius*radius; //pi sei eine Konstante
   }
}
```

Fertige Klassen wie die obigen Form, Quadrat und Kreis, können in Archiven gespeichert und bei Bedarf in eigene Programme eingebunden werden (mittels des import-Befehls). Solche Archive nennt man in der objektorientierten Programmierung Klassenbibliotheken.

Dies soll als kurzer Java-Überblick genügen. Wir werden in den einzelnen Kapiteln noch eine Reihe von Beispielen sehen, die direkt die Nutzung von Klassenbibliotheken, insbesondere für Web Services, zeigen werden. Dazu wollen wir uns aber nun zunächst den Inhalt der J2EE-Klassenbibliothek anschauen.

2.3.4 Die J2EE-Klassenbibliothek

In J2EE stehen zunächst einmal alle Klassen der J2SE-Bibliothek zur Verfügung. Das an sich ist bereits ein riesiges Reservoir an fertigen Programmbausteinen. Wir wollen hier nicht näher auf die Komponenten eingehen, aber unter

```
http://java.sun.com/j2se/1.4.1/docs/api/
```

2.3 Die Java 2 Enterprise Edition (J2EE)

sind sämtliche Programmierschnittstellen (APIs) dokumentiert. In der J2EE-Bibliothek finden sich nun vor allem APIs, um komfortabel Komponenten für N-Tier-Anwendungen schreiben zu können. Eine detaillierte Beschreibung findet sich unter

```
http://java.sun.com/j2ee/1.4/docs/api/
```

Da aber die J2EE eine wichtige Rolle für die Entwicklung von Web Services spielt, wollen wir darauf etwas genauer eingehen. Die folgende Liste gibt einen Einblick in die Mächtigkeit der J2EE:

- Die APIs für die Web-Ebene, also insbesondere *Java Servlets* und *Java Server Pages (JSP)*: Wie viele Komponenten der J2EE waren diese beiden Technologien ursprünglich als Zusatzpaket zur J2SE verfügbar gemacht worden, wurden jedoch dann in die J2EE integriert. Wir hatten weiter vorne schon gelernt, dass Servlets und Java Server Pages Techniken sind, um dynamisch Web-Seiten zu generieren. Ein Servlet bzw. eine JSP wird per URL aufgerufen und läuft dann (im Falle einer JSP nach einer Übersetzung in ein Servlet) in einer Servlet-Engine. Wir werden später noch sehen, wie man sich diese Technologie für Web Services zunutze machen kann.

- Auf der Applikationslogikebene ist sicherlich die Sammlung der APIs rund um das Thema Enterprise Java Beans (EJB) die wichtigste, unterstützt durch JNDI (Java Naming and Directory), den Namensdienst innerhalb der Java-Welt, den Java Transaction Service (JTS) zur atomaren Ausführung größerer Programmblöcke und den Java Authentication and Authorization Service (JAAS) zur Implementierung von Sicherheitseigenschaften. EJBs sind gekapselte Anwendungslogikkomponenten, die sehr flexibel konfiguriert, installiert und genutzt werden können. Prinzipiell ist eine EJB auf jedem beliebigen Applikations-Server lauffähig, der sich an die EJB-Spezifikation hält. In der neuesten Variante ist es möglich, auch direkt per Web Service auf EJBs zuzugreifen, wobei der Standardweg eigentlich darin besteht (wie es die 4-Tier-Architecture ja auch vorschreibt), Benutzer über Servlets auf dem Web-Server auf EJBs zugreifen zu lassen.

- Um die Verbindung zur Datenebene zu schaffen, gibt es einerseits die weithin bekannte JDBC-Technologie (Java Database Connectivity), über die sich der Zugriff auf relationale Datenbanken kapseln lässt, und das neuere JCo-API (Java Connector), das die Verbindung zu ERP-Systemen wie SAP R/3 bzw. mySAP erlaubt.

- Asynchrone Kommunikation zwischen Komponenten einer N-Tier-Anwendung kann man mittels JavaMail oder JMS (Java Message Service) implementieren. Dies ist besonders sinnvoll, wenn man die einzelnen Komponenten stärker voneinander entkoppeln will, weil sie z.B. mobil sind und die ständige Verbindung nicht möglich ist. Auch JMS wird uns im Verlauf des Buchs noch weiter beschäftigen.

- Schließlich sind seit der Version 1.4 eine Reihe von APIs zur Unterstützung von Web Services Teil der J2EE-Spezifikation. Dazu jedoch später mehr.

Für eine wirklich tiefgehende Einführung in die Nutzung dieser Klassen, also insbesondere derjenigen, die nichts oder nicht direkt etwas mit Web Services zu tun haben, verweisen wir auf das sehr gute Tutorium von Sun:

```
http://java.sun.com/j2ee/1.4/docs/tutorial/doc/
```

2.3.5 Die J2EE-Werkzeuge

Es zeigt sich immer wieder, dass Architekturen nur etwas wert sind, wenn es entsprechende Werkzeugunterstützung gibt. Bei J2EE muss man unterscheiden zwischen den Werkzeugen, die in der Grundausstattung von Sun mitgeliefert werden, und den professionellen Werkzeugen, die von Drittanbietern entwickelt wurden.

Das J2EE-Paket enthält eigentlich bereits alle Werkzeuge, die notwendig sind, um N-Tier- und Web-Service-Anwendungen zu implementieren. Im Zentrum steht der Applikations-Server `j2ee`, der die Web- und Anwendungslogikebene abdeckt. Für die Datenbankebene steht die Datenbank `cloudscape` zur Verfügung. Zu den Clients muss man nicht viel sagen: Hier funktioniert jeder Web-Browser.

Neben der reinen Betriebssoftware stellt Sun jedoch auch eine Reihe von Werkzeugen zur Verfügung, die zur Administration eingesetzt werden können. So gibt es beispielsweise ein Werkzeug zur Online-Administration des Applikations-Servers (`j2eeadmin`). Wichtig ist auch das Werkzeug `deploytool`, mit dessen Hilfe fertig entwickelte Komponenten (Web-, EJB-Komponenten) auf dem entsprechenden Server installiert werden können. Ein paar kleinere Werkzeuge runden das (kostenlose) Angebot ab.

Im professionellen Bereich – in dem die Preise dann schon sehr hoch liegen können – tummeln sich eine ganze Menge Anbieter. Sun selbst bietet mit SunONE und den entsprechenden Server- und Entwicklungsumgebungen ein komplettes System an. Kernstück ist die integrierte Entwicklungsumgebung SunONE Studio, die es in verschiedenen, zum Teil auch kostenlosen Varianten gibt. In diese Umgebung gingen die bekannten Java-Werkzeuge NetBeans und Forte for Java ein.

Aber auch andere Anbieter haben einige Produkte auf Lager. Zu den Großen im Java-Lager gehört IBM, aber auch Borland oder BEA haben sich einen Namen gemacht. Vergessen sollte man auch nicht diejenigen Firmen, die höherwertige Leistungen anbieten, indem sie die J2EE in ihre eigenen Produkte integrieren und auf dieser Basis Anwendungslösungen anbieten. Dazu gehört beispielsweise SAP, die im Kern ihres NetWeaver-Ansatzes einen Applikations-Server auf der Basis von J2EE verwendet.

2.3.6 Web-Anwendungen mit J2EE

Mit Hilfe der Klassenbibliothek von J2EE, den mitgelieferten Werkzeugen sowie der Basis von J2SE kann man nun sehr komfortabel Web-Anwendungen erstellen. Das generelle Schema des Zusammenspiels der Komponenten ist in Abbildung 2.11 zu sehen.

2.3 Die Java 2 Enterprise Edition (J2EE)

Zumindest ist dies sozusagen die „reine Lehre", wie sie von Sun bzw. den zugehörigen Autoren vertreten wird.

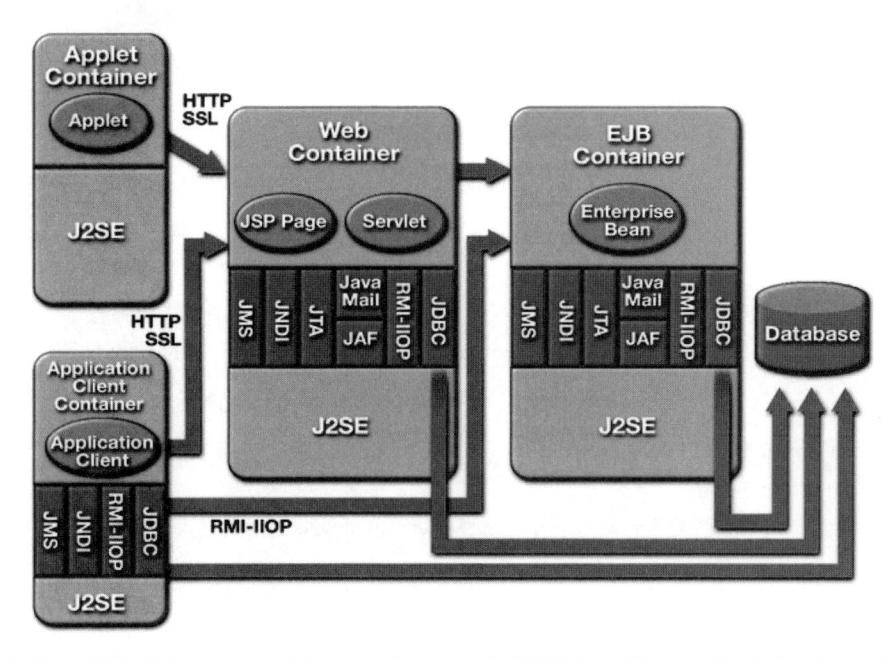

Abbildung 2.11: Schema von Web-Anwendungen mit J2EE (aus Kassem: Designing Enterprise Applications)

In diesem Schema haben Servlets oder Java Server Pages die Aufgabe, Client-Anfragen von verschiedenen Client-Typen entgegenzunehmen. Die Anwendungslogik selbst ist nur dort hinterlegt, wenn es sich um eine 3-Tier-Anwendung handelt. Ansonsten haben diese Komponenten nur Vermittlungs- und Präsentationsaufgaben: Sie nehmen die Anfragen entgegen, rufen die entsprechenden EJBs auf, nehmen die Antworten wiederum entgegen und bereiten sie schließlich so auf, dass der Client sie wiederum interpretieren kann. Zumeist bedeutet dies eine Formatierung der Daten in HTML. Die Rolle, die Servlets (bzw. JSPs) in einer 3-Tier-Architektur spielen, zeigt Abbildung 2.12.

Servlets und JSPs sind damit typischerweise die Clients von EJBs. Dies muss aber auch nicht so sein – prinzipiell können Client-Programme auch direkt auf die EJB-Ebene zugreifen. Allerdings verliert die Architektur dabei viele ihrer Vorzüge wie erhöhte Sicherheit oder Skalierbarkeit.

Leider würde es den Rahmen dieses Buches komplett sprengen, wenn wir nun ein vollständiges Beispiel einer J2EE-Anwendung geben würden. Trotzdem werden wir später noch einmal wissen müssen, wie Servlets tatsächlich funktionieren, weswegen wir zumindest einen kleinen Ausschnitt darstellen wollen.

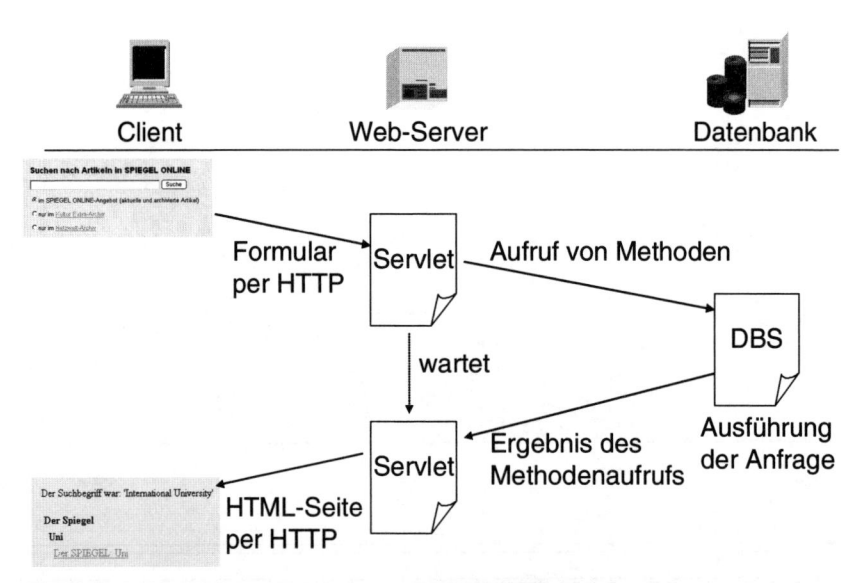

Abbildung 2.12: Die Rolle der Servlets in einer 3-Tier-Architektur

Ein Servlet ist ein Java-Programm, das auf Server-Seite innerhalb einer Servlet-Engine abläuft. Es wird aktiviert, wenn ein Client die entsprechende URL aufruft. Eine solche Anfrage geht zunächst immer an den Web-Server, der sie an die Servlet-Engine weitergibt. Abbildung 2.13 zeigt dieses Vorgehen.

Java Server Pages sind eigentlich nur eine alternative Darstellungsform für Servlets. Während es sich bei Servlets um Java-Code handelt, der an den Client HTML-Code zurückgibt, handelt es sich bei JSPs um HTML-Dateien, in die Java-Codestücke integriert sind. Zur Laufzeit, also wenn sie zum ersten Mal von einem Client aufgerufen werden, werden JSPs in Servlets übersetzt und dann ausgeführt. JSPs sind heute die gängigere Variante, da man sie leicht mittels HTML-Editoren bearbeiten kann.

Zur Illustration des Beispiels dient uns ein Servlet einer 3-Tier-Anwendung, das auf die Anfrage eines Clients hin auf eine Datenbank zugreift. Es hat die Aufgabe, ein Buch in der Datenbank zu finden.

Servlets für Web-Anwendungen werden normalerweise von der Klasse `javax.servlet.http.HttpServlet` abgeleitet, einer Klasse aus der J2EE-Bibliothek. Diese Klasse stellt Basisimplementationen für alle von einem Servlet zu erfüllenden Funktionen zur Verfügung, das über HTTP angesprochen wird. `HttpServlets` bekommen ihre Eingaben, also das, was ihnen der Client zur Bearbeitung übergibt, über ein Objekt zugewiesen, das zur Klasse `HttpRequest` gehört, und sie schicken ihre Antworten, insbesondere das HTML-Antwortdokument zu einer Anfrage, über eine Klasse `HttpResponse`. Abbildung 2.14 zeigt die Klassenhierarchien, auf denen die Welt der Servlets beruht.

2.3 Die Java 2 Enterprise Edition (J2EE)

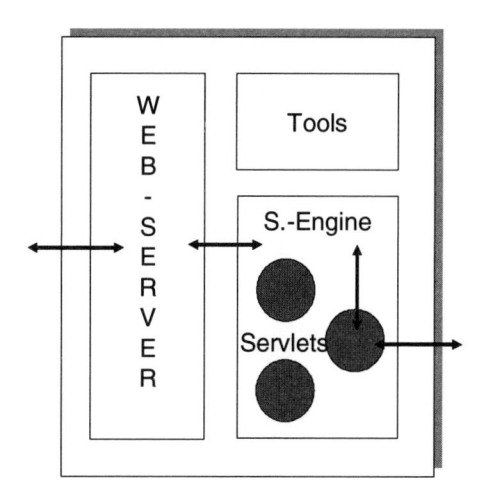

Abbildung 2.13: Web-Server und Servlet Engine

Nun aber zu unserer Beispielklasse:

```
public class BuchSuche extends javax.servlet.http.HttpServlet {
```

Servlets werden, so hatten wir schon gehört, über HTTP-Anfragen angesprochen. Es gibt die GET- und die POST-Anfragemethode. GET ist der übliche Befehl, um Daten von einem Web-Server abzufragen, POST wird verwendet, um Daten zum Server zu übertragen. Ein HTTP-Servlet kann also eine GET- oder eine POST-Anfrage bekommen. Dementsprechend besitzt es auch zwei Methoden, mit denen es diese Anfragen behandeln kann, nämlich doGet() und doPost(). Wir wollen uns in diesem kurzen Beispiel auf die GET-Anfrage konzentrieren:

```
public void doGet(HttpServletRequest request,
                  HttpServletResponse response)
    throws ServletException, IOException {

    response.setContentType("text/html");
    PrintWriter out = response.getWriter();

    String search = request.getParameter("search");
    out.println("Suche nach: " + search + "<br><br>");
```

Die ersten beiden Zeilen finden sich in fast jedem Servlet. Das request- und das response-Objekt implementieren die Kommunikation mit dem Client. Alle vom Servlet generierten Ausgaben und Ergebnisse werden also durch das response-Objekt weitergeleitet. Zuerst wird angegeben, dass die Ausgabe in HTML erfolgt. Dann wird der Ausgabekanal erzeugt. Die Seite wird im Allgemeinen durch out.println-Anweisungen dynamisch generiert. In der dritten Zeile wird der Suchparameter search, der die ISBN des Buches enthält, aus dem Anfrageobjekt gelesen. Dieser Parameter stammt aus einem

HTML-Formular, das der Benutzer ausgefüllt und dann per Klick auf einen Submit-Knopf abgeschickt hat. Durch diesen Mechanismus wurde automatisch der Name des Feldes, nämlich `search`, und der dazugehörige Wert in der HTTP-Anfrage gespeichert, so dass er jetzt per `getParameter()`-Methode ausgelesen werden kann. Taucht der Parameter `search` in der Anfrage nicht auf, zum Beispiel, weil der Name des Formularfeldes falsch angegeben wurde, gibt dieser Aufruf `null` zurück.

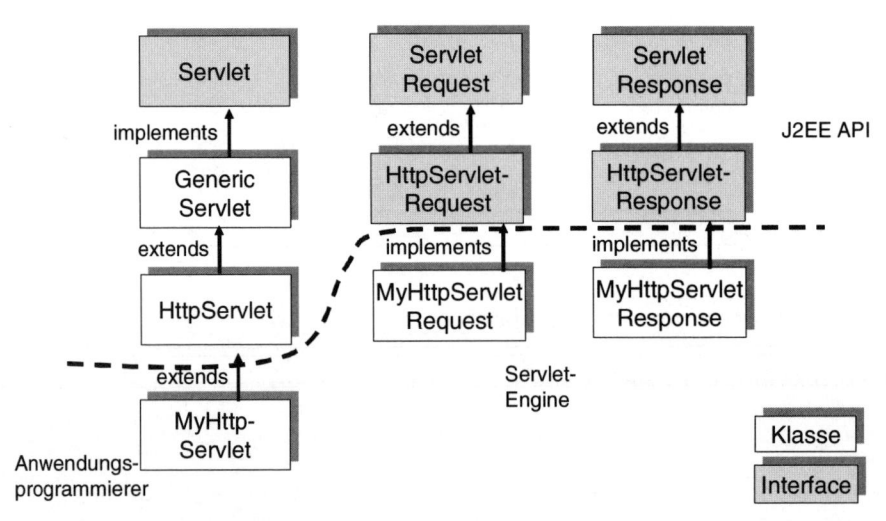

Abbildung 2.14: Klassenhierarchie der Servlet-Welt

Nachdem der Suchparameter bereits in der Variable `search` gespeichert ist, folgt die Datenbankanfrage. Die Objekte vom Typ `Connection` und `PreparedStatement` werden aus der Package `java.sql` importiert. Sie kapseln die Verbindung zur Datenbank und eine Datenbankanfrage. Tatsächlich kommt hier die Verbindung aus einem ConnectionPool, der anderswo noch definiert werden muss (die weitere Erläuterung lassen wir aber aus). Anschließend wird die SQL-Anfrage in JDBC-Kommandos eingepackt und mittels `executeQuery()` ausgeführt. Sämtliche notwendigen Fehlerbehandlungen lassen wir hier der Einfachheit halber weg:

```
con = pool.getConnection();
pstmt = con.prepareStatement(
        "select * from buch where isbn = ? " +
        "or titel like '%" + search + "%'");
pstmt.setString(1, search);
```

Als Ergebnis wird ein `ResultSet`-Objekt geliefert. Dieses beinhaltet im Wesentlichen eine Tabelle mit den Ergebnissen. Die Spalten der Tabelle werden durch den `select`- und den `from`-Teil der Anfrage definiert. Hier werden alle Spalten der Buchtabelle gewählt. Dies sind ISBN, Titel, Preis und Anzahl. Jede Zeile der Tabelle enthält ein Buch, das die Bedingungen der `where`-Klausel erfüllt. Daten können immer nur aus der aktiven Zeile gelesen werden. Der Aufruf von `res.next()` hat zwei Funktionen: Zum einen wird die nächste Zeile aktiviert. Hierbei ist zu beachten, dass die erste Zeile anfangs noch nicht aktiviert ist. Zum anderen wird durch die Rückgabe von false angezeigt, dass keine weitere Zeile vorhanden ist:

```
    ResultSet res = pstmt.executeQuery();
    if (res.next()) {
        out.println("<table border=1>");
        out.println(Buch.searchTableHeader());
        Buch buch = new Buch();
        do {
            buch.dbLoad(res);
            out.println(buch.toHTMLSearchTableRow());
        } while(res.next());
        out.println("</table>");
    } else
        out.println("Kein Buch gefunden.");
    res.close();
    pstmt.close();
}
```

Wie wird nun dieses Servlet verwendet? Der Anwendungsprogrammierer muss es entsprechend den Vorgaben seines Servlet-Containers bzw. des entsprechenden Web-Server-Moduls an die richtige Stelle im Verzeichnisbaum kopieren bzw. zunächst in Bytecode übersetzen. Anschließend kann der Benutzer das Servlet über seinen Browser per entsprechender URL aufrufen, in diesem Fall z.B. über `http://www.ws-reisen.de/servlet/BuchSuche`.

Dies soll an dieser Stelle genügen. Wir möchten unsere Leser aber trotzdem auf das Vorgängerbuch dieses Werkes hinweisen, in dem Web-Anwendungen wirklich in allen Details dargestellt werden, nämlich: Eberhart/Fischer: *Java-Bausteine für Web-Anwendungen*, Hanser Verlag, 2001.

2.4 Microsoft .Net

Die .Net-Architektur (sprich: „Dotnet") ist die jüngere der beiden Plattformen. Sie wurde und wird komplett von Microsoft entwickelt und gepflegt. Bei der Betrachtung von .Net wollen wir ähnlich vorgehen wie im vorherigen Abschnitt. Zunächst schauen wir uns die Motivation für die Entwicklung der Architektur bzw. der Implementierungsumgebung an, um dann genauer auf die Einzelheiten einzugehen. Ähnlich wie bei der J2EE besteht .Net aus einer Klassenbibliothek und einer Reihe von Werkzeugen, die wir natürlich beschreiben werden. Am Ende dieses Abschnitts steht wiederum eine kleine Anleitung zum Einstieg in die .Net-Entwicklung.

2.4.1 Warum und wie Microsoft zur Internet-Company wurde

Microsofts Internet-Aktivitäten sind noch gar nicht so alt. Noch Mitte der neunziger Jahre hatte man in Redmond offensichtlich noch nicht so richtig die Bedeutung des Internets einzuschätzen gewusst. Es gab zwar einen ersten einfachen Web-Browser, den Internet Explorer, aber ansonsten waren Aktivitäten Mangelware. Irgendwann muss man dann bemerkt haben, dass im Internet doch tatsächlich eine riesige potentielle Kundschaft wartet. Für viele kleinere Firmen wäre es dann schon zu spät gewesen, der Vorsprung der anderen wäre nicht mehr aufzuholen gewesen. Microsoft aber hatte ausreichend Entwickler und vor allem ausreichend Geld. So wurde der Internet Explorer langsam aber stetig zum neuen Marktführer im Bereich Browser-Software ausgebaut, gegen massive Aktivitäten der Microsoft-Gegner, die in einem Gerichtsverfahren gipfelten. Hier bestand die konkrete Gefahr, dass Microsoft tatsächlich wegen seiner Marktmacht in mehrere Firmen zerschlagen werden würde, die sich jeweils getrennt z.B. mit Betriebssystemen, Office Software oder Internettechnologie beschäftigen sollten. Tatsächlich wurde die Zerschlagung vor allem durch den Regierungswechsel in den USA im Jahre 2000 verhindert; heute steht Microsoft wieder glänzend und vor allem in vielen Bereichen weiterhin als der Marktführer da.

Neben der Browser-Software hat Microsoft diverse andere Internet-Werkzeuge entwickelt, u.a. mit dem Internet Information Server einen Web-Server oder den Internet-fähigen Windows Media Player. Heute sind praktisch alle Produkte von Microsoft Internet-basiert, wobei die Betriebssysteme der Windows-XP-Linie die Basis bilden und die Programmiersprachen wie Visual Basic dazu verwendet werden, um verteilte Anwendungen zu schreiben.

Mit der Zeit hatte sich allerdings das Angebot von Microsoft durch die Notwendigkeit der Kompatibilität mit alten Systemen stark „verkrustet", sprich, es wurde Schicht um Schicht um die Softwarepakete gelegt, um einerseits alte Programme verwenden, andererseits aber auch neue Ansätze verfolgen zu können. Damit wurde zu Beginn des Jahres 2002 offiziell aufgeräumt, als die .Net-Technologie auf den Markt kam. .Net vereinigt viele der Internetaktivitäten von Microsoft unter einem Dach. Schauen wir uns zunächst einmal an, wie .Net aufgebaut ist.

2.4.2 .Net-Übersicht und Architektur

.Net besteht vor allem aus zwei Komponenten: einer Laufzeitumgebung für Programme und einer objektorientierten Klassenbibliothek. Kommt Ihnen das bekannt vor? Wenn nicht, lesen Sie den vorherigen Abschnitt noch einmal sorgfältig durch! .Net und J2EE sind sich in dieser Hinsicht tatsächlich sehr ähnlich.

Wie hängen die Komponenten miteinander zusammen, d.h., wie sieht die Architektur aus? Betrachten wir dazu Abbildung 2.15.

2.4 Microsoft .Net

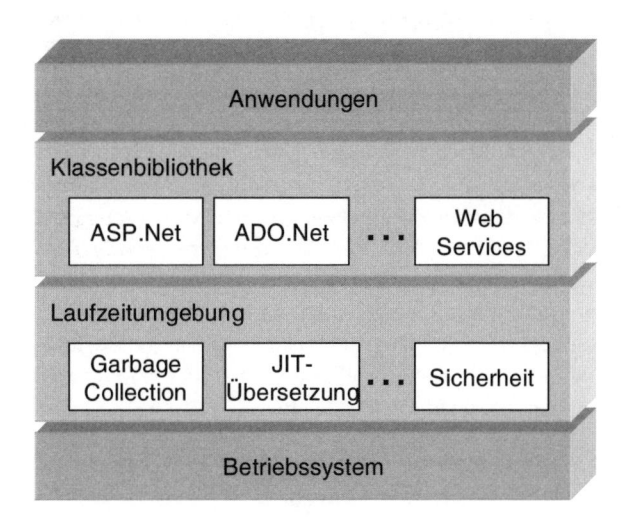

Abbildung 2.15: Die Architektur von .Net

Basis von allem ist weiterhin die Betriebssystemebene, bisher in jedem Fall Windows. Darauf setzt die Laufzeitumgebung auf, die einerseits eine Ablaufumgebung für Programme und andererseits eine Reihe von Diensten wie Garbage Collection, Sicherheit oder Just-in-Time-Übersetzung bietet. Das Besondere an dieser Common Language Runtime (CLR) genannten Umgebung ist die Tatsache, dass sie Programme in allen gängigen Microsoft-Sprachen ausführen kann, also z.B. Visual Basic – das jetzt übrigens Visual Basic.Net heißt – oder C#.

Auf der CLR wiederum sitzt die Klassenbibliothek, die alle nötigen Klassen zur komfortablen Erstellung mächtiger Internet-Anwendungen zur Verfügung stellt. Wir werden gleich sehen, dass sich auch hier die Konzepte mit denen der J2EE ähneln. Anwendungen schließlich nutzen die Klassenbibliothek, um ihre eigenen Aufgaben zu erfüllen. Schauen wir uns nun die beiden wesentlichen Komponenten etwas genauer an.

2.4.3 Common Language Runtime (CLR)

Das Konzept der CLR entspricht ziemlich genau dem der virtuellen Java-Maschine. Das, was in Java Bytecode genannt wird, also die Zwischendarstellung von Java-Programmen, die auf jeder virtuellen Java-Maschine verstanden wird, heißt bei Microsoft Common Intermediate Language (CIL, manchmal auch MSIL). Sie ist deshalb „common" (also „gemeinsam"), weil sie das Zwischenformat für alle .Net-Programmiersprachen bildet. Ein .Net-Programm wird also zunächst einmal in die CIL übersetzt, was mittels eines entsprechenden Compilers geschieht, der zur CLR-Werkzeugkiste dazugehört. Zur Laufzeit wird dann die CIL-Darstellung in nativen Code für den jeweiligen Prozessor übersetzt, so dass man einerseits Sprachunabhängigkeit bekommt, andererseits aber doch effizienten

Code. Es gibt etwa 220 CIL-Anweisungen, die anders als Bytecode ohne Typinformation arbeiten.

Die CIL genügt aber noch nicht, um sprachübergreifende Programme erstellen zu können. Vielmehr benötigt man ein gemeinsames Verständnis der verwendeten Datentypen. Die CLR erreicht dies durch die Definition eines gemeinsamen Typsystems, das als Common Type System (CTS) bezeichnet wird. CTS ist sehr flexibel: So können nicht nur Programme, die in unterschiedlichen Sprachen geschrieben wurden, zusammen ausgeführt werden, sondern es ist sogar möglich, z.B. Vererbungsbeziehungen zwischen Klassen zu beschreiben, die nicht in derselben Sprache programmiert wurden. Allerdings müssen nicht alle Eigenschaften von CTS erfüllt werden, damit eine Sprache interoperabel mit anderen Sprachen innerhalb von .Net wird. Dazu genügt es schon, die Common Language Specification (CLS) zu erfüllen, die eine Untermenge der CTS darstellt. Abbildung 2.16 zeigt den Zusammenhang noch einmal grafisch.

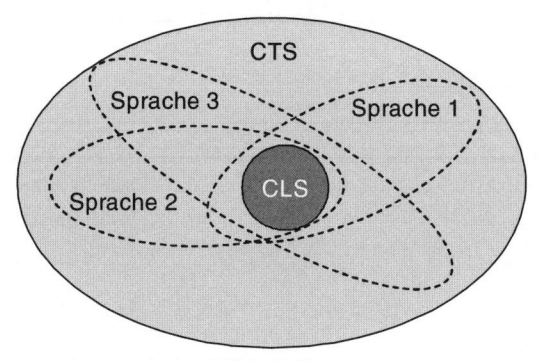

Abbildung 2.16: Zusammenhang zwischen CTS, CLS und Programmiersprachen

Dementsprechend sind es nicht nur die Microsoftsprachen, die unter .Net funktionieren, sondern alle, die sich zumindest an die CLS halten – und das sind inzwischen schon einige. Man benötigt dann prinzipiell nur noch einen CIL-Compiler, um Programme in einer solchen Sprache in .Net nutzen zu können.

Garbage Collection in der CLR funktioniert wie unter Java: Wenn ein Objekt nicht mehr benötigt wird, wird es automatisch vom System entfernt. Es erkennt dies daran, dass auf dieses Objekt keine Referenzen mehr existieren. Garbage Collection macht das Leben für den Programmierer einfacher, da er sich nicht selbst um Anlegen und Freigeben von Speicher kümmern muss.

Einmal geschriebene Software, also z.B. eine Klasse in C# oder eine Sammlung von Visual Basic.Net-Objekten, wird zu einer so genannten *Assembly* zusammengefasst und ausgeliefert. Die Struktur von Assemblies ist in Abbildung 2.17 dargestellt.

Die eigentlichen Programminformationen sind in CIL-Form in Modulen abgelegt. Zu jedem Modul gibt es unter Umständen noch Meta-Informationen, die aus dem Quelltext bzw. aus Kommentaren ausgelesen werden. Eine Assembly kann mehrere Module umfassen; ein so genanntes Manifest bildet dann das Inhaltsverzeichnis. Assemblies werden in Form einer DLL (Dynamic Link Library) im Anwendungsverzeichnis abgelegt, müssen

2.4 Microsoft .Net

also nicht mehr umständlich und fehleranfällig über die Windows Registry registriert werden. Prinzipiell entsprechen Assemblies den Web- bzw. EJB-Komponenten in der J2EE-Welt.

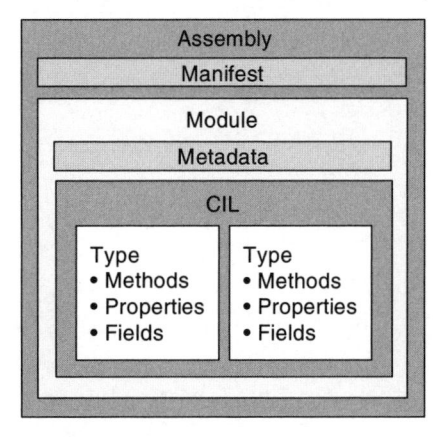

Abbildung 2.17: Struktur einer .Net-Assembly

2.4.4 Die Klassenbibliothek

Wie oben schon kurz angesprochen, besitzt .Net wie auch Java eine große Klassenbibliothek, die die Basis für eine komfortable Anwendungsprogrammierung in allen .Net-Programmiersprachen bildet. Wie die Java-Bibliothek ist auch die Base Class Library (BCL) in Namensräume gegliedert und sorgt somit durch eine hierarchische Organisation für eine handliche Nutzung der Klassen. Abbildung 2.18 zeigt einen Ausschnitt aus der Klassenbibliothek; einen Teil der Klassen wollen wir uns in dieser kurzen Einführung noch etwas genauer ansehen, während ein weiterer Teil später bei der Implementierung von Web Services noch sehr viel detaillierter besprochen wird.

Hier also eine kleine Auswahl der Klassensammlungen in .Net:

- Das Äquivalent zu den `java.util.*`-Klassen heißt bei Microsoft `System.Collections`. Es enthält eine Reihe von Container-Klassen wie Listen, Mengen, Hashtabellen etc.
- Die Klasse `System.IO` ist für alles zuständig, was mit Ein- und Ausgabe zu tun hat (in Java: `java.io.*`).
- Wenn man Netzwerkprogramme schreiben möchte, ist man mit `System.Net` (in Java: `java.net.*`) gut bedient.
- Auch grafische Windows-Programmierung ist unter .Net möglich – tatsächlich ist .Net nicht nur für Web-Anwendungen gedacht, sondern wirklich als umfassendes Rahmenwerk für die Erstellung von Programmen unter Windows-Betriebssystemen. Microsoft ist es hier wirklich gelungen, einige der komplizierten und unhandlichen Techniken zu entfernen. Die Sammlung, die das Erstellen von grafischen Windows-Programmen

gestattet, heißt in .Net `System.Windows.Forms` und findet ihr Gegenstück in `java.swing.*`.

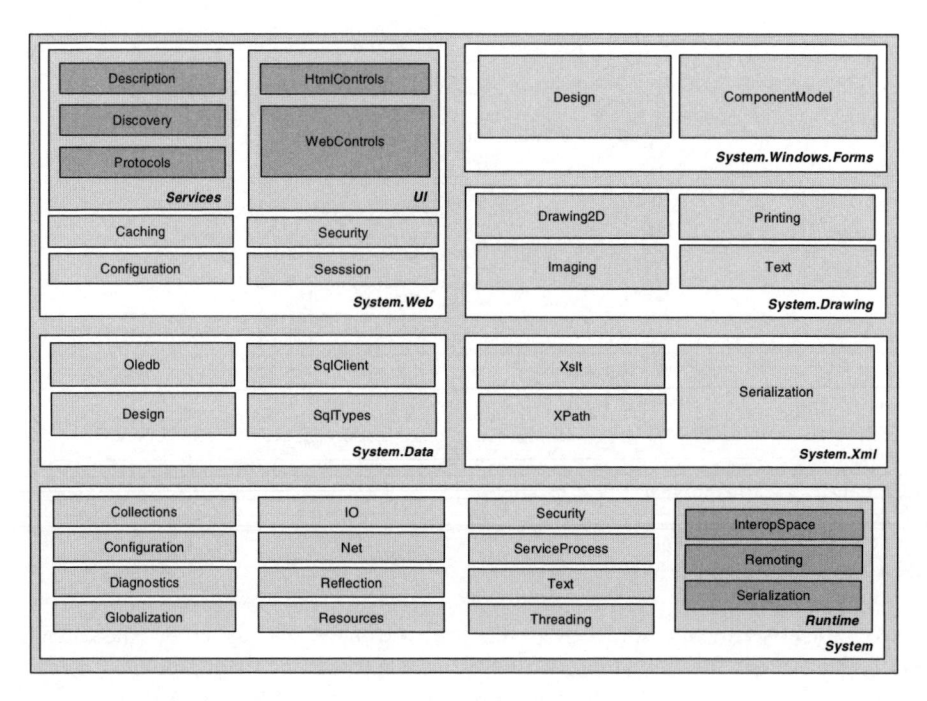

Abbildung 2.18: Struktur der .Net-Klassenbibliothek

Zwei wichtige Klassensammlungen für Web-Anwendungen verdienen speziell in diesem Kapitel ein etwas genaueres Hinsehen, nämlich `System.Web` und `System.Data`. Dazu etwas mehr im übernächsten Abschnitt.

2.4.5 Visual Studio .Net

Richtig produktiv wird die Arbeit mit .Net erst, wenn man die Entwicklungsumgebung Visual Studio.Net verwendet (es gibt allerdings mit ASP.Net Web Matrix ein kostenloses Werkzeug, das zumindest bzgl. der Programmierung von Web-Anwendungen eine ähnliche Funktionalität bietet). Visual Studio .Net ist zunächst einmal eine integrierte Entwicklungsumgebung nach den üblichen Standards, d.h., sämtliche Prozesse für die Erstellung von Anwendungen werden grafisch unterstützt. Es ist aber in vorbildlicher Weise auch in das Internet integriert, indem es dem Entwickler extrem einfache Möglichkeiten zur Verfügung stellt, fertige Anwendungen zu publizieren. Zu diesem Zweck kann es mit dem Internet Information Server (IIS) kombiniert werden. Schon beim Erzeugen eines neuen Projekts wird dann das entsprechende Verzeichnis auf dem IIS angelegt. Außerdem besticht Visual Studio .Net durch die Einfachheit der Erstellung grafischer Oberflächen, die dann z.B. für Windows-, aber auch für Web-Anwendungen genutzt werden können.

Wir wollen hier ja keine Werbeveranstaltung für Produkte von welchem Hersteller auch immer durchführen, weswegen wir es bei diesem kurzen Einblick belassen wollen. Der nächste Abschnitt wird aber zumindest noch einen etwas besseren Eindruck der Features von Visual Studio .Net geben und auch in den nächsten Kapiteln werden wir von Zeit zu Zeit darauf zurückgreifen.

Sie können auch als Nicht-Besitzer die Möglichkeiten von Visual Studio.Net evaluieren und die Beispiele des Buches nachvollziehen. Üblicherweise gibt es von Microsoft eine 30- oder 60-Tage-Testversion. Dieser Zeitraum sollte Ihnen reichlich Zeit geben, sich mit dem Werkzeug und der Umsetzung der Beispiele zu beschäftigen.

2.4.6 Die neue Sprache C# – Unterschiede zu Java

C# ist Microsofts neue Sprache, sozusagen *die* Sprache für .Net. Ein kurzer Blick auf C# lässt uns ahnen, dass die Unterschiede zu Java nicht sehr groß sind. Klassendefinitionen, Deklaration von Instanzvariablen, Aufruf von Methoden, etc., ist alles in C# doch sehr ähnlich gehalten wie in Java, mit feinen syntaktischen Unterschieden.

Den einen oder anderen interessanten Unterschied gibt es aber doch. Das betrifft vor allem Sprachkonstrukte, die man in C# eingeführt hat und die es in Java so nicht gibt. Das bedeutet nicht, dass man diese Dinge in Java nicht ausdrücken könnte, es ist aber meist deutlich umständlicher.

Beispielsweise hat C# ein einheitliches Typsystem (kein Unterschied zwischen einfachen Datentypen und Objekten) und erlaubt die Verwendung von Referenz- und Wertparametern (Letztere gibt es in Java nicht). Java ist im Gegenzug etwas strikter, was Typprüfungen und Ausnahmebehandlung angeht.

Interessant sind die Meta-Codes, die dem eigentlichen Programmcode vorangestellt werden und die dann zur Compile- oder Laufzeit interpretiert werden können. So kann beispielsweise, wie wir später auch noch sehen werden, eine Klasse als `[WebService]` qualifiziert werden und eine Methode als `[WebMethod]`.

Sehr ähnlich sind sich die Klassenbibliotheken und auch diverse Erleichterungen für die Erstellung von Web-Anwendungen finden sich in beiden Sprachen: ASP.Net und Java Server Pages (JSP) beruhen beide auf der exakt gleichen Idee.

So kann man also sagen, dass es einem Java-Programmierer nicht sonderlich schwer fallen wird, in kürzester Zeit auch die Sprache C# zu lernen. Wir hoffen, Sie werden das nach dem Studium der verschiedenen Beispiele ebenfalls bestätigen können.

2.4.7 Web-Anwendungen mit .Net

Die wichtigsten Teile der Klassenbibliothek für die Realisierung von Web-Anwendungen sind die Pakete `System.Web`, das vor allem die „Programmiersprache" ASP.Net realisiert, und `System.Data`, das für die Realisierung von ADO.Net zuständig ist, Microsofts Lösung für den Zugriff auf Datenbanken. Bevor wir auf die beiden Pakete näher eingehen, schauen wir auf Abbildung 2.19, die zeigt, wie Web-Anwendungen in .Net mit diesen beiden Techniken aufgebaut werden.

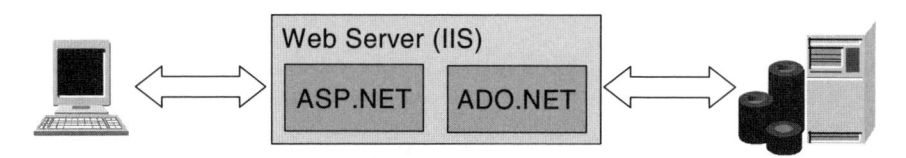

Abbildung 2.19: Struktur von Web-Anwendungen unter .Net

Vergleicht man dies mit dem Java-Ansatz, dann kann man bereits erkennen, dass ASP.Net für die dynamische Generierung von Web-Seiten zuständig ist, also für das, was in J2EE Servlets bzw. Java Server Pages machen, während der Job von ADO.Net dem von JDBC entspricht. An sich könnte man deshalb an dieser Stelle schon aufhören, es gibt aber doch ein paar nette Besonderheiten, die die Microsoft-Technologie interessant machen.

ASP.Net ist eine Weiterentwicklung der schon etwas älteren Active Server Pages, die wiederum als Vorbild für die Java Server Pages dienten. Dementsprechend funktioniert ASP.Net vom Konzept her auch sehr ähnlich: Eine ASP.Net-Seite besteht zunächst einmal aus HTML-Code, in den jedoch ausführbare Programmteile mittels bestimmter Tags eingefügt werden können. Diese ausführbaren Teile sorgen dann für die Dynamik bei der Generierung der Seiten. Eine ASP wird direkt vom Client aufgerufen und dann in der CLR ausgeführt. Als Ergebnis wird HTML-Code an den Aufrufer zurückgeschickt, in dem die Spezial-Tags durch interpretierbare HTML-Elemente ersetzt wurden. Zusätzlich zu diesen grundlegenden Eigenschaften bietet ASP.Net das Folgende:

- ASP.Net ist objektorientiert. Bevor eine ASP.Net-Seite ausgeführt werden kann, wird sie in eine Klasse übersetzt, die dann in der CLR ausgeführt wird. Alle Elemente einer ASP-Seite sind ebenfalls als Objekte modelliert (also z.B. Knöpfe, Listen, Labels etc.).
- In ASP.Net gibt es eine strikte Trennung zwischen Layout und Anwendungslogik. Wie in Java Server Pages – dort erfolgt die Trennung auf Java-Beans-Basis – kann Anwendungscode komplett in andere Klassen ausgelagert werden und aus einer ASP-Seite heraus aufgerufen werden.
- ASP.Net-Seiten werden übersetzt statt interpretiert, wodurch ein erheblicher Geschwindigkeitsgewinn erzielt werden kann.
- ASP.Net besitzt mächtige Möglichkeiten, den Zustand von Seiten, Sitzungen oder Anwendungen zu verwalten. Damit lässt sich die Benutzung z.B. von Formularen wesentlich komfortabler gestalten.
- Weiterhin gibt es eine neue Kategorie von Komponenten, die so genannten *Web Controls*. Web Controls sind grafische Elemente, die man vor allem in Formularen verwenden kann und deren Möglichkeiten die ihrer HTML-Gegenstücke bei weitem übertreffen. Web Controls werden zur Designzeit zum Aufbau von Formularen verwendet, zur Laufzeit jedoch je nach Browser bzw. Ausgabemedium in die dort

2.4 Microsoft .Net

gebräuchliche Form umgewandelt. In einem Web-Browser wären dies HTML-Elemente, aber Web Controls sind nicht auf dieses eine Ausgabeformat beschränkt.

- Mittels einer weiteren neuen Klasse von Elementen, den Validatoren, können Sie jedem Formularfeld Code zuordnen, der das korrekte Ausfüllen des Feldes überwacht. Die Beschreibung solcher Felder ist sehr einfach und wesentlich komfortabler als es unter dem bekannten JavaScript-Ansatz der Fall ist.

Wir werden gleich ein ASP.Net-Beispiel betrachten, wollen uns zunächst jedoch noch kurz der anderen wichtigen Technologie, nämlich ADO.Net zuwenden.

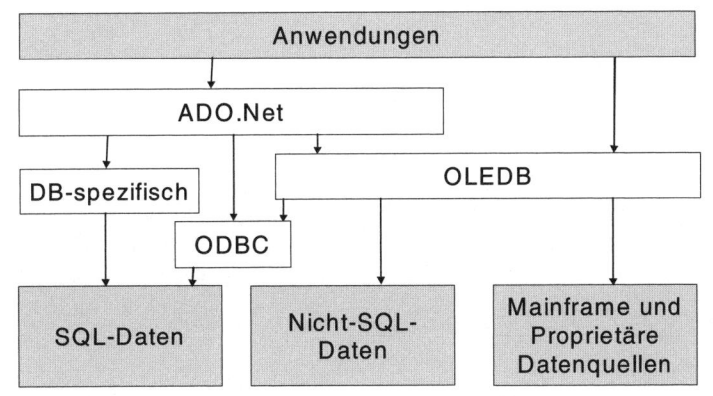

Abbildung 2.20: ADO.Net zwischen Anwendungen und Datenquellen (nach Beer et al.: Die .Net-Technologie)

ADO.Net ist Microsofts überarbeitetes Konzept für den Zugriff auf Informationsquellen, womit vor allem (aber nicht nur) relationale Datenbanken gemeint sind. Es integriert verschiedene ältere Ansätze wie ODBC (Open Database Connectivity), das Standardtreiber für den Zugriff auf SQL-Datenbanken (also relationale DB) zur Verfügung stellt und auch in JDBC eine Rolle spielte, OLEDB (Zugriff auf allgemein strukturiert vorliegende Daten, einer der Nachfolger von ODBC) und datenbankenspezifische Treiber, die z.B. speziell für den Microsoft SQL Server entwickelt wurden. Abbildung 2.20 zeigt das Verhältnis der verschiedenen Schnittstellen zueinander.

Prinzipiell stellt ADO.Net dieselben Funktionalitäten zur Verfügung wie JDBC: Zunächst baut man eine Verbindung zu einer Datenbank auf, schickt dann per Methodenaufruf eine SQL-Anfrage, um anschließend das Ergebnis zu verarbeiten. Beide Ansätze haben also das Ziel, den Datenzugriff objektorientiert zu kapseln. JDBC und ADO.Net verwenden auch ganz ähnliche Klassen- und Methodennamen, die wir hier im Einzelnen nicht aufzählen wollen. ADO.Net bietet jedoch auch einige Erweiterungen verglichen mit JDBC: Zum einen ist es möglich, verbindungslos oder verbindungsorientiert zu kommunizieren, zum anderen unterstützt ADO.Net Transaktionen direkt. Bei verbindungsorientierter Kommunikation bleibt der Client ständig mit der Datenbank verbunden, so dass Änderungen im Datenbestand automatisch (auf beiden Seiten) sichtbar werden. Bei verbindungsloser Kommunikation lädt der Client nur einmal die Daten und baut dann die Verbindung wieder ab; sollten Aktualisierungen anfallen, so müssen diese explizit zurückgespeichert bzw. geladen werden, was nur nach einem erneuten Verbindungsaufbau möglich ist.

Das wirklich Praktische am Ansatz, Web-Anwendungen mit .Net zu implementieren, ist die nahtlose Integration der Erstellung von ASP.Net-Seiten in Visual Studio .Net. In Abbildung 2.21 ist eine Visual-Studio-Sitzung zu sehen, in der gerade eine ASP.Net-Seite „geschrieben" wird, die aus einigen Web Controls besteht.

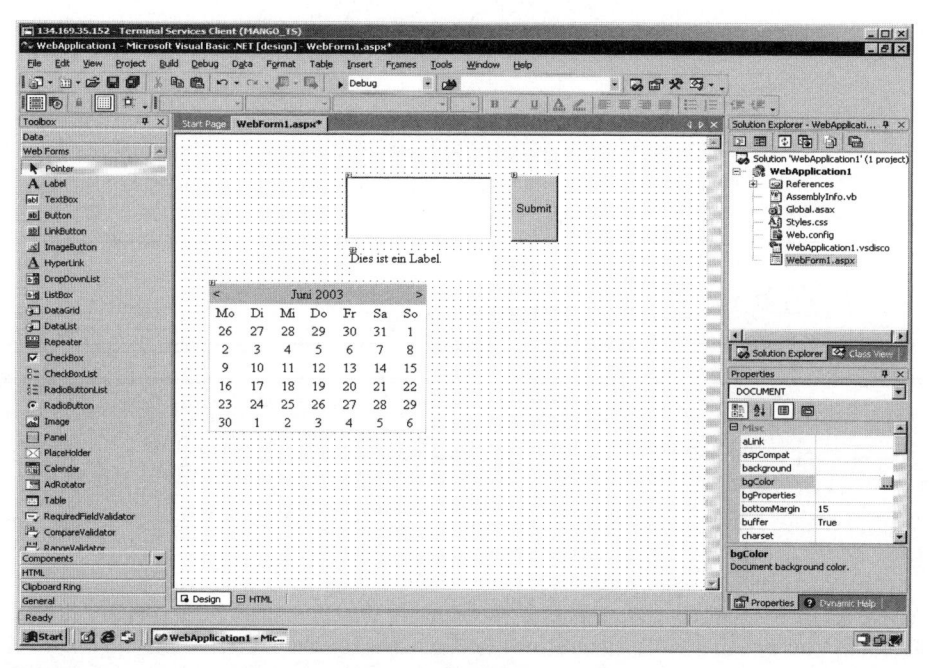

Abbildung 2.21: Ausschnitt aus einer Visual Studio Sitzung

Visual Studio .Net macht die Entwicklung von Web-Anwendungen zu einem Kinderspiel. Vom Starten eines Projektes bis zur Publizierung eines ersten Prototypen, den man dann im Internet benutzen kann, dauert es in der Regel (nun gut, für ein sehr kleines Beispiel), nicht mehr als zwei Minuten:

- Zunächst wird Visual Studio .Net gestartet.
- Anschließend legen Sie gleich ein neues Projekt an; als Typ wählen Sie „ASP.Net Web Application". Wählen Sie einen entsprechenden Namen für Ihr Projekt. Nun wird bereits im Hintergrund auf dem Internet Information Server ein entsprechendes Verzeichnis für die Anwendung angelegt.
- Erstellen Sie nun Ihre Web-Seiten, also typischerweise ASP-Seiten, sowie möglicherweise notwendigen Anwendungscode in weiteren Klassen.
- Speichern und publizieren Sie Ihr Projekt - fertig!

2.4 Microsoft .Net

Publiziert man das Projekt, das in Abbildung 2.21 dargestellt ist, wie angegeben, dann ergibt sich beim Aufruf der entsprechenden URL (in diesem Fall `http://mango.ibr.cs.tu-bs.de/WebApplication1/WebForm1.aspx`) das Bild aus Abbildung 2.22.

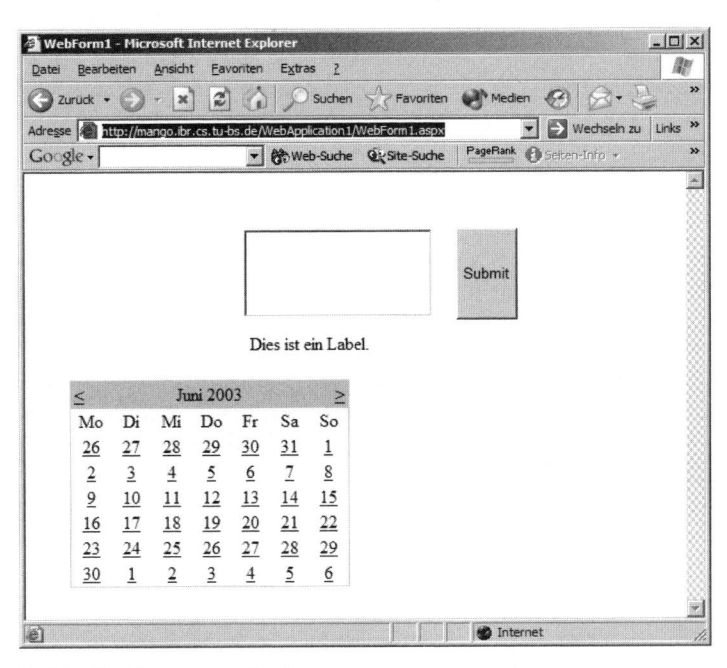

Abbildung 2.22: Die .Net-Anwendung im Internet

Dabei sind die Elemente nun in HTML beschrieben und genauso interaktiv nutzbar, wie es die Web Controls in der Entwicklungsumgebung sind. Der Unterschied liegt in der weit kompakteren Darstellung der Web Controls als Code. Die ASP-Seite für obige Anwendung sieht wie folgt aus:

```
<%@ Page Language="vb" AutoEventWireup="false"
Codebehind="WebForm1.aspx.vb" Inherits="WebApplication1.WebForm1"%>
<!DOCTYPE HTML PUBLIC "-//W3C//DTD HTML 4.0 Transitional//EN">
<HTML>
    <HEAD>
        <title>WebForm1</title>
        <meta name="GENERATOR" content="Microsoft Visual Studio.NET 7.0">
        <meta name="CODE_LANGUAGE" content="Visual Basic 7.0">
        <meta name="vs_defaultClientScript" content="JavaScript">
        <meta name="vs_targetSchema" content=
            "http://schemas.microsoft.com/intellisense/ie5">
    </HEAD>
    <body MS_POSITIONING="GridLayout">
        <form id="Form1" method="post" runat="server">
            <asp:TextBox id="TextBox1" style="Z-INDEX: 101; LEFT: 196px;
```

```
                    POSITION: absolute; TOP: 52px" runat="server"
                    Width="168px" Height="79px">
            </asp:TextBox>
            <asp:Button id="Button1" style="Z-INDEX: 102; LEFT: 386px;
                    POSITION: absolute; TOP: 51px" runat="server"
                    Width="54px" Height="83px" Text="Submit">
            </asp:Button>
            <asp:Label id="Label1" style="Z-INDEX: 103; LEFT: 201px;
                    POSITION: absolute; TOP: 146px" runat="server"
                    Height="32px" Width="164px">Dies ist ein Label.
            </asp:Label>
            <asp:Calendar id="Calendar1" style="Z-INDEX: 104; LEFT: 40px;
                    POSITION: absolute; TOP: 188px" runat="server"
                    Height="178px" Width="250px">
            </asp:Calendar>
        </form>
    </body>
```

Bemerkenswert ist vor allem der Eintrag für den Kalender; dieser besteht im Wesentlichen aus einem Web Control. Die einzelnen Elemente werden durch genaue Positionsangaben genau dorthin abgebildet, wo der Designer sie platziert hat. Schauen wir auf einen Ausschnitt des HTML-Codes, der dann tatsächlich zum Browser übertragen wird, nämlich genau den Teil, der den Kalender darstellt:

```
<table id="Calendar1" cellspacing="0" cellpadding="2" border="0"
    style="border-width:1px;border-style:solid; height:178px;
    width:250px;border-collapse:collapse;Z-INDEX: 104; LEFT: 40px;
    POSITION: absolute; TOP: 188px">
    <tr><td colspan="7" style="background-color:Silver;">
        <table cellspacing="0" border="0" style="width:100%;border-
            collapse:collapse;">
            <tr><td style="width:15%;">
                <a href="javascript:__doPostBack('Calendar1','V1216')"
                    style="color:Black">&lt;</a></td>
                <td align="Center" style="width:70%;">Juni 2003</td>
                <td align="Right" style="width:15%;">
                <a href="javascript:__doPostBack('Calendar1','V1277')"
                    style="color:Black">&gt;</a></td></tr>
        </table>
    </td></tr>
    <tr><td align="Center">Mo</td>
        <td align="Center">Di</td>
        <td align="Center">Mi</td>
        <td align="Center">Do</td>
        <td align="Center">Fr</td>
        <td align="Center">Sa</td>
        <td align="Center">So</td>
    </tr>
    <tr><td align="Center" style="width:14%;">
        <a href="javascript:__doPostBack('Calendar1','1241')"
            style="color:Black">26</a></td>
        <td align="Center" style="width:14%;">
            <a href="javascript:__doPostBack('Calendar1','1242')"
```

```
         ...
                  style="color:Black">3</a>
          </td><td align="Center" style="width:14%;">
              <a style="color:Black">3</a></td>
          <td align="Center" style="width:14%;">
              <a href="javascript:__doPostBack('Calendar1','1280')"
                  style="color:Black">4</a></td>
          <td align="Center" style="width:14%;">
              <a href="javascript:__doPostBack('Calendar1','1281')"
                  style="color:Black">5</a></td>
          <td align="Center" style="width:14%;">
              <a href="javascript:__doPostBack('Calendar1','1282')"
                  style="color:Black">6</a></td>
      </tr>
   </table>
```

An der Stelle der „..." steht im Original noch etwas über eine weitere Seite Code. Man erkennt hier recht gut, wie komfortabel die Nutzung der ASP.Net-Technik in Zusammenhang mit Visual Studio tatsächlich ist.

2.5 Die Beispielanwendung des Buchs

Dieses Buch soll nicht nur Theorie vermitteln, sondern vor allem auch die praktische Anwendung der vorgestellten Konzepte. Dazu bietet es sich an, ein durchgängiges Beispiel zu verwenden. Wir verwenden das aus dem ersten Kapitel bereits bekannte Online-Reisebüro als unsere Beispielanwendung. Die Architektur der Anwendung ist in Abbildung 2.23 zu sehen.

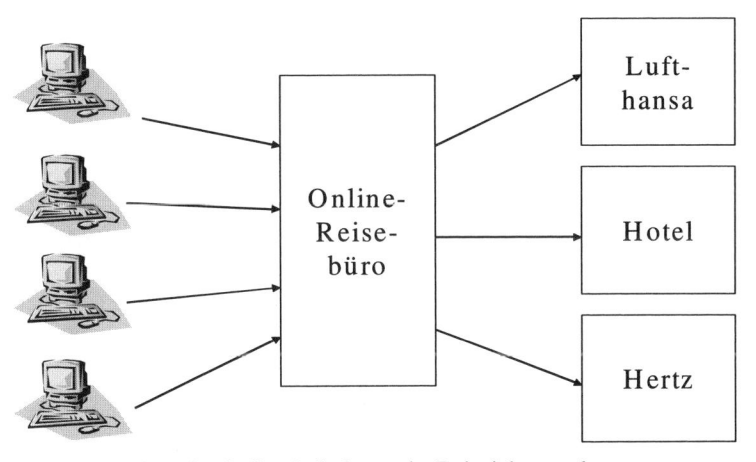

Abbildung 2.23: Architektur des Online-Reisebüros der Beispielanwendung

Kunden des Reisebüros greifen über die Web-Seite – nennen wir sie www.ws-reisen.de – auf die Angebote unserer Firma zu. Da unsere Kunden menschliche Benutzer sind, kommunizieren wir über die Browser-Schnittstelle mittels HTML mit ihnen.

Auf der anderen Seite stehen unsere Lieferanten, von denen einige beispielhaft angegeben sind. Von ihnen bekommen wir die Informationen über den Aufruf von Web Services, die dort jeweils angeboten werden. Natürlich sind die Services, die wir beschreiben, rein fiktiv, trotzdem wären dies aber vorstellbare Dienste. Nicht zuletzt werden wir später auch auf einige wirklich schon existierende Web Services eingehen.

2.6 Übungsaufgaben

1. Warum wird ein Multiprozessorrechner normalerweise nicht als verteiltes System bezeichnet?

2. Machen Sie sich noch einmal die Gründe für die Verwendung verteilter Systeme klar. Fallen Ihnen noch andere als die genannten ein?

3. Welche Gründe gibt es für die klare Einteilung der N-Tier-Architektur?

4. Überlegen Sie sich, wie beispielsweise die Amazon.de- oder die Lufthansa-Anwendung als 3- oder 4-Schichten-Architektur realisiert werden könnte!

5. Warum ist die Verfügbarkeit von Werkzeugen für den Erfolg einer Technologie wichtig?

6. Wenn Sie Visual Studio .Net installiert haben, dann probieren Sie die Erstellung eines kleinen ASP-Projektes aus! Kreieren Sie beispielsweise eine Web-Seite mit einigen Formulareingabefeldern.

Kapitel 3

Web Services – Middleware basierend auf offenen Standards

Sollten Sie sich dieses Buch gekauft haben, um etwas völlig Neues kennen zu lernen, dann ist spätestens jetzt die Zeit gekommen, Sie zu enttäuschen. Die Idee der Web Services ist nicht neu. Es geht im Wesentlichen darum, Anwendunsgfunktionaliät, die im Internet vorhanden ist, auf einfache Art und Weise verfügbar zu machen, so dass sie in anderen Anwendungen genutzt werden kann. Wenn Sie sich mit diesem Thema schon einmal befasst haben, werden Sie sagen: „Moment! Das hat uns doch damals schon RPC versprochen!". Genau so ist es. Im Grunde ist ein Web Service nichts anderes als eine Prozedur eines Programmes, die auf einen anderen Rechner ausgelagert ist. Bei Bedarf wird diese Prozedur aufgerufen und basierend auf den übermittelten Eingabeparametern berechnet sie eine Ausgabe, die abschließend an den Aufrufer zurückgeschickt wird. Die Software, die es überhaupt erst ermöglicht, eine solche entfernte Prozedur aufzurufen, ohne sich um die komplizierten Details der Kommunikation zwischen den beiden Rechnern kümmern zu müssen, wird allgemein als Middleware bezeichnet. Der Name stammt daher, dass diese Software immer zwischen der Anwendung und dem Netzwerk liegt und die Komplexität des Netzes vor der Anwendung verbirgt.

Dieses Prinzip wurde in den letzten ca. zwanzig Jahren immer wieder neu umgesetzt, ohne dass es einen wirklichen industriellen Durchbruch gegeben hätte. Bekannte Meilensteine sind der schon genannte Sun Remote Procedure Call, das OSF Distributed Computing Environment (DCE), Common Object Request Broker Architecture (CORBA) von der OMG, die eine erste objektorientierte Lösung (also einen entfernten Methodenaufruf) darstellt, Java Remote Method Invocation (RMI) oder Microsofts DCOM. Nun scheint es jedoch so zu sein, als gäbe es zum ersten Mal eine wirkliche Chance auf einen Durchbruch, das Internet als eine Sammlung von Diensten zu verstehen, die nicht nur menschliche Benutzer, sondern vor allem Maschinen sehr effizient nutzen können, um auf einfache Art mächtige höherwertige Anwendungen bereitzustellen.

In diesem Kapitel wollen wir versuchen zu verstehen, warum das so ist, und wir wollen uns die Architektur der Web Services anschauen. Wir werden sehen, dass es doch die eine oder andere neue Idee gibt, dass man aber vor allem aus alten Fehlern gelernt hat. Zunächst geben wir deshalb einen Überblick über die „historische" (wenn man bei etwas mehr als drei Jahren davon sprechen darf) Entwicklung, um anschließend auf den heutigen

Status und vor allem auf die Standardisierungsbemühungen einzugehen. Dann wird es technischer, wenn wir die Schichtenarchitektur des Modells vorstellen und kurz auf die hauptsächlich verwendeten einzelnen Technologien eingehen – diese werden uns in den späteren Kapiteln noch sehr viel ausführlicher beschäftigen. Natürlich wollen wir außerdem einen kurzen Blick auf die Web-Services-Unterstützung in den beiden großen Architekturen J2EE und .Net werfen, bevor wir zum Abschluss einen Vergleich mit den anderen oben genannten Middleware-Ansätzen ziehen und auf die Vor- und Nachteile von Web Services eingehen.

3.1 Die Entwicklung des Web Service Ansatzes

Web Services sind eine der Informationstechnologien, die nicht im akademischen Umfeld, sondern aus der industriellen Praxis heraus entstanden sind. Dabei gab es insbesondere zwei große Bedürfnisse der Firmen, die beide aus dem Phänomen der Globalisierung (und der damit einerseits immer stärkeren Vernetzung der Unternehmen untereinander und andererseits des zunehmenden Kostendrucks) heraus entstanden sind:

- Web-Anwendungen waren zunächst so genannte „B2C"-Anwendungen (Business-to-Consumer), d.h., hier kommunizierten Endnutzer mit einer Maschine, auf der ein bestimmter automatisierter Dienst angeboten wurde. Wichtig war (und ist es natürlich auch noch heute) die ansprechende Darstellung der angebotenen Dienste. Schnell kam man jedoch auf die Idee, dass auch Firmen miteinander kommunizieren könnten, um Geschäftsvorfälle abzuwickeln. Diesen Zweig nennt man „B2B" (*Business-to-Business,* s. Abbildung 3.1) und er findet seine Ausprägung in Zweierbeziehungen zwischen Lieferant und Kunde, in ganzen Ketten solcher Beziehungen, die unter den Begriffen SCM (Supply Chain Management) und Customer Relationship Management (CRM) bekannt sind, oder in so genannten virtuellen bzw. elektronischen Marktplätzen, auf denen sich Unternehmen einer Branche treffen, um Produkte und Dienstleistungen anzubieten bzw. zu kaufen. Für B2B benötigt man keine schicken Benutzerschnittstellen, sondern effiziente Möglichkeiten zur automatischen Abwicklung, so wie wir es in der Einleitung schon beschrieben haben. Hier bestand ein enormer Bedarf nach Lösungen und in diese Lücke stieß die Softwareindustrie hinein.

- Ziel des anderen Ansatzes, der *Enterprise Application Integration (EAI,* s. Abbildung 3.2*),* ist es, Anwendungen innerhalb des Unternehmens so zu integrieren, dass sie wie eine homogene Anwendung wirken und benutzt werden können – und dass, obwohl die Anwendungen meist über Jahrzehnte hinweg in den verschiedensten Programmiersprachen auf unterschiedlicher Hardware und Betriebssystemen entwickelt wurden. Damit soll es möglich werden, Geschäftsprozesse, die bisher zum Teil gar nicht, zum Teil durch verschiedene Anwendungen abgedeckt waren, mit Hilfe einer einzigen Anwendung abzuwickeln. Das Ziel sind erhebliche Kosteneinsparungen durch wesentlich vereinfachte Benutzerführung und damit schnellere Prozessabwicklung, aber auch durch die Vereinheitlichung des Datenbestands, der nur noch einmal vorgehalten werden muss. Alle Anwendungskomponenten bedienen sich dann nur noch aus einer

3.1 Die Entwicklung des Web Service Ansatzes

Datenquelle. EAI-Lösungen existierten bereits, waren aber sehr komplex und sehr teuer. Auch hier bestand also Bedarf nach wesentlich besseren Lösungen.

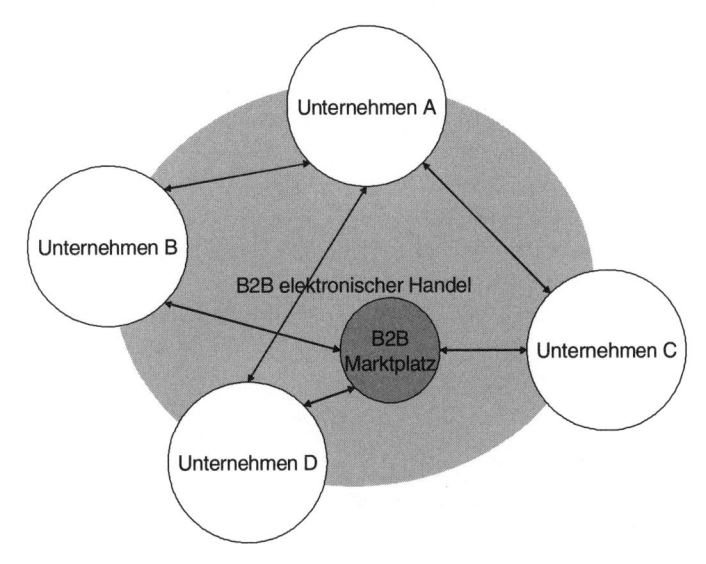

Abbildung 3.1: Die Idee von B2B (nach Keller: Enterprise Application Integration)

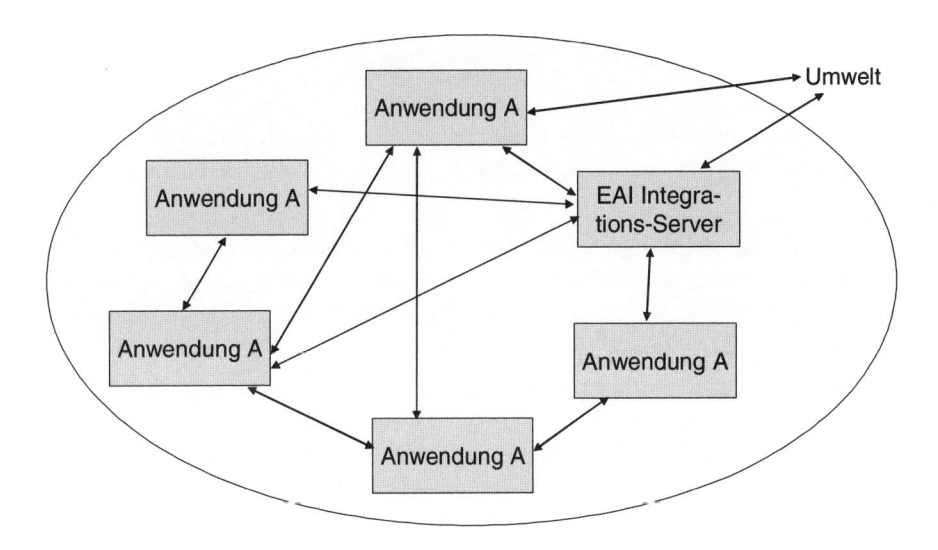

Abbildung 3.2: Enterprise Application Integration (nach Keller: Enterprise Application Integration)

Eine der ersten Firmen, die auf die Probleme reagierte, mit denen sie von ihren Kunden immer wieder konfrontiert wurde, war Microsoft. Die Firma begann bereits 1997 mit der Entwicklung eines Protokolls, das den Zugriff auf entfernte Objekte deutlich vereinfachen sollte. Bis dahin kannte man die Protokolle aus der CORBA- und DCOM-Welt (DCOM ist ein proprietäres Microsoft-Produkt), die sehr komplex und fehleranfällig waren. Das neue Protokoll basierte auf ASCII und wurde als *Simple Object Access Protocol (SOAP)* bezeichnet. SOAP ist heute das Kernstück des Web-Service-Ansatzes und wir werden noch ausführlich darauf zu sprechen kommen.

Microsoft blieb nicht die einzige Firma, nach und nach sprangen die anderen Großen der Branche auf: IBM und HP waren schnell mit dabei, Sun brauchte etwas länger. Auf Initiative von Microsoft, IBM und Ariba (später HP) wurde ein Verzeichnisdienst für Web Services entworfen, der es ermöglichte, einmal bekannt gemachte Web Services weltweit finden und lokalisieren zu können. Mit dieser Idee ging das Konsortium weit über die bisherigen Name-Service-Ansätze in CORBA und DCOM hinaus, die diesen Dienst für relativ eng eingegrenzte Umgebungen anbieten. Der neue Dienst wurde *Universal Description, Discovery and Integration (UDDI)* genannt und ist heute ebenfalls eine der zentralen Komponenten.

Über die generelle Idee des Web-Service-Ansatzes herrschte Einvernehmen, allerdings gab es doch recht unterschiedliche Ausgestaltungen. IBM verstand unter dem Begriff das Folgende:

„Web services are self-contained, modular applications that can be described, published, located, and invoked over a network, generally, the World-Wide Web."

Das kommt dem schon sehr nahe, was heute der Standarddefinition entspricht (s. nächster Abschnitt). Microsoft hält die Definition etwas allgemeiner und legt sich nicht fest, was man mit Web Services alles machen kann:

„A Web service is programmable application logic, accessible using standard Internet protocols."

Schließlich gibt es noch die Unternehmensberatungen und Analysten, die den Ansatz aus einer etwas betriebswirtschaftlicheren Sicht betrachten. So sagt die Gartner Group, ein Web Service sei

„a software component that represents a business function (or a business service) and can be accessed by another application (a client, a server or another Web service) over public networks using generally available ubiquitous protocols and transports (i.e. SOAP over HTTP)."

Was treibt eigentlich eine Firma wie Microsoft, die bis dahin nicht gerade zu den großen Verfechtern offener Standards und Protokolle zählte, dazu, plötzlich eine Führungsrolle in diesem Bereich zu übernehmen? Microsoft hat wohl auch erkannt, dass das Internet immer mehr an Bedeutung gewonnen hatte und dass sich der Trend zu internetbasierten Anwendungen nicht stoppen ließe. Also blieb nur eins: die Leute dazu zu bewegen, wenigstens Microsoft-Produkte zu verwenden, wenn sie schon offene Systeme entwickeln mussten. Also wurde einerseits die Betriebssystemplattform konsequent in Richtung Internet weiterentwickelt und andererseits setzte man auf die Anziehungskraft mächtiger Werkzeuge. Beides wurde in der .Net-Plattform zusammengefasst. Der Erfolg gibt Microsoft sicher erneut recht, denn wie wir schon gehört haben, gehört .Net zu den beiden wichtigen Plattformen für B2B- und EAI-Entwicklungen auf der Basis von Web Services.

3.2 Standardisierung: W3C & Co.   67

Die Web-Service-Standardisierung und Weiterentwicklung steht inzwischen auf wesentlich offizielleren Beinen, denn es gibt eine Reihe von Organisationen, die sich darum bemühen, nämlich das *World-Wide-Web-Consortium (W3C)*, die *Organization for the Advancedment of Structured Information Systems (OASIS)* und die *Web Services Interoperability Organization (WS-I)*. In diesen Gruppen spielen weiterhin die Industrieunternehmen die führende Rolle, wenn man auch auf den Rat der akademischen Welt nicht ganz verzichtet. Der große Vorteil liegt darin, dass die Firmen mit ihren Produktentwicklungen immer nah am Standard sind und wegen des großen Interesses auch einige Ressourcen in diesen Bereich hineingeben. Als Ergebnis gibt es heute, obwohl die Technologie noch sehr jung ist, eine schon fast unüberschaubare Menge an Werkzeugen, die uns später noch beschäftigen wird. Übrigens ist einer der großen Vorteile von Web Services, dass sie sich sowohl für EAI als auch für B2B verwenden lassen. Damit ist natürlich das Marktpotential noch sehr viel größer.

Zunächst aber wollen wir uns nun die Standardisierungsgremien etwas genauer anschauen.

3.2 Standardisierung: W3C & Co.

Heute gibt es eine Art „offizielle" Definition eines Web Service:

„A Web service is a software application identified by a URI, whose interfaces and bindings are capable of being defined, described, and discovered as XML artifacts. A Web service supports direct interactions with other software agents using XML-based messages exchanged via Internet-based protocols".

Oder auf Deutsch (Übersetzung der Verfasser):

„Ein Web Service ist eine durch einen URI eindeutig identifizierte Softwareanwendung, deren Schnittstellen als XML-Artefakte definiert, beschrieben und gefunden werden können. Ein Web Service unterstützt die direkte Interaktion mit anderen Softwareagenten durch XML-basierte Nachrichten, die über Internetprotokolle ausgetauscht werden."

Pflücken wir diese Definition einmal auseinander: Web Services sind Anwendungen, die über eine oder mehrere Schnittstellen von überallher benutzt werden können. Es ist leicht, einen Web Service zu identifizieren, denn dazu wird einfach das schon gängige Format der *Uniform Resource Identifiers* (URI) verwendet, das ja auch im WWW zur Seitenidentifizierung dient. Es gibt offensichtlich Werkzeuge, die einem Dienstanbieter helfen, einen Web Service zu beschreiben bzw. einem Dienstnutzer, diesen dann zu finden. Und schließlich kommuniziert der Nutzer eines Dienstes über Nachrichten mit dem Dienst, die in der Sprache XML beschrieben sind und über Standard-Internetprotokolle ausgetauscht werden.

Wer hat eigentlich bestimmt, dass diese Definition etwas Offizielles ist? Nun, dies ist die Version der *W3C Web Services Architecture Working Group*. Das W3C ist das *World-Wide Web Consortium* und diejenige Organisation, die sich um die Standardisierung von Web-

Technologien bemüht. Der Vorsitzende des W3C heißt Tim Berners-Lee und ist die Person, die vor knapp 15 Jahren das Web überhaupt erst erfunden hat. Zu den Technologien, die das W3C unter seinen Fittichen hat, gehören neben den Web Services beispielsweise die Sprachen HTML und XML sowie alles, was dazu gehört (z.B. XML Encryption und Signature), das Protokoll HTTP, das Document Object Model DOM etc. Ein Blick auf die Seite des W3C unter http://www.w3.org (s. Abbildung 3.3) lohnt sich immer: Man erhält dort neben den definitiven Antworten auf alle Fragen rund um das Web auch eine Menge weiterer Informationen z.B. zu Implementierungen, Werkzeugen oder einfach nur Neuigkeiten.

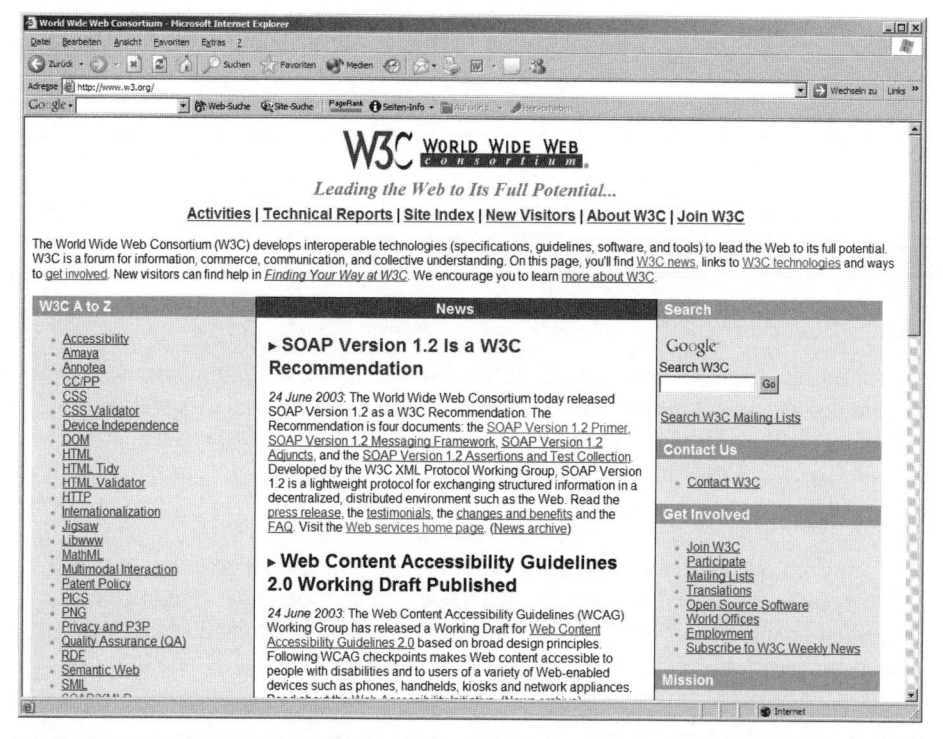

Abbildung 3.3: Die W3C-Web-Seite (am 27. Juni 2003)

Natürlich kümmert sich nicht jeder, der im W3C mitarbeitet, um jede Technologie. Gewöhnlich werden eine Reihe von Working Groups zusammengestellt; für den Bereich Web Services gibt es beispielsweise sogar vier Stück, von denen sich jede mit einem ganz bestimmten Aspekt befasst. Mehr zu den Aufgaben der einzelnen Gruppen werden wir im nächsten Abschnitt hören.

Das W3C ist für die Kerntechnologien innerhalb des Web-Service-Rahmenwerks zuständig, also vor allem für den Datenaustausch und die Beschreibung. Eine zweite Gruppe, die sich mit der Standardisierung im Web-Service-Umfeld beschäftigt, ist die oben schon genannte OASIS. OASIS gibt es seit 1993, damals beschäftigte man sich vor allem mit der Sprache SGML, die sehr verwandt mit XML ist. OASIS hieß bis 1998 auch noch SGML

3.2 Standardisierung: W3C & Co.

Open. Seit 1998 hat sich der Bereich, den OASIS abdeckt, jedoch deutlich aus dem SGML-Umfeld herausbewegt, so dass man einen neuen Namen verwendete. Bei der Web-Services-Standardisierung geht es OASIS insbesondere um Prozesse, d.h., man beschäftigt sich z.B. mit dem Zusammenspiel verschiedener Web Services und vor allem der Integration in betriebswirtschaftliche Anwendungen. Eine große Rolle spielen hier Verzeichnisdienste und gemeinsame Vokabulare sowie die Sicherheit der Nutzung von Web Services. Wir werden später im nächsten Abschnitt noch genauer auf diesen Bereich zu sprechen kommen.

Schließlich bleibt noch die Web Services Interoperability Organization (WS-I). Ursprünglich war die WS-I als Konkurrenz zum W3C gegründet worden, weil man in der Industrie nicht mit dem Tempo zufrieden war, das bei der Standardisierung im W3C angeschlagen wurde. Heute konzentriert man sich auf die eigentliche Aufgabe, nämlich die Interoperabilität zwischen Web Services zu fördern. Dazu setzt man die folgenden Hilfsmittel ein:

- Es werden so genannte „WS-I-Profile" definiert, die jeweils eine Menge von Spezifikationen umfassen. Wenn ein Web Service behauptet, ein bestimmtes Profil zu erfüllen, dann muss er sämtliche dazugehörigen Spezifikationen erfüllen bzw. Protokolle bereitstellen. Heute gibt es ein erstes Profil, das „WS-I Basic Profile".

- Es werden Richtlinien zur Entwicklung von Anwendungen aufgestellt und Beispiele gegeben. Dazu gehören beispielsweise die „WS-I Usage Scenarios" oder die „Supply Chain Management Use Cases" sowie die „Supply Chain Management Architecture". Anhand sehr konkreter Beispiele – siehe dazu Abbildung 3.4, die aus der SCM-Architektur-Empfehlung übernommen wurde – wird dort gezeigt, wie man die neue Technologie einsetzen sollte, um Systeme zu entwickeln, die zusammenarbeiten.

- Schließlich werden Testwerkzeuge und Testfälle bereitgestellt, mit deren Hilfe Anwendungsentwickler testen können, ob ihre Produkte einem bestimmten Profil genügen.

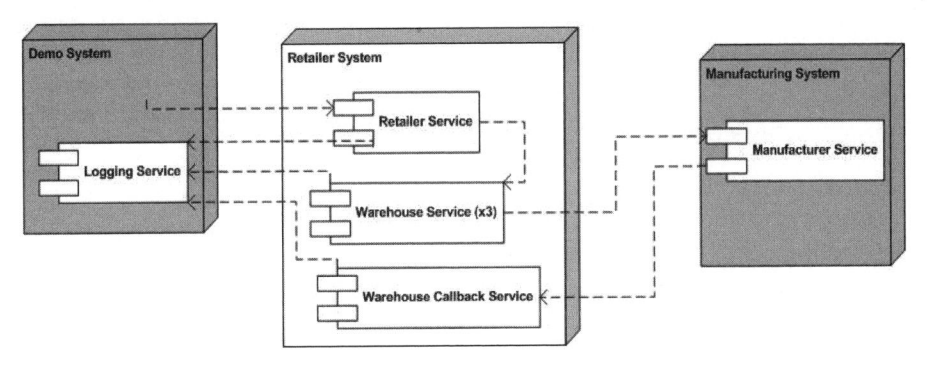

Abbildung 3.4: Architektur der Anwendung für ein SCM-System (aus: SCM Use Cases, WS-I)

3.3 Interaktionsmodell und Schichtenarchitektur

Nun wissen wir also schon einmal, was man unter einem Web Service versteht und wer sich darum kümmert, dass die dazugehörigen Technologien zusammenpassen, auch wenn sie von unterschiedlichen Herstellern kommen. Wie aber funktionieren Web Services, wer kommuniziert mit wem auf der Basis welcher Protokolle? Ein bisschen zu allgemein ist obige Definition leider doch noch.

Innerhalb des W3C gibt es die *Web Services Architecture Working Group* (http://www.w3.org/2002/ws/arch/). Diese Gruppe hat die Aufgabe, die Web-Services-Architektur festzulegen, ohne konkret die Technologien zu standardisieren, die innerhalb der Architektur zum Einsatz kommen (für diese Aufgaben sind andere Arbeitsgruppen zuständig). Dabei hat sie sich die folgenden Ziele gesetzt:

- Die Architektur muss modular aufgebaut sein, da eine Reihe von Technologien auf unterschiedlichen Ebenen benötigt wird, um die Aufgabe zu erfüllen.
- Alle Technologien müssen XML-basiert sein.
- Die Web-Service-Architektur muss sauber in die Web-Architektur integriert werden, d.h., Web Services sollen als adressierbare Ressourcen behandelt werden, sie müssen mit Proxies zusammenarbeiten etc.
- Die Architektur muss plattformunabhängig sein, sie darf kein bestimmtes Programmiermodell oder eine bestimmte Art der Interaktion zwischen den Komponenten vorwegnehmen.
- Der Fokus muss auf Einfachheit, Modularität und Dezentralisierung gerichtet sein.
- Die Architektur muss ebenso erweiterbar sein wie das Web selbst: Es muss eine Vielzahl von Kommunikationsprotokollen und Dokumentformaten unterstützt werden, XML-Vokabulare müssen mittels XML Namespaces miteinander kombiniert werden können etc. Besondere Bedeutung kommt der Tatsache zu, dass Parteien zusammenarbeiten können, auch wenn sie vorher überhaupt keine Kenntnis vom jeweils anderen hatten.
- Web Services müssen sicher und verlässlich nutzbar sein.
- Sie müssen managebar sein (im Sinne von Netzwerkmanagement).

Das Ergebnis der Entwicklungen wollen wir im Folgenden beschreiben. Es ist niedergelegt im Web Services Architecture Document, dessen aktuelle Version vom 14. Mai 2003 stammt (http://www.w3.org/TR/2003/WD-ws-arch-20030514/). Einen Überblick über die Architektur gibt Abbildung 3.5.

Die Basis des ganzen Rahmenwerks bildet der mit „Communications" bezeichnete (in der Grafik mittlere untere) Teil, der oft auch mit „Wire Stack" benannt wird. In diesem Teil geht es um den reinen Nachrichtenaustausch zwischen Prozessen. TCP/IP wird als Netzwerkprotokollfamilie vorausgesetzt, man möchte aber noch weitere Funktionalität und Vereinfachungen zur Verfügung stellen. Aus diesem Grund werden einige anwendungsorientierte Transportprotokolle vorgeschlagen, die bereits eine gewisse Struktur in die Kom-

3.3 Interaktionsmodell und Schichtenarchitektur

munikation hineinbringen. Dazu gehört als prominentester Vertreter das Protokoll HTTP, es ist aber auch möglich, beispielsweise über SMTP (das Email-Protokoll des Internets), FTP (Dateiverwaltung) oder JMS (Java Message Service) zu kommunizieren. HTTP stellt ein einfaches Request-Response-Protokoll zur Verfügung, viel wichtiger aber ist die Client-Server-Infrastruktur des Webs, die für Web-Service-Anwendungen über HTTP genutzt werden. In ähnlicher Weise kann die Email-Infrastruktur bei der Benutzung von SMTP verwendet werden. Jeder der Ansätze hat seine Berechtigung, wir werden auf einige davon etwas näher in den Kapiteln 4 und 5 eingehen.

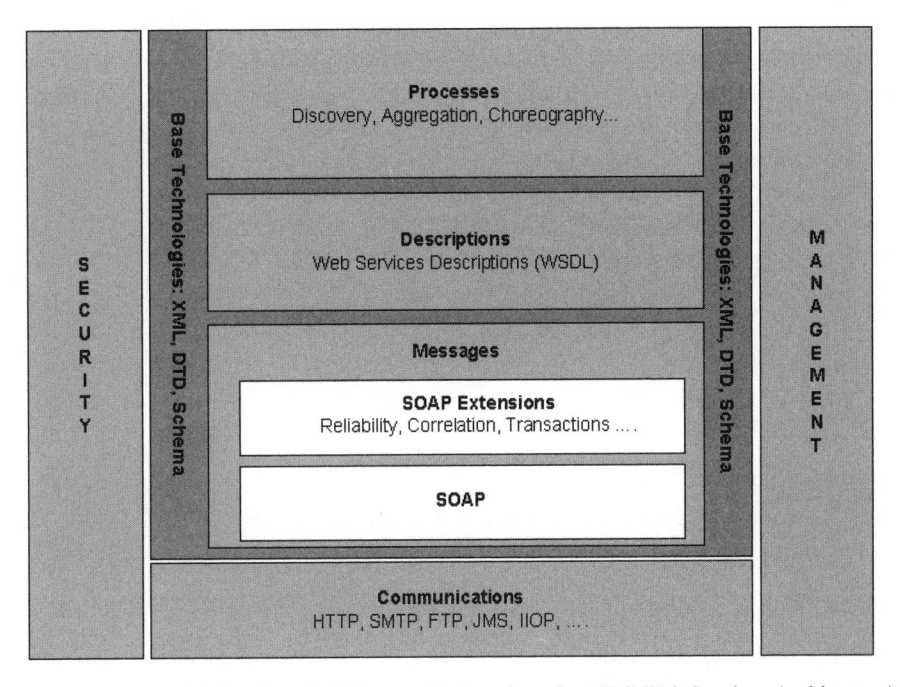

Abbildung 3.5: Die Web-Services-Schichtenarchitektur (aus der W3C Web Services Architecture)

Die zentralen Komponenten finden sich im mittleren Block der Grafik. Eingefasst wird dieser Block von den Basistechnologien rund um XML, der eXtended Markup Language. XML hat sich mit der Zeit zu der zentralen Beschreibungssprache für Daten im Internet gemausert und wir hatten ja etwas weiter oben schon gesehen, dass XML explizit als Sprache für die Web-Service-Architektur gefordert wurde. Wir wollen hier nur ganz grob festhalten, dass jede über Web Services ausgetauschte Nachricht in XML beschrieben sein muss. Die erlaubten Strukturen der Nachrichten bzw. der ausgetauschten Daten ergeben sich durch eine Grammatik. Grammatiken für XML-Datenstrukturen werden entweder in der so genannten Data Type Definition (DTD) oder in XML Schema beschrieben. Wir gehen auf XML und die zugehörigen Technologien und Werkzeuge in den Kapiteln 6 und 7 ein.

Der mit „Messages" überschriebene Block stellt nun das Herz des Web-Service-Protokollstacks dar. Hier finden wir als wichtigste Technologie das oben schon genannte SOAP wieder; dazu gehören dann noch einige Erweiterungen wie Transaktionen mit SOAP oder MIME-Erweiterungen. Doch welche Aufgabe hat dieser Block und damit SOAP eigentlich? Nachrichtenübertragung wird doch schon auf Anwendungstransportprotokollebene erledigt.

Diese zugrunde liegenden Protokolle stellen ja zunächst einmal nur Transportmöglichkeiten für Nachrichten zur Verfügung, sie sagen aber überhaupt nichts über die Struktur solcher Nachrichten aus. SOAP löst dieses Problem, indem es eine grundlegende *anwendungsunabhängige* Struktur für XML-Nachrichten zur Verfügung stellt und außerdem eine Reihe von Protokollstrukturen definiert. Auch hierzu wollen wir an dieser Stelle nicht mehr sagen, da SOAP ausführlich in den Kapiteln 8 (SOAP-Theorie) und 10 (SOAP-Werkzeuge) besprochen wird.

In der nächsthöheren, mit „Descriptions" bezeichneten Schicht geht es um die Beschreibung von Web Services, und zwar um formale Beschreibungen. Formale Beschreibungen erlauben eine automatische Behandlung und dies ist eine wichtige Eigenschaft der Technologie. Generell besteht die Idee darin, einen Web Service formal zu beschreiben, so dass jeder Nutzer dieses Dienstes und jeder Erbringer genau sehen kann, welche Schnittstellen der Dienst hat und welche Ein- und Ausgaben er erwartet bzw. liefert. Nur mit dieser genauen Spezifikation ist es möglich, Web Services interoperabel zu machen und die entsprechende Software bei Diensterbringer und -nutzer automatisch zu erzeugen.

Jede Middleware hat ihre eigene Beschreibungssprache für Dienste. Die Sprache der Web Services heißt *Web Service Description Language (WSDL)*. In WSDL beschreibt man Namen von Diensten, Nachrichten, die zu deren Verwendung ausgetauscht werden, Bindungen an bestimmte Transportprotokolle und Adressen, an denen ein Web Service zur Verfügung steht. Um den Zusammenhang herzustellen: Eine in WSDL beschriebene anwendungsorientierte Nachricht zum Aufruf eines Dienstes wird vor der tatsächlichen Versendung an den Dienst zunächst in eine anwendungsunabhängige SOAP-Nachricht verpackt, die dann über das gewählte Transportprotokoll übertragen wird. WSDL wird uns in den Kapiteln 9 (WSDL-Theorie) und 10 (WSDL-Werkzeuge) beschäftigen.

Neben der reinen Syntaxbeschreibung müssen auf jeden Fall auch die Semantik der einzelnen Dienste und deren Ein- und Ausgabeparameter bekannt sein, d.h., man muss wissen, was der Aufruf eines Dienstes tatsächlich bedeutet bzw. was die Eingabe- und Ausgabeparameter aussagen. Heute einigt man sich über die Semantik üblicherweise „offline", z.B., indem man informell für eine Dienstbeschreibung in einem weiteren Dokument oder als Kommentar eine Bedeutung festlegt. In der Zukunft möchte man jedoch auch die Semantik formal beschreiben können. Das ultimative Ziel stellt das „Semantic Web" dar, in der die Bedeutung aller Ressourcen formal beschrieben und damit automatisiert herausgefunden und benutzt werden kann. Da diese Technologie als recht bedeutend für die Zukunft des Webs angesehen wird, wollen wir in Kapitel 19 einen Blick darauf werfen.

Der Letzte der zentralen Blöcke, der auf dem Beschreibungsblock aufsetzt, beschäftigt sich mit Prozessen, die auf der Basis von formal beschriebenen Web Services definiert werden können. Der wichtigste dieser Prozesse ist die Entdeckung von Web Services. Man sollte nicht vergessen, dass wir hier von einem globalen Ansatz für verteilte Anwendungen reden. Web Services wird es überall auf der Welt geben, und es wird eine Unzahl

3.3 Interaktionsmodell und Schichtenarchitektur

davon geben. Für eine bestimmte Anwendungslösung sollte man die Möglichkeit haben, beliebige Dienste einzubauen, d.h., weltweit verfügbare Anwendungsfunktionalität für die entsprechenden Zwecke zu nutzen. Die Frage ist dann natürlich: Wie findet man diese Dienste?

Der wichtigste Ansatz in diesem Bereich ist das schon genannte UDDI, ein global verfügbarer Verzeichnisdienst für Web Services. Diensterbringer nutzen UDDI, indem sie Beschreibungen ihrer Dienste dort publizieren, während Dienstnutzer UDDI verwenden können, um einen Dienst zu finden, der bestimmte Kriterien erfüllt. UDDI wird Thema der Kapitel 15 bis 17 sein.

Neben UDDI gibt es einen Dienst, der sich *Web Service Inspection (WS-Inspection)* nennt. WS-Inspection unterstützt ein aktives Vorgehen, denn hier sind es die Dienstverzeichnisse, die selbständig nach verfügbaren Web Services suchen, um sie anschließend zu registrieren. WS-Inspection ist noch nicht standardisiert, wird aber sehr stark von IBM und Microsoft vorangetrieben.

Andere Prozesse, die sich von der Entdeckung von Diensten absetzen, sind beispielsweise Workflows von Diensten. Oftmals besteht ja ein Geschäftsvorfall nicht nur aus dem Aufruf eines einzigen Web Service, sondern in einer Komposition. Auch für diesen Bereich gibt es einige Standardisierungsbemühungen, die wir in Kapitel 18 betrachten wollen.

Damit haben wir die Basistechnologien und -konzepte für Web Services bereits kennen gelernt. Die meisten dieser Konzepte gehören schon lange (soweit man bei einem Alter von drei oder vier Jahren von „lange" reden kann) zu den Web-Service-Technologien. Inzwischen wurde die Technologie jedoch noch weiterentwickelt, da man feststellte, dass es eine Reihe von schichtenübergreifenden Problemen gibt, die bis dahin noch überhaupt nicht adressiert worden waren.

Das Wichtigste dieser Probleme ist die Sicherheit der Bereitstellung und Nutzung von Web Services. Im April 2002 definierten Microsoft und IBM eine „Roadmap", also eine zeitliche Entwicklung für diesen Bereich. Kernstück ist die grundlegende Spezifikation *WS-Security*, die ein Sicherheitsmodell auf der Basis von Nachrichten beschreibt. Darum herum gibt es sechs weitere Sicherheitsspezifikationen, die nun alle nach und nach umgesetzt werden. WS-Security bzw. die wichtigsten dazugehörigen Technologien XML Encryption und XML Signature sind erst vor kurzem standardisiert worden. WS-Security ist Thema von Kapitel 13.

Der andere übergreifende Bereich betrifft das Management von Web Services, also die Verwaltung der entsprechenden Ressourcen. Ein wichtiges Teilgebiet ist die Güte eines Dienstes (Quality of Service, QoS). Unter Dienstgüte versteht man das Einhalten verschiedener quantitativer und qualitativer Eigenschaften eines Dienstes wie z.B. die Fähigkeit, innerhalb einer bestimmten Zeitspanne zu antworten oder eine bestimmte Menge an Dienstaufrufen pro Zeiteinheiten verarbeiten zu können. Wenn man für einen Dienst bezahlt, denn hätte man es natürlich gern, dass der Dienst auch hält, was er verspricht. Das Management von Diensten hat u.a. die Aufgabe, eine gewünschte bzw. zugesagte Dienstqualität zu sichern. Natürlich muss es auch (formale, weil automatisierbare) Möglichkeiten geben, sich über die zu erbringende Dienstqualität zu einigen. Der hier verfolgte Ansatz heißt *Web Service Level Agreement* (WSLA). QoS und Management sind allerdings nicht Thema dieses Buches.

Basierend auf dieser grundsätzlichen Schichtenarchitektur hat man sich nun eine Reihe von Standardszenarios einfallen lassen, die alle wesentlichen Nutzungsformen abdecken. Dabei werden innerhalb der Architektur verschiedene Rollen vergeben. Insgesamt werden zurzeit sechs verschiedene Szenarien beschrieben (http://www.w3.org/2002/ws/arch/2/10/roles_clean.htm), wobei weitere Szenarien hinzukommen könnten.

Alle Szenarien lassen sich ganz prinzipiell in das Web-Service-Rollenmodell einpassen, das wir in Abbildung 3.6 sehen können.

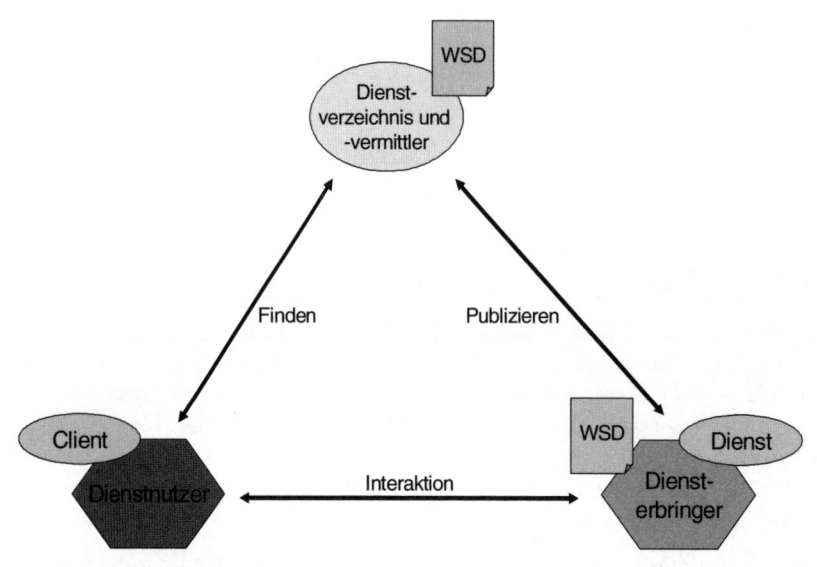

Abbildung 3.6: Das Web-Service-Rollenmodell

In diesem Modell gibt es drei zentrale Rollen, deren Namen auch weiter oben schon gefallen sind. Zunächst muss es einen Diensterbringer geben, der einen Dienst nach außen hin anbietet. Dieser Dienst wird in einem WSD-Dokument (Web Service Description) beschrieben. Die zweite Rolle füllt der Dienstnutzer aus, der einen Service verwenden möchte, um eine gewisse Anwendungsfunktionalität zu erbringen. Um den Service des Diensterbringers nutzen zu können, muss dem Nutzer die WSD bekannt sein, denn nur dann kann er eine Software (im Bild: Client) erstellen, die korrekt auf den Dienst zugreifen kann.

Es gibt mehrere Möglichkeiten, an diese WSD heranzukommen. Die Einfachste ist die direkte Kommunikation mit dem Erbringer, was aber nicht immer möglich ist. Daher gibt es eine dritte Rolle, nämlich den Dienstvermittler bzw. das Dienstverzeichnis. Der Diensterbringer kann einen Dienst bekannt machen, indem er das WSD-Dokument beim Vermittler registriert. Über eine öffentliche Schnittstelle kann nun der Nutzer beim Vermittler nach verfügbaren Diensten suchen. Findet er einen, dann bekommt er die WSD und erstellt die Client-Software, die dann automatisch mit dem Dienst des Diensterbringers interagiert.

3.3 Interaktionsmodell und Schichtenarchitektur

Sie sehen schon: Es gibt eine Reihe von Möglichkeiten der Ausgestaltung dieses Modells, wodurch sich auch die verschiedenen Szenarien ergeben. Wir wollen im Folgenden alle aktuell beschriebenen Szenarien nennen und auf drei davon etwas detaillierter eingehen:

- *Web-Interaktion ohne Web Service.*
  Dies ist das Schema von Web-Anwendungen aus der Zeit vor den Web Services. Dieses Szenario wird aus Vergleichsgründen aufgenommen.
- *Dienstnutzer und -erbringer kennen sich vor der Interaktion.*
  Dies ist eines der Szenarien, die im B2B realistisch sind. Zwei Geschäftspartner, die schon seit einiger Zeit zusammenarbeiten, möchten nun ihre Zusammenarbeit mittels Web Services automatisieren. Abbildung 3.7 zeigt das Vorgehen, das hierzu notwendig ist.

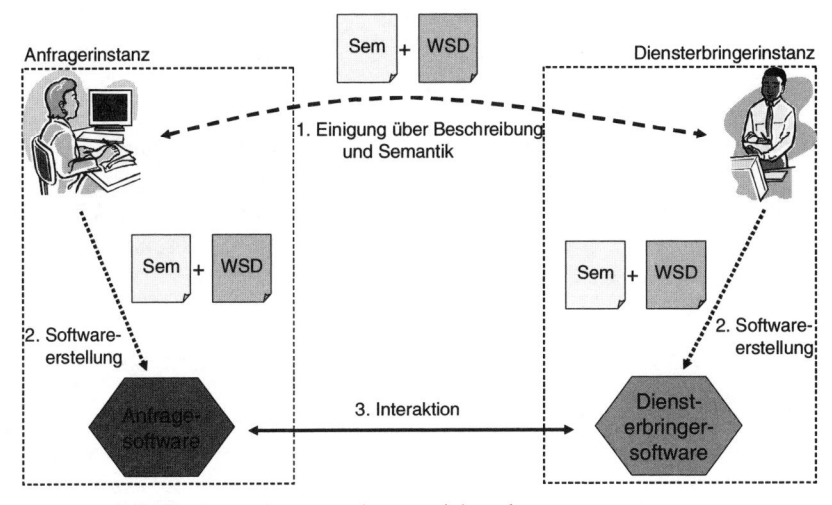

Abbildung 3.7: Szenario 1: Die Partner kennen sich vorher

Im ersten Schritt müssen sich die beiden Partner über Syntax und Semantik ihrer Interaktionen verständigen. Wir hatten oben schon beschrieben, was Syntax ausmacht – sie wird im WSD-Dokument niedergelegt. Alles andere, was die Partner wissen müssen, um den Dienst zu nutzen, fassen wir hier unter dem Begriff Semantik zusammen. Ein kleines Beispiel: Angenommen, einer der Partner möchte einen Additionsdienst anbieten. Dazu beschreibt er im WSD-Dokument eine Schnittstelle add, die als Eingabe zwei Integer-Zahlen erwartet und wieder einen Integer zurückgibt. Dies ist die Syntax. Als semantische Information muss er nun noch hinzufügen, dass der beschriebene Service zwei Zahlen miteinander addiert und die Summe zurückgibt. Wie oben schon beschrieben, wird dieser zweite Teil heute nicht formal erledigt.

Es gibt mehrere Möglichkeiten, wo die Syntax und die Semantik herkommen. Sie könnten z.B. entweder vom Dienstnutzer oder -erbringer vorgegeben werden und per Email an den Partner geschickt werden, die beiden Partner könnten sie gemeinsam erarbeiten oder sie könnten von einem Dritten kommen, z.B. von einem Standardisierungsgremium. Im letzten Fall würden sich die beiden Partner eben darauf einigen, für ihre Interaktion einen vorgegebenen Standard zu verwenden.

Im zweiten Schritt müssen nun Erbringer und Nutzer ihre jeweiligen Softwarepakete implementieren. Dazu verwenden sie natürlich dasselbe WSD-Dokument und dieselbe Information über die Semantik. Einzig die unterschiedlichen Rollen müssen auf den jeweiligen Seiten berücksichtigt werden. Sobald die Software, von der große Teile automatisch erzeugt werden sollten, fertig ist, kann die Interaktion der Partner beginnen.

- *Dienstnutzer und -erbringer kennen sich vorher, die WSD wird aber dynamisch geladen.*
Dies ist eine Variante von Szenario 1, in der das WSD-Dokument dynamisch von der Software des Client vom Diensterbringer abgerufen wird, um jeweils die neueste Schnittstelle verwenden zu können. Wichtig ist hier allerdings auch, dass man sich vorher über die Semantik geeinigt hat.

- *Es gibt mehrere Diensterbringer, die Auswahl des Dienstes erfolgt manuell.*
Dieses dritte Szenario ist das Erste, in dem die dritte Rolle zum Teil ausgefüllt wird. Hier gehen wir davon aus, dass der Benutzer von Anfang an nicht weiß, welchen Web Service er tatsächlich benutzen will. Natürlich weiß er die Semantik, d.h., er weiß, was er erreichen will. Genauso gibt es eine Reihe von Anbietern, die einen Dienst mit der vorgegebenen Semantik anbieten. Nun gibt es eine dritte Rolle, die es dem Nutzer erlaubt, den „richtigen" Web Service zu finden. Dieses Discovery-Tool kann entweder beim Erbringer, beim Nutzer oder bei einem Dritten angesiedelt sein. Das Szenario ist in Abbildung 3.8 dargestellt.

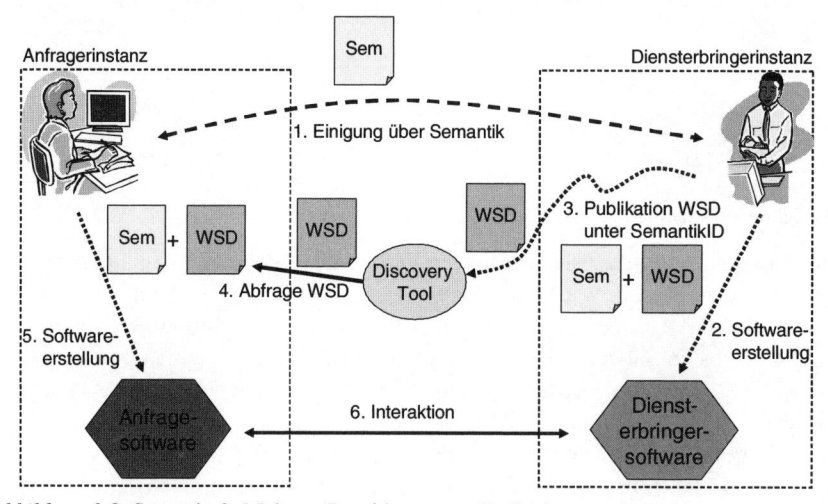

Abbildung 3.8: Szenario 3: Mehrere Provider, manuelle Suche

Nach der Einigung über die Semantik, die wie oben erfolgen kann, wird zunächst die Organisation des Diensterbringers dafür sorgen, dass die Server-Software erstellt wird. Anschließend müssen Syntax und die dazugehörige Semantik (typischerweise nicht komplett, sondern unter einer allgemein bekannten eindeutigen Nummer oder Adresse wie einer URL) beim Discovery-Werkzeug bekannt werden. Dies kann auf verschiedenen Wegen geschehen, z.B. durch aktive Veröffentlichung durch den Diensterbringer

3.3 Interaktionsmodell und Schichtenarchitektur

oder durch aktive Suche des Werkzeuges.

Sobald dies geschehen ist, kann der Programmierer auf die WSD zugreifen und mittels dieses Dokuments und der Semantik die Anfragesoftware erstellen. Sodann können die beiden Softwarekomponenten miteinander interagieren.

- *Es gibt mehrere Diensterbringer, die Auswahl des Dienstes erfolgt manuell und die Web-Service-Beschreibung kommt vom Diensterbringer.*
  Szenario 4 ist wiederum eine Variante von Szenario 3. Hier dient das Discovery-Werkzeug nur als Vermittler der Information, wo ein bestimmter Service erreichbar ist (und welche Semantik er unterstützt). Vor der Interaktion holt sich jedoch die Client-Software automatisch die WSD-Beschreibung direkt vom Diensterbringer.

- *Es gibt mehrere Diensterbringer, die Auswahl erfolgt automatisch.*
  Abbildung 3.9 zeigt Szenario 5.

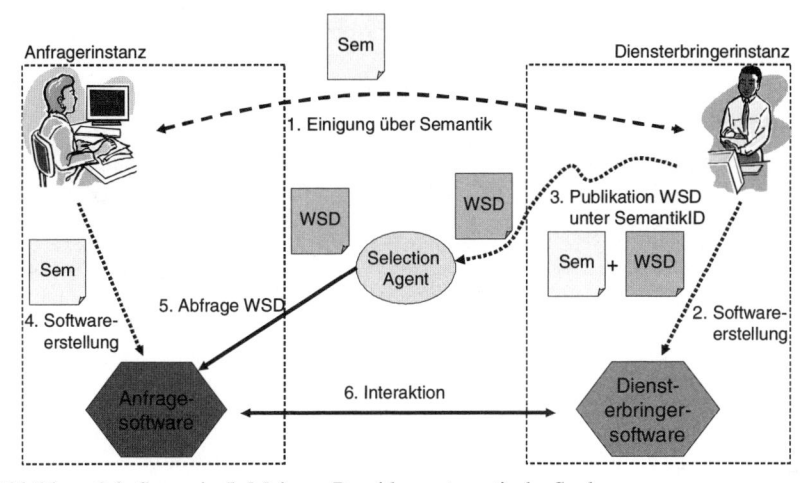

Abbildung 3.9: Szenario 5: Mehrere Provider, automatische Suche

Nach der üblichen Einigung über die Semantik erstellt der Programmierer auf der Server-Seite die Dienstsoftware und publiziert die Schnittstellenbeschreibung sowie die Semantik-ID. Wie oben bekommt eine jetzt als *Selection Agent* bezeichnete Software diese Information, so dass anschließend danach gesucht werden kann. Im Unterschied zu Szenario 3 erfolgt die Auswahl jedoch dynamisch, d.h., der Client-Programmierer erstellt die Software nur auf der Basis der Semantik-Information, und die Software selbst ist zur Laufzeit dafür verantwortlich, mit Hilfe des Selection Agent einen entsprechenden Dienst zu finden, mit dem sie anschließend interagiert.

Zur Zeit wird beim W3C diskutiert, welche weiteren Szenarien man noch aufnehmen könnte. Ein Beispiel sind etwa Peer-to-Peer-Szenarien oder Szenarien mit mehreren hintereinander geschalteten Diensten, wie sie etwa für Workflows interessant wären.

Damit sollten wir einen guten Überblick über die Web-Service-Architektur gewonnen haben. Bevor wir uns in den nächsten Kapiteln in die Details stürzen, wollen wir zunächst kurz sehen, wie Web Services generell in den beiden wichtigen Plattformen unterstützt werden, um dann noch einen Vergleich mit anderen verwandten Technologien zu ziehen.

3.4 Web Services in den Plattformen

Bevor wir beginnen, sollten wir uns noch einmal kurz zurücklehnen und uns bewusst machen, dass man sich keineswegs nur zwischen J2EE und .Net entscheiden muss. Die Web-Service-Entscheidung ist zunächst nämlich keine Entscheidung zwischen J2EE und .Net, sondern eine Entscheidung für XML, SOAP & Co. J2EE und .Net stellen nur die zweifelsohne ausgereiftesten Plattformen zur Verfügung, auf denen man Web Services implementieren kann, aber es ginge auch völlig ohne.

3.4.1 Web Services-Konzept in J2EE

Die Web-Service-Idee passt sehr gut zur J2EE-Architektur aufgrund der klaren Schichtentrennung und dem ausgereiften Schnittstellenkonzept. Im J2EE-Umfeld wurden eine Reihe von Werkzeugen entwickelt, die Web Services unterstützen. Dazu kann man auch die Produkte der Apache Group zählen wie z.B. den noch zu besprechenden XML-Parser oder den Web-Server Tomcat.

Allerdings ist es in der Tat so, dass J2EE bzw. J2SE noch keine native Unterstützung für XML bzw. Web Services besitzt – mit anderen Worten: Die Standardversion von J2EE enthält keinerlei Klassen, die XML-Protokolle oder Werkzeuge implementieren.

Die Lösung, die Sun bis zur Integration dieser Technologien in J2SE/J2EE anbietet, heißt *Java Web Service Developer Pack* (WSDP, http://java.sun.com/webservices/webservicespack.html), das zurzeit in der Version 1.2 vorliegt. Sie können das WSDP zusätzlich zur J2SE/J2EE installieren; die entsprechenden Hinweise zum Laden und für die Installation finden Sie auf der Web-Seite. WSDP enthält die folgenden Komponenten:

- Java Server Faces (JSF) v1.0 (ein Äquivalent zu den Web Controls aus .Net)
- XML and Web Services Security v1.0 (eine Implementierung für den Sicherheitsblock)
- Java Architecture for XML Binding (JAXB) v1.0.1 (Algorithmen für die Umwandlung von XML-Dokumenten in Java-Klassen)
- Java API for XML Processing (JAXP) v1.2.3 (XML-Parser)
- Java API for XML Registries (JAXR) v1.0.4 (Zugriff auf UDDI)
- Java API for XML-based RPC (JAX-RPC) v1.1 (eine SOAP-Implementierung)
- SOAP with Attachments API for Java (SAAJ) v1.2 (eine Erweiterung für SOAP, um Attachments verschicken zu können)
- Java Server Pages Standard Tag Library (JSTL) v1.1 (eine Erweiterung für Java Server Pages)
- Java WSDP Registry Server v1.0_05 (ein Standard-UDDI-Server)
- Ant Build Tool 1.5.2 (ein Softwareentwicklungswerkzeug)
- Apache Tomcat v5 development container (der genannte Web-Server)
- WS-I Supply Chain Management Sample Application 1.0 (ein Beispiel)

Für die Zukunft ist angekündigt, dass XML in der nicht mehr allzu fernen Version 1.5 von J2SE enthalten sein wird (möglicherweise ist dies schon realisiert, wenn Sie dieses Buch erhalten), während die Integration für SOAP, WSDL & Co. erst für eine spätere Version geplant ist.

3.4.2 Web Services-Konzept in .Net

Im Falle von .Net kann man schon fast sagen, dass die Architektur um Web Services herum aufgebaut ist; zumindest ist dies eine der zentralen Komponenten von .Net.

Wie alle anderen Programme werden auch Web Services in der Common Language Runtime ausgeführt. Sie können Web Services in allen von .Net unterstützten Sprachen programmieren, wobei Visual Basic und C# wohl die am häufigsten gewählten Varianten sind. Entsprechend gibt es in .Net einen eigenen Teil der Klassenbibliothek, der sich speziell mit Web Services befasst, die `System.Web`-Bibliothek (s. Abbildung 2.18). Hier sind die verschiedenen benötigten Protokolle und Werkzeuge realisiert wie z.B. SOAP.

Da Visual Studio .Net ein integraler Bestandteil der .Net-Architektur ist, wird die Entwicklung von Web Services bzw. von auf Web Services basierenden Anwendungen stark unterstützt – wird hatten ja weiter oben schon gesagt, dass die massive Werkzeugunterstützung einer der größten Pluspunkte von Web Services ist. Schon beim Anlegen eines neuen Projektes (s. Abbildung 3.10) kann man erstens angeben, was für eine Art von Projekt (in diesem Fall ein ASP.Net Web Services Projekt) man beginnen möchte und in welcher Sprache das Projekt programmiert werden soll (s. linkes Menü).

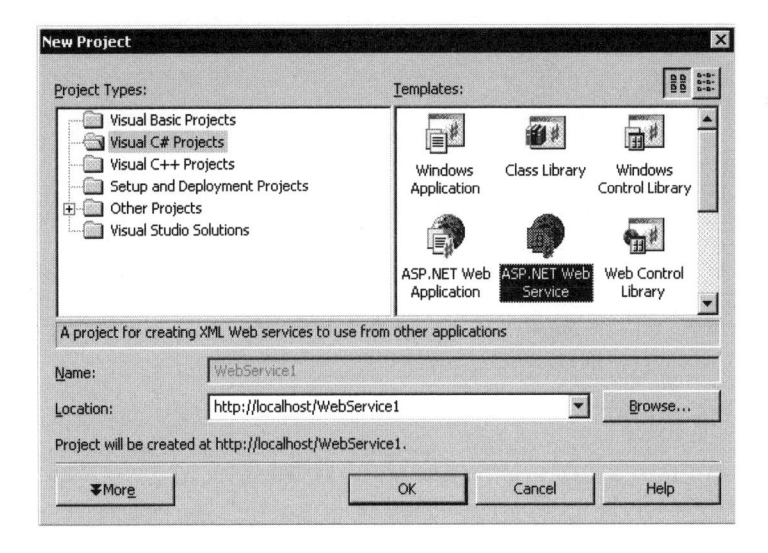

Abbildung 3.10: Anlegen eines Web-Service-Projektes

Durch die Angabe einer „Location" legt man außerdem fest, unter welcher URL der Web Service erreichbar sein wird. Wie bei ASP.Net gilt auch hier: Das Anlegen der entsprechenden Verzeichnisse im IIS erfolgt automatisch.

Nachdem man den Service fertig gestellt hat, kann man ihn leicht testen. Visual Studio .Net stellt dafür eine formulargesteuerte Testumgebung zur Verfügung, die für einen Beispiel-Web-Service (Addition zweier Zahlen) in Abbildung 3.11 dargestellt ist.

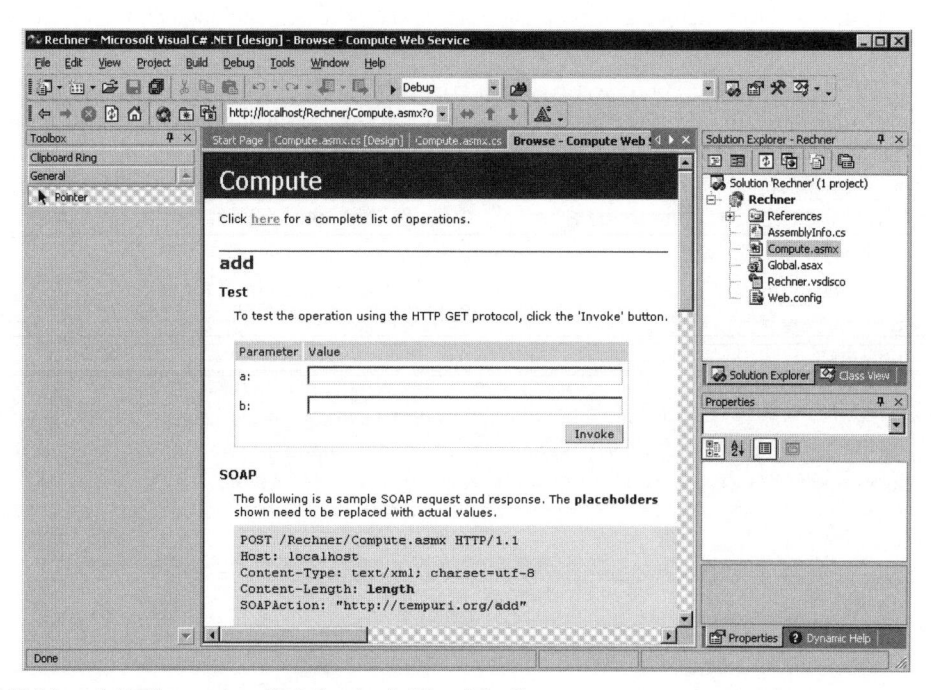

Abbildung 3.11: Testen eines Web Service in Visual Studio

Hier kann man einfach die Parameter für den Web Service eingeben und erhält dann das Ergebnis sowohl „lesbar" als auch als SOAP-Nachricht dargestellt. Visual Studio .Net wird uns ja in den nächsten Kapiteln noch weiter beschäftigen, so dass wir es an dieser Stelle zunächst dabei belassen wollen. Wie man genau einen Web Service programmiert, wollen wir an anderer Stelle betrachten.

3.5 Die Konkurrenz: CORBA, RMI und Sun RPC

Wir hatten ganz am Anfang behauptet, dass Web Services eigentlich nur ein neuer Name und eine neue Form für ein lange bekanntes Konzept sind, nämlich das der Middleware. Es gibt eine ganze Reihe bekannter und eingeführter Middleware-Ansätze, die wir im Folgenden jeweils kurz anschauen wollen, um Ähnlichkeiten und Unterschiede feststellen zu können. Wir betrachten dazu Sun RPC, CORBA und Java Remote Method Invocation, obwohl es natürlich noch eine ganze Menge mehr gäbe, beispielsweise Microsoft DCOM oder OSF DCE.

Allen Ansätzen ist gemein, dass sie ein eigenes Protokoll verwenden, um die Kommunikation zwischen Client und Server abzuwickeln und die Tatsache, dass überhaupt Kommunikation stattfindet, zu verbergen. Außerdem versucht jede Middleware, mehr oder weniger plattformunabhängig zu sein. Diese Unabhängigkeit wird vor allem durch eine Schnittstellenbeschreibungssprache, meist allgemein als *Interface Definition Language (IDL)* bezeichnet, erreicht. Web Services, hatten wir oben schon gesehen, verwenden WSDL als IDL, aber jede Middleware hat ihre eigene formale Sprache. In jedem Ansatz wird die IDL-Spezifikation von Prozeduren oder Methoden als Grundlage für den Softwareerstellungsprozess verwendet, so dass große Teile der den Anwender nicht interessierenden Kommunikationssoftware automatisch erstellt werden können. Doch nun zu den einzelnen Produkten.

3.5.1 CORBA

Die Common Object Request Broker Architecture (CORBA) wurde in den neunziger Jahren von der Object Management Group (OMG, http://www.omg.org) erstmals standardisiert, wird aber bis heute weiterentwickelt. CORBA ist zunächst einmal eine Spezifikation und kein Produkt; vielmehr sind Softwarehäuser aufgefordert, anhand der Spezifikation interoperable Produkte zu schaffen.

CORBA ist ein Ansatz zur Entwicklung verteilter heterogener Objektsysteme. Abbildung 3.12 zeigt, was damit gemeint ist. Ein einfaches objektorientiertes Programm wie in Teilbild (a) läuft auf einem Rechner innerhalb eines Prozesses; die einzelnen Objekte kommunizieren über einfache Methodenaufrufe miteinander. Dies lässt sich mit jeder objektorientierten Programmiersprache erstellen.

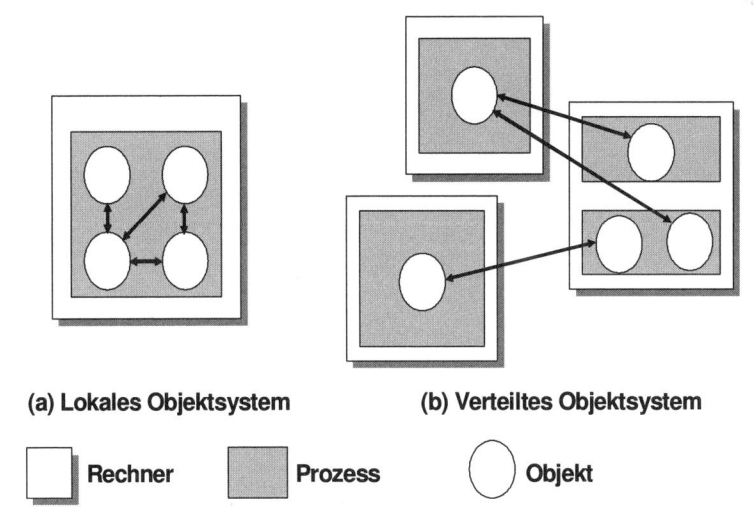

Abbildung 3.12: Verteilte Objektsysteme

Teilbild (b) dagegen zeigt den verteilten Fall: Hier sind die Objekte über mehrere Prozesse und Rechner verteilt und müssen miteinander über das Netz kommunizieren. Dabei soll es möglich sein, die Objekte in beliebigen Programmiersprachen auf beliebigen Rechnern und Betriebssystemen laufen zu lassen. Wie oben schon gesagt, möchte man dies möglichst transparent für den Anwendungsprogrammierer erreichen. Man benötigt also eine Softwarekomponente, die die Kommunikation zwischen den Objekten übernimmt.

Diese Komponente ist in CORBA der Object Request Broker (ORB). Seine Rolle zur Verbindung der Objekte wird in der CORBA-Architektur deutlich, die in Abbildung 3.13 zu sehen ist.

Jedes der eigentlichen Anwendungsobjekte (AOs) kommuniziert nur indirekt mit den anderen Objekten bzw. den verschiedenen angebotenen Diensten in CORBA. Die Aufgabe der ORBs und seiner Teilkomponenten ist es, die Methodenaufrufe eines AO in eine Form zu bringen, die sich über die Leitung übertragen lässt bzw. diese serialisierte Form auf der anderen Seite wieder in einen Methodenaufruf zu verwandeln. Die Kommunikation zwischen den einzelnen ORB-Komponenten findet statt über das *General* bzw. *Internet Inter-ORB Protocol (GIOP/IIOP)*.

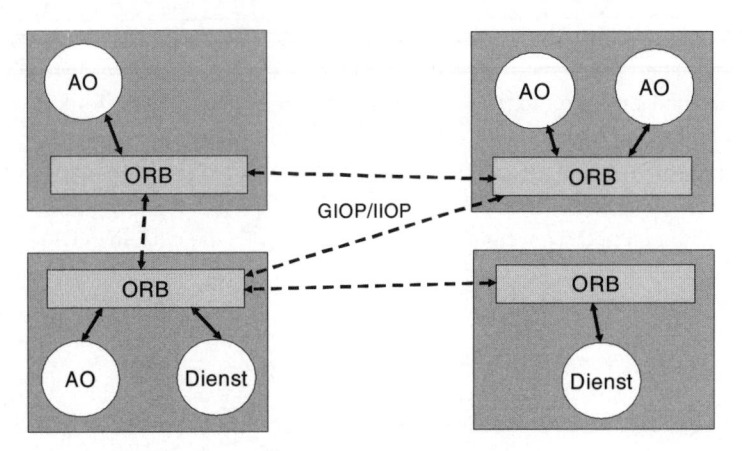

Abbildung 3.13: Die Architektur von CORBA

Die Heterogenität wird in CORBA einerseits durch diese standardisierten Protokolle und andererseits durch die CORBA-IDL erreicht. IDL ist programmiersprachenunabhängig aufgebaut und erlaubt die Transformation in beinahe jede andere Programmiersprache – tatsächlich gibt es schon für sehr viele Programmiersprachen IDL-Übersetzer, die aus einer IDL-Beschreibung die entsprechende Kommunikationssoftware automatisch erzeugen.

Dies ist das Grundkonzept von CORBA, aber zur Spezifikation gehören noch einige andere Komponenten. Wir wollen hier noch die so genannten *Common Services* erwähnen. Common Services sind zunächst einmal aus Schnittstellensicht nichts anderes als AOs, d.h., sie besitzen eine in IDL beschriebene und nach außen hin bekannte Schnittstelle. Allerdings ist für diese Dienste die Schnittstelle und auch das Verhalten der Dienste im CORBA-Standard festgelegt. Der Sinn dieser Dienste ist es, dem Anwendungspro-

3.5 Die Konkurrenz: CORBA, RMI und Sun RPC

grammierer das Leben etwas zu vereinfachen; er muss dann nämlich nicht alle benötigten Funktionen selbst erstellen, sondern kann die im Netz angebotenen Dienste nutzen.

Der wichtigste Service in CORBA ist der Name Service. Seine Aufgabe ist es, verfügbare Objekte zu registrieren und über einen Namen möglichen Nutzern diese Objekte bekannt zu machen. Die Nutzer müssen sich dann nicht die möglicherweise komplexe Adresse merken, sondern können über den Namen auf den Dienst zugreifen. Neben dem Name Service gibt es noch eine Reihe weiterer Dienste wie etwa den Trader Service, der die Suche nach Objekten aufgrund seiner Eigenschaften gestattet, oder den Transaction Service, der Transaktionsklammern für den Aufruf mehrerer Objekte zur Verfügung stellt. Eine solche Transaktion wird entweder ganz oder gar nicht ausgeführt.

CORBA hatte das Potential zu einer weltweit anerkannten und eingesetzten Technologie. Unglücklicherweise hat es jedoch einige Schwächen, die seinen Durchbruch verhindert haben. Dazu gehört etwa die Komplexität der Spezifikation, die immer wieder dafür sorgte, dass inkompatible Lösungen entstanden. Auch die Name-Service-Lösung hat sich nicht durchgesetzt, da parallel dem URI-Modell des Internets der Durchbruch gelang. Unter Umständen hätte die Verwendung dieses Namensraumes CORBA größere Chancen gegeben.

3.5.2 Java RMI

Wie CORBA will Java Remote Method Invocation (Java RMI) die Erstellung verteilter Objektsysteme ermöglichen. Auf Heterogenität wird bewusst verzichtet, zumindest, was die Programmiersprache angeht: Der Name hält, was er verspricht. Ansonsten können aber alle Java-Programme in beliebigen virtuellen Maschinen miteinander kommunizieren.

Die IDL von Java RMI heißt Java! Als Programmierer muss man also keine neue Sprache lernen, sondern bleibt in der Java-Welt. Eine Schnittstelle wird wie in Java üblich mittels des `interface`-Konstrukts definiert. Die einzigen Erweiterungen, die man wegen der Verteiltheit angeben muss, bestehen darin, dass erstens das Interface jeweils die Klasse bzw. das Interface `Remote` erweitert und dass zweitens jede einzelne Methode eine `RemoteException` werfen können muss.

Auch RMI gestattet auf dieser Basis dann eine automatische Softwaregenerierung. Mittels des RMI-Compilers `rmic` werden die so genannten Stubs und Skeletons erzeugt (wie bei CORBA, dort hatten wir nur die Namen nicht erwähnt, weil sie oftmals zum ORB hinzugerechnet werden), die miteinander über das RMI-IIOP-Protokoll kommunizieren, sowie ein Server, der die Methoden der Interface-Beschreibung nach außen verfügbar und aufrufbar macht. Der Anwendungsprogrammierer muss dann auf der Server-Seite „nur" noch die Methoden ausprogrammieren und anschließend die entsprechenden Java-Programme binden, während er auf der Client-Seite die Anwendung schreiben muss, die die neu verfügbaren Objekte nutzt. Auf der Client-Seite genügt es, die entsprechenden Schnittstellen zu referenzieren und deren Methoden aufzurufen; über Stubs und Skeletons werden die Aufrufe an das entfernte Objekt weitergeleitet.

Auch Java RMI besitzt einen Namensdienst, nämlich die RMIregistry. Er funktioniert in ganz ähnlicher Weise wie der CORBA Name Service. Wenn man etwas anspruchsvoller ist, kann man statt dieses kleineren Programms auch das mächtigere Java Naming and Directory Interface (JNDI) verwenden, hinter dem sich dann komplexere Verzeichnisdienste wie X.500 oder LDAP verbergen können.

Schließlich müssen in RMI nicht immer alle entfernten Objekte aktiv warten. Vielmehr besteht die Möglichkeit, einen *Dämonen*, also einen Hintergrundprozess, damit zu beauftragen, Objekte erst dann zu aktivieren, wenn sie wirklich benötigt werden.

Java RMI stellt insgesamt eine schöne einfache Lösung dar, um in begrenztem Umfang Objekte zu verteilen. Da RMI auf Java beschränkt ist, kann es keine Lösung für eine globale Infrastruktur darstellen.

3.5.3 Sun RPC

Sun RPC ist wohl die älteste Lösung für eine Remote-Procedure-Call-orientierte Technologie. In den achtziger Jahren entwickelt war sie darauf ausgerichtet, die bis dahin dominierende Interprozesskommunikation auf TCP-Socket-Basis auf eine abstraktere Ebene zu heben – aus den oben schon genannten Gründen.

Wie Sockets war die Lösung komplett auf Unix und die Sprache C ausgerichtet. Es wurde zunächst mit XDR eine Sprache entwickelt, auf deren Basis man die Schnittstelle entfernter Prozeduren beschreiben konnte. Außerdem gibt es einen Compiler, der die Schnittstellenspezifikationen automatisch in C-Code übersetzt. Dieser C-Code wurde bereits damals als Stub bezeichnet und alle heutigen Middleware-Technologien haben, wie wir gesehen haben, diesen Begriff übernommen.

Sun RPC ist nicht objekt-, sondern prozedurorientiert. Da C aber eine prozedurale Sprache ist, ist dies ganz natürlich. Der Effekt ist der Gleiche wie in den anderen Ansätzen: Der Programmierer sieht nicht mehr viel von der Verteiltheit, sondern kann eine entfernte Anwendungsfunktionalität einfach als Prozedur aufrufen.

Tabelle 3.1 vergleicht die vier in diesem Kapitel beschriebenen Middleware-Architekturen bzgl. ihrer Begrifflichkeiten miteinander. Man sieht hier noch einmal deutlich, dass die Konzepte von Web Services tatsächlich schon lange bekannt sind und eingesetzt werden.

Im letzten Inhaltsabschnitt des Kapitels wollen wir deshalb nun die Vor- und Nachteile des Web-Service-Ansatzes herausarbeiten.

3.6 Vor- und Nachteile von Web Services

Web Services scheinen sich in vielen Bereichen tatsächlich durchsetzen zu können. Fassen wir noch einmal zusammen, was die Gründe dafür sind:

3.6 Vor- und Nachteile von Web Services

- Web Services werden von den „Großen" vorangetrieben, allen voran Microsoft, IBM und Sun Microsystems.
- Web Services basieren auf offenen Protokollen, d.h, jeder kann die Technologie ohne Lizenzkosten einsetzen.
- Web Services basieren auf allgegenwärtigen Internetprotokollen. Mit anderen Worten: Die kritische Masse an Systemen, auf denen Web Services „im Handumdrehen" umgesetzt werden können, ist ohne Zweifel weit überschritten.
- Diese beiden Argumente bedeuten, dass der Einsatz von Web Services verspricht, äußerst kostengünstig zu sein. Es gibt bereits eine Reihe von Web-Service-Projekten, die äußerst erfolgreich gelaufen sind. Hier kann man beispielsweise die Kooperation zwischen Southwest Airlines und der Dollar-Autovermietung nennen, die eine Reduzierung der Transaktionskosten um 80% brachte (s. dazu `http://www.business2.com/articles/Web/0,1653,35461,FF.html`). Die Firma Merrill Lynch berichtet von einem Projekt, das mit US$ 600.000 veranschlagt war und auf der Basis von Web Services mit nur US$ 30.000 realisiert werden konnte.
- Die verwendeten Technologien erweitern die mögliche Heterogenität der Systeme noch einmal, verglichen etwa mit CORBA. Interoperabilität auch zwischen den Plattformen (J2EE, .Net) ist gegeben.
- Mit Hilfe von WSDL wird eine dienstorientierte Systemarchitektur gefördert, die eine exzellente Grundlage für das Erreichen der eigentlichen Ziele bildet, nämlich effiziente B2B- und EAI-Lösungen.

Tabelle 3.1: Vergleich der Middleware-Ansätze

Eigenschaft	Web Services	CORBA	RMI	Sun RPC
Transportprotokoll	TCP/IP	TCP/IP	TCP/IP	TCP/IP
Anwendungstransportprotokoll	HTTP/SMTP/ FTP/HTTPS	GIOP/IIOP	RMI-IIOP	–
Verpackung	SOAP	ORB/CDR	Java Objekt-Serialisierung	–
Beschreibung	WSDL	CORBA IDL	Java	Sun XDR
Verzeichnisdienst	UDDI	CORBA Name Service	RMIregistry/ JNDI	–
Zielgebiet	Internet	Intranet/LAN	Intranet/LAN	Intranet/LAN

Natürlich ist auch bei Web Services nicht alles Gold, was glänzt. Es gibt zumindest ein wirklich wichtiges Problem, das den Web-Service-Ansatz für eine ganze Klasse von Problemen nicht nutzbar macht: die Performance. Wir werden in den folgenden Kapiteln noch sehen, dass buchstäblich alle Technologien, auf denen Web Services beruhen, vielleicht abgesehen von den Transportprotokollen, einen extremen Overhead erzeugen. Paradebeispiele sind SOAP und XML. Es gibt eine Reihe von Untersuchungen, die belegen, dass die Verarbeitung von SOAP-Nachrichten erheblich länger dauert als die von Nachrichten in den anderen Middleware-Ansätzen. Ein Beispiel zeigt Abbildung 3.14, in dem eine bestimmte Aufgabe – die Übertragung verschieden langer Nachrichten – mit den in der Abbildung dargestellten Methoden gelöst wurde (die Ergebnisse stammen aus einem Forschungsprojekt an der TU Braunschweig).

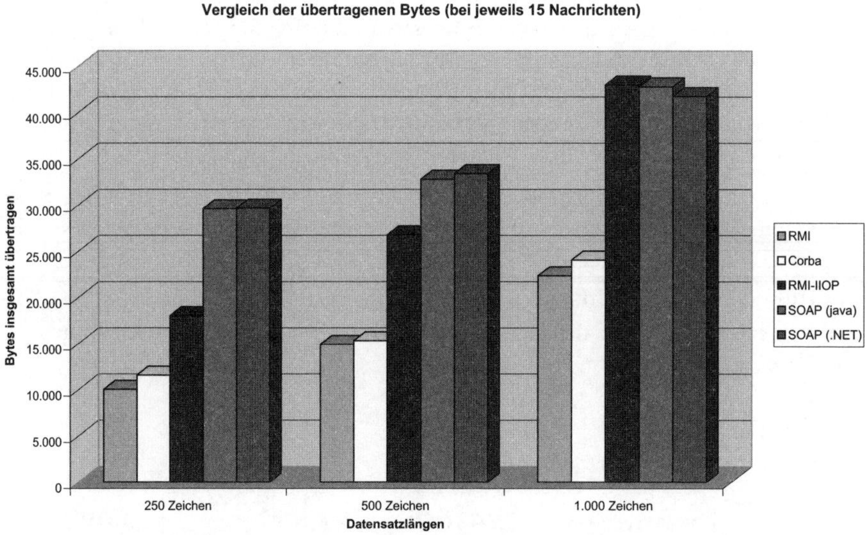

Abbildung 3.14: Performance von SOAP

Man kann sehr gut erkennen, um wie viel größer die SOAP-Nachrichten verglichen zu den anderen werden. Aus diesem Grund werden sich Web Services vermutlich niemals für den Einsatz in wirklich zeitkritischen verteilten Anwendungen eignen. Glücklicherweise sind aber die meisten geschäftskritischen Anwendungen eher unkritisch, so dass sich natürlich weiterhin ein breites Anwendungsfeld ergibt.

3.7 Übungsaufgaben

1. Überlegen Sie sich weitere Szenarien zur Ausgestaltung des Rollenmodells!

2. Versuchen Sie selbst, eine kleine Anwendung mittels der verschiedenen Middleware-Ansätze zu erstellen. Welche Middleware hat in welchem Bereich Vorteile, wo sehen Sie Nachteile? Betrachten Sie Nachrichtenlänge, Speicherbedarf, Geschwindigkeit etc.

Kapitel 4
Die Transportschicht

Nun ist es an der Zeit, sich die einzelnen Komponenten der Web-Services-Architektur etwas genauer anzuschauen. Dieses Kapitel macht den Anfang und geht auf die Transportschicht ein, also das, was in Abbildung 3.5 als „Communications" bezeichnet war. Ganz kurz wollen wir dazu noch einmal TCP/IP besprechen, um dann aber auf die Anwendungstransportprotokolle HTTP, HTTPS, SMTP und JMS einzugehen. Übungsaufgaben runden das Kapitel wiederum ab.

4.1 Das Internet und TCP/IP

Wir wollen hier nur die wichtigsten Aspekte der Vollständigkeit halber noch einmal nennen, denn einige Informationen über das Internet haben Sie ja schon in Abschnitt 2.1.4 bekommen.

Das Internet ist selbstverständlich die am besten geeignete Transportplattform für Web Services, da es schlicht und einfach mit Abstand am weitesten verbreitet ist – eine notwendige Voraussetzung für eine Technologie, die global eingesetzt werden soll.

Das Herzstück des Internets ist das IP-Protokoll, dessen Aufgabe im Transport von Nachrichten zwischen zwei beliebigen Rechnern des Netzes besteht. IP ist ein verbindungsloses Protokoll, d.h., Nachrichten können unterwegs verloren gehen, verdoppelt werden oder in umgekehrter Reihenfolge beim Empfänger eintreffen.

Aufsetzend auf IP finden wir zwei Transportprotokolle, die den Datenaustausch zwischen Prozessen organisieren. UDP ist das Einfachere der beiden, denn es gibt nur die Dienstgüte von IP an die Anwendung weiter. Verwendet man also UDP, muss die Anwendung mit der eben beschriebenen Semantik zurechtkommen.

Da dies für viele Anwendungen nicht ausreicht, gibt es mit TCP ein zweites, alternatives Transportprotokoll. TCP setzt einen verbindungsorientierten Dienst auf IP auf, d.h., es sorgt dafür, dass keine Pakete verloren gehen bzw. dass keine doppelt ankommen. Außerdem bleibt die Sendereihenfolge beim Empfang erhalten. Anwendungen, die eine verlässliche Datenübertragung benötigen, müssen TCP verwenden.

Bis zu dieser Ebene haben wir nun die Möglichkeit, auf verlässliche Art und Weise Daten zwischen zwei Prozessen auszutauschen. Dabei hat TCP an seiner „Oberkante" die folgenden Diensteigenschaften:

- Daten werden als Datenstrom übertragen: Was an einem Ende hineingeschickt wird, kommt am anderen Ende genauso wieder heraus.
- Es gibt keine Strukturierung der Kommunikation: Sender und Empfänger können zu beliebigen Zeitpunkten Daten über eine bestehende TCP-Verbindung übertragen.
- Es wird keine Interpretation der Daten mitgeliefert: Der Datenstrom kann u.U. beim Empfänger anders verstanden werden als beim Sender. Dies liegt an der Heterogenität des Netzes, die sich in der Verwendung unterschiedlicher Rechnerhardware, Betriebssysteme und Programmiersprachen ausdrückt.

Die letzten beiden Probleme müssen nun durch ein weiteres Protokoll gelöst werden, das auf TCP aufsetzt. Wir nennen diese Protokolle Anwendungstransportprotokolle. Uns interessiert besonders das Protokoll HTTP.

4.2 HTTP

Das Hypertext Transport Protokoll HTTP gibt es seit Ende der achtziger Jahre. Es wurde von Tim Berners-Lee zusammen mit den anderen Technologien entwickelt, die für das WWW notwendig waren, nämlich HTML als Seitenbeschreibungssprache und ein einfacher Web-Server und Web-Client. Technisch gesehen ist das WWW ein Hypertextsystem, in dem man Texte bzw. Dokumente nicht linear, sondern in Sprüngen lesen kann. Vereinfacht gesprochen ist es ein einziges riesiges Dokument, bei dem man von einer Stelle direkt an eine beliebige andere Stelle springen kann. Ein Web-Protokoll muss genau dieses Vorgehen unterstützen.

Die Standardisierung von HTTP führte das W3C durch (http://www.w3.org/Protocols). 1999 wurden zwei Internet-Standards (*Request for Comments, RFC*) beschlossen, in denen das HTTP-Protokoll in der Version 1.1 (RFC 2616, http://www.w3.org/Protocols/rfc2616/rfc2616.html) sowie zwei Authentifizierungsverfahren (RFC 2617, ftp://ftp.isi.edu/in-notes/rfc2617.txt) beschrieben werden.

Wir wollen in diesem Abschnitt zuerst auf das Konzept des Uniform Resource Identifiers eingehen, das zentral für sämtliche Ressourcen im Internet ist. Anschließend gehen wir auf die Architektur des Protokolls und die verschiedenen Nachrichtentypen ein, die HTTP verwendet. Dann werfen wir einen Blick auf den typischen Protokollablauf einer HTTP-Sitzung, um am Ende ein wichtiges Problem zu diskutieren, nämlich das Halten von Kontextinformationen im Protokoll.

4.2 HTTP

4.2.1 Uniform Resource Identifiers (URI)

Zusammen mit dem Web wurde ein Konzept entwickelt, mit dessen Hilfe man Dokumente eindeutig identifizieren kann, das Konzept des Uniform Resource Locators (URL). Sie alle kennen das inzwischen berühmte „http://"-Format einer URL und auch in diesem Buch sind bereits eine ganze Menge URLs aufgetaucht. Aus dieser damals ad-hoc entwickelten Beschreibungsform ist inzwischen auch ein RFC (RFC 2396, August 1998, http://www.ietf.org/rfc/rfc2396.txt) entstanden, in dem die verschiedenen Begriffe rund um URLs erklärt und die Formate festgelegt werden.

Hiernach gibt es insgesamt drei wichtige Bezeichungen, nämlich URL, URI und URN.

- URI (Uniform Resource Identifier) ist der Überbegriff. Eine URI ist ein kompakter String, der eine physikalische oder abstrakte Ressource identifiziert. Für URIs ist eine bestimmte Syntax vorgegeben, die wir gleich beschreiben werden.
- URLs (Uniform Resource Locators) bilden eine Untermenge von URIs. URLs identifizieren Ressourcen über deren primären Zugang, also z.B. über ihren Ort im Netz und das Protokoll, über das man auf sie zugreifen muss. Dies sind alle diejenigen URIs, die mit „http://" oder „ftp://" oder ähnlich beginnen.
- URN (Uniform Resource Names) schließlich bilden ebenfalls eine Untermenge von URIs, nämlich diejenigen, von denen man fordert, dass sie weltweit eindeutig und verfügbar bleiben, auch wenn die damit angesprochene Ressource ihren Ort im Netzwerk ändert oder vielleicht sogar ganz verschwindet.

Den Zusammenhang zwischen den drei Begriffen zeigt Abbildung 4.1.

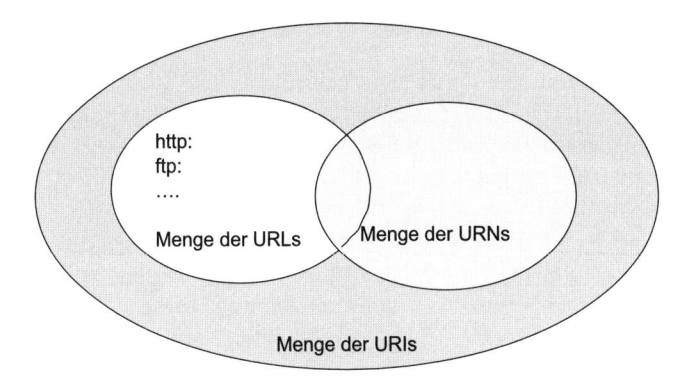

Abbildung 4.1: Zusammenhang zwischen URI, URN und URL

URIs haben eine fest vorgegebene Syntax, die zunächst einmal vom verwendeten Namensschema abhängt:

```
<scheme>:<scheme-specific-part>
```

Eine Untermenge der URIs kann etwas spezifischer mit folgender Syntax beschrieben werden, auf die man sich für diese Untermenge geeinigt hat:

```
<scheme>://<authority><path>?<query>
```

Dieses Schema ist das, was für URLs verwendet wird. Dabei werden die vier Teile wie folgt verwendet (alle außer `<scheme>` sind optional):

- `<scheme>` gibt das verwendete Schema an, bei URLs gewöhnlich ein Protokollname. Dies kann jedoch auch etwas anderes sein.
- `<authority>` bezeichnet eine Autorität, die Namen vergeben darf, insbesondere die Namen, die dann in den weiteren Komponenten verwendet werden. In der Praxis findet sich hier der Name eines Web-Servers, dessen Administrator sich um die weiteren Namen kümmert.
- `<path>` gibt an, in welchem Verzeichnis ausgehend vom Wurzelverzeichnis der Autorität die Ressource zu finden ist.
- `<query>` wird benötigt, wenn es sich bei der angefragten Ressource nicht um ein „fertiges" Dokument handelt, sondern um ein aufzurufendes Programm. In `<query>` stehen dann typischerweise Parameter für den Programmaufruf.

Wir werden später sehen, dass Web Services ebenfalls als URIs identifiziert werden. Die Verwendung dieses Namensschemas ist ein großer Vorteil, da damit auch die komplette Infrastruktur, die sich um URIs herum entwickelt hat, verwendet werden kann. Dazu gehört z.B. auch das Domain Name System (DNS).

4.2.2 Protokollarchitektur von HTTP

HTTP ist das Protokoll, mit dem Daten zwischen einem Web-Client und einem Web-Server ausgetauscht werden. Die dazu verwendete Architektur zeigt Abbildung 4.2. Auf jeder Seite der Kommunikationsbeziehung gibt es eine TCP-Instanz, zwischen denen eine Verbindung aufgebaut wird. Zum Verbindungsaufbau, der vom Client initiiert wird, muss der Name des Server-Rechners bzw. seine IP-Adresse und der TCP-Port des Prozesses bekannt sein. Der Web-Dienst ist ein so genannter „wohlbekannter Dienst", d.h., die TCP-Portnummer, die standardmäßig verwendet wird, ist 80. Es genügt deshalb normalerweise, den Rechnernamen anzugeben und die Portnummer wegzulassen. Standardmäßig wird dann der Dienst an Port 80 gesucht. Wichtig ist deshalb: Läuft der Web-Dienst an einem anderen Port, muss dies dem Client vorher mitgeteilt werden. Ein häufig verwendeter Port ist beispielsweise 8080.

HTTP verwendet die Dienste von TCP zur eigentlichen Datenübertragung zwischen dem Client- und dem Server-Prozess. Es wird also für jede Übertragung eines Web-Dokuments zunächst eine TCP-Verbindung aufgebaut, über die dann die Protokollnachrichten von HTTP fließen. Die HTTP-Protokollinstanzen wiederum werden von entsprechender Anwendungssoftware genutzt, in unserem Fall von einem Browser auf der Client-Seite und einem Web-Server auf der Server-Seite.

4.2 HTTP

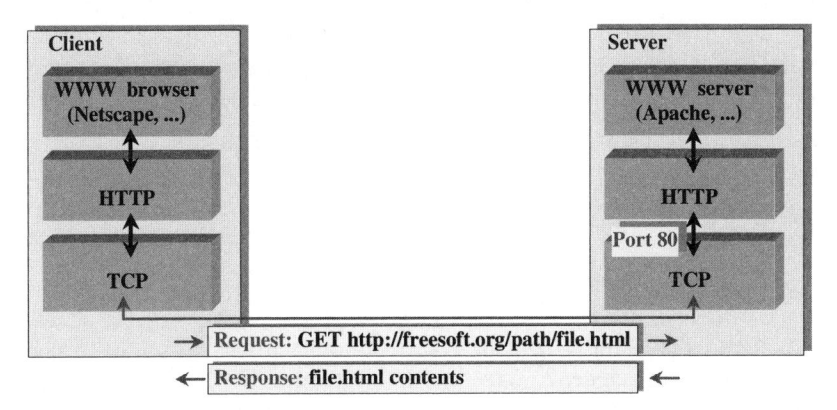

Abbildung 4.2: Architektur des Web-Dienstes

HTTP ist ein typisches Request-Response-Protokoll: Ein normaler Ablauf besteht aus einem HTTP-Request, in dem der Client eine bestimmte Ressource (z.B. ein HTML-Dokument) anfordert, und einer HTTP-Response, in der der Server das angeforderte Dokument an den Client schickt. Eine solche Interaktion wird ausgelöst durch eine Aktion des Benutzers, die entweder das Klicken auf einen Hyperlink in einem bereits geladenen Dokument (oder sogar in einer anderen Anwendung) oder das Eintippen einer URL sein kann. Als Ergebnis bekommt der Benutzer das angeforderte Dokument durch den Browser dargestellt.

HTTP erlaubt zusätzlich eine einfache Authentifizierung. Als Autor einer Web-Seite können Sie durch die Angabe von Benutzer-IDs und Passwörtern festlegen, wer diese Seite tatsächlich ansehen darf. Nur wenn der Client die korrekte Kombination mitliefert, bekommt er das entsprechende Dokument geschickt. Der Protokollablauf dazu ist in Abbildung 4.3 zu sehen.

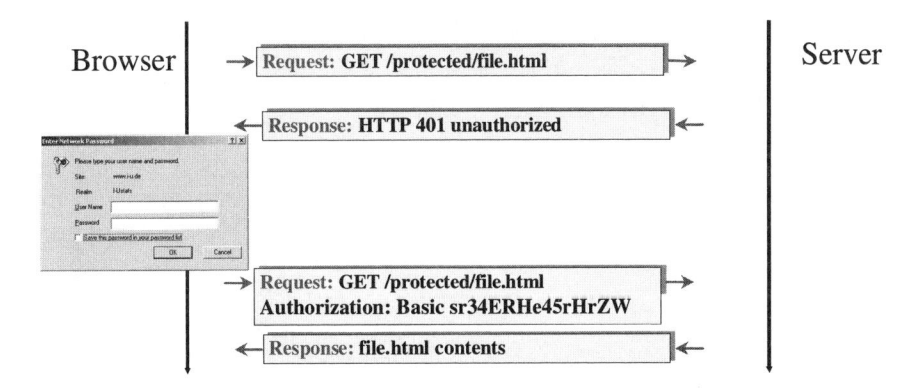

Abbildung 4.3: HTTP Basic Authentication

Zunächst schickt der Browser eine normale Anfrage an den Server. Falls sich das angefragte Dokument in einem geschützten Bereich befindet, schickt der Server zunächst eine

Fehlermeldung an den Browser zurück, die dazu führt, dass eine Art Login-Bildschirm angezeigt wird. Hier kann der Benutzer dann seine ID/Passwort-Kombination eingeben, die mittels einer weiteren Nachricht an den Server übertragen wird. War die Authentifizierung korrekt, dann bekommt der Client schließlich das Dokument.

Aber jetzt haben wir eigentlich schon ein bisschen vorgegriffen. Schauen wir uns doch zunächst einmal den normalen Protokollablauf an. Die beiden folgenden Abschnitte beschreiben dazu das Format der HTTP-Protokollnachrichten.

4.2.3 Die HTTP-Methoden und das HTTP-Request-Paket

Ein Request-Response-Protokollablauf besteht im einfachsten Fall zunächst einmal aus zwei Nachrichten, nämlich der Anfrage, die definitionsgemäß von einem Client geschickt wird, und der dazugehörigen Antwort. Man kann sich auch kompliziertere Varianten vorstellen, in denen mehrere solcher einfachen Bausteine hintereinander gehängt werden, um eine Aufgabe komplett zu lösen.

In HTTP wird dies jedoch in der Standardausführung nicht benötigt. Um einfach ein Dokument von einem Web-Server zu laden, genügt eine einfache Interaktion wie oben beschrieben. Dabei ist das Format eines HTTP-Request-Paketes im Standard genau definiert. Abbildung 4.4 zeigt in der oberen Hälfte die allgemeingültige Vorlage für diese Art von Paket, während in der unteren Hälfte ein Beispiel angegeben ist.

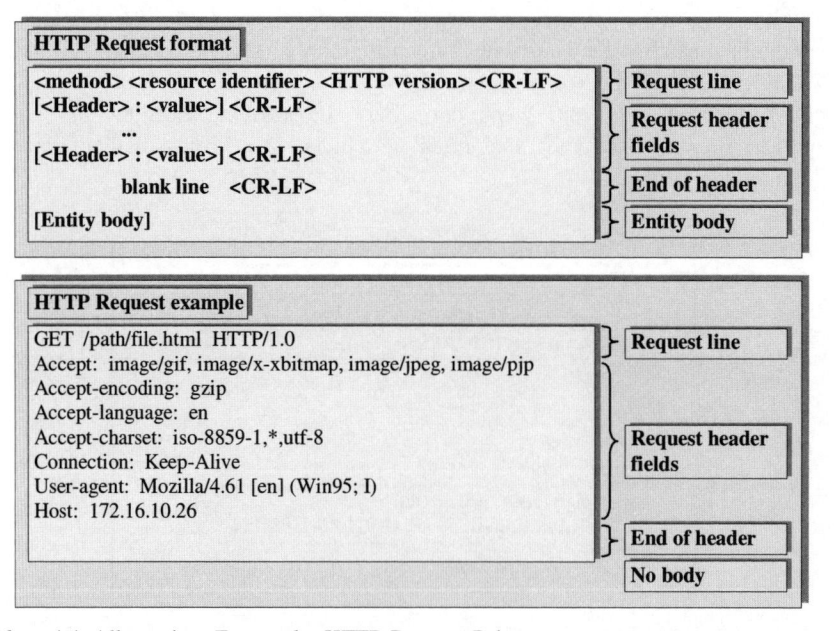

```
HTTP Request format
<method> <resource identifier> <HTTP version> <CR-LF>     } Request line
[<Header> : <value>] <CR-LF>
    ...                                                    } Request header
[<Header> : <value>] <CR-LF>                                 fields
        blank line    <CR-LF>                              } End of header
[Entity body]                                              } Entity body
```

```
HTTP Request example
GET /path/file.html HTTP/1.0                               } Request line
Accept: image/gif, image/x-xbitmap, image/jpeg, image/pjp
Accept-encoding: gzip
Accept-language: en
Accept-charset: iso-8859-1,*,utf-8                         } Request header
Connection: Keep-Alive                                       fields
User-agent: Mozilla/4.61 [en] (Win95; I)
Host: 172.16.10.26
                                                           } End of header
                                                             No body
```

Abbildung 4.4: Allgemeines Format des HTTP-Request-Pakets

In der ersten Zeile des Paketes findet sich immer die eigentliche Anfrage. Sie besteht aus der Angabe einer Methode, die ausgeführt werden soll, einer Ressource, auf die sich der Befehl bezieht, sowie die verwendete HTTP-Version. Es schließen sich zwei größere Blöcke an, nämlich die Header, mit denen Meta-Informationen über die Anfrage übertragen werden können, sowie der Body der Nachricht, der typischerweise Parameter der Anfrage enthält. Im Beispiel wird ein GET-Befehl auf die Ressource `/path/file.html` ausgeführt; in den Headern findet sich unter anderem die Information, von welchem Rechner (Host) die Anfrage kommt oder welchen Browser der Benutzer dort verwendet. Der Body der Nachricht bleibt leer.

HTTP kennt insgesamt acht Methoden, die in einer Anfrage auftauchen können. Die mit Abstand Wichtigsten sind GET und POST:

- GET wird verwendet, um die angegebene Ressource auf den Client-Rechner zu laden. Dies ist wohl die am häufigsten verwendete Variante. Man kann mittels GET jedoch auch Informationen an den Server übertragen, z.B. Parameter für den Aufruf eines Programms. Diese Information wird dann im `<query>`-Teil der Ressource kodiert. Ein Beispiel: Auf einem Server `x.y.z` soll ein Servlet namens `add` die zwei Zahlen 5 und 3 addieren. Das Servlet erwartet diese beiden Zahlen in den Parametern `p1` und `p2`. Die entsprechende Zeile im HTTP-Paket sähe dann wie folgt aus:
  `GET http://x.y.z/servlet/add?p1=5&p2=3`

- Die eigentliche Standardmethode, um Informationen an den Server zu übermitteln, ist jedoch POST. In einem HTTP-POST-Paket identifiziert die Ressource ein Programm, das in der Lage ist, Informationen vom Client zu übernehmen. Die Informationen selbst werden im Body der Nachricht kodiert. Für das obige Beispiel sähe das Paket (ohne Header) dann wie folgt aus:
  `POST http://x.y.z/servlet/add`
  `p1=5`
  `p2=3`

- HEAD wird verwendet, um nur den HTML-Header einer Ressource abzufragen. Das Einsatzgebiet liegt im Test von URLs, also z.B., ob eine bestimmte URL überhaupt noch vorhanden ist. Dazu muss nicht das ganze unter Umständen sehr große Dokument geladen werden.

- Mit der Methode PUT legt man neue Ressourcen auf dem Web-Server an, falls man dazu die entsprechende Berechtigung hat.

- DELETE löscht Ressourcen.

- TRACE wird für diagnostische Tests verwendet.

- Über OPTIONS kann der Client etwas über die Fähigkeiten eines Servers herausfinden, ohne eine Ressource laden zu müssen.

- CONNECT ist eine reservierte Methode, die etwas mit Proxies zu tun hat. Die Details sind hier nicht weiter relevant.

Wir haben nun die verschiedenen Formate eines HTPP-Paketes gesehen und möglicherweise werden Sie sich wundern, dass Sie selbst noch nie ein solches Paket zusammengebaut haben. Nun, diese Aufgabe übernimmt Ihr Browser für Sie und es gibt unterschiedliche Situationen, die zum Absenden der unterschiedlichen Pakete führen. So löst ein einfacher Klick oder das Eintippen einer URL eine GET-Anfrage aus, während das Abschicken eines ausgefüllten HTML-Formulars entweder zu einer GET- oder einer POST-Anfrage führen kann.

4.2.4 Das HTTP-Response-Paket und die Status-Codes

Das Gegenstück zur HTTP-Anfrage ist die Antwort. Auch hier ist das Paketformat genau festgelegt und in Abbildung 4.5 zu sehen.

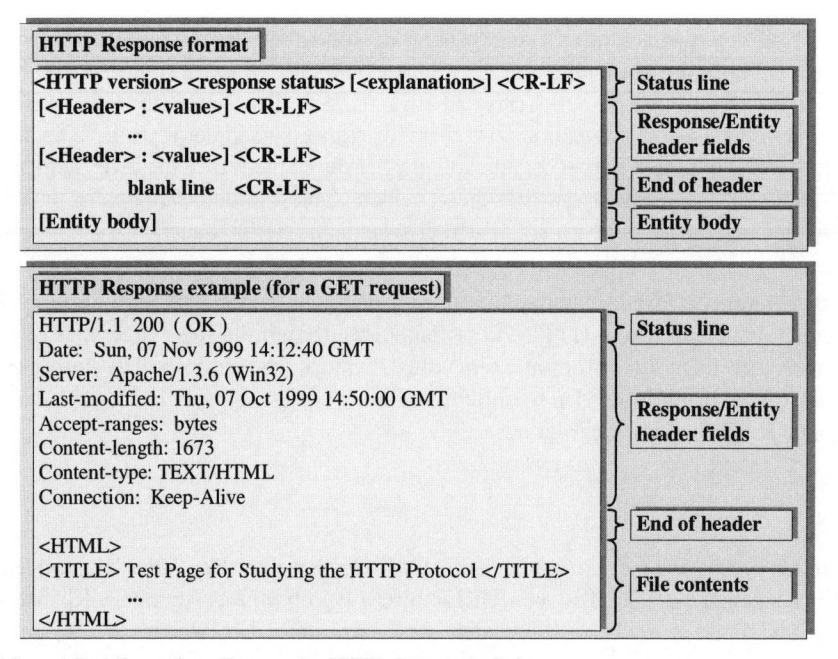

```
HTTP Response format
<HTTP version> <response status> [<explanation>] <CR-LF>    } Status line
[<Header> : <value>] <CR-LF>
   ...                                                       } Response/Entity
[<Header> : <value>] <CR-LF>                                    header fields
          blank line   <CR-LF>                               } End of header
[Entity body]                                                } Entity body
```

```
HTTP Response example (for a GET request)
HTTP/1.1  200  ( OK )                                        } Status line
Date: Sun, 07 Nov 1999 14:12:40 GMT
Server: Apache/1.3.6 (Win32)
Last-modified: Thu, 07 Oct 1999 14:50:00 GMT
Accept-ranges: bytes                                         } Response/Entity
Content-length: 1673                                            header fields
Content-type: TEXT/HTML
Connection: Keep-Alive
                                                             } End of header
<HTML>
<TITLE> Test Page for Studying the HTTP Protocol </TITLE>    } File contents
   ...
</HTML>
```

Abbildung 4.5: Allgemeines Format des HTTP-Response-Pakets

Die Antwort beginnt mit der Angabe der tatsächlich verwendeten HTTP-Version, einer Status-Meldung und der dazugehörigen Erläuterung. Anschließend folgt wiederum der Header-Block, der die gleiche Semantik hat wie bei der Anfrage, und der Body, in dem in den meisten Fällen das angefragte Dokument zu finden ist. So ist es auch in dem Beispiel: Es wird das Protokoll HTTP 1.1 verwendet und der Status für diese Anfrage ist „OK". Es hat also alles geklappt und das Dokument findet sich entsprechend im Body (erkennbar an den <HTML>-Tags).

Es gibt eine ganze Menge Status-Codes, die den Client über den Ablauf der Anfrage informieren. Sie lassen sich in fünf große Gruppen unterteilen, die in Tabelle 4.1 dargestellt sind. Die Gruppe der Einhunderter-Codes hat nur den Zweck, weitere Informationen zu geben. Alle erfolgreichen Aktionen werden durch Zweihunderter-Codes dokumentiert.

Wenn Sie ein Dokument anfordern, dann ist sicher der Code 200 der angenehmste, da dann alles normal abgelaufen ist und Sie das Dokument bekommen.

Die Dreihunderter-Codes beschäftigen sich mit dem Fall der Umleitung, wenn also Ressourcen z.B. an andere Stellen verschoben wurden. Alle Vierhunderter-Codes weisen auf Fehler auf der Client-Seite hin. Ein Beispiel dafür hatten wir schon gesehen, nämlich den unautorisierten Zugriff auf Ressourcen, die durch Benutzer-ID und Passwort geschützt sind.

Die Fünfhunderter-Blöcke schließlich geben alle Codes an, die auf einen Fehler auf der Server-Seite hinweisen. Das „unschönste" Beispiel ist der interne Server-Fehler, weil man da nicht so recht weiß, ob man überhaupt noch eine Chance hat, an das gewünschte Dokument heranzukommen.

Tabelle 4.1: Die Status-Codes in HTTP-Antworten

Code-Gruppe	Funktion	Beispiele
1xx	Information	100 Continue 101 Switching Protocols
2xx	Erfolgreiche Ausführung	200 OK 201 Created 202 Accepted
3xx	Umleitung (Redirection)	300 Multiple Choices 301 Moved Permanently
4xx	Fehler des Client	400 Bad Request 401 Unauthorized
5xx	Fehler des Servers	500 Internal Server Error 501 Not Implemented

4.2.5 Der Protokollablauf von HTTP

Eine einfache Interaktion in HTTP besteht aus genau einer Anfrage und der dazugehörigen Antwort. Es gibt aber einige Situationen, in denen eine Aktion eines Benutzers mehrere aufeinander folgende Request-Response-Paare auslöst. Das könnte z.B. in den folgenden Situationen der Fall sein:

- Ein Client greift auf einen geschützten Bereich zu. Dann erfolgt die Interaktionsfolge so, wie wir es weiter oben schon besprochen hatten (s. Abbildung 4.3), d.h., es werden zwei Request-Response-Paare ausgetauscht.
- Ein Client bekommt auf die erste Anfrage hin die Information, dass eine Ressource nun an einer anderen Stelle zu finden ist. Auf diese Antwort hin sendet er eine zweite GET-Anfrage, die diesmal die neue URI enthält.

- Der „normalste" Fall liegt dann vor, wenn in einem Dokument Grafiken eingebunden sind. Diese sind nicht direkt im Quelltext des Dokuments abgelegt, sondern dort nur referenziert. Der Browser sorgt jedoch durch das Abschicken mehrerer HTTP-Anfragen dafür, dass alle eingebundenen Grafiken nachgeladen werden. Dies kann er jedoch erst, nachdem er das Hauptdokument geladen und interpretiert hat.

Abbildung 4.6 zeigt ein Beispiel für eine solche Interaktion, in der eine Grafik nachgeladen wird. Der Benutzer hat hier seinen Browser angewiesen, ein Dokument file1.html zu laden. Nach dem Laden wird festgestellt, dass dort eine Grafik eingebunden ist, die automatisch mit einer weiteren Anfrage nach image.gif geladen wird.

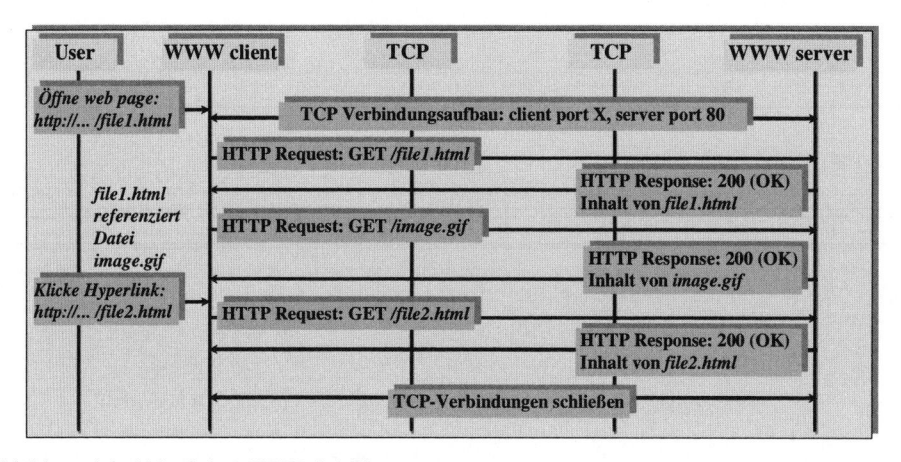

Abbildung 4.6: Ablauf einer HTTP 1.1-Sitzung

Im weiteren Verlauf des Beispiels klickt der Benutzer dann auf einen Link, der sich ihm bei Darstellung von file1.html im Browser anbietet. Dieses Klicken führt zu einer neuen Interaktion, durch die dann die Datei file2.html geladen wird.

4.2.6 Erhalten von Kontextinformation in HTTP

HTTP ist ein zustandsloses Protokoll. Da bedeutet, dass der Server sich keinerlei Informationen über eine Beziehung zu einem bestimmten Client merkt. Sobald er eine Client-Anfrage beantwortet hat, hat er das sozusagen auch schon wieder vergessen.

Wenn Sie sich nun einige der gängigen Web-Anwendungen vor Augen halten, sollten Sie sich spätestens jetzt wundern: Wie merkt sich denn nun z.B. Amazon.de, welche Bücher ich in den verschiedenen Schritten schon ausgewählt habe? Denn jede einzelne Auswahl beinhaltete doch mindestens eine HTTP-Interaktion und nach jeder solchen Interaktion sollte der Server jegliche Status-Information vergessen haben.

Die Lösung liegt in der Verwendung zweier unterschiedlicher Mechanismen, die wir in diesem Abschnitt kurz betrachten wollen, nämlich den *Cookies* und den *HTTP Sessions*.

4.2 HTTP

Beide haben denselben Zweck, nämlich Informationen über eine Beziehung zwischen Client und Server zu registrieren, aber sie erreichen das durch unterschiedliches Vorgehen.

Cookies sind kleine Dateneinheiten, die auf dem Client-Rechner abgelegt werden. Ein Cookie ist logisch mit der Web-Site verbunden, von der er an den Client geschickt wurde. Jedesmal, wenn der Client wieder zu dieser Web-Seite navigiert, wird der Cookie innerhalb der HTTP-Anfrage vom Client zum Server übertragen, so dass der Server die Information auslesen kann und sich dann wieder an diesen Client erinnert.

Das Datenformat von Cookies sind Strings, so dass das Einsatzgebiet relativ stark eingeschränkt ist. Meist sind es nur sehr kleine Datenmengen, die in einem Cookie gespeichert werden. Es gibt einen weiteren Nachteil: Benutzer mögen es oft nicht, wenn beliebige Programme im Netz einfach Informationen auf deren Rechner ablegen können. Aus diesem Grund kann man Cookies client-seitig ausschalten, was auch oft passiert. Das bedeutet, dass Cookies für einen Anbieter kein verlässliches Mittel sind, um Informationen über eine Client-Server-Beziehung abzulegen.

Sinnvoller ist deshalb in vielen Fällen der Einsatz von HTTP Sessions. Sessions sind Datenobjekte, die beim Server abgelegt sind. In Sessions können beliebig komplexe Datentypen gespeichert werden, beispielsweise eine Datenstruktur, die einen der beliebten virtuellen Einkaufswagen repräsentiert.

Nun stellt sich die Frage, wie denn ein Server einen Client, der zum wiederholten Male zu einer Web-Site kommt, wieder erkennt und aus der zugehörigen Session die entsprechenden Daten ausliest. Dies geschieht über eine Session-ID, die dem Client beim ersten Kontakt mitgeteilt wird und die er bei jeder weiteren Interaktion an den Server zurückschickt. Der Server kann den Client auf zweierlei Arten dazu bringen, sich diese ID zu merken (und das muss er, sonst kann er sie ja nicht zurückschicken). Variante 1 verwendet Cookies. Der Server schickt dem Client einen Cookie, in dem die Session-ID abgelegt ist. Wie wir eben schon gehört haben, klappt das nicht immer. Dann kommt Variante 2 ins Spiel, das so genannte *URL Rewriting*. Bei dieser Variante codiert der Server das HTML-Dokument, das an den Client geht, komplett um: Jede URL, die wieder auf die Web-Site des Anbieters verweist, wird so umgeschrieben, dass sie, zumeist im `<query>`-Teil, die Session-ID enthält. So wird aus einer URL

```
http://x.y.z/pfad/dokument.html
```

beispielsweise die umgeschriebene URL

```
http://x.y.z/pfad/dokument.html?sessionID=6354zfgdzetd3273fd7e
```

Der Sinn? Nun, wenn der Benutzer auf einen dieser Links klickt, dann wird in der dadurch ausgelösten HTTP-Anfrage die Session-ID wieder an den Server übertragen, der damit den Client identifizieren kann. Wichtig ist, alle Links so umzuschreiben. Wird es bei einem vergessen, dann ist die Session-Information verloren. Wenn Sie das gern mal an einem Beispiel sehen wollen, dann surfen Sie zu Amazon.de. Wenn Sie Ihre Maus über die verschiedenen Links bewegen, dann werden Sie in jeder URL einen konstanten Teil feststellen, der aus einer längeren Kombination von Zahlen besteht. Diese Kombination identifiziert bei Amazon.de die Session.

Die Speicherung auf der Server-Seite bringt ein weiteres Problem mit sich, das besonders bei großen Web-Anwendungen wie Amazon.de evident wird: Der Server muss sich zahllose Sessions merken, nämlich für jeden Kunden einen. Das kann schnell zu Performance-Problemen führen. Dem begegnet man mit zwei Ansätzen: Oftmals werden zum einen ganze Server-Farmen verwendet. Jeder Rechner in einer solchen Farm kümmert sich um einen Teil der Anfragen und Sitzungen. Zum anderen ist die Lebensdauer von Sessions begrenzt: Wenn sich ein Client eine bestimmte Zeit lang nicht mehr gerührt hat, dann wird angenommen, dass er seine Sitzung beendet hat, und die Daten werden verworfen.

4.3 HTTPS

HTTP ist ein nicht-sicheres Protokoll. Prinzipiell ist es kein Problem, alles mitzulesen, was von einem Client zu einem Server und umgekehrt übertragen wird, ja, es wäre nicht einmal schwierig, den Inhalt von HTTP-Paketen irgendwo auf der Übertragungsstrecke abzufangen und zu verändern.

Für viele Anwendungen ist das sicherlich kein Problem, doch es gibt genügend Beispiele, in denen man sich mit einer sicheren Übertragung sehr viel besser fühlen würde, sei es nun bei der Übermittlung persönlicher Informationen oder von Kreditkartennummern. Diese Notwendigkeit hat man erkannt und mit dem sicheren HTTP-Protokoll (HTTPS = Secure HTTP) eine Variante zu HTTP geschaffen. HTTPS basiert auf dem Prinzip der öffentlichen Schlüsselverfahren und setzt die Technik des Secure Socket Layer ein. Beides wollen wir im Folgenden kurz vorstellen, bevor wir auf das Protokoll selbst und seine Verwendung eingehen.

4.3.1 Asymmetrische Schlüsselverfahren

Wenn man mit jemandem vertraulich kommunizieren will, dann verschlüsselt man die Daten auf der Senderseite und entschlüsselt sie wieder beim Empfänger. Damit dies funktionieren kann, müssen sich Sender und Empfänger über einen entsprechenden Schlüssel einigen. In den seit Jahrtausenden bekannten symmetrischen Schlüsselverfahren einigt man sich vorab auf einen gemeinsamen Schlüssel – sozusagen offline. Solch ein Schlüssel darf auf keinen Fall über dieselbe Leitung übertragen werden, wie dann später die Daten, denn das wäre natürlich genauso unsicher. Also trifft man sich vorher und tauscht die Schlüssel aus.

Haben Sie sich schon einmal mit jemandem von Amazon.de getroffen, um mit ihm einen Schlüssel zu tauschen, damit Sie dann später Ihre Kreditkartennummer sicher übertragen konnten? Wohl kaum. Das muss also auch irgendwie anders gehen.

Tatsächlich wurde vor fast 30 Jahren ein ganz neues Verschlüsselungsverfahren erfunden: die asymmetrische Verschlüsselung. Hier ist kein vorheriger geheimer Schlüsseltausch mehr notwendig. Das funktioniert, da jeder Teilnehmer zwei Schlüssel besitzt, einen geheimen und einen öffentlichen. Die beiden Schlüssel stehen in einer mathematischen Beziehung zueinander, die so gestaltet ist, dass man mit Hilfe des geheimen Schlüssels den öffentlichen leicht berechnen kann, es aber praktisch unmöglich ist, nur mit Hilfe des öffentlichen Schlüssels den geheimen zu berechnen. Der geheime Schlüssel verlässt niemals den Rechner des Besitzers, während der öffentliche bekannt gemacht werden *muss*, damit andere mit dem Besitzer geheim kommunizieren können.

Will nun ein Sender einem Empfänger eine geheime Nachricht zukommen lassen, dann verschlüsselt er diese Nachricht mit dem öffentlichen Schlüssel des Empfängers. Der Effekt ist, dass nur der Besitzer des dazugehörigen geheimen Schlüssels diese Nachricht entziffern kann. Umgekehrt angewendet kann das Verfahren übrigens für digitale Unterschriften verwendet werden, worauf wir in Kapitel 13 noch einmal zu sprechen kommen.

Ein Nachteil der asymmetrischen Verfahren besteht allerdings in deren erheblichen Geschwindigkeitsnachteil gegenüber symmetrischen Verfahren. Oftmals werden deshalb beide Verfahren miteinander kombiniert.

Auf dieser Grundlage funktioniert HTTPS. Der Benutzer sieht von den Schlüsseln allerdings gar nichts, sondern überlässt die Erledigung des Aufbaus einer sicheren Verbindung einfach dem Protokoll bzw. der darunter liegenden Schicht, dem Secure Socket Layer.

4.3.2 Secure Socket Layer (SSL)

SSL gibt es schon eine ganze Weile. Es wurde von der Firma Netscape entwickelt und wird heute auch unter dem Namen Transport Level Security (TLS) von der IETF standardisiert.

Das SSL-Protokoll geht davon aus, dass die beiden Kommunikationspartner sich nicht kennen und daher auch keine Schlüssel ausgetauscht haben. Es verwendet zur Initialisierung der Kommunikation öffentliche Schlüsselverfahren. Über diesen Kanal wird jedoch nur ein symmetrischer Schlüssel ausgetauscht, der aus Geschwindigkeitsgründen danach für die Verschlüsselung verwendet wird. So können die Vorteile der beiden Verfahren miteinander kombiniert werden.

SSL ist tatsächlich eine Sammlung mehrerer Protokolle, die durch ihr Zusammenspiel erst die folgenden Leistungen erbringen:

- Authentifizierung des Servers
- Authentifizierung des Clients
- Aufbau einer sicheren (verschlüsselten) Verbindung

Die beiden wichtigsten Protokolle sind das SSL-Handshake- und das SSL-Record-Protokoll. Ersteres dient der Aushandlung der Parameter für die Verbindung, also z.B. der Auswahl des konkreten Verschlüsselungsalgorithmus oder der Klärung der Frage, ob Client oder Server oder beide sich authentifizieren müssen. Der Protokollablauf ist dabei relativ komplex und wird in mehreren Phasen abgewickelt. Letzteres ist vor allem für die konkrete Verschlüsselung von zu übertragenden Daten notwendig. Wie die Protokolle im Detail funktionieren, ist für das weitere Verständnis nicht relevant.

Es gibt eine Reihe von Implementierungen von SSL, die meist einige Werkzeuge, vor allem aber eine Bibliothek umfassen, die man in eigene Programme einbinden kann. Zu den bekanntesten Projekten gehört OpenSSL (http://www.openssl.org), eine Open-Source-Implementierung von SSL. OpenSSL ist die Grundlage vieler Anwendungen, die auf SSL aufsetzen, so auch für einige Implementierungen von HTTPS.

4.3.3 Architektur von HTTPS

HTTPS ist mit diesem Wissen nun recht einfach zu erläutern: Es ist einfach HTTP über SSL. Abbildung 4.7 zeigt diesen Zusammenhang.

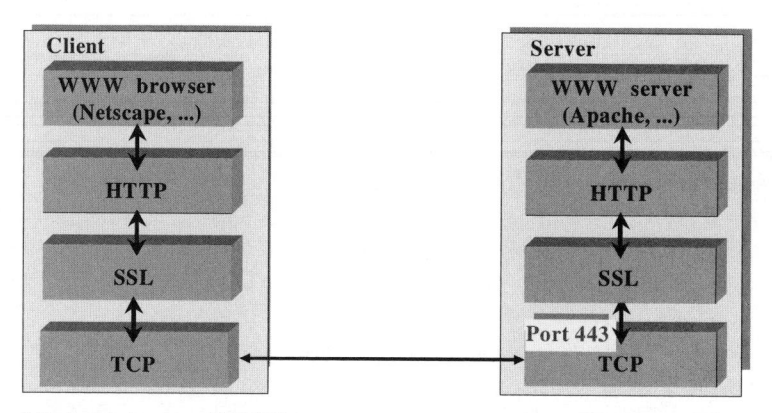

Abbildung 4.7: Architektur von HTTPS

Ein HTTPS-Server kann prinzipiell über jeden Port erreicht werden, der „well-known-port" ist jedoch 443, d.h., eine URL

```
https://x.y.z/path/document.html
```

ist äquivalent zu

```
https://x.y.z:443/path/document.html
```

und sorgt dafür, dass das angesprochene Dokument über den sicheren HTTP-Server geliefert wird.

Sicherer HTTP-Server? Hat den denn jeder automatisch? Nein, in den meisten Paketen wird zunächst einmal nur ein normaler HTTP-Server konfiguriert und installiert. Es ist aber kein Problem, einen sicheren Server dazuzuschalten. Im Apache-Server beispielsweise genügt es, sich das entsprechende Modul mod_ssl zu besorgen (Apache ist sehr stark modular aufgebaut) und zu installieren. Dabei wird automatisch die oben angesprochene OpenSSL-Implementierung mit installiert. Eine kleine Änderung beim Start des Apache (`apache -DSSL`) sorgt dafür, dass beide Server hochgefahren werden.

4.3.4 Verwendung

Sie haben HTTPS selbst sicher auch schon oft genug verwendet. Erkennbar ist dies an der Verwendung des entsprechenden Kürzels „`https`" im `<scheme>`-Teil der URI. Wann immer Sie Daten übertragen, von denen Sie nicht möchten, dass außer dem beabsichtigten Empfänger und Ihnen jemand etwas darüber erfährt, sollten Sie auf diese Form der URI achten. Sie können eine sichere Übertragung normalerweise auch an einem entsprechenden Symbol erkennen, mit denen der Browser Sie darauf aufmerksam macht (meistens ein geschlossenes Bügelschloss).

Wir werden in Kapitel 13 noch einmal auf HTTPS zu sprechen kommen, da das Protokoll eine wichtige Rolle für die sichere Verwendung von Web Services spielt.

4.4 SMTP & Co.

Die Web Service Architecture Group hat neben HTTP und HTTPS weitere Protokolle für den Transport von SOAP-Nachrichten standardisiert. Dazu gehört z.B. das Protokoll SMTP, also das Email-Protokoll des Internets, das wir in diesem Abschnitt unter die Lupe nehmen wollen. Zuerst wollen wir die Frage beantworten, warum es denn sinnvoll sein kann, auch andere Protokolle als HTTP anzubieten, bevor wir dann auf die mit Internet-Mail zur Verfügung stehende Infrastruktur und die notwendigen Protokolle eingehen.

4.4.1 Warum andere Transportsysteme als HTTP?

HTTP ist ein synchrones Protokoll. Das bedeutet, ein Web-Server muss gerade bereit sein zuzuhören, wenn ein Browser eine Anfrage schickt, und der Browser muss so lange online sein, bis die Antwort des Servers eingetroffen ist.

Man kann sich nun leicht Situationen vorstellen, in denen das unrealistisch ist, insbesondere in der heutigen Zeit, in der *Mobilität* von Rechnern immer wichtiger wird. Viele Rechner, insbesondere Notebooks oder PDAs, sind heute drahtlos ans Internet angeschlossen. Drahtlose Verbindungen haben die unangenehme Eigenschaft, nicht sonderlich stabil zu sein, was jeder feststellen kann, der beispielsweise – wie einer der Autoren regelmäßig – auf der ICE-Tunnelstrecke zwischen Fulda und Göttingen versucht, mit dem Handy zu telefonieren. Das heißt, es kann schnell passieren, dass Sie eine Anfrage zwar abschicken können, die Antwort aber nicht mehr bekommen, weil inzwischen die Verbindung unterbrochen wurde. Leider geht dann auch die Antwort komplett verloren, da selbst nach einem Wiederaufbau der Verbindung die Assoziation zu der verlorenen Nachricht nicht mehr hergestellt werden kann.

Was man also benötigt, ist eine Art asynchroner Aufruf von Web Services: Sie schicken eine Anfrage ab, die irgendwo im Netz zwischengespeichert wird, bis Ihr Diensterbringer erreichbar und in der Lage ist, den Aufruf zu verarbeiten. Danach schickt er Ihnen die Antwort zurück, die wiederum so lange im Netz verbleibt, bis Ihr eigener Rechner wieder verfügbar ist.

Ein solches System gibt es schon lange: Es ist das Email-System des Internets. Dementsprechend war es kein weiter Weg zu der Idee, die Protokolle des Email-Systems zu nutzen, um eine weitere Infrastruktur für Web Services bereitzustellen. Der nächste Abschnitt stellt diese Infrastruktur vor.

4.4.2 Architektur des Internet-Email-Systems

Das Internet ist durchsetzt mit einer Unmenge von Rechnern, die in der Lage sind, Email zu verarbeiten – was kein Wunder ist, da Email immer noch mindestens der zweitpopulärste Dienst im Netz ist. Dabei gibt es Komponenten, mit denen man Emails schreiben und lesen kann, und es gibt solche, die sich um das Versenden und Empfangen von Mails kümmern.

Die Benutzerschnittstelle im Email-System heißt *User Agent*, das ist der Teil, der Schreiben und Lesen unterstützt. Der eher technische Teil, Senden und Empfangen, wird vom *Message Transfer Agent (MTA)* bewältigt. Diese Komponenten und ihre Beziehung zueinander stellt Abbildung 4.8 dar.

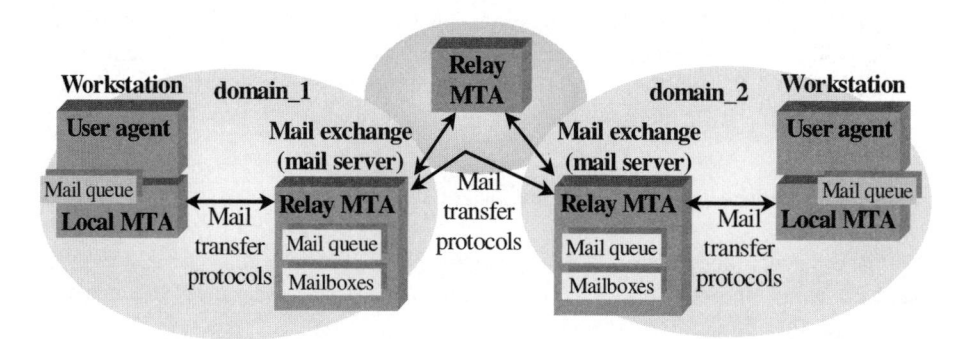

Abbildung 4.8: Architektur des Internet-Email-Systems

Die Abbildung zeigt zwei User Agents, die die jeweiligen Benutzer repräsentieren, die per Email kommunizieren möchten. Angenommen, der linke Benutzer möchte eine Email an den rechten schicken. Dann wird er diese Email zunächst in seinem User Agent (z.B. Microsoft Outlook, Netscape Communicator Mail oder Eudora) schreiben und per Klick auf einen entsprechenden Button abschicken (oder entsprechende Aktionen in seinem kommandozeilenorientierten Unix-Programm auslösen).

Dies hat zur Folge, dass der lokale MTA diese Email nun in das Mail-Transportsystem hineingibt. In unserem Beispiel wird die Email zunächst an den zentralen Weiterleitungs-MTA in der Domäne des Senders weitergegeben. Dieser Relay-MTA stellt fest, wohin die Email geschickt werden soll, und baut dementsprechend eine Kommunikationsbeziehung zu einem weiteren MTA auf, entweder schon in der Domäne des Zieles oder evtl. noch in einer Zwischendomäne. So kann (muss aber nicht) eine Email eine ganze Menge MTAs passieren, bevor sie vom lokalen MTA des Empfängers schließlich an dessen User Agent ausgeliefert wird.

Wir können an diesem Prinzip schon erkennen, dass dieses „store-and-forward" genau den gewünschten Effekt hat – Emails können im Netz gespeichert werden, wenn man sie gerade nicht abliefern kann.

Wie sieht nun eine Email formal aus und wo könnte man dort prinzipiell eine SOAP- bzw. XML-Nachricht abspeichern?

4.4.3 Das Email-Format

Das Standard-Format von Emails wurde vor vielen Jahren im RFC 822 festgelegt und später im RFC 2822 noch einmal leicht angepasst. Demnach bestehen Emails aus einer Reihe von Header-Feldern, auf die eine Leerzeile und dann der Text der Email folgt. Eine Email ist komplett in ASCII codiert, was auch für Emails gilt, die mit Anhängen versehen sind. Doch zu dem Thema kommen wir in Kürze noch, betrachten wir zunächst die Header-Felder. Tabelle 4.2 gibt die im RFC definierten Felder wieder und erläutert deren Verwendung.

Tabelle 4.2: Die Bedeutung der Header-Felder in RFC 822

Header-Feld	Bedeutung	benutzt von
`To:`	Email-Adressen der primären Empfänger	MTA
`Cc:`	Email-Adressen der sekundären Empfänger (carbon copy)	MTA
`Bcc:`	Email-Adressen der für andere nicht sichtbaren Empfänger	MTA
`From:`	Email-Adresse der Person, die die Email geschrieben hat	MTA, User Agent
`Sender:`	Email-Adresse des tatsächlichen Senders	MTA, User Agent
`Received:`	wird von jedem Relay-MTA hinzugefügt	MTA
`Return-Path:`	gibt einen Weg zurück zum Sender an	MTA
`Date:`	Tag und Zeit, zu der die Nachricht geschickt wurde	User Agent
`Reply-To:`	Email-Adresse, an die die Antwort geschickt werden soll	User Agent
`Message-Id:`	eindeutige Nummer der Nachricht	User Agent

Tabelle 4.2: Die Bedeutung der Header-Felder in RFC 822 *(Forts.)*

Header-Feld	Bedeutung	benutzt von
`In-Reply-To:`	ID der Nachricht, auf die hier geantwortet wird	User Agent
`References:`	andere relevante Nachrichten-IDs	User Agent
`Keywords:`	vom Benutzer ausgewählte Schlüsselworte	User Agent
`Subject:`	Betreffzeile der Nachricht	User Agent
`X-<header>:`	beliebige weitere Header je nach User Agent/ Benutzer	User Agent

Anhand der Erläuterungen erkennt man wiederum, dass sich der Weg einer Email durch das Netz nachvollziehen lässt. MTAs verwenden das `To:`-Feld, um herauszufinden, wohin die Email weitergeleitet werden muss. Für jede Domäne gibt es einen Name-Server, der die genaue Information hat, an welchen Mail-Server die Email zu senden ist.

Ein Beispiel für eine Email noch einmal mit den verschiedenen Headern und entsprechenden Erläuterungen dazu zeigt Abbildung 4.9.

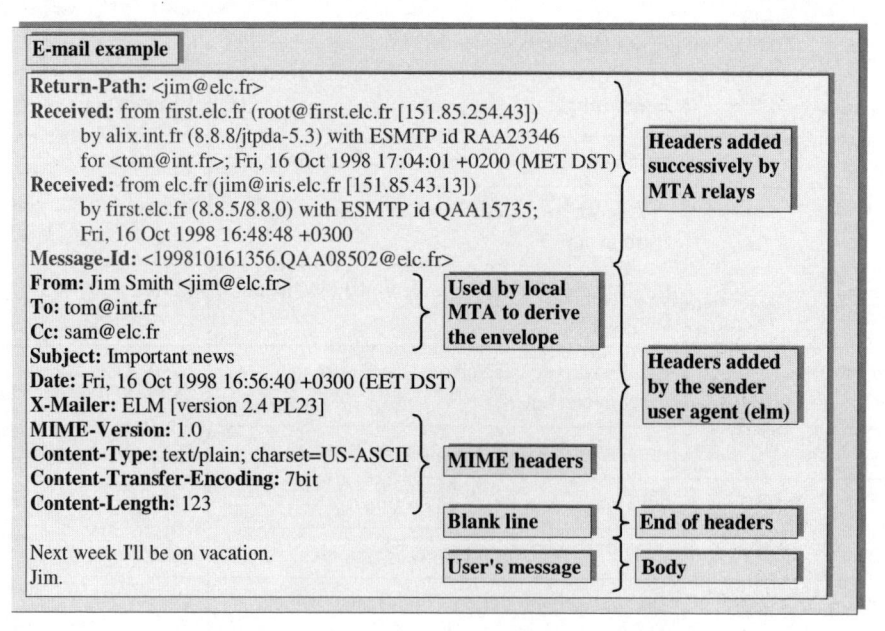

```
E-mail example
Return-Path: <jim@elc.fr>
Received: from first.elc.fr (root@first.elc.fr [151.85.254.43])
    by alix.int.fr (8.8.8/jtpda-5.3) with ESMTP id RAA23346
    for <tom@int.fr>; Fri, 16 Oct 1998 17:04:01 +0200 (MET DST)   } Headers added successively by MTA relays
Received: from elc.fr (jim@iris.elc.fr [151.85.43.13])
    by first.elc.fr (8.8.5/8.8.0) with ESMTP id QAA15735;
    Fri, 16 Oct 1998 16:48:48 +0300
Message-Id: <199810161356.QAA08502@elc.fr>
From: Jim Smith <jim@elc.fr>       } Used by local MTA to derive the envelope
To: tom@int.fr
Cc: sam@elc.fr
Subject: Important news             } Headers added by the sender user agent (elm)
Date: Fri, 16 Oct 1998 16:56:40 +0300 (EET DST)
X-Mailer: ELM [version 2.4 PL23]
MIME-Version: 1.0
Content-Type: text/plain; charset=US-ASCII   } MIME headers
Content-Transfer-Encoding: 7bit
Content-Length: 123
                                    Blank line   } End of headers
Next week I'll be on vacation.      User's message   } Body
Jim.
```

Abbildung 4.9: Beispiel einer Internet-Email mit Erläuterungen der Header

Wie kann man nun Emails mit multimedialen Anhängen versenden, wenn doch eigentlich nur ASCII im Text erlaubt ist? Die Antwort lautet: Man muss die Daten in ASCII umkodieren. Hierzu gibt es eine Reihe weiterer RFCs, die das so genannte MIME-Format definieren. MIME definiert für jeden Medientyp, sei es nun Text, HTML, ein MPEG-Video oder ein JPG-Bild, eine Kodierung in ASCII. Vor der Übertragung der Email ins Mail-System wird der Anhang also umkodiert und dann einfach an den Text der Email angehängt.

Tatsächlich benötigt man diese Fähigkeit von MIME für den Transport von Web-Service-Aufrufen nicht, jedenfalls nicht für die Kodierung der Email auf dieser Ebene. Die zu übertragenden Daten sind in SOAP kodiert, SOAP ist XML, und XML ist ASCII. Das heißt, das Problem wird offensichtlich auf einer anderen Ebene gelöst, denn auch in Web Services sollte es ja möglich sein, beispielsweise ein GIF-Bild als Input für einen Dienstaufruf zu versenden. Die Lösung findet in der Tat auf der SOAP-Ebene statt und wir werden in Kapitel 8 sehen, wie diese Kodierung dort geschieht.

Ansonsten ist die Übertragung einer SOAP-Nachricht per Email-Protokoll sehr einfach: Sie wird als Text der Email übertragen. An der Stelle des „Next week ..." im obigen Beispiel steht dann eben ein XML-Dokument, das eine SOAP-Nachricht repräsentiert. Der Web-Service-Erbringer wird einfach über seine Email-Adresse identifiziert, so dass der Transport dorthin durch das Email-System vorgenommen werden kann.

4.4.4 Email-Protokolle und deren Zusammenspiel

Die Funktion des Internet-Mail-Systems basiert auf mehreren Protokollen. Ursprünglich gab es lediglich das schon genannte SMTP-Protokoll. Dies ist das Protokoll, das zwischen den MTAs gesprochen wird, um Emails auszutauschen. In den Frühzeiten des Internets genügte das auch, da jeder Benutzer auf einem Rechner arbeitete, der direkt ans Netz angeschlossen und immer online war. Damit konnten Emails immer empfangen werden und in einer entsprechenden Mail-Warteschlange abgelegt werden, auf die der Benutzer dann über das Dateisystem zugreifen konnte. Diese Situation hat sich deutlich gewandelt, denn Benutzer haben heute ihre eigenen PCs und sind über Internet Service Provider (ISPs) ans Netz angeschlossen. Meist handelt es sich bei den Anschlüssen um Wählleitungen, die nur aufgebaut werden, wenn der Benutzer sie wirklich benötigt. Damit würde der SMTP-Ansatz ins Leere laufen, denn eine Email-Zustellung wäre nicht mehr ständig möglich. Zur Lösung wurden weitere Protokolle entwickelt, die es einem Benutzer erlauben, auf einen entfernten Mail-Speicher zuzugreifen, wenn es gerade passt. Der Mail-Speicher, ein MTA, vertritt sozusagen den Benutzer, indem er Emails entgegennimmt und für eine spätere Abholung speichert. Die beiden Protokolle, die diesen Zweck erfüllen, heißen POP und IMAP, und Abbildung 4.10 zeigt, wie die drei Protokolle in der Mail-Architektur zusammenspielen.

POP bzw. POP3 in der aktuellen Version ist das Post Office Protocol. Es erlaubt das Herunterladen von Emails von einem Mailspeicher nach vorheriger Authentifizierung mit Benutzername/Passwort. IMAP hat eine ähnliche Aufgabe, ist jedoch flexibler, da es die Verwaltung von Emails auf dem Mail-Speicher erlaubt, also das Anlegen von Ordnern etc. Trotzdem ist POP3 zurzeit das eindeutig dominierende Protokoll zum Zugriff auf Mail-Speicher.

Wie könnte man sich nun einen Aufruf und die Ausführung eines Web Service über SMTP und POP3 vorstellen? Der Aufrufer muss zunächst die Email-Adresse des Diensterbringers kennen. Anschließend stellt er eine Email zusammen, die eine SOAP-Nachricht mit dem Aufruf des Dienstes enthält. Diese schickt er (per SMTP) an die Adresse des Erbringers. Der Diensterbringer wird möglicherweise nicht immer online sein, sondern die eingetroffenen Nachrichten von Zeit zu Zeit per POP3 abrufen. Nach der Verarbeitung werden die Antworten per SMTP an den Sender zurückgeschickt, der sie im Zweifel ebenfalls wieder per POP3 abholt. Natürlich benötigt man dazu entsprechende Werkzeuge, die wir im folgenden Kapitel und in Kapitel 10 besprechen werden.

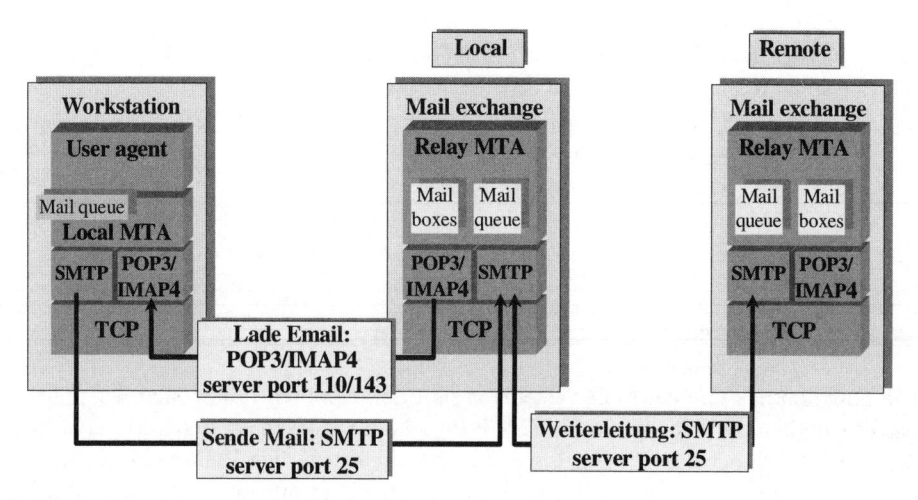

Abbildung 4.10: Zusammenspiel der Email-Protokolle im Internet

4.5 JMS Message Queues

Message Queues sind eine weitere Alternative zum Transport von Nachrichten. Der wesentliche Unterschied besteht darin, dass sie wie auch Email auf asynchroner Kommunikation beruhen. Dies bedeutet, dass der Sender nicht auf eine Antwort wartet, sondern sofort weiterarbeitet ohne ein Ergebnis erhalten zu haben. Abbildung 4.11 veranschaulicht diesen Vorgang. Der Sender schickt eine Nachricht, die dann in der Queue gespeichert wird. Der Empfänger erhält die Nachricht, sobald er bereit ist bzw. die vorigen Nachrichten verarbeitet wurden. Beim Empfangen wird die Nachricht aus der Queue wieder gelöscht. Eine Analogie zur asynchronen Kommunikation aus der realen Welt ist das Verschicken von Briefen. Telefonate hingegen sind ein Beispiel für synchrone Kommunikation. Abbildung 4.12 zeigt eine Erweiterung dieses Modells: die Punkt-zu-Punkt-Kommunikation. Hierbei publiziert ein Sender ein Thema und schickt Nachrichten zu diesem Thema. Nun können sich beliebig viele Empfänger für dieses Thema anmelden und empfangen somit die entsprechenden Nachrichten.

4.5 JMS Message Queues

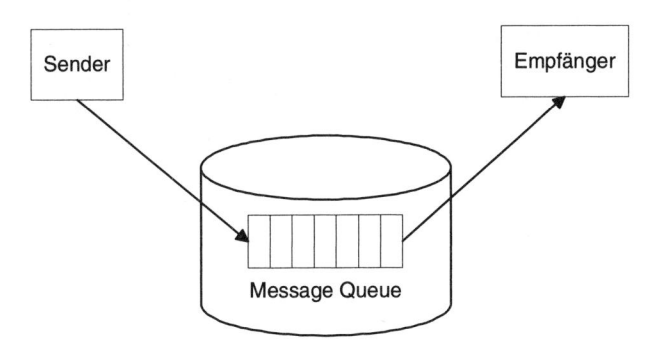

Abbildung 4.11: Sender und Empfänger kommunizieren asynchron über eine Message Queue.

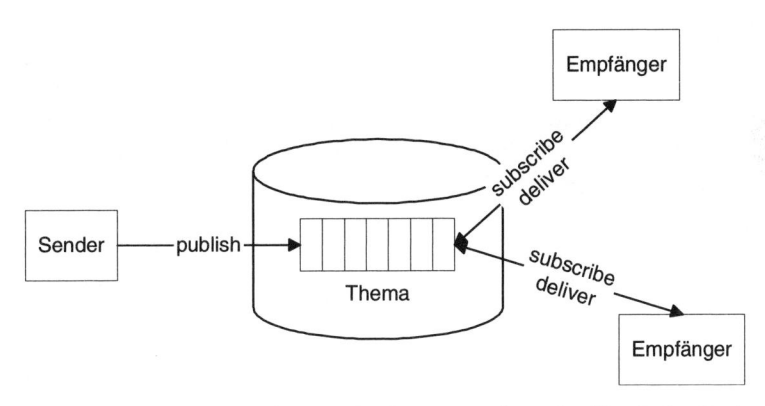

Abbildung 4.12: Der Publish/Subscribe Mechanismus erweitert das klassische Punkt zu Punkt Modell, indem beliebig viele Empfänger sich an einem so genannten Topic anmelden können.

4.5.1 Klassische Anwendungsbereiche von Message Queues

Während Email für uns inzwischen zum Alltag gehört, kommen Message Queues in Geschäftsanwendungen zum Einsatz und haben hier eine wesentliche Bedeutung erreicht. Ein typischer Anwendungsfall ist ein Bestellvorgang. Dort ist es primär wichtig, dem Kunden den Eingang der Bestellung zu bestätigen. Die Ware, soweit es sich nicht um ein gekauftes digitales Musikstück oder Software zum Herunterladen handelt, wird erst zu einem späteren Zeitpunkt verschickt. Angenommen, der Kunde bestellt per Web-Formular, so kann die Web-Anwendung die Bestellung per Message Queue an die Lagerverwaltung und Auslieferung verschicken. Der Vorteil der asynchronen Kommunikation liegt hierbei darin, dass ein technisches Problem, eine Überlastung oder ein Ausfall der Lagerverwaltung den Bestellvorgang nicht beeinträchtigt. Der Kunde erhält eine Bestätigung über den Auftragseingang und die Bestellung kann verarbeitet werden, sobald die Lagerverwaltung dazu wieder bereit ist.

Eine weitere typische Anwendung ist die Abbildung von Geschäftsprozessen mit Workflowsystemen. Solche Anwendungen werden beispielsweise bei der Bearbeitung von Schadensfällen in Versicherungen eingesetzt. Hierbei ist oftmals eine Eingabe durch einen Sachbearbeiter nötig, bevor der nächste Arbeitsschritt eingeleitet werden kann. Beispielsweise können Schadensfälle per Telefon entgegengenommen werden. In der Telefonzentrale werden diese in das Workflowsystem eingegeben und per Message Queue zu Mitarbeitern weitergeleitet. Wird eine Unregelmäßigkeit festgestellt, leitet der Sachbearbeiter den Fall an den Vorgesetzten weiter, der dann zu entscheiden hat. Auch hier ist asynchrone Kommunikation von enormem Vorteil, denn die manuellen Arbeitsschritte erfordern viel Zeit.

4.5.2 Garantierte Auslieferung von Nachrichten

Was ist nun der Unterschied zwischen Email und Message Queues? Der erste Punkt liegt selbstverständlich in der Art der Nutzung. Während Email meist für an Menschen gerichtete Texte verwendet wird, kommen Message Queues zur Kommunikation zwischen Softwarekomponenten zum Einsatz. Dies ist aber kein grundlegender konzeptioneller Unterschied. Schließlich können auch beide Transportmechanismen zum Verschicken von SOAP-Nachrichten verwendet werden.

Der wesentliche Unterschied liegt indes darin, dass eine Message Queue Nachrichten garantiert ausliefert. Dies wird durch die Verwendung des aus der Datenbankwelt bekannten Transaktionskonzepts erreicht. Eine Transaktion erlaubt es, eine Gruppe von Aktionen als Einheit zu sehen und für diese Gruppe zu garantieren, dass die so genannten ACID Eigenschaften eingehalten werden. Stellen Sie sich die zuvor angesprochene Lagerverwaltung vor. Diese nimmt zuerst eine Nachricht entgegen. Daraufhin wird geprüft, ob die Ware im Lager vorrätig ist. Ist dies der Fall, so wird der Lagerbestand in der Datenbank angepasst und die Information für die Auslieferung geschrieben. Ist dies nicht der Fall, wird eine Nachricht mit einer eigenen Bestellung an den Zulieferer geschickt und die Kundenbestellung zur späteren Bearbeitung in der Datenbank gespeichert. Dieser Prozess kann im folgendem Pseudocode ausgedrückt werden.

```
empfange Nachricht von der Message Queue 1
if Lagerbestand ausreichend
    ändere Lagerbestand in der Datenbank
    schreibe Auslieferungsinformation in die Datenbank
else
    schicke Bestellung an Zulieferer per Message Queue 2
    speichere ursprüngliche Bestellung in der Datenbank
```

Dieser Prozess beinhaltet einige Aktionen, die persistent gespeicherte Informationen anlegen (beim Senden wird eine Nachricht in Queue 2 angelegt), ändern (z.B. den Lagerbestand) oder löschen (beim Empfangen wird die Nachricht aus Queue 1 gelöscht). Dies ist kein Problem, solange kein Softwarefehler auftritt, keine TCP-Verbindung abbricht oder der Strom nicht ausfällt. Stellen Sie sich vor, die Nachricht wird empfangen und aus der Queue gelöscht. Allerdings bricht der Schreibvorgang zur Datenbank ab, da die Festplatte voll ist. Der Vorgang bricht mit einem Fehler ab. Dies bedeutet, dass die Nachricht verloren ist!

Gruppiert man all diese Aktionen in einer Transaktion, werden solche Probleme verhindert. Die ACID-Eigenschaften werden für alle Aktionen des Prozesses eingehalten. Jeder Buchstabe des ACID-Akronyms steht für eine Eigenschaft:

- *Atomicity*
  Dies bedeutet, dass entweder alle oder keine Aktionen ausgeführt werden. Insbesondere ist es nicht möglich, dass die Nachricht empfangen wird, sonst aber aufgrund eines Fehlers nichts passiert. Die Transaktion würde in diesem Fall das Löschen der Nachricht aus der Eingangs-Queue rückgängig machen.

- *Consistency*
  Eine Transaktion ist ein Übergang von einem konsistenten Zustand zum anderen. Sozusagen ist vor und nach der Transaktion die Welt in Ordnung, also alle Nachrichten dort, wo sie sein sollen, alle Buchungen sind korrekt getätigt, etc. Atomicity und Consistency machen es somit unmöglich, in einen aus Sicht der Applikation illegalen Zustand zu geraten. Insbesondere wird die Nachricht erst dann gelöscht, wenn zum Beispiel eine neue, durch die Abarbeitung der ursprünglichen Nachricht hervorgerufene Nachricht verschickt wurde.

- *Isolation*
  Selbstverständlich muss ein solches System mehrere Bestellungen parallel verarbeiten können. Hierbei kann es aber Probleme geben. Angenommen, es befindet sich noch ein Buch im Lager und es treffen gleichzeitig zwei Bestellungen für das Buch ein. Beide Prozesse prüfen das Lager und sehen, dass die Bestellung erfüllt werden kann, was später unweigerlich zu Problemen führt. Die Isolation einer Transaktion von allen anderen Transaktionen verhindert dies. Für jede einzelne Transaktion sieht es sozusagen so aus, als ob sie der einzige aktive Prozess auf dem System ist. Dies wird sichergestellt durch ein ausgeklügeltes Locking-System, das von Datenbank- und Message-Queue-Herstellern implementiert wird.

- *Durability*
  Durability bedeutet, dass der Endzustand einer abgeschlossenen Transaktion sicher gespeichert wird und nicht durch technische Defekte zerstört werden kann. Dies ist ein wichtiger Punkt, wenn man sich vorstellt, dass Überweisungen großer Geldmengen heutzutage nur noch in Computertransaktionen abgewickelt werden. Keine Bank dieser Welt schickt nach einer Überweisung einen LKW mit Banknoten los. Alles, was sich ändert, ist die magnetische Konfiguration auf einigen Festplatten und Bändern! Technisch wird Durability durch das Schreiben einer Log-Datei sowie redundante Speichermedien, wie beispielsweise RAID-Systeme, und natürlich regelmäßige Sicherheitskopien gewährleistet.

Es ist also möglich, Message Queues und Datenbanken zusammen in einer Transaktion zu gruppieren. Damit ist gewährleistet, dass Nachrichten nur dann aus der Eingabe-Queue gelöscht werden, wenn die Bearbeitung der Nachricht erfolgreich war und die entsprechenden Folgeaktionen in die Wege geleitet wurden. Die Koordination der Komponenten kann entweder explizit oder vom Applikations-Server vorgenommen werden.

4.5.3 Java Message Service (JMS)

So wie es die Java Database Connectivity (JDBC) Schnittstelle beliebigen Java-Programmen erlaubt, auf Datenbanken zuzugreifen, ermöglicht der Java Messaging Service (JMS) das Senden und Empfangen von Nachrichten mit einer Message Queue. JMS ist unter dem Paket `javax.jms` in der Java 2 Enterprise Edition enthalten. Wie bei den meisten Schnittstellen im Enterprise-Bereich spezifiziert Sun auch hier nur die Interfaces (siehe hierzu auch die Javadoc-Dokumentation unter `http://java.sun.com/j2ee/1.4/docs/api/javax/jms/package-summary.html`). Verschiedene Hersteller bieten JMS-Treiber für ihre Produkte an. In dieser Sparte sind die üblichen Verdächtigen wie Oracle, BEA, Sun oder IBM zu finden. Marktführer in dieser Sparte ist zweifelsfrei IBM mit Websphere MQ, vormals MQ Series. Normalerweise werden Message Queues als Bundle mit einem Applikations-Server verkauft. Wie Abbildung 4.11 andeutet, basiert die Implementation meist auf einer verkappten relationalen Datenbank.

Im nächsten Kapitel wird sich Abschnitt 5.4 weiter mit diesem Thema beschäftigen und auch ein Beispielprogramm zeigen. Wir verwenden für das Beispiel die Open-Source-JMS-Lösung OpenJMS.

4.6 Übungsaufgaben

1. Machen Sie sich noch einmal die Unterschiede zwischen HTTP und SMTP/POP klar! Welches Protokoll ist für welche Anwendungssituation geeignet?

2. Vergleichen Sie POP und IMAP miteinander! Wofür ließen sich die besonderen Fähigkeiten von IMAP im Web-Service-Umfeld einsetzen?

3. Kann ein JMS-Sender eine Nachricht erfolgreich abschicken, wenn der Empfänger kurzfristig nicht erreichbar ist? Wenn ja, was passiert mit der Nachricht?

4. Skizzieren Sie, wie eine Message Queue mit einer relationalen Datenbank implementiert werden kann.

Kapitel 5
Werkzeugunterstützung für den Transport

Wie bereits erwähnt, sind Web Services unabhängig von der Art des Transports. In diesem Abschnitt greifen wir die drei Möglichkeiten für den Transport auf, die wir im letzten Kapitel kennen gelernt haben (HTTP, Emails mit POP3 und SMTP sowie Message Queues), und zeigen, wie diese mit Hilfe der Java APIs verwendet werden können. Wenn Sie später Web Services implementieren, werden Sie den Programmcode, der diese Protokolle bedient, nicht schreiben müssen, denn die entsprechende Funktionalität ist in den Web-Service-Paketen bereits eingebaut. Derzeit wird zwar meist nur HTTP unterstützt, es ist jedoch nur eine Frage der Zeit, bis auch andere Varianten direkt unterstützt werden. Dennoch denken wir, dass dieser Abschnitt mit seinen Beispielen wichtig zum Verständnis ist, denn die Eigenheiten der jeweiligen Transportart wirken sich durchaus auf die Möglichkeiten und die Performance der später zu entwickelnden Applikation aus. Die Unterschiede liegen beispielsweise in synchroner und asynchroner Kommunikation, ob die Lieferung einer Nachricht garantiert werden kann oder im Session Management.

Beginnen werden wir jedoch mit einem noch grundlegenderen Werkzeug, dem TCP Monitor.

HTTP	POP3 / SMTP	JMS
TCP / IP		

java.net. URL	javax. mail	javax. jms
java.net.Socket		

Abbildung 5.1: Die Applikationen World-Wide Web und Email basieren auf TCP/IP als Transport. Rechts werden die Java Bibliotheksklassen gezeigt, die die entsprechende Funktionalität implementieren.

5.1 TCP Monitor

TCP/IP ist heute, wie wir schon gehört haben, der absolute Standard für die Kommunikation im Internet. Jedes Mal, wenn man eine Seite im Browser lädt oder eine Email verschickt, benutzt man dieses Transportprotokoll. Die Schichtenarchitektur des Netzwerks verbirgt diese Details vor dem Benutzer, was natürlich sehr sinnvoll ist. Warum soll man sich auch mit HTTP-Requests oder MIME-Types herumschlagen, wenn es doch bequemer ist, wenn Anwendungen wie Internet Explorer oder Eudora dies übernehmen.

Es gibt aber durchaus Fälle, in denen es nützlich sein kann, sich die Kommunikation auf dieser unteren Ebene anzusehen. Es hilft zum einen sehr die genaue Funktionsweise diverser Programme zu verstehen. Zum anderen ist es oft für den Entwickler unerlässlich, sich Nachrichten auf dieser Ebene zum Debugging anzusehen.

Dieser Abschnitt stellt ein wichtiges Werkzeug zur Visualisierung des TCP/IP-Verkehrs vor. Der so genannte *TCP Monitor* erlaubt es, sich zwischen Client und Server einzuklinken. Die Nachrichten werden dann über eine grafische Benutzerschnittstelle ausgegeben. Dieses Werkzeug wird als Teil des bereits zuvor erwähnten Axis-Pakets geliefert. Axis ist ein Open-Source-Projekt der Apache-XML-Initiative. Sie können sich die aktuelle Version im Internet unter `http://xml.apache.org/axis` herunterladen. Wie gewohnt erhalten Sie entweder ein ZIP- bzw. ein tar.gz-Archiv, welches Sie dann auf Ihrem Rechner auspacken. Die Axis-Software ist in Java geschrieben. Die einzige weitere Voraussetzung zum Ausprobieren ist deshalb nur das Java Development Kit (JDK) Version 1.4 aufwärts. Abbildung 5.2 zeigt die Ordnerstruktur des Pakets nach dem Entpacken. Wir sind zunächst nur an dem Java-Archiv `axis.jar` interessiert, das im Verzeichnis `lib` zu finden ist. Zunächst muss dieses Archiv in den CLASSPATH aufgenommen werden. Es empfiehlt sich, hierfür ein kleines Skript zu schreiben. Unten sehen Sie die Windows-Batch-Datei und die Linux/Unix-Bash-Version.

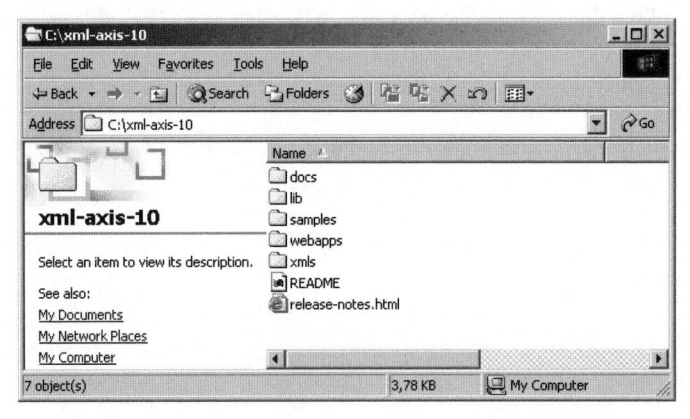

Abbildung 5.2: Die Verzeichnisstruktur des Axis Pakets nach dem Auspacken.

Windows:

```
set AXIS_LIB=C:/xml-axis-10/lib
set CLASSPATH=%AXIS_LIB%/axis.jar
```

Bash:

```
AXIS_LIB=/xml-axis-10/lib
```

5.1 TCP Monitor

```
CLASSPATH=$AXIS_LIB/axis.jar
```

Der TCP Monitor kann nun in beiden Fällen mit folgendem Befehl gestartet werden:

```
java org.apache.axis.utils.tcpmon 80 www.w3.org 80
```

Mysteriös erscheinen hier zunächst die drei Kommandozeilenparameter. Abbildung 5.3 erläutert, was diese zu bedeuten haben. Wir wollen testen, welche TCP/IP-Kommunikation beim Aufruf einer Web-Site wie www.w3.org von einem Browser zwischen Browser und Web-Server ausgetauscht wird. Der erste Parameter gibt den Port an, auf dem der TCP Monitor eingehende Daten empfängt. Wir wählen hier 80, den Standardport für HTTP. Die beiden weiteren Parameter geben den Rechner und den Port an, wohin die Daten weitergeleitet werden sollen. Ist der TCP Monitor gestartet, zeigt Abbildung 5.4 wie der eigentliche Test vonstatten geht. Im Browser wird die URL http://localhost/ eingegeben. Der TCP Monitor gibt die vom Browser gesendeten Daten im der linken Hälfte des Fensters aus und leitet sie an den W3C-Server weiter. Die Geschehnisse sind für den Browser transparent, da sich der TCP Monitor wie ein normaler HTTP-Server verhält. Da der TCP Monitor nur die vom Browser stammenden Daten weiterleitet, sieht es für den W3C-Server wiederum so aus, also ob sich ein ganz normaler HTTP-Client meldet. Erhält der TCP Monitor Antwort vom Server, wird diese auf der rechten Bildschirmhälfte ausgegeben und zum Browser weitergeleitet.

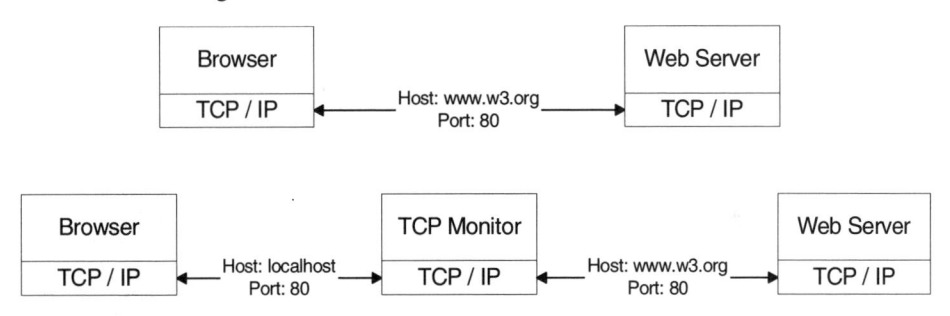

Abbildung 5.3: HTTP Anfragen mit und ohne TCP Monitor

Nachdem der Prozess abgeschlossen ist, zeigt der Browser ganz normal den gewohnten Inhalt von www.w3.org unter der Adresse http://localhost/ an.

Der TCP Monitor zeigt nun die Kommunikation zwischen Browser und Web-Server an. Wie in Abbildung 5.4 zu sehen ist, ist das Fenster in drei Teile gegliedert. Im oberen Teil sind die verschiedenen TCP-Verbindungen zu sehen. Um 3:56:23 Uhr wurde beispielsweise das Hauptdokument von dem Pfad / geladen. Eine Sekunde später folgten verschiedene Logos sowie die Cascading-Stylesheet-Definitionen in der Datei home.css. Der mittlere Teil zeigt die vom Browser geschickten Informationen für die im oberen Teil markierte Verbindung. In der ersten Zeile wird angegeben, dass es sich um eine GET-Anfrage für das unter dem Pfad / gespeicherte Dokument handelt. Weiterhin wird mit HTTP 1.1 die vom Browser unterstützte HTTP-Version übermittelt. Anschließend gibt der Browser an, welche MIME-Typen er unterstützt, ob die Information komprimiert werden kann und welche Sprache eingestellt ist. Weiterhin wird der Typ des Browsers, in diesem Fall Internet Explorer 6, angegeben. Mit dieser Information können Statistiken über den Marktanteil verschiedener Browser erstellt werden. Abbildung 5.5 zeigt eine solche Statistik für www.i-u.de von Anfang 2003.

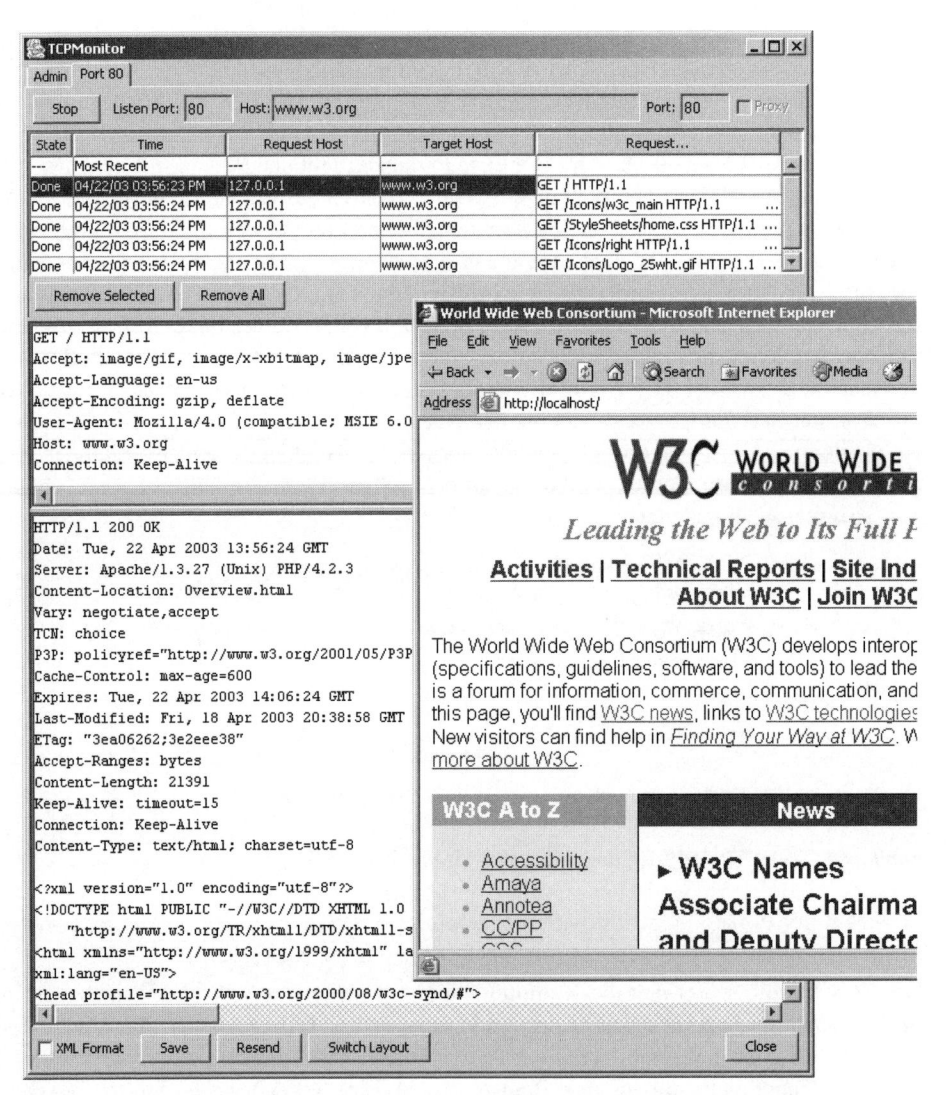

Abbildung 5.4: Der TCP Monitor zeigt die Kommunikation zwischen Browser und dem W3C Web Server.

#	Hits		User Agent
1	172880	48.22%	MSIE 6.0
2	71392	19.91%	MSIE 5.0
3	49096	13.69%	MSIE 5.5
4	14459	4.03%	Mozilla/5.0
5	7638	2.13%	Googlebot/2.1 (+http://www.googlebot.com/bot.html)
6	6653	1.86%	Mozilla/4.7
7	4696	1.31%	Harvest/1.7.15
8	4133	1.15%	Mozilla/4.0
9	2249	0.63%	MSIE 4.0
10	2170	0.61%	Java 1.1
11	2072	0.58%	Mozilla/3.01 (compatible;)
12	1947	0.54%	FAST-WebCrawler/3.6 (atw-crawler at fast dot no; http://fast.)
13	1399	0.39%	TECOMAC-Crawler/0.4
14	1377	0.38%	ia_archiver
15	1269	0.35%	HeinrichderMiragoRobot

Abbildung 5.5: Verteilung der Browsertypen beim Zugriff auf www.i-u.de Anfang 2003.

Im unteren Teil des TCP Monitors ist schließlich die Antwort des Web-Servers zu sehen. Die erste Zeile gibt den Status-Code an, in diesem Fall HTTP 200 OK. In den folgenden HTTP-Headern werden Timestamps, Zeichensatz, Größe und weitere Informationen über das Dokument übertragen. Auch der Typ des Servers, hier Apache, wird angegeben. Die Header werden durch eine Leerzeile beendet. Nun beginnt das eigentliche Dokument. Es fällt auf, dass es sich in diesem Fall um ein XML-Dokument, genauer gesagt ein XHTML-Dokument handelt.

5.2 Tomcat Web Server

Tomcat ist eine Referenzimplementierung der Java Servlet 2.3 and Java Server Pages 1.2 Technologien, die unter der Apache-Software-Lizenz entwickelt werden. Tomcat löst ältere Implementationen wie beispielsweise das Apache JServ-Modul ab. Der Tomcat-Server ist auch in der Lage, dem Client statische Seiten zu liefern, und ist somit ein vollwertiger Web-Server. In der Praxis wird diese Aufgabe allerdings meist vom Apache-Server übernommen. Tomcat wird als Apache-Modul konfiguriert und bekommt dann nur noch die Anfragen an Servlets und JSP-Seiten zur Verarbeitung geliefert.

5.2.1 Installation

Die neueste Version ist unter der URL http://jakarta.apache.org/tomcat erhältlich. Unter Windows muss nur eine ZIP-Datei – z.B. in das Verzeichnis C:\tomcat – ausgepackt werden. Mit folgendem Kommando wird der Server gestartet und man kann über `http://localhost:8080/` auf die Tomcat-Startseite zugreifen.

```
C:\tomcat>bin\startup
```

Ein wichtiges Konzept der Tomcat-Software sind Web-Applikationen. Auf einem Host können mehrere solcher unabhängiger Anwendungen installiert sein. Neben der immer vorhandenen ROOT-Applikation können mehrere andere logische Applikationen jeweils unter einem bestimmten logischen URL-Präfix erreicht werden. Die URL `http://host/admin/usr/faq.html` würde beispielsweise die Administrationsapplikation ansprechen, da das Präfix `admin` dieser zugeordnet ist. Innerhalb der Applikation wird dann auf die Datei `usr\faq.html` zugegriffen. Mit dem obigen Installationsverzeichnis finden sich die physikalischen Verzeichnisse der ROOT- und Admin-Applikation unter `C:\tomcat\webapps\ROOT` bzw. `C:\tomcat\webapps\admin`. Innerhalb dieser Verzeichnisse ist folgende Struktur vorgeschrieben:

- *Statische Komponenten*:
  Alle statischen Komponenten wie HTML-, JPG- und GIF-Dateien liegen direkt in dem jeweiligen Applikationsverzeichnis bzw. den entsprechend untergeordneten Verzeichnissen wie beispielsweise `usr\faq.html`. Zu den statischen Komponenten gehören auch die CLASS-Dateien für Applets, da diese auch nur an den Browser geliefert werden.

- *Java Server Pages:*
  JSP-Dateien werden wie HTML-Seiten adressiert. Der wesentliche Unterschied ist hierbei, dass die JSP-Dateien nie zum Client gelangen, sondern nur der von Ihnen erzeugte HTML- oder XML-Text.

- *Servlets: \WEB-INF\classes*
  Das WEB-INF-Verzeichnis nimmt eine Sonderfunktion ein, da lediglich Servlets ausgeführt werden können. Ansonsten ist es dem Client nicht möglich, auf Dateien von WEB-INF zuzugreifen. Ein Servlet der Applikation `admin` in der Datei `Test.class` wird dann über die URL `http://host/admin/servlet/Test` angeprochen. Ein Servlet S, das in der Package p definiert ist, muss dann in `\WEB-INF\classes\p` gespeichert sein und über `.../servlet/p.S` aufgerufen werden. Alle Hilfsklassen, die von den Servlets oder JSP-Seiten dieser Applikation verwendet werden, müssen sich auch in dem `classes`-Verzeichnis befinden.

- *Bibliotheken: \WEB-INF\lib*
  Soll ein Servlet oder eine JSP-Seite z.B. mit dem in der Bibliothek `mysql_uncomp.jar` enthaltenen MySQL-JDBC-Treiber arbeiten, so muss das Jar-Archiv in das `lib`-Verzeichnis kopiert werden.

- *Konfigurationsinformation: \WEB-INF\web.xml*
  Diese Datei enthält Kontextparameter der Servlets, eine Dokumentation, den Timeout für Sessions, Zugriffsrechte auf Dateien für in der Tomcat-Basiskonfiguration angelegte Benutzer und weitere wichtige Informationen für die Applikation.

Die logische Trennung in Web-Applikationen erleichtert die Arbeit des Web-Server-Administrators erheblich. So ist es sogar möglich, zwei Applikationen zu installieren, die verschiedene Versionen einer Bibliothek benötigen. Dies würde sonst unweigerlich zu Problemen führen.

Die Verzeichnisstruktur einer Applikation kann nun in eine so genannte Web Application Resource (WAR) Datei gepackt werden. Hierbei steht das einfache Deployment im Vordergrund. Eine WAR-Datei muss nur noch in den `webapps`-Ordner des Web-Servers gelegt werden. Dieser packt die Dateien dann automatisch aus, sobald ein Client auf die Applikation zugreift.

5.2.2 Basic Authentication

Tomcat erlaubt es, eine Vielzahl von Einstellungen vorzunehmen. Es können beispielsweise die Lebensdauer einer Session oder die maximale Anzahl von parallelen Anfragen definiert werden. Eine ausführliche Erklärung all dieser Aspekte würde den Rahmen dieses Buches klar sprengen und wir verweisen Sie hier auf die einschlägige Literatur, die sich speziell mit der Administration von Tomcat befasst. Wir wollen uns in diesem und dem nächsten Abschnitt dennoch mit zwei für die Entwicklung von Web Services wichtigen Aspekten befassen. Dies sind zum einen Basic Authentication und zum anderen die Konfiguration von SSL.

Wie bereits in Kapitel 4 erläutert, ermöglicht Basic Authentication eine Ressource vor unbefugtem Zugriff zu schützen. Dazu wird auf dem Server eine Liste mit Benutzern und Passwörtern verwaltet, gegen die die Eingabe des Benutzers geprüft wird. Tomcat erlaubt es, diese Benutzerdaten in einer JDBC-Datenbank oder einem JNDI-Verzeichnis zu speichern. Zum Testen ist es weiterhin möglich, Benutzer, Passwörter und Rollen in einer XML-Datei zu hinterlegen. Diese Datei ist unter `<TOMCAT_HOME>/conf/tomcat-users.xml` abgelegt. Wir werden in den folgenden Beispielen den Benutzer „tomcat" mit Passwort „tomcat" und der Rolle „tomcat" verwenden, so dass die Datei wie folgt aussieht:

```xml
<?xml version='1.0' encoding='utf-8'?>
<tomcat-users>
  <role rolename="role1"/>
  <role rolename="tomcat"/>
  <user username="role1" password="tomcat" roles="role1"/>
  <user username="tomcat" password="tomcat" roles="tomcat"/>
  <user username="both" password="tomcat" roles="tomcat,role1"/>
</tomcat-users>
```

Nun legen wir einen geschützten Bereich an. Dazu erzeugen wir zunächst einen Ordner `secure` in der Standard-Web-Applikation:

```
mkdir %CATALINA_HOME%\webapps\ROOT\secure
mkdir $CATALINA_HOME/webapps/ROOT/secure
```

In diesem Ordner kreieren wir eine kleine HTML-Datei `index.html` mit etwas Text. Nun muss dieser Ordner noch als restriktive Zone deklariert werden. Dies geschieht mit den folgenden Einträgen in der Datei `<CATALINA_HOME>/webapps/ROOT/WEB-INF/web.xml`:

```xml
<?xml version="1.0" encoding="ISO-8859-1"?>

<!DOCTYPE web-app
    PUBLIC "-//Sun Microsystems, Inc.//DTD Web Application 2.3//EN"
    "http://java.sun.com/dtd/web-app_2_3.dtd">

<web-app>
  <display-name>Welcome to Tomcat</display-name>
  <description>
     Welcome to Tomcat
  </description>

  <security-constraint>

    <web-resource-collection>
      <web-resource-name>Secure</web-resource-name>
      <url-pattern>/secure/*</url-pattern>
      <http-method>GET</http-method>
    </web-resource-collection>

    <auth-constraint>
      <role-name>tomcat</role-name>
    </auth-constraint>

  </security-constraint>

  <login-config>
    <auth-method>BASIC</auth-method>
  </login-config>

</web-app>
```

Neu sind die `security-constraint`- und `login-config`-Elemente. Dieses Konfigurationsvokabular ist in der Servlet-Spezifikation Version 2.3 von Sun definiert und wurde hier vom Tomcat-Entwicklerteam umgesetzt. `Login-config` legt fest, dass in der gesamten Applikation HTTP Basic Authentication verwendet werden soll. `Security-constraint` definiert, dass lediglich Benutzer in der Rolle „tomcat" auf die durch `web-resource-collection` definierte Liste von Ressourcen zugreifen darf. Die geschützen Ressourcen umfassen jeglichen Path, der mit `/secure/` beginnt, also den gesamten Inhalt des `secure`-Ordners. Innerhalb dieses Ordners ist wiederum lediglich HTTP GET erlaubt. HTTP POST könnte erlaubt werden, wenn das entsprechende `http-method`-Element mit POST wiederholt würde. Nach diesen Änderungen muss Tomcat neu gestartet werden. Richten Sie Ihren Browser nun auf `http://localhost:8080/secure/`, dann erscheint die in Abbildung 5.6 gezeigte Benutzerabfrage. Geben Sie hier „tomcat" als Benutzer und Passwort ein.

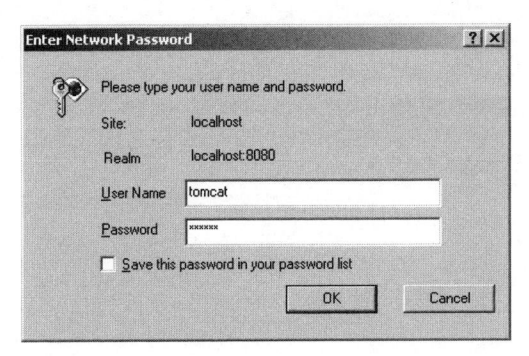

Abbildung 5.6: Beim ersten Zugriff auf die geschützte Ressource verlangt der Browser die Eingabe eines Logins und Passwortes.

Abbildung 5.7 zeigt die entsprechenden HTTP-Header. Der Browser fragt /secure/ an. Zunächst liefert der Server HTTP 401 unauthorized zurück, was im linken Fenster zu sehen ist. In diesem Moment wird der Dialog von Abbildung 5.6 angezeigt. Das rechte Fenster im Vordergrund zeigt, dass darauf Benutzername und Passwort im Base64-Format mit übertragen werden. Erst dann liefert der Server Code 200 OK und die Seite wird angezeigt. Fortan wird der Authorization Header vom Browser bei jedem weiteren Zugriff auf eine Ressource im secure-Ordner mitgeschickt. Deshalb erscheint der Dialog auch nur beim ersten Zugriff. Wird der Browser geschlossen und neu geöffnet, ist die Login-Information verloren und muss neu eingegeben werden.

5.2.3 SSL-Konfiguration

Basic Authentication bietet zwar Schutz vor Zugriffen von Personen, die Login und Passwort nicht kennen, es ist allerdings ein Leichtes, die Kommunikation anderer mitzuhören und die im Base64-Format vorliegende Information in Klartext umzuwandeln. Deshalb bietet nur die Kombination von Basic Authentication mit SSL ausreichende Sicherheit.

Durch den Fall der Exportbeschränkung für kryptografische Module konnten diese in JDK 1.4 eingebettet werden. Somit ist das Aufsetzen eines Servers mit SSL-Unterstützung sehr einfach geworden. Im ersten Schritt muss ein Zertifikat erzeugt werden. Das entsprechende Werkzeug ist im JDK unter <JDK1.4 Install>\bin enthalten.

Abbildung 5.8 zeigt den Ablauf des Dialogs. Das Programm keytool legt das Zertifikat im Heimverzeichnis des Benutzers ab. Unter Windows 2000 ist dies C:\Documents and Settings\<USER NAME>. Das Zertifikat selbst ist in der Datei .keystore gespeichert.

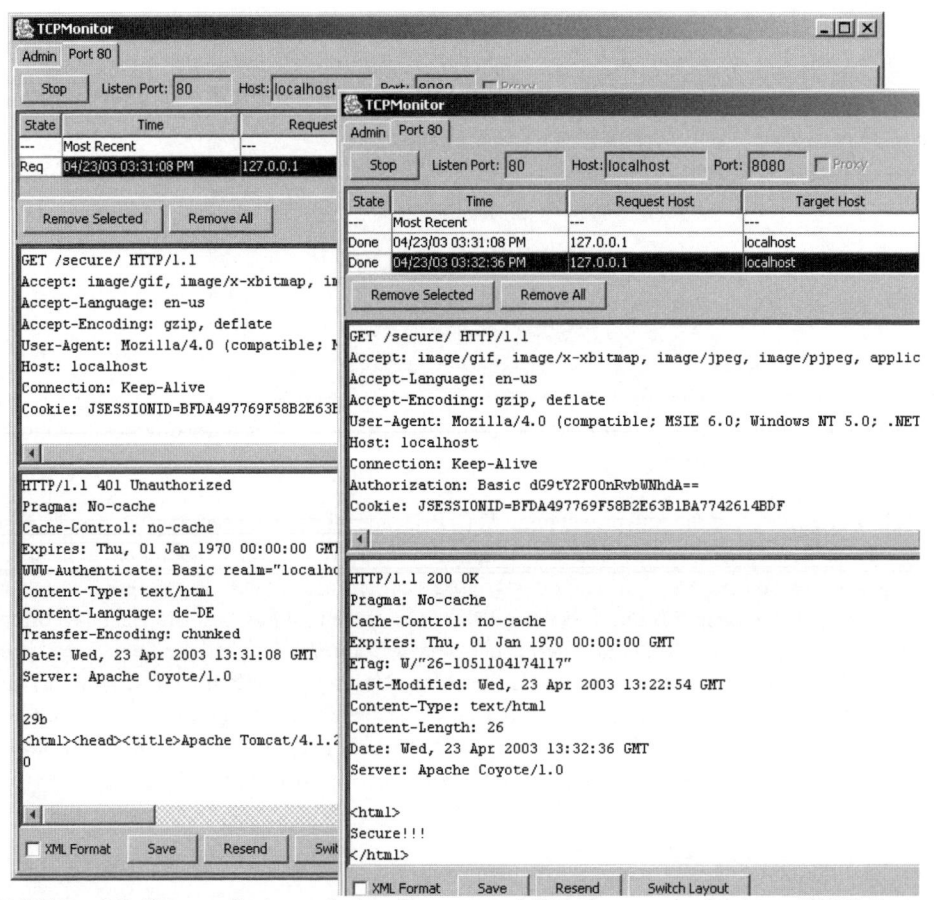

Abbildung 5.7: Kommunikation zwischen Browser und Web-Server mit aktivierter HTTP Basic Authentication

Um den SSL-Dienst in Tomcat freizuschalten muss nun lediglich noch die Datei <TOMCAT INSTALL>/conf/server.xml editiert werden. Entfernen Sie einfach die XML-Kommentare (<!-- und -->) vor und nach der Definition des SSL-Konnektors:

```
<!-- Define a SSL Coyote HTTP/1.1 Connector on port 8443 -->
<Connector className="org.apache.coyote.tomcat4.CoyoteConnector"
   port="8443" minProcessors="5" maxProcessors="75"
   enableLookups="true"
   acceptCount="100" debug="0" scheme="https" secure="true"
   useURIValidationHack="false" disableUploadTimeout="true">
  <Factory className="org.apache.coyote.tomcat4.CoyoteServerSocketFactory"
   clientAuth="false" protocol="TLS" />
</Connector>
```

5.2 Tomcat Web Server

Abbildung 5.8: Erzeugung eines Zertifikats mit keytool

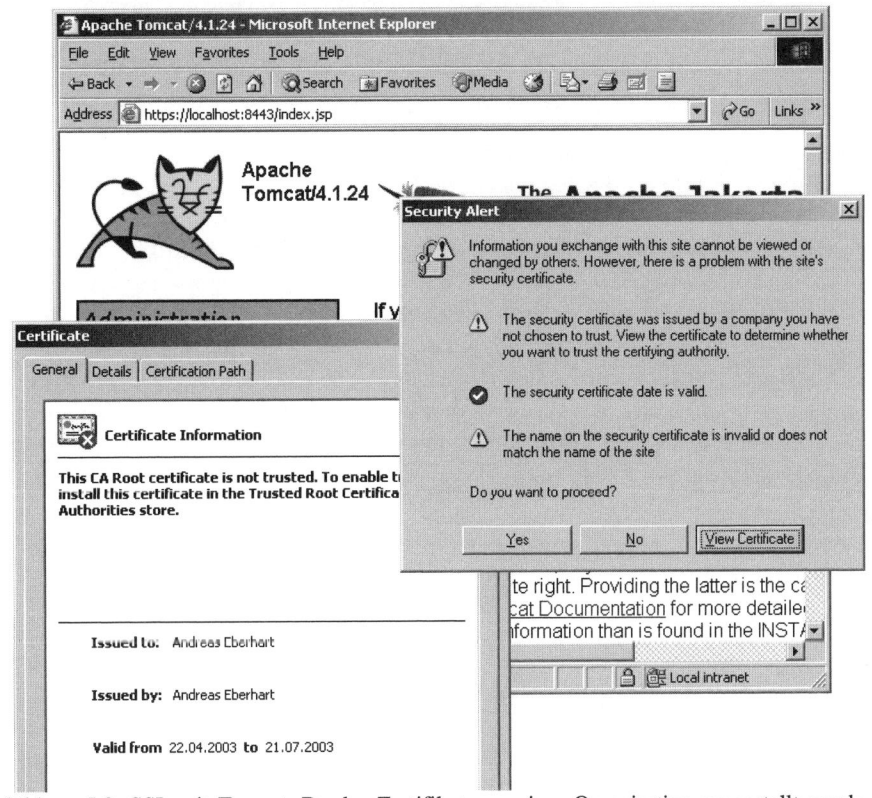

Abbildung 5.9: SSL mit Tomcat. Da das Zertifikat von einer Organisation ausgestellt wurde, der nicht vertraut wird, fragt der Browser beim Benutzer nach

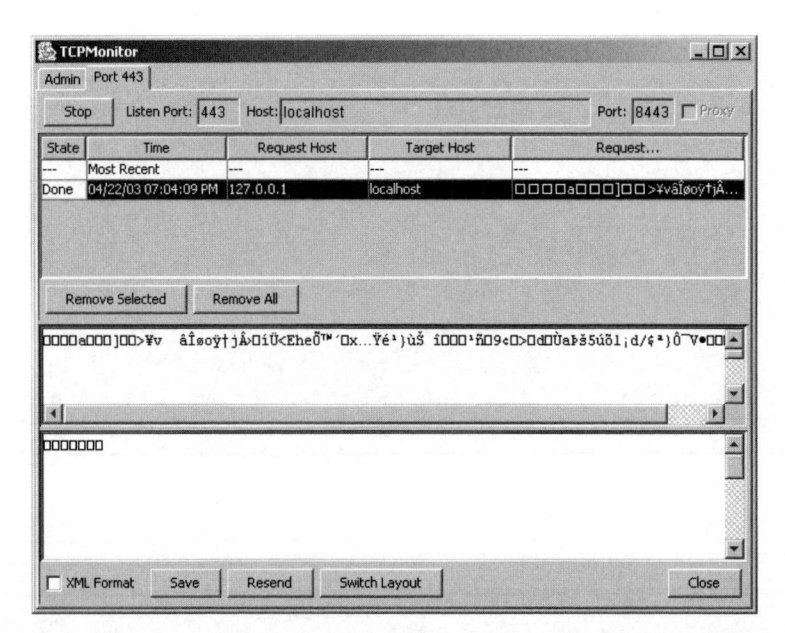

Abbildung 5.10: Eine Verschlüsselte Verbindung kann nicht mehr mitgehört werden, wie dieser erfolglose Versuch mit dem TCP Monitor zeigt.

Starten Sie nun Tomcat neu und richten Sie Ihren Browser auf https://localhost:8443/. Abbildung 5.9 zeigt, dass der Browser sich zunächst beim Benutzer erkundigt, ob das Zertifikat in Ordnung ist. Dies ist erforderlich, da das Zertifikat ja von einer nicht vertrauenswürdigen Organisation erstellt wurde. Wird das Zertifikat akzeptiert, ist die gewohnte Tomcat-Startseite zu sehen. An dem Symbol des eingeschnappten Schlosses ist ersichtlich, dass die Kommunikation verschlüsselt wird. Abbildung 5.10 zeigt den Versuch, die Daten per TCP Monitor mitzuhören. Dieser wird mit den Parametern 443 localhost 8443 gestartet und der Browser auf https:/localhost/ gerichtet. Port 443 ist hierbei der Standardport für SSL-Verbindungen. Im Gegensatz zu Abbildung 5.4 ist nun kein Klartext mehr zu sehen. Durch schlichtes Mithören der Verbindung ist somit kein erfolgreicher Angriff mehr möglich.

Greifen Sie nun auf https://localhost:8443/secure/ zu, ist gewährleistet, dass nur Personen, die Login und Passwort kennen, Zugriff erhalten. Außerdem stellt die Verwendung von SSL sicher, dass sich niemand Login und Passwort erschleichen kann.

5.3 Java Mail API

Dieser Abschnitt zeigt, wie ein Java-Programm Emails verschicken kann und somit auf die SMTP-Transportschicht zugreifen kann. Falls Sie Ihre Web-Service-Nachrichten per SMTP verschicken wollen, müssen Sie solche Programme nicht selbst schreiben, sondern

5.3 Java Mail API

lediglich Ihre Web-Service-Middleware entsprechend konfigurieren. Wir sind dennoch der Meinung, dass ein kleines Beispiel zum Verständnis hier sehr hilfreich ist.

Beginnen wir zunächst mit dem Einbinden der benötigten Bibliotheken. Dies sind hier die Java-Archive `activation.jar` und `mail.jar`. Mail.jar beinhaltet die Interfaces des Pakets `javax.mail` sowie eine Referenzimplementierung von Sun. Das *Java Activation Framework* in `activation.jar` wird zum Handling der MIME-Typen benötigt. Beide Archive sind bereits in der Tomcat-Distribution enthalten und liegen im Verzeichnis `common/lib`:

Windows:

```
set %TOMCAT_COMMON_LIB%=C:/jakarta-tomcat-4.1.24/common/lib
set CLASSPATH=.;%TOMCAT_COMMON_LIB%/activation.jar
set CLASSPATH=%CLASSPATH%;%TOMCAT_COMMON_LIB%/mail.jar
```

Bash:

```
TOMCAT_COMMON_LIB=/jakarta-tomcat-4.1.24/common/lib
CLASSPATH=.:$TOMCAT_COMMON_LIB/activation.jar
CLASSPATH=$CLASSPATH:$TOMCAT_COMMON_LIB/mail.jar
```

5.3.1 SMTP-Client

Zum Starten des Programms müssen IP-Adresse oder DNS-Name des SMTP-Servers, Sender-Email-Adresse und Empfänger-Email-Adresse als Kommandozeilenparameter übergeben werden. Z.B.:

```
java SMTP mailer.i-u.de eberhart@i-u.de fischer@ibr.cs.tu-bs.de
```

Falls Sie keinen Mail-Server zur Verfügung haben, können Sie sich auch ein kostenloses Internet-Mail-Konto anlegen. Viele dieser Anbieter unterstützen das Senden und Empfangen per SMTP und POP3. Web.de beispielsweise bietet hierzu die Server `pop3.web.de` und `smtp.web.de` an.

Im Programm wird zunächst eine Mail-Session erzeugt, wobei die Addresse des SMTP-Servers als Wert der Eigenschaft `mail.smtp.host` angegeben wird. Dieses Session-Objekt wird dann dem `MimeMessage`-Konstruktor übergeben. Sender, Empfänger, Text und Betreffzeile der Email werden dann mit den entsprechenden `set`-Methoden gesetzt. Schließlich wird die Email mit einer statischen Methode der `Transport`-Klasse verschickt:

```
import javax.mail.*;
import javax.mail.internet.*;
import java.util.*;

public class SMTP
{
    public static void main (String args[]) throws Exception
    {
```

```
            Properties props = System.getProperties();
            props.put("mail.smtp.host", "mailer.i-u.de");
            Session session = Session.getDefaultInstance(props, null);

            MimeMessage message = new MimeMessage(session);
            message.setFrom(new InternetAddress("eberhart@i-u.de"));
            message.addRecipient(Message.RecipientType.TO,
                        new InternetAddress("eberhart@i-u.de"));
            message.setSubject("subject");
            message.setText("body");
            Transport.send(message);
    }
}
```

5.3.2 POP3-Client

Die Java Mail API erlaubt es natürlich auch, Emails per POP3 vom Mail-Server abzurufen. Hierzu sind drei Parameter nötig, die wieder über die Kommandozeile eingegeben werden können: Adresse des Servers, Benutzername und Passwort.

Wie im vorigen Beispiel verwendet man ein Session-Objekt. Die Server-Adresse muss hierbei noch nicht angegeben werden, da diese weiter unten beim Aufbau der Verbindung spezifiziert wird (stone.connect(...)). Ist dies geschehen, kann der INBOX-Mailordner geöffnet werden und daraus ein Feld von Emails geholt werden. Der Inhalt der Mails samt Statusinformation wird mit dem Aufruf von writeTo auf der Konsole ausgegeben. Schließlich werden die Verbindungen noch geschlossen:

```
import javax.mail.*;
import javax.mail.internet.*;
import java.util.*;

public class POP3
{
    public static void main (String args[]) throws Exception
    {
        Properties props = System.getProperties();
        Session session = Session.getDefaultInstance(props, null);

        Store store = session.getStore("pop3");
        store.connect(args[0], args[1], args[2]);
        Folder folder = store.getFolder("INBOX");
        folder.open(Folder.READ_ONLY);
        Message message[] = folder.getMessages();
        for (int i=0; i < message.length; i++)
        {
            message[i].writeTo(System.out);
        }

        folder.close(false);
        store.close();
    }
}
```

Das Programm gibt folgende Information aus, wobei sich in der Inbox eine vom SMTP Programm geschriebene Nachricht befand:

```
Received: from wrkst051 ([172.17.0.51]) by mailer.i-u.de with Microsoft SMTPSVC(
5.0.2195.5329);
         Fri, 4 Jul 2003 14:42:29 +0200
Message-ID: <16602326.1057322549237.JavaMail.eberhaas@wrkst051>
From: eberhart@i-u.de
To: fischer@ibr.cs.tu-bs.de
Subject: subject
Mime-Version: 1.0
Content-Type: text/plain; charset=us-ascii
Content-Transfer-Encoding: 7bit
Return-Path: eberhart@i-u.de
X-OriginalArrivalTime: 04 Jul 2003 12:42:29.0205 (UTC) FILETIME=[BAD3F050:01C342
29]
Date: 4 Jul 2003 14:42:29 +0200

body
```

5.4 OpenJMS Service

Wie bereits in Kapitel 4 erwähnt, ist für eine Java-Message-Queue-Lösung eine JMS-fähige Software nötig. Wir verwenden die OpenJMS Message Queue (http://open-jms.sourceforge.net) der Exolab-Gruppe (http://www.exolab.org). Diese Software ist frei verfügbar und einfach zu installieren.

Um den Message-Queue-Server zu starten, müssen zwei Umgebungsvariablen gesetzt werden:

Windows:

```
set JAVA_HOME=C:/j2sdk1.4.0
set OPENJMS_HOME=C:/openjms-0.7.5
```

Bash:

```
JAVA_HOME=/j2sdk1.4.0
OPENJMS_HOME=/openjms-0.7.5
```

Der Server wird schließlich mit folgendem Skript gestartet:

```
bin\startup
```

5.4.1 JMS-Sender

Der JMS-Sender muss sich zunächst mit der Queue verbinden. Dies geschieht über das Java Naming and Directory Interface (JNDI). OpenJMS verwendet für die Kommunikation mit der Queue RMI, weswegen der OpenJMS-Prozess eine RMIregistry auf Port 1099 betreibt. Diese Registry kann dann auch über eine JNDI-Schnittstelle angesprochen werden.

Der erste Programmblock des Senders hat die Aufgabe, den JNDI-Kontext aufzubauen. Dazu wird die zu verwendende `InitialContextFactory`-Klasse sowie die URL der Registry angegeben. Der zweite Block öffnet eine Verbindung und innerhalb dieser Verbindung eine Session. Die Verbindung repräsentiert hierbei den JMS-Server an sich, mit dem mehrere Sessions zum Senden und Empfangen parallel laufen können. Das Queue-Objekt wird schließlich mittels eines Namens (hier „Queue") erzeugt. Dieser Name wird von Sender und Empfänger verwendet, wodurch der Kommunikationskanal identifiziert wird. Schließlich wird im dritten Block eine Textnachricht erzeugt und gesendet. Wird das Programm bei laufendem OpenJMS-Prozess gestartet, schickt es die Nachricht, ohne selbst weitere Ausgaben zu erzeugen. Die Nachricht ist nun in der Queue gespeichert und kann vom Empfänger abgeholt werden.

```java
import javax.naming.*;
import java.util.*;
import javax.jms.*;

public class Sender
{
   public static void main(String[] args) throws Exception
   {
      Hashtable properties = new Hashtable();
      properties.put(Context.INITIAL_CONTEXT_FACTORY,
         org.exolab.jms.jndi.InitialContextFactory.class.getName());
      properties.put(Context.PROVIDER_URL, "rmi://localhost:1099");
      Context context = new InitialContext(properties);

      QueueConnectionFactory factory = (QueueConnectionFactory)
                 context.lookup("JmsQueueConnectionFactory");
      QueueConnection connection = factory.createQueueConnection();
      connection.start();
      QueueSession session = connection.createQueueSession(false,
                       Session.AUTO_ACKNOWLEDGE);
      Queue queue = (Queue)session.createQueue("Queue");

      QueueSender sender = session.createSender(queue);
      TextMessage message = session.createTextMessage();
      message.setText("JMS Test");
      sender.send(message);

      connection.close();
   }
}
```

5.4.2 JMS-Empfänger

Auch der Empfänger muss zunächst den JNDI-Kontext zur Kommunikation mit der Message Queue herstellen und danach die Verbindung öffnen. Wie im vorigen Abschnitt erwähnt, ist es wichtig, dass auch hier der Name „Queue" zur Identifikation des Kanals angegeben wird. Statt eines Sender-Objekts wird nun ein Receiver erzeugt. Dieser bekommt über die `setMessageListener`-Methode einen so genannten Callback in Form einer Instanz der Klasse `Listener` zugewiesen. Der Empfängerprozess kann schließlich per Tastendruck beendet werden.

Der Listener ist in der Klasse am Ende des Listings definiert. Er besitzt nur die Methode `onMessage`, welche genau dann aufgerufen wird, wenn eine Nachricht eintrifft. Hierbei ist zu beachten, dass pro JMS-Session nur ein Thread aktiv sein darf. Es ist also nicht möglich, dass `onMessage` erneut aufgerufen wird, solange noch eine andere Nachricht in Bearbeitung ist. Alternativ zum `MessageListener`-Interface kann auch die `receive`-Methode des Receiver-Objekts verwendet werden. Ähnlich wie bei Eingabeströmen blockt dieser Aufruf solange, bis eine Nachricht eingetroffen ist und liefert schließlich ein Message-Objekt zurück.

```java
import javax.naming.*;
import java.util.*;
import javax.jms.*;

public class Receiver
{
    public static void main(String[] args) throws Exception
    {
        Hashtable properties = new Hashtable();
        properties.put(Context.INITIAL_CONTEXT_FACTORY,
            org.exolab.jms.jndi.InitialContextFactory.class.getName());
        properties.put(Context.PROVIDER_URL, "rmi://localhost:1099");
        Context context = new InitialContext(properties);

        QueueConnectionFactory factory = (QueueConnectionFactory)
                    context.lookup("JmsQueueConnectionFactory");
        QueueConnection connection = factory.createQueueConnection();
        connection.start();
        QueueSession session = connection.createQueueSession(false,
                    Session.AUTO_ACKNOWLEDGE);
        Queue queue = (Queue)session.createQueue("Queue");
        QueueReceiver receiver = session.createReceiver(queue);
        receiver.setMessageListener(new Listener());

        System.out.println("Stoppen Sie den Server mit der Eingabetaste");
        System.in.read();

        receiver.close();
        session.close();
        connection.close();
    }
}
```

```
class Listener implements MessageListener
{
   public void onMessage(Message message)
   {
      System.out.println(message);
   }
}
```

5.5 Übungsaufgaben

1. Wieso erscheinen im TCP-Monitor beim Laden mancher Seiten mehrere Request/Response-Paare?

2. Welchen Optimierungsmechanismus verwendet HTTP, um ein wiederholtes Laden von Seiten zu vermeiden? Wie sehen die entsprechenden HTTP-Header aus?

3. Schreiben Sie einen minimalen Java-Browser, der den Inhalt einer HTML-Seite lediglich auf der Kommandozeile ausgibt. Tipp: Verwenden Sie `java.net.URL.openStream`, um Daten von einer URL zu lesen.

4. Verwenden Sie den TCP-Monitor zusammen mit Ihrem Minibrowser aus der vorigen Aufgabe, um festzustellen, welche HTTP-Header von der Java URL API erzeugt werden.

5. Implementieren Sie einen eigenen TCP-Monitor. Tipp: Verwenden Sie für jede weiterzuleitende Verbindung zwei Threads wie in Abbildung 5.11 angedeutet. Diese leiten Daten, die vom Eingabestrom einer TCP-Verbindung kommen, in den Ausgabestrom der jeweils anderen Verbindung weiter. Auf der Seite der ersten Verbindung agiert der Monitor als Server (java.net.ServerSocket), auf der Seite der zweiten Verbindung spielt der TCP-Monitor die Rolle des Clients (`java.net.Socket`).

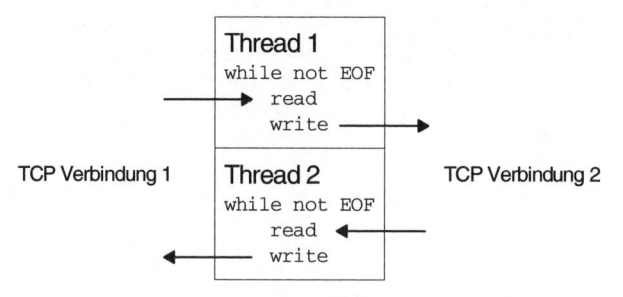

Abbildung 5.11: Architekturvorgabe für den TCP-Monitor.

Kapitel 6
Extensible Markup Language XML

Dieses Kapitel behandelt die wesentlichen Grundlagen von XML. Uns ist es nicht wichtig, die kleinsten technischen Details und Kniffe aufzuzeigen. Das überlassen wir den zahlreichen Büchern, die sich nur dieses Themas annehmen. Stattdessen geben wir Ihnen einen kurzen Überblick und konzentrieren uns auf die für Web Services wichtigen Bereiche wie Namespaces, XML Schema sowie die Abbildung von XML Schema in Datenstrukturen einer objektorientierten Programmiersprache.

6.1 Die Geschichte von XML

Von 1996 bis 1998 beschäftigte sich eine Arbeitsgruppe des World-Wide Web Konsortiums mit einer Empfehlung für XML. Seit langem gab es den XML-Vorfahren, SGML, der jedoch unter mangelnder Akzeptanz im Internet litt. Ziel der Arbeitsgruppe war es also, die Gründe zu analysieren und entsprechende Veränderungen in den neuen Standard einzubringen.

SGML wird zum Beispiel als Dokumentationsformat in der Automobilindustrie verwendet. Gerade kleinere Firmen mieden jedoch die Verwendung von SGML, da es durch seinen Ausdrucksreichtum extrem schwierig war, Applikationen und Werkzeuge zu entwickeln. Diese Ausdrucksstärke spiegelt sich auch im Umfang des Standarddokuments wider: Die SGML-Spezifikation umfasst 155 Seiten.

Grob gesagt wurden bei XML viele der komplexen und wenig benutzten Teile von SGML einfach weggelassen und einige Internet-spezifische Merkmale hinzugefügt. Im Vergleich zu den 155 Seiten der SGML-Spezifikation bringt es das XML-Gegenstück gerade mal auf 42 Seiten. Diese Einfachheit führte zur Entwicklung einer Vielzahl von Werkzeugen, die wiederum, zusammen mit einer massiven Marketingkampagne, zur heutigen breiten Akzeptanz von XML führte. Alle führenden Softwarehersteller, von IBM über Oracle, Microsoft, Software AG, SAP usw., haben inzwischen eine breite Palette von XML-Werkzeugen geschaffen oder XML in bestehende Produkte integriert.

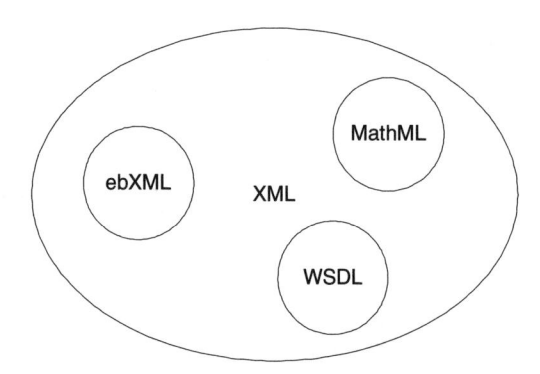

Abbildung 6.1: XML und verschiedene XML basierte Sprachen in der Mengendarstellung

Weiterhin hat sich XML inzwischen schon fast zum Alltagsformat gemausert. Es gibt eine ständig wachsende Zahl von Sprachen und Spezifikationen, die auf XML aufbauen. Diese Sprachen kommen aus den verschiedensten Bereichen. Aus den Naturwissenschaften und der Mathematik sind beispielsweise die Structured Biology Markup Language (SBML) oder MathML zur plattform- und sprachunabhängigen Repräsentation von mathematischen Formeln zu nennen. Auch im Geschäftsbereich haben sich inzwischen viele XML basierte Sprachen, wie beispielsweise ebXML, etabliert. Natürlich kommen nicht zuletzt etliche Spezifikationen vom W3C selbst. So basieren fast alle Sprachen wie XML Schema, die Web Service Description Language oder die eXtensible Stylesheet Language, die auch Thema dieses Buches sind, selbst auch auf XML. Abbildung 6.1 verdeutlicht diesen Zusammenhang mit einer an die Mengenlehre angelehnten Darstellungsweise. Die Menge aller XML-Dokumente ist sozusagen die Obermenge aller in den anderen XML basierten Sprachen verfassten Dokumente.

6.2 Designziele

Bei der Entwicklung von XML wurden im Wesentlichen zehn Hauptziele zugrunde gelegt. Wir greifen in diesem Abschnitt einige dieser Ziele heraus und beleuchten sie aus heutiger Sicht. Dieser Vergleich ist hilfreich, um einige Entwicklungen, beispielsweise die schleichende Ablösung von DTDs durch XML Schema, zu verstehen.

- *XML muss mit SGML kompatibel ein.*
  SGML ist quasi der Vorgänger von XML. SGML ist eine Markup-Sprache, die stark im Verlagsbereich eingesetzt wird. Das Manko von SGML ist, dass die Sprache relativ komplex aufgebaut ist und somit nur wenig und teuere Software für SGML zur Verfügung steht und diese nur in wenigen größeren Unternehmen zum Einsatz kommt. Das ISO-Komitee, das für SGML verantwortlich war, und die XML-Arbeitsgruppe des W3C gingen einige Kompromisse ein. Somit entsprach jedes XML-Dokument automatisch auch dem SGML-Standard und konnte damit von bestehenden SGML-Appli-

kationen gelesen werden. Dies war für die Verbreitung von XML enorm wichtig, denn einige Firmen arbeiteten sehr stark mit SGML.

Bedingt durch diese Historie war XML ursprünglich eher als Dokumentformat gedacht. Einige Eigenschaften wie DTDs und der so genannte Mixed Content, also die Möglichkeit, dass ein Element sowohl andere Elemente als auch Text als Kindelemente besitzen kann, sind Zeugen dieses Ursprungs. Erst zu einem späteren Zeitpunkt entdeckte die Welt der Programmierer das Potenzial von XML als universelles Datenaustauschformat. Diese Fraktion ist heute innerhalb des W3C eindeutig dominierend, was sich nicht zuletzt in dem starken Interesse an Web Services manifestiert.

- *Es darf keine optionalen Merkmale geben und das Design sollte kompakt sein.*
Diese beiden Leitsätze kamen von den Erfahrungen, die im Umgang mit anderen Standards gewonnen wurden. Zum Beispiel kann man sich bei der Programmierung einer Datenbankapplikation nicht immer sicher sein, dass die jeweilige Datenbank ein bestimmtes optionales Merkmal unterstützt. Dies macht sehr viel zusätzlichen Programmcode erforderlich, der prüft, um welches Produkt es sich handelt. XML hat in der Tat keine optionalen Merkmale. Dies bedeutet, dass jeder XML-Parser jedes XML-Dokument lesen kann. Bei der Vorgabe, das Design der Standards kompakt zu halten, steht die Einfachheit der Werkzeugentwicklung im Vordergrund — es ist nicht hilfreich, wenn schon das Lesen des Spezifikationsdokuments zur Hürde wird.

Soweit so gut. Allerdings scheint es, als ob diese Leitsätze inzwischen über Bord geworfen wurden. Unrühmliches Beispiel ist hier insbesondere die XML Schema Spezifikation. Auf der W3C-Web-Seite ist diese in eine Einleitung und zwei ausführliche Teile gegliedert, die zusammen die SGML-Spezifikation bei weitem an Umfang übertreffen. Konsequenz ist nicht zuletzt, dass viele XML-Parser diese Spezifikation noch nicht ganz erfüllen. Auch die eXtensible Stylesheet Language ist recht komplex geraten und mischt deklarativen und imperativen Programmierstil sehr stark, wodurch sich unzählige Möglichkeiten in der Ausdrucksweise ergeben.

Trotz dieser Kritik muss herausgestellt werden, dass die Erfolgsgeschichte von XML in der Welt der Informationstechnologie einzigartig ist. Einige der durch unglückliche Entscheidungen in der Spezifikation hervorgerufenen Schwierigkeiten werden durch die Vielzahl an verfügbaren Werkzeugen und die breite XML-Unterstützung mehr als wettgemacht.

6.3 Die Struktur von XML-Dokumenten

Alle XML-Dokumente beginnen mit `<?xml version="1.0"?>`. Dies kann mit der unter Unix üblichen Identifikation verglichen werden. So beginnen zum Beispiel Perl-Skripte in ähnlicher Weise mit `#!/usr/local/bin/perl`. Unser folgendes Beispieldokument beschreibt offensichtlich die Kontaktinformation von Peter Mustermann:

```
<?xml version="1.0"?>
<Kontakt>
    <Name>
```

```
            <Vorname>Peter</Vorname>
            <Nachname>Mustermann</Nachname>
      </Name>
      <Email>peter@mustermann.de</Email>
      <Telefon>089-123456</Telefon>
</Kontakt>
```

Das entscheidende Merkmal eines XML-Dokuments ist, dass die einzelnen Informationen gekennzeichnet und in so genannte *Elemente* unterteilt sind. Zur Kenn- bzw. Auszeichnung wird die von HTML bekannte Syntax verwendet, mit der der Beginn und das Ende eines Elements gekennzeichnet ist. Da ein Element andere einschließen kann, entsteht eine Baumstruktur, die in Abbildung 6.2 gezeigt wird.

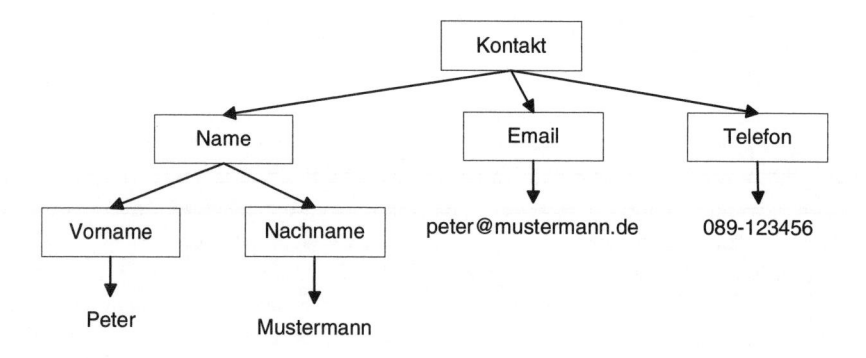

Abbildung 6.2: Baumstruktur des XML Dokuments.

Öffnet man dieses XML-Dokument im Internet Explorer, so wird, wie in Abbildung 6.3 zu sehen ist, auch hier die Struktur dadurch verdeutlicht, dass Elemente mit Kindelementen aufgeklappt werden können.

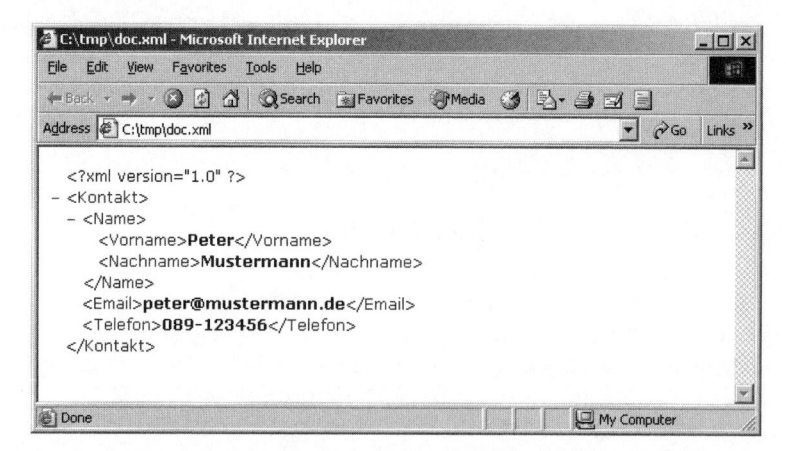

Abbildung 6.3: Internet Explorer visualisiert die durch XML definierte Baumstruktur.

Weiterhin ist es möglich, Elementen *Attribute* zuzuordnen. Man könnte beispielsweise festhalten, ob es sich um einen geschäftlichen oder einen privaten Kontakt handelt:

```
<Kontakt typ="privat">
    ...
```

In der ersten Zeile wird gegebenenfalls auch das so genannte *Encoding* angegeben. Standardmässig ist dies UTF. Kommen beispielsweise deutsche Umlaute im Dokument vor, so ist das Encoding ISO-8859-1 anzugeben:

```
<?xml version="1.0" encoding="ISO-8859-1"?>
```

6.4 Namespaces

Die Tatsache, dass es XML dem Autor erlaubt, beliebige Elementnamen zu verwenden, ermöglicht es, beliebige Informationen darzustellen. Im Gegensatz zu HTML, das es dem Nutzer nur erlaubt, Namen aus einem festgelegten Vokabular zu verwenden, können XML-Elemente aus rein syntaktischer Sicht einfach frei gewählt werden. Natürlich führt diese Freiheit zwangsläufig zu Problemen bei der Verarbeitung von XML-Dokumenten. Stellen Sie sich vor, Sie schreiben einen Web-Browser. Hierbei ist Ihnen aufgrund der HTML-Spezifikation völlig klar, wie beispielsweise das Element <b> zu behandeln ist. Software, die XML-Dokumente bearbeiten soll, kann man von dieser Annahme, nämlich dass es sich um eine eingegrenzte XML-Sprache mit einem bestimmten Vokabular an Element-Namen handelt, nicht ausgehen. Namespaces sind die logische Konsequenz aus dieser Problematik und somit wurde die Namespace-Empfehlung des W3C 1999, kurz nach der ursprünglichen XML-Spezifikation, publiziert.

Ein Namespace wird immer in einem Element, üblicherweise dem Wurzelelement, definiert und ist für alle untergeordneten Elemente gültig. Ein Namespace ist zunächst lediglich eine URI. Folgendes Beispiel zeigt Anfang und Ende einer XML-Schema-Datei. Hierbei wird der Namespace `http://www.w3.org/2001/XMLSchema` verwendet. Um die Kennzeichnung vorzunehmen, dass die einzelnen Elemente wie <schema>, <element> oder <complexType> aus diesem Namespace stammen, wird dem Namespace ein Kürzel, in diesem Fall `xsd`, zugewiesen. Dieses Kürzel wird dann als Präfix vor jedem Elementnamen verwendet.

```
<xsd:schema xmlns:xsd="http://www.w3.org/2001/XMLSchema">
    <xsd:element name="ConfigInfo">
        <xsd:complexType>
            ...
</xsd:schema>
```

Beachten Sie, dass ein XML-Schema-Dokument diesen Namespace verwenden muss. Nur dann ist gewährleistet, dass Werkzeuge zur Verarbeitung von XML Schema das Dokument korrekt interpretieren. Weiterhin erlauben Namespaces hier eine gewisse Art der Versionierung. In diesem Beispiel wird mit 2001 das Jahr der Publikation angegeben. Dies ist nicht zwingend vorgeschrieben, ist aber empfehlenswert. Ein XML-Parser könnte sich also entscheiden, diese XML-Schema-Version inklusive der Vorgängerversionen zu unterstützen. Trifft diese Software später einmal auf die Version des Jahres 2010, kann sie die Arbeit verweigern.

Die Tatsache, dass ein Namespace als URI angegeben wird, bedeutet nicht, dass an dieser URI etwas zu finden sein muss oder dass von dort Informationen geladen werden. Die URI ist hier einfach nur eine global eindeutige Zeichenkette. Wird die URI als URL angegeben, ist es allerdings sinnvoll, dort die Spezifikation des Standards oder des entsprechenden Vokabulars in Textform zu hinterlegen. Dies macht es Nutzern, die ein Dokument mit unbekanntem Namespace vor sich haben, möglich, sich über die Bedeutung der Tags zu informieren. Abbildung 6.4 zeigt die XML-Schema-Dokumentation auf der XML-Schema-Namespace-URL `http://www.w3.org/2001/XMLSchema`. Richtet man den Browser auf die XML-Schema-URI, ist dort Dokumentation zur entsprechenden XML-Schema-Version zu finden. Dies ist aber nicht zwingend erforderlich.

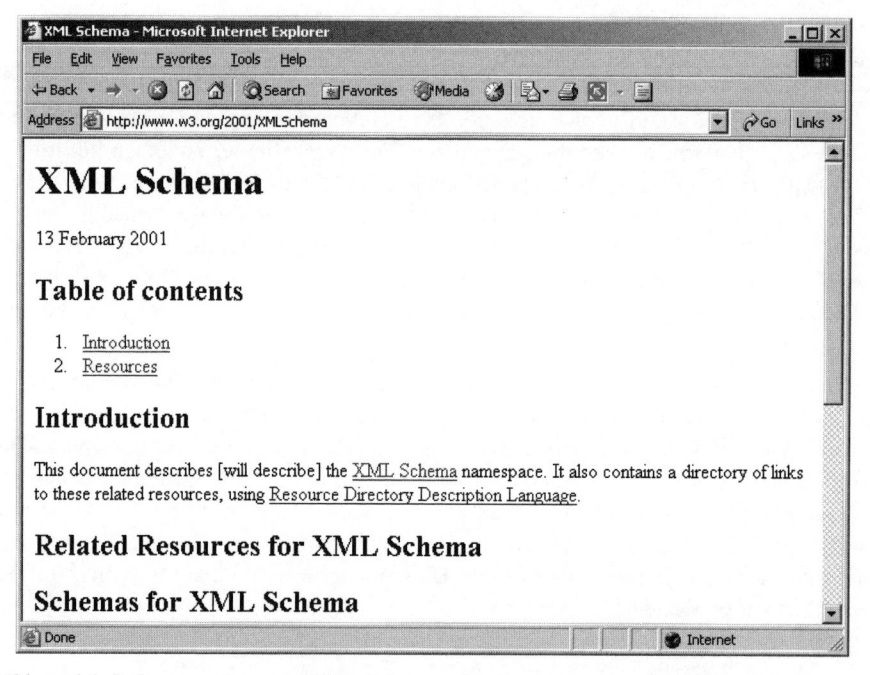

Abbildung 6.4: Dokumentation zum XML Schema unter der entsprechenden URI

Es ist auch möglich, in einem Dokument mehrere Namespaces zu verwenden und innerhalb dieses Dokuments Elemente aus diesen verschiedenen Namespaces zu mischen. Das folgende Beispiel kommt aus dem Bereich des Semantic Webs, das in Kapitel 19 näher erklärt wird:

```
<rdf:RDF
   xmlns:rdf ="http://www.w3.org/1999/02/22-rdf-syntax-ns#"
```

```
         xmlns:rdfs="http://www.w3.org/2000/01/rdf-schema#"
         xmlns:xsd ="http://www.w3.org/2000/10/XMLSchema#"
         xmlns:daml="http://www.daml.org/2001/03/daml+oil#"
         xmlns:dex ="http://www.daml.org/2001/03/daml+oil-ex#"
         xmlns:exd ="http://www.daml.org/2001/03/daml+oil-ex-dt#"
         xmlns     ="http://www.daml.org/2001/03/daml+oil-ex#"
   >
```

An dieser Stelle wollen wir nochmals erwähnen, dass Namespaces keineswegs nur für W3C-Standards verwendet werden. Sie sind prinzipiell für alle Arten von Vokabularen geeignet.

6.5 XML Schema

Namespaces bieten die Möglichkeit, die in XML-Dokumenten verwendeten Elemente zu kennzeichnen und somit deren Verarbeitung zu erleichtern. XML Schema ist hierbei ein weiterer wichtiger Baustein. Ähnlich, wie ein Datenbankschema aus Tabellen und Relationen eine Struktur der Daten definiert, ermöglicht XML Schema die Struktur von XML-Dokumenten einzuschränken. Wie im vorigen Abschnitt erwähnt, ist es primär möglich, beliebige XML Element- und Attributnamen zu verwenden. Sollen bestimmte Informationen in den Dokumenten gespeichert werden, so ist es natürlich nötig, gewisse Einschränkungen zu definieren und diese auch zu überprüfen. Angenommen, es sollen Mitarbeiterdaten zwischen den Personalabteilungen der Mutter- und Tochtergesellschaft ausgetauscht werden. Hierbei muss festgelegt werden, wie die Mitarbeiterdaten auszusehen haben. Dies kann mittels eines XML Schemas passieren, das sozusagen einen Mitarbeiterdatentyp definiert. Die Festlegung solcher Datentypen ist für Web Services extrem relevant, da diese neben den bereitgestellten primitiven Datentypen auch als Parameter und Rückgabewerte in Web Service Remote Procedure Calls verwendet werden können.

XML Schema liegt derzeit in der Version 1.0 vom 2. Mai 2001 vor. Die Version 1.1 mit einigen Änderungen ist noch in Arbeit. Aktuelle Informationen sind auf der Web-Seite `http://www.w3.org/XML/Schema` zu finden. Informationen zur aktuellen Version sind unter `http://www.w3.org/2001/XMLSchema` zu finden. Diese URL wird folglich auch als Namespace dieser Version in XML-Schema-Dokumenten verwendet, um den entsprechenden Werkzeugen anzuzeigen, dass es sich um eine Schema-Definition handelt. Der Namespace wird üblicherweise mit dem lokalen Präfix `xs` oder `xsd` verwendet.

```
   <xsd:schema xmlns:xsd="http://www.w3.org/2001/XMLSchema">
      <!-- Definition des Wurzelelements -->
      <xsd:element name="Kontakt" type="KontaktType" />

      <!-- Definition der Datentypen -->
      ...
   </xsd:schema>
```

Die zweite Zeile definiert das Element mit Namen `Kontakt`, das im XML-Dokument als Wurzelelement vorkommt. Der Datentyp, hier `KontaktType`, wird in diesem Fall als Attribut angegeben. Die folgenden Abschnitte erläutern, wie solche Typen definiert werden können. Diese Definitionen tauchen dann üblicherweise im unteren Teil des Schemas auf.

Dieser Abschnitt stellt zunächst die Möglichkeiten von XML Schema als Sprache vor. Am Ende gehen wir kurz auf DTDs als Schemavorgänger ein. Der nächste Abschnitt beleuchtet dann, wie Dokumente mit einem Schema assoziiert und die Struktur von XML-Dokumenten mit XML Schema geprüft werden kann. Der Abschnitt 7.1 im nächsten Kapitel stellt schließlich einige Werkzeuge vor, die diese W3C Empfehlungen implementieren.

6.5.1 Simple Types

XML Schema stellt etliche primitive Datentypen wie String, Integer, etc. zur Verfügung. Primitive Datentypen werden zur Definition des Wertebereiches einzelner Elemente und Attribute verwendet. Man kann also problemlos dem Element `Alter` den Datentyp `positiveInteger` zuordnen oder das Attribut `verheiratet` als `boolean` deklarieren. Die folgenden beiden Zeilen zeigen die hierfür benötigte Syntax, die selbst in XML Form angegeben ist. Beachten Sie, dass alle XML-Schema-Elemente mit dem Namespace-Präfix `xsd` versehen ist.

```
<xsd:element name="Alter" type="xsd:positiveInteger" />
<xsd:attribute name="verheiratet" type="xsd:boolean" />
```

Dieser Mechanismus entspricht genau der Definition einer String-Variable in Java oder dem Anlegen einer Spalte des Typs Integer in einer Datenbank. Weiterhin ist es möglich, eigene Typen von solchen primitiven Datentypen abzuleiten. Dies ist immer mit einer Einschränkung des Wertebereichs verbunden. Eine Personalausweisnummer ist ja nicht nur eine beliebige Zeichenkette, sondern folgt einem bestimmten Muster. Auch das Alter von Schülern beispielsweise ist nicht nur eine positive Zahl, sondern eine Zahl zwischen 5 und im Extremfall 25. Diese selbst definierten primitiven Typen werden `simpleType` genannt. Folgendes Beispiel zeigt einen Typ für ISBN-Nummern. Dieser Typ ist von `String` abgeleitet, was über das `base`-Attribut ausgedrückt wird. Weiterhin ist ein regulärer Ausdruck angegeben, der von ISBN-Nummern erfüllt werden muss.

```
<xsd:simpleType name="isbnType">
   <xsd:restriction base="xsd:string">
      <xsd:pattern value="[0-9]{10}" />
   </xsd:restriction>
</xsd:simpleType>
```

Der neue Typ kann nun genau wie ein vordefinierter Typ verwendet werden:

```
<xsd:element name="isbn" type="isbnType" />
```

6.5 XML Schema

Beachten Sie, dass hier das xsd-Präfix wegfällt, da der neue Typ isbnType im selben XML Schema zu finden ist.

Oft werden auch Aufzählungen verschiedener Optionen benötigt. Hierfür dient das enumeration-Konstrukt:

```
<xsd:simpleType name="notenType">
   <xsd:restriction base="xsd:string">
      <xsd:enumeration value="sehr gut" />
      <xsd:enumeration value="gut" />
      <xsd:enumeration value="befriedigend" />
      <xsd:enumeration value="ausreichend" />
      <xsd:enumeration value="mangelhaft" />
      <xsd:enumeration value="unzureichend" />
   </xsd:restriction>
</xsd:simpleType>
```

6.5.2 Complex Types

Komplexe Typen, oder im XML Schema Jargon complexTypes, können als zusammengesetzte oder mehrwertige Datentypen beschrieben werden. Dies ist der Fall, wenn ein Element nicht nur einen einzelnen Text einschließt, sondern selbst Kindelemente hat. Dies ist beispielsweise für das Kontakt-Element im XML-Dokument aus Abschnitt 6.3 der Fall. Kontakt ist kein einzelner Wert, sondern eine Gruppe von Werten zugeordnet. Kontakt müsste also mittels eines komplexen Typs beschrieben werden. Beachten Sie, dass der neue Typ kontaktType selbst auf anderen Typen aufbaut. So werden telefonType, eine Einschränkung von String auf Telefonnummern, sowie nameType, selbst ein komplexer, zusammengesetzter Typ aus Name und Vorname, verwendet. Diese müssen selbstverständlich auch noch definiert werden.

```
<xsd:complexType name="kontaktType">
   <xsd:sequence>
      <xsd:element name="Name" type="nameType">
      <xsd:element name="Email" type="xsd:anyURI" />
      <xsd:element name="Telefon" type="telefonType" />
   <xsd:sequence>
</xsd:complexType>
```

Auch hier kann nun der neue Typ kontaktType wieder bei der Definition eines Elements eingesetzt werden. Oftmals wird in XML Schema auch eine leicht modifizierte Schreibweise verwendet. Stellen Sie sich vor, der nameType wird nur an dieser Stelle gebraucht. In diesem Fall ist es etwas aufwändig, eigens einen Typ für diese beiden geschachtelten Elemente definieren zu müssen. Stattdessen, kann die Definition des nameType direkt bei der Definition von Name im übergeordneten Typ kontaktType auftauchen:

```
<xsd:complexType name="kontaktType">
   <xsd:sequence>
      <xsd:element name="Name">
```

```
            <xsd:complexType>
               <xsd:sequence>
                  <xsd:element name="Vorname" type="xsd:string" />
                  <xsd:element name="Nachname" type="xsd:string" />
               </xsd:sequence>
            </xsd:complexType>
         <xsd:element name="Email" type="xsd:anyURI" />
         <xsd:element name="Telefon" type="telefonType" />
      <xsd:sequence>
</xsd:complexType>
```

Das XML-Schema-Schlüsselwort `sequence` bedeutet hier, dass die Elemente in der angegebenen Reihenfolge auftauchen müssen. Alternativ kann hier noch `xsd:all` und `xsd:choice` verwendet werden. `Choice` gibt an, dass eines der eingeschlossenen Elemente enthalten sein darf. `Xsd:all` verhält sich wie `sequence`, jedoch ist hierbei die Reihenfolge egal. Es müssen lediglich alle angegebenen Elemente in beliebiger Reihenfolge auftauchen.

Wiederholungen einzelner Elemente werden durch die `minOccurrs`- und `maxOccurrs`-Attribute wie folgt angegeben:

```
<xsd:element name="Telefon" type="telefonType"
   minOccurrs="0"
   maxOccurrs="unbounded"
/>
```

Das Schlüsselwort `unbounded` steht hier für beliebig viele Wiederholungen. Für obiges Beispiel könnte somit die Telefonnummer weggelassen oder drei Telefonnummern spezifiziert werden. Natürlich können für die Unter- und Obergrenze auch Werte wie 2 und 7 angegeben werden.

Ähnlich, wie die Möglichkeit besteht, primitive Datentypen zu verfeinern, können komplexe Typen beispielsweise durch einige neue Elemente erweitert werden. Dieser Mechanismus wird durch das `extension`-Element angegeben. Folgendes Beispiel erweitert den `nameType` um den Geburtsnamen. Der neue Typ heisst `nameTypeExt`:

```
<xsd:complexType name="nameTypeExt">
   <xsd:extension base="nameType">
      <xsd:complexContent>
         <xsd:sequence>
            <xsd:element name="GeburtsName" type="xsd:string" />
         </xsd:sequence>
      </xsd:extension>
   <xsd:complexContent>
</xsd:complexType>
```

XML Schema bietet noch eine Vielzahl an weiteren Möglichkeiten. So können Identitäten innerhalb der Dokumente vergeben und referenziert werden, es bestehen weitreichende Möglichkeiten, Typen von bestehenden Typen über Einschränkungen und Erweiterungen abzuleiten und vieles mehr. Wir wollen uns aber mit den vorgestellten wichtigsten Varianten begnügen und Sie auf die einschlägige XML-Fachliteratur verweisen.

6.5.3 XML Schema und Namespaces

Ein XML Schema definiert die Struktur von Elementen und Typen, die einem bestimmten Vokabular zugeordnet sind. Namespaces wiederum erlauben es, ein solches Vokabular zu identifizieren. Deswegen ist die Kombination dieser beiden Konzepte absolut sinnvoll. Innerhalb eines Schemas kann über das `targetNamespace`-Attribut angegeben werden, auf welchen Namespace sich die Definitionen beziehen. Weiterhin wird dieselbe URL auf das lokale Präfix `k` abgebildet. Hierbei ist zu beachten, dass in der Definition von Elementen der Namespace des Typs mit angegeben wird. Handelt es sich um einen primitiven Datentyp des XML-Schema-Namespaces, also beispielsweise `anyURI`, so ist das `xsd`-Präfix vorgestellt. Werden Typen verwendet, die im lokalen Schema definiert sind, so ist bei Verwendung des `targetNamespace` der entsprechende Namespace, hier `k`, zu verwenden.

```
<xsd:schema
    xmlns:xsd="http://www.w3.org/2001/XMLSchema"
    xmlns:k="http://www.beispiel.de/kontakt"
    targetNamespace="http://www.beispiel.de/kontakt"
>

    <xsd:complexType name="kontaktType">
        <xsd:sequence>
            <xsd:element name="Name" type="k:nameType">
            <xsd:element name="Email" type="xsd:anyURI" />
            <xsd:element name="Telefon" type="k:telefonType" />
        <xsd:sequence>
    </xsd:complexType>
    ...
</xsd:schema>
```

Die Angabe des `targetNamespace` ist optional. Als Faustregel gilt Folgendes: Soll das Schema nur zur internen Prüfung von Dokumenten verwendet werden, so sollte man derzeit auf das `targetNamespace`-Attribut verzichten. Der Grund hierfür ist, dass einige Implementierungen mit dieser Funktionalität noch Schwierigkeiten haben. Die schrittweise Einführung neuerer Versionen dürfte hier aber bald für Abhilfe sorgen. Soll das Schema jedoch als Standard zum Datenaustausch zwischen mehreren Organisationen zum Einsatz kommen, so ist die Verwendung von Namespaces dringend anzuraten. Der Sinn ist hierbei, Dokumente klar zu kennzeichnen. Letztendlich kann über Namespaces auch eine Versionierung des Standards erfolgen, wie sie ja auch beim W3C selbst eingesetzt wird. XML Schema wurde in seiner vorläufigen Version vor der endgültigen Verabschiedung mit dem Namespace `http://www.w3.org/1999/XMLSchema` gekennzeichnet.

6.5.4 Import von Datentypen

Eine der grundlegenden Ideen von XML Schema ist es, ein Schema ins Web zu stellen und somit eine Art Standard zu definieren, indem mehrere Partner sich auf eine zentral zugängliche Definition beziehen können. Geht man einen Schritt weiter, so sollte es auch möglich sein, weiterführende Standards auf existierenden Basisstandards aufzusetzen. Angenommen, eine Institution definiert einen weitgehend akzeptierten Formalismus zum Austausch von Adressen und Telefonnummern. Weiterhin soll nun ein Bestellsystem standardisiert werden. Natürlich ist innerhalb eines Bestellsystems die Verwendung von Adressen und Kontaktinformationen nötig. Statt im Bestellungsschema eigene Adressformate festzulegen, wäre es wesentlich sinnvoller, die Basistypen des anderen Schemas zu importieren und zu verwenden. XML Schema erlaubt solche Mechanismen. Hierbei spielen Namespaces eine zentrale Rolle zur Identifikation der Herkunft der Typendefinitionen.

Wir erweitern unser Beispiel also um einen fiktiven Standard zur Warenbestellung in der Automobilindustrie. Dieser ist dem Namespace `http://www.automotive.de/bestellung` zugeordnet. Hier wird zunächst der Kontakt-Namespace wieder mit dem Präfix k assoziiert. Auf die Definition der Namespaces im Dokument folgt das Import-Element. Die beiden Attribute geben an, wo die zu importierende Schemadatei zu finden ist (`schemaLocation`) und für welchen Namespace sie zuständig ist (`namespace`). Ist das fremde Schema importiert, können die dort definierten Typen einfach in eigenen Definitionen verwendet werden, indem das entsprechende Präfix vor dem Typnamen angegeben wird. In diesem Fall wird das Element Kontakt als `k:kontaktType` angegeben.

```
<xsd:schema
   xmlns:xsd="http://www.w3.org/2001/XMLSchema"
   xmlns:auto="http://www.automotive.de/bestellung"
   targetNamespace="http://www.automotive.de/bestellung"

   xmlns:k="http://www.beispiel.de/kontakt"
>
   <xsd:import
      namespace="http://www.beispiel.de/kontakt"
      schemaLocation="http://www.beispiel.de/kontakt.xsd"
   >

   <xsd:complexType name="kundeType">
      <xsd:sequence>
         <xsd:element name="kundenID" type="xsd:string" />
         <xsd:element name="kontakt" type="k:kontaktType" />
      </xsd:sequence>
   </xsd:complexType>
   ...
</xsd:schema>
```

Beachten Sie, dass derselbe Mechanismus zur Erweiterung von Typen angewendet wird. So kann beispielsweise das `extension`-Element `k:kontaktType` als Wert des `base`-Attributs haben. Es wäre also auch möglich, einen `KundenKontaktType` im Bestellungsschema auf den Basistyp des Kontaktschemas aufzubauen.

6.5.5 Document Type Definition (DTD)

DTDs erfüllen prinzipiell dieselbe Aufgabe wie XML Schema. DTDs erlauben, grob gesagt, die Definition von Elementen, Attributen und Entities. Die Syntax erinnert stark an kontextfreie Grammatiken. Eine DTD enthält je eine Zeile für die Definition jedes im Dokument verwendeten Elements:

```
<!ELEMENT Kontakt (Name, Email*, Telefon, Fax?)>
```

Dieses Beispiel spezifiziert das Element `Kontakt`. `Kontakt` muss ein Kindelement `Name` enthalten. Dieses kann von beliebig vielen Email-Adressen gefolgt sein. Dies wird durch den Stern nach `Email` in der Liste der Kindelemente ausgedrückt. Die Telefonnummer ist wieder obligatorisch, während die Faxnummer fehlen darf, was durch das Fragezeichen angegeben wird. Der Name kann nun wie folgt definiert sein:

```
<!ELEMENT Name (#PCDATA)>
```

PCDATA steht für *parsable character data*. Dies ist sozusagen ein eingebauter Datentyp, der jegliche Zeichenketten einschließt. Soll dem Kontaktelement nun noch das Attribut `typ` hinzugefügt werden, so ist dies folgendermaßen anzugeben:

```
<!ATTLIST Kontakt typ CDATA #REQUIRED>
```

Bei der Definition von Attributen bestehen einige Möglichkeiten, den Wertebereich einzuschränken. Wir wollen auf diese Details jedoch nicht weiter eingehen. Entities dienen schließlich im Wesentlichen dazu, Textbausteine zu definieren, die somit nur noch an einer zentralen Stelle, nämlich in der DTD, verwaltet werden. Der typische Anwendungsfall sind hier rechtliche Hinweise, die am Ende jedes Dokuments erscheinen sollen:

```
<!ENTITY lizenz 'Der Lizenzinhaber ist gehalten, diesen Vertrag
                 sorgfältig durchzulesen, bevor er am Ende des Vertrages
                 sein Einverständnis erklärt.'>
```

Diese Entity kann nun mit der bekannten XML-Syntax `&lizenz;` im XML-Dokument eingefügt werden.

6.5.6 Wieso nicht DTDs?

Die DTD-Empfehlung wurde in vielen Werkzeugen implementiert und DTDs werden heute noch vielerorts erfolgreich eingesetzt. Jedoch wurden die folgenden Punkte oft kritisiert. Während man sich über die ersten beiden Punkte streiten kann, waren die letzten beiden Argumente für den Erfolg von XML Schema absolut ausschlaggebend.

- Die DTD-Syntax ist relativ unnatürlich. Es gibt keinen Grund, warum Schema-Definitionen nicht selbst in XML geschrieben sein können. Andere auf XML aufbauende Empfehlungen wie beispielsweise XSL oder WSDL (siehe die folgenden Abschnitte) schreiben vor, die entsprechenden Dokumente auch in XML zu verfassen. Auch XML Schema folgt diesem Trend.

- Es ist möglich, eine Hierarchie von DTD-Definitionen aufzubauen. Die dazu benötigte Include-artige Syntax ist aber nicht gerade natürlich. XML Schema bietet hier in Verbindung mit Namespaces die Möglichkeit, saubere Vererbungsstrukturen zu definieren.

- DTDs sind durch ihre SGML-Vorgänger mehr oder weniger stark auf Dokumenten-Management bzw. die Publishing-Welt ausgerichtet. Der durchschlagende Erfolg von XML in vielen anderen Bereichen wie der Entwicklung von verteilten Systemen oder im Datenbanksektor bringt ein wesentliches Defizit ans Licht: Es gibt keine Datentypen – ein in der Programmierung grundlegendes Merkmal. Dies hat zur Folge, dass es der Applikation überlassen bleibt, zu prüfen, ob in dem Element `<alter>43</alter>` ein sinnvoller Wert steht. DTDs erlauben es lediglich, sicherzustellen, dass das Element vorhanden ist. Es kann jedoch nicht geprüft werden, ob es sich um eine Integer-Zahl zwischen 0 und 120 handelt. XML Schema behebt dieses Defizit. Es können primitive Datentypen verwendet und Einschränkungen auf deren Wertemenge vorgenommen werden.

- DTDs wurden vor den in Abschnitt 6.4 beschriebenen Namespaces entwickelt und unterstützen die Arbeit mit Namespaces deshalb nur unzureichend. Namespaces sind allerdings in der heutigen XML Welt nicht mehr wegzudenken, da sie der essentielle Mechanismus für eine globale Zusammenarbeit von Softwarekomponenten sind.

Trotz dieser Negativliste müssen DTDs keinesfalls abgeschrieben werden. Gerade die nicht auf XML basierende und somit wesentlich kompaktere Syntax der DTDs erfreut sich noch vieler Anhänger. Spielen für eine Anwendung Namespaces und Datentypen keine Rolle, so ist die Entscheidung für DTDs auch absolut gerechtfertigt.

6.6 Validierung

Als Validierung bezeichnet man die Prüfung der Struktur eines XML-Dokuments bezüglich der Vorgaben eines Schemas. Die Validierung wird von einer Zusatzkomponente eines XML-Parsers vorgenommen. Da die Validierung den Parse-Vorgang erheblich verlangsamt, kann die Prüfung in einem XML-Parser an- und abgeschaltet werden. Abbildung 6.5 zeigt, dass die Applikation nur über den XML-Parser an die Daten des XML-Dokuments

6.6 Validierung

gelangt. Ist die Validierung eingeschaltet, so ist jeder Parse-Vorgang mit der Validierung bezüglich des Schemas oder der DTDs verknüpft.

Die Validierung passiert für die Applikation völlig transparent. Verstößt das Dokument gegen das Schema oder gegen die DTD, so wird dies der Applikation durch eine Fehlermeldung angezeigt. Im Falle von Java ist dies eine Exception, die von der entsprechenden Methode geworfen werden kann:

```
try
{
    Document d = parser.parse( url );
}
catch ( SaxException )
{
    ...
}
```

Die URL der zu parsenden XML-Datei wird hierbei als Parameter angegeben. Es stellt sich natürlich die Frage, woher der Parser weiß, welches XML Schema zu verwenden ist. Diese Information wird in der XML-Datei selbst über zwei spezielle Attribute kodiert. Diese Attribute kommen aus dem Schema-Instance-Namespace http://www.w3.org/2001/XMLSchema-instance. Dieser wird üblicherweise mit dem Kürzel xsi bezeichnet. Der Name *Schema Instance* ist sozusagen eine Anleihe von objektorientierten Sprachen, in denen ein Schema in Form einer Klasse definiert wird. Ein Objekt wird dann als Instanz einer Klasse bezeichnet. Genauso kann man ein XML-Dokument als Instanz des XML-Schemas sehen.

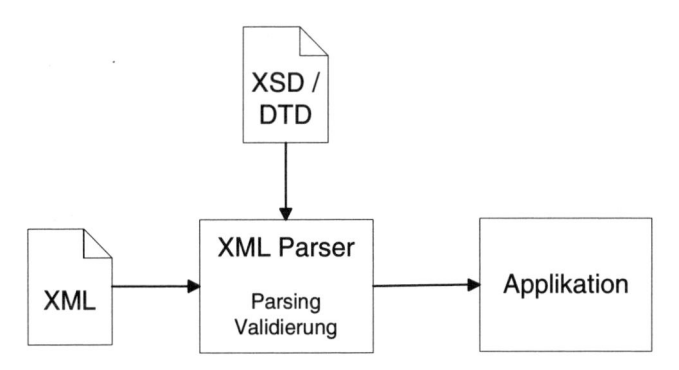

Abbildung 6.5: Ist die Validierung im Parser aktiviert, so wird jedes Dokument bezüglich der Konformität zum Schema geprüft, bevor die Daten an die Applikation weitergeleitet werden

Die beiden Attribute schemaLocation und noNamespaceSchemaLocation geben also die URL des zur Validierung zu verwendenden Schemas an. Wie die Namen der Attribute bereits vermuten lassen, wird hierbei unterschieden, ob Namespaces zur Anwendung kommen sollen oder nicht. Abschnitt 6.5.3 stellt ja das targetNamespace-Attribut als optionales Merkmal für Schemata vor. Die Regel ist nun wie folgt. Soll das Dokument auf einem Schema basieren, welches keinen `targetNamespace` definiert, so ist die URL des Schema-Documents mit `noNamespaceSchemaLocation` anzugeben. Das Listing zeigt die Attribute des Wurzelelements im XML-Dokument, die für die Referenzierung des Schemas ohne `targetNamespace` benötigt werden:

```
<Kontakt
    xmlns:xsi="http://www.w3.org/2001/XMLSchema-instance"
    xsi:noNamespaceSchemaLocation="http://www.beispiel.de/kontakt.xsd"
>
```

Hierbei ist die Funktionalität ähnlich wie bei DTDs. Ist im Schema der `targetNamespace` gesetzt, muss es über das `schemaLocation`-Attribut adressiert sein. Im folgenden Beispiel sind die Elemente mit dem Präfix k gekennzeichnet. Das `schemaLocation`-Attribut enthält hier zwei durch Leerzeichen getrennte URLs. Dies ist zum einen der Namespace, auf den sich das Schema und auch die lokalen Elemente beziehen. Weiterhin ist die URL angegeben, unter der das Schema geladen werden kann. Diese Information ist natürlich für den Validierer unerlässlich. Abbildung 6.6 zeigt, wie die Zuordnung von XML Schema und XML-Dokument über den Namespace funktioniert.

```
<k:Kontakt
    xmlns:xsi="http://www.w3.org/2001/XMLSchema-instance"
    xmlns:k="http://www.beispiel.de/kontakt"
    xsi:schemaLocation= "http://www.beispiel.de/kontakt
                         http://www.beispiel.de/kontakt.xsd"
>
```

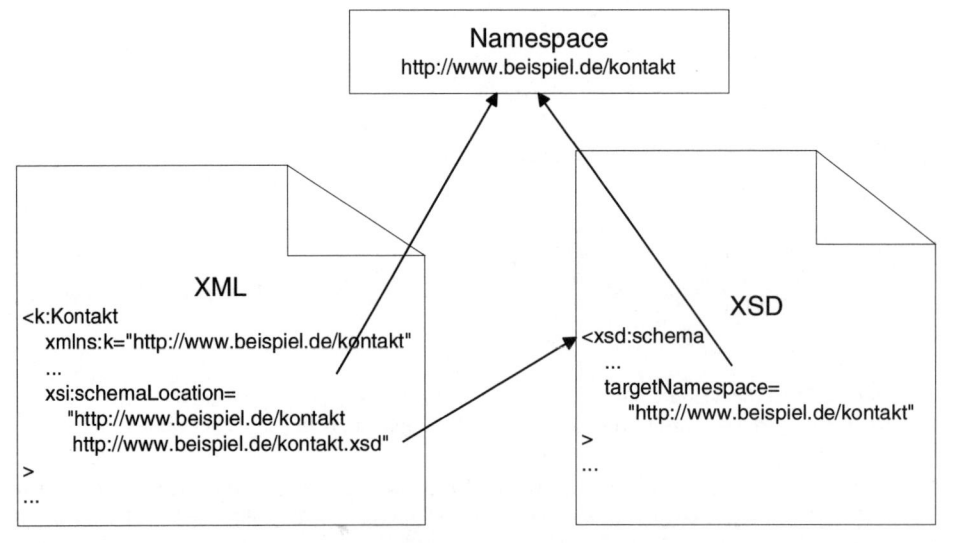

Abbildung 6.6: Zusammenspiel der targetNamespace und schemaLocation Attribute in XML Schema und XML-Dokument.

Auch hier kann die bereits oben erwähnte Faustregel zur Auswahl des entsprechenden Mechanismus angewandt werden. Einfache, für den lokalen Gebrauch bestimmte Schemata können ohne `targetNamespace` definiert und mit `noNamespaceSchemaLocation` referenziert werden. Wird das Schema aber beispielsweise von anderen Schemata als Typenbibliothek genutzt oder werden andere weitergehende Möglichkeiten ausgenutzt, muss auf Namespaces zurückgegriffen werden.

6.7 XPath

Ziel von XPath ist es, eine Ausdrucksweise festzulegen, die bestimmte Elemente in einem Dokument selektiert. Außerdem werden einige Funktionen zur Manipulation von Strings und Zahlen spezifiziert. Das Selektieren von Elementen ist die Grundlage für die eXtensible Stylesheet Language (XSL) und XPointer.

Ebenso wie XML-Dokumente ist eine Dateiverzeichnisstruktur hierarchisch aufgebaut. Daher ist es naheliegend, die XPath-Syntax an der Navigation in Dateisystemen anzulehnen. So bezeichnet / das Wurzelelement, .. den übergeordneten Knoten, `element1/element2` das Element zwei unterhalb des Elements eins unterhalb des momentanen Elements. Ein XPath-Ausdruck bezieht sich immer auf ein so genanntes Kontextelement oder momentanes Element. Wie sich das Kontextelement ergibt, wird durch die Anwendung, also XSL oder XPointer, bestimmt. Dies wird in den nächsten Abschnitten erläutert. Im Folgenden werden einige XPath-Beispiele gezeigt.

- `x`
  Selektiert alle untergeordneten Elemente des Kontextelements mit Namen x.
- `@name`
  Selektiert das Attribut name des Kontextelements.
- `x[1]`
  Selektiert das erste x-Element des Kontextelements.
- `x[5][@name="s"]`
  Selektiert das fünfte Kindelement des Kontextelements mit Namen x, falls dessen Attribut name den Wert s hat.
- `*[@id="a23"]/x[5]`
  Selektiert das fünfte Kindelement mit Namen x des Elements mit der eindeutigen ID a23.
- `//x`
  Selektiert alle x-Elemente des gesamten Dokuments.
- `.//x`
  Selektiert alle x-Elemente des Teilbaumes unterhalb des Kontextelements.

6.8 eXtensible Stylesheet Language for Transformations (XSLT)

XSLT erlaubt mit Hilfe eines XSL-Stylesheets, ein XML-Dokument in ein anderes zu transformieren. Solche Transformationen sind häufig auszuführen. Jede Web-Seite, die strukturierte Daten beispielsweise aus einer Datenbank liest und per HTTP zur Verfügung stellt, transformiert im Prinzip lediglich Daten. Code wie der folgende ist deshalb sehr häufig in Web-Skripten wie ASP, PHP oder JSP zu finden:

```
DBResult res = stmt.execute( sql );
print( "<table>" );
for each result
{
   print( "<tr>" );
   print( "<td>" + res.getData("id") + "</td>");
   ...
   print( "</tr>" );
}
print( "</table>" );
```

Die große Popularität von XSLT-Transformationen liegt sicher darin, dass dieser Vorgang deklarativ in einem XSL-Stylesheet spezifiziert werden kann. Insbesondere sind keine Änderungen im Quellcode und kein neues Kompilieren nötig. Abbildung 6.7 zeigt die häufigsten Anwendungsszenarien von XSLT. Das obige Beispiel, also die Präsentation von Daten im Web, ist durch die Ausgabekanäle XHTML und WML gekennzeichnet. Wie bereits erwähnt, transformiert eine XSLT-Engine ein XML-Eingabedokument in eine XML-Ausgabe, die ein anderes Vokabular verwendet. Die XML-Eingabe kommt oftmals direkt aus der Datenbank als Ergebnis einer SQL-Anfrage. Abschnitt 7.2 zeigt diesen Vorgang nochmals ausführlicher am Beispiel von SQL Server. XHTML ist sozusagen die Schnittmenge von XML und HTML-Dokumenten, dient also als XML-Ausgabeformat für Browser. Auch WML ist eine Untermenge von XML. Ein Stylesheet kann also die im Ausgangsdokument verwendeten Elementnamen durch Layoutanweisungen in WML oder XHTML ersetzen.

Ein weiterer häufig auftretender Anwendungsfall ist die Transformation in ein anderes XML-Dokument, welches nicht der Präsentation dient, sondern dem Austausch von Daten zwischen verschiedenen Organisationen. Durch den Zusammenschluss von Firmen, wie beispielsweise Daimler und Chrysler, ist es nötig, Daten zwischen den jeweiligen IT-Systemen auszutauschen. Können die Daten in XML exportiert werden, wird oft XSLT für diese Aufgabe verwendet.

Sehen wir uns zunächst das Stylesheet an. Es besteht aus zwei Regeln (Templates). Das `match`-Attribut gibt hierbei an, ob und wann die Regel zur Anwendung kommt. Es handelt sich hier um einen XPath-Ausdruck. Wie im vorigen Abschnitt erwähnt, werden mit diesem Ausdruck, ausgehend von dem Kontextelement, eine Reihe von Elementen selektiert. Auf diese Elemente wird dann jeweils die Regel angewendet. Der Transformationsprozess beginnt hierbei an der Wurzel.

Das folgende Beispiel zeigt ein XSLT-Stylesheet zur Transformation der zu Beginn dieses Kapitels gezeigten Kontaktinformation in eine einfache XHTML-Seite. Das Stylesheet

6.8 eXtensible Stylesheet Language for Transformations (XSLT)

besteht aus insgesamt vier Regeln. Die erste Regel wird genau einmal, nämlich zu Beginn des Prozesses, angewandt, da sich das `match`-Attribut auf die Dokumentwurzel / bezieht. Der Regelkörper, also alle vom `template`-Element eingeschlossenen Tags, legt nun fest, was bei der Ausführung der Regel passiert. Text und Elemente, die nicht dem `xsl`-Namespace zugeordnet sind, werden einfach in das Zieldokument übertragen. Somit entstehen also die `html`- und `body`-Elemente. Innerhalb des `body`-Elements findet sich eine XSL-Anweisung. `Apply-templates` bedeutet, dass mit der rekursiven Abarbeitung der weiteren Regeln fortgefahren werden soll. Hierbei ist das für den Matching-Prozess wichtige Kontextelement dasjenige Element, auf dem die Regel gerade zur Anwendung gekommen ist. In diesem Fall ist dies die Wurzel. Jegliche Ausgabe, die von den weiteren Regeln erzeugt wird, ist genau anstelle des `apply-templates`-Kommandos einzufügen.

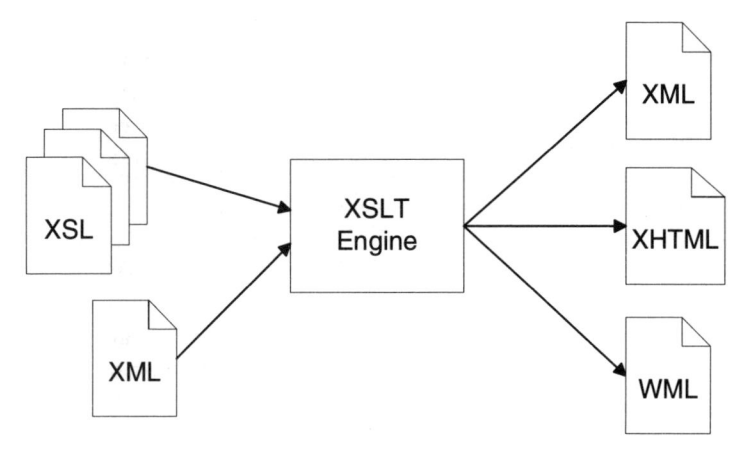

Abbildung 6.7: Die häufigsten Anwendungsfälle von XSLT sind die Präsentation von Daten auf Web- und WML-Seiten sowie die Transformation von Daten in andere Schemata.

```
<?xml version="1.0"?>
<xsl:stylesheet
   xmlns:xsl="http://www.w3.org/1999/XSL/Transform"
   version="1.0"
>
   <xsl:template match="/">
      <html>
         <body>
            <xsl:apply-templates />
         </body>
      </html>
   </xsl:template>
```

Die nächste Regel kommt auch nur einmal zur Anwendung, da es im Dokument nur ein `Kontakt`-Element gibt. Es wird das `h1`-Element, also eine Überschrift, erzeugt. Der Text der Überschrift wird durch den `value-of`-Befehl angegeben. Hierdurch wird der Text derjenigen Elemente, die durch den im `select`-Attribut angegebenen XPath-Ausdruck bestimmt sind, ins Ausgabedokument übertragen. Die Regel gibt den Namen also in der

Form Nachname, Vorname aus. Weiterhin wird dieser Information der Text „Kontaktinformation von" vorangestellt.

```
<xsl:template match="Kontakt">
  <h1>
     Kontaktinformation von
     <xsl:value-of select="Name/Nachname" />
     ,
     <xsl:value-of select="Name/Vorname" />
  </h1>
  <xsl:apply-templates />
</xsl:template>
```

Die letzten beiden Regeln sind sehr einfach aufgebaut. Zum Verständnis ist aber das wesentliche Konzept der Defaultregel nötig. Die Defaultregel bedeutet, jeglichen Text aus dem Quelldokument zu übernehmen. Diese Regel kommt also immer zur Anwendung, wenn die rekursive Regelabarbeitung an den Textblättern des XML-Baumes angekommen ist. Die erste Regel wird angewandt, wenn es sich um Telefon- oder Email-Elemente handelt. Hierbei wird nur ein Paragraph ausgegeben und die weiteren Regeln mittels `apply-templates` wieder angestoßen. Da sich unterhalb dieser Elemente lediglich noch Texte befinden, werden diese nun über die Defaultregel ausgegeben. Dieser Effekt ist aber für das Name-Element unerwünscht, da diese Information ja schon in der Überschrift auftaucht. Würde die letzte Regel fehlen, so stünde der Name zweimal im Ausgabedokument. Deshalb gibt die zweite Regel an, dass die Regelabarbeitung beim `Name`-Element gestoppt werden soll. Dies geschieht, indem `apply-templates` nicht im Regelkörper auftaucht.

```
<xsl:template match="Telefon | Email">
  <p>
     <xsl:apply-templates />
  </p>
</xsl:template>

<xsl:template match="Name" />

</xsl:stylesheet>
```

Die Ausgabe der Transformation des Beispieldokuments vom Beginn des Kapitels mit diesem Stylesheet sieht nun wie folgt aus:

```
<html>
  <body>
     <h1>Kontaktinformation von Mustermann, Peter</h1>
     <p>peter@mustermann.de</p>
     <p>089-123456</p>
  </body>
</html>
```

An den Regeln kann man erkennen, dass jede XSLT-Engine einen vollwertigen XPath Prozessor enthalten muss. Folgendes kurze Beispiel verdeutlicht dies, indem das Stylesheet nur eine Regel mit einem etwas komplexeren XPath-Ausdruck enthält. Diesen Mechanismus kann man sozusagen als einfaches Abfrageinstrument für kleine hierarchische Datensammlungen verwenden:

```xml
<?xml version="1.0"?>
<xsl:stylesheet
   xmlns:xsl="http://www.w3.org/1999/XSL/Transform"
   version="1.0"
>
   <xsl:template match="/">
      <ergebnis>
         <xsl:value-of select="test/x[2]/@att" />
      </ergebnis>
   </xsl:template>

</xsl:stylesheet>
```

Bei folgendem Eingabedokument wird also das `att`-Attribut des zweiten x-Elements unterhalb des `test`-Elements ausgegeben. Dies ist der Wert 2.

```xml
<?xml version="1.0"?>
<test>
   <x att="1" />
   <x att="2" />
   <x att="3" />
</test>
```

Auch zum Thema Stylesheets müssen wir Sie aus Platzgründen auf weiterführende Literatur verweisen. Neben den hier vorgestellten `xsl`-Befehlen gibt es noch etliche weitere. So können beispielsweise imperative Sprachkonstrukte in Regeln verwendet werden. Auch die Definition von Variablen ist möglich. Weiterhin gibt es noch etliche Details bezüglich der Behandlung von Leerzeichen und der Ausgabe von Nicht-XML-Dokumenten.

6.9 Übungsaufgaben

1. Wodurch unterscheidet sich XML vom Austauschformat CSV (Comma Separated Values) ?

2. Welche Arten von Definitionen können in einem XML Schema ausgedrückt werden?

3. Welche Mechanismen zur Erweiterbarkeit stellt XML Schema zur Verfügung?

4. Erläutern Sie den Sinn und Zweck von XML Namespaces anhand eines konkreten Beispiels.

5. Wie spielen XML Schema und Namespaces zusammen?

6. Wozu dienen XSLT und XPath?

7. Wieso ist die folgende Zeile einer DTD-Definition unsinnig?
   ```
   <!ELEMENT a (a+, b, c*)>
   ```

Kapitel 7

Werkzeugunterstützung für XML

Dieses Kapitel soll einen schnellen Überblick über den momentanen Stand der Werkzeugunterstützung für XML geben. Dabei werden wir alle im vorigen Theoriekapitel angesprochenen Themenbereiche abdecken und auch noch einige allgemeinere Werkzeuge wie Editoren exemplarisch vorstellen. Für das Verständnis von Web Services ist besonders Abschnitt 7.2 wichtig. Hier wird die Äquivalenz zwischen verschiedenen Arten der Repräsentation von Daten erläutert. Diese Konzepte kommen schließlich bei der Abbildung von komplexen Web-Service-Datentypen in Programmiersprachen wie Java oder C# zum Einsatz.

7.1 Parser und Validierer

Seit langem sind eine ganze Reihe XML-Parser für Java und natürlich auch für andere Sprachen erhältlich. Ein großes Problem hierbei war bisher die Tatsache, dass jeder Parser zwar die standardisierten DOM- und SAX-Schnittstellen unterstützte (siehe die nächsten beiden Abschnitte), sonst jedoch unterschiedlich zu bedienen war. Dies traf insbesondere für die Instanziierung der Parser-Objekte und die Einstellung bestimmter Optionen zu. Die Konsequenz war, dass XML-Parser nicht ohne größere Programmänderungen ausgetauscht werden konnten. Dies erscheint zunächst nicht weiter problematisch. Es stellt sich jedoch heraus, dass gerade in einem sich so schnell ändernden Feld ein Parser-Tausch durchaus öfter nötig sein kann. Gründe können die Geschwindigkeit sowie die fehlende Unterstützung neuer Sprachmöglichkeiten sein.

Mit JDK 1.4 adressiert Sun nun dieses Problem durch die Java API for XML Processing (JAXP). JAXP ist eine Menge von Interfaces und abstrakten Klassen, die von XML-Parsern verwendet werden müssen. Das Konzept ist vergleichbar mit der Spezifikation von standardisierten Schnittstellen wie JDBC und JMS. All diese Technologien erlauben es, die entsprechende Software mit beliebigen Implementierungen zu betreiben. Somit kann ohne Änderung im Programmcode ein neuer XML-Parser eingebunden werden.

Die JAXP-Schnittstelle besteht im Wesentlichen aus einer abstrakten Factory-Klasse. Diese Klasse erlaubt es, XML-Parser-Instanzen zu kreieren. Die Factory entscheidet hierbei, welche konkrete Implementierung gewählt wird. JAXP erlaubt es dem Entwickler, auf diese Entscheidung über das Setzen von globalen Parametern Einfluss zu nehmen. Wird die Java Virtual Machine beispielsweise mit folgender Option gestartet, so verwendet JAXP den Xerces-Parser:

```
java -Djavax.xml.parsers.DocumentBuilderFactoryImpl=
       org.apache.xerces.jaxp.DocumentBuilderFactory
```

Die folgenden Abschnitte zeigen nun die Simple API for XML und Document Object Model API zur Verarbeitung von XML-Dokumenten. Die dort erläuterten Beispiele verwenden die JAXP API und sind somit unabhängig vom verwendeten Parser. Weitere Beispiele zeigen die Validierung und Transformation von Dokumenten.

7.1.1 Simple API for XML (SAX)

SAX steht für Simple API for XML und ist ein De-facto-Standard, der von David Megginson entwickelt wurde. SAX-Parser teilen dem Benutzer bestimmte Ereignisse beim Parsen mit. Dazu gehören zum Beispiel das Erreichen des Anfangs und des Endes jedes Elements. Durch diese Art der Abarbeitung braucht der Parser nur wenig Speicher und ist auch sehr schnell. Abbildung 7.1 zeigt die Architektur. Der SAX-Parser und die zugehörige API werden hierbei von dem entsprechenden Softwarehersteller geliefert. Im Falle von Java sind dies üblicherweise der Xerces-Parser (http://xml.apache.org/xerces2-j/) oder die JAXP-Referenzimplementation Crimson, die bereits in JDK 1.4 integriert ist.

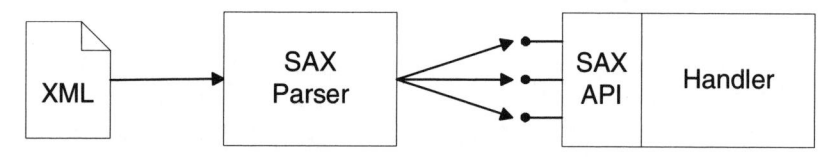

Abbildung 7.1: SAX Architektur

Folgendes Listing zeigt, wie der SAX-Parser über die JAXP-Schnittstelle instanziiert wird. Der Aufruf der statischen Methode `SAXParserFactory.newInstance` liefert hierbei eine Instanz der Factory, die in der Variable `spf` gespeichert wird. Die Wahl der Implementierung kann, wie im vorigen Text gezeigt, über die Umgebungsvariable `javax.xml.parsers.SAXParserFactory` erfolgen. Wir geben den Klassennamen hierbei nochmals aus, bevor die `SAXParser`-Instanz erzeugt wird. Das Dokument wird schließlich durch den Aufruf der `parse`-Methode verarbeitet. Der in Abbildung 7.1 gezeigte Handler wird dabei als Parameter mitgegeben. Durch diesen Mechanismus wird dem Parser mitgeteilt, welches Objekt über im XML-Dokument gefundene Texte und Elemente informiert werden soll. Tritt während des Parsens ein XML-Fehler auf, zum Beispiel durch ein nicht geschlossenes Element, so wirft die `parse`-Methode eine `SAXException`.

7.1 Parser und Validierer

```
import javax.xml.parsers.*;
import org.xml.sax.*;
import org.xml.sax.helpers.*;

public class SAX {
  public static void main(String[] args) throws Exception {
    SAXParserFactory spf = SAXParserFactory.newInstance();
    System.out.println("Verwende: " + spf.getClass().getName());
    SAXParser sp = spf.newSAXParser();
    sp.parse(args[0], new SAXHandler());
  }
}
```

Die private Klasse `SAXHandler` ist unsere Handler-Implementierung. Wir basieren auf dem `DefaultHandler` des Pakets `org.xml.sax.helpers`. Dieser stellt leere Implementierungen aller Methoden, die vom SAX-Parser aufgerufen werden können, bereit. Somit können wir die Methoden der Ereignisse, auf die wir reagieren wollen, einfach überschreiben. Hier ist dies für das Öffnen eines XML-Elementes der Fall. Unsere Programmlogik ist hierbei sehr einfach und wir geben schlicht den Namen des Tags aus. An dieser Stelle würde man sonst natürlich die eigentliche Funktionalität finden. Die Liste der weiteren Ereignisse ist am besten in der Online-API-Dokumentation der `DefaultHandler` Klasse nachzulesen: http://java.sun.com/j2se/1.4.2/docs/api/org/xml/sax/helpers/DefaultHandler.html.

```
class SAXHandler extends DefaultHandler {
  public void startElement(
      String namespaceURI, String localName, String qName,
      Attributes atts) throws SAXException {
    System.out.println(qName);
  }
}
```

7.1.2 Document Object Model (DOM)

Wie der Name Document Object Model ahnen lässt, erlaubt es die DOM-Schnittstelle, gezielt auf einzelne Teile des Dokuments zuzugreifen. Abbildung 7.2 zeigt die DOM-Architektur. Die Applikation instanziiert den Parser und stößt den Vorgang an. Im Gegensatz zu SAX, wo die Applikation schon während des Parsings mit Informationen versorgt wird, bekommt eine DOM-Applikation den gesamten XML-Baum erst dann übergeben, wenn das Dokument vollständig verarbeitet ist. Die Applikation greift dann über die in der Abbildung gezeigte DOM-Schnittstelle auf den nun in Objekten gespeicherten XML-Baum zu. Dadurch erklärt sich auch der hohe Speicherverbrauch von DOM-Parsern. Deswegen ist gerade bei der Verarbeitung von großen Dokumenten von der Verwendung von DOM abzuraten. Natürlich ist der große Vorteil von DOM, dass ständig auf alle Dokumentteile zugegriffen werden kann. SAX erfordert, wichtige Informationen in Variablen für den späteren Gebrauch zwischenzuspeichern.

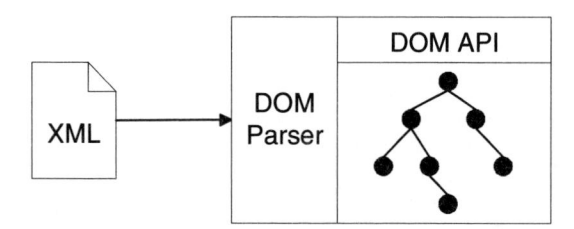

Abbildung 7.2: DOM Architektur

Folgendes kleine Programm zeigt die DOM-Funktionalität exemplarisch auf. Wie im SAX-Beispiel wird der Parser über JAXP mittels der `DocumentBuilderFactory` und der eigentlichen DOM-Parser-Basisklasse `DocumentBuilder` instanziiert. Die parse-Methode liefert hier ein `Document`-Objekt zurück. Document ist ein Interface des `org.w3c.dom`-Pakets. Es erlaubt, auf verschiedene Eigenschaften des Dokuments zuzugreifen. So kann das Wurzelelement über die Methode `getDocumentElement` abgerufen werden. Das `Node`-Interface ist neben `Document` das wichtigste DOM-Interface. `Node` ist sozusagen der Oberbegriff für alle Teile des XML-Baums, insbesondere für die Elemente. Unser Beispiel verwendet das `Node`-Objekt, um rekursiv die Dokumentstruktur auszugeben. Dies geschieht in der Methode `print`. Dort wird zunächst der Elementname mittels `getNodeName` abgefragt und ausgegeben. Dann erfolgt der rekursive Aufruf über die Liste der Kindelemente, die man von der Methode `getChildNodes` bekommt.

```java
import org.w3c.dom.*;
import javax.xml.parsers.*;

public class DOM
{
   public static void main(String[] args) throws Exception
   {
      DocumentBuilderFactory dbf = DocumentBuilderFactory.newInstance();
      System.out.println("Verwende: " + dbf.getClass().getName());
      DocumentBuilder db = dbf.newDocumentBuilder();
      Document doc = db.parse(args[0]);
      print(doc.getDocumentElement(), "");
   }

   static void print(Node node, String indent)
   {
      System.out.println(indent + node.getNodeName());
      NodeList list = node.getChildNodes();
      for (int i=0; i<list.getLength(); i++)
      {
         print(list.item(i), indent + "  ");
      }
   }
}
```

7.1.3 Validierung

Wie Abbildung 6.5 andeutet, sollten XML-Parser die Validierung sowohl mit DTDs als auch mit XML Schema unterstützen. Der im JDK mitgelieferte Crimson-Parser unterstützt allerdings anscheinend nur DTDs. Wir müssen „anscheinend" sagen, da wir nicht in der Lage waren, dazu offizielle Informationen von der Sun Web-Site zu bekommen. Die Information stammt aus einigen Foren und Newsgroups sowie eigenen Tests. Die Situation ist glücklicherweise beim Xerces anders. Laut der Apache-Gruppe ist Xerces voll XLM-Schema-konform.

Es sollte nun möglich sein, Xerces über die JAXP-Schnittstelle einzubinden und dann die Validierung über die Methode `setValidation(true)` der Factory-Klasse zu aktivieren. Im oben gezeigten DOM-Beispiel würde hier einfach die folgende Zeile als zweites Kommando in der `main`-Methode eingefügt:

```
dbf.setValidation(true);
```

Leider stellte sich bei unseren Tests heraus, dass dieser Mechanismus auch bei Verwendung des Xerces-Parsers noch nicht funktioniert. Dies kann an Suns JAXP-Schnittstelle selbst oder der JAXP-Unterstützung in Xerces liegen. Dieses Problem wird aber sicherlich bald behoben sein. Als Behelfslösung greifen wir auf die `XMLReaderFactory` der SAX API zurück. Der Factory-Methode wird der zu verwendende Klassenname, hier `org.apache.xerces.parsers.SAXParser`, einfach übergeben. Zum Starten des Programmes muss dann natürlich die Xerces-Bibliothek im Klassenpfad verfügbar sein. Die SAX-Schnittstelle erlaubt die Aktivierung der Validierung über die `setFeature`-Methoden, denen eine URL als Merkmalsidentifikation sowie ein Flag zum An- und Abschalten übergeben wird. Bei der Validierung ist es unerlässlich, eine Klasse zur Fehlerbehandlung zu registrieren. Dies erreicht man durch den Aufruf von `setErrorHandler`. Geschieht dies nicht, werden die Fehler, zum Beispiel bei einer Verletzung der durch das Schema vorgegebenen Struktur durch das XML-Dokument, schlichtweg ignoriert. Schließlich startet man den Parse- und somit auch den Validierungsvorgang mittels der `parse`-Methode.

```
import javax.xml.parsers.*;
import org.xml.sax.*;
import org.xml.sax.helpers.*;

public class Validate
{
    public static void main(String[] args) throws Exception
    {
        XMLReader r = XMLReaderFactory.createXMLReader(
                        "org.apache.xerces.parsers.SAXParser");
        r.setFeature(
            "http://xml.org/sax/features/validation", true);
        r.setFeature(
            "http://apache.org/xml/features/validation/schema", true);
        r.setErrorHandler(new ValidateHandler());
        r.parse(args[0]);
```

      }
    }

Wie beim obigen SAX-Beispiel basiert unsere Handler-Klasse wieder auf dem `Default-Handler`. Im Gegensatz hierzu werden jedoch die drei Methoden überschrieben, mit denen auf Warnungen, Fehler und fatale Fehler reagiert wird. Unsere Implementierung gibt hierbei lediglich die Fehlermeldung aus.

```
class ValidateHandler extends DefaultHandler
{
   public void error(SAXParseException e)
   {
      System.out.println("error: " + e);
   }

   public void fatalError( SAXParseException e )
   {
      System.out.println( "fatalError: " + e );
   }

   public void warning( SAXParseException e )
   {
      System.out.println( "warning: " + e );
   }
}
```

Das Programm wird nun mit der URL des folgenden XML-Dokuments gestartet. Hierbei definiert das zugeordnete Schema in `s.xsd` das Element `Koordinate` mit zwei Kindelementen x und y vom Typ Integer.

```
<?xml version="1.0"?>
<Koordinate
   xmlns:xsi="http://www.w3.org/2001/XMLSchema-instance"
   xsi:noNamespaceSchemaLocation="s.xsd"
>
   <x>rrr</x>
   <y>8</y>
</Koordinate>
```

Die Ausgabe des Validierers bemängelt hierbei die Verletzung des Integer-Datentyps:

```
error: org.xml.sax.SAXParseException: cvc-datatype-valid.1.2.1: 'rrr' is
not a valid 'integer' value.
error: org.xml.sax.SAXParseException: cvc-type.3.1.3: The value 'rrr' of
element 'x' is not valid.
```

7.1.4 XSLT-Transformation

Neben den XML-Parsern ist im JDK 1.4 auch direkt eine XSLT-Engine mit eingebaut. Das Paket `javax.xml.transform` bietet hierbei wieder eine Factory-Klasse für die Instanziierung an. Auch hier wird der Mechanismus zur Auswahl der Implementierung beibehalten. So kann über die Java-Umgebungsvariable `javax.xml.transform.TransformerFactory` die Factory-Klasse angegeben werden.

Unser Beispiel ist recht kurz. Wie in Abbildung 6.7 gezeigt, benötigt man für eine XSLT-Transformation ein XSL-Stylesheet und das zu transformierende XML-Dokument. Deren URLs werden dem Programm als Kommandozeilenparameter übergeben. Die Ausgabe erfolgt schließlich auf der Konsole. Die Klassen `StreamSource` und `StreamResult` erlauben hierzu, im Konstruktor zum einen URLs wie auch Instanzen der `java.io`-Klassen `File`, `Reader`, `Writer`, usw. anzugeben.

```
import javax.xml.transform.*;
import javax.xml.transform.stream.*;

public class XSLT
{
   public static void main(String[] args) throws Exception
   {
      TransformerFactory tf = TransformerFactory.newInstance();
      System.out.println("Verwende: " + tf.getClass().getName());
      Transformer t = tf.newTransformer( new StreamSource ( args[0] ) );
      t.transform( new StreamSource ( args[1] ),
                   new StreamResult(System.out) );
   }
}
```

7.2 XML, objektorientierte Datenstrukturen und Datenbanken

Der folgende Abschnitt betrachtet verschiedene Arten der Kodierung von Informationen und vergleicht die Ansätze und Methoden aus den Welten von XML, objektorientierten Sprachen und Datenbanken. Für den Themenbereich Web Services sind hierbei besonders die Gemeinsamkeiten von Datenstrukturen in C++, C# oder Java einerseits und XML Schema andererseits interessant. Schließlich werden die von einem Web Service als Parameter oder Rückgabewerte verwendeten Typen in XML Schema ausgedrückt. Um einen Service aus einer Host-Sprache heraus aufzurufen, müssen diese XML-Typen in Datenstrukturen der jeweiligen Sprache übersetzt werden. Auch der umgekehrte Weg ist von Interesse, nämlich das Generieren von XML Schema aus einer vorgegebenen Klasse. Dieser Mechanismus wird benötigt, um eine XML-basierte Beschreibung eines konkreten, in einer bestimmten Sprache implementierten Services zu erzeugen.

7.2.1 Java Beans

Nachdem Abschnitt 6.5 bereits XML Schema eingeführt hat, wenden wir uns nun Klassen objektorientierter Sprachen zu. Repräsentativ hierfür beleuchten wir Java Beans als ein generisches Framework zur Modellierung komplexer Datenstrukturen.

Die Idee zu Java Beans kommt ursprünglich aus dem Bereich der grafischen Benutzerschnittstellen. Es sollte möglich sein, Komponenten verschiedener Hersteller in der eigenen Software einzubauen. Dazu sollten diese „Beans" verschiedene „Properties" (Eigenschaften) anbieten, die zur Anpassung der Komponenten an die eingene Software verwendet werden. Typische Komponenten sind hierbei die Hintergrundfarbe, die Größe der Komponente und Ähnliches.

Die Begeisterung für komponentenbasierte Benutzerschnittstellen verpuffte relativ schnell und viele Komponentenanbieter machten nicht das erhoffte Geschäft. Die Idee der Beans überlebte jedoch, indem das Konzept auch auf Klassen ausgeweitet wurde, die nicht für die Benutzerschnittstelle gedacht sind. Java Beans sind schlicht folgendermaßen definiert:

Ein Java Bean ist eine Klasse, die private Instanzvariablen enthält und für diese `get`- und `set`-Methoden bereitstellt.

Bei den Properties kann es sich um primitive Datentypen oder um beliebige andere Objekte handeln. Folgendes Beispiel illustriert die Namenskonvention sowie die Funktionsweise der `get`- und `set`-Methoden:

```java
import java.util.*;

public class Bean
{
   private Date o;
   private int i;

   public Date getO()
   {
      return o;
   }

   public int getI()
   {
      return i;
   }

   public void setO(Date o)
   {
      this.o = o;
   }

   public void setI(int i)
   {
      this.i = i;
   }
}
```

7.2 XML, objektorientierte Datenstrukturen und Datenbanken 159

In diesem Kontext ist auch *Reflection* wichtig. Reflection erlaubt es, in interpretierten Programmen Meta-Daten des Codes zur Laufzeit auszuwerten. Da auch Java interpretiert ist, gibt es seit der Version 1.2 auch in Java ein Reflection API. Mit dieser API kann ein Programm beliebige Klassen analysieren, deren Methoden enumerieren und diese schließlich aufrufen. Die Kombination von Beans und Reflection macht logischerweise sehr viel Sinn. Durch die Namenskonvention kann ein beliebiges, zur Designzeit unbekanntes Bean mittels Reflection analysiert und auf die internen Properties zugeriffen werden. Alle im Folgenden vorgestellten Werkzeuge basieren auf diesem Prinzip, um generische Datenstrukturen verarbeiten zu können.

Das folgende kurze Reflection-Beispiel zeigt, wie die Methoden einer zur Designzeit unbekannten Klasse enumeriert werden können. Der Name der Klasse wird einfach als Kommandozeilenparameter, beispielsweise `java.lang.String`, angegeben. Eine zentrale Rolle spielen hierbei die Klassen `Class` und `Method` des Reflection-Pakets. Über diese sind die Metadaten der Klasse zugänglich. Die statische Methode `forName` erlaubt es, ein `Class`-Objekt aus dem im String gespeicherten Klassennamen zu erzeugen. `GetMethods` und `getName` liefern dann die Methoden der Klasse und deren Namen:

```java
import java.lang.reflect.*;

public class Reflection
{
   public static void main(String[] args) throws ClassNotFoundException
   {
      Class c = Class.forName(args[0]);
      Method[] m = c.getMethods();
      for (int i = 0; i < m.length; i++)
      {
         System.out.println( m[i].getName() );
      }
   }
}
```

Starten wir das Programm mit der obigen Bean-Klasse als Eingabe (`java Reflection Bean`), so wird die folgende Ausgabe erzeugt. Wir sehen die `get`- und `set`-Methoden sowie alle Methoden der Klasse `java.lang.Object`. Dies zeigt, dass jedes Java-Objekt implizit von dieser Klasse abgeleitet ist.

```
getO
getI
setO
setI
hashCode
getClass
wait
wait
wait
equals
toString
notify
notifyAll
```

Reflection bietet viele weitere Möglichkeiten. So können beispielsweise beliebige Methoden aufgerufen werden, was zur Verarbeitung generischer Bean-Instanzen sehr wichtig ist. Das folgende Programm demonstriert dies. Die `main`-Methode fungiert hier als eine Art Testprogramm, welches die Klassen- und Methodennamen kennt. Wir erzeugen ein Bean, dessen `setO`-Methode aufgerufen werden soll. Dies passiert hier über einen Aufruf der Methode `callSetter`. `CallSetter` ist im Gegensatz zur `main`-Methode komplett generisch gehalten, kann also beliebige `set`-Methoden auf beliebigen Beans aufrufen. Dies geschieht über die `invoke`-Methode des entsprechenden `Method`-Objekts. Die Methode wird über den angegebenen Namen, hier `setO`, ausfindig gemacht. Nun können das Objekt, dessen `setO`-Methode aufgerufen werden soll, sowie der gewünschte Parameter an die `invoke`-Methode übergeben werden. Da der Compiler hierbei die Typenkonformität sowie die durch `private`, `public`, usw. gesetzten Zugriffsrechte nicht mehr prüfen kann, können die entsprechenden Exceptions (`IllegalAccessException` und `InvocationTargetException`) geworfen werden.

```java
public class Invoke
{
   public static void main(String[] args) throws Exception
   {
      Bean bean = new Bean();
      Date date = new Date();
      callSetter( bean, "setO", date );
      System.out.println( bean.getO() );
   }

   static void callSetter(
      Object object, String method, Object parameter)
      throws IllegalAccessException, InvocationTargetException
   {
      Class c = object.getClass();
      Method[] m = c.getMethods();
      for (int i = 0; i < m.length; i++)
      {
         if ( m[i].getName().equals( method ) )
         {
            m[i].invoke( object, new Object[] { parameter } );
         }
      }
   }
}
```

Reflection bietet viele weitere Möglichkeiten, auf die wir hier nicht eingehen. So können beispielsweise auch statische Methoden aufgerufen werden. Außerdem ist der Zugriff auf Instanz- und Klassenvariablen möglich.

Beachten Sie, dass der Begriff Java Beans die folgende Betrachtung keineswegs auf Java beschränkt. Die Java-Beans-Technologie ist hierbei in Verbindung mit Reflection lediglich ein elegantes Mittel zum Zweck. Das grundlegende Konzept, die Speicherung von Daten in Objekten, bleibt erhalten und ist in allen objektorientierten Programmiersprachen zu finden.

7.2 XML, objektorientierte Datenstrukturen und Datenbanken

7.2.2 Vergleich von XML, Datenbanktupeln und Objekten auf der Instanzebene

Nach der Einführung in Java Beans betrachten wir nun verschiedene Möglichkeiten der Speicherung von Information. Abbildung 7.3 zeigt das Beispiel der Koordinate (3,8). Im oberen Teil findet sich ein XML-Dokument, das die Information repräsentiert. Die Elementnamen geben hierbei an, dass es sich um eine Koordinate bzw. deren x- und y-Werte handelt. Zudem gibt die Gruppierung von x und y als Kindelemente der Koordinate die Zugehörigkeiten an. Ähnlich verhält es sich bei dem Objekt links unten. X und y sind hier als Instanzvariablen abgelegt. Die Namensgebung ist durch den Klassennamen sowie die Feldnamen gegeben. Beachten Sie, dass diese Information auch über den Reflection-Mechanismus zugänglich ist. Auch hier ist die Zugehörigkeit klar geregelt, da x und y Instanzvariablen eines ganz bestimmten Koordinatenobjekts sind. Schließlich betrachten wir die Situation in einer relationalen Datenbank, rechts unten. Auch hier ist die Namesgebung durch den Tabellennamen „Koordinate" sowie die Spaltennamen x und y gegeben. Auch die Zugehörigkeit ist klar. Implizit stellt hier jede Zeile der Tabelle eine Instanz dar. Zellen einer Zeile gehören jeweils zu einer Koordinate.

Obige Beobachtungen sind zwar trivial, jedoch wird dadurch ersichtlich, dass prinzipiell alle Repräsentationsarten starke Ähnlichkeiten aufweisen. Natürlich haben die drei Formen sehr unterschiedliche Anwendungsbereiche. So wird XML meist als Austauschformat verwendet. Hierbei ist vor allem die Sprachunabhängigkeit der entscheidende Faktor. Es ist egal, in welcher Programmierumgebung Sender und Empfänger des Dokuments implementiert sind. XML hat sich hier zu einem universell einsetzbaren Standard gemausert. Auch die Möglichkeit, XML-Dateien einfach in einem Editor bearbeiten zu können, ist ein oft genannter Vorteil von XML.

Datenbanken kommen hingegen immer dann zum Einsatz, wenn große Datenmengen persistent gespeichert werden sollen bzw. wenn ein effizienter Abfragemechanismus wichtig ist. So basieren quasi alle Informationssysteme auf verschiedenen Datenbanken.

Programmiersprachen eignen sich nicht besonders gut zur Speicherung von Daten, sind aber natürlich bei der Implementierung komplexer Algorithmen die einzige Wahl. Programmiersprachen geben dem Entwickler die komplette Flexibilität bezüglich der Verwendung der Daten.

Diese Diskussion verdeutlicht, dass alle drei in Abbildung 7.3 gezeigten Arten der Repräsentation ihre Berechtigung haben. Der folgende Abschnitt beleuchtet diesen Aspekt nun auf der Definitions- bzw. Schemaebene und zeigt somit den Weg für Werkzeuge zur automatischen Konvertierung von der einen in die andere Repräsentation auf.

7.2.3 XML, Datenbanken und Programmiersprachen auf der Schemaebene

Abbildung 7.4 zeigt die den Beispielen von Abbildung 7.3 zugrundeliegenden Definitionen. Dies sind der `create-table`-Befehl von SQL zum Anlegen der Tabelle in der Datenbank, die XML-Schema-Definition sowie die repräsentativ für objektorientierte Programmiersprachen gewählte Definition eines Java Beans.

```
                          ┌─────────────────────┐
                          │        XML          │
                          │   <Koordinate>      │
                          │      <x>3</x>       │
                          │      <y>8</y>       │
                          │   </Koordinate>     │
                          └─────────────────────┘
```

```
┌──────────────────────────┐      ┌──────────────────────────┐
│     Objektinstanzen      │      │     Datenbank Tuple      │
│                          │      │  Koordinate              │
│   new Koordinate(...)    │◄────►│   ...      ...           │
│        ( 3  8 )          │      │    3        8            │
│                          │      │   ...      ...           │
└──────────────────────────┘      └──────────────────────────┘
```

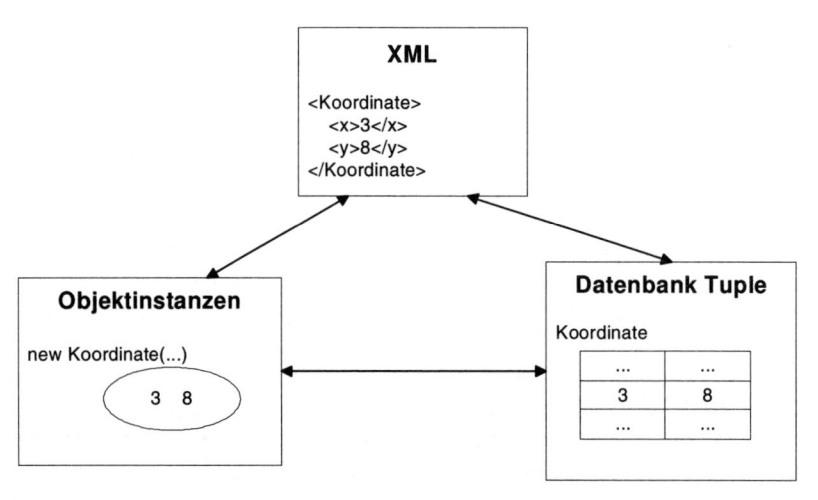

Abbildung 7.3: Die Koordinate (3,8) als Instanz der Klasse Koordinate, als XML-Dokument und als Zeile der Datenbanktabelle Koordinate

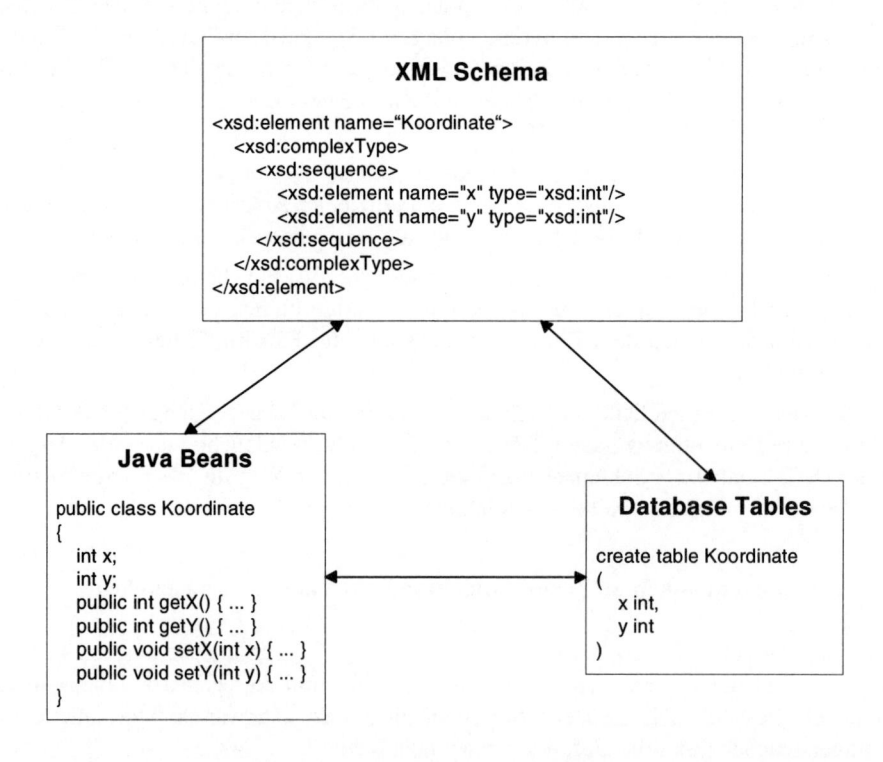

```
┌─────────────────────────────────────────────────┐
│                  XML Schema                     │
│                                                 │
│  <xsd:element name="Koordinate">                │
│    <xsd:complexType>                            │
│      <xsd:sequence>                             │
│        <xsd:element name="x" type="xsd:int"/>   │
│        <xsd:element name="y" type="xsd:int"/>   │
│      </xsd:sequence>                            │
│    </xsd:complexType>                           │
│  </xsd:element>                                 │
└─────────────────────────────────────────────────┘
```

```
┌──────────────────────────────┐   ┌──────────────────────────┐
│         Java Beans           │   │     Database Tables      │
│                              │   │                          │
│  public class Koordinate     │   │  create table Koordinate │
│  {                           │   │  (                       │
│     int x;                   │◄─►│     x int,               │
│     int y;                   │   │     y int                │
│     public int getX() { ... }│   │  )                       │
│     public int getY() { ... }│   │                          │
│     public void setX(int x) { ... } │                       │
│     public void setY(int y) { ... } │                       │
│  }                           │   │                          │
└──────────────────────────────┘   └──────────────────────────┘
```

Abbildung 7.4: XML Schema, Datenbanktabelle und Java Bean zur Speicherung von Koordinaten

Untersuchen wir die drei Definitionen bezüglich der Namensgebung, der Struktur sowie der verwendeten Datentypen. Alle drei Beispiele definieren eine Struktur `Koordinate` mit den untergeordneten Elementen x und y. Auch der Datentyp `int` taucht überall auf. Hierbei ist jedoch Vorsicht geboten, da der Wertebereich der Integers, also wieviele Bytes zu deren Speicherung bereitstehen, von System zu System stark variieren kann. Die XML-Schema-Definition des W3C legt den Integer-Wertebereich genau fest. Genauso ist dies für Java und C# der Fall. Allerdings gibt es dort Unterschiede beispielsweise zu C++, wo der Datentyp `long` dem `Integer` in Java entspricht. Auch verschiedene Datenbank-Server unterscheiden sich an diesem Punkt. Dies ist eine wichtige Aufgabe, die von den im Folgenden beschriebenen Konvertern erledigt werden muss.

Natürlich sind in den verschiedenen Darstellungsarten Unterschiede erkennbar. So kann in Java beispielsweise sehr genau festgelegt werden, für wen eine bestimmte Variable oder Methode sichtbar ist. Dies ist in Datenbanken oder XML nicht der Fall. XML Schema erlaubt beispielsweise die Definition von Alternativen (Element a oder b) oder optionalen Merkmalen wie eine optionale z-Koordinate. Zudem kann spezifiziert werden, ob die Reihenfolge von x und y gegeben sein muss oder nicht. Datenbanken erlauben schließlich beispielsweise die Vergabe von Rechten auf Tabellen. Trotz dieser Unterschiede verdeutlichen die beiden Abbildungen, dass große Gemeinsamkeiten bestehen.

7.2.4 Komplexe Strukturen

Zwei wesentliche Punkte wurden bislang noch nicht angesprochen. Zum einen sind Listen ein wichtiger Bestandteil vieler Datenstrukturen. Zum anderen können neben primitiven Datentypen wie ganzen Zahlen im Koordinatenbeispiel auch andere Strukturen in der Definition einer neuen Struktur auftreten. Im allgemeinen Fall ergeben sich hieraus beliebige Baumstrukturen. Abschnitt 6.5 auf Seite 135 illustrierte ja bereits, dass dies mit XML Schema leicht zu bewerkstelligen ist. Es bleibt zu zeigen, dass auch objektorientierte Sprachen und Datenbanken solche Strukturen abbilden können.

Gehen wir von folgendem Beispiel aus: Es soll eine Abteilung mit den dort beschäftigten Mitarbeitern dargestellt werden. Es gibt hierbei sozusagen zwei komplexe Strukturen, `Mitarbeiter` und `Abteilung`, wobei mehrere Mitarbeiter in einer Abteilung beschäftigt sein können. Dadurch ist sowohl die Verwendung eines Datentyps (`Mitarbeiter`) in der Definition eines anderen (`Abteilung`) als auch die Darstellung einer Liste durch das Beispiel abgedeckt. In Java kann dies sehr einfach bewerkstelligt werden. Die Klasse `Abteilung` hat schlichtweg eine Variable `mitarbeiter` vom Typ `Mitarbeiter[]`:

```java
public class Abteilung
{
    String name;
    Mitarbeiter[] mitarbeiter;
    ...
}
```

Aber auch für Datenbanken ist dieses Beispiel kein Problem. Wie Abbildung 7.6 verdeutlicht, ist jedes in der Datenbank gespeicherte Objekt durch einen so genannten Primärschlüssel identifiziert. Die Mitarbeitertabelle enthält dann für jedes Tupel eine Referenz auf die Abteilung, in der der jeweilige Mitarbeiter beschäftigt ist. Dies wird als 1:n-Beziehung zwischen Abteilung und Mitarbeiter bezeichnet. Abbildung 7.5 zeigt, dass Microsoft Access diese Beziehung direkt in die Darstellung der Tabelle `Abteilung` einfließen lässt.

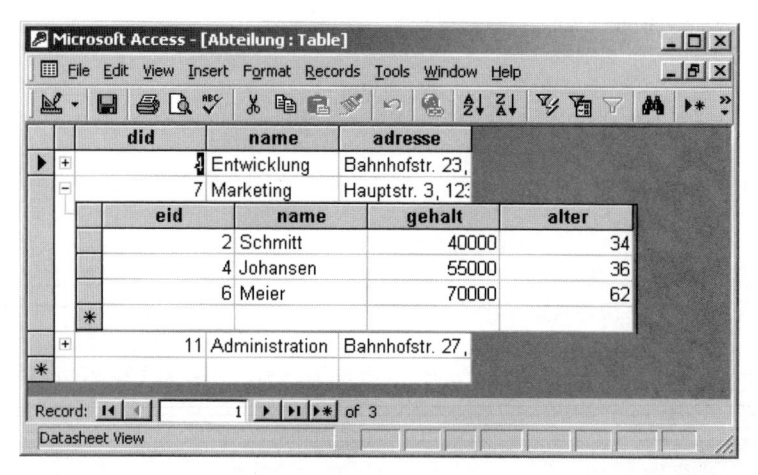

did	name	adresse		
4	Entwicklung	Bahnhofstr. 23,		
7	Marketing	Hauptstr. 3, 12:		
	eid	name	gehalt	alter
	2	Schmitt	40000	34
	4	Johansen	55000	36
	6	Meier	70000	62
11	Administration	Bahnhofstr. 27,		

Abbildung 7.5: Microsoft Access zeigt die implizit vorhandene Baumstruktur von Abteilung und den zugehörigen Mitarbeitern direkt in der Tabellenansicht an.

Neben den Möglichkeiten, die sich durch das klassische relationale Schema ergeben, ist die Abbildung solcher Baumstrukturen wesentlich komfortabler mit objektrelationaler Technologie möglich. Hierbei ist es dem Benutzer erlaubt, nicht nur primitive Datentypen, sondern auch eigene Strukturen und Listen in Tabellendefinitionen zu verwenden. Das folgende Beispiel zeigt die in Oracle 9i verwendete Syntax zur Definition der Typen `Mitarbeiter` und `Abteilung`. Der Typ `Mitarbeiter` ist hier ein so genannter *nested table*:

```
create type MitarbeiterType as object
(
   name char(12),
   gehalt float,
   _alter int
);

create type MitarbeiterTable as table of MitarbeiterType;

create table Abteilung
(
   id int,
   name char(12),
   mitarbeiter MitarbeiterTable
);
```

7.3 Automatische Transformation der Schema-Repräsentation

Nachdem die vorigen Abschnitte mit den Gemeinsamkeiten von Klassen, XML Schema und Datenbanken die Grundlage gelegt haben, werden wir nun Werkzeuge vorstellen, die die verschiedenen Darstellungsformen ineinander umsetzen können. Hierbei beginnen wir auf der Definitionsebene der Schemata.

7.3.1 Java Architecture for XML Binding (JAXB)

Als erstes Werkzeug stellen wir JAXB vor. JAXB ist Teil des Java Web Services Developer Pack (WSDP) von Sun (http://java.sun.com/webservices/webservicespack.html) und ist in der Lage, ein XML Schema in entsprechende Java-Klassen umzuwandeln. Die Installation und Bedienung ist denkbar einfach. Laden Sie sich einfach die WSDP-Distribution herunter und installieren Sie diese über den mitgelieferten Installer. Zum Kompilieren eines XML Schemas müssen Sie nun lediglich den mitgelieferten Compiler xjc in die Pfad-Umgebungsvariable übernehmen. Diesem kann nun einfach das Schema als Kommandozeilenparameter übergeben werden:

```
c:\work:>xjc s.xsd
parsing a schema...
compiling a schema...
generated\impl\KoordinateImpl.java
generated\impl\KoordinateTypeImpl.java
generated\Koordinate.java
generated\KoordinateType.java
generated\ObjectFactory.java
generated\bgm.ser
generated\jaxb.properties
```

Bei diesem Prozess werden eine Reihe von Klassen und Dateien erzeugt. Fangen wir mit den unten aufgeführten Dateien an. Bgm.ser und jaxb.properties speichern lediglich Informationen über die zur Konvertierung verwendete Version von JAXB und die dabei gewählten Parameter. Die Java-Klassen sind in die im Paket generated enthaltenen Interfaces und die Implementierungen in generated.impl unterteilt. Das Interface Koordinate erweitert hierbei ein Basis-Interface des javax.xml.bind-Pakets sowie das KoordinateType-Interface, welches die eigentlichen get- und set-Methoden für x und y enthält. Die Klasse ObjectFactory stellt die benötigte Logik zum Instanziieren von Koordinaten bereit. Die jeweiligen Implementierungen des generated.impl-Pakets enthalten dann den eigentlich zum Parsen und Serialisieren benötigten Code. Diese Listings sind recht undurchsichtig, doch es ist allerdings auch nicht erforderlich, die Programme zu verstehen. Folgendes Beispielprogramm verwendet die mit JAXB erzeugten Klassen, um ein XML-Dokument zu lesen und in ein Java-Objekt zu verwandeln. Dies passiert durch den Aufruf der Methode unmarshall des Unmarshaller-Objekts. Als Rückgabewert bekommt man ein Objekt, das in unserem Fall auf den Typ Koordinate gecastet wird. Nun ist es möglich, einfach auf die getX- und getY-Methoden zuzugreifen, um den Inhalt des XML-Dokuments zu bekommen.

Beachten Sie hierbei, dass der JAXB-Nutzer kein Wissen über die XML-Dokumentstruktur haben muss. Dies ist natürlich erheblich einfacher als explizit Informationen per SAX oder DOM herausfiltern zu müssen.

Im letzten Schritt wird der umgekehrte Weg gegangen. Ausgehend vom Java-Objekt wird nun wieder ein XML-Dokument erzeugt. Dies geschieht über den Marshaller völlig analog zum Unmarshalling-Prozess.

```
import java.io.*;
import javax.xml.bind.*;
import generated.*;

public class ReadWriteKoordinate
{
   public static void main(String[] args) throws Exception
   {
      JAXBContext jc = JAXBContext.newInstance( "generated" );

      Unmarshaller unmarshaller = jc.createUnmarshaller();
      Marshaller m = jc.createMarshaller();

      Koordinate koord =
         (Koordinate) unmarshaller.unmarshal( new File( "koord.xml" ) );
      System.out.println( "X = " + koord.getX() );
      System.out.println( "Y = " + koord.getY() );
      m.marshal( koord, System.out );
   }
}
```

JAXB erlaubt es also, aus beliebigen XML-Schema-Definitionen Java-Klassen zu erzeugen. Wie in Abbildung 7.3 angedeutet, sind diese Klassen dann in der Lage, XML-Dokumente aus Objekten (Marshalling oder Serialisierung) und Objekte aus XML-Dokumenten (Unmarshalling oder Deserialisierung) zu erzeugen.

7.3.2 java2wsdl

Auch der umgekehrte Weg, also von einer Java-Klasse zu einem XML Schema zu gelangen, ist inzwischen in mehreren Werkzeugen implementiert. Wir greifen hierbei dem WSDL-Werkzeugkapitel etwas vor und stellen das java2wsdl-Tool vor. Dieses Werkzeug ist in der Lage, eine Java-Klasse zu untersuchen und dabei eine XML-Servicebeschreibung zu erzeugen. Dazu ist es natürlich nötig, eventuell verwendete komplexe Datentypen in XML Schema auszudrücken. Genau diese Eigenschaft wollen wir nun untersuchen. Das Tool kann durch folgenden Befehl gestartet werden:

```
java org.apache.axis.wsdl.Java2WSDL -l myhost Serive
```

7.3 Automatische Transformation der Schema-Repräsentation

Hierbei gibt der letzte Kommandozeilenparameter an, welche Klasse untersucht werden soll. Die Angabe von -1 myhost dient der Spezifikation des für die Servicebeschreibung zu verwendenden Namespaces an. Dies soll uns derzeit noch nicht interessieren. Wir starten java2wsdl auf folgender Klasse:

```
public class Service
{
   public Koordinate m()
   {
      return new Koordinate();
   }
}
```

Nachdem in der Servicedefinition, also der Methode m, der Datentyp Koordinate verwendet wird, muss die Beschreibung diesen Typ definieren. Das Werkzeug gibt sodann eine Datei Koordinate.wsdl aus. Darin findet sich unter anderem auch die Definition des komplexen Typs Koordinate:

```xml
<xsd:schema xmlns="http://www.w3.org/2001/XMLSchema">
   <xsd:complexType name="Koordinate">
      <xsd:sequence>
         <xsd:element name="x" type="xsd:int"/>
         <xsd:element name="y" type="xsd:int"/>
      </xsd:sequence>
   </xsd:complexType>
</xsd:schema>
```

Durch diesen Prozess wird genau der umgekehrte Weg zu JAXB gegangen, also von Java-Klassen zu XML-Schema-Typen. Wahrscheinlich wird diese Funktionalität auch bald in JAXB integriert sein. Dies war in der uns vorliegenden Version allerdings noch nicht der Fall.

7.3.3 XML-Unterstützung in Datenbanken

Nachdem die Wege von Java zu XML und zurück erläutert und die jeweiligen Werkzeuge vorgestellt wurden, widmen wir uns nun kurz dem Thema XML und Datenbanken. Dies erscheint auf den ersten Blick für Web Services nicht sonderlich relevant zu sein. Bei genauerer Untersuchung zeigt sich jedoch, dass diese Kombination sehr viel Sinn macht. So ist es mit dem neuen SQL Server Web Services Toolkit von Microsoft möglich, auf die im SQL Server gespeicherten Daten direkt, also insbesondere ohne eigenen Applikations-Server mit Java- oder C#-Code, zuzugreifen. Die SOAP-Anfragen werden hierbei dann direkt von SQL Server verarbeitet.

Wir übernehmen wieder das bereits in Abschnitt 7.2.4 verwendete Beispiel der Mitarbeiterdatenbank. Abbildung 7.6 zeigt hierzu noch einmal das Datenbankschema. Beachten Sie, dass wir Access hier lediglich als Benutzerschnittstelle verwenden. Die Daten und die XML-Funktionalität liegen auf dem SQL Server.

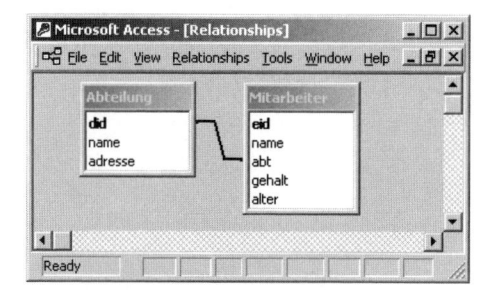

Abbildung 7.6: Zwischen den Tabellen Abteilung und Mitarbeiter besteht eine 1:n-Beziehung über den Fremdschlüssel abt.

Nachdem die XML-Unterstützung konfiguriert wurde, kann direkt vom Browser aus eine SQL-Select-Anfrage gestellt werden. Abbildung 7.7 zeigt, wie dies funktioniert. Der SQL Text „select * from Mitarbeiter" wird einfach als HTTP-GET-Parameter angegeben. Der SQL Server liefert dann die Daten als XML-Datei formatiert zurück. Die Option „for xml auto" teilt dem Server mit, einfach den Tabellennamen als Namen für die Gruppierungselemente in der mittleren Ebene zu verwenden. Die einzelnen Datenelementnamen wie name und gehalt stammen dann einfach von den Namen der Tabellenspalten.

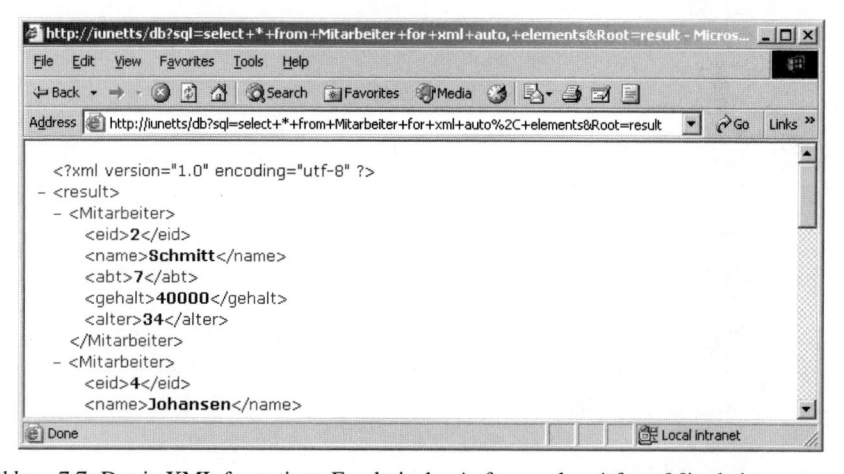

Abbildung 7.7: Das in XML formatierte Ergebnis der Anfrage select * from Mitarbeiter

Soll nun wie in unserem komplexen Beispiel eine Hierarchie aus Abteilung und Mitarbeiter entstehen, müssen die Daten auf der SQL-Seite mit einem Join zusammengefasst werden. Die Anfrage „select * from Abteilung, Mitarbeiter where did = abt" erledigt dies. Beide Tabellen tauchen im from-Ausdruck auf. Die Bedingung „did = abt" legt fest, dass Primärschlüssel immer gleich Fremdschlüssel sein muss, also dass nur Zeilen, die miteinander in Beziehung stehen, kombiniert werden. Wird diese Anfrage von einem SQL-Client gestartet, so ist das Ergebnis eine große Tabelle, in der die Abteilungsinformation für

7.3 Automatische Transformation der Schema-Repräsentation

alle Mitarbeiter der Abteilung wiederholt wird. In der XML-Ausgabe ist jedoch eine Hierarchie möglich. SQL Server bedient sich hier eines einfachen Tricks: Die in der `from`-Klausel zuerst vorkommende Tabelle wird als übergeordnete Tabelle betrachtet. Somit erscheint zuerst die Abteilung und dann die zugehörigen Mitarbeiter. Abbildung 7.8 zeigt die entsprechende Ausgabe im Browser.

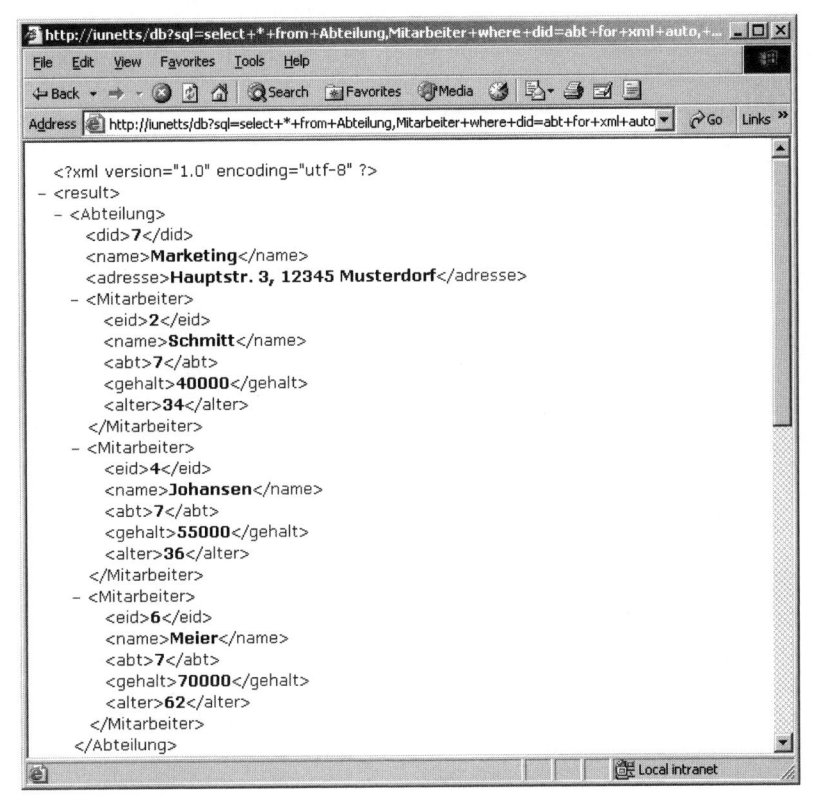

```
<?xml version="1.0" encoding="utf-8" ?>
- <result>
   - <Abteilung>
        <did>7</did>
        <name>Marketing</name>
        <adresse>Hauptstr. 3, 12345 Musterdorf</adresse>
      - <Mitarbeiter>
           <eid>2</eid>
           <name>Schmitt</name>
           <abt>7</abt>
           <gehalt>40000</gehalt>
           <alter>34</alter>
        </Mitarbeiter>
      - <Mitarbeiter>
           <eid>4</eid>
           <name>Johansen</name>
           <abt>7</abt>
           <gehalt>55000</gehalt>
           <alter>36</alter>
        </Mitarbeiter>
      - <Mitarbeiter>
           <eid>6</eid>
           <name>Meier</name>
           <abt>7</abt>
           <gehalt>70000</gehalt>
           <alter>62</alter>
        </Mitarbeiter>
     </Abteilung>
```

Abbildung 7.8: Das in XML formatierte Ergebnis des Joins der Tabellen Mitarbeiter und Abteilung. Die Reihenfolge der Tabellen in der SQL Anfrage gibt hierbei an, ob das XML Dokument nach Mitarbeitern, oder wie hier, nach Abteilungen gruppiert sein soll.

Neben der Abfrage von Daten über den `select`-Befehl ist es auch möglich, neue Daten in die Datenbank zu schreiben, womit sozusagen der Weg zurück (also von XML in die Datenbank) geöffnet wird. Bisher blieben wir ja bezüglich der XML- und Web-Service-Unterstützung in Datenbanken vornehmlich auf der Ebene der Instanzen. Selbstverständlich ist es mit diversen anderen Werkzeugen auch möglich, Datenbanktabellen in XML Schemata zu übersetzen bzw. die Tabellen aus XML Schemata zu erstellen. Die Details hierzu überlassen wir aber der einschlägigen Literatur.

7.3.4 Das Toolkit Castor

Der Vollständigkeit halber erwähnen wir noch kurz einen Repräsentaten der Werkzeuge, die Datenbanken und Java-Klassen vereinen. Wie die JMS-Implementation OpenJMS stammt Castor von der Open-Source-Entwicklungsgruppe Exolab (http://castor.exolab.org/). Wir konzentrieren uns hier insbesondere auf die Java Data Objects (JDO) API. JDO erlaubt es, auf eine Datenbank in einer komplett objektorientierten Art und Weise zuzugreifen. Dies wird durch eine explizite Abbildung von Instanzvariablen einer Java Bean in Datenbanktabellen erreicht. Diese Abbildung wird in einer speziellen XML-Syntax definiert. Betrachten wir ein Mapping zwischen unserer `Koordinaten`-Klasse und der in Abbildung 7.4 gezeigten Tabelle:

```xml
<?xml version="1.0"?>
<!DOCTYPE mapping PUBLIC
    "-//EXOLAB/Castor Object Mapping DTD Version 1.0//EN"
    "http://castor.exolab.org/mapping.dtd">
<mapping>
    <class name="Koordinate" identity="id">
        <map-to table="Koordinate" />
        <field name="id" type="integer">
            <sql name="id" type="integer" />
        </field>
        <field name="x" type="integer">
            <sql name="x" type="integer" />
        </field>
        <field name="x" type="integer">
            <sql name="x" type="integer" />
        </field>
    </class>
</mapping>
```

In den Elementen `class` und `map-to` werden der Tabellen- und der Klassenname angegeben. Es folgen drei `field`-Elemente. Da Castor keine zusammengesetzten Primärschlüssel unterstützt, mussten wir unser Koordinatenbeispiel um eine `id`-Variable zur eindeutigen Identifikation der Koordinaten in der Datenbank erweitern. Jedes `field`-Element ordnet nun die Datenbankspalte einer Instanzvariablen unter Berücksichtigung der entsprechenden Datentypen zu. Die Abbildung ist in diesem Beispiel absolut trivial. Castor bietet für solch einfache Fälle auch ein Werkzeug zur Automatisierung dieser simplen Abbildungen an.

Mit Hilfe dieser Abbildung ist Castor nun in der Lage, einige Hilfsklassen zu generieren. Soll eine neue Koordinate in der Datenbank gespeichert werden, so wird dies traditionell per SQL mit „insert into Koordinate values (4,6)" getan. Castor erlaubt eine objektorientierte Sicht wie folgt:

```
Koordinate koord = new Koordinate();
koord.setX(4);
koord.setY(6);
db.create(koord);
```

Auch das Auslesen und Ändern der Information aus einem SQL-Abfrageergebnis wird denkbar einfach. Beachten Sie, dass die durch den Aufruf von `setY` hervorgerufenen Änderungen am `Koordinate`-Objekt durch den erfolgreichen commit in die Datenbank zurückgeschrieben werden. Die entsprechende JDBC-Version wäre hierbei um ein Vielfaches länger, komplexer und schwieriger zu verstehen.

```
JDO jdo = new JDO();
...
Database db = jdo.getDatabase();
OQLQuery q = db.getOQLQuery( "select * from Koordinate" );
QueryResults res = q.execute();
while ( res.hasMore() )
{
   Koordinate k = ( Koordinate ) results.next();
   k.setY(4);
   System.out.println( k.getX() );
}
res.close();
oql.close();
db.commit;
db.close();
```

7.4 Grafische Editoren

Zum Abschluss des Werkzeugkapitels zeigen wir exemplarisch noch einige weitere nützliche Werkzeuge mit einem breiteren Fokus. Dies sind der Editor XML Spy und das XSL-Werkzeug BizTalk Mapper.

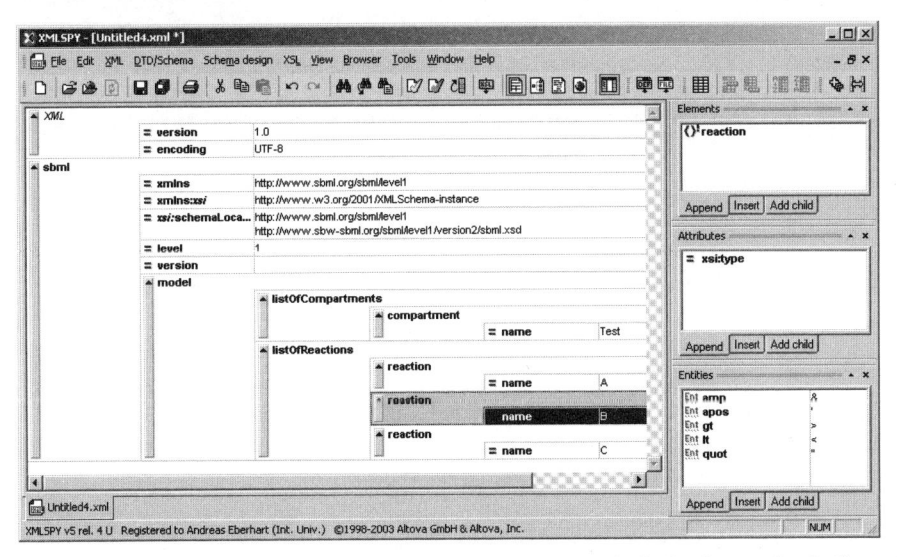

Abbildung 7.9: XML Spy zieht zum Editieren einer XML-Datei direkt das zugrunde liegende Schema heran.

XML Spy der Firma Altova ist wohl der beliebteste XML-Editor. Der in Abbildung 7.9 dargestellte Bildschirmaufbau zeigt, dass dieser Editor einige nützliche Eigenschaften unter einer komfortablen Benutzeroberfläche vereint. So sind validierende XML-Parser und eine XSLT-Engine bereits eingebaut und können über Knopfdruck aktiviert werden. Das Editieren von Dokumenten wird auch dadurch unterstützt, dass die Eingabemaske direkt das zugrunde liegende Schema einbezieht. In Abbildung 7.9 wird ein Dokument mit biochemischen Daten editiert. Die Fenster am rechten Rand zeigen hierbei sofort an, welche Kindelemente und Attribute an der momentanen Position möglich sind. Weiterhin unterstützt XML Spy den Benutzer auch bei der Erstellung von XML-Schemata und XSL-Stylesheets.

Während XML Spy ein relativ allgemein gehaltenes XML-Werkzeug ist, gibt es viele weitere Tools mit speziellerem Fokus. Hierzu zählt beispielsweise der BizTalk Mapper von Microsoft. BizTalk Mapper unterstützt den Benutzer beim Editieren von Sytlesheets zur Transformation eines Dokuments von Schema A nach Schema B. Abbildung 7.10 zeigt die beiden in diesem Beispiel gewählten Schemata auf der linken und der rechten Bildschirmhälfte. Beide Schemata enthalten ähnliche Felder. Somit ist die Datenkonvertierung prinzipiell recht einfach. Allerdings stellt sich die pure Menge an Elementen schnell als Problem heraus, wenn die entsprechenden Transformationsregeln von Hand eingegeben werden sollen.

Der BizTalk Mapper erlaubt nun, entsprechende Einträge per Drag and Drop grafisch zuzuordnen. Das XSL Stylesheet wird im Hintergrund generiert. Neben den hier gezeigten einfachen Abbildungen können auch kleine Rechenoperationen zur Anwendung kommen, um komplexere Probleme lösen zu können.

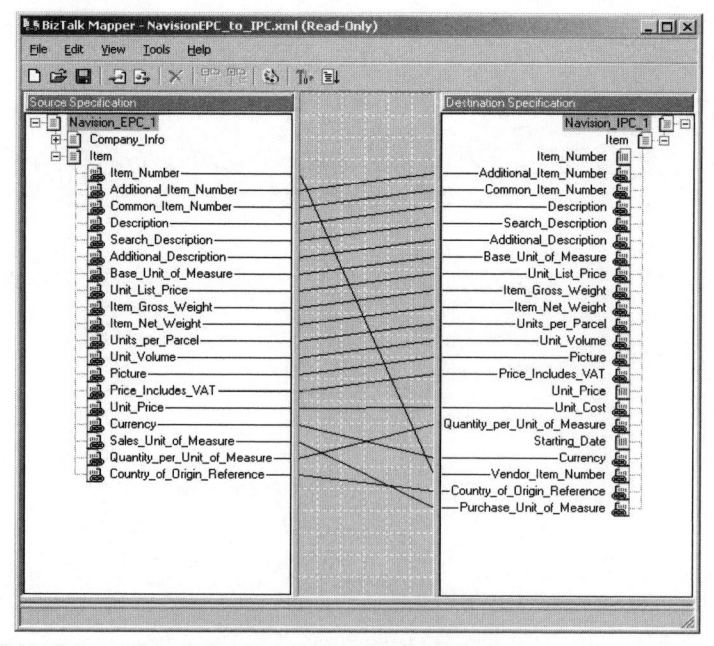

Abbildung 7.10: Schema-Transformation mit dem BizTalk Mapper

7.5 Übungsaufgaben

1. Erstellen Sie ein XML Schema, das Bücher mit Titel, Autoren, Kapiteln usw. beschreibt. Erstellen Sie auch ein zugehöriges XML-Dokument, das dieses Buch repräsentiert, und validieren Sie das Dokument mit einem XML-Parser Ihrer Wahl.

2. Wandeln Sie obiges XML Schema in einen DTD um. Validieren Sie das entsprechende XML-Dokument mit einem XML-Parser Ihrer Wahl.

3. Gegeben sei folgende Java-Klasse:

   ```
   public class Data {
      String s;
       int[] values;
   }
   ```

   Erstellen Sie ein entsprechenden XML Schema und Datenbankmodell.

4. Schalten Sie im Parser die Validierung ein, so wird ein Fehler meist durch eine `SAXException` angezeigt. Wieso?

5. Schreiben Sie einen Mini-SAX-XML-Parser, der lediglich Elemente verarbeitet. Der Parser soll `startElement` und `endElement` auf einem registrierten Callback aufrufen. Es soll auch geprüft werden, ob das Dokument wohlgeformt ist, also alle Tags in der richtigen Reihenfolge geschlossen werden.

Teil II

Dienstaufrufe mit SOAP und WSDL

Kapitel 8
SOAP – Simple Object Access Protocol

Wir sind nun im dem Teil des Buches angelangt, der das Herzstück der Web-Service-Architektur beschreibt. Beginnen wollen wir in diesem Kapitel mit SOAP, dem Simple Object Access Protocol. Wir werden uns zunächst die Aufgaben von SOAP klarmachen und auf den aktuellen Stand des Standardisierungsprozesses eingehen. Wir hatten ja schon gehört, dass SOAP im Wesentlichen ein anwendungsunabhängiges Nachrichtenformat beschreibt. Dieses Format erläutern wir und zeigen anschließend, wie SOAP-Nachrichten in verschiedenen Nutzungsszenarien kombiniert werden können. Einer Diskussion des Verarbeitungsmodells folgt eine Darstellung der verschiedenen Protokollbindungen, also insbesondere die standardisierte Bindung von SOAP an HTTP (GET und POST) sowie die Bindung von SOAP an Email. Den Abschluss des Kapitels bilden eine Beschreibung des generellen Vorgehens bei der Kodierung von Nicht-ASCII-Datentypen sowie einige Übungsaufgaben.

8.1 Aufgaben und Standardisierung von SOAP

SOAP ist ein leichtgewichtiges Protokoll, dessen Zweck der Austausch strukturierter Information in einer dezentralisierten verteilten Umgebung ist. Dazu wird auf der Basis von XML ein Rahmenwerk für den Austausch von Nachrichten beschrieben, wobei diese Nachrichten über eine Auswahl verschiedener Transportprotokolle übertragen werden können. Das Nachrichtenformat ist komplett anwendungsunabhängig, aber natürlich ist es möglich, anwendungsspezifische Daten in einer SOAP-Nachricht zu transportieren.

Beim Design von SOAP hatte man sich zum Ziel gesetzt, ein besonders einfaches, aber dafür erweiterbares Protokoll zu schaffen. In der Grundausstattung beschäftigt sich SOAP deswegen nicht mit Fragen wie Sicherheit, Verlässlichkeit, Routing von Nachrichten etc. Es ist jedoch kein Problem, SOAP entsprechend zu erweitern, und tatsächlich geschieht dies auch beispielsweise beim Thema Sicherheit (mehr dazu in Kapitel 13). Auch zum Thema „Message Exchange Pattern" (MEP), also Kombinationen von SOAP-Nachrichten, ist die Spezifikation sehr offen. Es werden zwar zwei solcher MEPs definiert (s. Abschnitt 8.3), aber prinzipiell kann man SOAP-Nachrichten beliebig kombinieren.

SOAP liegt zurzeit in der Version 1.2 vor, die am 24. Juni 2003 vom W3C standardisiert wurde. Die Arbeitsgruppe im W3C, die sich mit der SOAP-Standardisierung beschäftigt, heißt *XML Protocol Working Group*. SOAP wird ofmals auch als XML Protocol (XMLP) bezeichnet, d.h., es gilt als *das* mit XML arbeitende Kommunikationsprotokoll.

Die SOAP-Norm besteht aus zwei Dokumenten, die mit „SOAP Version 1.2 Part 1: Messaging Framework" und „SOAP Version 1.2 Part 2: Adjuncts" überschrieben sind. Der erste Teil beschreibt den *SOAP Envelope*, dessen Teile und Verwendung sowie ein algemeines Rahmenwerk für die Bindung von SOAP an Protokolle der tieferen Schichten. Mit dem SOAP Envelope steht damit ein Konzept für die Beschreibung von SOAP-Nachrichten zur Verfügung. Der zweite Teil fügt die Definition eines Datenmodells, ein spezielles Kodierschema für Datentypen, die über RPC übertragen werden, sowie eine konkrete Realisierung einer Bindung hinzu, genauer gesagt, die Spezifikation der Bindung von SOAP an HTTP GET- und POST-Nachrichten.

Diese beiden Dokumente werden begleitet von einem so genannten *Primer*, der eine allgemeinverständliche Einführung in die Konzepte von SOAP anbietet, ohne in die typische Sprache eines Standards zu verfallen. Dieser Primer ist nicht Teil des Standards, d.h., in Zweifelsfällen hat der Standard immer Vorrang.

8.2 Das SOAP-Nachrichtenformat

Jede SOAP-Nachricht besteht zunächst einmal aus einem Envelope, also einer Art virtuellem Umschlag. Dieser Umschlag umfasst zwei Komponenten, nämlich einen *SOAP Header* und einen *SOAP Body*. Diese Struktur ist in Abbildung 8.1 dargestellt.

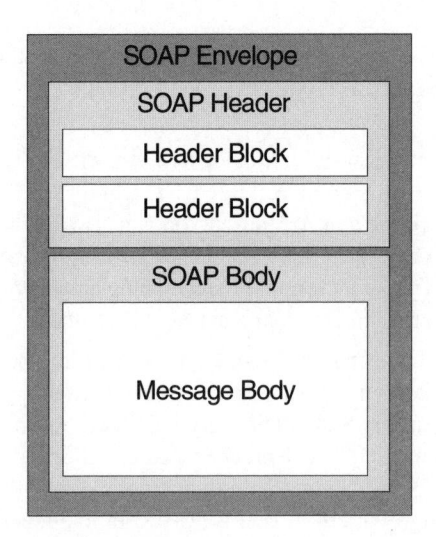

Abbildung 8.1: Das SOAP-Nachrichtenformat

8.2 Das SOAP-Nachrichtenformat

Bei der XML-Kodierung von SOAP-Nachrichten verwendet man einen eigenen Namespace für alle Tags, die zum Envelope gehören. Typischerweise wird (muss aber nicht) dieser Namespace mit env bezeichnet, so dass der Rahmen einer SOAP-Nachricht wie folgt aussieht:

```
<?xml version='1.0' ?>
<env:Envelope xmlns:env="http://www.w3.org/2003/05/soap-envelope" >
   <env:Header>
     ...
   </env:Header>
   <env:Body>
     ...
   </env:Body>
</env:Envelope>
```

Die Verwendung eines Namespaces sorgt erstens für Eindeutigkeit und erleichtert zweitens die Identifikation von SOAP-eigenen Tags. Wir werden gleich bei der Diskussion des Verarbeitungsmodells sehen, dass dies sehr sinnvoll eingesetzt werden kann. Auch für die anwendungsspezifischen Daten werden normalerweise eigene Namespaces genutzt.

Es ist wichtig festzuhalten, dass mit diesem Teil der Spezifikation der Nachrichtenstruktur die Aufgabe von SOAP auch schon fast erledigt ist – alles andere innerhalb einer SOAP-Nachricht ist anwendungsspezifisch. Trotzdem wird natürlich festgelegt, wie die einzelnen Teile zu verwenden sind; außerdem werden für den Header noch einige Syntaxvorgaben gemacht.

Der optionale Header dient zur Angabe von Informationen, die nicht direkt als Anwendungsdaten zu klassifizieren sind. Man könnte diese Informationen auch als Meta-Informationen bezeichnen. Typische Anwendungsfälle für die Verwendung eines Headers sind beispielsweise die Angabe von Transaktionsnummern, wenn die SOAP-Nachricht zu einer bestimmten gerade laufenden Transaktion gehört, von Abrechnungs- oder von Authentifizierungsinformationen. Ganz allgemein kann man sagen, hier werden Angaben darüber gemacht, wie die Nachricht zu verarbeiten ist.

Der Body hingegen muss vorhanden sein; er transportiert die Daten, die zwischen zwei Komponenten der verteilten Anwendung ausgetauscht werden. Es handelt sich also um reine Anwendungsdaten.

Die beiden Kommunikationspartner werden in SOAP auch als *SOAP nodes* (SOAP-Knoten) bezeichnet, wobei der Sender der Nachricht explizit *SOAP sender* und der Empfänger entsprechend *SOAP receiver* heißt.

Betrachten wir ein kurzes Beispiel für eine komplette SOAP-Nachricht. Nehmen wir dazu an, unser Reisebürogründer möchte der Firma Web Air mitteilen, dass sie doch bitte einen bestimmten Flug reservieren möge. Die entsprechende anwendungsspezifische SOAP-Nachricht könnte dann wie folgt aussehen (ohne Header-Informationen anzugeben):

```
<?xml version='1.0' ?>
<env:Envelope xmlns:env="http://www.w3.org/2003/05/soap-envelope" >
   <env:Header>
     ...
```

```xml
</env:Header>
<env:Body>

    <r:reservierung xmlns:r="http://www.web-air.de/reservierung">
       <r:hinflug>
          <r:abflugort>Frankfurt</r:abflugort>
          <r:ankunftsort>Los Angeles</r:ankunftsort>
          <r:abflugdatum>2001-12-14</r:abflugdatum>
          <r:abflugzeit>10:25</r:abflugzeit>
          <r:sitzPraeferenz>Fenster</r:sitzPraeferenz>
       </r:hinflug>
       <r:rueckflug>
          ....
       </r:rueckflug
    </r:reservierung>
</env:Body>
</env:Envelope>
```

Man kann an diesem Beispiel einige Dinge sehr schön sehen. So wird für den anwendungsspezifischen (fettgedruckten) Teil ein eigener Namespace verwendet, der vom Reisebüro definiert wurde und die Unterscheidung zu den SOAP-spezifischen Tags ermöglicht. Außerdem sieht man, dass hier wirklich nur ein Datensatz übertragen wird, d.h., hier wird keine entfernte Operation aufgerufen: SOAP kann, muss aber nicht, in RPC-Form verwendet werden. Dazu mehr im nun folgenden Abschnitt.

8.3 Typische Kombinationen von Nachrichten

SOAP kann eine Aufgabe möglicherweise bereits erfüllen, wenn eine einzige Nachricht zwischen zwei SOAP-Knoten ausgetauscht wird. In dieser Nachricht steht dann im Body ein XML-Dokument, das Daten enthält, die für den Empfänger relevant sind. Spannender sind jedoch die Szenarien, in denen zwischen den Knoten mehrere Nachrichten nacheinander ausgetauscht werden. Wir wollen uns im Folgenden die beiden standardisierten Kombinationen anschauen, aber es ist leicht, sich weitere Kombinationen vorzustellen und diese zu beschreiben. Die beiden MEPs, die wir betrachten wollen, sind das dialogorientierte (*conversational*) MEP und das Remote-Procedure-Call-MEP.

8.3.1 Das dialogorientierte MEP

Beim dialogorientierten Nachrichtenaustausch werden solche einfachen Nachrichten wie oben in einer von der Anwendung bestimmten Reihenfolge zwischen den SOAP-Knoten ausgetauscht. Das Datenformat der Nachrichten wird ebenfalls von der Anwendung definiert, d.h., die kommunizierenden Knoten müssen natürlich jeweils vereinbart haben, welche Datenstrukturen in den Nachrichten auftauchen dürfen und wie sie zu interpretieren sind.

Betrachten wir das obige Beispiel in diesem Kontext, dann könnte man sich etwa vorstellen, dass Web Air als Antwort auf die Anfrage eine Fehlermeldung schickt, weil zu der angegebenen Zeit kein Flug der Web Air von Frankfurt nach Los Angeles fliegt. Daraufhin würde unsere Reisebüro-Anwendung mit einer korrigierten Anfrage reagieren, die dann abschließend von Web Air bestätigt würde.

8.3.2 Das RPC-MEP

Viel häufiger als diese Methode wird das zweite Interaktionsmuster verwendet, das dem RPC-Stil folgt. Das bedeutet, eine Interaktion besteht hier aus einer Anfrage und einer dazugehörigen Antwort; dieses Schema wird auch, wie wir schon wissen, als Request-Response bezeichnet.

Der RPC-Stil bildet damit das Schema nach, das sich auch in den anderen Middleware-Ansätzen findet: Ein Web Service wird als Operation auf einem entfernten Rechner implementiert und ein Client kann unter Verwendung des Namens der Methode diesen Dienst aufrufen. Dementsprechend muss der Aufbau einer SOAP-Nachricht im RPC-Stil auch gewissen Regeln folgen, die im Standard festgelegt sind. Danach muss für die Anfragenachricht gelten:

- Der Body muss aus einem einzigen Element bestehen, das als Kindelemente die Parameter der Operation enthält. Der Name dieses Elements muss mit dem Namen der Server-Operation identisch sein.
- Jedes einzelne Kindelement muss den Namen des zugehörigen Parameters der Operation tragen.

Die Regeln für die Antwort sind seit der SOAP-Version 1.2 die Folgenden:

- Der SOAP Body enthält ein einziges XML-Element, dessen Name frei wählbar ist. Dieses Element enthält für den Rückgabewert sowie für jeden Ausgabeparameter der Operationen je genau ein Kindelement.
- Jedes einzelne Kindelement muss den Namen des zugehörigen Parameters der Operation tragen.
- Für den Rückgabewert der Operation gilt das Folgende: Wenn der Rückgabewert nicht vom Typ `void` ist, dann muss das entsprechende Element den Namen `result` tragen und den Namespace „`http://www.w3.org/2003/05/soap-rpc`" verwenden. Wenn es sich dagegen um einen `void`-Rückgabewert handelt (der Web Service also keinen Rückgabewert besitzt), dann *darf* es kein Kindelement mit dem Namen `result` geben.
- Fehler beim Aufruf müssen behandelt werden (dazu beschreibt der Standard ebenfalls Regeln). Im Wesentlichen wird zum Berichten von Fehlern das Element `<fault>` aus dem SOAP-Namespace verwendet.

Damit können wir nun die SOAP-Nachrichten für unser Beispiel zusammenstellen. Wir gehen nun davon aus, dass die Web Air ihre Dienste als Operationen (im Endeffekt also als Web Services) anbietet. Insbesondere gibt es einen Buchungsdienst, der eine Operation reserviere anbietet. Als Eingabe erwartet die Operation (der Einfachheit halber) eine Flugnummer, die Zahl der Sitze und ein Datum für den Flug. Als Ausgabe erhält der Aufrufer eine Reservierungsnummer. Mit anderen Worten, in Java würde diese Operation bzw. der komplette Service mit der folgenden Klasse/Signatur beschrieben werden:

```
public class Buchung {
    String reserviere(String flugnummer, int sitze, Date datum);
}
```

Die SOAP-Request-Nachricht sieht dann z.B. wie folgt aus:

```
<?xml version="1.0" encoding="UTF-8"?>
<soapenv:Envelope xmlns:soapenv="http://schemas.xmlsoap.org/soap/
            envelope/" xmlns:xsd="http://www.w3.org/2001/XMLSchema"
            xmlns:xsi="http://www.w3.org/2001/XMLSchema-instance">
    <soapenv:Body>
        <ns1:reserviere soapenv:encodingStyle="http://schemas.xmlsoap.org/
                                        soap/encoding/"
                xmlns:ns1="http://www.web-air.de/axis/Buchung.jws">
            <flugnummer xsi:type="xsd:string">WA417</flugnummer>
            <sitze xsi:type="xsd:int">3</sitze>
            <datum xsi:type="xsd:dateTime">2003-07-11T12:00:00.000Z</datum>
        </ns1:reserviere>
    </soapenv:Body>
</soapenv:Envelope>
```

Im SOAP Body findet sich als einziges Element auf der nächsten Ebene das `reserviere`-Element, das entsprechend den obigen Regeln den Namen der Operation widerspiegelt. Die Kindelemente davon sind die Parameter der Operation.

Die entsprechende von Web Air generierte Antwort könnte dann wie folgt aussehen:

```
<?xml version="1.0" encoding="UTF-8"?>
<soapenv:Envelope xmlns:soapenv="http://schemas.xmlsoap.org/soap/
            envelope/" xmlns:xsd="http://www.w3.org/2001/XMLSchema"
            xmlns:xsi="http://www.w3.org/2001/XMLSchema-instance">
    <soapenv:Body>
        <ns1:reserviereResponse
            soapenv:encodingStyle="http://schemas.xmlsoap.org/soap/
                                                        encoding/"
            xmlns:rpc="http://www.w3.org/2003/05/soap-rpc"
            xmlns:ns1="http://www.web-air.de/axis/Buchung.jws">
            <rpc:result xsi:type="xsd:string">ghftrgvf</rpc:result>
        </ns1:reserviereResponse>
    </soapenv:Body>
</soapenv:Envelope>
```

Wir erkennen, dass das Kindelement des SOAP-Bodies einen automatisch erzeugten Namen erhält (`reserviereResponse`) und dass der Wert als `<result>` bezeichnet wird. Zu den jeweiligen Typbezeichnungen (`xsi:type`) kommen wir in Kürze.

Dieses Request-Response-Muster „schreit" natürlich geradezu nach der Unterstützung durch das entsprechende Transportprotokoll. HTTP bietet ja gerade genau auch dieses Muster mit seinem HTTP-Request und HTTP-Response. Tatsächlich ist SOAP über HTTP die natürlichste Abbildung und wird sicherlich in den allermeisten Fällen auch so verwendet. Das ist aber nicht verpflichtend! Sie können jederzeit den RPC-Stil auch z.B. über SMTP verwenden.

8.4 Das Verarbeitungsmodell von SOAP

Das SOAP-Verarbeitungsmodell beschreibt, was ein SOAP-Knoten zu tun hat, wenn er eine SOAP-Nachricht erhält. Die Anweisungen ergeben sich aus den Header-Elementen oder genauer aus den SOAP-spezifischen Teilen der Header. SOAP lässt zwar die Form der Header- und Body-Elemente offen, fordert jedoch, dass bestimmte Attribute vorhanden sein müssen, wenn ein Header-Element existiert. Genauer gesagt, sind es drei Attribute, die für jeden SOAP-Knoten eine Rolle spielen, nämlich `role`, `mustUnderstand` und `relay`. Mit anderen Worten: Jeder SOAP-Knoten muss jede eintreffende Nachricht zumindest soweit verstehen, dass er die Header liest und bzgl. der Bedeutung der Parameter interpretieren kann .

Bevor wir zu den einzelnen Attributen kommen, sollten wir noch einmal kurz klarstellen, dass in eine SOAP-Interaktion durchaus mehr als zwei Knoten eingebunden sein können. Man spricht bei den Knoten, die nicht der endgültige Empfänger sind, von einem *Intermediate*. Es gibt zahlreiche Anwendungssituationen, in denen man sich den Einsatz solcher Zwischenknoten vorstellen kann. Ein Beispiel wäre der Transport einer Nachricht über einen vertrauenswürdigen Dritten, der die Nachricht zunächst signiert, bevor er sie an den endgültigen Empfänger weiterleitet. Weitere Anwendungen lägen im Bereich von Routing auf der Anwendungsebene. All das bedeutet, dass die Attribute berücksichtigen, ob ein Knoten Endverwender oder nur Zwischenknoten ist.

8.4.1 Das Attribut `role`

Das Rollenattribut kann, wenn es vorhanden ist, drei verschiedene Werte annehmen. Es beschreibt einem SOAP-Knoten, ob der Header für diesen Knoten relevant ist. Wenn sich der Knoten in der entsprechenden Rolle befindet, dann muss er diesen Header auch verarbeiten. Der SOAP-Standard schweigt sich allerdings (absichtlich) darüber aus, wie ein SOAP-Knoten eine bestimmte Rolle annehmen kann; dies wird als anwendungsspezifisch betrachtet.

Die folgenden Rollen sind vordefiniert und werden jeweils durch die angegebene URI näher spezifiziert:

- http://www.w3.org/2003/05/soap-envelope/role/none
- http://www.w3.org/2003/05/soap-envelope/role/next
- http://www.w3.org/2003/05/soap-envelope/role/ultimateReceiver

Ansonsten kann die Anwendung weitere Rollen frei definieren.

Mit den obigen Standardrollen würde ein Header z.B. wie folgt aussehen:

```xml
<?xml version="1.0" ?>
<env:Envelope xmlns:env="http://www.w3.org/2003/05/soap-envelope">
   <env:Header>
      <h:block1 xmlns:h="http://www.ws-reisen.de"
         env:role="http://www.w3.org/2003/05/soap-envelope/role/next">
         ...
      </h:block1>
      <i:block2 xmlns:i="http://www.ws-reisen.de"
         env:role="http://www.w3.org/2003/05/soap-envelope/role/
                                          ultimateReceiver">
         ...
      </i:block2>
   </env:Header>
   <env:Body >
      ...
   </env:Body>
</env:Envelope>
```

Die next-Rolle muss jeder Knoten ausfüllen können. Der Header-Block `<h:block1>` würde somit von jedem Knoten auf dem Übertragungsweg interpretiert werden. Den Block `<i:block2>` hingegen darf nur der letzte Empfänger interpretieren. Eine Übersicht darüber, welche Header-Blöcke für welche SOAP-Knoten relevant sind, gibt Tabelle 8.1.

Tabelle 8.1: Relevanz eines Headers bei gegebenem Rollenattribut und Rolle des SOAP-Knotens

Knoten	keine Angabe	„none"	„next"	„ultimate-Receiver"
Initiator	–	–	–	–
Zwischen-knoten	nicht relevant	nicht relevant	relevant	nicht relevant
endgültiger Empfänger	relevant	nicht relevant	relevant	relevant

Wir sehen, dass die Rollenverteilung keinerlei Einfluss auf den Sender hat. Es sind nur die weiteren Knoten auf dem Pfad betroffen. Die anderen Zuordnungen sind offensichtlich.

Das Attribut ist übrigens optional, so dass bei Abwesenheit immer nur der letzte Empfänger gemeint ist (s. zweite Spalte in der letzten Reihe).

8.4.2 Das Attribut `mustUnderstand`

Dieses Attribut verstärkt die Bedeutung eines Header-Blocks. Wenn ein Knoten anhand des Rollenattributs alle Header identifiziert hat, die für diesen Knoten zutreffen, dann gibt dieses Attribut, wenn es vorhanden und auf „true" gesetzt ist, an, dass der Knoten die Semantik dieses Header-Blocks auf jeden Fall verstehen muss, bevor er die Nachricht weiterleiten darf.

Wenn ein Block an einem Zwischenknoten verarbeitet wurde, muss er aus der SOAP-Nachricht entfernt werden; allerdings kann ein anderer Block dafür sorgen, dass der Block in gleicher oder veränderter Bedeutung wieder eingefügt werden kann, bevor die Nachricht weitergeschickt wird.

8.4.3 Das Attribut `relay`

Dieses Attribut lässt schließlich Aussagen darüber zu, was mit einem Block geschehen soll, der eigentlich von einem SOAP-Knoten bearbeitet werden soll. Tabelle 8.2 zeigt die Optionen.

Tabelle 8.2: Bedeutung des relay-Attributs (nach dem SOAP 1.2 Standard)

Rolle		Headerblock	
Name	angenommen	verstanden und verarbeitet	weitergeleitet
`next`	ja	ja	nein, außer der Block wird wieder eingefügt
		nein	nein, außer `relay="true"`
benutzer-definiert	ja	ja	nein, außer der Block wird wieder eingefügt
		nein	nein, außer `relay="true"`
	nein	–	ja
`ultimate-Receiver`	ja	ja	–
		nein	–
`none`	nein	–	ja

Picken wir aus der Tabelle ein Beispiel heraus: Trägt der Header die Rolle `next` (das betrifft jeden Knoten) und kann der Knoten den Header verarbeiten, dann wird der Block nicht weitergeleitet, außer er wird wieder eingefügt. Kann oder will er den Block nicht verarbeiten, dann wird der Block nur weitergeleitet, wenn das `relay`-Attribut des Blocks auf `true` gesetzt ist.

Man sieht, dass man mit diesem Verarbeitungsmodell sehr flexibel angeben kann, wie SOAP-Nachrichten auf dem Übertragungsweg zu behandeln sind.

8.5 Protokollbindungen

SOAP-Nachrichten müssen zwischen den einzelnen SOAP-Knoten übertragen werden. Dies geschieht mittels eines Transportsystems, das auf verschiedenen Protokollen basieren kann. Die Zusammenarbeit zwischen SOAP und einem beliebigen Transportprotokoll bezeichnet man als *Bindung*. Prinzipiell kann man sich eine Menge verschiedener Bindungen vorstellen und im SOAP-Standard Teil 1 wird beschrieben, was eine Bindung generell ausmacht. Teil 2 gibt dann genau eine Bindung an, nämlich die von SOAP über HTTP (allerdings in zwei Varianten). Andere Bindungen muss man sich sozusagen selbst definieren, aber solange man sich an die generellen Regeln aus Teil 1 hält, ist das in Ordnung.

Generell gehört zur Definition einer Bindung das Folgende:

- Die Angabe der Möglichkeiten, die diese Bindung eröffnet,
- die Angabe, wie die Dienste des zugrunde liegenden Protokolls genutzt werden, um SOAP-Nachrichten zu übertragen,
- die Angabe, wie solche Dienste genutzt werden, um die beschriebenen Features der Bindung zu realisieren,
- eine Beschreibung der Behandlung aller möglichen Fehler,
- eine Definition der Anforderungen zur Realisierung einer zu dieser Bindung konformen Implementierung.

Schauen wir uns einfach einmal die Standardbindung von SOAP an HTTP an.

8.5.1 Die SOAP-HTTP-Bindung

Wir haben HTTP ja schon kennen gelernt. Es ist nahezu ideal als Transportmodell für den typischen Web-Service-Aufruf geeignet:

- Sein Request-Response-Muster passt hervorragend zum SOAP-RPC-Stil.
- Mittels URIs werden Endpunkte identifiziert. Dieses weithin bekannte Adressierungsschema kann für SOAP-Knoten übernommen werden.
- Auch in HTTP gibt es Zwischenknoten (z.B. Proxies), so dass auch hier die beiden Konzepte sehr gut zusammenpassen.

8.5 Protokollbindungen

HTTP verwendet zur Kommunikation zwischen den Knoten verschiedene Methoden, die wir in Abschnitt 4.2.3 kennen gelernt haben. In der Bindung, die im SOAP-Standard Teil 2 definiert wird, werden explizit die beiden Methoden GET und POST hervorgehoben. Es werden zwei unterschiedliche Verfahren standardisiert, mit denen SOAP-Knoten über HTTP kommunizieren dürfen.

- Das erste Verfahren beruht rein auf der POST-Methode und ist für das übliche Request-Response-Modell vorgesehen. Der Sender-Knoten überträgt damit eine SOAP-Nachricht in einem HTTP-POST-Paket und erhält ein HTTP-Response-Paket zurück, in dem die SOAP-Antwort abgelegt ist.

- In der zweiten Methode wird auf dem Hinweg kein SOAP verwendet, sondern die Anfrage wird komplett als HTTP-GET-Anfrage kodiert. Als Antwort erhält man jedoch wiederum ein HTTP-Response-Paket mit der Antwort in SOAP formuliert.

Wann verwendet man welches Verfahren? Auch dies wird im Standard vorgegeben, denn es wird empfohlen, sich an die WWW-Standards zu halten. Das bedeutet, dass man die GET-Methode dann verwenden sollte, wenn der Aufruf keine Seiteneffekte hat, wenn also keine Ressourcen auf der Server-Seite verändert werden. POST soll benutzt werden, wenn die Nachricht dafür sorgt, dass sich der Zustand einer Ressource beim Server ändert. Die erste Regel gilt allerdings nur, wenn keine SOAP-Header verwendet werden. Sobald ein Header in der SOAP-Nachricht auftauchen würde, muss man POST verwenden, da es kein Schema gibt, mit dem man die Header-Information in HTTP GET kodieren kann.

Schauen wir uns unser Beispiel von oben an und überlegen, wie man diese Aufrufe jeweils in HTTP übertragen würde. Unter Verwendung der ersten Methode könnte man wie folgt vorgehen: Man stellt ein HTTP-Paket zusammen, in dem in der ersten Zeile der GET-Aufruf kodiert wird. Die Parameter der Operation werden als Parameter im `<query>`-Teil der URI beschrieben. Damit ergibt sich das folgende Format:

```
GET http://www.web-air.de/Buchung/reserviere?flugnummer=WA417&
            sitze=3&datum=2003-07-11T12:00:00.000Z HTTP/1.1
Host: www.ws-reisen.de
Accept: application/soap+xml
```

Und das ist auch schon alles, kein XML-Dokument im Body der Nachricht! Sie sehen, GET ist optimal geeignet, um solche Aufrufe zu kodieren, denn es entsteht ein minimaler Overhead.

Mittels des `Accept`-Headers gibt der Client an, dass die Antwort bitte in SOAP/XML ausgegeben werden soll. Diese Antwort, verpackt in eine HTTP-Response, sieht entsprechend wie folgt aus:

```
HTTP/1.1 200 OK
Content-Type: application/soap+xml; charset="utf-8"
Content-Length: xxxx

<?xml version="1.0" encoding="UTF-8"?>
<soapenv:Envelope xmlns:soapenv="http://schemas.xmlsoap.org/soap/
```

```
                        envelope/" xmlns:xsd="http://www.w3.org/2001/XMLSchema"
                        xmlns:xsi="http://www.w3.org/2001/XMLSchema-instance">
    <soapenv:Body>
        <ns1:reserviereResponse
            soapenv:encodingStyle="http://schemas.xmlsoap.org/soap/
                                                                encoding/"
            xmlns:rpc="http://www.w3.org/2003/05/soap-rpc"
            xmlns:ns1="http://www.web-air.de/axis/Buchung.jws">
            <rpc:result xsi:type="xsd:string">ghftrgvf</rpc:result>
        </ns1:reserviereResponse>
    </soapenv:Body>
</soapenv:Envelope>
```

Nehmen wir nun an, dass POST verwendet werden soll, da ein entsprechender Header vorhanden ist. Damit könnte dies eine HTTP-Verpackung für das SOAP-Paket sein:

```
POST /Buchung HTTP/1.1
Host: www.ws-reisen.de
Content-Type: application/soap+xml; charset="utf-8"
Content-Length: xxxx

<?xml version="1.0" encoding="UTF-8"?>
<soapenv:Envelope xmlns:soapenv="http://schemas.xmlsoap.org/soap/
                envelope/" xmlns:xsd="http://www.w3.org/2001/XMLSchema"
                xmlns:xsi="http://www.w3.org/2001/XMLSchema-instance">
    <soapen:Header>
      <h:block 1 ....>
        ....
      </h_block1>
    <soapenv:Header>
    <soapenv:Body>
        <ns1:reserviere soapenv:encodingStyle="http://schemas.xmlsoap.org/
                                                            soap/encoding/"
                    xmlns:ns1="http://www.web-air.de/axis/Buchung.jws">
            <flugnummer xsi:type="xsd:string">WA417</flugnummer>
            <sitze xsi:type="xsd:int">3</sitze>
            <datum xsi:type="xsd:dateTime">2003-07-11T12:00:00.000Z</datum>
        </ns1:reserviere>
    </soapenv:Body>
</soapenv:Envelope>
```

Da die Antwort wiederum als HTTP-Response übertragen wird, ergibt sich zur GET-Version kein Unterschied.

Damit wollen wir es bewenden lassen, uns aber jetzt noch kurz anschauen, wie man SOAP-Nachrichten über Emails verschicken könnte.

8.5.2 SOAP über Email

Die Bindung von SOAP an SMTP ist nicht genormt, es gibt jedoch eine so genannte *W3C Note*, in der eine solche Bindung anhand des Rahmenwerks aus Teil 1 des Standards entwickelt wird (http://www.w3.org/TR/2002/NOTE-soap12-email-20020626). Entsprechend dieser Beschreibung könnte eine Email, die die SOAP-Anfrage für unsere Flugbuchung bei Web Air beinhaltet, folgendermaßen aussehen:

```
From: stefan@ws-reisen.de
To: buchung@web-air.de
Subject: Reise nach Los Angeles
Date: Sat, 12 Jul 2003 14:13:38 +0200
Message-ID: <018401c3486f$073e77d0$ac23a986@ws-reisen.de>
Content-Type: application/soap+xml

<?xml version="1.0" encoding="UTF-8"?>
<soapenv:Envelope xmlns:soapenv="http://schemas.xmlsoap.org/soap/
            envelope/" xmlns:xsd="http://www.w3.org/2001/XMLSchema"
            xmlns:xsi="http://www.w3.org/2001/XMLSchema-instance">
    <soapen:Header>
        <h:block1 ....>
            ....
        </h:block1>
    </soapenv:Header>
    <soapenv:Body>
        <ns1:reserviere soapenv:encodingStyle="http://schemas.xmlsoap.org/
                                            soap/encoding/"
            xmlns:ns1="http://www.web-air.de/axis/Buchung.jws">
            <flugnummer xsi:type="xsd:string">WA417</flugnummer>
            <sitze xsi:type="xsd:int">3</sitze>
            <datum xsi:type="xsd:dateTime">2003-07-11T12:00:00.000Z</datum>
        </ns1:reserviere>
    </soapenv:Body>
</soapenv:Envelope>
```

Dies ist wohlgemerkt nur eine Möglichkeit, wobei die Abbildung natürlich recht offensichtlich ist.

Wie könnte eine solche Email nun verarbeitet werden? Hinter der Email-Adresse buchung@web-air.de müsste sich ein Web Service verbergen, der die Email entsprechend analysieren und die enthaltene SOAP-Nachricht verarbeiten müsste. Der Transport der Nachricht zu diesem Service würde mittels der in Abschnitt 4.4 beschriebenen Mail-Infrastruktur des Netzes erfolgen.

8.6 SOAP Encodings

Die letzte wichtige Komponente von SOAP ist in der letzten Zeit in die Diskussion geraten – es geht um das SOAP Encoding und seine Daseinsberechtigung. Wozu ist dieses Encoding ursprünglich gedacht?

Stellen Sie sich dazu die Situation vor, wie ein Web Service eigentlich verwendet wird. Es gibt ein Client- und ein Server-Programm, die jeweils in einer bestimmten Programmiersprache erstellt wurden. Wenn der Client den Service des Diensterbringers nutzen will, dann wird er eine SOAP-Nachricht formulieren und seinem Partner schicken. In aller Regel wird diese SOAP-Nachricht von einer Software erstellt, während der Client den Dienstaufruf mit einem bekannten Paradigma seiner Programmiersprache formuliert, also z.B. als Methodenaufruf.

Ein kleines Beispiel anhand unserer Reiseplanung: In einem Java-Client wird die Funktion zum Reservieren eines Fluges in etwa wie folgt aufgerufen:

```
...
Buchung b = .... //suche den Buchungsservice, weise ihn lokaler Variable
String resNummer = b.reserviere("WA417",3,datum);
...
```

Das Problem, das die Software nun lösen muss, besteht darin, den Funktionsaufruf auf eine SOAP-Nachricht abzubilden – und zwar so, dass der Server die Nachricht eindeutig interpretieren kann, so, wie sie vom Sender gemeint war. Das könnte mit der folgenden SOAP-Nachricht ein Problem sein:

```
...
<ns1:reserviere xmlns:ns1="http://www.web-air.de/axis/Buchung.jws">
   <flugnummer>WA417</flugnummer>
   <sitze>3</sitze>
   <datum>2003-07-11T12:00:00.000Z</datum>
</ns1:reserviere>
...
```

Bei keinem der drei Parameter ist nämlich angegeben, um welchen Datentyp es sich handelt. Das bedeutet, dass der Server z.B. den Parameter `sitze` als Zeichenkette interpretieren und so ein ganz anderes Verständnis der Daten entwickeln könnte.

Dieses Problem wird traditionell für alle Übermittlungsformate durch die Einigung auf feste Datentypen und die Angabe von Kodierregeln gelöst. So ist das auch bei SOAP: Das SOAP Encoding erlaubt die Angabe von Datentypen für ein XML-Element. Verwendet werden dazu das Attribut `xsi:type` sowie verschiedene festgelegte Datentypen. Diese Syntax hatten wir weiter oben zumindest schon gesehen, hier noch einmal das Reservierungsbeispiel:

```
<soapenv:Envelope xmlns:soapenv="http://schemas.xmlsoap.org/soap/envelope/"
           xmlns:xsd="http://www.w3.org/2001/XMLSchema"
           xmlns:xsi="http://www.w3.org/2001/XMLSchema-instance">
   <soapenv:Body>
      <ns1:reserviere soapenv:encodingStyle="http://schemas.xmlsoap.org/soap/encoding/"
            xmlns:ns1="http://www.web-air.de/axis/Buchung.jws">
         <flugnummer xsi:type="xsd:string">WA417</flugnummer>
         <sitze xsi:type="xsd:int">3</sitze>
         <datum xsi:type="xsd:dateTime">2003-07-11T12:00:00.000Z</datum>
      </ns1:reserviere>
   </soapenv:Body>
</soapenv:Envelope>
```

Damit liegt für jeden der drei Parameter der Typ genau fest.

Seit der Version 1.2 sind diese Kodierregeln in SOAP jedoch optional. Man kann die Regeln entweder nutzen, man kann sie ganz weglassen oder man kann eine ganz andere Kodierung verwenden. Hintergrund dieser Entscheidung ist die schon genannte Diskussion über den Nutzen dieser Regeln. Diese waren zu einer Zeit entstanden, als XML Schema noch in den Kinderschuhen steckte und man sich für ein funktionierendes SOAP etwas Alternatives einfallen lassen musste. Heute jedoch ist XML Schema ausgereift und kann in einfacher Weise zur Definition der zu übertragenden Daten herangezogen werden. Das Verfahren funktioniert dann so, dass man bei der Definition der Elemente des Bodies eine Schemadefinition angeben kann, die dann die Datentypen dieses Elements und seiner Kinder bestimmt. Wir werden dazu im nächsten Kapitel einige Beispiele sehen. Wohlgemerkt ist es jedoch keine Pflicht, XML Schema zu verwenden. SOAP 1.2 ist in dieser Hinsicht sehr offen definiert, es erlaubt jede beliebige Datentypdefinition, so lange sie von den Anwendungskomponenten verstanden wird.

8.7 Übungsaufgaben

1. Benötigt man SOAP wirklich zur Übertragung von XML-Nachrichten? Ginge es auch ohne?

2. Nehmen Sie ein beliebiges XML-Dokument und kodieren Sie es in eine SOAP-Nachricht. Erstellen Sie dabei zwei Varianten, nämlich eine mit SOAP Encoding und eine unter der Annahme der Verfügbarkeit eines XML Schemas.

3. Überlegen Sie, wie die Architektur einer Web-Service-Anwendung auf der Basis von SOAP über FTP aussehen könnte!

Kapitel 9

WSDL – Web Service Description Language

Rekapitulieren wir doch einmal, wie weit wir bzgl. der Realisierung von Web Services bisher gekommen sind. Zusammengefasst können wir bisher XML-Nachrichten über ein beliebiges Transportprotokoll verschicken, wobei diese Nachrichten in ein bestimmtes Format (SOAP) eingepackt werden.

Als nächstes stellt sich die Frage: Wie kann eine Anwendung die anwendungsspezifischen Nachrichten beschreiben, die innerhalb einer SOAP-Nachricht verschickt werden sollen? Mit diesem Thema beschäftigt sich das nun folgende Kapitel, in dem es um die *Web Service Description Language WSDL* geht.

Dazu werden wir zunächst den Sinn von Schnittstellenbeschreibungen diskutieren, um anschließend auf die spezielle Sprache WSDL einzugehen. Dabei werfen wir wieder zuerst einen Blick auf den Stand der Standardisierung von WSDL. Der Rest des Kapitels geht dann auf die Sprachkonstrukte von WSDL ein.

9.1 Grundlagen von Schnittstellenbeschreibungen

Dienstbeschreibungssprachen gibt es für alle Middleware-Ansätze, die zur Implementierung verteilter Systeme verwendet werden können. Dabei ist die Idee immer dieselbe: Es soll ein abstraktes Modell des Dienstes beschrieben werden, auf dessen Basis dann die eigentliche Implementierung des Kommunikationssystems automatisch erstellt wird. Der eigentliche Dienstaufruf erfolgt dann in der gewählten Programmiersprache in dem dort üblichen Verfahren zum Aufruf von Anwendungsfunktionalität, heute meist einem objektorientierten Methodenaufruf. Die generierte Software übernimmt dann die Abbildung der Daten des Methodenaufrufs auf ein netzweites Standardübertragungsformat. Auf der Seite des Kommunikationspartners, des Servers, wird dieses Standardformat dann wieder umgewandelt in das dort übliche Format in der dort verwendeten Programmiersprache.

Es stellen sich nun sicherlich zwei Fragen. Erstens: Warum verwendet man überhaupt eine solche Beschreibungssprache und nicht direkt eine der gängigen Programmiersprachen? Und zweitens: Warum beschreibt man von einem Dienst nur die Schnittstelle und nicht die volle Semantik des Dienstes, also das, was der Dienst tatsächlich an Funktionalität erbringt?

Die Verwendung spezieller Beschreibungssprachen hat insbesondere zwei Vorteile: Sie sind zum einen genau auf die Anforderungen einer Beschreibung von Schnittstellen zugeschnitten, tragen also keinen unnötigen Ballast mit sich herum. Die Übersetzungsprogramme, die eine solche Dienstbeschreibung in Programmcode umwandeln, können deshalb sehr schnell und effizient gemacht werden. Zum anderen sind die Sprachen unabhängig von einer bestimmten Programmiersprache und müssen nicht mit deren spezifischen Einschränkungen zurecht kommen.

Die zweite Frage beantwortet sich leicht, wenn man den oben genannten Zweck solcher Beschreibungssprachen betrachtet: Es soll ja nur die Kommunikationssoftware erstellt werden. Dazu muss man auf der Client-Seite nur die Schnittstellenformate kennen, aber nicht, was der Dienst wirklich macht. Zugegeben wäre es nicht schlecht, wenn man auch die Dienstsemantik formal beschreiben würde, insbesondere im Sinne eines automatischen Findens von Diensten, aber für den eng eingegrenzten Zweck, den wir hier verfolgen, ist das völlig unnötig.

Was benötigt man, um die Schnittstelle eines Dienstes beschreiben zu können? Es gibt eine Menge von grundlegenden Komponenten, die in jeder Dienstbeschreibung vorhanden sein muss. Außerdem kann man sich zusätzliche Komponenten vorstellen. Zunächst jedoch die Basis:

- Zur Beschreibung eines Dienstes gehört unabdingbar der Name, unter dem er bei Diensterbringer und Dienstnutzer bekannt ist. Vergleichen wir das mit dem Dienst, den eine lokale Methode eines Objektes erbringt, dann wäre dies der Name der Methode. Man kann sich auch vorstellen, dass mehrere Dienste zu einem Modul zusammengefasst werden, in der objektorientierten Welt also zu einer Klasse bzw. zu einem Objekt. Dies ist aber dann schon eine Erweiterung.
- Ein Dienst erwartet von seinem Aufrufer typischerweise eine – manchmal leere – Eingabe. Bei einem lokalen Methodenaufruf wären dies die Eingabeparameter der Methode.
- Er liefert dann nach getaner Arbeit eine (ebenfalls manchmal leere) Ausgabe zurück. Vergleichbar ist dies mit den Ausgabeparametern bzw. dem Rückgabewert einer Funktion. Sowohl für Ein- als auch Ausgabe gilt jedoch, dass die Beschreibung nicht unbedingt als Methodenparameter erfolgen muss. Unterschiedliche Sprachen verwenden unterschiedliche Verfahren.

Zu den optionalen Komponenten gehören beispielsweise Angaben darüber, wer (welche Organisation) den Dienst zur Verfügung stellt oder welche Individuen ihn nutzen dürfen. Außerdem kann man in einer Dienstbeschreibung auch angeben, an welcher Adresse ein Dienst verfügbar ist.

Die erste Schnittstellenbeschreibungssprache war diejenige für den Sun RPC. Die Sprache ist noch sehr einfach gehalten und an die prozedurale Programmierung angepasst. Im Wesentlichen kann man dort Funktionsköpfe mit deren Ein- und Ausgabeparametern beschreiben sowie eine einfache Versionsverwaltung umsetzen.

Die bekannteste Sprache ist wahrscheinlich die CORBA-IDL (Interface Definition Language). Der Name CORBA ist ja schon gefallen; mit Hilfe dieser Middlewaretechnik ist es möglich, verteilte Objektsysteme zu implementieren. In einer CORBA IDL-Datei werden dazu einzelne Methoden zu Schnittstellen zusammengefasst, die wiederum zu größeren Anwendungsmodulen gruppiert werden können. Es steht eine Typenbeschreibungssprache zur Verfügung, mit deren Hilfe komplexe Datentypen für die Ein- und Ausgabeparameter definiert werden können. Für jeden einzelnen Parameter wird festgelegt, ob es sich um einen Ein- oder Ausgabeparameter oder um beides handelt. Beispielsweise würde der Reservierungsdienst, den wir im letzten Kapitel ausführlich bemüht hatten, in IDL wie folgt beschrieben:

```
module Web-Air {
    ...
    interface Buchung {
        String reserviere(in string flugnummer, in int sitze, in Date dat);
        ...
    };
    ...
};
```

Wir werden gleich sehen, dass sich WSDL-Beschreibungen etwas von diesem bekannten und oft verwendeten Format unterscheiden. Einen wichtigen Unterschied zwischen WSDL und allen gängigen Sprachen wollen wir gleich hier nennen: Während Letztere im Wesentlichen das Ziel haben, eine abstrakte Serviceschnittstelle zu beschreiben, deren konkrete Umsetzung unter einer bestimmten Adresse der Anwendung überlassen bleibt, erledigt WSDL dies gleich mit. Eine WSDL-Beschreibung besteht normalerweise aus der abstrakten Dienstbeschreibung und einer Angabe über die konkrete Realisierung. Damit ergibt sich auch eine andere Verwendungsweise der WSDL-Spezifikation verglichen zu ihrem IDL-Pendant. Doch dazu werden wir etwas später noch einmal ausführlicher berichten.

9.2 WSDL-Standardisierung

WSDL wird in der *Web Service Description Working Group*, einem Teil der Web-Service-Aktivitäten des W3C, standardisiert. Es gibt keinen offiziellen WSDL-Standard, sondern ein so genanntes „*Working Draft*", das in der Version 1.2 vorliegt. Die WSDL-Standardisierung ist also noch nicht so weit vorangekommen wie diejenige von SOAP.

Trotzdem ist man sich in den wesentlichen Teilen doch einig, wie eine WSDL-Beschreibung auszusehen hat, so dass es durchaus „sicher" (im Sinne der Investition) ist, WSDL-Werkzeuge zu bauen. Die Sprache entstand aus einer Initiative von Microsoft, IBM und Ariba heraus, die sich auf eine Integration zweier Vorgängersprachen zu einem gemeinsam unterstützten neuen Format einigten. Im März 2001 wurde diese Version 1.1 als „*W3C Note*" in den Standardisierungsprozess eingebracht, die aktuelle Version gibt es seit noch nicht allzu langer Zeit, nämlich seit 11. Juni 2003. Zu den wesentlichen Neuerungen in dieser Version gehört die Unterstützung von XML Schema (siehe auch die Kommentare zum SOAP Encoding im vorhergehenden Kapitel) und eine klare Definition von Bindungen, in diesem Fall an HTTP 1.1.

Die aktuelle Version ist das Ergebnis eines Prozesses, der durch die Einigung auf die Anforderungen an diese Version 1.2 der Beschreibungssprache gestartet worden war. Zu diesen Anforderungen, die im Dokument Web Services Descriptions Requirements vom 28. Oktober 2002 niedergelegt sind, gehören z.B. die folgenden:

- Die Sprache darf kein Programmiermodell oder Transportprotokoll vorwegnehmen.
- Die Beschreibung von Diensten muss in XML erfolgen.
- XML Schema muss unterstützt werden.
- Die Sprache selbst muss als XML Schema definiert sein.

Insgesamt werden einige Dutzend Einzelanforderungen aufgelistet, die in der Version 1.2 berücksichtigt wurden.

9.3 Aufbau einer WSDL-Dienstbeschreibung

Dienstbeschreibungen für Web Services bestehen, wie oben schon gesagt, aus einem abstrakten und einem konkreten Teil. Im abstrakten Teil wird das beschrieben, was sich auch in anderen Dienstbeschreibungssprachen findet, nämlich der Name des Dienstes sowie die Nachrichten, mit denen man ihn ansprechen kann und die er als Antwort liefert. Der konkrete Teil dagegen enthält als Hauptkomponenten eine Beschreibung der Protokollbindung sowie die Adresse des Dienstes. Gehen wir jedoch etwas mehr ins Detail, indem wir die einzelnen Komponenten vorstellen und jeweils mit einem Beispiel begleiten – wir verwenden wieder unsere Flugreservierung.

9.3.1 Inhalt einer WSDL-Beschreibung

Eine WSDL-Beschreibung eines Web Services geht von der Beschreibung der Nachrichten aus, die zwischen dem Diensterbringer und dem Dienstnutzer ausgetauscht werden. Diese Nachrichten werden zunächst abstrakt beschrieben, zu deren Realisierung müssen sie jedoch an ein bestimmtes Übertragungsprotokoll sowie eine bestimmte Kodierung gebunden werden. Eine Nachricht ist dabei zunächst einmal nichts anderes als eine Sammlung von Datenelementen. Ein Austausch von Nachrichten zwischen Diensterbringer und Dienstnutzer wird in WSDL als Operation bezeichnet. Prinzipiell kann man dies mit dem Aufruf eines Web Services gleichsetzen. Ein Interface erlaubt den Zugriff auf Ressourcen im Netz, die die eigentliche Anwendungsfunktionalität darstellen.

Mehrere Operationen werden zu einem *Interface* zusammengefasst. Ein Interface wird durch eine oder mehrere Bindungen wiederum mit einem Protokoll bzw. einem Nachrichtenformat assoziiert. Eine solche Bindung und damit auch das Interface sind über einen Endpunkt zugänglich, wobei jeder Endpunkt seine eigene URI besitzt. Der *Service* selbst schließlich ist eine Sammlung von Endpunkten, die an dasselbe Interface gebunden sind.

9.3 Aufbau einer WSDL-Dienstbeschreibung

Um all diese Dinge beschreiben zu können, wurden entsprechende XML-Elemente definiert, auf die wir in den folgenden Abschnitten genauer eingehen wollen. Wer wirklich ganz tief einsteigen möchte, dem empfehlen wir einen Blick auf das XML Schema für WSDL, das sich unter `http://www.w3.org/2003/06/wsdl` findet.

9.3.2 Grundstruktur der WSDL-Datei

Im Working Draft wird die Struktur eines WSDL-Dokuments wie folgt angegeben:

```
<definitions targetNamespace="xs:anyURI" >
  <documentation />?
  [ <import /> | <include /> ]*
  <types />?
  [ <message /> | <interface /> | <binding /> | <service /> ]*
</definitions>
```

Das Wurzelelement einer solchen Definition ist `<definitions>`. Es muss ein `targetNamespace`-Attribut besitzen, mit dem der Namespace des hier definierten Web Services identifiziert wird, und außerdem je nach verwendeten Bindungen noch Namespace-Attribute, die diese Bindungen identifizieren. Ein Namespace muss auf jeden Fall angegeben sein, nämlich derjenige für das WSDL-Schema selbst, typischerweise mit dem Präfix `wsdl`. Damit sieht eine beispielhaftes `<definitions>`-Element wie folgt aus:

```
<wsdl:definitions
    targetNamespace="http://www.web-air.de/Buchung/"
    xmlns:http="http://schemas.xmlsoap.org/wsdl/http/"
    xmlns:soap="http://schemas.xmlsoap.org/wsdl/soap/"
    xmlns:s="http://www.w3.org/2001/XMLSchema"
    xmlns:s0="http://www.web-air.de/Buchung/"
    xmlns:soapenc="http://schemas.xmlsoap.org/soap/encoding/"
    xmlns:tm="http://microsoft.com/wsdl/mime/textMatching/"
    xmlns:mime="http://schemas.xmlsoap.org/wsdl/mime/"
    xmlns:wsdl="http://www.w3.org/2003/06/wsdl" >
```

Als Kindelemente enthält `<definitions>` null oder ein (daher das „?" in der Beschreibung) Element `<documentation>`, null oder ein Element `<types>` und null oder mehrere (ausgedrückt durch den „*") Elemente namens `<message>`, `<interface>`, `<binding>` und `<service>`. `<documentation>` wird selten genutzt, aber der Zweck ist offensichtlich. Auf die anderen Elemente wollen wir nun etwas genauer eingehen.

9.3.3 Spezifikation von Datentypen

Nachrichten können einfache und komplexe Datentypen enthalten. Im Sinne der Wiederverwendbarkeit sollte man komplexe Datentypen auch als solche definieren. In WSDL steht dazu das Element `<types>` zur Verfügung. Tunlichst sollte man zur Datentypdefinition XML Schema verwenden. XML Schema haben wir ja in Abschnitt 6.5 schon kennen gelernt, so dass es nicht allzu schwer fallen sollte, die Fortsetzung der WSDL-Beschreibung des Flugbuchungsbeispiels zu verstehen:

```xml
<wsdl:types>
   <s:schema elementFormDefault="qualified"
        targetNamespace="http://www.web-air.de/Buchung/">
      <s:element name="reserviere">
         <s:complexType>
            <s:sequence>
               <s:element minOccurs="0" maxOccurs="1" name="flugnummer"
                                                     type="s:string" />
               <s:element minOccurs="1" maxOccurs="1" name="sitze"
                                                     type="s:int" />
               <s:element minOccurs="1" maxOccurs="1" name="date"
                                                     type="s:dateTime" />
            </s:sequence>
         </s:complexType>
      </s:element>
      <s:element name="reserviereResponse">
         <s:complexType>
            <s:sequence>
               <s:element minOccurs="0" maxOccurs="1"
                     name="reserviereResult" type="s:string" />
            </s:sequence>
         </s:complexType>
      </s:element>
      <s:element name="string" nillable="true" type="s:string" />
   </s:schema>
</wsdl:types>
```

Das Präfix „s" wurde im `<definitions>`-Tag bereits für den Namensraum von XML Schema reserviert. Sämtliche Elemente mit diesem Präfix gehören also zur Sprache von XML Schema. Innerhalb der Schema-Wurzel `<s:schema>` werden insgesamt drei Elemente definiert, nämlich die beiden komplexen Typen `reserviere` und `reserviere-Response` sowie der einfache Typ `string`. Eine Besonderheit hat es mit diesem dritten Element auf sich: Es erhält das Attribut `nillabe="true"`. Damit ist es möglich, auch einen Null-String zurückzugeben und bei der Interpretation einen Unterschied zu machen zu einem leeren String. Somit bedeutet

```xml
<string />
```

die leere Zeichenkette, während

```xml
<string xsi:nil = „true" />
```

mit einem Null-Pointer gleichzusetzen ist.

Die weiteren Definitionen sollten verständlich sein, es werden prinzipiell die verschiedenen Parameter beschrieben. Betrachten wir nun als Nächstes, wie aus den Typen Nachrichten werden.

9.3.4 Nachrichtenformate

Operationen, die wir als Nächstes definieren, bestehen aus einer Sequenz von Nachrichten. Solche einzelnen Nachrichten werden mit Hilfe des `<message>`-Elements definiert, wobei jede Nachricht aus keinem, einem oder mehreren `<part>`-Elementen bestehen kann. Ein `<part>` kann ein einfacher Datentyp sein oder auf einen der unter dem `<types>`-Abschnitt definierten komplexeren Typen verweisen. In unserem Flugbuchungsbeispiel können wir beides zeigen. Zuerst definieren wir die beiden logischen Nachrichtentypen, die weiter unten bei einer Bindung an SOAP verwendet werden:

```
<message name="reserviereSoapIn">
   <part name="parameters" element="s0:reserviere" />
</message>
<message name="reserviereSoapOut">
   <part name="parameters" element="s0:reserviereResponse" />
</message>
```

Als Elementname wird hier `parameters` verwendet, während der Typ des Elements sich aus den oben definierten `reserviere` und `reserviereResponse` ergibt.

Anders sieht es aus bei den übrigen Nachrichtendefinitionen. Diese beziehen sich auf eine weiter unten definierte Bindung an HTTP GET bzw. HTTP POST. Die Pakete beinhalten auf dem Request-Weg keine SOAP-Datenstrukturen, sondern werden rein in HTTP beschrieben. Damit ist es dann auch nicht nötig bzw. wünschenswert, komplexe Datenstrukturen zu verwenden; vielmehr werden alle Parameter einzeln definiert:

```
<message name="reserviereHttpGetIn">
   <part name="flugnummer" type="s:string" />
   <part name="sitze" type="s:string" />
   <part name="date" type="s:string" />
</message>

<message name="reserviereHttpPostIn">
   <part name="flugnummer" type="s:string" />
   <part name="sitze" type="s:string" />
   <part name="date" type="s:string" />
</message>
```

Als Antwort wird nur jeweils ein String, wie oben definiert, zurückgeliefert, der dann allerdings, wie wir später noch sehen werden, als SOAP-Nachricht kodiert und deswegen hier schon mit dem Namen `Body` versehen wird:

```
<message name="reserviereHttpGetOut">
   <part name="Body" element="s0:string" />
</message>

<message name="reserviereHttpPostOut">
   <part name="Body" element="s0:string" />
</message>
```

Als letzter Schritt im logischen bzw. abstrakten Teil bleibt nun noch, die Nachrichten zu Operationen und diese zu Interfaces zusammenzustellen.

9.3.5 Interfaces

Ein Web Service kann mehrere Interfaces besitzen, die wiederum aus mehreren Operationen zusammengebaut sein können. Jedes der Elemente kann optionale `<documentation>`-Elemente enthalten.

Eine Operation besteht aus einer Menge von Nachrichten. Die Semantik der Abfolge wird dabei durch das `pattern`-Attribut festgelegt. Ein solches Muster für den Ablauf einer Operation kann eine Reihe verschiedener vordefinierter Werte (zurzeit acht Möglichkeiten) annehmen – diese Werte werden im zweiten Teil des Standards, der den Namen „Message Patterns" trägt, aufgelistet (`http://www.w3.org/TR/wsdl12-patterns/`) und jeweils durch eine URI identifiziert:

- *In-Only* (`http://www.w3.org/2003/06/wsdl/in-only`):
  Dieses Pattern besteht aus einer einzigen `<input>`-Nachricht, auf die keine Reaktion von Seiten des Web Services erfolgt.
- *In-Out* (`http://www.w3.org/2003/06/wsdl/in-out`):
  Einer `<input>`-Nachricht folgt eine `<output>`-Nachricht, die entweder eine normale Nachricht oder eine Fehlermeldung ist.
- *Request-Response* (`http://www.w3.org/2003/06/wsdl/request-res-ponse`):
  Wie In-Out, jedoch wird die `<output>`-Nachricht auf demselben Kanal (und damit an denselben Empfänger) zurückgeschickt, auf dem die `<input>`-Nachricht gekommen ist.
- *In-Multi-Out* (`http://www.w3.org/2003/06/wsdl/in-multi-out`):
  Der Eingabenachricht folgen keine, eine oder mehrere Ausgabenachrichten oder alternativ eine Fehlernachricht.
- *Out-Only* (`http://www.w3.org/2003/06/wsdl/out-only`):
  Es gibt keine Eingabe-, sondern nur eine Ausgabenachricht.
- *Out-In* (`http://www.w3.org/2003/06/wsdl/out-in`):
  Zuerst wird die Ausgabenachricht geschickt, die von einer Eingabenachricht gefolgt wird. Ein Web Service kann mit diesem Pattern z.B. eine Eingabe anfordern.
- *Out-Multi-In* (`http://www.w3.org/2003/06/wsdl/out-multi-in`):
  Einer Ausgabenachricht folgen mehrere Eingabenachrichten oder alternativ Fehlermeldungen.
- *Multicast-Solicit-Response* (`http://www.w3.org/2003/06/wsdl/multicast-solicit-reponse`):
  Einer Ausgabenachricht folgt eine Eingabenachricht und daraufhin optional eine weitere Ausgabenachricht (oder alternativ wiederum eine Fehlermeldung).

9.3 Aufbau einer WSDL-Dienstbeschreibung

Im Beispiel sieht das dann wie folgt aus: Wir haben insgesamt drei Interfaces, um später die drei Bindungen getrennt behandeln zu können. Alle drei Operationen (je eine pro Interface, die dann durchaus denselben Namen haben können) sind *Request-Response*:

```
<interface name="BuchungSoap">
   <operation name="reserviere"
         pattern="http://www.w3.org/2003/06/wsdl/request-response">
      <input message="s0:reserviereSoapIn" />
      <output message="s0:reserviereSoapOut" />
   </operation>
</interface>

<interface name="BuchungHttpGet">
   <operation name="reserviere"
         pattern="http://www.w3.org/2003/06/wsdl/request-response">
>
      <input message="s0:reserviereHttpGetIn" />
      <output message="s0:reserviereHttpGetOut" />
   </operation>
</interface>

<interface name="BuchungHttpPost">
   <operation name="reserviere"
         pattern="http://www.w3.org/2003/06/wsdl/request-response">
      <input message="s0:reserviereHttpPostIn" />
      <output message="s0:reserviereHttpPostOut" />
   </operation>
</interface>
```

Damit haben wir den abstrakten Teil abgeschlossen und einige Interfaces zur Verfügung, die nun realisiert werden müssen.

9.3.6 Beschreibung von Bindungen

Wie bei SOAP bedeutet auch bei WSDL die Definition einer Bindung die Assoziierung eines Protokolls oder eines Datenformats mit den abstrakten Datentypen einer Nachricht bzw., um genauer zu sein, den Operationen eines Interfaces. Für ein Interface kann eine beliebige Anzahl von Bindungen erzeugt werden, die dann später innerhalb eines Endpunktes tatsächlich umgesetzt werden können.

Schauen wir uns die Bindungen einfach anhand unseres Beispiels an. Wir beginnen mit einer SOAP-Bindung:

```
<binding name="BuchungSoap" type="s0:BuchungSoap">
```

Diese Bindung trägt von nun an den Namen `BuchungSoap` und implementiert das oben definierte Interface `s0:BuchungSoap`. Das bedeutet, dass sich alle weiteren Angaben bzgl. Nachrichten und Operationen auf genau die Nachrichten und Operationen dieses

Interfaces beziehen. Das nächste Element ist vorhanden, da es sich nun um eine SOAP-Bindung handelt:

```
<soap:binding transport="http://schemas.xmlsoap.org/soap/http"
   style="document" />
```

Die Verwendung dieses Elementes sagt aus, dass diese Bindung das SOAP-Nachrichtenformat verwenden wird. Durch das `transport`-Attribut wird dann jedoch erst festgelegt, wie die Nachrichten der Operation tatsächlich transportiert werden sollen, nämlich über HTTP. Der `style` gibt an, welches SOAP Message Exchange Pattern eingesetzt werden soll.

Es folgt die Definition des Formats für die Operation des Interfaces:

```
<operation name="reserviere">
   <soap:operation soapAction="http://www.web-air.de/Buchung/
      Buchung.asmx?reserviere" style="document" />
   <input>
      <soap:body use="literal" />
   </input>
   <output>
      <soap:body use="literal" />
   </output>
</operation>
</binding>
```

Diese Spezifikation sagt im Wesentlichen aus, wie die Nachrichten der Operation in einer SOAP-Nachricht übertragen werden sollen. Die Aussage hier ist: Sowohl Ein- wie auch Ausgabe werden im Body der Nachricht übertragen und es wird keine Kodierung angegeben (da die Kodierung sich aus dem XML Schema ergibt).

Analog werden die beiden weiteren Bindungen definiert, die die Nachrichten des Web Services ohne SOAP, sondern direkt über HTTP GET und HTTP POST übertragen. Anstelle der `<soap:binding>`- und `<soap:operation>`-Elemente werden nun die entsprechenden HTTP-Äquivalente verwendet. Beispielsweise wird in der folgenden Definition ausgesagt, dass die Eingabenachricht als kodierte URL innerhalb des HTTP-GET-Paketes geschickt wird, während das Ergebnis als XML-Nachricht im Body der HTTP-Antwort erwartet wird. Analoge Überlegungen zum POST-Teil seien dem Leser überlassen:

```
<binding name="BuchungHttpGet" type="s0:BuchungHttpGet">
   <http:binding verb="GET" />
   <operation name="reserviere">
      <http:operation location="/reserviere" />
      <input>
         <http:urlEncoded />
      </input>
      <output>
         <mime:mimeXml part="Body" />
      </output>
   </operation>
```

9.3 Aufbau einer WSDL-Dienstbeschreibung

```
  </binding>

  <binding name="BuchungHttpPost" type="s0:BuchungHttpPost">
     <http:binding verb="POST" />
     <operation name="reserviere">
        <http:operation location="/reserviere" />
        <input>
           <mime:content type="application/x-www-form-urlencoded" />
        </input>
        <output>
           <mime:mimeXml part="Body" />
        </output>
     </operation>
  </binding>
```

Was nun noch fehlt, sind die Adressen des Dienstes. Darum kümmert sich die Endpunktspezifikation.

9.3.7 Beschreibung des Dienstes

Ein Service setzt sich zusammen aus mehreren Endpunkten und jeder Endpunkt ist mit einer Bindung assoziiert. Für unser Beispiel ergeben sich drei Endpunkte, so dass der komplette Service über drei verschiedene Wege ansprechbar ist, nämlich über SOAP, über HTTP GET und HTTP POST.

Die Kodierungen dafür haben wir eben definiert, so dass einzig die Definition der Adressen verbleibt. Schauen wir uns das anhand des Beispiels an:

```
  <service name="Buchung">
     <endpoint name="BuchungSoap" binding="s0:BuchungSoap">
        <soap:address location="http://www.web-air.de/Buchung/
                                                    Buchung.asmx" />
     </endpoint>
     <endpoint name="BuchungHttpGet" binding="s0:BuchungHttpGet">
        <http:address location="http://www.web-air.de/Buchung/
                                                    Buchung.asmx" />
     </endpoint>
     <endpoint name="BuchungHttpPost" binding="s0:BuchungHttpPost">
        <http:address location="http://www.web-air.de/Buchung/
                                                    Buchung.asmx" />
     </endpoint>
  </service>
```

Für den ersten Endpunkt wird das Element `<soap:address>` verwendet, da es sich ja um einen SOAP-Zugangspunkt handelt. Die beiden anderen Endpunkte sind HTTP-Zugangspunkte, so dass das entsprechende `<http:address>`-Element verwendet wird. Es sei noch einmal erwähnt, dass die Namensgebung für die Präfixe, also hier `http` und `soap` willkürlich ist, aber im `<definitions>`-Tag festgelegt ist.

Damit haben wir nun die wichtigsten Konstruktionselemente von WSDL kennen gelernt. Im nächsten Abschnitt werden wir nun noch einmal ein kleines Beispiel betrachten, das die möglichen Zusammenhänge zwischen den einzelnen Komponenten verdeutlicht.

9.4 Ein Beispiel zur Verdeutlichung

Abbildung 9.1 zeigt ein Beispiel für eine Web-Service-Definition, die aus mehreren Endpunkten, Bindungen, Interfaces und Ressourcen besteht.

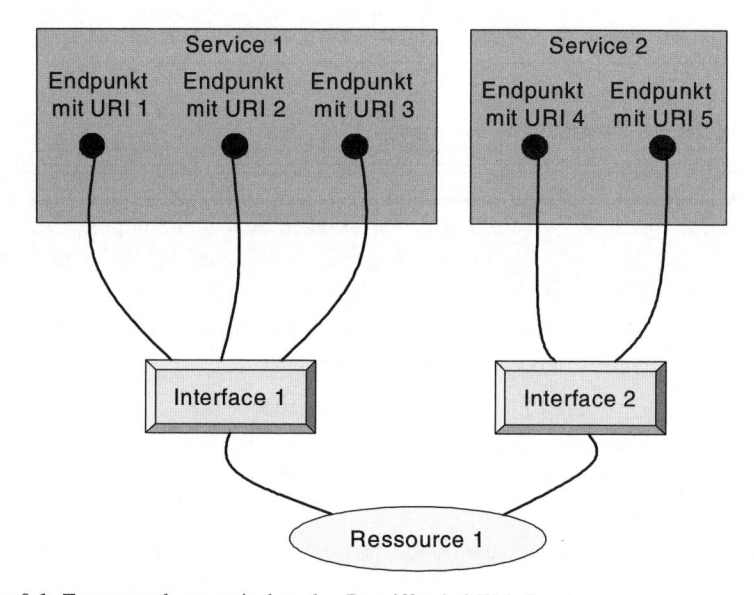

Abbildung 9.1: Zusammenhang zwischen den Begriffen bei Web Services

In diesem Beispiel gibt es zwei Dienste, die auf eine Ressource zugreifen, wobei jeder dieser Dienste je ein Interface besitzt. Dienst 1 hat drei Endpunkte, die über unterschiedliche Bindungen auf die Ressource zugreifen können, während es bei Dienst 2 zwei Endpunkte sind. In der Praxis würde das Beispiel eine bestimmte Ressource darstellen (z.B. eine Datenbank oder eine Funktionalität), auf die man einmal als Benutzer über Service 1 und einmal als Administrator über Service 2 zugreifen würde. Als Transportprotokoll stehen bei Service 1 SOAP, HTTP GET und HTTP POST zur Verfügung, während es bei Service 2 vielleicht nur HTTP POST und HTTP GET gibt.

9.5 Migration von WSDL 1.1 zu WSDL 1.2

Zum Zeitpunkt der Drucklegung dieses Buches sind noch keine WSDL 1.2-Werkzeuge verfügbar (genauer gesagt: Den Autoren sind keine Werkzeuge bekannt). Alle bekannten Tools arbeiten zurzeit auf der Basis von WSDL 1.1. Deswegen werden Sie meistens auch die ältere Variante der WSDL-Beschreibungen finden. Aus diesem Grund möchten wir für die in den Beispielen in diesem Kapitel dargestellten Code-Ausschnitte keine hundertprozentige Garantie übernehmen – es ist in der Tat schwierig, korrekte WSDL-Beschreibungen ohne Werkzeuge aufzuschreiben (s. dazu auch den nächsten Abschnitt).

Es gibt eine Reihe kleinerer Syntax- und Semantik-Unterschiede, die beim Vergleich einer WSDL 1.1-Beschreibung mit ihrem Pendant der Version 1.2 praktisch nicht auffallen. Zwei Unterschiede muss man jedoch deutlich herausstellen:

- Das Element, das in 1.2 mit `<interface>` bezeichnet wird, heißt in der Version 1.1 noch `<port-type>`.
- Das Element `<port>` aus Version 1.1 wurde umbenannt in `<endpoint>`.

Ansonsten sollte es relativ problemlos möglich sein, ein WSDL-Dokument der Version 1.1 (mit den obigen syntaktischen Korrekturen) gegen das XML Schema zu validieren. Sie haben ja im Kapitel über XML-Werkzeuge die entsprechenden Möglichkeiten kennen gelernt, probieren Sie es einfach aus.

9.6 Muss ich SOAP und WSDL jemals selbst anfassen?

Auch wenn Sie die letzten beiden Kapitel aufmerksam gelesen haben, würden wir es Ihnen an dieser Stelle nicht verübeln, wenn Sie etwas geschockt von der Komplexität der Beschreibungen sind, insbesondere von WSDL. „Woher soll man denn all diese Namespaces kennen, wenn man eine solche WSDL-Beschreibung aufschreibt?", dies könnte eine sehr berechtigte Frage sein.

Tatsächlich ist es so, dass man Web Services implementieren kann, ohne jemals auch nur einen Blick auf die WSDL-Beschreibung oder auf SOAP-Datenpakete geworfen zu haben. Diese Sprachen und Protokolle sind in Wirklichkeit für die Interpretation durch Maschinen gedacht. Dafür dürfen sie fast beliebig komplex sein, solange sie nur die formalen Kriterien einhalten. Die Entwicklung von Web Services kann deshalb (muss aber nicht) in weiten Teilen automatisiert stattfinden. Das nächste Kapitel wird einige Werkzeuge präsentieren, die Sie nicht mehr missen möchten, sobald Sie sie einmal ausprobiert haben. Wir werden dort auch lernen, dass sich die Verwendung von WSDL und z.B. von CORBA-IDL doch ganz erheblich unterscheiden kann, was in der höheren Aussagekraft von WSDL begründet liegt.

Jetzt können wir uns schon Ihre nächste Frage vorstellen: Warum haben die mir denn jetzt diesen ganzen Kram auf fast 30 Seiten an den Kopf geworfen, wenn ich es doch nicht brauche?

Nun, so kann man es auch wieder nicht sagen. Es gibt einige gute Gründe, warum es sinnvoll ist, zumindest ein grundlegendes Verständnis der Abläufe und Möglichkeiten von SOAP und WSDL zu haben:

- Diese beiden Sprachen bzw. Protokolle sind das Herzstück von Web Services. Man kann aus dem Verständnis dieser Komponenten sehr viel über die Philosophie lernen, die hinter diesem Ansatz steckt. Viele der hier eingeführten Prinzipien wiederholen sich an vielen weiteren Stellen; nicht zuletzt sind SOAP und WSDL in den jeweiligen Versionen 1.2 auch Lehrstücke für die Verwendung von XML und XML Schema.
- Für die client-seitige Entwicklung kann es oft hilfreich sein, die WSDL-Beschreibung zumindest lesen zu können, um besser zu verstehen, wie die Software-APIs verwendet werden müssen.
- Schließlich kann es sein, dass Sie Web-Service-Anwendungen „on the wire" debuggen müssen, d.h., Sie müssen sich anschauen, was für Daten tatsächlich zwischen Client und Server übertragen werden. Dazu muss man natürlich wissen, was in einem SOAP-Paket stehen kann, wie die Daten kodiert sind, dass es Intermediates geben kann, etc.

Mit anderen Worten: Der Aufwand war sicherlich nicht umsonst, wenn wir uns auch nach den Übungsaufgaben dem angenehmen Teil von SOAP und WSDL zuwenden wollen, nämlich der großen Welt der Werkzeuge.

9.7 Übungsaufgaben

1. Besorgen Sie sich die WSDL-Beschreibung eines beliebigen Web Service (z.B. mit Hilfe der Werkzeuge aus dem nächsten Kapitel) und analysieren Sie die Struktur! Identifizieren Sie die Elemente und beobachten Sie, wo diese wieder verwendet werden.

2. Nehmen Sie nun dieselbe WSDL-Beschreibung und übertragen Sie sie nach CORBA IDL. Welche Beobachtungen machen Sie?

Kapitel 10

Werkzeugunterstützung für SOAP und WSDL

Nachdem die vorigen beiden Kapitel Sie mit SOAP und WSDL vertraut gemacht haben, wollen wir uns nun mit den entsprechenden Werkzeugen beschäftigen. Diese sind in der Zwischenzeit bereits so ausgereift, dass Sie bei der Arbeit mit Web Services von SOAP quasi überhaupt nichts mehr sehen und von WSDL nur recht wenig. Dennoch sind diese Konzepte wichtig, denn sie treten bei den weiterführenden Fragestellungen wieder zu Tage. So spielt beispielsweise die Unterteilung einer SOAP-Nachricht in Header und Body eine Rolle beim Einrichten von Komponenten für die Vor- und Nachbearbeitung einer Nachricht, da solche Komponenten auf die im Header gespeicherte Information zugreifen können.

In diesem Kapitel wollen wir sowohl die Java- als auch die .NET-Welt von Microsoft untersuchen, um Unterschiede und Gemeinsamkeiten ausfindig machen zu können. Wie bereits erwähnt, können wir hierbei eine nie zuvor dagewesene Interoperabilität feststellen. Dies ist nach den so genannten „DCOM-CORBA-Kriegen" eine sehr erfreuliche Nachricht.

Dieses Kapitel stellt zunächst die verschiedenen Plattformen, Produkte und Open-Source-Projekte sowie deren Beziehung untereinander vor. Dann widmen wir uns Visual Studio .Net sowie dem Axis-Projekt von Apache im Detail.

10.1 W3C, .Net und JAX-RPC

Dieser kurze Abschnitt soll die Beziehungen zwischen dem W3C als Standardisierungsorganisation sowie den Firmen Microsoft und Sun mit ihren jeweiligen Plattformen darstellen. Da das W3C lediglich die Standards definiert, ist zur Arbeit mit Web Services in diesem Fall immer eine entsprechende, den W3C-Standards konforme Software nötig. Wir beschränken uns in diesem Buch auf die beiden wichtigsten Lager, nämlich das der Microsoft-Welt mit .Net und der neuen Programmiersprache C# sowie Suns Java-Welt. Natürlich gibt es Web-Service-Werkzeuge für C++ oder Python. Diesen kommt derzeit aber eher eine Außenseiterrolle zu, was sich auf absehbare Zeit wohl auch nicht ändern wird.

Offensichtlich repräsentiert Visual Studio .Net die Werkzeuge für die Microsoft-Welt. Es gibt hier keine ernst zu nehmende Konkurrenz. In der Java-Welt setzt natürlich Sun die Standards bezüglich der Java-basierten APIs zur Programmierung von Web Services. Die entsprechende API nennt sich hierbei Java API for XML-based Remote Procedure Calls (JAX-RPC). JAX-RPC findet sich unter den Java-Paketen `javax.xml.messaging`, `javax.xml.soap` und `javax.xml.rpc` und ist derzeit Teil des Web Service Developer Packs (WSDP). Folglich gibt es nun wiederum JAX-RPC-Implementationen verschiedener Hersteller. Sun bietet selbst eine Referenzimplementierung als Teil des SunONE-Pakets an. SunOne ist sozusagen das Gegenstück zu Visual Studio .Net. Neben dieser Referenzimplementation gibt es zahlreiche Werkzeuge anderer Hersteller, darunter IBM (in Web-Sphere integriert), Systinet (WASP), The Mind Electric (GLUE), IONA (XML-Bus), BEA (in WebLogic integriert), Borland (in JBuilder integriert), Oracle (integriert in Oracle 9i) und Macromedia (integriert in ColdFusion MX). Viele dieser Produkte basieren letzlich auf dem Web-Server Tomcat und der Axis Web Service Suite. Axis ist, wie auch Tomcat, ein Open-Source-Projekt der Apache-Gruppe. Aufgrund dieser Tatsache entschieden wir uns, Tomcat in Kombination mit Axis als Grundlage für dieses Buch und repräsentativ für die Werkzeuge der Java-Welt zu verwenden.

10.2 Apache Axis

Wie eben in der Einführung erwähnt, ist Axis ein Projekt der Apache-Gruppe. Die neueste Version ist unter `http://ws.apache.org/axis/` erhältlich. Axis ist als Web-Applikation konzipiert. Dies bedeutet, dass Axis prinzipiell in jedem Java-fähigen Web-Server integriert werden kann. Neben Tomcat wäre hier beispielsweise Jetty (`http://jetty.mortbay.com/jetty/`) ein weiterer Kandidat.

10.2.1 Installation

Die Installation ist denkbar einfach. Sie laden sich die Axis-Distribution herunter und entpacken die geladene Datei. Darin finden sich Dokumentation, Beispiele und Jar-Bibliotheken. Wichtig ist der `webapps`-Ordner. Wie bereits in Abschnitt 5.2 erläutert, finden sich in diesem Ordner die im Java-Web-Server installierten Web-Applikationen. Folglich existiert dieser `webapps`-Ordner auch im Tomcat-Installationsverzeichnis. Sie müssen nun also nur den `axis`-Ordner von `AXIS_HOME/webapps` nach `TOMCAT_HOME/webapps` verschieben. Nach dieser Prozedur muss Tomcat lediglich neu gestartet werden, sofern der Server bereits lief. Die neue Web-Applikation wird dann direkt erkannt. Richten Sie nun Ihren Browser auf `http://localhost:8080/axis/happyaxis.jsp`. Die erzeugte Web-Seite liefert Ihnen Informationen über eventuell auftretende Misskonfigurationen.

10.2 Apache Axis

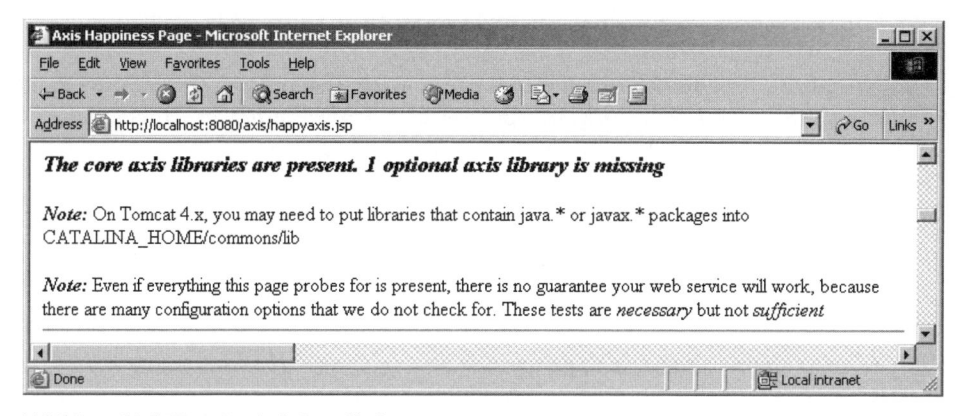

Abbildung 10.1: Test der Axis Installation

10.2.2 Die Architektur von Axis

Aus der Sicht von Tomcat ist Axis nur ein gewöhnliches Servlet. Die Axis-Web-Applikation enthält, wie jede andere Webapplikation auch, ihre Konfigurationsinformation in der Datei web.xml. Darin finden sich unter anderem folgende Einträge:

```
<servlet-mapping>
   <servlet-name>AxisServlet</servlet-name>
   <url-pattern>*.jws</url-pattern>
</servlet-mapping>

<servlet-mapping>
   <servlet-name>AxisServlet</servlet-name>
   <url-pattern>/services/*</url-pattern>
</servlet-mapping>
```

Diese Einträge veranlassen Tomcat, alle mit .jws endenden und alle mit /services/ beginnenden HTTP-Anfragen an das Axis-Servlet weiterzuleiten. Diesem Servlet kommt dann die zentrale Rolle zu, die folgenden Ausgaben abzuarbeiten:

- Parsen der SOAP-Anfrage
- Lokalisieren der den Service implementierenden Klasse
- Gegebenenfalls Kompilieren der Klasse (falls der JWS-Mechanismus eingesetzt wird)
- Aufruf von so genannten Handlern zur Vorbearbeitung der Anfrage
- Aufruf der eigentlichen Implementation
- Aufruf der Handler zur Nachbearbeitung der Anfrage
- Kodierung der Ergebnisse

Abbildung 10.2 verdeutlicht diesen Ablauf. Durch das Voranstellen von `axis` in der URL wird die Axis-Web-Applikation von Tomcat angesprochen. Die obige Konfiguration sorgt dafür, dass das Axis-Servlet aufgerufen wird. Dieses übernimmt dann das Parsen der SOAP-Nachricht. Nun werden eventuell noch registrierte Handler aufgerufen. Die genaue Funktionsweise und typische Aufgaben der Handler werden später in Abschnitt 10.2.9 erläutert. Schließlich erreicht der Aufruf die eigentliche Implementation.

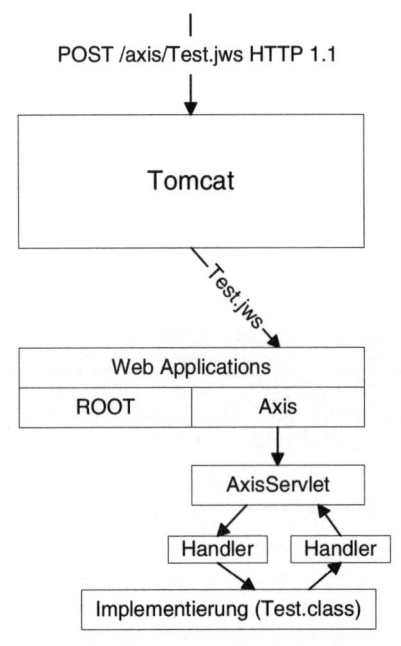

Abbildung 10.2: Architektur und Zusammenspiel von Tomcat als Java-Web-Server und Axis als Web-Service-Engine

Nach diesem ersten groben Überblick gehen wir nun weiter ins Detail. Wir beginnen mit dem sehr einfach zu bedienenden Java-Web-Service-Mechanismus (JWS). Dieser erlaubt es, sehr schnell einen ersten Service zu implementieren und zu nutzen. Danach untersuchen wir die Möglichkeiten des manuellen Deployments. Hierbei sind einige Arbeitsschritte mehr zu erledigen, allerdings stehen auch weitere Optionen zur Verfügung.

10.2.3 Die ersten Schritte

Nun wird es Zeit, Ihren ersten Service zu schreiben. Stellen Sie sicher, dass Axis installiert ist und der Tomcat-Server läuft. Das für Web Services relevante Verzeichnis ist in Abbildung 10.3 gezeigt. Standardmäßig sind dort bereits zwei Web Services installiert. Legen Sie hier eine Datei `Hi.jws` an. Diese Datei implementiert nun den neuen Web Service. Die Datei ist eigentlich nur eine ganz gewöhnliche Java-Klasse. Der einzige Unterschied

10.2 Apache Axis

ist, dass die Datei mit `.jws` statt mit `.java` endet. Die Regel ist hierbei, dass jede als `public` gekennzeichnete Methode als Web Service exportiert wird:

```
public class Hi
{
   public String hello()
   {
      String s = "Hello World!";
      System.out.println(s);
      return s;
   }
}
```

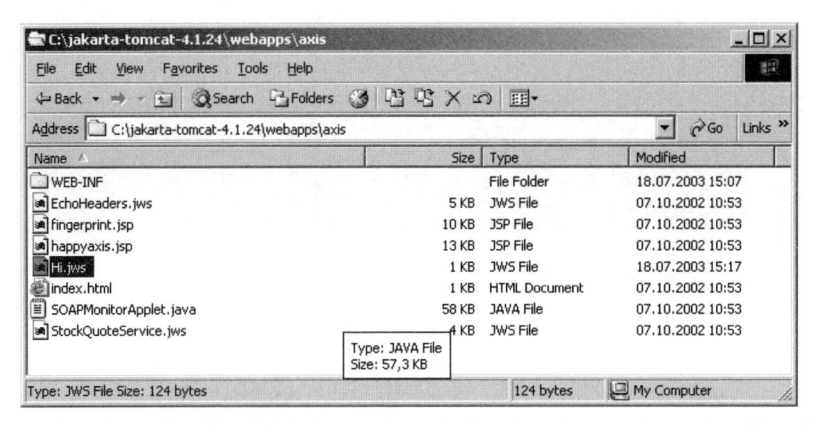

Abbildung 10.3: Der Hello World Web Service ist in der Datei `Hi.jws` implementiert. Diese liegt im Axis-Hauptverzeichnis, das wiederum im `webapps`-Verzeichnis von Tomcat zu finden ist.

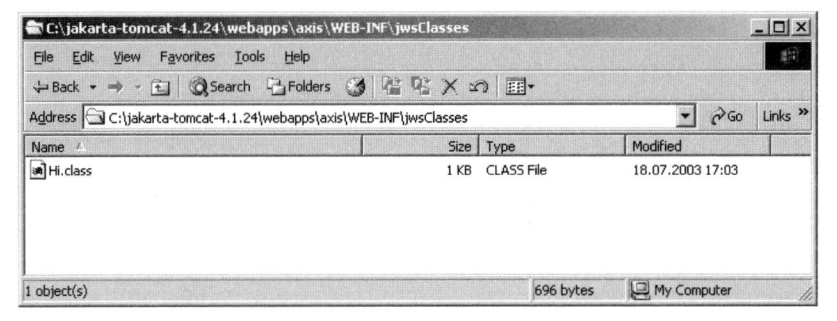

Abbildung 10.4: Nach der ersten Anfrage findet sich im Verzeichnis `jwsClasses` die von Axis kompilierte Klasse `Hi.class`.

Richten Sie Ihren Browser nun auf die Web-Seite `http://localhost:8080/axis/Hi.jws?WSDL`. Abbildung 10.6 zeigt das dort abrufbare XML-Dokument. Dort sind die im WSDL-Kapitel erklärten Strukturen wieder zu finden. So ist beispielsweise für die

Methode `hello` eine `helloRequest`- und eine `helloResponse`-Struktur definiert. Was passierte hier nun innerhalb Axis, um diese Ausgabe erzeugen zu können? Die JWS-Dateien werden im Prinzip, ähnlich wie Java Server Pages, genau dann kompiliert, wenn eine HTTP-Anfrage eintrifft und die Klasse noch nicht in kompilierter Form vorliegt beziehungsweise wenn die Quelldatei inzwischen geändert worden ist.

```
C:\>java -cp %JAVA_HOME%\lib\tools.jar com.sun.tools.javac.Main
Usage: javac <options> <source files>
where possible options include:
  -g                         Generate all debugging info
  -g:none                    Generate no debugging info
  -g:{lines,vars,source}     Generate only some debugging info
  -O                         Optimize; may hinder debugging or enlarge class file
  -nowarn                    Generate no warnings
  -verbose                   Output messages about what the compiler is doing
  -deprecation               Output source locations where deprecated APIs are used
  -classpath <path>          Specify where to find user class files
  -sourcepath <path>         Specify where to find input source files
  -bootclasspath <path>      Override location of bootstrap class files
  -extdirs <dirs>            Override location of installed extensions
  -d <directory>             Specify where to place generated class files
  -encoding <encoding>       Specify character encoding used by source files
  -source <release>          Provide source compatibility with specified release
  -target <release>          Generate class files for specific VM version
  -help                      Print a synopsis of standard options
C:\>
```

Abbildung 10.5: JWS-Dateien können dynamisch kompiliert werden, da der Java-Compiler im tools.jar-Archiv unter dem Klassennamen com.sun.tools.javac.Main aufgerufen werden kann.

Der Java-Compiler ist selbst in Java geschrieben und kann somit problemlos von der Axis-Engine aufgerufen werden. Abbildung 10.5 zeigt, wie man den Compiler über die im Java-Archiv `tools.jar` zu findende Java-Klasse `com.sun.tools.javac.Main` aufruft. Die Tatsache, dass zum einen der Compiler geladen und danach natürlich die geänderte Web-Service-Klasse kompiliert werden muss, erklärt, warum der erste Aufruf der WSDL-Beschreibung des Hi-Services so lange dauert. Die weiteren Anfragen werden dann sehr flott erledigt.

Was passiert nun, wenn man in der JWS-Datei einen Fehler macht? Normalerweise wird ein Programm explizit kompiliert, bevor man versucht, es laufen zu lassen. Beim JWS-Mechanismus kann man die Kompilation sozusagen anstoßen, indem man die WSDL-Beschreibung im Browser abruft. Die Fehlermeldungen, die sonst auf der Konsole beziehungsweise im Java-Entwicklungswerkzeug auftauchen, erscheinen nun auf der Konsole des Tomcat-Servers. Abbildung 10.7 zeigt die Fehlermeldung, die durch das Kleinschreiben von `System` bei `System.out.println` hervorgerufen wird. Prinzipiell ist dies genau die Meldung, die von `javac` geliefert wird. Allerdings ist der Fehler oft in Dutzenden Teilen von Stack Traces versteckt. Dies ist natürlich nicht mit dem Komfort von integrierten Entwicklungsumgebungen wie Eclipse zu vergleichen. Deswegen empfiehlt es sich, genauso wie bei JSP, nicht allzu viel Logik in die JWS-Dateien zu packen. Idealerweise sollten diese also so einfach wie möglich gehalten sein. Die Programmlogik sollte in regulären Java-Klassen zu finden sein.

10.2 Apache Axis

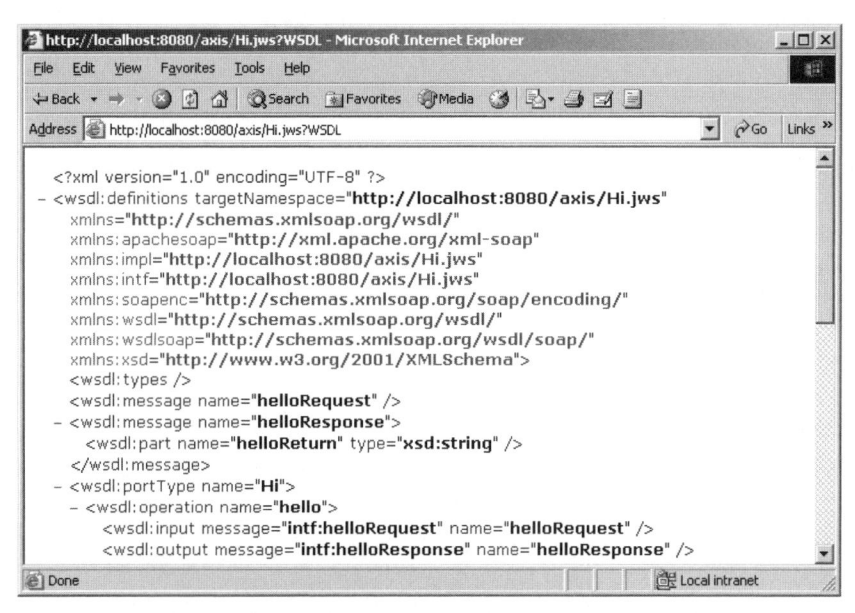

Abbildung 10.6: Die WSDL-Beschreibung eines Services kann über die URL des Service-Endpunkts zuzüglich „?WSDL" erhalten werden.

Abbildung 10.7: Syntaxfehler in JWS-Dateien erzeugen Fehlermeldungen auf der Tomcat Konsole.

Um diesem Problem vorzubeugen, hat sich ein kleiner Trick bewährt. Sie können einfach die JWS-Datei in .java umbenennen und dann mit einem gewöhnlichen Programmierwerkzeug nach Wunsch bearbeiten. Es empfiehlt sich hierbei auch, den Service von einer Methode aus testweise zu benutzen. Somit kann die später als Web Service zugängliche Funktionalität einfach getestet werden. Dies erreicht man am einfachsten, indem die Klasse von der Kommandozeile aufgerufen wird.

```
public static void main(String[] args)
{
   Hi hi = new Hi();
   System.out.println(hi.hello());
}
```

Wir kreieren ein Hi-Objekt und rufen den Service auf. Dies hat den Vorteil, dass Kompilieren und Test in der gewohnten Umgebung erfolgen können.

10.2.4 wsdl2java

Nun ist der erste einfache Web Service implementiert und zumindest lokal getestet worden. Machen wir uns also daran, den Client zu schreiben. Natürlich kann der Client prinzipiell in einer beliebigen Programmiersprache geschrieben werden. Die einzige Voraussetzung ist, dass die gewählte Plattform eine Bibliothek zur Unterstützung von SOAP und wenn möglich WSDL bereitstellt. Der Einfachheit halber verwenden wir in diesem Teil des Buches auch Axis als Client-Plattform. Wir werden später aber sehen, dass unser Service selbstverständlich auch von .Net aufgerufen werden kann.

Zuerst müssen wir die nötigen Bibliotheken im Klassenpfad zur Verfügung stellen. Diese sind alle im Verzeichnis TOMCAT_HOME/webapps/axis/WEB-INF/lib. Aus Sicht von Tomcat ist dies das Verzeichnis, in dem die Jar-Bibliotheken für die Axis-Web-Applikation zu finden sind.

```
set HOME=C:\jakarta-tomcat-4.1.24\webapps\axis\WEB-INF\lib
set CLASSPATH=.
set CLASSPATH=%CLASSPATH%;%HOME%\axis.jar
set CLASSPATH=%CLASSPATH%;%HOME%\axis-ant.jar
set CLASSPATH=%CLASSPATH%;%HOME%\commons-discovery.jar
set CLASSPATH=%CLASSPATH%;%HOME%\commons-logging.jar
set CLASSPATH=%CLASSPATH%;%HOME%\jaxrpc.jar
set CLASSPATH=%CLASSPATH%;%HOME%\log4j-1.2.4.jar
set CLASSPATH=%CLASSPATH%;%HOME%\saaj.jar
set CLASSPATH=%CLASSPATH%;%HOME%\wsdl4j.jar
```

An den Namen der Java-Archive sind einige vorher erwähnte Akronyme wieder zu erkennen. Die HOME-Variable ist dabei natürlich Ihrer Installation anzupassen.

Im nächsten Schritt müssen wir die Java-Stubs für den Service erzeugen. Dies geschieht über das wsdl2java-Werkzeug des Axis-Toolkits. Wie der Name schon andeutet, ist dieses Werkzeug in der Lage, eine WSDL-Beschreibung in entsprechende Java-Stubs umzusetzen. Die WSDL-Eingabe wird über eine URL oder einen lokalen Pfad spezifiziert. Ob die WSDL-Datei über das Internet bezogen wurde oder aus einer Email in ein lokales Verzeichnis kopiert wurde, ist hierbei egal. Das wsdl2java-Werkzeug ist im im Archiv axis.jar enthaltenen Paket org.apache.axis.wsdl enthalten. Wir richten wsdl2java auf unseren neu geschriebenen Web Service und geben die URL der WSDL Beschreibung auf der Kommandozeile an. Hierbei ist natürlich erforderlich, dass Tomcat noch läuft.

```
java org.apache.axis.wsdl.WSDL2Java
     http://localhost:8080/axis/Hi.jws?WSDL
```

Selbstverständlich ist es auch möglich, statt localhost eine beliebige IP-Adresse oder einen DNS-Namen einzugeben. Wir empfehlen Ihnen, die URL per Copy and Paste aus dem Browser zu übernehmen. Somit lassen sich Fehler beim Eintippen der URL vermeiden und man ist sicher, dass die WSDL-Beschreibung bereits ohne Probleme geladen werden konnte. Ist dieses Kommando erfolgreich, schloss es also ohne Fehlermeldung ab, so ist im momentanen Verzeichnis ein Unterverzeichnis `localhost` zu finden. Darin sind die benötigten Klassen zum Aufrufen des Services enthalten. Der Name `localhost` stammt aus dem `targetNamespace`-Attribut der in Abbildung 10.6 gezeigten WSDL-Beschreibung. Die Paketnamen entsprechen dabei immer den Host-Namen. Wäre der Host-Name `www.google.de`, so würden die Stubs dem Paket `de.google.www` zugeordnet. Dieser Mechanismus erweist sich als ideale Abbildung des Namespace-Mechanismus nach Java.

10.2.5 Struktur der generierten Klassen

Untersuchen wir nun die Struktur der Stubs genauer. Im Verzeichnis `localhost` finden sich vier Dateien:

- `Hi.java`
  Dies ist das Service-Interface. Hierin finden sich die Signaturen aller im Service angebotenen Methoden. Die Client-Applikation verwendet dieses Interface für den tatsächlichen Aufruf des Web Services. Axis lehnt sich hierbei an die Remote Method Invocation (RMI) API Javas an. So sind alle Methoden mit `throws java.rmi.RemoteException` gekennzeichnet. Außerdem leitet sich hier das Interface von `java.rmi.Remote` ab. Mittels der `RemoteException` werden der Client-Applikation Fehler auf der Server-Seite beziehungsweise Fehler, die bei der Kommunikation auftreten, mitgeteilt. Das Basis-Interface `Remote` beinhaltet selbst keine Methoden. Es dient lediglich als Kennzeichnung der Klassen als von anderen Maschinen aufrufbar.
- `HiService.java`
  Auch das `HiService`-Interface beinhaltet die vom Service angebotenen Methoden. `HiService` leitet sich von `javax.xml.rpc.Service` ab. Hieran ist zu erkennen, dass Axis konform zur JAX-RPC-Spezifikation von Sun ist. Diese Klasse wird nur intern gebraucht und taucht im weiter unten gezeigten Client nicht auf.
- `HiServiceLocator.java`
  Der `ServiceLocator` ist sozusagen die Factory-Klasse, die dem Client das Service-Objekt (in unserem Fall `Hi`) liefert. Es gibt hier zwei wichtige Methoden:

```
public Hi getHi()
public Hi gotHi(URL portAddress)
```

Beide liefern das gewünschte Interface zurück, sind also Factory-Methoden. Die zweite Variante erlaubt es, den Service-Endpunkt in Form einer URL anzugeben. Dies ist eigentlich zu erwarten, denn offensichtlich muss der Stub ja wissen, wohin die Pakete geschickt werden sollen. Wie funktioniert aber nun die erste Methode ohne URL? Die Antwort verbirgt sich wieder in der WSDL-Beschreibung. Darin ist ja folgendes Element enthalten:

```
<wsdlsoap:address location="http://localhost:8080/axis/Hi.jws" />
```

Genau diese URL wird verwendet, wenn der Client keine URL angibt. Damit ist der Fall abgedeckt, dass der Client den Service aufrufen will, von dem die WSDL-Beschreibung stammt. Hier ist jedoch Vorsicht geboten, denn das `Address`-Element muss nicht zwingend in der WSDL-Beschreibung enthalten sein.

- `HiSoapBindingStub.java`
  Diese Klasse implementiert schließlich die klassische Stub-Funktionalität. Dort findet sich auch die Programmlogik wieder, die die SOAP-Schicht bedient. Wie die `HiService`-Klasse ist auch der Stub für das Client-Programm nur indirekt relevant.

10.2.6 Der Axis-Client

Nachdem die von wsdl2java erzeugten Klassen bereits detailliert vorgestellt wurden, ist das Schreiben des Clients eine einfache Übung. Betrachten wir zunächst die `import`-Befehle. Neben `java.net.URL` wird hier lediglich das für die Stubs erzeugte Paket `localhost` importiert. Das Programm wird über die Kommandozeile gestartet. Zunächst instanziieren wir eine `ServiceLocator`-Factory. Deren `getHi`-Methode dient dann zur Erzeugung des Objekts, das Service-Interface implementiert. Wir wählen hier den allgemeinen Fall, in dem der Endpunkt des Services explizit als Parameter von `getHi` angegeben wird. Zuletzt erfolgt der Aufruf des Services, der mit Hilfe der Axis-Middleware nun für den Programmierer wie ein lokaler Methodenaufruf aussieht.

```java
import localhost.*;
import java.net.*;

public class AxisClient
{
   public static void main(String[] args) throws java.lang.Exception
   {
      HiServiceLocator loc = new HiServiceLocator();
      Hi ser = loc.getHi(
              new URL ( "http://localhost:8080/axis/Hi.jws" ) );
      System.out.println( ser.hello() );
   }
}
```

Starten Sie das Programm von der Kommandozeile mittels `java AxisClient`. Es erscheint die Ausgabe „Hello World!". Sie können sich vergewissern, dass der von Tomcat und Axis bereitgestellte Service tatsächlich aufgerufen wurde, indem Sie sich die Konsole von Tomcat ansehen. Da wir in der `Hi`-Klasse auch den `System.out.println`-Befehl verwenden, wird die Begrüßung nicht nur dem Client zurückgeliefert, sondern auch auf der Konsole ausgegeben.

10.2.7 Mehrere Service-Instanzen, eine WSDL-Beschreibung?

Nun stellt sich folgende Frage: Angenommen, Sie installieren Tomcat und Axis auf einem anderen Computer und kopieren auch `Hi.jws` dorthin. Müssen die Stubs dann neu generiert werden, um diese neue Instanz aufzurufen? Die Antwort ist nein, denn beide Services implementieren dieselbe WSDL-Schnittstelle. Es muss lediglich die korrekte IP-Adresse oder der korrekte DNS-Hostname im obigen Listing ersetzt werden. Der Server muss auch nicht im Intranet stehen. Die einzige Einschränkung ist, dass der Server per HTTP unter dem angegebenen Port erreichbar ist. Selbstverständlich könnten wir auch zwei Service-Instanzen mit unterschiedlichen URLs initialisieren und dann beide Services nacheinander aufrufen.

Beachten Sie hierbei, dass dies nur funktioniert, wenn beide Server unter Axis laufen. Es ist nicht möglich, eine entsprechende C#-Klasse zu schreiben und diese mit den für den Axis-Server generierten Stubs anzusprechen. In diesem Fall liegen dem Axis und dem .Net-Service unterschiedliche WSDL-Beschreibungen zugrunde, obwohl beide nur den scheinbar eindeutigen Service `String hello()` anbieten. Ruft man den .Net-Service mit den für den Axis-Server erzeugten Stubs auf, so erhält man folgenden Fehler:

```
Server did not recognize the value of HTTP Header SOAPAction
```

Es ist möglich, eine WSDL-Beschreibung zu verwenden und danach den .Net- bzw. den Axis-Service nach der gegebenen WSDL-Beschreibung aufzusetzen. Dazu muss aber auf eine andere Art des Deployments zurückgegriffen werden, da dies mit der einfachen JWS-Funktionalität nicht möglich ist. Mehr dazu im übernächsten Abschnitt.

10.2.8 Axis-Clients und .Net

Auch wenn eine JWS-Klasse und ein entsprechender .Net-Service unterschiedliche WSDL-Beschreibungen erzeugen, ist es dennoch problemlos möglich, einen in .Net geschriebenen Service von Java aus aufzurufen. Auch bei .Net bekommt man die WSDL-Beschreibung durch Anhängen von „?WSDL" an die URL des Endpunkts. Konsequenterweise muss nun diese URL als Parameter des wsdl2java-Werkzeuges verwendet werden. In unseren Fall ist dies `http://iunetts/ws/Hi.asmx?WSDL`:

```
java org.apache.axis.wsdl.WSDL2Java http://iunetts/ws/Hi.asmx?WSDL
```

Auch hier erzeugt das wsdl2java-Werkzeug einen Ordner `localhost`. Allerdings fällt sofort auf, dass die Klassennamen etwas unterschiedlich sind. Folglich muss auch der Code des Clients etwas geändert werden. Beispielsweise ist das Service-Interface nicht mehr unter `Hi` sondern unter `HiSoap` gespeichert:

```
import localhost.*;
import java.net.*;

public class DotNetClient
{
```

```
      public static void main(String[] args) throws java.lang.Exception
      {
         HiLocator loc = new HiLocator();
         HiSoap ser = loc.getHiSoap(
                         new URL ( "http://iunetts/ws/Hi.asmx" ) );
         System.out.println( ser.hello() );
      }
   }
```

Prinzipiell ist die Struktur aber dieselbe. Hierbei wollen wir aber nochmals erwähnen, dass derselbe Client durchaus in C# und Java geschriebene Services ansprechen kann. Die Voraussetzung hierfür ist aber, dass beide konform bezüglich einer WSDL-Beschreibung sind.

10.2.9 Service-Deployment

Das eben angesprochene Problem, nämlich dass ein Service sich nach einer vorgegebenen WSDL-Beschreibung zu richten hat, wirft die Frage auf, wie dies bewerkstelligt werden kann. Bislang begannen wir ja stets mit der Implementierung des Services. Stellen Sie sich aber nun vor, dass die WSDL-Beschreibung vom Projektleiter vorgegeben ist. In diesem Fall kann man sich mit Axis mit dem hier vorgestellten manuellen Deployment behelfen.

Wie gesagt, gehen wir von einer bestehenden WSDL-Datei aus. Folglich muss nun die Implementierung des Services auf diesem beruhen. Man verwendet hierbei wieder das wsdl2java-Werkzeug, jedoch mit der Option --server--side:

```
java org.apache.axis.wsdl.WSDL2Java
   --server-side --skeletonDeploy true
   http://iunetts/ws/Hi.asmx?WSDL
```

An der angegebenen URL findet sich eine Service-Beschreibung, die mit Hilfe des .Net-Toolkits erstellt wurde. Der nächste Abschnitt stellt die Werkzeuge und auch die Implementierung des Services in C# vor. An dieser Stelle spielt diese Information für uns keine Rolle. Es handelt sich aus unserer Sicht einfach um eine bestehende Beschreibung, zu der wir einen passenden Service in Java schreiben sollen. Die WSDL-Beschreibung gibt zwei Methoden `hello` und `add` sowie den Service-Namen `Hi` vor.

Wie beim Generieren der Stubs für den Client wird auch hier ein Verzeichnis mit dem Namen des in der WSDL-Datei verwendeten `targetNamespace` angelegt. In diesem Beispiel ist dies `org.tempuri`. Darin finden sich die folgenden Dateien:

- `HiSoapImpl.java`
  Diese Klasse wird später die eigentliche Implementierung enthalten. Das wsdl2java-Werkzeug erzeugt automatisch eine Testversion, die einfach beliebige Werte zurückliefert, jedoch die Schnittstelle korrekt implementiert. Die entsprechenden Methoden werden dann vom Entwickler mit der richtigen Logik ergänzt. Diese Datei wird von wsdl2java nur dann erzeugt, wenn sie im entsprechenden Verzeichnis noch nicht vorhanden ist. Dadurch verhindert man, dass eine bestehende Implementation beim erneu-

ten Generieren der Skelette überschrieben wird. Da der Service offensichtlich Spielzeugcharakter hat, fällt die Programmierung der Services nicht besonders schwer. Im Listing unten müssen lediglich die beiden `return`-Befehle in `return „Hello World!"` und `return a + b` geändert werden:

```
package org.tempuri;

public class HiSoapImpl implements org.tempuri.HiSoap{
    public java.lang.String hello() throws java.rmi.RemoteException
    {
        return null;
    }

    public int add(int a, int b) throws java.rmi.RemoteException
    {
        return -3;
    }
}
```

- `HiSoapSkeleton.java`
  Dieses Skeleton sitzt sozusagen zwischen Axis und der Implementation in `HiSoapImpl`. Das Skelett delegiert lediglich die Anfragen.
- `Hi.java`
  `HiSoap.java`
  Wie beim Generieren der Klassen für den Client, ist in diesen beiden Dateien das Java Service Interface zu finden.
- `HiSoapStub.java`
  `HiLocator.java`
  Diese beiden Klassen sind eigentlich für den Client bestimmt und sind für die Service-Implementierung nicht nötig.
- `deploy.wsdd`
  Im Deployment-Deskriptor sind wichtige Informationen enthalten, die für die richtige Abarbeitung des in Abbildung 10.2 gezeigten Ablaufs nötig sind. Dazu zählt der Name der Klasse, die den Service tatsächlich implementiert, welche ihrer Methoden aufrufbar sind, welche Art des Marshallings und Unmarshallings verwendet wird, wie die Nachrichten kodiert werden und der `targetNamespace` des Services. Wir werden im Folgenden auch noch beschreiben, wie Axis-Handler in dieser Datei angemeldet werden können.
- `undeploy.wsdd`
  Der Undeployment-Deskriptor enthält lediglich den Namen des Services, damit dieser aus der Axis-Engine entfernt werden kann.

Bislang wurde das Service-Skelett erzeugt und der Service geschrieben. Nun müssen die Klassen noch kompiliert und der Service registriert werden. Dazu dient der Deployment-Deskriptor. Bevor wir im nächsten Abschnitt detailliert auf diesen eingehen, wollen wir noch zeigen, wie der Service bei Axis registriert wird. Im Axis-Toolkit ist ein Administrationswerkzeug namens `AdminClient` enthalten. Diesem muss, bei laufendem Web-Server, lediglich der zu verwendende Deskriptor per Kommandozeile angegeben werden. Die Ausgabe bestätigt den Erfolg der Prozedur. Beachten Sie hierbei, dass wir alle Kommandos im Verzeichnis `TOMCAT_HOME/webapps/axis/WEB-INF/classes` durchführen. Der Grund hierfür ist, dass das Service-Deployment Axis lediglich die nötige Information bereitstellt. Die tatsächlichen Klassen müssen unter Beibehaltung der Verzeichnisse für die Java-Pakete (`org/tempuri`) selbst in das `classes`-Verzeichnis der Axis-Web-Applikation kopiert werden. Hierbei empfiehlt sich, entweder ein Build-Werkzeug wie Ant zu verwenden oder, wie in unserem Fall, unnötiges Kopieren zu vermeiden, indem der Service direkt im Axis-Klassenverzeichnis generiert und kompiliert wird.

```
cd C:\jakarta-tomcat-4.1.24\webapps\axis\WEB-INF\classes
C:\...>java org.apache.axis.wsdl.WSDL2Java
        --server-side --skeletonDeploy true
        http://iunetts/ws/Hi.asmx?WSDL
C:\...>javac org/tempuri/*.java
C:\...>java org.apache.axis.client.AdminClient org/tempuri/deploy.wsdd
- Processing file org/tempuri/deploy.wsdd
- <Admin>Done processing</Admin>
```

Mit dem `AdminClient`-Werkzeug kann man auch Informationen über die registrierten Services abrufen. Die Ausgabe ist hierbei ein recht großes XML-Dokument, welches letztendlich die im Deployment-Deskriptor der einzelnen Services enthaltenen Werte widerspiegelt.

```
java org.apache.axis.client.AdminClient list
```

Der Service ist nun unter der URL `http://localhost:8080/axis/services/HiSoap` zu erreichen. Abbildung 10.8 zeigt, dass auch die WSDL-Schnittstelle wieder über die Service-URL plus „?WSDL" erreichbar ist.

Der ursprüngliche Punkt der Übung war ja, Services in .Net und Java zu schreiben, die derselben WSDL-Beschreibung entsprechen und somit vom selben Client genutzt werden können. Folgendes Listing beweist, dass dies nun der Fall ist, da der Java-Service nach der von .Net vorgegebenen Beschreibung implementiert wurde. Mit der `ServiceLocator`-Factory werden nun zwei Service-Objekte mit unterschiedlichen Endpunkten erzeugt und danach aufgerufen. Die Kommunikation mit .Net und Axis funktioniert und „Hello World!" erscheint zweimal auf dem Bildschirm:

```
import org.tempuri.*;
import java.net.*;

public class AxisDotNetClient
{
    public static void main(String[] args) throws java.lang.Exception
    {
        HiLocator loc = new HiLocator();
        HiSoap dotnet = loc.getHiSoap( new URL ( "http://iunetts/ws/Hi.asmx" ) );
        HiSoap axis = loc.getHiSoap( new URL ( "http://localhost:8080/axis/services/HiSoap" ) );
```

```
            System.out.println( ".NET: " + dotnet.hello() );
            System.out.println( "Axis: " + axis.hello() );
        }
    }
```

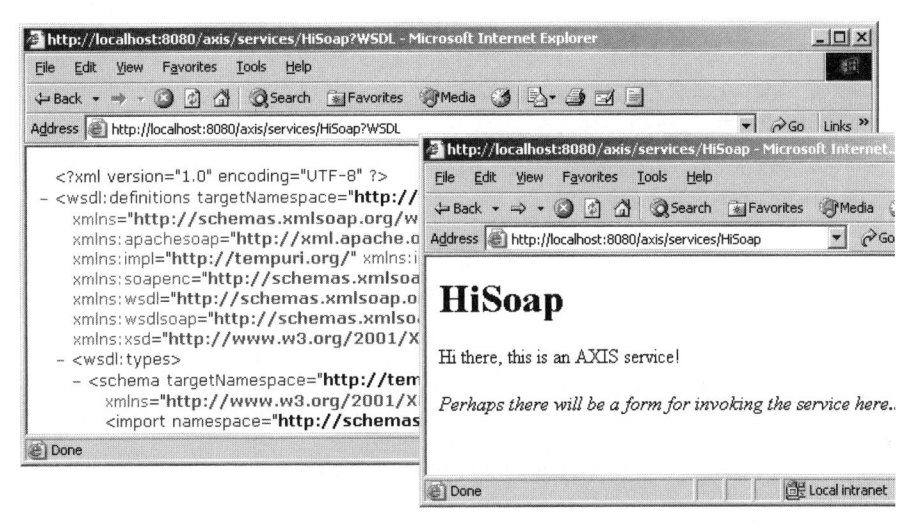

Abbildung 10.8: Service Endpunkt und WSDL Beschreibung eines manuell registrierten Services

10.2.10 Deployment-Deskriptoren

In diesem Abschnitt gehen wir auf die weiterführenden Möglichkeiten der Deployment-Deskriptoren ein, insbesondere die Registrierung von Handler-Klassen, die vor und nach dem Aufruf des Services aktiviert werden. Diese Handler übernehmen üblicherweise Funktionalität wie Logging von Anfragen oder die Prüfung einer digitalen Signatur. Solchen Aufgaben ist gemeinsam, dass sie quasi von allen Services genutzt werden können und deshalb nicht in der eigentlichen Service-Implementation auftauchen sollten. Der Service-Code sollte sich lediglich mit der Applikationslogik beschäftigen. Nehmen wir eine Bank als Beispiel, so spielen hier digitale Signaturen künftig sicher eine zentrale Rolle. Deshalb kann ein von einem Drittanbieter erstellter Handler zum Einsatz kommen, der dem Service vorgeschaltet wird. Im eigentlichen Service geht es dann lediglich um Dinge wie Zinsen, Umbuchungen etc.

Sehen wir uns den Deployment-Deskriptor des vorigen Beispiels genauer an. Die in normaler Schrift gezeigte Information wurde von wsdl2java generiert. Wichtig ist uns hier der fett gedruckte Text. Zuerst wird ein Handler namens `logger` definiert und der Klasse `myhandler.Logger` zugewiesen. Dieser Handler bekommt mit dem `parameter`-Element eventuell nötige Einstellungen übergeben. Dies könnte beispielsweise die Datei sein, in die das Log geschrieben werden soll. Innerhalb des `Service`-Elements definieren wir nun den Ablaufplan der Handler. Der Name `requestFlow` legt hierbei Dinge fest, die vor dem Aufruf des Services erledigt werden sollen. `ResponseFlow` enthält Aktionen, die nach dem Service aufzurufen sind. Schließlich gibt es das Element `faultFlow`, mit dem die Fehlerbehandlung kanalisiert wird. In unserem Beispiel wird lediglich der `Logger`-`Handler` vor dem Service aufgerufen.

```xml
<deployment
  xmlns="http://xml.apache.org/axis/wsdd/"
  xmlns:java="http://xml.apache.org/axis/wsdd/providers/java">

  <handler name="logger" type="java:myhandler.Logger">
      <parameter name="parameter" value="parameter value"/>
  </handler>

  <service name="HiSoap" provider="java:RPC" style="wrapped">

    <requestFlow>
       <handler type="logger"/>
    </requestFlow>

      <parameter name="wsdlTargetNamespace" value="http://tempuri.org"/>
      <parameter name="wsdlServiceElement" value="Hi"/>
      <parameter name="wsdlServicePort" value="HiSoap"/>
      <parameter name="className" value="org.tempuri.HiSoapSkeleton"/>
      <parameter name="wsdlPortType" value="HiSoap"/>
      <parameter name="allowedMethods" value="*"/>
  </service>
</deployment>
```

Sehen wir uns nun die `Logger`-Klasse an. Diese basiert logischerweise sehr stark auf den Axis-Klassen. Beachten Sie zunächst den Paketnamen `myhandler`. Diesen finden wir auch im Web-Service-Deployment-Deskriptor oben wieder. Es folgt der angesprochene Import der Axis-Klassen. Der Handler selbst basiert auf dem `BasicHandler` von Axis. Die Methode `invoke` wird später von Axis bei jeder Anfrage an den Service aufgerufen. Das `MessageConext`-Objekt liefert die für die Verarbeitung nötige Information. So kann man über dieses Objekt die eigentliche Handler-Instanz bekommen. Im Handler stehen Name-Wert-Paare zur Speicherung von Statusinformationen zur Verfügung. Unser Handler nutzt dies, um einen Zähler zu verwalten. Ist der Zähler erhöht und wieder abgelegt, geben wir eine entsprechende Nachricht auf der Tomcat-Konsole aus.

Die letzten beiden Zeilen zeigen, wie auf die im Deployment-Deskriptor enthaltenen Parameter zugegriffen werden kann.

```java
package myhandler;

import org.apache.axis.*;
import org.apache.axis.handlers.*;

public class Logger extends BasicHandler
{
   public void invoke(MessageContext msgContext) throws AxisFault
   {
      Handler handler = msgContext.getService();
      Integer counter = (Integer)handler.getOption("counter");
      if (counter == null)
```

```
        {
            counter = new Integer(0);
        }
        counter = new Integer( counter.intValue()+1 );
        System.out.println("Dies ist der " + counter + ". Aufruf.");
        handler.setOption("counter", counter);

        String parameter = (String)getOption("parameter");
        System.out.println("Der Logger Parameter ist: " + parameter);
    }
}
```

Kompilieren Sie diese Klasse auch wieder unter `TOMCAT_HOME/webapps/axis/WEB-INF/classes`. Somit ist der Handler sozusagen direkt in Axis installiert. Der Service muss nun nochmals mit dem `AdminClient` registriert werden, da sich ja auch die `deploy.wsdd`-Datei geändert hat. Nun starten wir über den Test-Client den Aufruf an die `hello`-Methode. Nach zwei Aufrufen ist die folgende Ausgabe auf der Tomcat-Konsole zu sehen:

```
Dies ist der 1. Aufruf.
Der Logger Parameter ist: parameter value
Dies ist der 2. Aufruf.
Der Logger Parameter ist: parameter value
```

Falls Sie die Klasse neu kompilieren und der Handler bereits vorher registriert war, ist es erforderlich, Tomcat neu zu starten. Dies liegt daran, dass Axis die alte Version des Handlers nicht automatisch durch die neu kompilierte ersetzt.

Generell ist zu sagen, dass das Konzept der Handler ein sehr mächtiges ist. Es lassen sich hierdurch bequem externe Handler-Komponenten integrieren. Es ist auch möglich, eine Art „Web Service Routing" zu realisieren, indem der Hander entscheidet, an wen die Anfrage weitergeleitet wird.

10.2.11 Java2WSDL

Im Hinblick auf den letzten Abschnitt stellt sich nun die Frage, welche Möglichkeiten es eigentlich gibt, WSDL-Beschreibungen zu erstellen. Zum einen kann man WSDL natürlich von Hand schreiben. Werkzeuge wie XML Spy bieten dafür schon vorgefertigte Schablonen an. Allerdings ist es auf jeden Fall ratsam, eine automatisch erzeugte Version zumindest als Grundlage für manuelle Änderungen zu verwenden. Bislang wurden unsere WSDL-Beispiele ja immer durch Anhängen von „?WSDL" an die Service-Endpunkt-URL erzeugt. Hierbei ist die Frage, was eigentlich innerhalb der Axis-Engine passiert. Axis hat eine Komponente eigens für diesen Zweck. Der Name der Komponente ist, in Anlehnung an wsdl2java, java2wsdl. Wird der Browser auf `/axis/ServiceName.jws` gerichtet, so stößt Axis intern das java2wsdl-Werkzeug auf die kompilierte Klasse an. Java2wsdl kann aber auch direkt von der Kommandozeile aufgerufen werden. Dies wurde im XML-Werkzeugkapitel im Abschnitt 7.2.3 ja bereits zur Konvertierung von Java-Klassen in XML-Schema-Datentypen benutzt. Dem Werkzeug können eine ganze Reihe Parameter über die

Kommandozeile übergeben werden. Wir beschränken uns in diesem Beispiel auf die von java2wsdl verlangte Angabe des Service-Endpunkts:

```
java org.apache.axis.wsdl.Java2WSDL -l http://endpoint.org/s.jws MyClass
```

Java2wsdl legt im momentanen Verzeichnis das neue WSDL-Dokument an. Da auch JWS-Dateien im Hintergrund in Java-Klassen übersetzt werden, besteht prinzipiell kein Unterschied, ob man das Werkzeug, wie eben gezeigt, über die Konsole auf eine Klasse anwendet oder indirekt über den Browser.

10.3 Microsoft .Net

Wir fassen noch einmal ganz kurz die wichtigsten Eigenschaften von .Net zusammen, bevor wir in die Web-Service-Entwicklung einsteigen.

Microsofts .Net-Plattform wurde Ende 2000 eingeführt. .Net besteht nicht nur aus Web-Technologien. Im Wesentlichen sind drei Komponenten zu erwähnen. Zum einen wurde das von Java bereits seit längerem verwendete Konzept des interpretierten Codes in der Microsoft Common Language Runtime (CLR) umgesetzt. Die CLR erlaubt es auch, Programme in den verschiedensten Sprachen wie Visual Basic, C# oder neuerdings auch J#, dem Microsoft Java, zu schreiben. Alle Programme werden in denselben Bytecode übersetzt. So kann eine C#-Klasse sogar auf einer Visual-Basic-Klasse aufgesetzt werden. Dies setzt natürlich voraus, dass in den bestehenden Sprachspezifikationen einige alte Zöpfe abgeschnitten werden mussten. Generell ist diese Entscheidung aber auf jeden Fall zu begrüßen, da .Net dadurch wesentlich leichter zu handhaben ist.

Die Interoperabilität der Sprachen bringt uns zum nächsten wichtigen Punkt des .Net-Frameworks: Die Klassenbibliotheken wurden zwischen den Sprachen standardisiert. So gibt es sowohl in C# als auch in Visual Basic als auch in J# die Klasse `Console` mit der Methode `write` zur Ausgabe einer Zeichenkette auf dem Bildschirm. Natürlich ist auch dies ein wesentlicher Bestandteil der Tatsache, von einer Sprache in die andere wechseln zu können. Der Umfang der Bibliothek kann sich auf jeden Fall sehen lassen. Ähnlich wie bei Java sind von abstrakten Datentypen wie `Set`, `Vector` usw. über XML-Parser bis hin zur Datenbankanbindung extrem viele Klassen vorhanden.

Der dritte Punkt sind nun schließlich die unter dem Begriff ASP.Net zusammengefassten Web-Technologien. Diese beinhalten Web Services, aber auch die Möglichkeit, in Visual Studio .Net Web-Applikationen fast so einfach wie vom Visual-Basic-Formulareditor her gewohnt editieren zu können.

10.3.1 Web Services mit C#

Web Services sind ein integraler Bestandteil von .Net und natürlich auch des zugehörigen Entwicklungswerkzeuges Visual Studio .Net. Abbildung 10.9 zeigt eine Bildschirmansicht dieses Tools mit den gewohnten Komponenten einer IDE wie dem Code-Editor mit Syntaxhervorhebung, dem Projektfenster, der Compiler-Ausgabe und einigen Werkzeugleisten. Wie eben erwähnt, ist der Programmcode für das berüchtigte „Hello World!"-Beispiel von der Syntax her völlig identisch zu Java. Im Hinblick auf Web Services fällt Folgendes auf: Zum einen erlaubt es .Net, die Methoden, die als Web Service exportiert werden sollen, explizit durch das Kommando [WebMethod] zu kennzeichnen. Weiterhin deutet die beim Erstellen des Projekts automatisch erzeugte Kommentarzeile an, dass dieser Web Service direkt aus dem Entwicklungswerkzeug getestet werden kann. Visual Studio .Net muss hierfür mit einem Web-Server kooperieren. Als Web-Server kommt natürlich der Internet Information Server (IIS) zur Anwendung. In Abbildung 10.10 ist zu sehen, dass das Projekt mit Namen ws auch in Form einer Web-Applikation im IIS zu finden ist. Diese Web-Applikation wird beim Anlegen des ws-Projekts in Visual Studio .Net automatisch erzeugt. In der im Projektfenster zu sehenden Datei Web.config werden etliche Einstellungen über den Service und dessen Laufzeitverhalten angegeben. So kann man zum Beispiel festlegen, ob und unter welchen Umständen interne Fehlermeldungen ausgegeben werden sollen. Das Textfeld mit dem Eintrag tempuri.org in der Werkzeugleiste ist uns ja schon vom .Net-Client bekannt. Hier wird der targetNamespace des Services eingegeben.

Hier zeigt sich ein weiterer Unterschied zu den bislang verwendeten Open-Source-Werkzeugen. Auch Axis erlaubt natürlich, einen targetNamespace anzugeben. Diesen spezifiziert man als Kommandozeilenoption des java2wsdl-Werkzeugs. Auch hier ist es schlichtweg eine Geschmacksfrage, ob man lieber mit integrierten Tools oder Kommandozeilenprogrammen arbeitet. Hierbei sei angemerkt, dass auch unter .Net das Werkzeug wsdl.exe verfügbar ist, das ähnlich zu wsdl2java funktioniert.

Ist der Web Service nun geschrieben, reicht es, per F5 den Befehl zum Starten des Services zu geben. Ist die Kompilation erfolgreich, so öffnet sich das in Abbildung 10.11 gezeigte Browserfenster. Zu sehen sind links alle mit [WebMethod] gekennzeichneten Methoden sowie rechts ein Hyperlink zur WSDL-Beschreibung. Klickt man beispielsweise auf den Link zur add-Methode, so erscheint die in Abbildung 10.12 gezeigte Testschnittstelle. Per HTML-Formular werden die für den Aufruf nötigen Parameter angegeben. Wir addieren in diesem Beispiel die Werte 22 und 55. Das Fenster unten rechts zeigt das in XML formatierte Ergebnis 77.

Diese Funktionalität ist bei der Entwicklung von Web Services extrem hilfreich, da es nicht immer leicht ist, schnell einen Client zu schreiben, um die Tests durchzuführen. Axis bietet hier zwar auch die Möglichkeit, vom wsdl2java-Werkzeug direkt einen JUnit-Test erzeugen zu lassen, aber auch hierfür ist eine entsprechende Infrastruktur nötig.

Natürlich gibt es auch in der Java-Welt entsprechende Ansätze. So kann der Tomcat-Server problemlos in ein Entwicklungswerkzeug wie Eclipse integriert und von dort aus zum Test der geschriebenen Web Services gesteuert werden. Eine der in .Net vorhandenen Funktionalität nachgeahmte browserbasierte Testschnittstelle ist unseres Wissens nach bei der Apache-Gruppe in Arbeit.

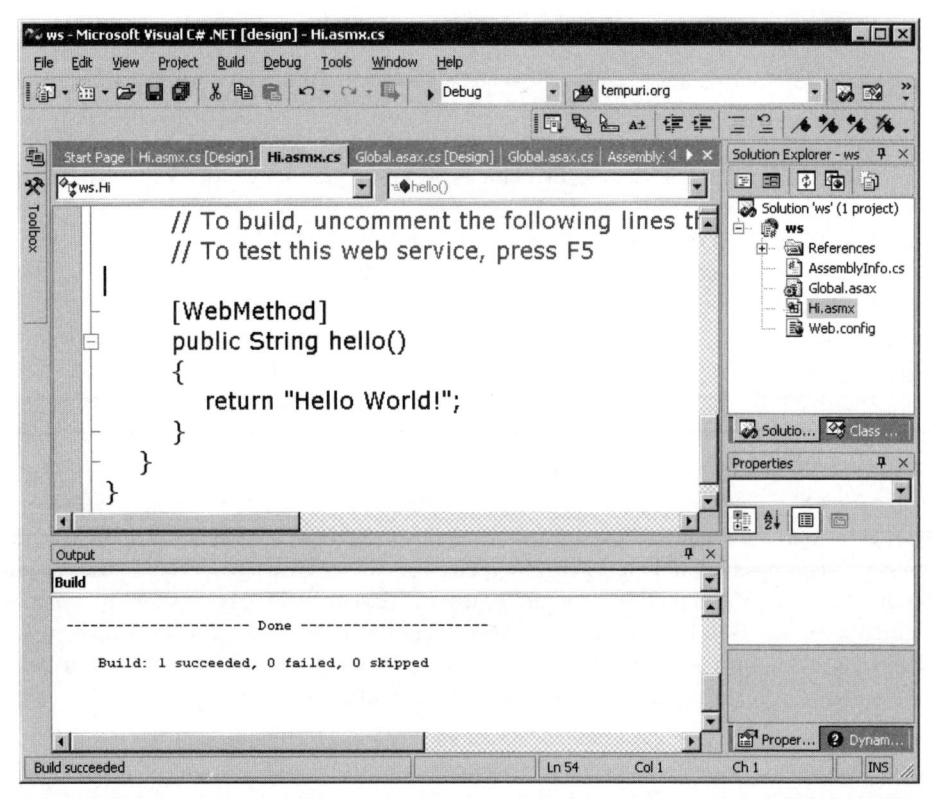

Abbildung 10.9: Visual Studio .NET erlaubt eine sehr komfortable Entwicklung von Web Services. Durch Klicken des „Run" Buttons öffnet sich der Browser mit der in Abb. 10.11 gezeigten Web-Seite zum Testen des Services.

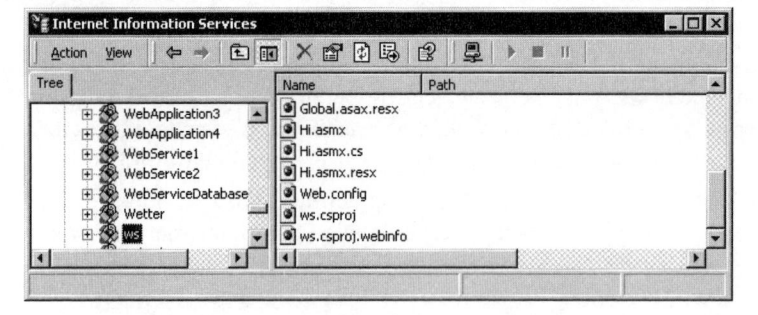

Abbildung 10.10: Die Internet Services Management Console des IIS zeigt, dass für das in Visual Studio .NET angelegte „ws" Projekt eine entsprechende Web-Applikation im IIS vorhanden ist.

10.3 Microsoft .Net

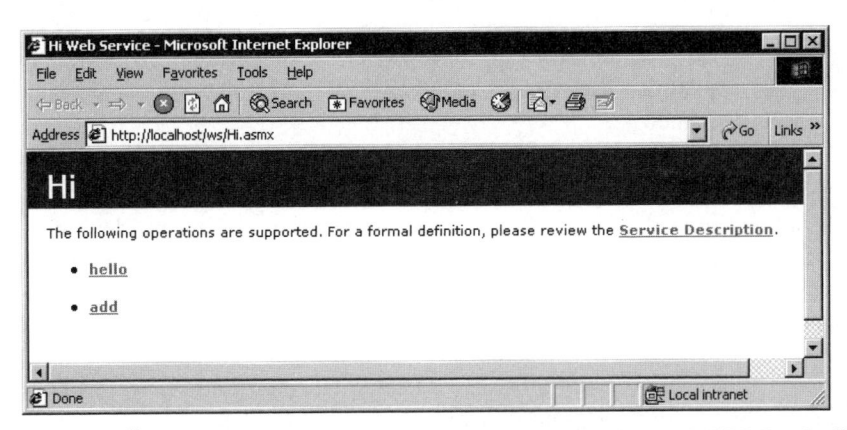

Abbildung 10.11: Übersichtsseite des Web Services. Rechts führt der Link zur WSDL Beschreibung. Unten sind die einzelnen Methoden des Services aufgelistet. Diese Links führen zu der in Abb. 10.12 gezeigten Testumgebung.

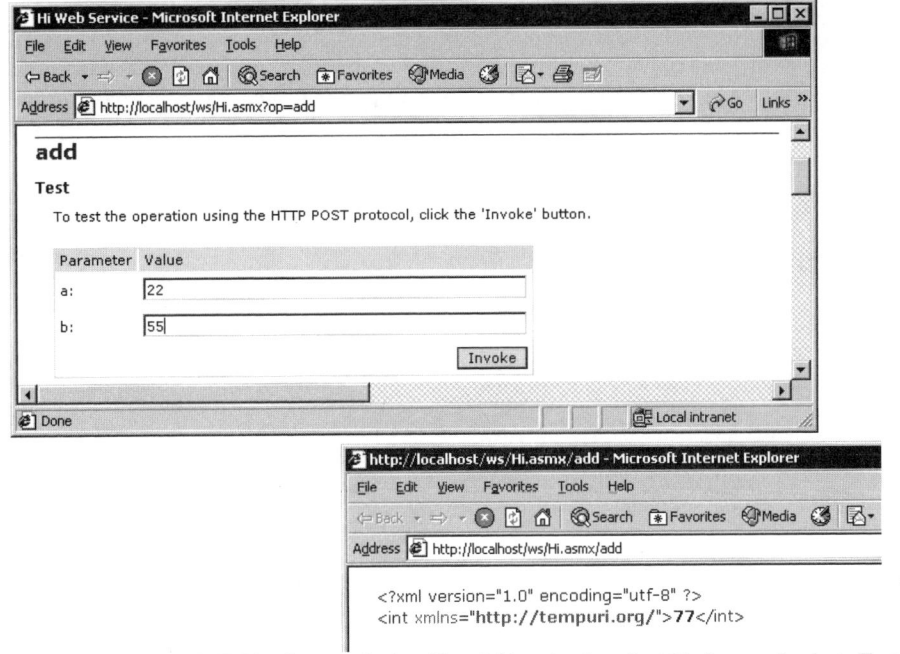

Abbildung 10.12: Die .NET Plattform stellt dem Entwickler eine komfortable browserbasierte Testumgebung zur Verfügung. Hier wird mit einem kleinen Additionsservice 22 + 55 = 77 demonstriert.

10.3.2 Konfigurationsparameter im Internet Information Server

In Abschnitt 5.2 zeigten wir, wie mit Tomcat Basic Authentication und SSL eingestellt werden. Dies ist natürlich auch mit IIS möglich. Abbildung 10.13 zeigt einige der hierfür zu verwendenden Dialoge.

Im Dialog auf der rechten Seite sind unter der Überschrift „Secure Communications" die Buttons zum Aktivieren der Zertifikate zu sehen. Im selben Dialog unter „Anonymous access and authentication control" können die Benutzer festgelegt werden, die auf die Web-Site zugreifen können. Normalerweise ist der Zugriff jedem anonymen Nutzer gestattet. Skripte und Programme auf der Server-Seite laufen dann unter dem System-Account `IUSR_Hostname`. Durch die enge Integration mit Windows ist es hierbei möglich, den Zugang auf einzelne Benutzer einer Domäne einzuschränken. Wird dies eingestellt, so verwendet IIS implizit sofort HTTP Basic Authentication. Die Nutzerinformation bezieht der IIS in diesem Fall vom Windows Domain Controller.

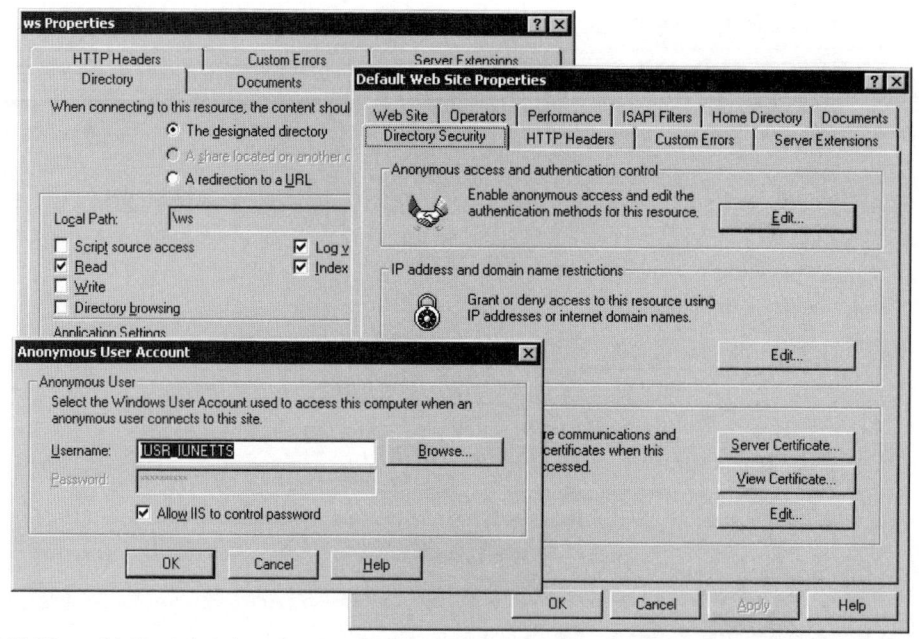

Abbildung 10.13: Administration des Internet Information Servers. Der Dialog rechts zeigt beispielsweise, wie mit eingespielten Zertifikaten sichere Web-Seiten eingerichtet werden können.

10.3.3 Web Service Clients mit C#

Wie bei Axis ist es natürlich auch mit .Net sehr einfach, fremde Web Services ins eigene Projekt einzubinden. Dieser Abschnitt zeigt, wie das Pendant zu wsdl2java in Visual Studio .Net aussieht. Der Client wird in C# geschrieben, ist aber selbst ein Server, der auf dem Rechner eines Wetterportals läuft. Wir wählen diese Konfiguration, um Ihnen auch

10.3 Microsoft .Net

gleich die herausragenden Fähigkeiten zum Entwickeln dynamischer Web-Seiten mit .Net zu demonstrieren. Die Wetterinformation wird nun direkt von einem externen, real existierenden Wetter-Web-Service geliefert. Dieser ist unter `http://www.LearnXmlWS.com/services/weatherRetriever.asmx` erreichbar. Offensichtlich ist dieser Service zu Lehrzwecken geschrieben. Dies spielt hier aber keine Rolle, da richtige Wetterdaten wie Temperatur und Luftfeuchtigkeit übertragen werden und der Service vor allem nicht unter unserer Kontrolle steht, sondern einfach im Web zur Verfügung gestellt wird. Abbildung 10.14 zeigt die Architektur nochmals grafisch.

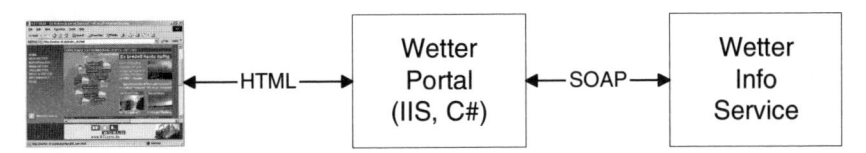

Abbildung 10.14: Architektur des Wetter-Portals.

Zur Entwicklung des Portals legen wir zunächst in Visual Studio ein neues C#-Projekt vom Typ „ASP.NET Web Application" an. Nun können wir, wie in Abbildung 10.15 gezeigt, Formularelemente auf die Web-Seite ziehen. Der HTML-Text der Seite wird im Hintergrund erstellt. Wie von Programmierumgebungen wie Visual Basic gewohnt, erzeugt nun ein Doppelklick auf den Button die entsprechende C#-Methode zum Abfangen des Bildschirmereignisses. Dies ist natürlich ein außerordentlich komfortabler Mechanismus, denn üblicherweise muss man sich bei Web-Applikationen ja mit dem `action`-Attribut des HTML-Formulars und vielen anderen Dingen herumschlagen. Visual Studio .Net erledigt dies transparent für den Entwickler.

Wird der Suchknopf gedrückt, so soll die im Textfeld eingegebene US-Postleitzahl als Parameter für den Web Service verwendet werden. Ist das Ergebnis eingetroffen, so soll wiederum die Temperatur an diesem Ort auf der Web-Seite erscheinen.

Zunächst ist also der Web Service einzubinden. Dies erfolgt einfach, indem man im Kontextmenü des Wetterportal-Projekts den Eintrag „Add Web Reference" auswählt. Der Dialog sieht sehr ähnlich aus wie die in Office XP integrierte Version. Diese ist in Abbildung 10.17 zu sehen. Wir geben die URL des Services, statt wie bei Axis auf der Kommandozeile, in diesem Dialog ein. Nachdem der Vorgang abgeschlossen ist, sind Klassen des Namespaces `com.learnxmlws.www` in das Projekt eingebunden. Darin befinden sich die zum Aufrufen des Services nötigen Klassen. Jetzt können wir mit der Implementierung der Applikationslogik unseres Portals beginnen. Diese ist nicht allzu schwer zu schreiben, da wir ja letztendlich lediglich Parameter wie den ZIP-Code vom Web-Formular nehmen und an den Service übergeben und andersherum die Service-Resultate an den Browser zurückliefern.

Im C#-Listing unten ist Folgendes herauszustellen. Die Klasse ist im Namespace `wetterportal` definiert und von `System.Web.UI.Page` abgeleitet. Sie stellt somit eine Web-Seite dar. Der Befehl `using wetterportal.com.learnxmlws.www` bindet, wie Javas `import`-Schlüsselwort, die für den Service generierten Klassen ein. Dies sind insbesondere `CurrentWeather` und `WeatherRetriever`. Die private Methode `search_`-

Click fängt das durch das Drücken des Buttons auf der Web-Seite erzeugte Ereignis ab. Wie bereits erwähnt, nimmt .Net dem Entwickler hier viel Detailarbeit ab, indem ein solches Ereignis wie eines auf einer gewöhnlichen Windows-Benutzerschnittstelle behandelt werden kann. Immerhin entsteht das Ereignis ja im Browser und wird per HTTP an die C#-Komponente geschickt. Dort wird wiederum eine neue HTML-Seite erzeugt, die wieder an den Browser zurückgeht.

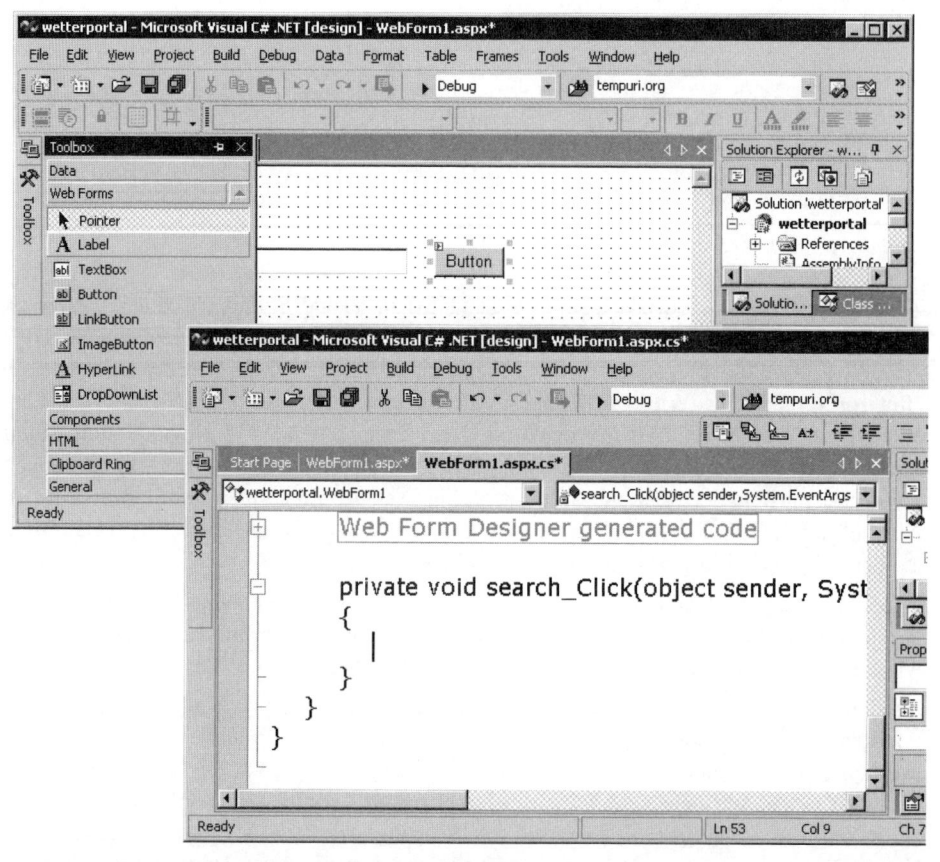

Abbildung 10.15: In Visual Studio .NET können HTML-Formulare und der zugehörige Code extrem einfach erstellt werden.

Über `zip.Text` kann man nun auf den Inhalt des `zip`-HTML-Textfeldes zugreifen und den für den Web Service benötigten Parameter auf diese Weise abrufen. Der Service wird nun einfach per `new`-Operator instanziiert. In der variable `loc.url` legen wir sodann die URL des Service-Endpunkts ab. Sie sehen, dass tatsächlich der in den USA gehostete Service aufgerufen wird. Nun erfolgt der eigentliche Aufruf `loc.getWeather(zip)`, der auch in .Net wie ein lokaler Methodenaufruf aussieht. Der Service liefert die Struktur `CurrentWeather` zurück, welche aus dem entsprechenden, in WSDL festgelegten XML-Schema-Typ entstand. Dieser unterscheidet sich leicht von Java Beans, indem keine `get-`

10.3 Microsoft .Net

und `set`-Methoden zur Verfügung stehen. Man greift stattdessen direkt auf die einzelnen Felder wie `CurrentTemp` zu. Da der US Service mit Grad Fahrenheit arbeitet, müssen wir nun doch noch etwas Programmlogik, nämlich die Umrechnung in Grad Celsius, einbauen. Auf der entstehenden Web-Seite geben wir das Ergebnis aus, indem wir den Text des Labels `result` mit dem entsprechenden String belegen.

```
using System;
...
using wetterportal.com.learnxmlws.www;

namespace wetterportal
{
    public class WebForm1 : System.Web.UI.Page
    {
        ...

        private void search_Click(object sender, System.EventArgs e)
        {
            string zipCode = zip.Text;
            WeatherRetriever loc = new WeatherRetriever();
            loc.Url =
                "http://www.learnxmlws.com/services/weatherRetriever.asmx";
            CurrentWeather weather = loc.GetWeather(zipCode);
            Single temp = weather.CurrentTemp;
            temp = (temp - 32) * 5/9;
            result.Text =
                "Die Temp. am ZIP " + zipCode + " ist: " + temp + " Grad";
        }
    }
}
```

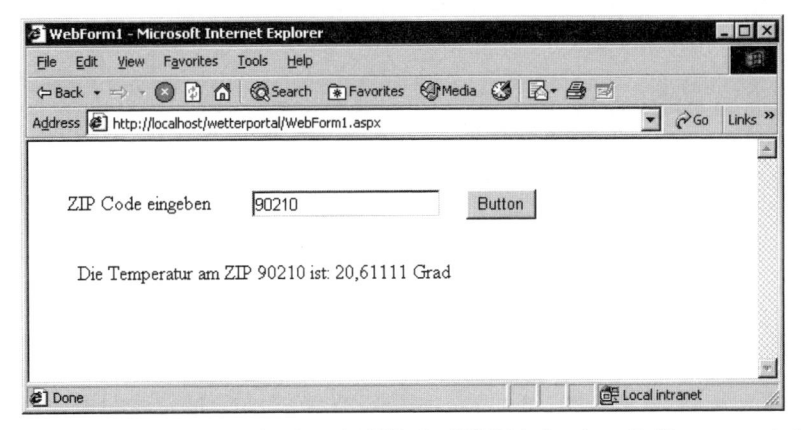

Abbildung 10.16: Das Wetterportal zeigt mit Hilfe des US Web Services die Temperatur in Beverly Hills an.

Abbildung 10.16 zeigt schließlich die C#-Web-Applikation in Aktion. Obwohl im C#-Code keine Zeile HTML auftaucht, ist die Web-Seite direkt durch Drücken von F5 „Run" funktionstüchtig. Das zugegebenermaßen sehr schlichte Design der Web-Seite wurde allein durch den im Visual Studio .Net integrierten grafischen Editor erstellt. Man sieht nun, dass in Beverly Hills 90210 angenehme 20,6 Grad Celsius herrschen.

10.3.4 Web Services in Office XP

Web-Service-Unterstützung wird in immer mehr Softwareprodukte eingebaut. Die Unterstützung durch Visual Studio .Net ist bereits sehr komfortabel, doch solche Werkzeuge sind immer noch nur einem relativ kleinen Kreis von Softwareentwicklern zugänglich. Anders ist die Situation bei Standardprodukten wie Office. Dieser Abschnitt zeigt nun, wie ein einfacher Währungsumrechner für die in Excel erstellte Reisekostenabrechnung eingebaut wird. Dieses Beispiel verdeutlicht, dass Web Services wahrscheinlich bald von einer wesentlich breiteren Masse an Nutzern konsumiert werden, genauso wie es derzeit bei HTML-Web-Seiten der Fall ist.

Beginnen wir mit der Service-Implementierung. Diese ist, um nochmals die Interoperabilität zu unterstreichen, in Java geschrieben. Die Klasse definiert zunächst eine kleine Datenbasis mit drei Euro/US-Dollar-Tageskursen. Weiter unten sind Methoden zur Umrechnung von Euro in Dollar und umgekehrt definiert. Diesen wird der Betrag und das Datum übergeben. Das Datum wird dann als Key für die in einer Hashtabelle gespeicherte Datenbank verwendet.

```
import java.util.*;

public class Currency
{
   static Hashtable data;

   static Hashtable getData()
   {
      if (data == null)
      {
         data = new Hashtable();
         data.put(new Date(103, 6, 16), new Float(1.1138));
         data.put(new Date(103, 6, 17), new Float(1.1231));
         data.put(new Date(103, 6, 18), new Float(1.1205));
      }
      return data;
   }

   public float dollar2euro(Date date, float dollar)
   {
      Hashtable data = getData();
      float dollarFor1Euro = ((Float)data.get(date)).floatValue();
      float euroFor1Dollar = 1 / dollarFor1Euro;
      return euroFor1Dollar * dollar;
   }

   public float euro2dollar(Date date, float euro)
   {
```

10.3 Microsoft .Net

```
            Hashtable data = getData();
            float dollarFor1Euro = ((Float)data.get(date)).floatValue();
            return dollarFor1Euro * euro;
    }
}
```

Soweit so gut. Wie können diese Dienste nun in Excel integriert werden? Als Voraussetzung für die Integration von Web Services ist das Office XP Web Service Toolkit (Download unter `http://www.microsoft.com/office/developer/webservices/`) erforderlich. Wie der Name schon andeutet, ist dieses nur für Office XP erhältlich. Excel verfügt inzwischen über eine vollwertige Programmierumgebung, Visual Basic für Applikationen. Ein entsprechender Editor kann über das Menü „Tools", „Macros" aufgerufen werden. Im Editor kann nun wiederum eine Web-Referenz zum momentanen Projekt hinzugefügt werden, indem man das Menü „Tools," „Add Web Reference" anwählt. Es öffnet sich der in Abbildung 10.17 gezeigte Dialog. Wir geben die Adresse der WSDL-Service-Beschreibung unseres Währungsdienstes an. Excel lädt nun die Informationen und zeigt die angebotenen Methoden `euro2dollar` und `dollar2euro` an.

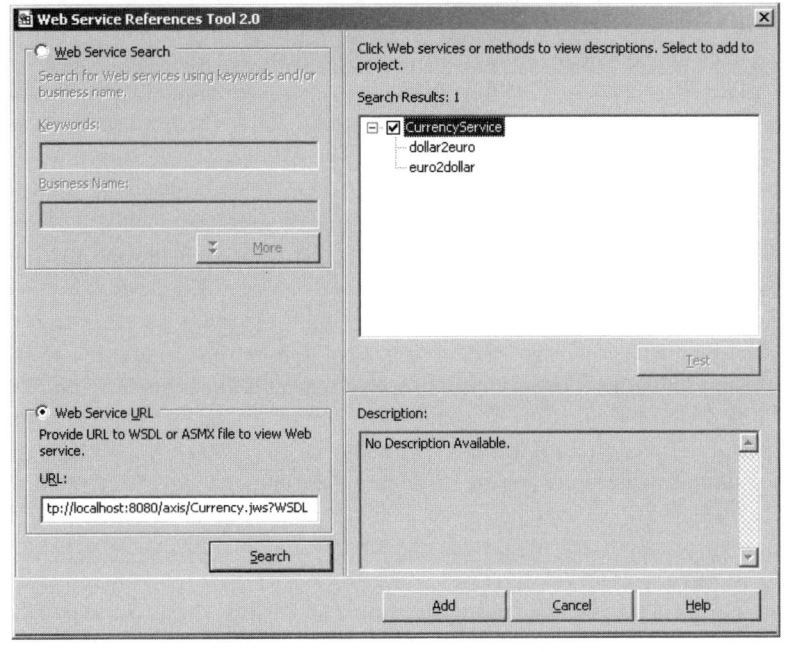

Abbildung 10.17: Im Visual Basic Editor kann dieser Dialog über das Menü „Tools -> Add Web Reference..." abgerufen werden. Nach Angabe der WSDL Service Beschreibung zeigt Office die angebotenen Methoden, hier dollar2euro und euro2dollar, an.

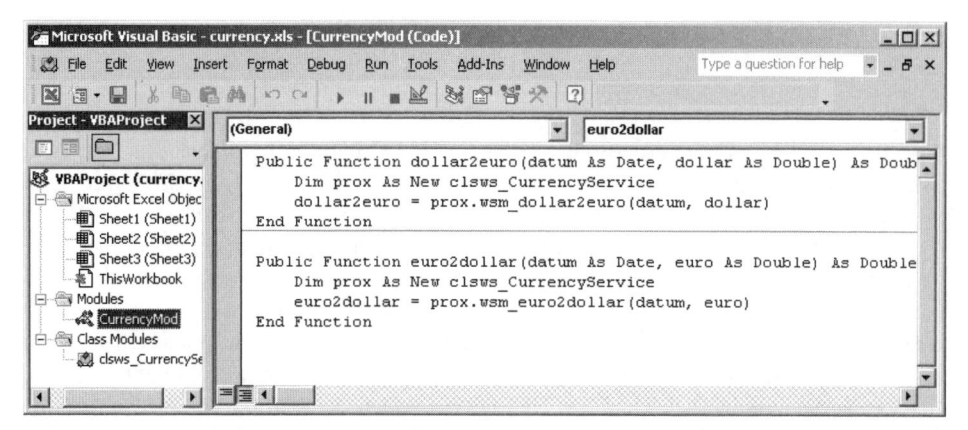

```
Microsoft Visual Basic - currency.xls - [CurrencyMod (Code)]

Public Function dollar2euro(datum As Date, dollar As Double) As Doub
    Dim prox As New clsws_CurrencyService
    dollar2euro = prox.wsm_dollar2euro(datum, dollar)
End Function

Public Function euro2dollar(datum As Date, euro As Double) As Double
    Dim prox As New clsws_CurrencyService
    euro2dollar = prox.wsm_euro2dollar(datum, euro)
End Function
```

Abbildung 10.18: Office erzeugt die Visual Basic Stubs für den Service (clsws_CurrencyService). Diese beiden kleinen Funktionen erlauben es, den Service direkt über die benutzerdefinierten Funktionen in Excel zu verwenden.

Ist dieser Schritt abgeschlossen, erzeugt Excel die benötigten Stubs. In Abbildung 10.18 sind diese links im Übersichtsfenster der Projektkomponenten zu sehen. Wie erwähnt, soll das Ziel dieses Beispiels ja sein, Web Services möglichst vielen Nutzern zugänglich zu machen. Nun kann ja beileibe nicht jeder mit Visual Basic für Applikationen umgehen. Wir wählen deswegen einen anderen Weg und definieren ein Visual-Basic-Modul. Darin schreiben wir die in Abbildung 10.18 angezeigten Funktionen. Diese sind quasi als Wrapper für den Web Service zu verstehen. Ähnlich zum C#-Client aus dem vorigen Abschnitt, instanziieren wir auch hier die Service-Proxy. In der jeweils zweiten Zeile der Funktionen wird der Aufruf dann einfach mit den entsprechenden Parametern an den Web Service delegiert.

Was ist Sinn und Zweck dieser Funktionen? Abbildung 10.19 zeigt deren Nutzen. Legt man nun eine gewöhnliche Excel-Formel an, kann man im Formelassistenten die Kategorie „benutzerdefinierte Funktionen" auswählen. Der linke Dialog zeigt, dass dort genau die im Modul definierten Funktionen zu sehen sind. Wir wählen dollar2euro aus. Es öffnet sich das rechts gezeigte Fenster, in dem wir die Parameter als Excel-Felder, hier B7 und C7, festlegen.

Abbildung 10.20 zeigt die Reisekostenabrechnung. Der Einfachheit halber sind alle Beträge auf 100 Euro gesetzt, um die einzelnen Tageskurse zu verdeutlichen. Wie im Screenshot angezeigt, basiert die Funktion dollar2euro auf den Eingaben der zweiten und dritten Spalte. Der Benutzer braucht sich nun um den Tageskurs keine Gedanken mehr zu machen, da diese Aufgabe vom Service erledigt wird. Auch die Programmierung beziehungsweise die Erstellung der Reisekostenabrechnung ist denkbar einfach. Für den Excel-Benutzer sieht alles wie ein ganz normales Spreadsheet aus. Es muss lediglich die Funktionsweise von dollar2euro erlernt werden, was ja nicht gerade schwer ist. Der komplexere Teil, nämlich das Einbinden des Services und die Erstellung der Visual Basic Routinen, müssen nur einmal in einer Art Reisekosten-Template gemacht werden. Dies

10.3 Microsoft .Net

kann dann beispielsweise von der Administration eines Unternehmens erledigt und das Excel-Template für alle Mitarbeiter zur Verfügung gestellt werden.

Noch eine Anmerkung zur Geschwindigkeit dieser Lösung. Jedes mal, wenn sich in Excel ein Wert ändert, werden die Formeln erneut ausgewertet. Bei großen Rechnungen mit vielen Feldern kann dies recht lange dauern, insbesondere, wenn der Service auf einem Host im Internet liegt. Dies liegt daran, dass Excel immer warten muss, bis jeder einzelne synchrone Aufruf erledigt ist.

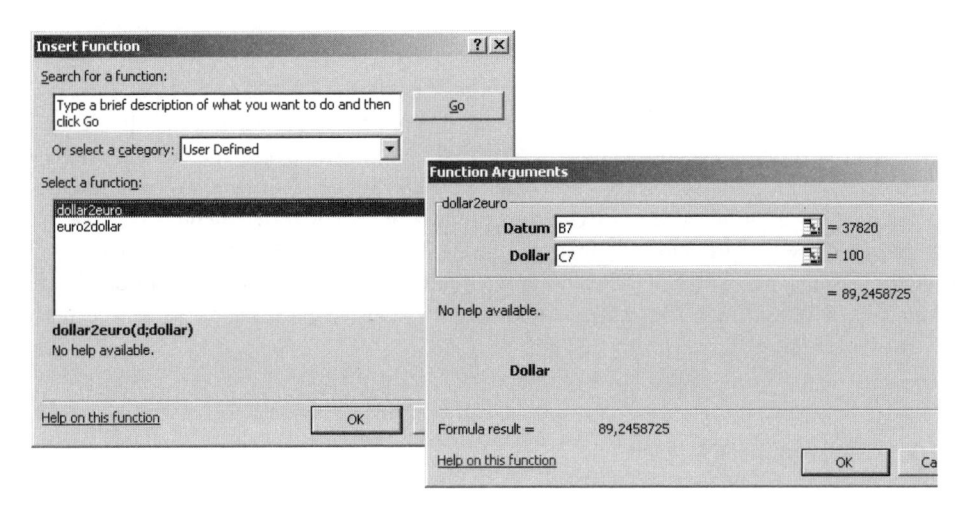

Abbildung 10.19: Im Funktionsassistent kann man nun die beiden durch den Web Service bereitgestellten Funktionen auswählen. Die Visual Basic Proxies leiten den Aufruf hierbei weiter. Im nächsten Schritt, im Bild rechts gezeigt, können die Eingabefelder der Formel festgelegt werden.

Abbildung 10.20: Währungsgenaue Reisekostenabrechnung. Man kann sehen, dass trotz konstanten Betrags an unterschiedlichen Tagen verschiedene Wechselkurse vom Web Service zugrunde gelegt werden.

10.4 Interoperabilität

Die zahlreichen Beispiele dieses Kapitels beweisen ja bereits, dass zumindest zwischen .Net und Axis die Interoperabilität gewährleistet ist. Generell kann man sagen, dass bereits der Wille der Unternehmen und Gruppen, diese zu gewährleisten, ein großer Schritt nach vorne ist. Auch wenn vereinzelt noch Probleme bestehen, so werden diese sicher im Lauf der Zeit behoben sein. Abbildung 10.21 zeigt eine Web-Seite mit den Ergebnissen automatischer Testläufe. Diese Web-Seite ist von der Axis-Homepage verlinkt. Auf der linken Seite sind verschiedene Web-Service-Engines wie Axis, ASP.Net oder XMLBus zu sehen. Die Spalten zeigen verschiedene in den Tests verwendete Datentypen. Auf der Seite ist je eine Tabelle für jede Web-Service-Engine zu sehen. Abbildung 10.21 zeigt also die Ergebnisse des Interoperabilitätstests zwischen Axis-Clients und -Servern, die mit allen anderen Web-Service-Engines gehostet werden. Der Text „OK" gibt an, dass die Tests erfolgreich verliefen. Dies ist beispielsweise zwischen Axis und .Net der Fall, was wir voll bestätigen können. „Down" gibt an, dass der entsprechende Service nicht erreichbar war. Deshalb zieht sich diese Meldung immer über eine ganze Zeile hin. Der CapeConnect-Server hatte wohl ein sehr grundsätzliches Problem, während einige andere Server mit der Übertragung eines bestimmten Datentyps zu kämpfen hatten. Binäre Daten scheinen hierbei besonders anfällig zu sein.

10.5 Übungsaufgaben

1. Welche grundlegende Funktionalität ist in allen beschriebenen Werkzeugen zu finden?

2. Welche Instanz wertet die SOAP-Header aus? Was passiert mit der Information?

3. Fast alle SOAP-Engines sind heute auf HTTP als Transport beschränkt. Welche Änderungen wären beispielsweise in Axis nötig, um auch andere Transportarten zu unterstützen?

4. Schreiben Sie ein Servlet oder eine ASP-Seite, die als Mini-SOAP-Engine fungiert. Der Engine wird ein XML-Dokument übergeben, in dem der Name der Klasse bzw. des Services, der Name der Methode und eine Liste von String-Parametern zu finden sind. Das Ergebnis wird als einzelner String zurückgesandt. Die Mini-SOAP-Engine verwendet den Reflection-Mechanismus von Java oder C#, um den Aufruf an die Implementation weiterzuleiten.

5. Schreiben Sie einen Mini-Java2WSDL-Compiler für JWS-Dateien. Benennen Sie die Datei um, kompilieren Sie diese mit `com.sun.tools.javac.Main` und werten Sie die Klasse über die Reflection-Schnittstelle aus.

10.5 Übungsaufgaben

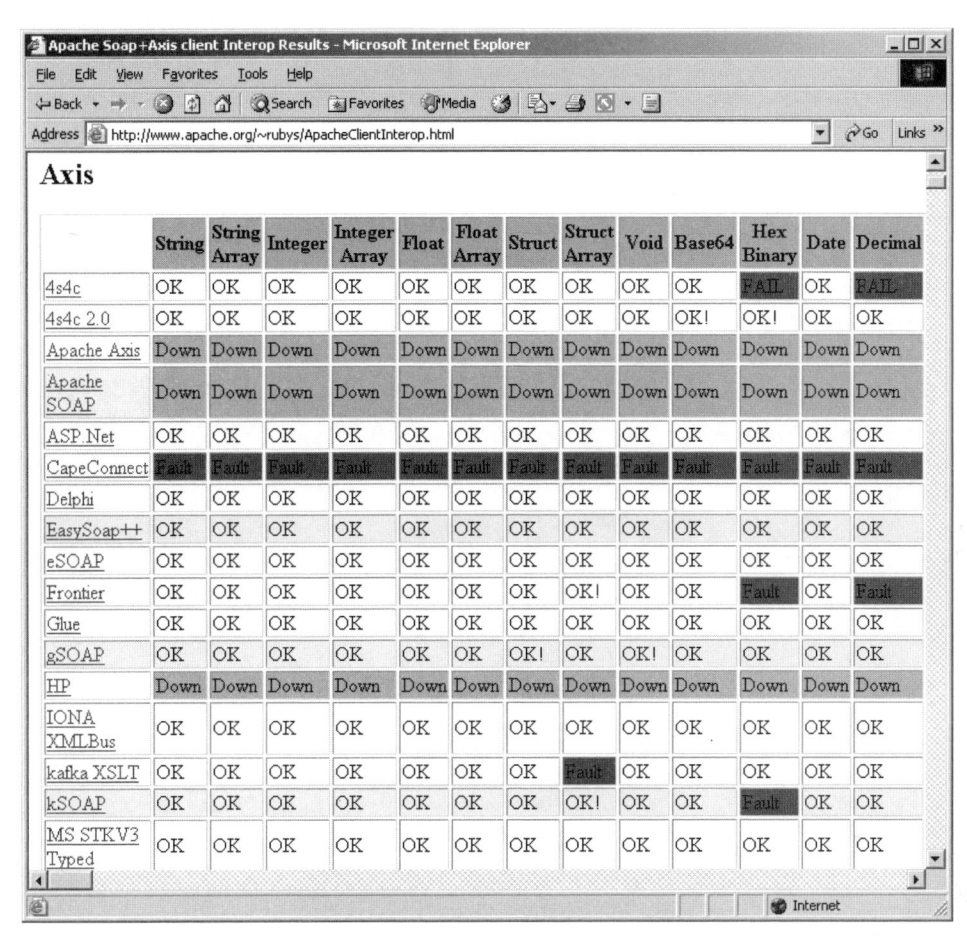

Axis

	String	String Array	Integer	Integer Array	Float	Float Array	Struct	Struct Array	Void	Base64	Hex Binary	Date	Decimal
4s4c	OK	OK	OK	OK	OK	OK	OK	OK	OK	OK	FAIL	OK	FAIL
4s4c 2.0	OK	OK	OK	OK	OK	OK	OK	OK	OK	OK!	OK!	OK	OK
Apache Axis	Down	Down	Down	Down	Down	Down	Down	Down	Down	Down	Down	Down	Down
Apache SOAP	Down	Down	Down	Down	Down	Down	Down	Down	Down	Down	Down	Down	Down
ASP.Net	OK	OK	OK	OK	OK	OK	OK	OK	OK	OK	OK	OK	OK
CapeConnect	Fault	Fault	Fault	Fault	Fault	Fault	Fault	Fault	Fault	Fault	Fault	Fault	Fault
Delphi	OK	OK	OK	OK	OK	OK	OK	OK	OK	OK	OK	OK	OK
EasySoap++	OK	OK	OK	OK	OK	OK	OK	OK	OK	OK	OK	OK	OK
eSOAP	OK	OK	OK	OK	OK	OK	OK	OK	OK	OK	OK	OK	OK
Frontier	OK	OK	OK	OK	OK	OK	OK	OK!	OK	OK	Fault	OK	Fault
Glue	OK	OK	OK	OK	OK	OK	OK	OK	OK	OK	OK	OK	OK
gSOAP	OK	OK	OK	OK	OK	OK	OK!	OK	OK!	OK	OK	OK	OK
HP	Down	Down	Down	Down	Down	Down	Down	Down	Down	Down	Down	Down	Down
IONA XMLBus	OK	OK	OK	OK	OK	OK	OK	OK	OK	OK	OK	OK	OK
kafka XSLT	OK	OK	OK	OK	OK	OK	OK	Fault	OK	OK	OK	OK	OK
kSOAP	OK	OK	OK	OK	OK	OK	OK	OK	OK!	OK	OK	Fault	OK	OK
MS STKV3 Typed	OK	OK	OK	OK	OK	OK	OK	OK	OK	OK	OK	OK	OK

Abbildung 10.21: Diese Web-Seite zeigt die Ergebnisse der automatisierten Testläufe zur Überprüfung der Inter-operabilität verschiedener Web Service Implementierungen. Die Tabelle zeigt, wie sich Axis als Client mit den verschiedenen anderen Produkten versteht. Die Spalten zeigen die Tests der verschiedenen Datentypen.

Kapitel 11
Die Beispielanwendung mit Web Services

In diesem Kapitel wollen wir nun die Beispielanwendung vorstellen. Es geht hierbei nicht darum, möglichst viel Funktionalität zu erklären. Wir wollen vielmehr anhand einiger Geschäftsprozesse zeigen, wie die verschiedenen bisher eingeführten Komponenten zusammenspielen und vor allem, wie Web Services in eine bestehende Infrastruktur eingebettet werden. Es wird schließlich sicher die Ausnahme sein, dass eine Web-Service-basierte Lösung von Grund auf neu entsteht. Wir beleuchten weiterhin einige Aspekte der Systemarchitektur wie Firewalls und Ähnliches. Auch der Entwicklungsprozess mit Deployment und Tests wird angesprochen werden.

Der nächste Abschnitt ist quasi eine Art Pflichtenheft und beschreibt, was erreicht werden soll, welche Systeme bereits im Einsatz sind und für welche Entwicklungsplattform sich die Teilnehmer entscheiden.

11.1 Vorstellung des Szenarios

Das Beispiel an sich wurde ja bereits am Anfang des Buches kurz vorgestellt. Es geht darum, Flugreisen zu reservieren und zu kaufen. Wir wählen dieses Beispiel, da wir davon ausgehen, dass jeder Leser bereits einschlägige Erfahrungen in dieser Domäne gemacht hat. In gewisser Hinsicht ist es kein gutes Beispiel, denn die Fluglinien waren mit den Banken eigentlich die ersten Industriezweige, die massiv auf Informations- und Kommunikationstechnologien gesetzt hatten. Natürlich war es auch schon möglich, einen Flug im Reisebüro zu buchen, bevor XML erfunden wurde. Der Begriff B2B ist also hierbei keineswegs etwas Neues. Tatsächlich laufen viele dieser Systeme heute noch unter Cobol. Vielleicht haben Sie Ihrem Reiseverkehrskaufmann oder -frau einmal über die Schulter geschaut. Man sieht eine etwas anachronistisch anmutende Benutzerschnittstelle, in die sehr kryptische Kommandos eingegeben werden müssen. Da es allerdings möglich ist, Flüge beliebiger Fluglinien zu buchen, muss also eine B2B-Schnittstelle für die Suche und die Buchung definiert sein.

Inzwischen kann auch der gewöhnliche Internetnutzer Preise verschiedener Anbieter einholen und die Flüge kaufen. Reiseportale wie beispielsweise Flug.de oder Expedia machen dies möglich. Wir wollen in unserer Beispielapplikation ein solches Portal nachempfinden. Dieses Portal, `www.ws-reisen.de`, bietet dem Kunden eine browserbasierte Schnittstelle an. Die Anfragen werden im Hintergrund aber an verschiedene andere Anbieter weitergeleitet. So gibt es beispielsweise die schon erwähnte Fluglinie, `www.web-air.de`, und auch weitere Gesellschaften, deren Flüge im Portal angeboten werden. Der Kunde kann natürlich auch auf den Web-Seiten der Fluglinien die Flüge direkt buchen, was mitunter etwas billiger sein kann. Die Fluggesellschaft verkauft also sozusagen im B2C-Modus an die Kunden direkt und im B2B-Modus an einen Zwischenhändler. Die B2C-Transaktionen zwischen Kunde und Fluggesellschaft sowie Kunde und Portal laufen wie gesagt über eine gewöhnliche Web-Seite ab. Die B2B-Geschäfte werden natürlich per Web Service abgewickelt. Hierbei wird eine (fiktive) bestehende WSDL-Beschreibung des in der Luftfahrtindustrie bereits etablierten Standards zugrunde gelegt.

Schließlich stellt sich die Frage, wer welche Applikationslogik implementiert. Die Fluggesellschaft `www.web-air.de` hat eine bestehende Implementation, die Überbuchungen, Preistarife und Ähnliches berechnet. Diese Software ist bereits erfolgreich für die Web-Seite der Firma im Einsatz und soll nach Möglichkeit weiter verwendet werden. Wir nehmen hierbei an, dass diese Logik über Enterprise Java Beans anzusprechen ist. Das Backend wird uns im Rahmen dieses Buches nicht weiter interessieren. Entscheidend ist die Architektur der mit JSPs betriebenen Web-Seite, der EJBs und der Web Services.

Das Portal will dem Benutzer einige Mehrwerte bieten, nachdem es schließlich selbst keine Produkte erzeugt. Diese Mehrwerte sollen dann natürlich den Kunden dazu bewegen, einen etwas höheren Preis in Kauf zu nehmen. Hier ist natürlich zunächst der bequeme Zugriff auf die Informationen aller Fluglinien zu nennen. Dies erlaubt dem Kunden, schnell Preise und Verbindungen zu vergleichen. Weiterhin sollen auch erweiterte Suchoptionen für Kunden angeboten werden, die sich nicht auf einen Flugtag festlegen wollen, aber aufgrund der höheren Flexibilität weniger bezahlen wollen. Weiterhin sind Services geplant, die das Flugziel und den Aufenthalt analysieren und dann Hotel, Mietwagen, Währungswechsel und Ähnliches anbieten. Das Portal entsteht neu und hat somit nicht mit der Integration bestehender Komponenten zu kämpfen. `www.ws-reisen.de` setzt auf die .Net-Plattform, hauptsächlich, um in den Genuss der bequem zu erstellenden dynamischen Web-Seiten zu kommen.

11.2 Schnittstellenbeschreibung

Wir erwähnt, basiert unser Szenario auf einem fiktiven B2B-Standard. Die Komponenten dieses Standards werden in diesem Abschnitt vorgestellt. Wir vermeiden es, die Schnittstelle in WSDL und XML Schema zu beschreiben, da diese Form der Repräsentation relativ schlecht zu lesen ist und auch jede Menge Platz benötigt. Wir verwenden hierzu also einfach ein Java Interface. Dies ist, wie wir wissen, kein Problem, da es ja die entsprechenden java2wsdl-Werkzeuge gibt.

Wir gehen dabei anhand des natürlichen Ablaufs des Geschäftsprozesses vor, starten also bei der Flugsuche. Logisch gesehen könnte man nur einfache Flüge betrachten und Hin- und Rückflug als zwei einzelne Flüge betrachten. Allerdings ist die Preisgestaltung der

11.2 Schnittstellenbeschreibung

Fluglinien oft alles andere als logisch und würde diese Betrachtung mit exorbitanten Preisen bestrafen. Wir brauchen also Datum des Hin- und Rückfluges sowie Start- und Zielflughafen. Weiterhin ist es noch wichtig, wie viele Sitze gebucht werden sollen. Auch hier kann nicht separat gesucht werden, da die Reisenden sonst eventuell in verschiedenen Flugzeugen sitzen. Soweit sind die Parameter vollständig. Natürlich gäbe es noch viele weitere Optionen, ob beispielsweise Kinder mitreisen, ob ein Zwischenstopp eingebaut werden soll usw. Diese Optionen berücksichtigen wir der Einfachheit halber nicht. Die Suche liefert als Ergebnis die passenden Verbindungen zurück. Eine Verbindung bringt den Reisenden vom Start zum Ziel. Eine Verbindung kann also mehrere Flüge beinhalten. Der Rückgabewert ist also ein Array von Verbindungen:

```
package org.b2b.flug;

import java.util.*;

public interface Buchung
{
   public Verbindung[] flugSuche(
            String von,
            String nach,
            Date hin,
            Date zurueck,
            int personen
   );
   ...
}
```

Wie sieht nun der Verbindungstyp aus? Wie gesagt, kann eine Verbindung aus mehreren Flügen bestehen. Ein Flug wiederum impliziert, dass der Passagier im Flugzeug sitzt und nicht umsteigen muss. Somit enthält eine Verbindung ein Array von Flügen. Weiterhin wird der Preis gelistet. Es ist auch eine Identifikationsnummer enthalten, falls der Kunde diese Verbindung tatsächlich buchen wird. Die Buchung erfolgt auf der Verbindung, da die Flüge einzeln gebucht in der Summe einen anderen Preis ergeben würden. Beachten Sie, dass Hin- und Rückflug in dem Array vertreten sind. Das Array muss hierbei so geordnet sein, dass es der tatsächlichen Reiseabfolge entspricht.

```
package org.b2b.flug;

public class Verbindung
{
   int id;
   Flug[] fluege;
   float preis;
}
```

Die Tatsache, dass man hier mit einer Verbindungs-ID arbeitet, zeigt, dass Web Services prozedural und nicht objektorientiert arbeiten. Würde man ein solches System mit CORBA, RMI oder .Net-Remoting implementieren, so könnte die Verbindung eine Methode zur Buchung enthalten. Hält der Client in diesem Fall eine Referenz v zu einer

Verbindungsinstanz, kann einfach `v.buchung(...)` aufgerufen werden. Die Verbindung, deren Buchungsmethode aktiviert wird, ist dann natürlich auch die Verbindung, die der Kunde ausgewählt hat.

Web Services müssen hier prozedural arbeiten. Wir sehen im folgenden Text die Buchungsmethode, der die ID der zu buchenden Verbindung übergeben wird. Diese Verbindung wird also nicht per Objektreferenz, sondern per ID angegeben.

Es fehlt noch der in der Verbindung verwendete Datentyp `Flug`. Dieser enthält die genaue Information über Abflugszeit, Ankunftszeit, Flugnummer, Flugzeugtyp, usw.:

```
package org.b2b.flug;

import java.util.*;

public class Flug
{
    String flugNummer;
    String von;
    String nach;
    Date abflug;
    Date ankunft;
    String flugzeugTyp;
    String kommentar;
}
```

Bei der Suche nach Flügen wird offensichtlich nicht garantiert, dass diese zur späteren Buchung noch frei sind. Dies würde einen Sperrmechanismus verlangen, der in diesem Szenario nicht realistisch wäre, da zwischen Suche und Buchung recht viel Zeit vergehen kann. Der Server speichert die gefundene Verbindungsinformation temporär ab. Zur Buchung wird dann nur die Verbindungs-ID vom Client übergeben. Die ist ein Sicherheitsmechanismus, denn ansonsten könnte der Client die bei der Suche übergebene Datenstruktur, insbesondere den Preis, modifizieren. Dauert die Entscheidungsfindung zwischen Suche und Buchung beim Client zu lange oder ist der Flug inzwischen belegt, so wird dem Client dies durch eine Exception angezeigt. Andernfalls bekommt der Client eine Buchungs-ID zurück. Mit Hilfe dieser kann dann zum Beispiel der Sitzplatz festgelegt werden.

Sehen wir uns also nun die Methode `buchung` genauer an. Neben der schon erwähnten Verbindungs-ID findet sich eine Liste von Namen, eine Kundenidentifikation und ein Passwort. Die Namen sind die der Reisenden. Diese Information ist wichtig, da sie auf die Tickets gedruckt werden muss. Die Kundennummer identifiziert den zahlenden Kunden. Dies sind bei der Luftfahrtgesellschaft registrierte Kunden, die zum Beispiel ein Meilenkonto haben. Auch unser Online-Portal www.ws-reisen.de hat eine Kundennummer bei den Fluggesellschaften. Dieser Parameter gibt an, wer letztendlich bezahlt. Man kann die Buchung also nur dann aufrufen, wenn man sich vorher registriert hat.

```
...
public interface Buchung
{
    ...
```

11.2 Schnittstellenbeschreibung

```
    public int verbindungsBuchung(
            int verbindung,
            String[] namen,
            (String kunde,)
            (String passwort)
    ) throws FlugB2BException;

    public int reservierung(
            int verbindung,
            String[] namen,
            (String kunde,)
            (String passwort)
    ) throws FlugB2BException;

    public int reservierungsBuchung(
            int reservierung,
            (String kunde,)
            (String passwort)
    ) throws FlugB2BException;

    public int reservierungStornieren(
            int reservierung,
            (String kunde,)
            (String passwort)
    ) throws FlugB2BException;
}
```

Die beiden letzten Parameter sind in Klammern gesetzt, da wir erst noch im nächsten Abschnitt auf diese Problematik eingehen wollen. Fakt ist, dass aufgrund funktionaler Bedingungen der zahlende Kunde dem System bekannt sein muss. Aus Sicherheitsgründen muss diese Methode über eine Authentifikation gesichert sein. Nur, wenn der Kunde das entsprechende Passwort mitliefert, kann sich die Fluggesellschaft sicher sein, dass es sich auch wirklich um den Kunden handelt. Ohne diesen Schutz könnte ja jeder Benutzer für andere Flüge buchen, was zweifelsfrei nicht wünschenswert ist. Wir lassen diesen Punkt derzeit noch offen, da es letztendlich auch von der Wahl der Middleware abhängen wird, ob diese Information explizit übergeben oder von der Middleware automatisch mitgeliefert wird. Abschnitt 12.4 diskutiert diese Punkte ausführlich.

Die Tatsache, dass Passwörter über das Netzwerk verschickt werden, erfordert dann natürlich auch die Verschlüsselung der Kommunikation. Es wird also sinnvoll sein, unsere Applikation also zumindest bei der Buchung und Kundenanmeldung auf dem bewährten Standardtandem HTTP Basic Authentication und Secure Socket Layer basieren zu lassen.

Neben der Buchung gibt es natürlich auch die Möglichkeit, eine Verbindung zu reservieren. Hierbei werden exakt dieselben Parameter wie bei der Buchung übergeben. Natürlich ist die Semantik des Aufrufs eine völlig andere. Eine Reservierung ist beispielsweise kostenlos. Falls für die Flüge keine Reservierung mehr möglich ist, wird dies wieder durch eine Exception angezeigt. Ansonsten erhält der Client eine Reservierungs-ID. Diese ID kann dann bei der Stornierung bzw. der Buchung einer reservierten Verbindung verwendet werden.

11.3 Deployment von Testdiensten

Bei der Entwicklung jeglicher Software sind natürlich Tests von extremer Wichtigkeit. Unsere ersten Schritte sind deswegen, die WSDL-Beschreibung aus den eben spezifizierten Java-Klassen und Interfaces zu generieren und einen Testservice unter Axis einzurichten. Dessen Aufgabe ist es lediglich, die Entwicklung des Portals zu unterstützen. So können zwei Teams gleichzeitig arbeiten, ohne dass das Portalteam auf die Fertigstellung der Flugliniensoftware warten muss.

Ist diese dann fertig, kann die Testversion ausgetauscht werden. Die Testversion wird uns auch noch bei der Entwicklung des UDDI-Beispiels hilfreich sein. Dort soll ja dem Portal ermöglicht werden, auf verschiedene Implementierungen zuzugreifen. Dazu werden wir dann die Test- und die Vollversion der Flugliniensoftware verwenden.

11.3.1 Generieren der B2B-WSDL-Beschreibung

Bevor wir beginnen, müssen zunächst die Klassen `Verbindung` und `Flug` in Java Beans umgewandelt werden, da die Axis-Werkzeuge sonst die Felder ignorieren. In den Listings oben ließen wir die `get-` und `set-`Methoden der Übersichtlichkeit zuliebe weg. Nachdem die Java Beans und das Interface kompiliert sind, können wir mit java2wsdl unsere Service-Beschreibung erzeugen. Dies erfolgt durch dieses Kommando:

```
java org.apache.axis.wsdl.Java2WSDL
   -l http://b2b.org/flug/buchung.jws
   -n http://b2b.org/flug/buchung
   org.b2b.flug.Buchung
```

Mit `-l` geben wir die Adresse des Services an. Dies ist hier eine fiktive URL, die von der Standardisierungsorganisation gehostet sein könnte, um dort eine Art Testservice bereitzustellen. Die Option `-l` wird von java2wsdl zwingend verlangt, obwohl es in diesem Fall eigentlich wenig Sinn macht. Die angegebene URL findet sich im WSDL-Dokument dann ganz unten als Port wieder.

Die Option `-n` ist wichtig, da sie den `targetNamespace` angibt. Wir wählen hier `http://b2b.org/flug/buchung`. B2b.org ist die URL der Standardisierungsorganisation. Der Pfad `flug/buchung` gibt an, um was es sich im Standard handelt. Zuletzt wird `org.b2b.flug.Buchung` als das zu übersetzende Interface spezifiziert. Alle benötigten Methoden finden sich darin. Abbildung 11.1 zeigt das entstandene WSDL-Dokument. Man sieht den angegebenen `targetNamespace` und die XML-Schema-Typen, die aus den Java-Klassen `Flug`, `Verbindung` und `FlugB2BException` hervorgegangen sind. Der Namespace der XML-Schema-Typen ist hier `http://flug.b2b.org`. Dies entspricht genau dem Paketnamen in umgekehrter Reihenfolge. Man könnte das entstandene WSDL-Dokument nun natürlich in einem Editor nachbearbeiten und beispielsweise die Namespaces anpassen oder das XML Schema in ein separates Dokument packen. Dies könnte dann hilfreich sein, wenn die dort definierten Datentypen auch noch in anderen Services oder zur Validierung von XML-Dokumenten verwendet werden. In diesem Fall

11.3 Deployment von Testdiensten

sollte das XML-Schema-Dokument an einer eigenen URL auf dem b2b.org-Server erreichbar sein.

Wir belassen es bei der von java2wsdl erzeugten Version und veröffentlichen die WSDL-Beschreibung an die Projektpartner beziehungsweise alle an diesem Standard interessierten Personen, Organisationen und Firmen.

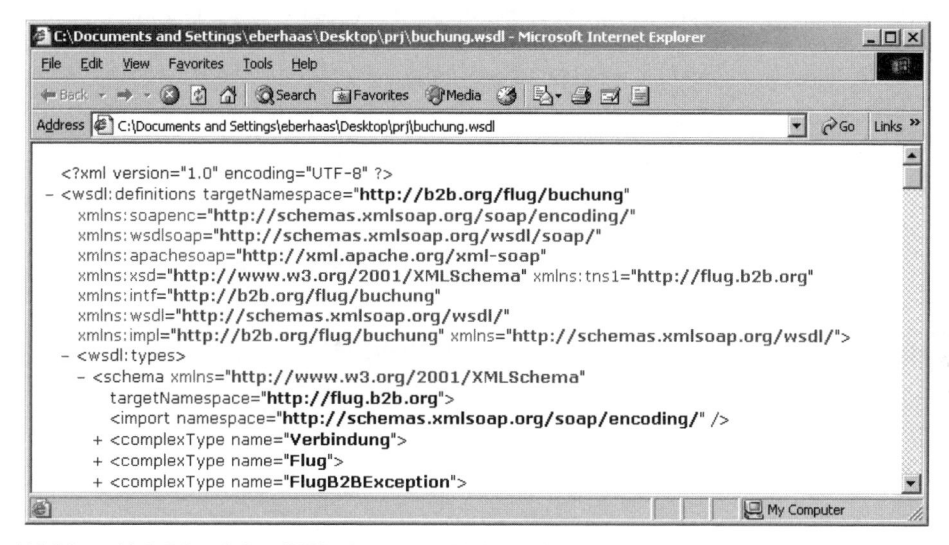

```
<?xml version="1.0" encoding="UTF-8" ?>
- <wsdl:definitions targetNamespace="http://b2b.org/flug/buchung"
    xmlns:soapenc="http://schemas.xmlsoap.org/soap/encoding/"
    xmlns:wsdlsoap="http://schemas.xmlsoap.org/wsdl/soap/"
    xmlns:apachesoap="http://xml.apache.org/xml-soap"
    xmlns:xsd="http://www.w3.org/2001/XMLSchema" xmlns:tns1="http://flug.b2b.org"
    xmlns:intf="http://b2b.org/flug/buchung"
    xmlns:wsdl="http://schemas.xmlsoap.org/wsdl/"
    xmlns:impl="http://b2b.org/flug/buchung" xmlns="http://schemas.xmlsoap.org/wsdl/">
  - <wsdl:types>
    - <schema xmlns="http://www.w3.org/2001/XMLSchema"
        targetNamespace="http://flug.b2b.org">
        <import namespace="http://schemas.xmlsoap.org/soap/encoding/" />
      + <complexType name="Verbindung">
      + <complexType name="Flug">
      + <complexType name="FlugB2BException">
```

Abbildung 11.1: Die mit Java2WSDL erzeugte Web Services Beschreibung

11.3.2 Service Deployment

Nachdem der Standard in Form einer WSDL-Beschreibung und mit einer hoffentlich sehr ausführlichen Dokumentation auf der Web-Seite von b2b.org veröffentlich ist, können www.ws-reisen.de und www.web-air.de sich daran machen, einen Java-Testserver mit Axis und einen Testclient mit .Net zu implementieren.

Beginnen wir mit der Server-Seite. Beachten Sie, dass die im vorigen Abschnitt geschriebenen Klassen unserer Fluglinie nicht zur Verfügung stehen. Die Fluglinie weiß auch nicht, dass die Beschreibung aus Java generiert wurde. Lediglich die URL der WSDL-Beschreibung ist bekannt. Man übersetzt diese einfach wieder in ein Java-Skelett, auf dem dann der Service basiert.

```
java org.apache.axis.wsdl.WSDL2Java
    --server-side
        http://b2b.org/flug/buchung.wsdl
```

Die erzeugten Klassen befinden sich in zwei Paketen. Alle primär zum Service gehörenden Klassen sind im Paket `org.b2b` zu finden. Die aus dem XML Schema entstandenen Datentypen sind wie auch die ursprünglichen Klassen unter `org.b2b.flug` angesiedelt. Die Klassen sehen allerdings recht unterschiedlich aus. Neben den `equals`- und `hash-`

Code-Methoden findet sich noch der Code zum Serialisieren und Deserialisieren der Klasse. Außerdem wurde `java.util.Date` über `xsd:dateTime` in `java.util.Calendar` verwandelt. Axis bevorzugt offenbar die `Calender`-Klasse gegenüber der `Date`-Klasse, da in `Date` etliche Methoden aufgrund ihrer mangelnden Unterstützung der Internationalisierung nicht mehr verwendet werden sollen.

Wie immer stellt die Klasse `BuchungSoapBindingImpl` die Basis für die Implementierung des Services zur Verfügung. Lediglich die Suchmethode wollen wir etwas erweitern, da statt eines Arrays mit Verbindungen nur `null` zurückgeliefert wird. Wir instanziieren also eine Verbindung mit einem Flug und geben diese zurück.

```java
import java.util.*;
import java.rmi.*;
import org.b2b.flug.*;
import org.b2b.*;

public class BuchungSoapBindingImpl implements Buchung
{
   public Verbindung[] flugSuche(
      String in0, String in1, Calendar in2, Calendar in3, int in4)
      throws RemoteException
   {
      Flug f = new Flug();
      f.setFlugzeugTyp("B737");
      f.setFlugNummer("LH123");
      f.setKommentar("Snacks und Getränke");
      f.setVon("MUC");
      f.setNach("FRA");
      Verbindung v = new Verbindung();
      v.setFluege(new Flug[] { f });
         return new Verbindung[] { v };
   }
   ...
}
```

Nun müssen wir nur noch die Klassen compilieren, sicherstellen, dass sie im Axis-Web-Applikationsordner liegen, und den Service mit den `AdminClient` aktivieren:

```
java org.apache.axis.client.AdminClient org/b2b/deploy.wsdd
```

Der Testserver ist nun unter `http://localhost:8080/axis/services/buchung` erreichbar.

11.3.3 Service Test

Als ersten Test wollen wir lediglich versuchen, den Service von einem einfachen Kommandozeilen-Client aufzurufen. Auch hier laufen wir durch die bereits im Werkzeugkapitel vorgestellten Schritte von Web Service ins Projekt einbinden, WSDL-URL angeben und Client-Code schreiben. Beachten Sie im Listing vornehmlich die zweite Zeile, in der die vom WSDL-Compiler erzeugten Klassen eingebunden werden. In der `main`-Methode instanziieren wir dann wieder den Service, setzen die URL und rufen den Service mit ein paar Beispielparametern auf. Diese werden von der Testimplementierung natürlich komplett ignoriert. Danach geben wir einfach die Information der Verbindung aus. Der Einfachheit halber verzichten wir hier auf die Programmierung von Schleifen. Es geht eigentlich nur darum, zu sehen, ob die komplexen Strukturen richtig übertragen werden und wie diese in .Net aussehen. .Net arbeitet hier ohne `get`- und `set`-Methoden. Man kann also die Felder der Strukturen einfach über die Instanzvariablen ausgeben.

```
using System;
using buchungs_client.WebReference;

namespace buchungs_client
{
    class Class1
    {
        [STAThread]
        static void Main(string[] args)
        {
            BuchungService ser = new BuchungService();
            ser.Url = "http://localhost:8080/axis/services/buchung";
            Verbindung[] ergebnis = ser.flugSuche(
                "MUC",
                "FRA",
                new DateTime(2003, 06, 12),
                new DateTime(2003, 06, 15),
                2);
            Console.WriteLine("ID: " + ergebnis[0].id);
            Console.WriteLine("Preis: " + ergebnis[0].preis);
            Console.WriteLine("Flugplan:");
            Console.WriteLine(ergebnis[0].fluege[0].flugNummer);
            Console.WriteLine(ergebnis[0].fluege[0].von);
            Console.WriteLine(ergebnis[0].fluege[0].nach);
            Console.WriteLine(ergebnis[0].fluege[0].ankunft);
            Console.WriteLine(ergebnis[0].fluege[0].abflug);
            Console.WriteLine(ergebnis[0].fluege[0].flugzeugTyp);
            Console.ReadLine();
        }
    }
}
```

Der Testclient läuft problemlos und gibt die vom Server eingespeiste Information auf der Konsole aus. Nach dem erfolgreichen Test können nun auf beiden Seiten die weiteren Implementierungsarbeiten beginnen.

11.4 Übungsaufgabe

1. Implementieren Sie die Anwendung genau andersherum, d.h. verwenden Sie .Net auf der Server- und Java auf der Client-Seite.

Kapitel 12
Einbettung in die bestehende Infrastruktur

Im vorigen Kapitel erwähnten wir, dass www.web-air.de ja bereits eine bestehende Web-Applikation entwickelt und installiert hat. In diesem Kapitel wollen wir uns ansehen, wie Web Services am besten integriert werden können und auch, wie die Architektur der vorhandenen Applikation im optimalen Fall aussehen sollte.

12.1 Trennung von Präsentation und Anwendungslogik

Ein ganz einfacher und grundlegender Ansatz sollte bei der Entwicklung solch komplexer verteilter Systeme zur Anwendung kommen, nämlich die Trennung von Logik und Präsentation. Wie bereits im letzten Kapitel erwähnt, umfasst die Logik einer Buchungsapplikation Dinge wie Reservierungen, wann diese auslaufen, die Preispolitik und so weiter. Code, der diese Vorgaben implementiert, sollte komplett unabhängig von der Art der Präsentation sein. Dies ist gerade heute wichtig, da immer neue Ansätze für die Präsentation ins Spiel kommen. Denkbar sind beispielsweise die folgenden Arten:

- Windows- oder Java-Swing-Applikation
- HTML-Schnittstelle für gewöhnliche Browser
- HTML-Schnittstelle mit reduzierter Auflösung für PDAs
- WAP/WML-Schnittstelle
- B2B-Systeme

Ist der Programmcode von Benutzerschnittstelle und Applikationslogik nicht klar getrennt, ist es später fast unmöglich, die vorhandene Logik für eine weitere Art der Präsentation wieder zu verwenden. Abbildung 12.1 zeigt die optimale Architektur. Die Logik liegt nur auf dem Applikations-Server. In diesem Beispiel ist dies der EJB-Container JBoss. Der nächste Abschnitt geht kurz auf die EJB-Technologie ein. Kapitel 14 stellt die JBoss-Software genauer vor. Vom Applikations-Server greift man auf die zentrale Datenbank zu. Es werden verschiedene Arten der Präsentation angeboten. Zum einen wurde eine Swing-Applikation für interne Mitarbeiter entwickelt. Die Web-Schnittstelle wurde mit Java Server Pages realisiert. Anstatt Information in Swing-Objekten darzustellen, wie dies bei gewöhnlichen Clients der Fall ist, werden hier HTML-Tags erzeugt. Prinzipiell ist dies jedoch nichts anderes. Links ist die B2B-Schnittstelle zu Geschäftspartnern sichtbar. Diese greifen natürlich auf dieselben Applikationsobjekte zu wie die Präsentationskomponenten.

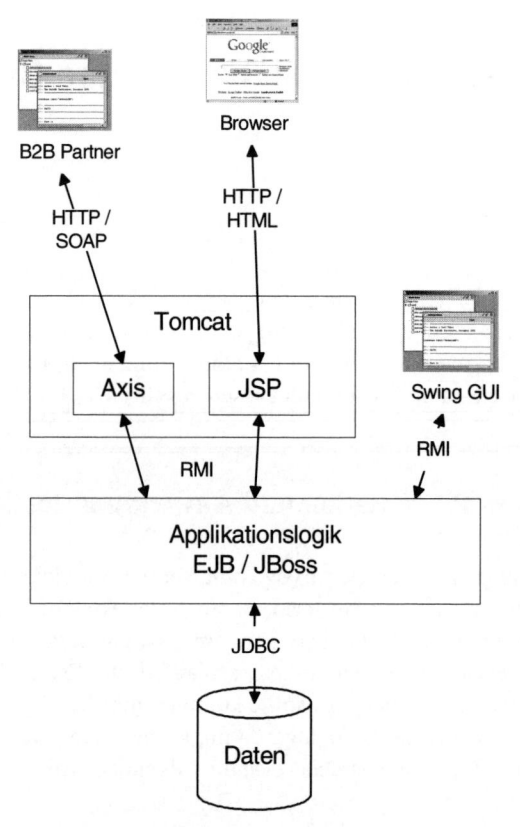

Abbildung 12.1: Architektur des Systems von www.web-air.de

12.2 Enterprise Java Beans

Enterprise Java Beans (EJB) ist eine Spezifikation von Sun, die auf den Applikations-Server-Markt abzielt. Aber was ist eigentlich ein Applikations-Server? Diese Frage wollen wir klären, bevor wir einige der EJB-Merkmale betrachten.

12.2.1 Was ist eigentlich ein Applikations-Server?

Bei der Entwicklung von serverbasierten Anwendungen ist der Entwickler oft mit immer wiederkehrenden Problemstellungen konfrontiert. Sinn und Zweck eines Applikations-

Servers ist es, genau diese Bereiche abzudecken und den Entwickler dafür eine Standardlösung bereitzustellen. Zu den angesprochenen Aufgaben zählen die folgenden:

- *Lastbalancierung*
  Applikations-Server können als Cluster installiert werden. Die Software stellt dabei sicher, dass dies für die in dem Server laufende Software transparent bleibt. Insbesondere müssen vom Entwickler hierfür also keine Vorkehrungen getroffen werden.

- *Hochverfügbarkeit*
  Ein Applikations-Server stellt sicher, dass bei einem Ausfall ein Ersatzsystem bereitgestellt wird.

- *Sicherheit*
  Der Applikations-Server erlaubt es, Benutzer und Gruppen anzulegen und diesen in sehr feingranularer Art und Weise Zugriff auf die Programmlogik zu gewähren.

- *Verteilte Transaktionen*
  Eine Datenbank für sich sorgt dafür, dass mit lokalen Transaktionen die Sicherheit und Integrität der Daten gewährleistet sind. Ändert eine Software allerdings Informationen in zwei Datenbanken ab, so übernimmt der Applikations-Server die Koordination der verschiedenen lokalen Transaktionen und stellt sicher, dass alle abbrechen oder alle erfolgreich abgeschlossen werden.

- *Connection Pooling*
  Der Zugriff auf Datenbanken wird optimiert, indem der Applikations-Server Datenbankverbindungen wieder verwendet, anstatt diese immer wieder zu öffnen und zu schließen.

- *Naming*
  Von der Datenbank über die Benutzer bis hin zu den installierten Komponenten sind alle wichtigen Systembestandteile über einen Verzeichnisdienst adressierbar.

- *Entwicklungs- und Deploymentwerkzeuge*
  Entwickler werden von diversen mitgelieferten Tools beim Schreiben und vor allem bei der Installation der Software auf dem Applikations-Server, dem Deployment, überstützt.

Natürlich erledigen sich diese Dinge nicht von selbst und müssen entsprechend konfiguriert werden. Allerdings ist eine solche deklarative Einstellung der Merkmale immer noch besser als selbst Code schreiben zu müssen, der sich um diese komplexen Dinge kümmert.

12.2.2 Merkmale von EJBs

Nicht alle oben genannten Aspekte fallen in den Bereich, der durch die EJB-Spezifikation abgedeckt wird. So wird die Lastbalancierung und die Hochverfügbarkeit den Herstellern überlassen. Die anderen Bereiche finden sich in der ein oder anderen Form im EJB-Deploymentprozess wieder. Der Entwickler muss die Einstellungen bezüglich des Namings der Komponenten, der Transaktionen, der Sicherheit und anderer Aspekte dem EJB-Container in Form eines XML-Dokuments übergeben. Das XML-Format ist hierbei von Sun vorgegeben. Der Entwickler kann allerdings auf mächtige Werkzeuge zur Eingabe dieser Information zurückgreifen. Abbildung 12.2 zeigt einen entsprechenden Dialog von Suns EJB-Referenzimplementation. Dort wird gerade der JNDI-Name einer verwendeten Datenbank festgelegt.

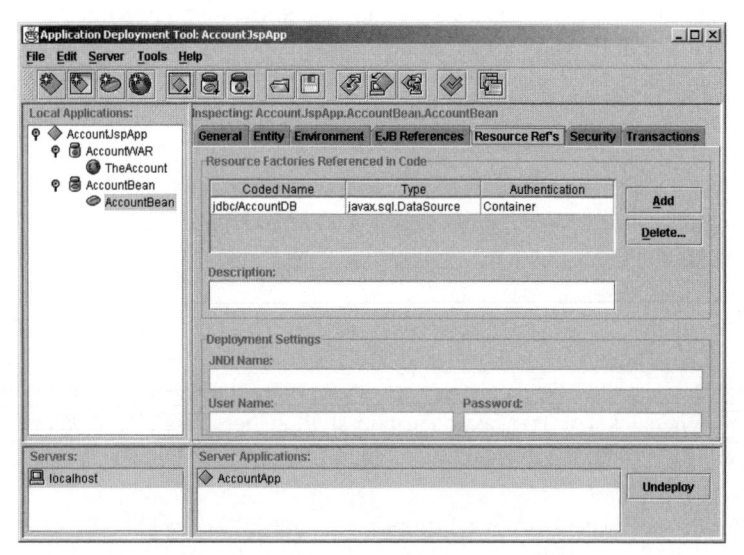

Abbildung 12.2: EJB Deployment mit der Sun Referenzimplementation

Natürlich muss neben den zu tätigenden Einstellungen auch noch Code geschrieben werden, der die Applikationslogik implementiert. Dieser basiert auf den folgenden Komponententypen:

- *Entity Beans*
  Entity Beans erlauben eine objektorientierte Sicht auf die Datenbank, die letztendlich sehr ähnlich zu bereits vorgestellten Werkzeugen wie Castor JDO funktioniert. Man kann also auf eine Zelle in der Datenbank per `get`- und `set`-Methode einer entsprechenden Entity-Bean-Instanz zugreifen. Hierbei unterscheidet man, ob der Applikations-Server die Persistenz automatisch übernimmt (*Container-Managed Persistence*), oder ob der Programmierer sich hierum kümmert (*Bean-Managed Persistence*).
- *Message-Driven Beans*
  Diese Komponentenart erlaubt den bequemen Zugriff auf JMS Message Queues.
- *Session Beans*
  Diese Art von Komponente greift selbst nicht auf persistente Speicher wie Datenbanken oder Message Queues zu, sondern ruft selbst andere Beans auf. Session Beans enthalten allerdings die Logik der Applikation. Der Name Session Bean ist etwas verwirrend, da es Session Beans mit und ohne Session gibt. Die Letzteren werden dann *Stateless Session Bean* genannt.

12.3 Vor- und Nachteile eines Applikations-Servers

Es erscheint so, als ob es absolut keine Alternative zur Verwendung eines Applikations-Servers gibt. Es stellt sich allerdings die Frage, wie viele der angebotenen Merkmale man letztendlich nutzen möchte. EJB-Container und Applikations-Server sind generell keine Wundersoftware, die immer funktioniert und sich völlig problemlos administrieren lässt. Zweifellos ist eine nicht zu unterschätzende Einarbeitungs- und Testzeit für die Verwendung einer EJB-Lösung einzurechnen. Viele Nächte, falsch gesetzte Klassenpfade, fehlgeschlagene Deployments und Java Exception Stack Traces später merkt man dann vielleicht, dass es auch viel einfacher gegangen wäre. Das Prinzip, die Applikation von der Präsentation zu trennen, kann schließlich selbstverständlich auch ohne EJBs erreicht werden, indem man die Logik einfach in eine gewöhnliche Klasse packt und diese über eine API vom JSP- oder JWS-Code verwendet.

Stehen Sie vor dieser Entscheidung, raten wir Ihnen, sich kritisch zu überlegen, was Sie durch den Einsatz eines Applikations-Servers gewinnen. Bei großen Projekten, die fast alle der angesprochenen Merkmale benötigen, ist die Entscheidung für einen Applikations-Server klar. Die Kapselung der Geschäftslogik in Klassen sollten Sie auf jeden Fall beherzigen. Dies erlaubt Ihnen später auch, den geschriebenen Code in einen Applikations-Server zu migrieren.

12.4 Das Authentifikationsproblem

Das Authentifikationsproblem ist ein sehr grundlegendes Problem aller verteilter Systeme. Es rührt daher, dass im Prinzip von einem Betriebssystemprozess zum nächsten kommuniziert wird. Jeder dieser Prozesse läuft dabei unter einer Benutzerkennung, die dem jeweiligen Betriebssystem bekannt ist. Loggen Sie sich in Ihr Linux- oder Windows-System ein, so haben alle von Ihnen gestarteten Programme Ihre Kennung und logischerweise auch Ihre Rechte bezüglich des Zugriffs auf Dateien und andere Ressourcen. Beim Aufruf einer entfernten Methode stößt der Client-Prozess, der unter einer Benutzerkennung A läuft, einen neuen Server-Prozess (oder Thread) an, der unter der Kennung B läuft.

Abbildung 12.3 verdeutlicht dies anhand eines kleinen Beispiels. Das gezeigte System hat die typische Architektur von Web-, Applikations- und Datenbank-Servern. Dieses System wird nun von einem Client per Browser oder per B2B-Schnittstelle aufgerufen. Der Client sei hier ein gewisser Joe. Joe löst also auf dem Web-Server, der unter „Web User" läuft, eine Aktion aus. Erinnern Sie sich hier an das SOAP/WSDL-Werkzeugkapitel. Dort wird gezeigt, dass der Internet Information Server beispielsweise unter einem System-Account `IUSR_Servername` betrieben wird.

Dieses Spiel geht nun weiter, bis ein Datenbankbenutzer schließlich eine persistente Änderung der Daten vornimmt. Die große Preisfrage ist: War diese Änderung legitim? Nun ja, es ist eine Frage der Authentifizierung. Ein Client darf nur dann einen Prozess auf dem Server anstoßen, wenn er dazu berechtigt ist. So muss also jeder der drei Server prüfen, ob die gewünschte Operation ok ist.

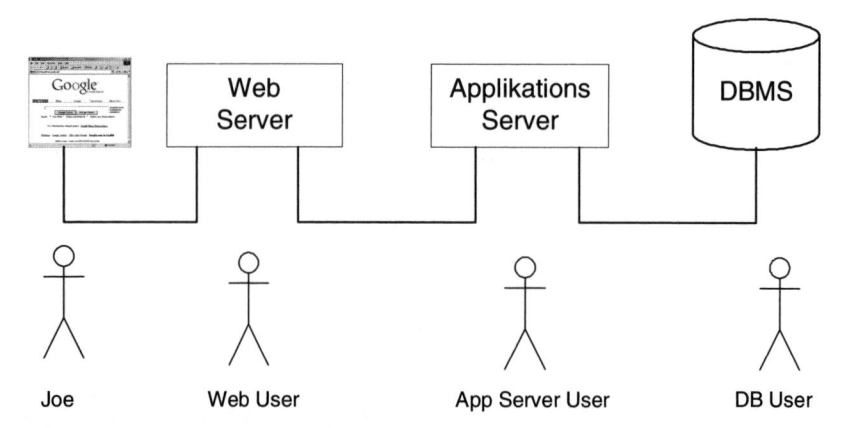

Abbildung 12.3: Verschiedene User im System. Vom B2C- oder B2B-Client bis hin zur Datenbank durch wandert man in diesem Beispiel vier verschiedene User auf der Betriebssystemebene.

Bei der Datenbank ist dies eigentlich selbstverständlich. Man loggt sich mit einem Datenbank-Account ein. Der Server stellt dann sicher, dass für jede Select- oder Update-Operation die entsprechenden Rechte vorhanden sind. Prinzipiell ist dies genauso wie beim Dateisystem eines Rechners. Wie wir im Transportwerkzeuge-Kapitel gesehen haben, können auch bei Web-Servern bestimmte Ressourcen geschützt und nur für bestimmte Benutzer zugänglich gemacht werden. Dies ist bei Applikations-Servern genauso. Dort sind es nicht URLs, sondern Methoden, die bestimmten Usern, Gruppen oder Nutzerrollen vorbehalten bleiben.

Soweit so gut. Der Web-Server kann also „Joe" authentifizieren. Nun ergibt sich aber folgendes Problem: Der Aufruf an den Applikations-Server läuft ja jetzt unter dem Benutzer „Web User" und nicht „Joe". Angenommen, Joe will einen Flug buchen. Nur wenn der Web-Server die ID des Kunden explizit mit übergibt, weiß der Applikations-Server, für wen der Flug eigentlich gebucht wird. Die Information, wer den Aufruf tätigt, wird oft als Kontext bezeichnet. Der Kontext kann auch noch weitere Daten wie beispielsweise die aktiven Transaktions- oder Sessiondaten enthalten. Im Bereich der Middleware unterscheidet man die explizite und die implizite Weitergabe oder Propagierung des Kontexts. Diese stellen wir in den folgenden beiden Unterpunkten vor.

12.4.1 Explizite Kontextpropagierung

Bei der expliziten Kontextpropagierung wird der Kontext dem Server als Parameter übergeben. Das zuvor gezeigte Buchungs-Interface mit den Parametern Username und Passwort wäre hierfür ein Beispiel. Abbildung 12.4 zeigt ein Beispiel einer Web-Applikation, die Username und Passwort als Formularparameter übergeben. Dies allein kann noch nicht als explizite Weitergabe angesehen werden. Werden diese Informationen auf der Server-Seite aber so wie in dem gezeigten JSP-Code verarbeitet, handelt es sich auf alle Fälle

12.4 Das Authentifikationsproblem

um explizite Weitergabe des Kontexts. Problematisch ist hierbei, dass das Prüfen von Login und Passwort mit der restlichen Logik der JSP Seite verbunden ist.

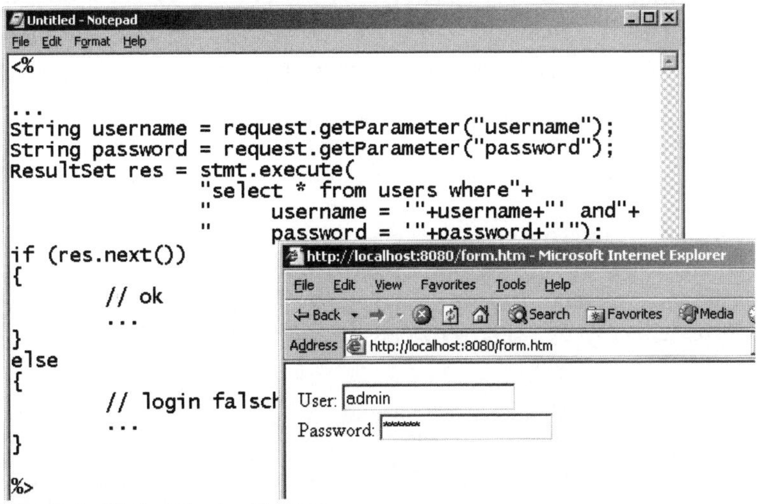

Abbildung 12.4: Explizite Weitergabe des Kontexts.

12.4.2 Implizite Kontextpropagierung

Im Gegensatz zur expliziten Weitergabe, bei der der Entwickler letztlich die Information auf der Client-Seite übergeben und auf der Server-Seite verarbeiten muss, übernimmt bei der impliziten Weitergabe die Middleware diese Aufgabe. Abbildung 12.5 zeigt das Beispiel HTTP Basic Authentication. Hierbei ist es zunächst nicht erforderlich, ein HTML-Formular zu erstellen. Weiterhin übernimmt der Web-Server den Abgleich der übertragenen Daten mit der lokalen Benutzerdatenbank. Dies ist auch sinnvoll, denn diese Funktionalität wird schließlich von fast allen Web-Applikationen gebraucht und es ist eigentlich unsinnig, Code wie in Abbildung 12.5 immer und immer wieder zu schreiben.

Abbildung 12.5: HTTP Basic Authentication ist eine Form der implizierten Kontextpropagierung.

In Programmierumgebungen ist der Kontext immer an den aktiven Thread gebunden. Im System gibt es also eine Zuordnung zwischen Threads und Kontexten. Der momentane Thread ist implizit gegeben. In Java kann man auf diesen über die statische Methode `Thread.currentThread()` zugreifen. Daher ist es auch möglich, den momentanen Kontext jederzeit zu bekommen. Die exakte API hängt natürlich von der verwendeten Middleware ab. Prinzipiell funktioniert dies aber wie folgt:

```
Context current = Context.getContext();
String usr = current.getProperty("usr");
String pwd = current.getProperty("pwd");
```

Die Crux ist nun folgende: Wird von einem Thread ein Remote Procedure Call getätigt, so wandert der Kontext mit. Sind in diesem Beispiel also Benutzer und Passwort „Joe" und „geheim", so würden auf dem serverseitigen Thread, der von dem Client angestoßen wurde, dieselben Werte bei dieser Kontextabfrage herauskommen.

12.4.3 Gemeinsame Benutzerverwaltung

Halten wir uns nochmals die Situation in Abbildung 12.3 vor Augen. Die Weitergabe des Login-Kontexts ermöglicht es also, die Benutzerinformation über die Rechnergrenzen weiterzugeben. Da der jeweilige Server unter einem System-Account läuft, kann das Betriebssystem die Authentifizierung nicht vornehmen. Dies erledigen die Server wie Web- oder Applikations-Server oder gegebenenfalls auch der Entwickler mit eigenem Code.

Wird die Nutzerinformation weitergegeben, so ist es natürlich auch erforderlich, dass alle Server Zugriff auf dieselbe Benutzerdatenbank haben, denn nur dann ist es sinnvoll, den Benutzer von einem zum anderen System weiterzuleiten. Microsoft geht hier den Weg über das Windows Active Directory. Von der Datenbank bis hin zum Web-Server tauchen die gewohnten Windows User Accounts auf. Analog hierzu kann man einen zentralen LDAP-Server verwenden. Allerdings ist es in einem heterogenen System alles andere als leicht, alle Komponenten richtig aufeinander abzustimmen.

Eine solche gemeinsame Benutzerdatenbank kann sehr von Vorteil sein. Es ist aber nicht immer angebracht, die Benutzerinformation von Web-Frontend bis hin zur Datenbank zu verwenden. Dies wollen wir mit zwei Szenarien verdeutlichen.

12.4.4 Szenario: Web-basierte Schnittstelle für eine Anwaltskanzlei

Stellen Sie sich eine Kanzlei mit ihren Anwälten vor. Die Daten sind selbstverständlich streng vertraulich und sollen zunächst jeweils nur von dem bearbeitenden Anwalt eingesehen werden können. In der Datenbank sind die Informationen in einem Schema gespeichert. Der Zugriff wird über SQL Views geregelt. Die Views selektieren die einsehbare Information. Jeder View wird dann für die entsprechenden Benutzer freigegeben. Will ein Anwalt per Web die Daten einsehen, wird seine Identität per HTTP Basic Authentication übergeben. Der Web-Server verwendet genau diesen Login, um eine Verbindung zur

Datenbank zu bekommen. Da Datenbank und Web-Server auf dasselbe LDAP-Verzeichnis zugreifen, ist dies kein Problem. Die Anfrage wird somit also zweimal geprüft, auf dem Web-Server und in der Datenbank. Der Vorteil ist, dass kein Code geschrieben werden muss, der diese Prüfung implementiert. Man baut also auf die vorhandenen Mechanismen von Web-Server und Datenbank auf.

12.4.5 Szenario: Webmail

Stellen Sie sich das System von Web.de vor. Auch hier könnten die Emails in einer zentralen Datenbank abgelegt sein und auch hier sollen die Benutzer Zugriff auf diese Information erhalten. Allerdings ist es völlig illusorisch, hunderttausende von Benutzern als Datenbanknutzer anzulegen. Stattdessen wird sich ein Applikations-Server für alle Benutzer unter einem generischen Account `mail_user` in der Datenbank einloggen. Es findet also eine Art Identitätswechel im Applikations-Server statt. Folglich muss dieser auch sicherstellen, dass niemand die Mails eines anderen lesen oder löschen kann. Die Datenbank kann diese Garantie nicht mehr geben, da `mail_user` Zugriff auf alle Emails haben muss.

12.4.6 Wo findet die Benutzerprüfung statt?

Nachdem wir in den vorigen Abschnitten relativ tief in die Authentifizierungsproblematik eingestiegen sind, stellt sich natürlich nun die Frage, welche Implementierung gewählt werden soll.

Auch im Buchungsszenario muss man von einer großen Zahl von Benutzern, insbesondere im B2C-Bereich, ausgehen. Hält man sich die in Abbildung 12.1 gezeigte Architektur nochmals vor Augen, so ist es offensichtlich, dass der Wechsel vom Benutzer zu dem generischen Account auf dem Applikations-Server als zentrale Schaltstelle erfolgen muss. In den Remote Procedure Calls davor sollte die Benutzeridentität erhalten bleiben. Idealerweise sollte aber bereits der Web-Server die Benutzerkennung prüfen und Anfragen unbekannter Nutzer sofort abweisen, ohne diese zum Applikations-Server weiterzuleiten. Gleichzeitig ist es aber nötig, die Benutzerdaten in der Datenbank zu speichern. Als Lösung könnte hier die Konfiguration eines *JDBC-Realms* verwendet werden. Hierbei kann beispielsweise Tomcat seine Benutzerinformationen aus einer JDBC-Datenbank beziehen.

Allerdings sollte der Applikations-Server als letzte Instanz auf jeden Fall nochmals sicherstellen, dass die Anfrage in Ordnung ist. Dies ist nicht zuletzt erforderlich, da sich ja auch swingbasierte Clients direkt über RMI anmelden können. Eine Prüfung auf dem Web-Server wäre deshalb nicht ausreichend.

12.5 Übungsaufgaben

1. Oft kann man bereits an der Liste der importierten Klassen feststellen, ob die Trennung von Logik und Darstellung gelungen ist oder nicht. Ordnen Sie die folgenden Java Pakete den Komponenten aus Abbildung 12.1 (Architektur des Systems von www.web-air.de) zu:
   ```
   javax.swing
   java.sql
   javax.servlet.http
   java.rmi
   javax.swing.event
   de.web_air.Policies
   de.web_air.wmltools
   ```

2. Was ist explizite bzw. implizite Kontextpropagierung?

3. Was ist der große Vorteil der impliziten Kontextpropagierung?

4. Was sind die Unterschiede und Gemeinsamkeiten von Web-Servern und Applikations-Servern?

5. Schlagen Sie ein Konzept vor, wie eine Online-Bank das Authentifikationsproblem angehen sollte.

Kapitel 13
Sicherheit von Web Services

Web Services haben sich in den letzten drei Jahren mit einem schon dramatisch zu nennenden Tempo entwickelt. In der dabei entstandenen Euphorie hat man den einen oder anderen Punkt zunächst nicht so stark beachtet – und dazu gehört die Sicherheit bei der Nutzung von Web Services. Inzwischen allerdings hat sich dies massiv geändert. Sicherheitsfragen und -anforderungen stehen bei vielen Firmen ganz oben auf der Tagesordnung, mit der Folge, dass sich auch der Druck auf die Standardisierungsgremien und Softwarehäuser ganz erhenlich erhöht hat.

Wir hatten schon in Abschnitt 3.3 gesehen, dass Sicherheit inzwischen ein integraler Bestandteil der Web-Service-Architektur ist. In diesem Kapitel wollen wir nun die Frage beantworten, welche Ansätze es zur Lösung der mit dem Thema Sicherheit verbundenen Fragen gibt.

Dazu werden wir zunächst einmal den Begriff „Sicherheit in verteilten Systemen" etwas genauer definieren. Anschließend stellen wir die wichtigsten bekannten Methoden vor, mit denen diese Sicherheitseigenschaften erreicht werden können. Teilweise hatten wir dies schon in Abschnitt 4.3 getan, werden das Thema hier aber noch ein wenig vertiefen.

Der Hauptteil des Kapitels beschäftigt sich dann mit der Umsetzung der verschiedenen Algorithmen in den Web-Service-Technologien. Dabei wollen wir – nach einer erneuten Bewertung von HTTPS – insbesondere die folgenden Ansätze näher betrachten:

- *XML Encryption* als den wichtigsten Standard zur Verschlüsselung von XML-Nachrichten bzw. Teilen davon
- *XML Signature* als den Standard zur Signatur von XML-Nachrichten
- die Security Assertions Markup Language (SAML)
- die Extended Access Control Markup Language (XACML) und
- die XML Key Management Specification (XKMS)

Man sieht jetzt schon, dass dies ein ganz schöner Dschungel an neuen Technologien ist. Um das Chaos ein bisschen einzugrenzen, gibt es Initiativen, die aus dem Angebot die wichtigsten Komponenten herausgreifen und zu einem Paket zusammenfassen. Die wichtigste Initiative ist WS-Security, die wir kurz vorstellen wollen. Das Kapitel endet mit einem Blick auf eine neue Form von Firewalls, die SOAP Proxies, und einigen weiteren Übungen.

13.1 Sicherheitsanforderungen

Der Begriff der Sicherheit in verteilten Systemen ist zunächst natürlich sehr allgemein gehalten. Gemeinhin versucht man deshalb, die Anforderungen, die an solche Systeme bzgl. der Sicherheit bestehen, weiter aufzuschlüsseln. Dabei hat sich das Schema, nach dem wir im Folgenden den Begriff Sicherheit definieren, als Standard herausgeschält. Dazu zählen Vertraulichkeit, Authentizität, Integrität, Nicht-Anfechtbarkeit und Verfügbarkeit.

13.1.1 Vertraulichkeit

Vertraulichkeit wird erreicht, wenn nur diejenigen eine Nachricht bzw. ein Datum lesen können, die dazu autorisiert sind. Das bedeutet nicht, dass andere diese Nachricht nicht sehen können, es heißt nur, dass sie den Inhalt nicht verstehen können.

Das Problem einer kompromittierten Vertraulichkeit ensteht vor allem durch die Übertragung von Daten. Es ist gemeinhin leichter, Nachrichten zu lesen, die über irgendeine Art von Medium übertragen werden, als in einen Computer einzubrechen (der nicht am Netz ist) und die Daten dort auszuspähen. Insbesondere die zunehmende Verbreitung drahtloser Kommunikation spielt hier eine wichtige Rolle, denn gerade das Medium Funk ist sehr leicht abzuhören.

Vertrauliche Nutzung von Web Services bedeutet, dass niemand, der nicht das Recht dazu hat, mitbekommt, welche Daten Sie an einen Web Service übertragen und welche Antwort der Web Service zurückschickt. Auf den ersten Blick könnte man meinen, das Problem wäre doch eigentlich mit dem schon bekannten HTTPS gelöst. Wir werden weiter unten sehen, dass das nur zum Teil stimmt, weswegen man sich einige andere Lösungen hat einfallen lassen.

13.1.2 Authentizität

Authentizität ist erreicht, wenn Sie sicher sein können, dass derjenige, mit dem Sie gerade digital kommunizieren, auch tatsächlich der ist, für den Sie ihn halten. Das ist keineswegs selbstverständlich: Wenn Sie eine Email bekommen mit einer bestimmten Absenderadresse, dann gehen Sie gewöhnlich davon aus, dass diese Adresse auch stimmt. Unglücklicherweise ist es sehr einfach, diese Adresse zu fälschen.

Probleme bei der Authentizität sind vor allem deshalb ein Problem, weil sie die Basis für den Prozess der Autorisierung bildet: Aufgrund der Tatsache, dass man jemanden eine bestimmte Identität (oder besser eine Rolle) zuschreibt, werden ihm auf einem System entsprechende Rechte gewährt. Mit anderen Worten: Wenn es jemandem gelingt, unrechtmäßig eine bestimmte Rolle einzunehmen, dann stehen ihm sämtliche Rechte zu, die mit dieser Rolle verbunden sind. Wenn man sich beispielsweise als Administrator gegenüber einem System authentifizieren kann, dann kann man auf dem System praktisch alles tun.

Ein bekanntes Authentifizierungsverfahren beruht auf der Verwendung von Passworten oder von PINs und TANs z.B. beim Homebanking. Hier weist man sich durch den Besitz gewisser Kenntnisse aus. Modernere Verfahren arbeiten mit biometrischen Methoden, bei denen beispielsweise Fingerabdrücke oder die Netzhaut gescannt werden.

Authentizität bei Web Services bedeutet, dass der Diensterbringer weiß, von wem ein Dienstaufruf kommt, und dass der Dienstnutzer nachvollziehen kann, von wem dieser Dienst erbracht wird. Sicherlich wären auch hier z.B. Passworte einzusetzen, wir werden jedoch sehen, dass das nicht immer eine gute Lösung ist und dass man sich deshalb spezielle Verfahren zur Authentifizierung auf der Nachrichtenebene ausgedacht hat.

13.1.3 Integrität

Bei der Bewahrung der Integrität von Nachrichten geht es darum sicherzustellen, dass diese Nachrichten während der Übertragung nicht von einem Dritten verändert werden. Auch dies ist natürlich aus denselben Gründen möglich, wie der Bruch von Vertraulichkeit: Wenn es einem böswilligen Dritten gelingt, einen Zwischenrechner im Netz unter Kontrolle zu bringen, dann ist es ihm ohne Probleme möglich, eintreffende Nachrichten abzufangen und entsprechend den eigenen Wünschen zu ändern.

Bei Web Services würde das bedeuten, dass einerseits Aufrufe eines Dienstes verändert werden könnten, so dass z.B. der Zustand einer Ressource anders beeinflusst werden würde als dies ursprünglich vorgesehen war. Andererseits könnte auch die Ergebnisnachricht abgefangen werden. Interessanterweise kann man Integrität für Nachrichten mit denselben bzw. sehr ähnlichen Mitteln erreichen wie Authentizität.

13.1.4 Nicht-Anfechtbarkeit

Bei vielen geschäftlichen Situationen kommt es darauf an, dass zweifelsfrei nachgewiesen werden kann, dass ein bestimmtes Ereignis stattgefunden hat. Dazu gehören beispielsweise alle Arten von Bestellungen. Hier möchte der Empfänger sichergehen, dass das Produkt auch wirklich korrekterweise ausgeliefert und nicht wieder zurückgeschickt wird, wobei der Besteller behaupten könnte, er hätte das Produkt gar nicht bestellt. Im realen Leben geschieht dies beispielsweise durch Unterschriften unter Kaufverträge. In der digitalen Welt muss dazu ein Äquivalent gefunden werden. Es geht also darum, im Nachhinein dem Sender einer Nachricht nachweisen zu können, dass er die Nachricht tatsächlich abgeschickt hat.

13.1.5 Verfügbarkeit und Zugangskontrolle

Bei diesem letzten Punkt geht es schließlich darum, dass Ressourcen im Netz auch verfügbar sein müssen, damit sie von Nutzen sind. Der schönste Dienst bringt nichts, wenn man von ihm keine Antworten bekommt.

Es gibt viele Möglichkeiten, dafür zu sorgen, dass ein Dienst nicht verfügbar ist. Die Palette reicht von der physischen Zerstörung des Rechners, auf dem der Dienst läuft, über ein Einbrechen auf dem Rechner und z.B. dem Löschen von für den Dienst wichtigen Daten bis hin zu den massiven Denial-of-Service-Angriffen aus dem Netz, bei denen ein Rechner schlicht mit Nachrichten überschwemmt wird, bis er nicht mehr antworten kann.

Zur Sicherstellung der Verfügbarkeit hat man sich ebenfalls eine Reihe von Maßnahmen einfallen lassen, die jedoch nicht immer funktionieren. Wir werden eines der wichtigsten Mittel, den Firewall, im nächsten Abschnitt besprechen, werden aber auch feststellen müssen, dass ein traditioneller Firewall gerade bei Web Services ins Leere läuft.

13.2 Sicherheitsmechanismen

Um die eben aufgeführten Sicherheitsprobleme zu lösen, wurden im Laufe der Zeit eine ganze Reihe von Algorithmen, Mechanismen und Protokollen entwickelt. Wir hatten bei der Einführung von HTTPS schon ein Konzept kennen gelernt, nämlich das der Verschlüsselung und der zugehörigen Algorithmen. Wir wollen diese deshalb hier nur noch einmal der Vollständigkeit halber nennen und stattdessen stärker auf die Themen digitale Signatur, digitale Zertifikate und Firewalls eingehen.

13.2.1 Kryptographische Algorithmen

Viele der Verfahren basieren auf dem Konzept der Verschlüsselung. Die Idee besteht darin, Daten mit Hilfe eines Algorithmus und eines Geheimnisses so zu kodieren, dass diese Daten nur von jemandem wieder entschlüsselt bzw. interpretiert werden können, der das Geheimnis ebenfalls kennt. Es genügt also nicht, nur einen geheimen Algorithmus zu verwenden, da aller Erfahrung nach dieser Algorithmus nicht lange geheim bleibt.

Einfache Verschlüsselungsverfahren kannten schon die alten Ägypter und Römer. Diese Verfahren wurden im Laufe der Jahre immer weiter verbessert, allerdings hielten die Verfahren zum Brechen solcher Verfahren immer mit. Beispielsweise kann man heute eine Nachricht, die mit der berühmten Caesar-Chiffre verschlüsselt wurde, innerhalb von wenigen Millisekunden entschlüsseln.

Bis Mitte der siebziger Jahre beruhten die Schlüsselverfahren alle auf demselben Prinzip: Wenn jemand mit jemand anders vertraulich kommunizieren will, dann muss er denselben Schlüssel besitzen wie dieser. Beide Kommunikationspartner füttern dazu jeweils ihre Schlüssel und die zu behandelnde Nachricht in den jeweiligen Algorithmus ein; diese Verfahren nennt man symmetrische Verschlüsselung. Die Mächtigkeit der Verfahren liegt in der Komplexität der Algorithmen und der Länge der Schlüssel begründet; die besten Ver-

13.2 Sicherheitsmechanismen

fahren sind diejenigen, die wirklich öffentlich bekannt und dementsprechend auch weitgehend getestet sind.

Symmetrische Verfahren haben bestimmte Nachteile, die sich insbesondere aus der Notwendigkeit des Schlüsselaustauschs ergeben. Die Lösung für dieses Problem liegt in der asymmetrischen Verschlüsselung, bei der die Kommunikationspartner kein Geheimnis mehr teilen. Hier besitzt jeder Partner zwei Schlüssel, einen öffentlichen und einen geheimen. In einer Interaktion sind dann immer jeweils ein geheimer und ein öffentlicher Schlüssel beteiligt, wobei es auf die Anwendung ankommt, welche Schlüssel in welcher Reihenfolge verwendet werden. Mehr dazu in den beiden nächsten Abschnitten.

Eine dritte Klasse von Algorithmen sind die Hash-Funktionen. Sie berechnen zu einer gegebenen Nachricht einen Art digitalen Fingerabdruck, der wesentlich kürzer als die Nachricht ist. Anhand einer Nachricht und des Fingerabdrucks kann man feststellen, ob die Nachricht verändert wurde. Idealerweise verändert sich bei der Veränderung eines Bits der Nachricht etwa 50% der Bits des Fingerabdrucks. Schließlich darf es nicht möglich sein, von einem Fingerabdruck auf die Nachricht schließen zu können. Eine solche Funktion nennt man dann Ein-Weg-Hash-Funktion.

13.2.2 Vertraulichkeit durch Verschlüsselung

Verschlüsselungsverfahren können zum einen für die vertrauliche Datenübertragung verwendet werden. Das Prinzip ist in Abbildung 13.1 zu sehen.

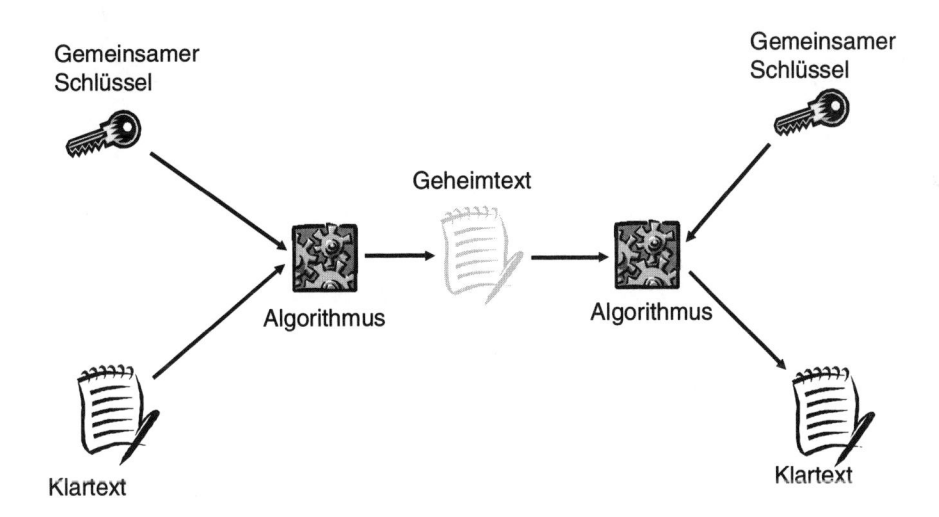

Abbildung 13.1: Prinzip der vertraulichen Kommunikation mit symmetrischer Verschlüsselung

Der Sender steckt die zu verschlüsselnde Nachricht zusammen mit dem gemeinsamen Schlüssel in einen Algorithmus, der daraus einen Geheimtext produziert. Dieser kann dann beispielsweise per Email an den Empfänger übertragen werden, wo eine Art

Umkehrfunktion mit Hilfe desselben Schlüssels aus dem Geheimtext wieder den Klartext berechnet.

Das asymmetrische Verfahren ist in Abbildung 13.2 dargestellt. Jeder der Kommunikationspartner hat seinen öffentlichen Schlüssel bekannt gemacht. Deshalb kann nun der Sender mittels eines Algorithmus und des öffentlichen Schlüssels des Empfängers die Nachricht in einen Geheimtext verwandeln. Auf der Empfängerseite wandelt ein anderer Algorithmus den Geheimtext mittels des privaten Schlüssels des Empfängers wieder in den Klartext um. Das funktioniert, weil öffentlicher und privater Schlüssel mathematisch zusammenhängen. Die Übertragung ist vertraulich, weil die Nachricht nur mit dem privaten Schlüssel entschlüsselt werden kann. Dieser ist nur dem Empfänger bekannt.

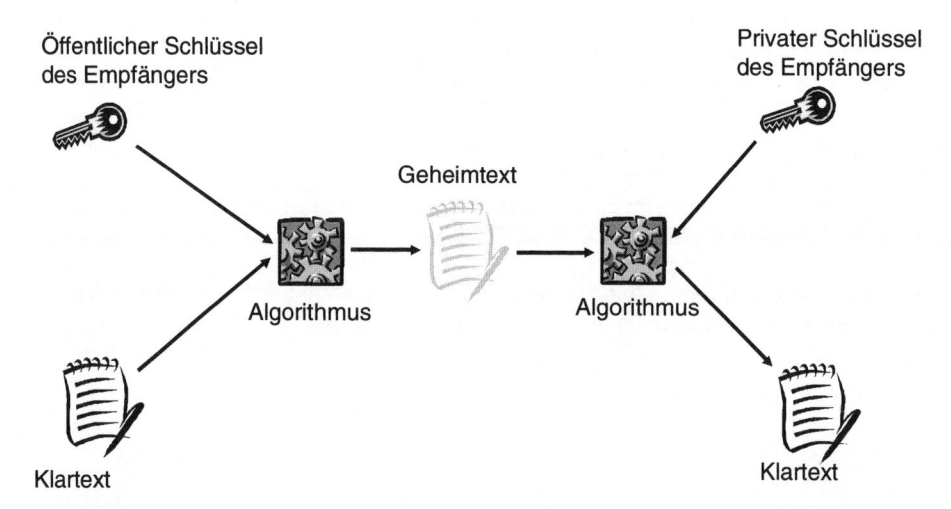

Abbildung 13.2: Prinzip der vertraulichen Kommunikation mit asymmetrischer Verschlüsselung

Trotz des Vorteils, dass keine geheimen Informationen ausgetauscht werden müssen, hat sich asymmetrische Verschlüsselung nicht als das allein selig machende Verfahren durchgesetzt. Der Grund ist darin zu suchen, dass es wesentlich langsamer als die symmetrische Verschlüsselung ist. Ein gängiges Verfahren besteht deshalb darin, das asymmetrische Verfahren nur zu nutzen, um einen symmetrischen Schlüssel zwischen den beiden Partnern auszutauschen. Anschließend werden alle Nachrichten mittels dieses Schlüssels kodiert. SSL verwendet diesen Ansatz standardmäßig.

13.2.3 Digitale Signaturen

Digitale Signaturen sind das technische Pendant zu realen Unterschriften. Sie werden verwendet, um die Authentizität und Integrität eines digitalen Dokuments zu sichern.

Dies kann nur funktionieren, wenn für die Unterschrift ein Geheimnis verwendet wird, das nur der Unterzeichner kennt, das aber gleichzeitig auch von jedem überprüft werden kann.

13.2 Sicherheitsmechanismen

Dazu könnte uns natürlich sofort das asymmetrische Schlüsselverfahren einfallen, denn dort besitzt ja jeder Teilnehmer einen eigenen privaten Schlüssel.

Tatsächlich wird dieses Verfahren auch eingesetzt, und zwar in Kombination mit Ein-Weg-Hash-Funktionen. Das Prinzip zeigt Abbildung 13.3.

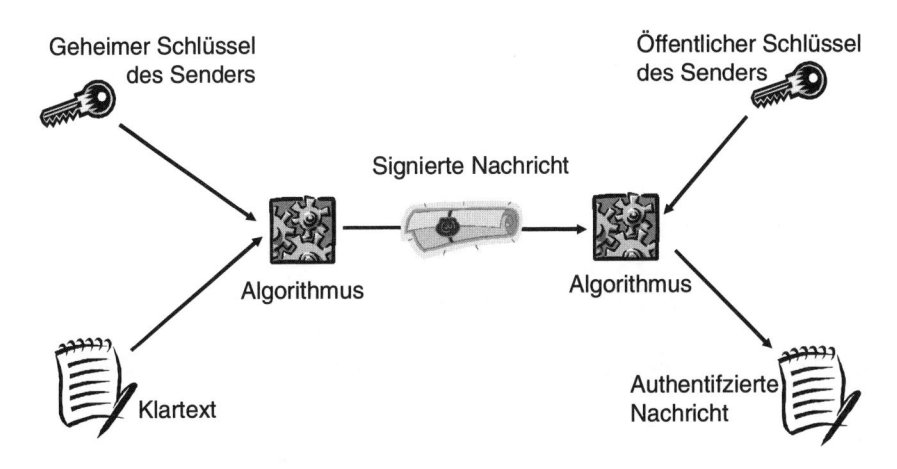

Abbildung 13.3: Digitale Unterschriften

Wenn der Sender eine signierte Nachricht an den Empfänger schicken will, dann erzeugt der Algorithmus für diese Nachricht zunächst einen Fingerabdruck. Dieser wird dann mittels des *geheimen Schlüssels des Senders* (denn den kennt nur der Sender) verschlüsselt und an die zu übertragende Nachricht angehängt. Es ist nötig, den Fingerabdruck zu verschlüsseln, da sonst die Nachricht ja leicht geändert werden und einfach dazu ein neuer Fingerabdruck erzeugt werden könnte.

Auf der Gegenseite wird einerseits der Fingerabdruck entschlüsselt und die Nachricht durch denselben Hash-Algorithmus geschickt. Wenn die beiden Ergebnisse übereinstimmen, kann man sicher sein, dass die Nachricht tatsächlich vom Besitzer des geheimen Schlüssels kommt und dass sie nicht verändert wurde.

13.2.4 Digitale Zertifikate

Digitale Unterschriften sind eine feine Sache, aber wenn Sie genau überlegen, werden Sie feststellen, dass das Authentizitätsproblem noch nicht wirklich gelöst ist. Wer sagt Ihnen denn, dass der Schlüssel, den Sie für Ihren Freund im Netz gefunden haben, auch tatsächlich derjenige Ihres Freundes ist? Prinzipiell kann nämlich jeder einen solchen öffentlichen Schlüssel bereitstellen. Selbst wenn Ihnen Ihr Freund einen Schlüssel per Email schickt, können Sie nicht sicher sein, dass die Email wirklich von ihm kommt. Das einzige, was hier wirklich sicher hilft, ist ein persönliches Treffen. Was aber, wenn Sie mit jemand völlig Unbekanntem kommunizieren, z.B. mit Amazon.de? Das können Sie nicht mehr selbst prüfen!

Die Lösung für dieses Problem heißt digitale Zertifikate. Mit einem solchen Zertifikat wird eine Assoziation zwischen einem öffentlichen Schlüssel und der dazugehörigen Identität einer Person oder Organisation hergestellt. Dazu benötigt man einen vertrauenswürdigen Dritten, eine so genannte *Certificate Authority (CA)*. Wenn jemand ein Zertifikat bei einer CA für einen öffentlichen Schlüssel erwerben möchte, dann muss er sich dort persönlich vorstellen und seine Identität nachweisen.

Bei einem Protokoll wie SSL kann so ein Zertifikat dann verwendet werden, um sich gegenüber dem Partner eindeutig auszuweisen. Im Zweifel sorgt Ihre Protokollimplementierung dafür, dass Sie ein Zertifikat zunächst einmal überprüfen dürfen, bevor Sie den Service Ihres Partners nutzen. Ein Beispiel für so eine Interaktion zeigt Abbildung 13.4.

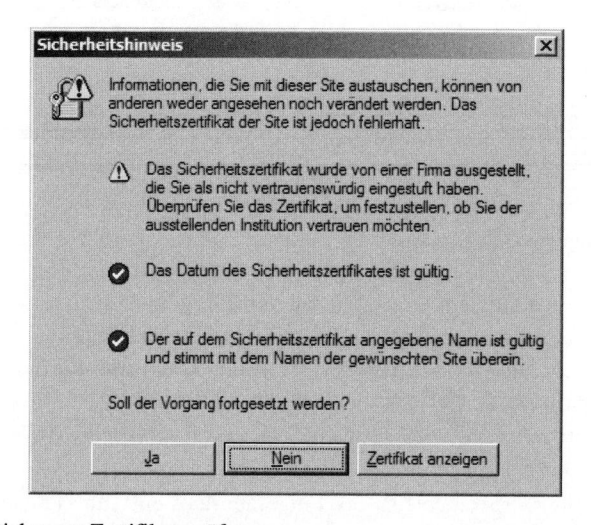

Abbildung 13.4: Dialog zur Zertifikatsprüfung

In diesem Beispiel kennt der Benutzer die CA, die das Zertifikat ausgestellt hat, nicht, bzw. er vertraut ihr nicht. Trotzdem kann er das Zertifikat akzeptieren.

13.2.5 Firewalls

Das Mittel der Wahl zur Implementierung von Zugriffskontrolle und Verfügbarkeit sind Firewalls. Firewalls sind in der Lage, interne Netze vom Internet auf definierte Weise abzuschotten. Dabei kann diese Abschottung auf mehreren Ebenen stattfinden:

- Als so genannte *Paketfilter* überprüfen Firewalls Pakete auf der IP- und TCP/UDP-Ebene, bevor sie sie ins Netz lassen. So kann man z.B. verhindern, dass Pakete von einer bestimmten Quelle oder zu einem bestimmten Port ins Netz gelangen.

- *Circuit Level Gateways* stehen auf der Transportebene zwischen dem Anfragenden aus dem Internet und dem Angerufenen im Intranet. Der Client muss zunächst einen TCP-Verbindungsaufbauwunsch an den Firewall schicken. Wenn dieser die Verbindung akzeptiert, dann wird die Verbindung zum Server durchgeschaltet und kann anschließend ohne weitere Kontrolle genutzt werden.
- *Application Level Gateways* schließlich behalten auch auf der Anwendungsebene die Kontrolle. Das bedeutet, dass sämtliche Nachrichten, die beispielsweise auf einer bestehenden Telnet-Verbindung ausgetauscht werden, überprüft und selektiv aussortiert werden können.

Firewalls sind leider zur Kontrolle der Nutzung von Web Services in wesentlichen Teilen völlig unbrauchbar. Web-Service-Aufrufe werden ja zumeist über Ports an einen Server geschickt, der zu einem Standardprotokoll wie HTTP oder SMTP gehört. Damit innerhalb eines Intranets ein Web- oder Email-Dienst nach außen angeboten werden kann, muss der entsprechende Port im Firewall freigeschaltet werden. Über diesen offenen Port kommen dann natürlich auch alle Web-Service-Anfragen ins Netz. In einer SOAP-Nachricht kann alles Mögliche kodiert sein, so dass es durchaus realistisch ist, dass man sich einen Virus oder Ähnliches über einen Web-Service-Aufruf einfängt. Am Ende des Kapitels werden wir uns deshalb Firewall-Erweiterungen ansehen, die dieses Problem versuchen zu lösen.

13.3 Genügt denn HTTPS nicht?

Man könnte argumentieren, dass dieses Kapitel doch eigentlich recht überflüssig ist. Wir hatten doch immerhin im Kapitel über die Transportschicht mit HTTPS schon ein Protokoll kennen gelernt, das scheinbar alle Probleme löst: HTTPS baut eine verschlüsselte Verbindung zwischen Client und Server auf und die Authentifizierung sowohl von Client als auch von Server kann ebenfalls verwendet werden.

Tatsächlich ist HTTPS für viele einfache Situationen ausreichend, nämlich wenn wirklich nur ein Client ohne jede Umwege mit genau einem Server kommunizieren will. Es wird dann jede einzelne Nachricht, die die beiden austauschen, komplett verschlüsselt. Was ist daran nun schlecht?

Zunächst einmal ist es sehr aufwändig, immer die komplette Nachricht zu verschlüsseln und auf der anderen Seite wieder zu entschlüsseln. Wenn ein Web Service sehr viele solcher Nachrichten gleichzeitig verarbeiten muss, dann muss schon eine sehr große Maschine dahinter stecken, um all diese Entschlüsselungen durchzuführen. Besonders ärgerlich ist es dann noch, wenn ein Großteil der Information überhaupt nicht vertraulich oder authentisch sein muss, man also unnötigen Aufwand hat.

Das zweite Problem liegt in der Tatsache begründet, dass in einer SOAP-Interaktion ja auch mehr als zwei SOAP-Knoten beteiligt sein können. Wir hatten im SOAP-Kapitel (s. Abschnitt 8.4) gehört, dass diese zusätzlichen Zwischenknoten jeweils in den Header hineinschauen, um festzustellen, ob sie mit den Nachrichten irgendwelche Aktionen durchführen müssen. Das geht aber nicht, wenn die komplette Nachricht Ende-zu-Ende verschlüsselt ist – die Zwischenknoten besitzen gar nicht den notwendigen Schlüssel, um die Nachricht dekodieren zu können.

Was also nötig ist, ist ein Verschlüsselungs- und Signaturkonzept, das wesentlich fein-granularer arbeitet, nämlich auf Nachrichtenebene. Dieses Konzept wollen wir vor allem in den beiden nächsten Abschnitten vorstellen, in denen es um XML Encryption und XML Signature gehen wird.

13.4 XML Encryption

Die Lösung für vertrauliche XML-Datenübertragung heißt XML Encryption. Dieses Verfahren wird bzw. wurde beim W3C in der XML Encryption Working Group (http://www.w3.org/Encryption/2001/) standardisiert und ist seit 10. Dezember 2002 eine W3C Recommendation (http://www.w3.org/TR/xmlenc-core/).

Prinzipiell wird in XML Encryption ein Original-Dokument in ein Dokument mit verschlüsselten Komponenten umgewandelt. Das Wurzelelement eines solchen Schlüsselblocks heißt `<EncryptedData>` und dieses kann unterschiedliche Kindelemente wie z.B. den Namen des verwendeten Schlüsselalgorithmus oder weitere selbst verschlüsselte Schlüssel besitzen.

XML gestattet die Chiffrierung von Daten auf mehreren Granularitätsstufen. Die gewählte Form der Verschlüsselung wird als `type`-Attribut von `<EncryptedData>` angegeben, so dass die Dekodierung auf der Gegenseite entsprechend vorgenommen werden kann:

- Es kann ein komplettes Element verschlüsselt werden, also dessen Inhalt (der selbst wieder aus Kindelementen bestehen kann) und sein Name (Tag). Damit wird sowohl der eigentlich wichtige Inhalt als auch die Tatsache, dass ein Element dieses Typs übertragen wird, verschleiert. Das zu verwendende `type`-Attribut muss in diesem Fall mit dem Wert `'http://www.w3.org/2001/04/xmlenc#Element'` belegt werden.
- Es kann nur der Inhalt des Elements verschlüsselt werden (`'http://www.w3.org/2001/04/xmlenc#Content'`). Dies ist eine sinnvolle Variante, wenn es keine Rolle spielt, ob die Tatsache der Übertragung eines bestimmten Elements bekannt wird.
- Es kann der Inhalt eines Elements kodiert werden, der nur aus Text besteht (also nicht aus weiteren Kindelementen (ebenfalls `'http://www.w3.org/2001/04/xmlenc#Content'`).
- Schließlich kann auch ein ganzes XML-Dokument verschlüsselt werden.

XML Encryption ist aufgrund seiner Struktur hervorragend geeignet, die Nachteile von HTTPS auszubügeln. Es kann sehr effizient gemacht werden, indem man auf sehr feingranularer Ebene arbeitet, und es ist möglich, XML-Nachrichten sowohl über mehrere SOAP-Zwischenknoten als auch an mehrere Empfänger zu senden.

Auch die Algorithmen sind frei wählbar. Die Auswahl geschieht über das `<EncryptionMethod>`-Element, in dem über den `Algorithm`-Parameter der zu verwendende Algorithmus angegeben werden kann. Wir haben ja schon oft genug gesehen, wie solche

13.4 XML Encryption

Angaben gemacht werden: Es wird eine entsprechende URI verwendet, die im Standard definiert ist. Neben den eigentlichen Verschlüsselungsalgorithmen wie DES, Triple-DES oder RSA werden auch Hash-Funktionen und digitale Signaturalgorithmen angegeben.

Betrachten wir das Vorgehen von XML Encryption und die Verwendung solcher Algorithmen anhand eines Beispiels. Nehmen wir dazu an, WS-Reisen möchte nun einen bei Web Air gebuchten Flug bezahlen. Zu diesem Zweck stellt Web Air einen Web Service `buche` zur Verfügung, der neben den bekannten Angaben für Flugnummer, Zahl der Sitze und Flugdatum auch eine Preis- und Kreditkarteninformation für die Bezahlung enthält. Die Original-SOAP-Nachricht könnte dann wie folgt aussehen:

```
<?xml version="1.0" encoding="UTF-8"?>
<soapenv:Envelope xmlns:soapenv="http://schemas.xmlsoap.org/soap/
            envelope/" xmlns:xsd="http://www.w3.org/2001/XMLSchema"
            xmlns:xsi="http://www.w3.org/2001/XMLSchema-instance">
    <soapenv:Header>
       <h:block1 ....>
          ....
       </h:block1>
    </soapenv:Header>
    <soapenv:Body>
       <ns1:buche xmlns:ns1="http://www.web-air.de/Buchung">
          <flugnummer>WA417</flugnummer>
          <sitze>3</sitze>
          <datum>2003-07-11T12:00:00.000Z</datum>
          <preis>EUR 1399,00</preis>
          <karte>
             <typ>EasyCredit</typ>
             <nummer>1234 5678 9876 5432</nummer>
             <besitzer>WS-Reisen</besitzer>
             <gueltig-bis>09-2004</gueltig-bis>
          </karte>
       </ns1:buche>
    </soapenv:Body>
</soapenv:Envelope>
```

In diesem Codestück haben wir den vetraulich zu behandelnden Code fett gedruckt – Kreditkarteninformation möchte man nicht im Klartext übertragen. Wir entscheiden uns, nur einen Teil der Nachricht zu kodieren, nämlich genau den sicherheitskritischen. Außerdem verwenden wir eine doppelte Verschlüsselung: Zunächst wird das Element `<karte>` mit Hilfe eines Triple-DES-Schlüssels verschlüsselt. Dieser Schlüssel wird ebenfalls verschlüsselt, und zwar mit einem RSA-Schlüssel, und wird dann mit der Nachricht mitübertragen. Der RSA-Schlüssel ist der öffentliche Schlüssel von Web Air, so dass diese als Empfänger der Nachricht zunächst den Triple-DES-Schlüssel dekodieren können, mit dem dann das Original-XML-Dokument rekonstruiert wird. Dieses Vorgehen ist sehr typisch, da es normalerweise gerade bei langen Nachrichten sehr viel schneller abläuft als eine komplette Verschlüsselung des XML-Elements mit einem RSA-Schlüssel (s. oben).

Wenden wir dieses Prinzip an, dann erhalten wir das folgende Dokument:

```xml
<?xml version="1.0" encoding="UTF-8"?>
<soapenv:Envelope xmlns:soapenv="http://schemas.xmlsoap.org/soap/
            envelope/" xmlns:xsd="http://www.w3.org/2001/XMLSchema"
            xmlns:xsi="http://www.w3.org/2001/XMLSchema-instance">
  <soapen:Header>
    <h:block 1 ....>
        ....
    </h_block1>
  <soapenv:Header>
  <soapenv:Body>
      <ns1:buche xmlns:ns1="http://www.web-air.de/Buchung">
        <flugnummer>WA417</flugnummer>
        <sitze>3</sitze>
        <datum>2003-07-11T12:00:00.000Z</datum>
        <preis>EUR 1399,00</preis>
```

So weit, so gut. Das ist bisher wie das Originaldokument. Doch nun beginnt der verschlüsselte Teil der Nachricht:

```xml
<EncryptedData Id="ed1"
   Type="http://www.w3.org/2001/04/xmlenc#Element"
   xmlns="http://www.w3.org/2001/04/xmlenc#">
   <EncryptionMethod Algorithm="http://www.w3.org/2001/04/
                                      xmlenc#tripledes-cbc"/>
```

Wir geben zunächst an, dass ein Element kodiert werden und der Schlüssel dazu ein Triple-DES-Schlüssel sein soll. Im Folgenden muss deshalb dieser Schlüssel innerhalb eines `<KeyInfo>`-Elements mitgeschickt werden – natürlich kodiert:

```xml
<KeyInfo xmlns="http://www.w3.org/2000/09/xmldsig#">
   <EncryptedKey xmlns="http://www.w3.org/2001/04/xmlenc#">
      <EncryptionMethod Algorithm="http://www.w3.org/2001/
                                     04/xmlenc#rsa-1_5"/>
      <KeyInfo xmlns="http://www.w3.org/2000/09/xmldsig#">
         <KeyName>Web Air</KeyName>
      </KeyInfo>
      <CipherData>
         <CipherValue>MEn/qi1Wm5jcgMr9T9nK0tny4L8RAnj7I1vQ
            SwTAU7ZsEdAbTiinJE02HHs/DBOM6W8cP81Nuok482PAXf
            xdvSbha5anNcu32OwS
         </CipherValue>
      </CipherData>
   </EncryptedKey>
</KeyInfo>
```

Die Kodierung gibt an, dass der Tripe-DES-Schlüssel mittels RSA Version 1.5 verschlüsselt und dass der RSA-Schlüssel von Web Air verwendet wurde. Sodann folgt der eigentliche Schlüssel als `<CipherData>`-Element.

Nun kann endlich das eigentliche Datenelement angegeben werden. Dieses wird ebenfalls als `<CipherData>`-Element kodiert. Wohlgemerkt besteht der Unterschied zwischen den beiden Kodierungen darin, dass das Element oben ein mit RSA verschlüsselter Triple-

DES-Schlüssel ist, während es sich bei dem jetzt folgenden um die mit dem Triple-DES-Schlüssel kodierte Version des `<karte>`-Elements handelt.

```
            <CipherData>
                <CipherValue>aQgTEVBBIw9DMqJPMh/ZERSuNv7gh+r9oWNk08+WrKk
                            +Z61Zx574vXScclIfJ2CIRg7sdXXyf6towl8PgyAS1wv0/
                            v2AFEhwEwPgx+lVBGt/rHKZFzjpTs3e355ob0nPfP1EcSr
                            f6pMzO8SniMXtMXLSP5SS4RL6yhQdXyNQPWMZn8S8Geawy
                            TDMqiloPnT73IFoGwjOSZFKG9kKCqx/S6jt3RjzLW3Y1WD
                            RGOqoh5Y=
                </CipherValue>
            </CipherData>
        </EncryptedData>
    </ns1:buche>
</soapenv:Body>
</soapenv:Envelope>
```

Wenn Sie sich diesen Code ansehen, erkennen Sie sofort wieder die Notwendigkeit von Werkzeugen – so etwas kann und will man nicht von Hand machen. Es gibt tatsächlich eine Reihe von Werkzeugen, die XML Encryption komplett automatisieren. Da diese Tools jedoch meist noch andere Funktionen haben, werden wir sie für alle XML-Sicherheitsansätze gesammelt betrachten (s. Abschnitt 13.10).

13.5 XML Signature

XML Signature hat den Zweck, XML-Dokumente digital zu signieren und die entsprechende Signatur ebenfalls in XML auszudrücken. Die dazugehörige Standardisierungsaktivität ist wie XML Encryption im W3C angesiedelt, in der XML Signature Working Group (http://www.w3.org/Signature). Die Idee ist in der Tat schon etwas älter als die von XML Encryption, und auch der Standard ist bereits ein wenig älter, nämlich vom 12. Februar 2002 (http://www.w3.org/TR/xmldsig-core). Mit den Fähigkeiten von XML Signature lässt sich Authentizität, Integrität und Nicht-Anfechtbarkeit umsetzen. Der wichtigste Algorithmus zum Signieren einer Nachricht, insbesondere zur Bildung des Fingerabdrucks, der bei XML Signature verwendet wird, ist SHA-1.

Das grundlegendste Element für die Kodierung von Unterschriften ist `<Signature>`, da es alle weiteren Elemente umfasst. Zu diesen Kindelementen gehören:

- `<SignedInfo>`: Dieses Element identifiziert und beschreibt die zu signierende bzw. signierte Info. Es gibt mehrere Möglichkeiten, wie solche Objekte beschrieben werden können, zu denen wir gleich kommen.
- `<KeyInfo>`: Dieses Element wird verwendet, um z.B. Zertifikate zu kodieren oder Referenzen auf Schlüsselspeicher zu hinterlegen.
- `<SignatureValue>`: Die eigentliche Unterschrift, erzeugt aus einem Schlüssel und dem zu signierenden Element.
- `<Object>`: Dies ist ein optionales Element, das das signierte Element enthalten kann.

Eine XML-Signatur kann auf drei verschiedene Arten mit dem unterschriebenen Objekt in Verbindung stehen. Sie kann erstens selbst in das Objekt eingebettet sein, dann spricht man von einer *Enveloped Signature*. Zweitens kann das Objekt in die Signatur eingebettet sein, dann bezeichnet man dies als *Enveloping Signature*. Und schließlich kann sich das Objekt an einem ganz anderen Ort befinden, der über eine URI referenziert wird, wobei man dann von einer *Detached Signature* spricht. Schauen wir uns ein kurzes Code-Beispiel für jede dieser Varianten an. Ein XML-Dokument mit einer Enveloped Signature hat folgende Struktur:

```
<dokument Id="dok">
   <inhalt> ... </inhalt>
   <Signature>
      ...
      <Reference URI="dok" />
      ...
   </Signature>
</dokument>
```

Alternativ sieht dann eine Enveloping Signature wie folgt aus:

```
<Signature>
   ...
   <Reference URI="obj" />
   ...
   <Object Id="obj">
      <dokument>
         ...
      </dokument>
   </Object>
</Signature>
```

Wie man sieht, kommt hier das `<Object>`-Element zum Einsatz. Es bleibt noch der Blick auf eine Detached Signature:

```
<dokument>
   <Signature>
      ...
      <Reference URI="http://ein.anderes.objekt/irgendwo" />
      ...
   </Signature>
</dokument>
```

Bei SOAP-Nachrichten erscheint es sehr sinnvoll, eine digitale Unterschrift in den Header einzupacken. Die Unterschrift referenziert dann typischerweise den Body der SOAP-Nachricht oder evtl. auch nur einen Teil davon. Auch hierzu wollen wir uns wieder ein Beispiel ansehen. Nehmen wir wieder unsere Reservierung. Da Web Air sichergehen will, dass eine Buchung auch wirklich ernst gemeint ist, verlangt die Firma von jedem Besteller

13.5 XML Signature

eine digitale Unterschrift unter die SOAP-Nachricht. Das Original sieht (zur Erinnerung) wie folgt aus:

```
<soapenv:Envelope xmlns:soapenv="http://schemas.xmlsoap.org/soap/
                                                        envelope/"
                  xmlns:xsd="http://www.w3.org/2001/XMLSchema"
                  xmlns:xsi="http://www.w3.org/2001/XMLSchema-instance">
    <soapenv:Body>
        <ns1:reserviere xmlns:ns1="http://www.web-air.de/Buchung">
            <flugnummer>WA417</flugnummer>
            <sitze>3</sitze>
            <datum>2003-07-11T12:00:00.000Z</datum>
        </ns1:reserviere>
    </soapenv:Body>
</soapenv:Envelope>
```

Nun müssen wir ein Header-Element erzeugen, das die Unterschrift enthält und außerdem auf den Body der Nachricht verweist:

```
<soapenv:Envelope xmlns:soapenv="http://schemas.xmlsoap.org/soap/
                                                        envelope/"
                  xmlns:xsd="http://www.w3.org/2001/XMLSchema"
                  xmlns:xsi="http://www.w3.org/2001/XMLSchema-instance">
    <sopaenv:Header>
        <dsig:Signature xmlns:dsig="http://www.w3.org/2000/09/xmldsig#">
            <dsig:SignedInfo>
                <dsig:CanonicalizationMethod Algorithm="http://www.w3.org/
                                        TR/2001/REC-xml-c14n-20010315">
                </dsig:CanonicalizationMethod>
                <dsig:SignatureMethod Algorithm="http://www.w3.org/2000/09/
                                                        xmldsig#dsa-sha1">
                </dsig:SignatureMethod>
```

Das Erste, was auffällt, ist die so genannte `CanonicalizationMethod`. Was hat es damit auf sich? Sowohl bei Verschlüsselung wie auch bei Signatur werden XML-Dokumente verändert und unter Umständen in ein Nicht-XML-Format gebracht. Auf der anderen Seite wird dieser Code jedoch wieder in XML umgewandelt. Dabei kann es passieren, dass Wahlmöglichkeiten bei der XML-Kodierung unterschiedlich umgesetzt werden. Ein Beispiel: Der Sender kodiert ein leeres Element als `<e />`, während es der Empfänger als `<e></e>` wieder restauriert. Das Problem damit ist, dass dies ein andere Code ist und zu völlig unterschiedlichen Signaturen führt – mit der Folge, dass eine Signatur nicht mehr als korrekt erkannt würde. Daher hat man eine Art Standard-XML eingeführt – das *kanonische* XML – sowie einen Algorithmus, der jedes XML-Dokument in seine kanonische Form überführt.

Weiterhin wird der Signaturalgorithmus angegeben, hier mit DSA-SHA1. Im nächsten Schritt beschreiben wir das Objekt, das signiert wurde:

```
            <dsig:Reference URI="SOAP-Body">
                <dsig:DigestMethod Algorithm="http://www.w3.org/2000/09/
                                                        xmldsig#sha1">
```

```
            </dsig:DigestMethod>
            <dsig:DigestValue>UnlLp/vtdTH260NvZ4bsgfg5vnHjg$as53=
            </dsig:DigestValue>
        </dsig:Reference>
    </dsig:SignedInfo>
```

Die Referenz bezieht sich auf ein lokales Element namens SOAP-Body, das sich etwas weiter unten findet. Der Name lässt uns bereits ahnen, dass der komplette Body signiert wurde. Das Ergebnis der Signatur wird dann wie folgt abgelegt:

```
    <dsig:SignatureValue>
        DT0wsIinR7EQAj0NYN8Q55weDTRkDZeVWpSwfuWhbq8IzpzbSoNbRH==
    </dsig:SignatureValue>
```

Nun muss die Information über den für die Signatur verwendeten Schlüssel bzw. sein öffentliches Gegenstück übertragen werden. Die Information besteht aus dem DSA-Schlüssel selbst (der vier Komponenten hat) sowie einem X.509-Zertifikat, das die Authentizität des Schlüssels bestätigt. Die eigentlichen Codes sind jeweils verkürzt dargestellt:

```
    <dsig:KeyInfo>
        <dsig:KeyValue>
            <dsig:DSAKeyValue>
                <dsig:P>R11EilSgfg45DGFjh/X9Tg3 ...</dsig:P>
                <dsig:Q>mUjC8C/BYHCol2BQjxuuEyykrPU=</dsig:Q>
                <dsig:G>dabPd98Ggh7LvK ...</dsig:G>
                <dsig:Y>E5faJIB56BGwX1efDQE ...</dsig:Y>
            </dsig:DSAKeyValue>
        </dsig:KeyValue>
        <dsig:X509Data>
            <dsig:X509IssuerSerial>
                <dsig:X509IssuerName>
                    CN=Karl Neumann,O=WS-Reisen,C=DE
                </dsig:X509IssuerName>
                <dsig:X509SerialNumber>214363450</X509SerialNumber>
            </dsig:X509IssuerSerial>
            <dsig:X509SubjectName>
                CN=Karl Neumann,O=WS-Reisen,C=DE
            </dsig:X509SubjectName>
            <dsig:X509Certificate>
                AwIwTCCAn+gMIICBA ...
            </dsig:X509Certificate>
        </dsig:X509Data>
    </dsig:KeyInfo>
</dsig:Signature>
</soapenv:Header>
```

Damit ist der Signaturteil abgeschlossen und es bleibt noch der eigentliche Inhalt, nämlich der Body der SOAP-Nachricht. Hier finden wir auch die ID wieder, auf die sich die Referenz oben bezieht:

```
<soapenv:Body Id="SOAP-Body">
    <ns1:reserviere xmlns:ns1="http://www.web-air.de/Buchung">
        <flugnummer>WA417</flugnummer>
        <sitze>3</sitze>
        <datum>2003-07-11T12:00:00.000Z</datum>
    </ns1:reserviere>
</soapenv:Body>
</soapenv:Envelope>
```

Zugegeben: ebenfalls sehr komplex! Nur gut, dass es zum Erstellen und Validieren von digitalen XML-Unterschriften ebenfalls ausreichend Werkzeuge gibt. Wir bitten erneut um etwas Geduld und verweisen auf Abschnitt 13.10.

13.6 XML Key Management Specification (XKMS)

Die Übermittlung bzw. Verteilung von öffentlichen Schlüsseln ist ein wichtiges Problem. Ohne Zertifikat kann man eigentlich einem öffentlichen Schlüssel, den man im Netz findet oder der einem per Email übertragen wird, nicht trauen. Die Certificate Authorities sind ein wichtiger Schritt in Richtung Automatisierung des ganzen Validierungsprozesses. Solche Authorities sind Teil einer so genannten *Public Key Infrastructure (PKI)*. Eine PKI kann genutzt werden, um öffentliche Schlüssel zu registrieren, abzufragen oder für ungültig zu erklären – gerade Letzteres ist eine wichtige Möglichkeit, wenn man fürchtet, dass der zugehörige geheime Schlüssel kompromittiert wurde.

Seit 2001 gibt es eine Initiative im W3C, bei der es um die Standardisierung eines XML-basierten Zugriffs auf eine PKI geht. Dieses von Verisign, einem bekannten Unternehmen in der Sicherheitswelt, Microsoft und webMethods begonnene Projekt trägt den Namen *XML Key Management Specification (XKMS)*. Es wird ebenfalls in einer eigenen Arbeitsgruppe bearbeitet, der XML Key Management Working Group (s. `http://www.w3.org/2001/XKMS`). Deren aktuelles Produkt ist die Version 2 des XKMS-Working Drafts, die vom 18. April 2003 stammt (`http://www.w3.org/TR/xkms2/`). Dieser Vorschlag macht sich die vorherigen Definitionen von XML Encryption und XML Signature zunutze und besteht aus zwei Teilen:

- Die XML Key Information Service Specifiation (X-KISS) wird für die Überprüfung von Unterschriften verwendet. Ein Client kann mit Hilfe des hier spezifizierten Protokolls auf eine PKI zugreifen und die zugehörigen Dienste verwenden.
- Die XML Key Registration Service Specification (X-KRSS) wird für das Management von Schlüsseln in einer PKI verwendet, also z.B. für die Registrierung oder die Ungültigkeitserklärung.

Ein Hauptziel der Initiative besteht darin, möglichst alle Aufgaben, die mit dem Schlüsselmanagement bzw. der Validierung von Unterschriften zu tun haben, an einen externen Dienst zu übergeben. Zwar muss ein Client, der diese Dienste nutzen will, jeweils online sein, aber dafür benötigt ein solcher Client für eine Überprüfung auch nur minimalen Speicherplatz – eine sehr wichtige Eigenschaft z.B. für Clients, die auf PDAs oder Handys laufen, wo Speicher eine sehr knappe Ressource ist. Diese Clients rufen einfach den entsprechenden Service einer PKI auf, die XKMS unterstützt. Die Architektur für XKMS zeigt Abbildung 13.5.

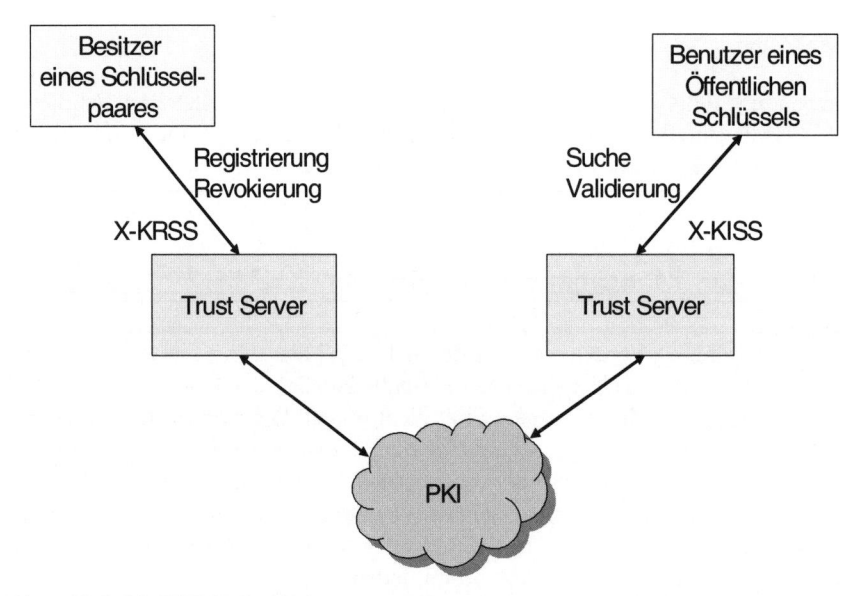

Abbildung 13.5: Die XKMS-Architektur

Prinzipiell ist XKMS soweit vorbereitet, dass es als Web Service genutzt werden kann. Sämtliche Nachrichten, die zwischen einem Client und einem Server ausgetauscht werden können, sind entsprechend in XML definiert; die diversen Operationen sind ausführlich mit Hilfe von Diagrammen beschrieben, die den zeitlichen Ablauf verdeutlichen und auch verschiedene Bindungen wie z.B. an SOAP sind vorgegeben. Es gibt allerdings keine konkrete WSDL-Beschreibung. Um einen Web Service zu realisieren, der XKMS unterstützt (was ja das Natürlichste wäre in einer Web-Service-Welt), muss entsprechend der Dienst auf der Basis der vorhandenen Protokollspezifikation implementiert werden, um dann WSDL automatisch aus dem implementierten Dienst generieren zu lassen. Ein Beispiel für einen bekannten XKMS-Dienst, der als Web Service implementiert ist, findet sich unter http://xkms.verisign.com.

Die enge Verbindung von XKMS mit XML Encryption und XML Signature äußert sich z.B. darin, dass Elemente aus den beiden letzteren Standards in XKMS übernommen werden. Betrachten wir dazu nur ein kleines Beispiel. Angenommen, ein Client hat eine Nachricht bekommen, bei der er die Unterschrift prüfen möchte. Eine Referenz auf den zugehörigen Schlüssel wurde, wie im Beispiel oben demonstriert, zusammen mit der

Nachricht übertragen, indem sie in das `<KeyInfo>`-Element eingepackt wurde. Der Client kann nun einfach dieses Element extrahieren und in eine Anfrage packen, die er an einen XKMS-Provider schickt. So ein Paket sieht dann auszugsweise wie folgt aus:

```
...
<Locate>
   <Query>
      <KeyInfo>
         <KeyName>Karl Neumann</KeyName>
      </KeyInfo>
   </Query>
   <Respond>
      <string>KeyName</string>
      <string>KeyValue</string>
   </Respond>
</Locate>
```

Das Anfragedokument enthält also den Namen des Schlüssels sowie eine Beschreibung des Formats der erwarteten Antwort. Im Beispiel soll noch einmal der Name des Schlüssels als String sowie der eigentliche Schlüssel übertragen werden (diese Strings sind standardisiert).

Man erhofft sich generell, dass die Akzeptanz von Verschlüsselungsverfahren höher wird, wenn die Nutzung einfacher und weniger aufwändig wird. XKMS geht sicherlich in die richtige Richtung.

13.7 Security Assertions Markup Language (SAML)

Die Einführung von immer mehr Sicherheitsmechanismen hat auch einen gravierenden Nachteil: Die Systeme werden immer weniger benutzerfreundlich. Sie haben wahrscheinlich selbst schon die Erfahrung gemacht, wenn Sie im Web eine Reihe von Accounts verwenden, die Ihnen die Benutzung der jeweils zugehörigen Dienste gestatten. Ob Sie nun bei Amazon.de ein Buch kaufen, bei Lufthansa einen Flug buchen oder Ihre Email bei Web.de lesen, Sie müssen sich bei jedem dieser Anbieter zunächst authentifizieren, bevor Sie die entsprechenden Aktionen durchführen dürfen. Die Folge: Wahrscheinlich haben Sie zahllose Benutzernamen mit unterschiedlichsten Passworten und jedesmal, wenn Sie sich bei einem der Services anmelden, müssen Sie erst einmal überlegen, wie Ihr Passwort denn lautet.

Etwas formaler beschrieben ist der Grund dafür, dass es viele unterschiedliche Sicherheitsdomänen gibt, in denen Sie zwar jeweils bestimmte Rechte haben, aber eben nur mit den dort verwendeten Authentifizierungsinformationen. Die Authentifizierungsinformation aus Domäne A ist leider in B nichts Wert, weil dort erstens typischerweise ein anderes Format verwendet wird und zweitens in Domäne B ja überhaupt nicht bekannt ist, dass der Benutzer in Domäne A authentifiziert ist.

An dieser Stelle setzt die *Security Assertions Markup Language (SAML)* an. Kurz gesagt definiert SAML die Syntax und Semantik XML-basierter Zusicherungen über Authentizität und Autorisierung sowie ein Protokoll, das den Transport solcher Beschreibungen zwischen Protokollinstanzen erlaubt. Festgelegt ist dies in einem OASIS-Standard, der am 5. November 2002 verabschiedet wurde. Wie im W3C gibt es auch bei OASIS entsprechende Arbeitsgruppen, und SAML wurde von der Sicherheitsarbeitsgruppe erarbeitet.

In SAML gibt es als zentrale Komponente die so genannten *SAML Authorities*. Dies sind diejenigen Instanzen, die bzgl. eines Subjekts (Benutzer, Programm) gewisse Aussagen machen können über deren Authentizität, die damit verbundenen Rechte und weitere Attribute, die einem solchen Subjekt zugeordnet werden können. SAML Authorities können von Clients abgefragt werden, wobei ein Client auch selbst wieder eine SAML Authority sein kann. Eine solche Abfrage hat das Ziel, sicherheitsrelevante Informationen über ein Subjekt zu bekommen, ohne dieses erneut befragen zu müssen.

Um dies zu erreichen spezifiziert der SAML-Standard XML-Datenstrukturen, mit denen sich Authentifizierungs-, Autorisierungs- und Attributinformationen ausdrücken lassen. Zum Beispiel kann man ein Subjekt wie folgt identifizieren (wir verwenden wie der Standard `saml` als Präfix für den SAML-Namensraum und `samlp` für den Namensraum des SAML-Protokolls):

```
<saml:Subject>
    <saml:NameIdentifier SecurityDomain="ws-Reisen.de" Name="kneumann" />
</saml:Subject>
```

Ferner werden die entsprechenden Protokollnachrichten spezifiziert, mit denen ein SAML Client eine Authority abfragen kann. Es wird unterschieden zwischen Request- und Response-Nachrichten, zwischen denen ein Bezug hergestellt wird, so dass es sich um ein Request-Response-Protokoll handelt. Außerdem wird eine Bindung an SOAP über HTTP definiert.

Die Struktur der Request-Nachrichten ähnelt derjenigen von XKMS: Man kann mittels Query-Elementen beschreiben, über welches Subjekt man gerne was in Erfahrung bringen möchte, und mittels eines RespondWith-Elements kann angegeben werden, wie die Antwort aussehen sollte. Die Query kann dabei unterschieden werden nach den unterschiedlichen Zwecken, die man als Client verfolgt. Schauen wir uns wiederum ein kleines Beispiel an. Angenommen, Karl Neumann möchte sich nun ebenfalls bei Web Air einloggen (warum auch immer er dort einen Account besitzt). Dann wird Web Air bei der SAML Authority von WS-Reisen wie folgt nachfragen, ob denn der Herr Neumann dort bereits authentisiert ist:

```
<samlp:Request MajorVersion="1" MinorVersion="0"
                    RequestID="134.148.96.145.5327543">
    <samlp:AuthenticationQuery>
        <saml:Subject>
            <saml:NameIdentifier SecurityDomain="ws-Reisen.de"
                                            Name="kneumann" />
        </saml:Subject>
    </samlp:AuthenticationQuery>
</samlp:Request>
```

13.7 Security Assertions Markup Language (SAML)

Hier wird also eine Authentication Query an WS-Reisen geschickt. Angenommen, Herr Neumann hat sich dort bereits vor kurzer Zeit mittels eines Passworts authentisiert, dann könnte die SAML Authority von WS-Reisen folgende Antwort schicken:

```
<samlp:Response MajorVersion="1" MinorVersion="0"
        RequestID="139.46.135.185.57665898673"
        InResponseTo="134.148.96.145.5327543"
        StatusCode="Success">
    <saml:Assertion MajorVersion="1" MinorVersion="0"
        AssertionID="134.148.96.145.5327543"
        Issuer="WS-Reisen"
        IssueInstant="2003-07-22T08:15:47Z">
```

WS-Reisen zeigt zunächst an, dass die Anfrage erfolgreich beantwortet werden konnte. Ganz wichtig ist auch die Angabe, wann die Zusicherung ausgestellt wurde. Es folgt eine weitere zeitliche Bedingung über die Gültigkeit der Aussage sowie die eigentliche Aussage:

```
        <saml:Conditions  NotBefore="2003-07-22T08:16:00Z"
                          NotAfter="2003-07-22T08:31:00Z"/>
        <saml:AuthenticationStatement
            AuthenticationMethod="Password"
            AuthenticationInstant="2003-07-22T08:15:43Z">
            <saml:Subject>
                <saml:NameIdentifier SecurityDomain="ws-Reisen.de"
                                     Name="kneumann" />
            </saml:Subject>
        </saml:AuthenticationStatement>
    <saml:Assertion>
<samlp:Response>
```

Die Authentifikation ist also 15 Minuten gültig und erst kurz nach dem Absenden der Nachricht.

Nicht zuletzt hängt SAML auch wieder mit anderen XML-Sicherheitsstandards zusammen. So wird beispielsweise XML Signature eingesetzt, um Zusicherungen zu signieren, so dass ein Client auch sicher sein kann, eine authentische Aussage zu bekommen. Auf der anderen Seite kann XKMS als ein Algorithmus/Protokoll eingesetzt werden, mit dem Authentizitätsinformation überhaupt erzeugt werden kann. Allerdings definiert SAML nur Identifikatoren für diese Algorithmen, alles weitere liegt außerhalb der SAML-Spezifikation.

Die wichtigste Lösung, die SAML zur Verfügung stellen will, ist ein so genanntes *Single-Sign-On* (SSO). Ein Benutzer soll sich nur ein einziges Mal authentifizieren und kann dann anschließend in allen Domänen arbeiten, die sich über SAML bzgl. authentifizierter Subjekte miteinander verständigen. Selbstverständlich erhält ein Benutzer nur dann entsprechende Rechte, wenn er in der fraglichen Domäne bekannt ist. Es genügt also beispielsweise nicht, sich einen Account bei Amazon zu besorgen, um dann gleichzeitig bei Lufthansa etc. ebenfalls Accounts zu haben. Es wird aber möglich sein, sich eine weltweit eindeutige Identität zu schaffen und sich mit dieser bei den verschiedenen Dienstleistern anzumelden. Danach können dann die zugehörigen SAML Authorities Informationen austauschen, wenn ein Subjekt von einer Sicherheitsdomäne in eine andere wechselt.

13.8 Extended Access Control Markup Language (XACML)

Wir wollen uns nun noch einen letzten Einzelstandard aus der XML-Sicherheitswelt zu Gemüte führen. Mit XACML kann der Betreiber eines Informationssystems Sicherheitsstrategien beschreiben. XACML ist damit eine typische Zugriffssteuerungssprache, wobei die Sprachelemente eine sehr flexible Definition von zu überwachenden Elementen zulassen, von sehr grober Granularität (z.B. ganze Dokumente) bis hinunter auf die ganz detaillierte Ebene (XML-Elemente).

Traditionelle Access Control Languages, wie sie z.B. auf Firewalls eingesetzt werden, formulieren Zugriffsregeln üblicherweise in der Form, dass sie für ein bestimmtes Subjekt eine Aktion definieren, die dieses auf einem bestimmten Objekt ausführen darf. Aktionen umfassen üblicherweise Schreib- und Lesezugriff sowie das Erzeugen und Löschen von Ressourcen. XACML stellt diese Möglichkeiten ebenfalls zur Verfügung, definiert aber noch eine vierte Komponente, über die weitere Bedingungen angegeben werden können, unter denen eine Autorisierung stattfinden würde. Ein Beispiel: Einem Benutzer wird mitgeteilt, dass er eine bestimmte Ressource nutzen darf, falls er in einer weiteren Anfrage seine digitale Signatur mitteilt.

Wir wollen es bei diesem kurzen Überblick bewenden lassen und uns nun von den Details einem eher übergreifenden Ansatz zuwenden.

13.9 Ein übergreifender Ansatz: WS-Security

Wir sind überzeugt: Auch Sie sind von der Vielfalt des Angebots erschlagen. Zwar werden mit diesen vielen verschiedenen Standards zahllose Sicherheitsprobleme beim Versenden, Empfangen und Interpretieren von XML-Nachrichten gelöst, aber kann man denn als ein Dienstnutzer oder Diensterbringer dies alles berücksichtigen? Und wenn nicht, ist man dann schon nicht mehr standardkonform?

Dieses Problem erkannten auch die großen Antreiber der Web-Service-Technologie und die Standardisierungsgremien. Seit einiger Zeit gibt es eine Initiative namens WS-Security, die aus den verschiedenen Standards die wichtigsten und besten Teile herausnimmt und eine klar eingegrenzte Definition eines sicheren Web Services zur Verfügung stellt. WS-Security konzentriert sich komplett auf die SOAP-Nachrichtenübertragung (alle bisherigen Standards sind ganz allgemein für XML gemacht) und integriert im Wesentlichen nur XML Encryption und XML Signature. WS-Security wird vor allem von IBM, Microsoft und Verisign vorangetrieben, während andere sich eher zögernd bis ablehnend verhalten. Sun Microsystems beispielsweise, ebenfalls natürlich einer der großen Spieler auf dem Web-Services-Markt kann der Initiative nicht viel abgewinnen. Offiziell möchte man die anderen Protokolle und Sprachen nicht unter den Tisch fallen lassen und unterstützt deren weiteren Einsatz, inoffiziell ist man sicher auch ein kleines bisschen sauer, selbst nicht auf so eine Idee gekommen zu sein.

In WS-Security geht man von einer SOAP-Nachricht bestehend aus Envelope, Header und Body aus und integriert in diese die verschiedenen, schon bei XML Encryption und XML Signature diskutierten Sicherheitselemente, wobei bei WS-Security zumindest auf der oberen Ebene leicht andere Tags verwendet werden. Es gibt also nicht wirklich Überraschendes mehr zu zeigen, so dass wir uns weiteren ausführlichen Quelltext ersparen können. Es genügt sicherlich der Hinweis, dass eine Sicherheitskomponente durch das `<Security>`-Element ausgedrückt wird, in dem sich dann weitere schon aus XML Encryption und XML Signature bekannte Elemente finden.

WS-Security ist inzwischen schon zu einer Art Rahmenwerk geworden, in dem noch einige weitere XML- bzw. Web-Service-Sicherheitstechnologien zusammengefasst sind. Dazu gehören beispielsweise die nicht weiter erläuterten *WS-Trust*, *WS-Policy* oder *WS-SecurityPolicy*. All dies sind Standards, die vor allem von Microsoft, IBM und Verisign vorangetrieben werden – ein wenig mehr dazu im nächsten Abschnitt.

Allgemein wird WS-Security eine recht große Chance eingeräumt, sich als Sicherheitsstandard für Web Services durchzusetzen. Entscheidend wird sicherlich die Verfügbarkeit von Werkzeugen sein, denn die Erfahrung lehrt, dass eine Technologie nur dann intensiv genutzt wird, wenn diese Nutzung leicht fällt. Und damit sind wir dann auch schon beim Werkzeugabschnitt gelandet.

13.10 Werkzeuge und Bibliotheken

Es gibt inzwischen eine ganze Reihe von Werkzeugen für die Unterstützung der diversen Sicherheitsstandards, die wir in diesem Kapitel kennen gelernt haben. Allein daran lässt sich die weiterhin wachsende Bedeutung des Themas Web Services ablesen und natürlich auch das steigende Interesse an wirklich sicheren Lösungen.

Wir können und wollen in diesem Kapitel nicht auf alle verfügbaren Lösungen eingehen, aber doch zumindest einen kurzen Überblick über die wichtigsten Softwarepakete geben.

Geht es um grundlegende Dienste, wie sie von XML Encryption und XML Signature bereitgestellt werden, dann ist sicherlich mit an erster Stelle die XML Security Suite von IBM zu nennen. Die Software selbst sowie eine Menge weiterer Ressourcen findet sich auf der Seite http://www.alphaworks.ibm.com/tech/xmlsecuritysuite. Die Security Suite besteht aus einer Sammlung von Java-Klassen, die dem Programmierer mittels einer JAR-Datei verfügbar gemacht werden. Neben den Dienstklassen zur tatsächlichen Implementierung von Verschlüsselungs- und Signaturalgorithmen hat IBM auch einige Werkzeuge zur Verfügung gestellt, mit denen beispielsweise eine Infrastruktur für Schlüsseldaten (sozusagen eine Art Certificate Authority) aufgebaut werden kann. Mit diesen Werkzeugen ist es keine größere Schwierigkeit, implementierte Programme zu testen. Weitere Dienstprogramme erlauben es, ein XML-Dokument mit einem anzugebenden Schlüssel zu verschlüsseln, wobei mittels regulärer Ausdrücke alle Elemente angegeben werden können, die tatsächlich verschlüsselt zu übertragen sind. Damit kann sehr flexibel auf Programmebene entschieden werden, wie die Verschlüsselung zu erfolgen hat. Daneben unterstützt die XML Security Suite auch den XACML-Standard.

Ein anderer bekannter Anbieter von Sicherheitssoftware für XML ist die Firma Phaos (http://www.phaos.com). Dort gibt es beispielsweise das *Project Liberty*, das sich speziell mit einer Implementierung von SAML befasst. Die entsprechende Software, die vor allem die Implementierung von Single-Sign-On in Java realisiert, wird als Phaos Liberty SDK vertrieben. Aber auch die Basissoftware für XML Encryption und XML Signature wird von Phaos angeboten, einschließlich einer *X.509 Certification Engine*.

Wenn es um Sicherheit in Netzen und verteilten Systemen geht, muss auch die Firma Verisign (http://www.verisign.com) genannt werden. Verisign ist schon seit Jahren auf dem Gebiet der Zertifikate und digitalen Unterschriften im Geschäft. So wird beispielsweise bei Verisign schon lange eine *Certificate Authority* bereitgestellt. Bezüglich XML laufen auch schon seit längerer Zeit Aktivitäten, die man im so genannten *XML Trustcenter* (http://www.xmtrustcenter.org) zusammengestellt hat. Den Kern der Produkte bildet das *Trust Services Integration Kit (TSIK)*. Dieses Werkzeug bietet Java-Unterstützung für XML Encryption, XML Signature und XKMS sowie eine Reihe fertiger Service Interfaces für den Zugriff auf Sicherheitsdienste wie etwa die Online-Prüfung von X.509-Zertifikaten.

Schließlich wollen wir noch die Web Services Enhancements (WSE) nennen, die von Microsoft entwickelt werden und in der Version 2.0 vorliegen. Auch in diesem Werkzeugkasten werden die Basisdinge wie XML Signature und XML Encryption unterstützt, daneben aber vor allem die unter dem WS-Security-Dach zusammengefassten Technologien.

13.11 SOAP-Proxies

Normale Paketfilter sind nach den Ausführungen aus Abschnitt 13.2.5 nicht geeignet, um eine Zugriffsteuerung für Web-Service-Anfragen von außerhalb in ein internes Netzwerk zu kontrollieren. Eine erste Möglichkeit, die Situation auf relativ feingranularer Ebene zu lösen, besteht in der Verwendung von XACML, allerdings geht es hier im Wesentlichen darum, authentifizierten Benutzern bestimmte Rechte zuzuweisen, was die Nutzung von XML-Dokumenten angeht. Eine Erkennung von bösartigem Inhalt und nicht schema-konformen Elementen ist dort nicht möglich.

Zur Überprüfung des Inhalts eines Web-Service-Aufrufs werden deshalb höherwertige Firewalls auf der Application-Gateway-Ebene verwendet. Das Protokoll, das diese Gateways verstehen, ist SOAP und man kann im Prinzip solche Gateways, die auch als SOAP-Proxies bezeichnet werden, so weit aufrüsten, dass sie die Syntax und Semantik aller Web Services kennen, die im internen Netz angeboten werden. Solch einen SOAP Proxy würde man dann in Reihe zum Paketfilter schalten, so dass die Architektur wie in Abbildung 13.6 dargestellt aussieht.

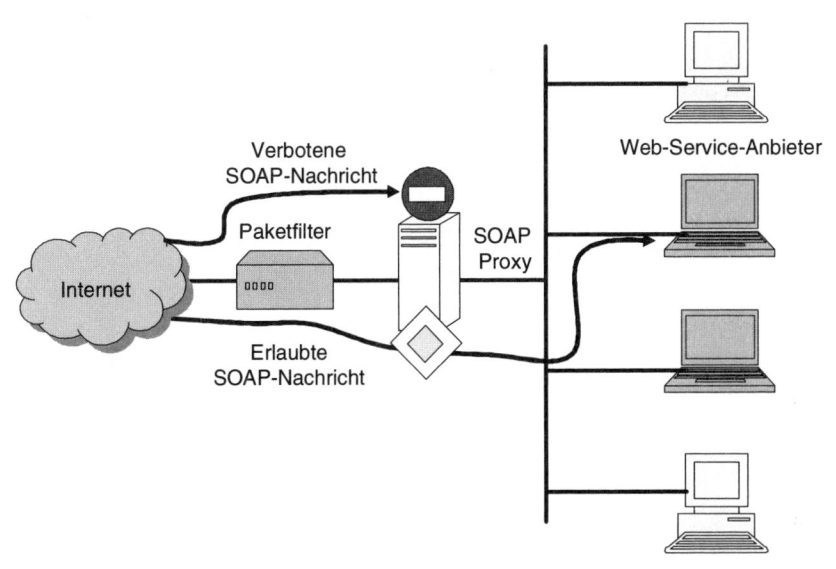

Abbildung 13.6: Architektur eines Systems mit SOAP-Proxy

Man kann sich vorstellen, dass ein solcher SOAP Proxy einiges an Rechenzeit verbraucht, insbesondere wenn die Daten bis zur Anwendungsebene gelesen und interpretiert werden müssen. Tatsächlich ist man gut beraten, wenn man einen möglichst starken Rechner einsetzt, um eine SOAP Proxy zu realisieren.

Aber der Aufwand kann sich durchaus lohnen. Man erhält eine zentrale Kontrollinstanz für alle Web Services im Netz, so dass die eigentlichen Dienstanbieter-Rechner von Überprüfungen entlastet werden können. Daneben wird es auch dem Sicherheitsverantwortlichen deutlich erleichtert, eine einheitliche Sicherheitspolitik zu formulieren und vor allem auch umzusetzen.

13.12 Übungsaufgaben

1. Installieren Sie die XML Security Suite von IBM und probieren Sie die verschiedenen Beispiele aus!

2. Versuchen Sie nun, Ihre eigenen Schlüssel zu generieren und eigene XML-Dokumente zu verschlüsseln.

3. Machen Sie sich die Unterschiede zwischen symmetrischen und asymmetrischen Verschlüsselungsverfahren klar. Welche sind wofür geeignet? Welchen Vorteil bieten hybride Verfahren?

4. Kann man symmetrische Verschlüsselungsverfahren verwenden, um digitale Signaturen zu erzeugen? Warum bzw. warum nicht?

5. In welche Kategorie von Firewall-Komponente lässt sich ein SOAP-Proxy einordnen?

Kapitel 14

Die Beispielanwendung mit Einbindung von EJBs

Enterprise Java Beans ist eine weitere Spezifikation von Sun. EJB bezieht sich auf Applikations-Server und definiert einerseits, wie Komponenten von Entwicklern geschrieben werden müssen und andererseits, wie eine EJB Implementierung funktionieren muss. Inzwischen gibt es eine Reihe von Anbietern, die sich auf diesem Gebiet tummeln. Angefangen von Sun selbst, die einen Applikations-Server mit ihrer SunONE Suite anbieten, über Oracle (Oracle 9i), Bea (WebLogic) bis hin zu IBM (WebSphere) sind die üblichen Verdächtigen in diesem Marktsegment tätig. JBoss ist hierbei eine Ausnahme, denn JBoss ist ein Open-Source-System. Obwohl Applikations-Server sehr komplexe Software sind und man deswegen nicht unbedingt eine Open-Source-Lösung erwarten würde, hat sich JBoss inzwischen zu einem sehr erfolgreichen Projekt gemausert. Geld verdient man durch den Verkauf von JBoss-Literatur und Consulting. JBoss entspricht derzeit wohl noch nicht voll den EJB-Vorgaben, laut der Web-Site (`www.jboss.org`) ist man aber auf gutem Weg dorthin. Dieses Kapitel stellt nun dar, wie die Applikationslogik von Web Air in der EJB-Plattform aussieht und welche Einstellungen für das Deployment im Hinblick auf das Zusammenspiel mit Web Services wichtig sind.

14.1 JBoss Applikations-Server

JBoss ist eine sehr beliebte Open-Source-EJB-Plattform (`http://www.jboss.org`). Laut Webseite wurde die Software bereits mehrere Millionen mal heruntergeladen. Die JBoss-Entwicklergruppe ist auch sehr aktiv. So wurde beispielsweise das für Applikations-Server sehr interessante aspektorientierte Programmiermodell in JBoss integriert. JBoss enthält neben der EJB-Funktionalität auch eine einfache JDBC-Datenbank, eine JMS Message Queue und den Web-Server Tomcat. Es sind also alle benötigten Komponenten im Paket enthalten.

14.1.1 Installation und Hello World!

Wir arbeiten mit der JBoss-Version 3.0.7 mit Tomcat (`jboss-3.0.7_jakarta-tomcat-4.1.24.zip`). Obwohl JBoss alle nötigen Server-Komponenten enthält, sind noch einige weitere Werkzeuge nötig, bis das berühmte „Hello World!"-Programm als Java Bean funktioniert, und zwar folgende:

- JBoss.3.0 Template and Examples
  Dieser Download umfasst ein gut dokumentiertes Beispielprojekt, das für die eigenen Zwecke angepasst werden kann.
- Ant
  Ant ist ein Java basiertes Werkzeug, mit dem die verschiedenen Schritte des Entwicklungsprozesses automatisiert werden können. Die JBosss-Werkzeuge basieren komplett auf Ant.
- xdoclet-1.1.2
  XDoclet erlaubt es, die gewohnten JavaDoc-Kommentare mit eigenen anzureichern. Diese werden dann von XDoclet gelesen und entsprechend weiterverarbeitet. JBoss verwendet diese Technologie, um die im JavaDoc-Stil angegebene Deploymentinformation automatisch zu verarbeiten.

An dieser Stelle müssen wir Sie warnen: Es empfiehlt sich sehr, genau auf die verwendeten Versionsnummern zu achten. JBoss macht hier manchmal einen recht wackligen Eindruck und somit kann selbst das „Hello World!"-Beispiel für JBoss-Anfänger zum Abenteuer werden. Nun müssen Sie die folgenden Schritte durchlaufen:

1. Starten Sie JBoss
   Dieser Schritt ist ohne weitere Konfiguration machbar. Entpacken Sie JBoss in ein Verzeichnis. Der Applikations-Server kann einfach mit Hilfe einen Skriptes gestartet werden:
   ```
   cd JBossInstall\bin
   run
   ```
   In der Konsole werden nun einige Seiten an Statusinformationen ausgedruckt.
2. Zum Testen der Installation richten Sie Ihren Browser auf die in Abbildung 14.1 gezeigte Administrationskonsole unter `http://localhost:8080/jmx-console`.
3. Entpacken Sie nun die anderen drei Komponenten und fügen Sie das Ant-Werkzeug zur Pfad-Umgebungsvariable hinzu:
   `set PATH=c:\ant\bin;%PATH%`
4. Benennen Sie nun `.ant.properties.example` in `.ant.properties` um:
   ```
   cd JBoss.3.0TemplateAndExamples\template
   rename .ant.properties.example .ant.properties
   ```
5. Öffnen Sie diese Datei im Editor und passen Sie die Pfade für `jboss.home`, `xdoclet.home` und `servlet-lib` an. `Servlet-lib` muss auf das Java-Archiv `servlet.jar` zeigen, in dem die Klassen des Pakets `javax.servlet` zu finden sind.
6. Nun kann das „Hello World!"-Beispiel mit ant erzeugt werden:
   ```
   cd JBoss.3.0TemplateAndExamples\template
   ant
   ```

14.1 JBoss Applikations-Server

Ant führt nun alle benötigten Schritte von der Kompilation bis zum Deployment aus. Dabei werden die Einstellungen der vorher editierten Datei `.ant.properties` gelesen.

7. Zum Testen richten Sie Ihren Browser auf `http://localhost:8080/web-client/index.jsp`. Sie sollten nun die in Abbildung 14.1 rechts gezeigte Ansicht sehen.

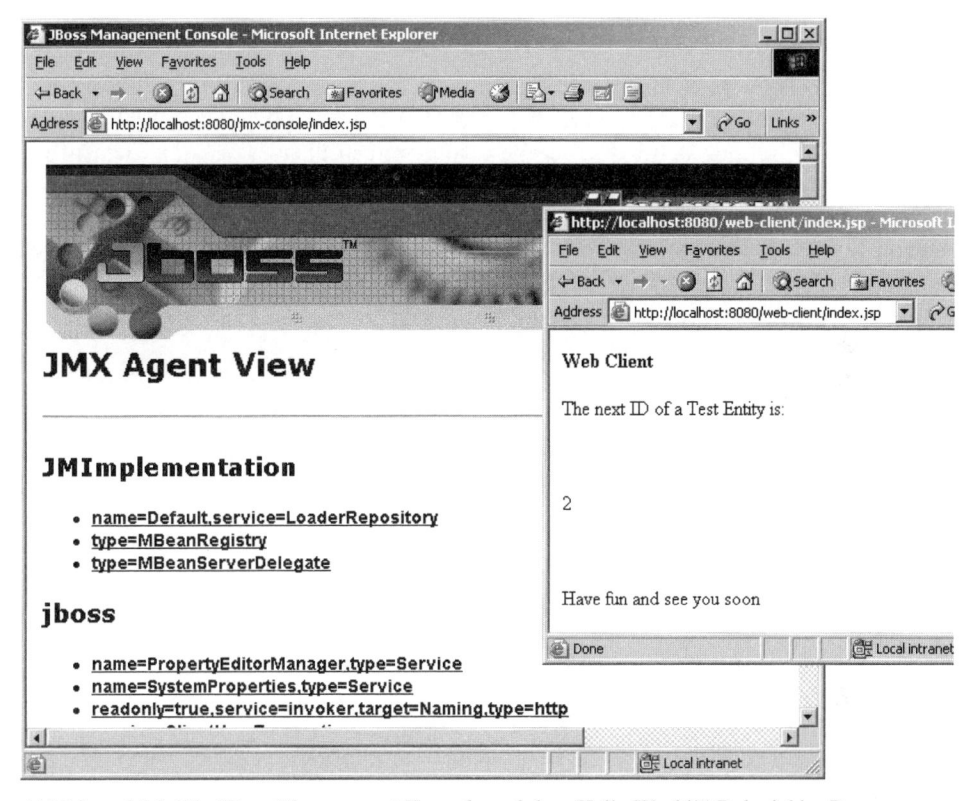

Abbildung 14.1: Die JBoss Management Konsole und das „Hello World!"-Beispiel im Browser

14.1.2 Was ist hier nun passert?

Wir geben nur „ant" ein und wie von Geisterhand erledigt sich alles fast von selbst. Was ist in diesem entscheidenden Schritt passiert? Ant basiert auf den angegebenen Properties, aber vornehmlich auf der Datei `build.xml`. Darin ist der Ablauf von der Kompilation über die Auswertung der Deploymentinformation und das Zusammenpacken des Projekts in Jar- und War-Archive bis hin zum Kopieren der Archive samt XML-Deploymentinformation in das JBoss Verzeichnis abgebildet. Eine genaue Analyse würde den Rahmen des Buchs auf alle Fälle sprengen. Sehen wir uns den Teil an, in dem das Java-Archiv entsteht:

```
<target name="jar" depends="compile">
    <mkdir dir="${build.deploy.dir}"/>
```

```
<mkdir dir="${build.client.dir}"/>
<mkdir dir="${build.bin.dir}"/>
<jar jarfile="${build.deploy.dir}/ejb-test.jar">
   <fileset
      dir="${build.classes.dir}"
      includes="test/entity/**,test/session/**,
               test/message/**,test/interfaces/**"
   >
   </fileset>
```

Ein Target entspricht hier einem Arbeitsschritt im Deploymentprozess. Der Schritt, ein Java-Archiv zu erzeugen, setzt natürlich voraus, dass die Kompilation abgeschlossen ist. Dies wird im `depends`-Attribut angegeben. Nun werden über das `mkdir`-Element die benötigten Verzeichnisse angelegt und über das `jar`-Element das `Jar`-Werkzeug des JDK aktiviert. Diese Elemente stammen teilweise aus einer standardisierten Bibliothek. Es ist aber auch möglich, eigene Tasks selbst zu schreiben. Die Unterelemente von `jar` geben an, welche Dateien ins Archiv wandern sollen. Dies sind alle Interfaces, Session Beans, Entity Beans und Message Driven Beans der EJB-Applikation.

14.1.3 Woher kommt die Deployment-Information?

Der oben beschriebene Ant-Schritt ist relativ einfach. Es stellt sich aber die Frage, wann die Information über die zu verwendenden Sicherheits- oder Transaktionseinstellungen eingegeben wird. Im Gegensatz zur in Abbildung 12.2 gezeigten Lösung von Sun werden diese Daten bei JBoss direkt im Quellcode untergebracht. Folgendes Beispiel zeigt, wie dies aussieht:

```
package test.session;

/**
 * @ejb:bean name="test/TestSession"
 *           display-name="Bug TestSession Bean"
 *           type="Stateful"
 *           transaction-type="Container"
 *           jndi-name="ejb/test/TestSession"
 *
 * @ejb:ejb-ref ejb-name="test/TestEntity"
 **/
public class TestSessionBean implements SessionBean
{
   /**
    * @ejb:interface-method view-type="remote"
    **/
   public int getNewEntityId() throws RemoteException
   {
      ...
```

Die JavaDoc-Kommentare wie `@ejb:ejb-ref` geben die nötige Information an. Es wird spezifiziert, unter welchem JNDI-Namen die Komponente registriert wird, dass der Container die Transaktionen verwalten soll, dass die Klasse einen Zustand hat, also eine Session verwaltet werden soll, und dass die Methode `getNewEntityId` vom Client aufrufbar sein soll. Mit diesen Angaben werden vom Ant-Skript einige Dinge bewerkstelligt. Zum einen fließt die Information in den XML-Deployment-Deskriptor. Weiter werden die benötigten Home und Remote Interfaces automatisch generiert, was wirklich sehr hilfreich ist, da dies sonst sehr stupide Arbeiten sind.

Wirft man, nachdem das Ant-Skript gelaufen ist, einen Blick in das Verzeichnis `JBoss.3.0TemplateAndExamples\template\build`, so kann man dort alle generierten Java-Klassen und Interfaces sowie die Deploymentinformation sehen. Auch der letzte Schritt, das eigentliche Deployment, manifestiert sich, indem die Dateien in das Verzeichnis `JBoss_Home\server\default\deploy` kopiert wurden. Damit ist sofort die neue Version der Software im Applikations-Server verfügbar.

14.2 Aufruf der EJB-Komponenten vom Web-Service-Container

Für die Web-Service-Infrastruktur ist es entscheidend, wie ein EJB-Client auszusehen hat. Schließlich deutet die in Abbildung 12.1 gezeigte Architektur an, dass die Web Services den Aufruf mehr oder weniger nur weiterleiten, selbst also keine Logik beinhalten.

Das oben gezeigte Beispiel wird von einer Java Server Page aus aufgerufen. Sehen wir uns zunächst diesen Code an.

```
<%@ page import="javax.naming.*, test.interfaces.*"%>
<html>
...
<%
   Context lContext = new InitialContext();
   TestSessionHome lHome = (TestSessionHome) lContext.lookup(
      "java:comp/env/ejb/webtest/TestSession"
   );
   TestSession lSession = lHome.create();
   out.println( "" + lSession.getNewEntityId() );
%>
...
</html>
```

Zunächst werden in der ersten JSP-Zeile die benötigten Pakete importiert. Die JNDI-Klassen sind wichtig, da die Referenz zum EJB-Service über JNDI geholt wird. Hierbei finden wir auch das Namensfragment `ejb/webtest/TestSession` wieder, das ja schon als JavaDoc-Kommentar verwendet wurde. Aufgrund dieser Namensgebung finden sich hier JSP-Client und EJB über die von JBoss bereitgestellte JNDI-Infrastruktur. Der Aufruf erfolgt schließlich über RMI. Dies ist aber für den Entwickler komplett transparent, da `Session.getNewEntityId()` wie ein lokaler Methodenaufruf aussieht.

14.2.1 Voraussetzungen

Was sind nun die sonstigen Voraussetzungen, um ein EJB aus Tomcat von einem JSP oder einem Web Service heraus zu aktivieren? Zum einen müssen die JNDI-Parameter gesetzt sein. Diese geben an, wo sich der JNDI-Service befindet und welche JNDI-Client-Klassen zur Kommunikation mit JNDI verwendet werden sollen:

```
java.naming.factory.initial=org.jnp.interfaces.NamingContextFactory
java.naming.factory.url.pkgs=org.jboss.naming:org.jnp.interfaces
java.naming.provider.url=localhost
```

Der Mechanismus funktioniert genau wie bei den SAX- und DOM-Factory-Klassen von JAXP. Die obigen Zeilen können entweder in einer Datei `jndi.properties` im Arbeitsverzeichnis liegen, oder per Java-Umgebungsvariable mit `java -Djava.naming.factory.initial=...` spezifiziert werden.

Weiterhin müssen natürlich die JNDI-Client-Klassen im `CLASSPATH` bereitgestellt werden. Die entsprechenden Java-Archive sind im `lib`-Verzeichnis von JBoss zu finden. Sind diese nicht vorhanden, wird eine `ClassNotFoundException` geworfen. Zuletzt werden die RMI-Client-Klassen wie `TestSessionHome` gebraucht, die ja auch vom JSP explizit importiert werden. Die RMI-Klassen für Clients werden vom Ant-Skript auch bereits fertig in die Datei `client-test.jar` abgepackt.

14.2.2 JBoss.Net

Natürlich wird im Rahmen des JBoss-Projekts bereits über die Integration von Web Services nachgedacht. Das JBoss.Net-Paket kanalisiert Bestrebungen in diese Richtung. JBoss .Net ist letztlich die Kombination von Axis und JBoss. Es basiert auch wieder auf dem Konzept, mittels JavaDoc-Kommentaren wichtige Information für die später automatisch ablaufenden Prozesse bereitzustellen. So ist es beispielsweise möglich, einem Stateless Session Bean die Web Service Information zuzuordnen:

```
...
 * @jboss-net:web-service urn="Hello"
 */
public class MyBean implements javax.ejb.SessionBean
{
   /**
    * @jboss-net:web-method
    * @ejb:interface-method view-type="remote"
    */
   public String method(...)
   {
      ...
   }
}
```

Die Tags geben hierbei an, welche Methode per SOAP ansprechbar sein soll und unter welcher URI der Service angesprochen wird. Neben diesen XDoclet-basierten Werkzeugen ist noch die Unterstützung für UDDI und JNDI eingebaut.

Beachten Sie hierbei, dass dieser Mechanismus derzeit nur mit Stateless Session Beans und Factory-Klassen funktioniert. Darin manifestiert sich die prozedurale Natur von Web Services, die mit einer mitgelieferten Objekt-ID umgangen werden müsste. Bekommt man vom Server eine Objektreferenz geliefert, müsste diese für den Web-Service-Client in die Objekt-ID gewandelt werden, welche bei Aufrufen an das Objekt mitgegeben werden muss. Dies ist letztlich genau der Session-Mechanismus, der über HTTP-Cookies oder SOAP-Header die IDs überträgt und auf der Server-Seite ein entsprechendes Session-Objekt bereitstellt.

Da JBoss .Net derzeit noch nicht im Release-Status ist, verzichten wir an dieser Stelle darauf, dieses Werkzeug zu verwenden.

14.3 Implementierung

Nun wollen wir die wichtigsten Punkte der Implementierung herausheben, ohne den Code in voller Länge darzustellen. Wir gehen vom Client her vor.

14.3.1 SSL und Basic Authentication im .Net-Client

Um die Kommunikation sicher zu gestalten, sollen die Anfragen auf jeden Fall per SSL verschlüsselt sein. Dies ist weiter kein Problem. Man gibt einfach im Client die URL mit HTTPS an. Dies funktioniert sowohl bei .Net als auch bei Axis. Voraussetzung ist allerdings, dass das Zertifikat in Ordnung ist. Unser von keiner Zertifizierungsbehörde abgeleitetes Zertifikat führt hierbei zu Laufzeitfehlern.

Bleibt zu klären, wie HTTP Basic Authentication auf der Client-Seite aktiviert wird. Sehen wir uns zunächst die .Net-Variante an. Man instanziiert ein Service-Objekt. Auf diesem gibt man nun mit der `PreAuthenticate`-Methode an, dass die Authentifikation mitgeschickt werden soll. Das `NetworkCredential`-Objekt beinhaltet Benutzername und Passwort, welches man natürlich vom Server bei der Registrierung erhalten haben muss. Schließlich kann über den `CredentialCache` die URL des Services mit Username und Passwort und HTTP Basic Authentication assoziiert werden.

```
MyWebService ser = new MyWebService();
ser.PreAuthenticate = true;
NetworkCredential login = new NetworkCredential("user", "pass");
CredentialCache cache = new CredentialCache();
cache.Add(new Uri(ser.Url), "Basic", login);
ser.Credentials = cache;
```

Dies ist leider bei Axis noch nicht so elegant. Hier muss man im generierten Code für die mit Basic Authentication aufzurufende Methode folgende beiden Zeilen einfügen. Hier muss man vorsichtig sein, denn wird das wsdl2java-Werkzeug nochmals aktiviert, sind die Änderungen nochmals fällig. Hier wird jedoch sicherlich bald Abhilfe geschaffen.

```
org.apache.axis.client.Call _call = createCall();
_call.setUsername("user");
_call.setPassword("pass");
```

14.3.2 SSL und Basic Authentication im Axis-Server

Auf der Client-Seite waren die Knackpunkte ja bislang relativ harmlos zu erledigen. Auch auf der Server-Seite ist dies nicht viel anders. Wir haben ja bereits im Kapitel über die Transportwerkzeuge gezeigt, wie SSL im Tomcat und im IIS konfiguriert wird. Da SSL für alle Web-Applikationen komplett transparent gehandhabt wird, können somit auch sofort alle Web Services per SSL aktiviert werden. Hier ist allerdings nochmals Vorsicht geboten, denn die selbst erzeugten `keytool`-Zertifikate reichen hierbei nicht mehr aus, denn sie führen zu einer `SecurityExcpetion` in der Laufzeitumgebung.

Wie bei SSL ist auch für Basic Authentication lediglich eine Änderung in der Datei `web.xml` unter `webapps/axis/WEB-INF` nötig. Bei Tomcat führt der folgende Eintrag in dieser Datei dazu, dass der komplette Axis-Bereich passwortgeschützt ist:

```
<security-constraint>

   <web-resource-collection>
      <web-resource-name>All</web-resource-name>
      <url-pattern>*</url-pattern>
      <http-method>GET</http-method>
      <http-method>POST</http-method>
   </web-resource-collection>

   <auth-constraint>
      <role-name>tomcat</role-name>
   </auth-constraint>

</security-constraint>

<login-config>
   <auth-method>BASIC</auth-method>
</login-config>
```

Wir beschränken uns bei der Userdatenbank weiterhin auf die in der XML-Konfigurationsdatei des Tomcat angelegten Benutzer. Jeder Teilnehmer würde sich dann mit einem gemeinsam genutzten Benutzernamen und Passwort anmelden. Dieses wäre nur Teilnehmern der B2B-Infrastruktur bekannt. Wie bereits im Einführungskapitel der Beispielanwendung angedeutet, ist es dann erforderlich, die wirkliche Benutzerkennung und das Passwort explizit zu übergeben. Dies hängt auch von der Wahl der RMI-Middleware ab, insbesondere, ob diese die Benutzerinformation implizit über JAAS weitergeben kann oder nicht.

Die beste Lösung wäre wohl, eine JDBC-Benutzerdatenbank (JDBC Realm) für Tomcat anzulegen, die die Information aus der auch vom Applikations-Server genutzten Datenbanktabelle liest. Damit sind die Benutzer aller Systeme nur an einem Ort gespeichert.

14.3.3 Sessions: Web Services - EJB Schnittstelle

Bisher sind die Authentifizierung der Clients sowie die SSL-Verschlüsselung besprochen worden. Beachten Sie, dass die serverseitigen Einstellungen für die B2C-Web-Seite ähnlich sind. Auch dort gelten dieselben Prinzipien, nur mit dem Unterschied, dass der User seine ID und Passwort selbst eingibt und dies nicht in einem Stub geschieht.

Sehen wir uns nun an, wie es von hier aus weitergeht. Die eigentliche Logik steckt in den folgenden EJBs:

- `FlugSuche.java`
  Diese Klasse ist ein Session Bean und stellt alle im B2B-Standard bereitgestellten Methoden zur Verfügung.

- `Reservierung.java`
  `Buchung.java`
  `Kunde.java`
  Die sind Entity Beans, welche die Datenbanktabellen zur persistenten Speicherung der Reservierungen, Kunden und Buchungen kapseln.

Wieso ist nun `FlugSuche` als Session Bean modelliert? Dies ist relativ einfach zu sehen, wenn man bedenkt, was passiert, wenn ein Kunde eine Verbindung reservieren will. Dabei wird lediglich die Verbindungs-ID übergeben, nicht aber die im vorigen Schritt gefundenen Detaildaten. Aus Sicherheitsgründen darf diese Information auch nicht dem Client alleine überlassen werden, sondern muss auch noch auf der Server-Seite gespeichert bleiben. Die Session Daten müssen also eine Assoziation zwischen Verbindungs-ID und Verbindungsobjekt erlauben.

14.3.4 Realisierung von Sessions

Wie können Sessions realisiert werden? Loggt sich ein Benutzer in die Web-Site der Fluglinie ein, so holt er sich über das Home Interface eine Instanz von `FlugSuche`. Diese Instanz speichert wie gesagt die Suchergebnisse für diesen Benutzer. Bei JSPs wird die Sessionidentifikation über HTTP Cookies oder URL Rewriting übermittelt.

Es gibt für Web Services derzeit keinen Standard, um Sessions abzubilden. Allerdings kristallisieren sich zwei weitgehend akzeptierte Möglichkeiten heraus. Zum einen kann im SOAP-Header die Session-ID übertragen werden. In .Net können hierzu eigene SOAP-Header-Klassen generiert werden. Axis kann Sessions aus SOAP-Header-Information mit einem mitgelieferten Handler interpretieren.

Auch wenn diese Lösung nicht so elegant ist, weichen wir auf HTTP Cookies aus. Elegant ist dies deswegen nicht, da man somit nicht mehr transportunabhängig ist. Weiterhin muss der Client dazu veranlasst werden, die Cookies beim nächsten Request wieder mitzuschicken, wie der Browser dies auch tut. In .Net funktioniert dies, indem man dem Service das Attribut EnableSession hinzufügt. Dann kann das Session-Objekt wie gewohnt verwendet werden:

```
[ WebMethod(EnableSession=true) ]
public int method()
{
   Object obj = ...;
   Session["name"] = obj;
   Console.WriteLine(Session["counter"]);
}
```

Im Client gibt man über den folgenden Aufruf bekannt, dass Cookies wieder gesendet werden sollen:

```
service.CookieContainer = new CookieContainer();
```

In Axis sieht dies ähnlich aus:

```
import org.apache.axis.*;
import org.apache.axis.session.*;

public String echo(String in)
{
   MessageContext mc = MessageContext.getCurrentContext();
   Session session = mc.getSession();
   String name = (String)session.get("name");
   ...
```

Dem Client muss auch hier mitgeteilt werden, dass die Cookies weiter zu verwenden sind:

```
ServiceLocator locator = new ServiceLocator();
locator.setMaintainSession(true);
```

14.3.5 EJB-Clients in JSPs und Web Services

Nachdem die Sessions eingerichtet sind, ist es ein Leichtes, diese von JSP und Web Service aus aufzurufen. Zuerst sehen wir uns die Java Server Page an:

```
Context lContext = new InitialContext();
FlugSucheHome fh = (FlugSucheHome) lContext.lookup(
        "java:comp/env/ejb/FlugSuche"
);
FlugSuche suche = fh.create();
HTTPSession session = request.getSession(true);
session.setAttribute("suche", suche);
```

Die Struktur der Web-Service-Klasse ist fast identisch. Der JNDI-Lookup funktioniert genauso. Lediglich die Session API ist etwas unterschiedlich:

```
MessageContext mc = MessageContext.getCurrentContext();
Session session = mc.getSession();
session.set("suche", suche);
```

14.3.6 Authentifikation in der Java Middleware: JAAS

Nachdem der Web-Server bereits den Benutzer authentifiziert hat, kann man über die `getUserPrincipal`-Methode des `javax.servlet.http.HttpServletRequest`-Objekts die Authentifikationsinformation des momentan eingeloggten Benutzers beziehen. Die Daten liegen als `java.security.Principal`-Objekt vor. Prinzipiell sollte diese nun sowohl von JSP als auch von Web Service an den Applikations-Server weitergeleitet werden um dort gegebenenfalls auch nochmals überprüft zu werden.

Dies ist mit der neuen Java Authentication and Authorization Service (JAAS) Technologie möglich, die wir an dieser Stelle nur kurz erwähnen möchten. JAAS erlaubt es, unter anderem, von einem RMI-Client direkt beim Aufruf die Authentifikation implizit mit zu übergeben, ähnlich wie dies bei HTTP Basic Authentication der Fall ist.

14.4 Übungsaufgaben

1. Wie wir gesehen haben, können Web Services Sessions unterstützen. Schreiben Sie einen sessionbasierten Web Service, der eine Session-Identifikation explizit mit jedem Aufruf übergeben bekommt, sowie einen Session Manager, der die Sessions in einer Hashtabelle verwaltet. Der Session Manager bietet statische Methoden für den Zugriff auf die Daten an.

2. Vergleichen Sie die JNDI-Funktionalität mit den Pendants aus der Web Services Welt.

3. Was ist der Unterschied zwischen einem Ant-Skript und einem gewöhnlichen Skript (beispielsweise einer Batch-Datei)?

4. Welche Methoden zur Erstellung der EJB-Deployment-Information haben wir bislang kennen gelernt?

5. Die typische Sicherheitsarchitektur lagert den Web-Server in die so genannte demilitarisierte Zone (DMZ) aus. Eine zweite Firewall trennt hierbei Web- und Applikations-Server. RMI eignet sich allerdings hierbei nur bedingt als Middleware, denn jedes RMI-Objekt benötigt einen eigenen Port, der von der Java-VM bestimmt wird. Diskutieren Sie die Auswirkungen dieser Beobachtung und mögliche Lösungen.

Teil III

Business-to-Business-Szenarien

Kapitel 15

UDDI –
Universal Description, Discovery and Integration

Mit diesem Kapitel fängt ein neuer Abschnitt dieses Buches an, so dass es erneut an der Zeit ist, ein kurzes Resümee zu ziehen. Was haben wir bis jetzt erreicht?

Mit den bisher besprochenen Technologien ist es möglich, einen Web Service zu implementieren, seine Schnittstelle zu beschreiben und auf der Basis dieser Schnittstelle Clients zu implementieren, die über SOAP und verschiedene Transportprotokolle mit dem Web Service kommunizieren.

Wenn Sie sich an das dritte Kapitel erinnern, dann werden Sie feststellen, dass wir im Web-Service-Protokollstack nun schon einen großen Teil der dort referenzierten Technologien abgehandelt haben. Es fehlt prinzipiell nur noch die oberste Schicht, wo es um höherwertige Business-Anwendungen geht. Darum wollen wir uns nun in den vier folgenden Kapiteln kümmern.

Wir beginnen mit der Frage, wie man denn nun Web Services eigentlich findet. In den bisherigen Kapiteln waren wir implizit immer davon ausgegangen, dass die beiden Kommunikationspartner sich vorher schon ausgetauscht hatten, um z.B. dem anderen mitzuteilen, wo denn genau ein Web Service verfügbar ist. Ebenfalls im dritten Kapitel hatten wir gelernt, dass es viele Szenarien gibt, für die diese Annahme völlig ausreichend ist. Will man aber weiter denken und die Idee der Web Services als Grundlage für eine globale Dienstplattform einsetzen, dann genügt das nicht. Denn in einer solchen Welt möchte man seine Anwendungen aus einer Vielzahl weltweit verfügbarer Dienste zusammenbauen, die man aber im Voraus überhaupt nicht kennt. Schauen wir einfach einmal auf unser Reisebüro WS-Reisen. Bisher kaufte diese Firma ihre Flugreisen immer bei Web Air, da das ja schon immer so war und man außerdem den Web-Service-Zugangspunkt kannte. Um wieviel flexibler wäre WS-Reisen jedoch, wenn man zur Laufzeit die Angebote vieler verschiedener Flugreisebetreiber abrufen und vergleichen könnte. Und noch besser wäre es, wenn das System selbständig herausfinden würde, wenn es neue Anbieter gibt, die dann automatisch in die Auswahl mit einbezogen werden könnten.

Genau diesen Service bietet UDDI an – es füllt die Rolle des *Discovery Agent* aus dem dritten Kapitel aus. Das heißt, UDDI wird von Dienstanbietern verwendet, um Services bekannt zu machen, und von Dienstnutzern, um einen den speziellen Anforderungen genügenden Service zu finden.

In diesem ersten Kapitel über UDDI (es folgen noch zwei weitere) wollen wir uns mit den Grundlagen dieser Technologie vertraut machen. UDDI ist im Sinne der Nomenklatur verteilter Systeme ein Verzeichnisdienst. Deswegen kann ein kurzer Blick auf die Funktionsweise solcher Dienste nicht schaden. Anschließend beschreiben wir, wie diese Prinzipien in UDDI umgesetzt wurden. Etwas genauer gehen wir auf die beiden wichtigsten Dienste von UDDI ein, nämlich die Registrierung von und die Suche nach Diensten. Eine kurze Betrachtung der unterschiedlichen Nutzungsmöglichkeiten rundet das Kapitel ab.

15.1 Grundlagen von Verzeichnisdiensten

Ein Verzeichnisdienst hat ganz grundsätzlich die Aufgabe, ein abtraktes oder konkretes Objekt mit verschiedenen Eigenschaften in Zusammenhang zu bringen. Der bekannteste Verzeichnisdienst ist das Telefonbuch: Hier wird für jeden Telefonbesitzer angegeben, über welche Adresse im Sinne des Telefonnetzes (also welche Telefonnummer) er erreichbar ist. Oftmals findet man weitere Attribute für diese Person, wie etwa seine physikalische Adresse in der realen Welt. Eine etwas andere Struktur haben die bekannten „Gelben Seiten", da dort ein anderes Ordnungskriterium, das der Branchen, verwendet wird. Man sucht in diesem Verzeichnis nicht nach einem eindeutigen Namen, den man schon kennt, sondern nach einer Eigenschaft, die typischerweise viele Objekte besitzen, wie etwa die Eigenschaft, ein Klempnerbetrieb zu sein.

Auch in der Computerwelt spielen Verzeichnisse eine große Rolle. Der mit Abstand bekannteste Verzeichnisdienst dürfte der Domain Name Service des Internets sein, der (unter anderem, aber vor allem) symbolische Namen auf IP-Adressen abbildet. Symbolische Namen sind für Menschen gemacht, die sich solche Namen wie `http://www.ws-reisen.de` besser merken können als eine aus einer Reihe von Ziffern bestehende IP-Adresse wie `123.456.789.120`. Für die Wegewahl und die Weiterleitung der Pakete im Netz sind aber IP-Adressen unerlässlich, so dass bei jedem Aufruf einer Web-Seite, der ja in der Folge zur Ausführung des HTTP-, TCP- und IP-Protokolls führt, DNS ins Spiel kommt und den Host-Teil einer URL in eine IP-Adresse umrechnet.

Gerade in auf der Basis von Middleware implementierten verteilten Systemen spielen *Name Services* eine wichtige Rolle. Name Services helfen, die Ortstransparenz herzustellen, indem sie einem irgendwo im System verfügbaren Objekt einen Namen zuweisen (im Web würde man sagen: eine URI), über den das Objekt eindeutig identifiziert werden kann. Ein Client für dieses Objekt, der dessen Namen, aber nicht den physikalischen Standort kennt, erhält dann vom Name Service die Adresse des Objekts, über die dann tatsächlich auf die Dienste des Objekts zugegriffen werden kann.

Verzeichnis- bzw. Namensdienste haben im Wesentlichen eine vorgegebene Schnittstelle, die sich so oder leicht modifiziert in jedem solchen Dienst wiederfindet. Den Kern der Schnittstelle bilden die folgenden Funktionen (s. dazu auch Abbildung 15.1):

- *bind*: Diese Funktion dient dazu, ein Objekt mit seinen Attributen in Bezug zu setzen, bei einem Name Service speziell den Namen mit der Adresse.
- *rebind*: Ein schon gebundenes Objekt kann mit neuen bzw. anderen Attributen versehen werden. Der alte Datenbankeneintrag wird quasi überschrieben.
- *delete* (manchmal auch *unbind*): Löschen der Bindung und damit auch des Datenbankeneintrags.
- *lookup*: Anhand eines Attributes bzw. des speziellen Attributs „Name" wird das Objekt gesucht. Der Dienst liefert die gewünschten Attribute zurück.
- *list*: Zeige alle Einträge in der Datenbank.

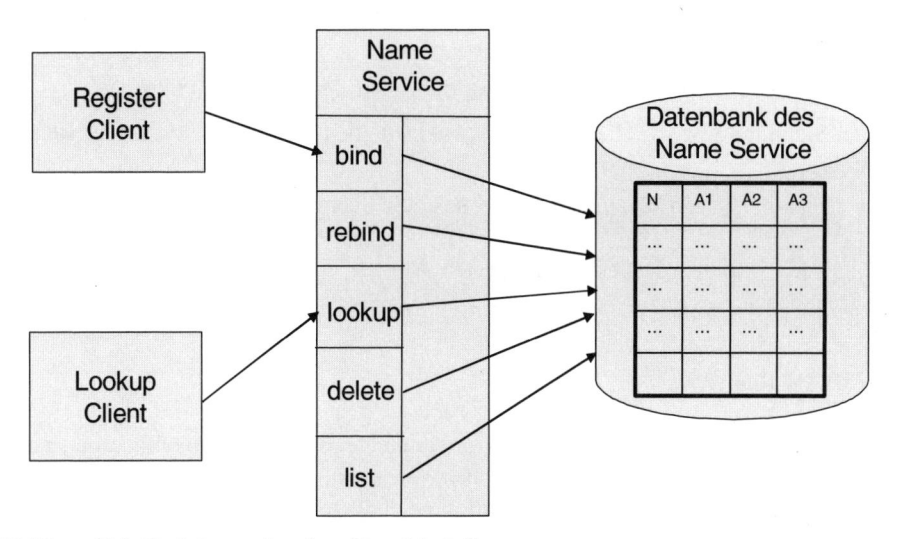

Abbildung 15.1: Funktionsweise eines Verzeichnisdienstes

15.2 Architektur und Datenstrukturen von UDDI

UDDI ist also der Verzeichnisdienst für Web Services. Man kann UDDI neben SOAP und WSDL zu den drei Grundbausteinen des Web-Service-Ansatzes zählen. Es geht auf eine Initiative der drei Firmen Microsoft, IBM und Ariba zurück und wurde im Jahre 2000 erstmals vorgestellt. Inzwischen wird UDDI von OASIS standardisiert. Die aktuelle Version des Standards ist 3.0 und wurde im Juli 2002 verabschiedet. Die besten und aktuellsten Informationen bekommt man von der UDDI-eigenen Web-Seite http://uddi.org.

Die Veröffentlichungen der UDDI-Arbeitsgruppe (http://uddi.org/specification.html) innerhalb OASIS lassen sich in drei Arten von Dokumenten gruppieren:

- *die eigentlichen Standards*, die die entsprechenden Normen darstellen. Wenn es Konflikte mit anderen Dokumenten geben sollte, dann sind dies die entscheidenden. Es gibt Dokumente für UDDI v1, v2 und v3.
- die *Best Practices*. Hier wird beschrieben, wie man in der Praxis UDDI-Registries am besten einsetzt und wie man darauf zugreift.
- die so genannten *Technical Notes*. Auch hier wird auf eher technischer Ebene beschrieben, wie man UDDI-Registries benutzt.

Die UDDI Version 3.0 wiederum besteht aus einer ganzen Sammlung von Dokumenten:

- einer *Features List*, die die Verbesserungen der Version 3 gegenüber der Version 2 auflistet,
- dem eigentlichen *Standard*, also der technischen Beschreibung von UDDI v3,
- einer Sammlung von *XML-Schema-Dokumenten*, die die Datenstrukturen der Registry beschreiben,
- einer Sammlung von *WSDL-Dokumenten* für die Schnittstellen der UDDI-Services.

Im Folgenden wollen wir auf die wichtigsten Aspekte der Architektur von UDDI etwas genauer eingehen.

15.2.1 UDDI-Registries

Das Herzstück von UDDI und gleichzeitig die Implementierung der Spezifikation sind die UDDI-Registries. Sie stellen den eigentlichen Verzeichnisdienst dar, mit dem die Clients kommunizieren, um Web-Service-Information zu publizieren oder zu finden.

Es gibt zwei Arten von Registries, nämlich die öffentlichen und die privaten. Öffentliche Registries sind per allgemein zugänglicher URI zugreifbar. Prinzipiell kann hier jeder nach Web Services suchen. Um Web Services in einer öffentlichen Registry publizieren zu dürfen, muss man sich jedoch vorher (normalerweise bzw. bisher kostenlos) anmelden. Nur authentifizierte Benutzer dürfen Web Servcies registrieren.

Private Registries werden von einem Anbieter zu speziellen Zwecken aufgesetzt und sind normalerweise nicht öffentlich verfügbar. Beispiele für private Registries sind etwa UDDI-Verzeichnisse in einem Firmen-Intranet, die nur die in diesem Intranet verfügbaren Dienste ausflisten, oder Verzeichnisse zur Unterstützung kleinerer Gruppen von B2B-Partnern.

Einzelne UDDI-Registries können zu so genannten *UDDI Business Registries (UBR)* zusammengeschlossen werden. UBRs sind untereinander synchronisiert, d.h., wenn immer an einem Knoten ein Update durchgeführt wird, dann erhalten auch alle anderen Knoten dieses Update. Damit kann die Last beim Zugriff auf beliebte Registries verteilt werden.

Bekannte UDDI-Registries werden z.B. von IBM (http://uddi.ibm.com), Microsoft (http://uddi.microsoft.com) oder SAP (http://uddi.sap.com) angeboten. Einen höherwertigen Dienst bietet die Firma BindingPoint (http://www.bindingpoint.com) an, bei der man ebenso wie bei den anderen Registries nach Einträgen suchen, gefundene Einträge aber auch gleich mittels automatisch generierter Web-Schnittstellen testen kann.

15.2.2 Zugriff auf Registries

Prinzipiell sind zwei Varianten des Zugriffs auf Registries vorgesehen. Beide Varianten haben jeweils ihre Anwendung.

Die erste Variante hatten wir schon genannt. Eine UDDI-Registry stellt nach außen hin eine Web-Service-Schnittstelle zur Verfügung. Ziegruppe sind damit alle Anwendungen, bei denen Maschine-Maschine-Kommunikation im Vodergrund steht, wo also laufende Programme auf UDDI zugreifen, um einen Web Service zu finden, und die diese Information dann auf irgendeine Art weiterverarbeiten.

Die zweite Variante ist der Zugriff über einen Web-Browser. Die entsprechende Web-Seite eines UDDI-Verzeichnisses stellt typischerweise Menüpunkte für die wichtigsten UDDI-Operationen wie Registrierung, Login oder Suche zur Verfügung. Hier steht dann eindeutig die Mensch-Maschine-Kommunikation im Zentrum. Typische Anwender sind z.B. Anwendungsprogrammierer, die für die Lösung einer bestimmten Aufgabe interaktiv einen Web Service suchen, oder Professoren, die ihren Studenten UDDI vorführen wollen. Abbildung 15.2 zeigt die Startseite der öffentlichen Microsoft Registry.

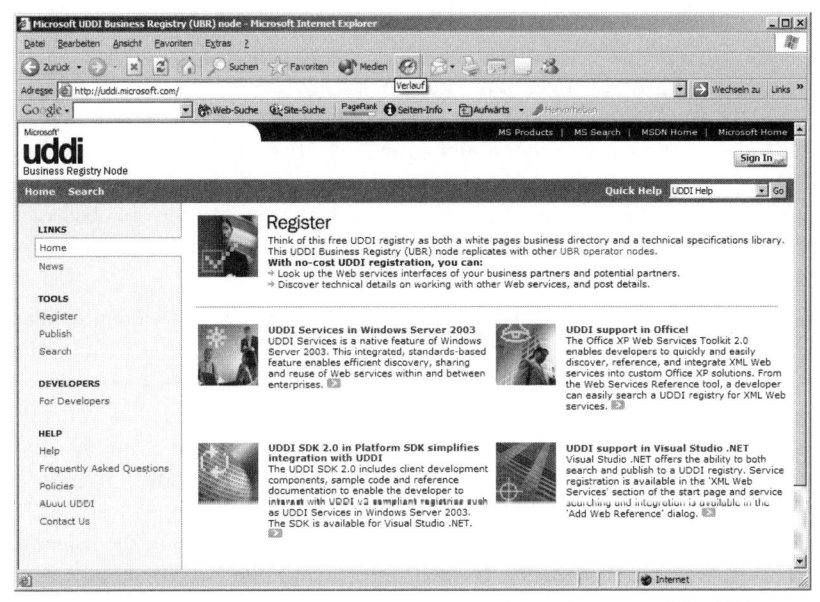

Abbildung 15.2: Die Microsoft Registry unter http://uddi.microsoft.com am 26.7.2003

15.2.3 Kategorien von UDDI-Einträgen

Wir haben noch nicht die Frage beantwortet, welche Information man denn wirklich konkret von einer UDDI-Registry bekommt. „Informationen über Web Services" ist ja noch reichlich unpräzise.

UDDI-Einträge kann man in drei verschiedene Kategorien einteilen:

- Die *White Pages* sind wie ein Telefonbuch: Sie enthalten nur die grundlegendsten Informationen über eine Firma, die sich bei UDDI registriert hat, also z.B. Telefonnummer, Faxnummer oder Adresse.
- Die *Yellow Pages* sind entsprechend den bekannten Gelben Seiten aufgebaut und nach Branchen kategorisiert. Wenn man nicht genau weiß, welche Firma man sucht, sondern vielmehr nur an einer bestimmten Art von Dienst interessiert ist, dann ist dies die richtige Kategorie – wohlgemerkt ist eine Firma typischerweise sowohl in den White wie auch den Yellow Pages vertreten.
- Die *Green Pages* schließlich sind die eigentlich für Web Services interessanten Einträge. Sie beschreiben auf technischem Niveau die Web Services, die ein Unternehmen anbietet. Zu solch einer Beschreibung gehört z.B. die Angabe der URI, an der der Service verfügbar ist, die WSDL-Beschreibung des Dienstes sowie eine textuelle Beschreibung der Dienstsemantik.

Natürlich interessieren uns im Weiteren vor allem die Green Pages, aber die im kommenden Abschnitt behandelten Datenstrukturen betreffen zunächst noch alle Kategorien.

15.2.4 Zentrale Datenstrukturen und Dienste

Entsprechend den obigen Kategorien gibt es in XML beschriebene Datenstrukturen, die jede UDDI-Registry verstehen können muss. Einerseits werden diese Datenstrukturen intern verwendet, um Einträge zu repräsentieren, andererseits dienen sie aber auch dazu, Informationen über Einträge zwischen den Knoten (zur Synchronisation) und zwischen Client und Knoten auszutauschen.

Man kann sich die verwendeten Datenstrukturen leicht in den XML-Schema-Dokumenten des Standards anschauen (z.B. `http://uddi.org/schema/uddi_v3.xsd`), allerdings gewinnt man dabei natürlich nicht leicht einen Überblick, da es einfach zu viele verschiedene Typen gibt. Sinnvoller ist dazu ein Blick in den eigentlichen Standard (`http://uddi.org/pubs/uddi-v3.00-published-20020719.htm`), in dem die folgenden Datenstrukturen als Kern des UDDI-Informationsmodells hervorgehoben werden:

- `<businessEntity>`: Dies ist das übergeordnete Element, das die Eigenschaften eines „Business" beschreibt, also Namen, Aufgaben, Ziele, Telefonnummern, angebo-

15.2 Architektur und Datenstrukturen von UDDI

tene Services etc. Die angebotenen Services werden durch die folgenden Unterelemente genauer spezifiziert.

- `<businessService>`: Hierin findet sich die Beschreibung eines Web Services auf nicht-technischer Ebene. Ein solches Element hat genau einen Vaterknoten im XML-Baum, nämlich ein BusinessEntity-Element. Es kann mehrere Kinder der beiden folgenden Typen besitzen.
- `<bindingTemplate>`: Dieses Element gibt den Zugangspunkt eines Web Services, typischerweise eine URI an.
- `<tModel>`: Das *tModel* gibt schließlich eine technische Beschreibung der Schnittstellen des Dienstes an. Es ist wahrscheinlich die wichtigste Datenstruktur von UDDI. Ein solches Modell ist mehr oder weniger eine Datentyp-Beschreibung für gleichartige Web Services. Erst mit Hilfe des *tModels* kann man dynamische Anwendungen implementieren, die sich zur Laufzeit die zu einem vorgegebenen Modell passende Service-Instanz suchen.
- `<publisherAssertion>`: Über dieses Element lassen sich Beziehungen zwischen `<businessEntity>`-Elementen ausdrücken, also logische Zusammenhänge zwischen Einträgen in einem Verzeichnis.
- `<subscription>`: Ein Client kann sich mit Hilfe dieses Elements informieren lassen, ob sich der Wert einer bestimmten UDDI-Struktur geändert hat. Beispielsweise ist es natürlich wichtig zu erfahren, wenn sich das `<tModel>` eines Services, den man häufig verwendet, geändert hat, denn dann muss der Client ebenfalls auf dieses neue Modell umsteigen.

Jedes Element hat in einem UDDI-Verbund einen eindeutigen Schlüssel, über den es identifiziert werden kann. Dieser ist vor allem wichtig, um einmal gefundene Elemente bei einer erneuten Anfrage wiederfinden zu können. Seit UDDI 2.0 ist dieser Identifier eine 128-Bit-Zahl, die dann z.B. so aussieht: `uddi:4CD7E4BC-648B-426D-9936-443EAAC8AE23`.

Um die Kommunikation zwischen Clients und UDDI-Registries zu ermöglichen, definiert der Standard eine Reihe von Schnittstellen, die sowohl in natürlicher Sprache als auch in WSDL-Form beschrieben werden. Ein UDDI-Knoten bietet die folgenden APIs an:

- UDDI Inquiry zur Abfrage von Services, Business-Einheiten etc.
- UDDI Publication zur Registrierung von Services, Business-Einheiten etc.
- UDDI Security wird verwendet, um Authentifikation etc. durchzuführen.
- UDDI Custody Transfer wird innerhalb von UDDI-Verbänden verwendet, um die Verantwortung für bestimmte Einträge an andere UDDI Knoten des Verbandes zu übergeben.
- UDDI Subscription dient dazu, damit sich Clients für Benachrichtigungen über Änderungen an bestimmten Einträgen registrieren können.
- UDDI Replication wird verwendet, um UDDI-Einträge zwischen den verschiedenen UDDI-Knoten eines Verbandes zu replizieren.

Auch Clients können APIs realisieren, die dann von den UDDI-Knoten benutzt werden:

- UDDI Subscription Listener wird von einem UDDI-Knoten verwendet, um einen Client, der sich zuvor registriert hatte, über eine Änderung eines Elements zu informieren.
- UDDI Value Set kann verwendet werden, um Einträge eines Clients zunächst zu prüfen, bevor sie abgespeichert werden.

Schauen wir uns einmal die zwei wichtigsten Schnittstellen genauer an, nämlich die Registrierung/Veröffentlichung von Einträgen und die Suche danach.

15.3 Suche

Wie schon gesagt, dienen die Funktionen des API für die Suche dazu, Einträge aus einer Registry herauszusuchen. Dazu gibt es zwei Arten von Funktionen, nämlich die `find_xxx`- und die `get_xxx`-Funktionen.

Die `find`-Funktionen dienen vor allem dazu, zunächst einmal den Suchraum einzuschränken. Man wendet also eine der `find`-Varianten an, wenn man noch nicht so viel über den gesuchten Service weiß. Als Ergebnis bekommt man eine Liste von Einträgen (Typ je nach Art der Anfrage) zurück. Diese spezifischeren Einträge kann man dann verwenden, um mittels `get_xxx` die enstprechenden Details herauszufinden. Den ersten Schritt bezeichnet der Standard auch als Suche entsprechend dem „*Browse*"-Muster, den zweiten als Suche entsprechend dem „*Drill-Down*"-Muster.

Die Varianten der find- und get-Methoden beziehen sich jeweils auf die vier wichtigsten UDDI-Datenstrukturen. `Find` findet dabei jeweils nur oberflächliche Informationen bzw. Identifier (den oben angesprochenen Schlüssel) heraus, während `get` alle Details liefert.

- `find_business` und `get_businessDetail` werden verwendet, um Informationen über ein oder mehrere `<businessEntity>`-Elemente zu bekommen.
- `find_service` und `get_serviceDetail` werden verwendet, um Informationen über ein oder mehrere `<businessService>`-Elemente zu bekommen.
- `find_binding` und `get_bindingDetail` werden verwendet, um Informationen über ein oder mehrere `<bindingTemplates>`-Elemente zu bekommen.
- `find_tModel` und `get_tModelDetail` werden verwendet, um Informationen über ein oder mehrere `<tModel>`-Elemente zu bekommen.

Bei einer Suche können daneben noch so genannte `<findQualifier>`-Elemente angegeben werden, die dem UDDI-Knoten weitere Informationen über die Art der Suche geben können. Beispielsweise könnte man hier die Zahl der zurückzuliefernden Ergebnisse beschränken.

Wie sähe eine Anfrage von WS-Reisen nach einem oder mehreren tModels von Web Air aus? Natürlich ließe sich das auf verschiedene Arten formulieren, aber hier ist ein gängiges Beispiel (ohne SOAP und HTTP-Verpackung):

```
<uddi:find_tModel generic="3.0">
   <uddi:name>Web Air</uddi:name>
</uddi:find_tModel>
```

Als Antwort bekäme der aufrufende Client von UDDI etwa das Folgende:

```
<uddi:tModelList generic="3.0" operator="IBM"
                 xmlns:uddi="urn.uddi-org:api_v3">
   <uddi:tModelInfos>
      <uddi:tModelInfo
          tModelKey="uddi:4CD7E4BC-648B-426D-9936-443EAAC8AE23">
        <uddi:name>Web_Air_Flugbuchung</uddi:name>
      <uddi:tModelInfo>
   </uddi:tModelInfos>
</uddi:tModelList>
```

Mit Hilfe des UDDI-Identifiers könnte der Client nun weitere Informationen über das tModel einholen – hier täte die Funktion `get_tModelDetail` gute Dienste.

15.4 Registrierung

Die Registrierung eines UDDI-Eintrags darf bekanntlich nur von einem registrierten Benutzer vorgenommen werden. Dementsprechend muss beim Aufruf sämtlicher Funktionen des Registrierungs-APIs ein Beweis mitgeliefert werden, dass der Benutzer wirklich berechtigt ist, die Aktion durchzuführen. Das funktioniert wie folgt:

Zunächst muss sich ein neuer Benutzer bei einem UDDI-Knoten anmelden, was interaktiv geschieht. Anschließend ist er bei UDDI zumindest auf diesem Knoten bzw. im Verband registriert.

Bevor nun irgendwelche inhaltlichen Dienste aufgerufen werden, muss der Client per `get_authToken`-Nachricht ein Authentifizierungstoken anfordern. Als Eingabe schickt er die zugewiesene Benutzer-ID und sein Passwort mit, als Ausgabe erhält er das Token, das dann bei jedem weiteren Aufruf dazu dient, den Benutzer zu identifizieren.

Die eigentlichen Funktionen zur Verwaltung von UDDI-Einträgen sind keine wirkliche Überraschung mehr. Es gibt jeweils eine Funktion zum Anlegen und eine zum Löschen für die wichtigsten Elemente. Um beispielsweise die Information über eine `<businessEntity>` anzulegen, wird die Methode `<save_business>` verwendet, während `<delete_business>` ein über eine UDDI-ID identifiziertes Element wieder löscht. Ähnliche Methoden gibt es für Services, Bindings und tModels.

Mittels der Funktion `discard_authToken` kann schließlich eine Sitzung beendet werden. Dies sollte aus Sicherheitsgründen immer gemacht werden.

Auch bei UDDI heißt es natürlich wieder: Sie müssen diese Nachrichten nicht selbst schreiben. Im nächsten Kapitel wenden wir uns den entsprechenden Werkzeugen zu.

15.5 Nutzung von UDDI zur Design- und Laufzeit

Wir wollen noch einmal kurz auf die verschiedenen Nutzungsszenarien von UDDI eingehen. Dazu hatten wir weiter oben schon beschrieben, dass es zwei Nutzungsschnittstellen eines UDDI-Knotens gibt, nämlich die Web-Schnittstelle und das programmatische Interface über Web Services.

Beide Schnittstellen werden für unterschiedliche Zwecke und zu unterschiedlichen Zeiten eingesetzt. Die Web-Schnittstelle ist eindeutig für eine Offline-Suche bestimmt. Hier können Anwendungsprogrammierer sich vor der Erstellung der Applikation informieren, welche Services es denn überhaupt gibt und wie sie diese in ihre Applikation einbinden können. Typischerweise lädt sich ein Programmierer dann die Servicebeschreibung eines passenden Dienstes und generiert daraus automatisch die nötige Kommunikationssoftware, wie wir dies in den früheren Kapiteln beschrieben haben.

Die zweite Variante kann natürlich ähnlich eingesetzt werden, z.B., wenn sich eine Firma ihren eigenen UDDI-Browser gebaut hat, der die Web-Service-Schnittstellen eines UDDI-Knotens nutzt. Die eigentliche Idee ist jedoch eine ganz andere und sie ermöglicht es, noch weitaus mächtigere Anwendungen zusammenzubauen. Es geht nämlich darum, Web Services erst zur Laufzeit zu finden und diese dann dynamisch in eigene Applikationen einzubinden.

Vielleicht ein kleines Beispiel dazu: Wir hatten oben schon angesprochen, dass es doch für WS-Reisen ganz praktisch wäre, wenn man nicht nur einen Flugreiseanbieter verwenden würde, sondern die ganze Palette zur Verfügung hätte. Wie ließe sich das realisieren?

Alle Anbieter müssten sich zunächst auf ein gemeinsames tModel verständigen. Jeder, der dann Buchungen, Reservierungen, Bezahlungen etc. in standardisierter Form anbieten möchte, muss sich dann an dieses Modell halten. Das tModel beschreibt technisch sehr genau, in Form einer WSDL-Spezifikation, wie die Schnittstelle der Services auszusehen hat.

Der Client kann nun dieses Service-Template – denn nichts anderes ist ein tModel – verwenden, um die entsprechende Kommunikationssoftware sowie die APIs automatisch zu generieren. Zur Laufzeit muss er dann bei UDDI nach allen Services fragen, die genau dieses tModel realisieren. Aus der Liste sucht er sich dann die gewünschten Partner heraus und kann automatisch den entsprechenden Service nutzen, da die Software dazu ja schon vorgeneriert ist. Das Einzige, was er prinzipiell noch benötigt, ist der Zugangspunkt des Services, also eine URI.

Kapitel 16

Werkzeuge für die UDDI-Nutzung

Dieses Kapitel stellt Werkzeuge für die Nutzung von UDDI vor. Wir beginnen zunächst mit der Server-Seite und zeigen die generell verwendete Architektur und die angebotenen browser- und servicebasierten Schnittstellen. Neben den öffentlichen UDDI-Servern besteht auch die Möglichkeit, einen eigenen UDDI-Server zu installieren. Hierzu stellen wir zunächst die entsprechende Server-Software vor.

Der Abschnitt darauf zeigt den UDDI-Client für .Net, der es erlaubt, programmatisch auf die SOAP-Schnittstelle eines UDDI-V2-Servers zuzugreifen. Wir zeigen hierbei ein Beispiel, in dem Firmeninformationen über den öffentlichen UDDI-Server von SAP bezogen werden.

16.1 UDDI-Server

Betrachten wir zunächst die Server-Seite. Inzwischen bieten viele Firmen UDDI-Server an. Der prominenteste Vertreter ist hierbei zweifellos der in Windows Server 2003 integrierte UDDI-Server. Wir stellen die Systinet WASP UDDI-Registry als Vertreter der Java-Werkzeuge vor. Jedem UDDI-Server liegt die in Abbildung 16.1 gezeigte Architektur zugrunde. Die Daten sind meist in einer relationalen Datenbank gespeichert. Im Fall der Windows 2003 Registry ist dies der Microsoft SQL Server. WASP wird in der Version 4.5.2 mit der Hypersonic SQL Datenbank ausgeliefert. Die UDDI-Logik implementiert die im Standard festgelegte Such- und Publikationsfunktionalität. Hierbei ist die Logik unabhängig von der letztlich verwendeten Schnittstelle. UDDI-Server können manuell per Browser und von Client-Programmen über eine Web Service API bedient werden. Diese beiden Modi entsprechen den beiden Verwendungsarten von UDDI zu Design- und Laufzeit.

```
┌─────────┬───────┐
│ Web UI  │ UDDI  │         ┌──────┐
├─────────┤ Logik │ ◄─────► │ Data │
│SOAP API │       │         └──────┘
└─────────┴───────┘
```

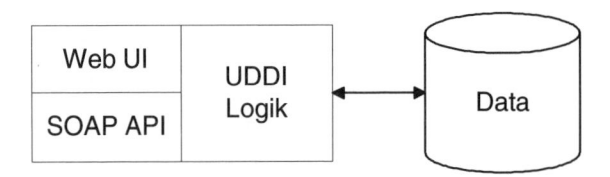

Abbildung 16.1: Generische Struktur eines UDDI Servers. Es werden sowohl eine Web GUI als auch eine SOAP Schnittstelle für programmatische Abfragen angeboten.

16.1.1 Systinet WASP UDDI-Registry

Die Firma Systinet wurde ja bereits schon bei den Web-Serivce-Engines des Öfteren erwähnt. Besonders das UDDI-Produkt dieser Firma erfreut sich großer Beliebtheit, da es insgesamt einen sehr polierten Eindruck hinterlässt. Eine Java-Version für Einprozessorsysteme kann kostenlos von der Web-Site bezogen werden (`http://www.systinet.com/`).

Wir verwenden nicht die neueste Version 4.6, da wir dort die UDDI-Registry-Funktionalität vermissten. Version 4.5.2 erfüllt allerdings alle Wünsche. Die Installation erfolgt über einen kleinen Java-Installer, der mit `java -jar wasp_uddi_4.5.2.jar` gestartet werden kann. Nach der Installation kann der Server ohne weitere Konfiguration gestartet werden. Es wird eine Web-Site für Benutzer und für Administratoren angeboten. Die Administrationsseite erlaubt es, die Benutzer zu verwalten, die verwendeten Klassifikationstaxonomien zu editieren, UDDI-Schlüssel zu ändern oder Nutzungsstatistiken anzuzeigen. Der Administrator logt sich als „admin" mit Passwort „changeit" ein. Abbildung 16.2 zeigt einige der angebotenen Optionen.

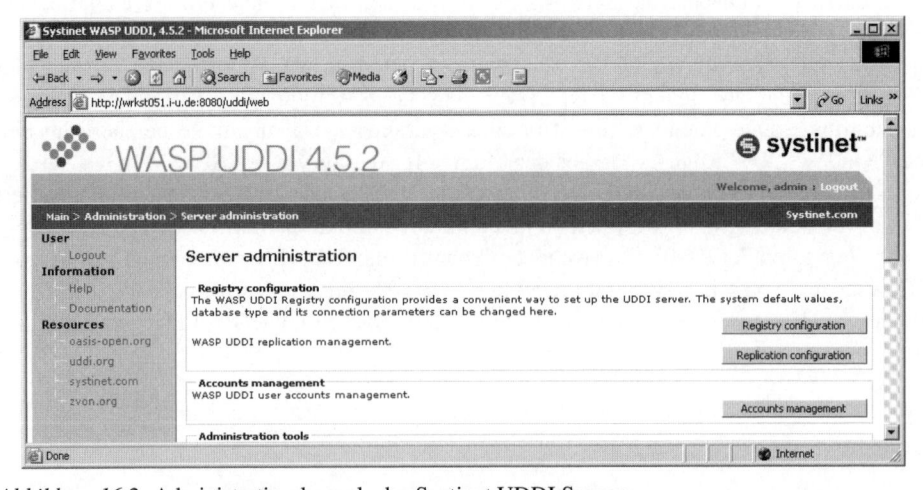

Abbildung 16.2: Administrationskonsole des Systinet UDDI Servers.

16.1 UDDI-Server

Im nächsten Kapitel werden wir unser Beispiel um eine UDDI-Abfrage zur Laufzeit erweitern. Dazu ist es nötig, unseren Fluggesellschafts-B2B-Standard sowie die entsprechenden Anbieter, die den Standard unterstützen, in unsere lokale UDDI-Datenbank aufzunehmen. Abbildung 16.3 zeigt die Eingabe des Standards per Browser. Das zugehörige tModel ist `uuid:60fe6800-bee6-11d7-afc8-b8a03c50a862`.

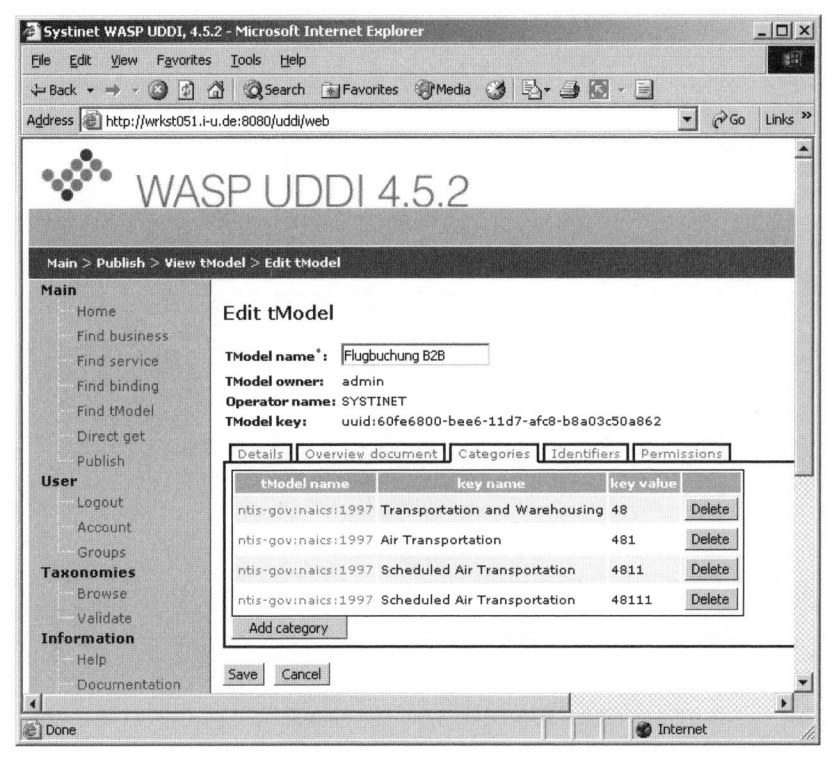

Abbildung 16.3: Definition des B2B Standards. Dieser wird mittels der NAICS Taxonomie kategorisiert.

Nachdem der Standard definiert ist, kann nun der Service publiziert werden. Abbildung 16.4 zeigt einige der hierfür verwendeten Dialoge, zu denen man über die Firma gelangt. Somit weiß die UDDI-Datenbank, wer den Service bereitstellt. Natürlich müssen wir den Service-Endpunkt angeben und mit der Referenz auf das tModel des B2B-Standards deklarieren, dass wir diesen Standard in unserem Service implementieren.

Die eingegebenen Daten sind sofort per Browser aus der zentralen UDDI-Datenbank abrufbar. Der nächste Abschnitt wird zeigen, wie diese Information programmatisch von Java- und .Net-Clients aus abgefragt werden kann. Auch hierbei stellt sich wieder die Interoperabilität der Web-Service-Schnittstellen unter Beweis.

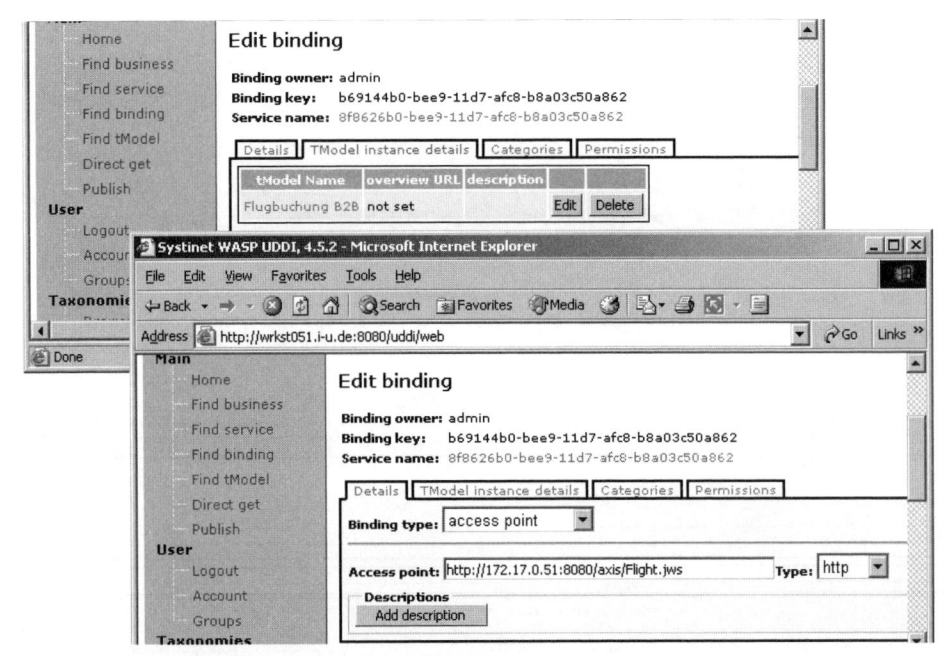

Abbildung 16.4: Publikation eines Services. Angegeben werden die URL sowie der unterstützte B2B Standard in Form einer tModel Referenz.

16.1.2 Windows 2003 Server UDDI Registry

Microsofts UDDI-Server ist im neuen Windows 2003 Server integriert. Diese Software ist komplett in ASP.Net geschrieben und basiert auf der SQL Server Datenbank. Die Funktionalität ist letztendlich vergleichbar mit dem Systinet-Produkt, allerdings ergeben sich durch die enge Integration mit dem Betriebssystem einige Vorteile. So ist der UDDI-Server mit seiner Sicherheitsinfrastruktur direkt in das Active Directory eingebettet. Benutzer und Rollen spielen in UDDI-Servern bei der Publikation neuer Dienste natürlich eine wichtige Rolle. Es soll schließlich nur einem selektierten Kreis von Nutzern möglich sein, Einträge in die UDDI-Datenbank vorzunehmen.

Wie die Screenshots von Visual Studio .Net und Office XP im SOAP- und WSDL-Werkzeugkapitel zeigen, sind auch die Entwicklungswerkzeuge für das Auffinden von Services per UDDI vorbereitet. Anstatt wie bisher die URL der WSDL-Beschreibung per Copy and Paste aus dem Browser vorzunehmen, kann eine UDDI-Suche gestartet werden. Ist der passende Service lokalisiert, wird dessen WSDL übernommen. Auch die Administration über die Microsoft Management Console ist sehr komfortabel. Auf jeden Fall ist die massive Unterstützung von Microsoft, die sich in der Kombination von Windows und UDDI-Server zeigt, für Web Services ein wichtiger Schritt vorwärts.

16.2 UDDI-Client

Wie bereits im vorigen Kapitel erwähnt, bietet ein UDDI-Server üblicherweise Schnittstellen für die manuelle Suche und Publikation per Browser und für den programmatischen Zugriff von einem Client. Abbildung 16.5 zeigt oben rechts die Benutzerschnittstelle des Mircosoft UDDI-Servers für die Suche von Services. Die Abbildung zeigt, wie eine geografische Taxonomie bis hin zum Bundesland Baden-Württemberg durchgegangen wurde. Erschrocken stellen wir fest, dass anscheinend nur zwei Services mit diesem Attribut gekennzeichnet sind!

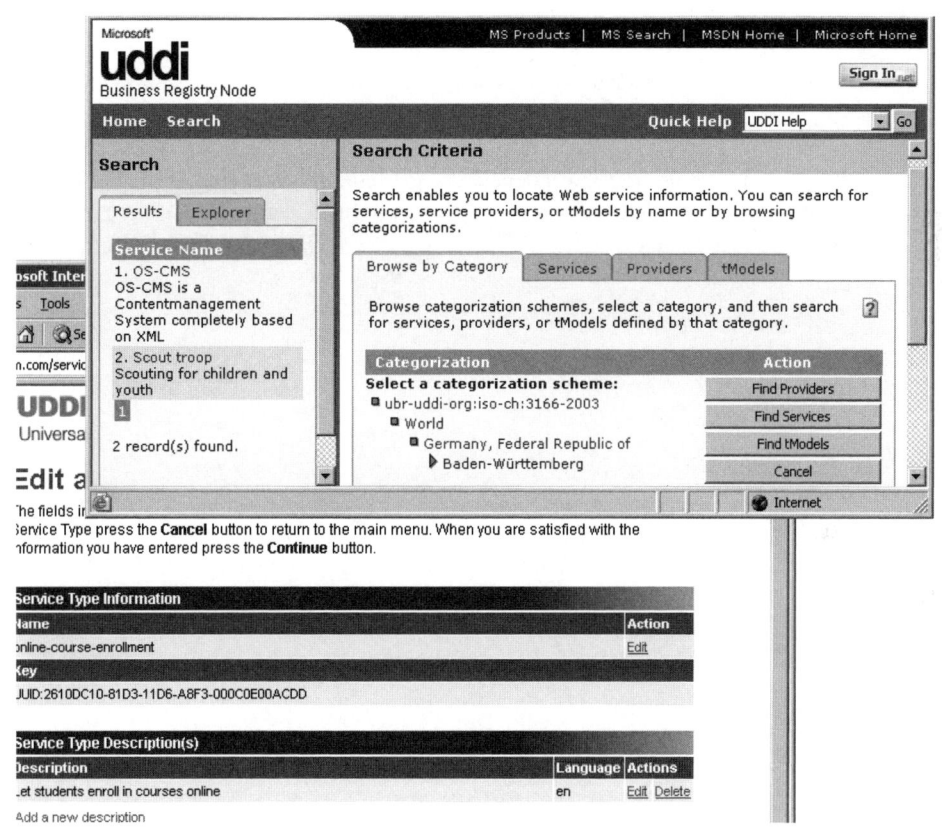

Abbildung 16.5: UDDI Server können mit dem Browser bedient werden. Im Beispiel sind hier die Suche bei Microsoft und die Publikation bei IBM zu sehen.

Selbstverständlich ist es auch möglich, eigene Services per Browser bei einer UDDI-Registry anzumelden. Dieser Prozess erfordert etwas Geduld, da sehr viele Eingaben über Firma und Service gemacht werden müssen. In Abbildung 16.5 ist unten links die HTML-Schnittstelle des UDDI-Servers von IBM zu sehen.

16.2.1 Microsoft UDDI SDK

Nun widmen wir uns dem interessanteren Teil, nämlich der programmatischen Abfrage von Informationen mit einer Client-Bibliothek. Wir stellen im Folgenden das Microsoft UDDI SDK vor. Das SDK beziehen Sie per Download von Microsoft. Die Installation erfordert nur die Eingabe des Zielverzeichnisses. Die Klassen finden sich unter den Paketen `Microsoft.Uddi` und `Microsoft.Uddi.Api`, welche im Programm unten importiert werden. Das Beispiel arbeitet von der Kommandozeile. Zunächst wählt man die Adresse des zu verwendenden UDDI-Servers aus. Unseres Wissens nach haben derzeit alle vier der großen Betreiber Testversionen der Version 2 der UDDI-Server in Betrieb. Für das Beispiel wählen wir die SAP-Instanz.

Wir erstellen im nächsten Schritt ein `FindBusiness`-Objekt, dem die Anfrage nach IBM zugewiesen wird. Die `Send`-Methode schickt diese Anfrage nun zum Server und man erhält als Ergebnis ein `BusinessList`-Objekt. Nun ist es ein Leichtes, in diesem Objektmodell zu navigieren und die relevante Information zu extrahieren. Hierbei ist es natürlich sehr hilfreich, einen Editor zu verwenden, der die Methoden und Felder eines Objekts anzeigt. Dadurch spart man sich das lästige Nachblättern in der Online-Dokumentation der Datenstrukturen, was bei den noch nicht so vertrauten UDDI-Typen sehr hilft.

```
using System;
using Microsoft.Uddi;
using Microsoft.Uddi.Api;

namespace uddi_client
{
   class Class1
   {
      [STAThread]
      static void Main(string[] args)
      {
         Inquire.Url = "http://udditest.sap.com/uddi/api/inquiry";
         FindBusiness fb = new FindBusiness();
         fb.Names.Add("IBM");

         BusinessList bizList = fb.Send();
         for (int i=0; i<bizList.BusinessInfos.Count; i++)
         {
            Console.WriteLine(bizList.BusinessInfos[i].Name);
            Console.WriteLine(
               bizList.BusinessInfos[i].ServiceInfos.Count)
            for (int s=0;
                    s<bizList.BusinessInfos[i].ServiceInfos.Count; s++)
            {
               Console.WriteLine("     " +
                  bizList.BusinessInfos[i].ServiceInfos[s].Name);
            }
         }
      }
   }
}
```

16.2 UDDI-Client

Abbildung 16.6 zeigt links die Ausgabe des Programms. Durch die doppelte Schleife listet das Programm alle unter IBM zu findenden Firmeneinträge mit den jeweils zugehörigen Services. Rechts ist zu sehen, was passiert, wenn der .Net-UDDI-Client Information aus dem in Java geschriebenen Systinet-UDDI-Server bezieht. Dazu muss lediglich die URL in `http://localhost:8080/uddi/inquiry` und die Abfrage von IBM auf O geändert werden. Somit erscheint die Information der Firma „Operational business entity" mit dem dort registrierten Flugbuchungsservice.

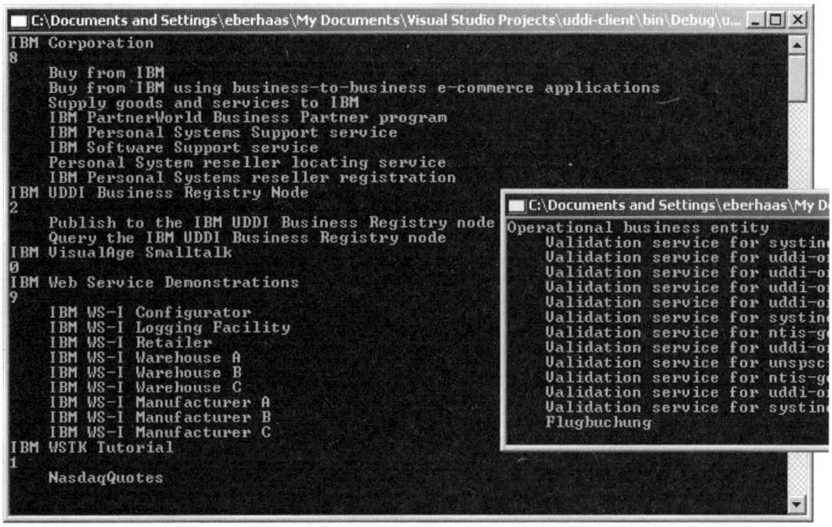

Abbildung 16.6: Ausgabe des UDDI Clients. Links das Ergebnis einer Anfrage nach IBM an den globalen SAP Server, rechts die Anfrage an den lokalen Systinet Server, der unseren Flugbuchungsservice zeigt.

Natürlich ist es auch möglich, Services über die SOAP-Schnittstelle zu publizieren. Dies lassen wir im Rahmen dieses Buchs außen vor, denn unserer Meinung nach können Services ohne weiteres manuell per Browser angemeldet werden. Das Abrufen verfügbarer Services ist dagegen sehr wichtig. Dies werden wir auch in unser Reiseportal einbauen, so dass der Zwischenhändler immer auf alle aktuell in UDDI registrierten Services zugreift.

16.2.2 UDDI4J

Auch in der Java-Welt gibt es natürlich viele entsprechende UDDI-Client-Werkzeuge. Am populärsten scheint derzeit UDDI4J zu sein (`http://www.uddi4j.org`). UDDI4J wurde ursprünglich von IBM entwickelt, ist heute aber ein Open-Source-Projekt.

Auch hier stellen wir eine kurzes Beispiel vor, das die SAP-Registry nach der Firma IBM befragt. Man sieht, dass die Programmstruktur und die einzelnen Aufrufe fast identisch sind. Sogar die Klasse `BusinessList` taucht in C# und in Java mit ähnlichen Feldern und Methoden auf. Dieses Beispiel verzichtet darauf, die Services der Firmen aufzulisten.

Stattdessen verwenden wir hier eine etwas eingeschränkte Suche, indem der Suche ein `FindQualifier`-Objekt mit übergeben wird. Dieses spezifiziert, dass bei der Suche Groß- und Kleinschreibung beachtet werden soll.

```java
import org.uddi4j.client.*;
import org.uddi4j.*;
import org.uddi4j.util.*;
import org.uddi4j.datatype.*;
import org.uddi4j.response.*;

import java.util.*;

public class UDDI4J
{
    public static void main(String[] args) throws Exception
    {
        UDDIProxy proxy = new UDDIProxy();
        proxy.setInquiryURL("http://udditest.sap.com/uddi/api/inquiry");

        Vector names = new Vector();
        names.add(new Name("IBM"));

        FindQualifiers findQualifiers = new FindQualifiers();
        Vector qualifier = new Vector();
        qualifier.add(new FindQualifier("caseSensitiveMatch"));
        findQualifiers.setFindQualifierVector(qualifier);

        BusinessList bl = proxy.find_business(
            names, null, null, null, null, findQualifiers, 5);

        Vector biv = bl.getBusinessInfos().getBusinessInfoVector();
        for( int i = 0; i < biv.size(); i++ )
        {
            BusinessInfo bi = (BusinessInfo)biv.elementAt(i);
            System.out.println(bi.getDefaultNameString());
        }
    }
}
```

16.3 Übungsaufgaben

1. In den Microsoft-Werkzeugen wie Visual Studio oder Office XP ist in den Dialogen zum Hinzufügen eines Web Services das UDDI-Logo zu sehen. Bewerten Sie diese Funktionalität.

2. Skizzieren Sie, wie ein UDDI-Server auf einer relationalen Datenbank aufgesetzt werden könnte.

3. UDDI-Server haben sowohl eine Browser- als auch eine Web Service-basierte Schnittstelle. Bringen Sie diese beiden Optionen mit den beiden Arten, Web Services in die eigene Software einzubinden (ad hoc manuell, automatisch basierend auf einem Standard), in Verbindung.

4. Welche weiteren Möglichkeiten könnten in UDDI eingebaut werden?

Kapitel 17
Die Beispielanwendung mit UDDI

Dieses Kapitel zeigt nun die Architektur und Implementierung eines Systems, das mehreren Portalen und Fluglinien erlaubt, sich an einem gemeinsamen UDDI-Repository zu registrieren bzw. von dort die Anbieter ausfindig zu machen. Hierbei ist, wie bereits erwähnt, die Standardisierung der WSDL-Schnittstelle die wichtige Voraussetzung. Nur wenn sich alle Clients und Server an diese Schnittstelle und die dahinter liegende Semantik halten, kann dieses Szenario funktionieren.

17.1 Architektur

Abbildung 17.1 zeigt die typische Architektur des B2B-Systems. Der Unterschied zu den sonst gezeigten Grafiken ist, dass sich nun mehrere Clients und mehrere Server per UDDI finden. Die Publikation des Dienstes erfolgt in unserem Szenario manuell per Browser. Dies ist keine gravierende Einschränkung und auch nicht unrealistisch, da die Publikation normalerweise nur einmal geschieht.

Der UDDI-Server würde von einer innerhalb des B2B-Konsortiums akzeptierten Firma oder Organisation bereitgestellt. Die könnte selbstverständlich auch die Standardisierungsorganisation b2b.org sein.

17.1.1 Die Client-Seite der Reiseportale

Wie bereits erwähnt, stellt der B2B-Standard die Basis dar. Dieser wurde, wie in Abbildung 16.3 gezeigt, als tModel angelegt. Um alle Anbieter innerhalb des Szenarios zu finden, muss also nur nach Services gesucht werden, die dieses tModel referenzieren. Abbildung 16.4 zeigt, dass diese Referenz im UDDI-Server von Systinet über das Feld `tModel instance details` hergestellt wird. Man gibt also für einen Service an, ob er einen durch ein tModel identifizierten Standard implementiert.

Ist die Suche nach den Services abgeschlossen, können diese aufgerufen werden. Idealerweise sollte dies parallel in mehreren Threads laufen. Ansonsten addieren sich die Antwortzeiten der Server, während sonst nur der langsamste Dienst ausschlaggebend ist.

Natürlich sollte hier ein passender Timeout gewählt werden. Beachten Sie, dass alle Services mit derselben Stub-Klasse aufgerufen werden können, da alle ja schließlich dieselbe WSDL-Beschreibung implementieren. Man muss also nur vor jedem Aufruf den Service-Endpunkt angeben. Wie Abbildung 16.4 zeigt, bekommt man diesen ja auch vom UDDI-Server geliefert.

17.1.2 Die Server-Seite der Fluggesellschaften

Diese ganzen Abläufe sind für den Server eigentlich transparent. Er weiß nicht, ob der Aufruf nun aufgrund einer UDDI-Suche getätigt wurde oder nicht. Ist der Service korrekt nach der WSDL-Beschreibung implementiert, ist quasi fast alle Arbeit erledigt. Es muss nur noch der Service publiziert werden, indem ein paar Formulare auf der Web-Seite des UDDI-Servers ausgefüllt werden.

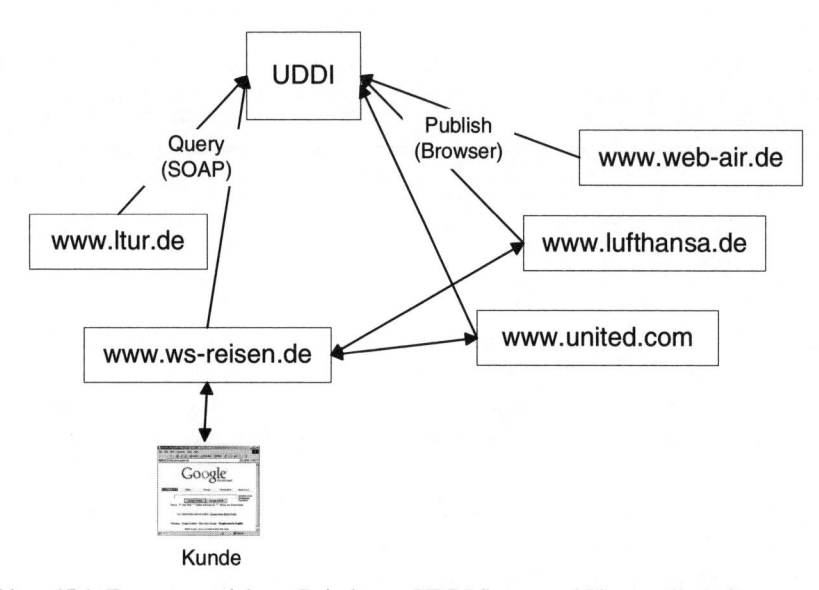

Abbildung 17.1: Zusammenspiel von Reisebüros, UDDI Server und Fluggesellschaften.

17.2 Implementierung eines dynamischen Systems mit UDDI

Wir zeigen nun die UDDI-Suche nach Services, die unseren B2B-Standard implementieren. Das Ziel ist, ein Array mit den Service-Endpunkten zu generieren. Damit kann das Portal alle Angebote parallel einholen. Selbstverständlich werden dabei immer dieselben vom Kunden spezifizierten Parameter übergeben. Danach ist lediglich die Vereinigungsmenge der verschiedenen Arrays der Verbindungen zu erstellen. Der Rest läuft komplett analog ab.

17.2 Implementierung eines dynamischen Systems mit UDDI

Die Suche nach den Services läuft folgendermaßen ab. Wir gehen davon aus, dass den Geschäftspartnern die UUID des Standard-tModels bekannt ist. In unserem Beispiel ist dies `uuid:60fe6800-bee6-11d7-afc8-b8a03c50a862`. Abbildung 16.4 verdeutlicht, wie der Service über seine Bindung mit diesem Standard-tModel verknüpft ist. UDDI erlaubt es nun, gezielt Firmen zu suchen, die über einen ihrer Services mit dem tModel verbunden sind. Man instanziiert also ein `FindBusiness`-Objekt und setzt mit der Methode `TModelKeys.add(String tModel)` das gegebene tModel. Was darauf folgt, ist nicht schwer, aber auch nicht gerade schön. Man ackert nun die unzähligen Listen des hierarchischen UDDI-Datenmodells durch.

Man geht über die Firmen, deren Service-Infos, den Services, den Binding-Templates und zuletzt deren einzelne Bindings die komplette Hierarchie durch. Man findet die Service-URL, was ja eigentlich die gewünschte Information ist, „bereits" auf der vierten Stufe. Allerdings muss noch geprüft werden, ob es sich tatsächlich um den mit dem Standard-tModel assoziierten Service handelt. Man kann es sich natürlich einfacher machen und annehmen, der richtige Service sei immer das erste Listenelement. Dies ist aber nicht garantiert.

```
using System;
using System.Collections;

using Microsoft.Uddi;
using Microsoft.Uddi.Api;
using Microsoft.Uddi.Business;
using Microsoft.Uddi.Binding;
using Microsoft.Uddi.Service;

namespace PortalUDDI
{
    class UDDISearch
    {
        [STAThread]
        static void Main(string[] args)
        {
            ArrayList res = getBuchungsServer();
            Console.Read();
            for (int i=0; i<res.Count; i++)
            {
                Console.WriteLine(res[i]);
            }
        }

        public static ArrayList getBuchungsServer()
        {
            ArrayList res = new ArrayList();

            Inquire.Url = "http://wrkst051.i-u.de:8080/uddi/inquiry";
            FindBusiness fb = new FindBusiness();
            fb.TModelKeys.Add( "uuid:60fe6800-bee6-11d7-afc8-b8a03c50a862"
);
            BusinessList list = fb.Send();
```

```
            // für alle Firmen
            for (int i=0; i<list.BusinessInfos.Count; i++)
            {
               BusinessInfo bi = list.BusinessInfos[i];

               // für alle Service Infos der Firma
               for (int j=0; j<bi.ServiceInfos.Count; j++)
               {
                  GetServiceDetail gsd = new GetServiceDetail();
                  gsd.ServiceKeys.Add( bi.ServiceInfos[j].ServiceKey );
                  ServiceDetail sd = gsd.Send();

                  // für alle Services der Service Info
                  for (int k=0; k<sd.BusinessServices.Count; k++)
                  {
                     BusinessService bs = sd.BusinessServices[k];

                     // für alle Bindings
                     for (int l=0; l<bs.BindingTemplates.Count; l++)
                     {
                        bool ok = false;

                        // für alle TModel Instance Details
                        for (int m=0; m<bs.BindingTemplates[l].
                                       TModelInstanceDetail.
                                       TModelInstanceInfos.Count; m++)
                        {
                           if (bs.BindingTemplates[l].TModelInstanceDetail.
                              TModelInstanceInfos[m].
                                 Equals("uuid:60fe6800-bee6-"+
                                        "11d7-afc8-b8a03c50a862"))
                           {
                              ok = true;
                           }
                        }
                        if (ok)
                        {
                           res.Add(
                              bs.BindingTemplates[l].AccessPoint.Text);
                        }
                     }
                  }
               }
            }
            return res;
         }
      }
   }
}
```

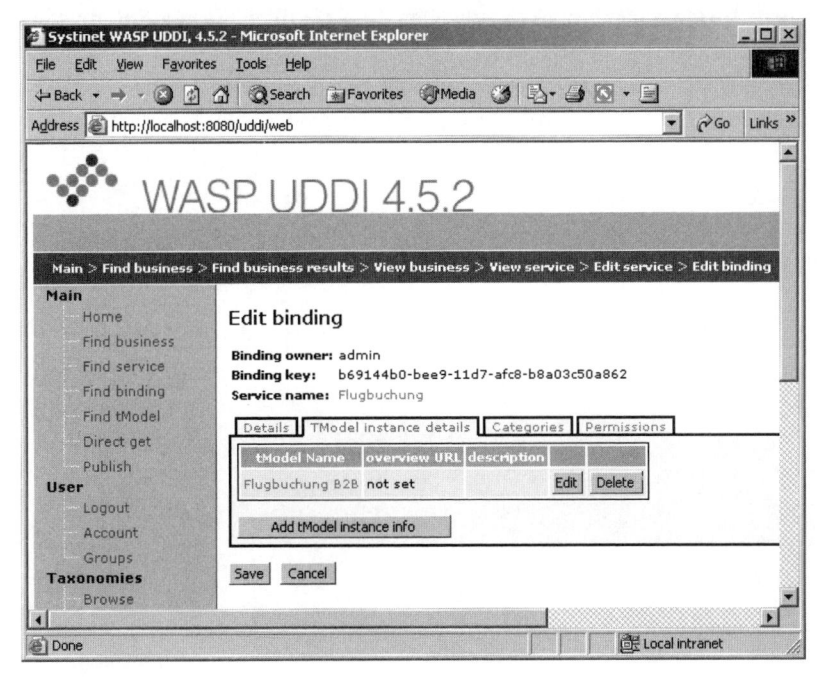

Abbildung 17.2: Ein Service ist über seine Bindung mit dem tModel des Standards assoziiert.

Natürlich gibt es in solchen Szenarien viele andere Architekturen, die beispielsweise einen Caching-Mechanismus beinhalten. Dies ist allerdings aus Sicht von Web Services irrelevant und letztlich ein Detail der Applikationslogik des Portals. Die Suche im UDDI-Repository und der Ausruf des Services, zu welchem Zeitpunkt und wie oft auch immer, funktioniert in allen Fällen gleich.

17.3 Übungsaufgaben

1. An welcher Stelle manifestiert sich im Beispielcode der gemeinsame B2B-Flugbuchungsstandard?

2. An welcher Stelle manifestiert sich im Beispielcode die UDDI-Datenstruktur?

3. Wie kann eine weitere Fluggesellschaft in das System aufgenommen werden? Welche Schritte sind hierfür nötig?

4. Erarbeiten Sie Vorschläge, wie die Versionisierungsproblematik angegangen werden soll.

5. Ein Kollege schlägt vor, die URLs der Services der teilnehmenden Fluglinien einfach in einem Textdokument ins Web zu stellen. Rechtfertigen Sie den Einsatz von UDDI.

Kapitel 18

B2B-Standards mit XML und Web Services

Wir hatten ganz am Anfang schon ausführlich über die beiden großen zukünftigen Einsatzgebiete für Web Services gesprochen: Enterprise Application Integration (EAI) und Business-to-Business-Anwendungen (B2B). Viele der Technologien für die Realisierung dieser beiden Ziele sind sich sehr ähnlich, so dass wir sie in diesem Kapitel gemeinsam behandeln können. Zur Einordnung: Wenn Sie Abbildung 3.5 noch einmal betrachten, dann befinden wir uns weiterhin in der obersten Schicht, in die wir auch schon UDDI eingeordnet hatten. Bisher hatten wir uns allerdings auf wirklich einfache Fälle beschränkt, bei denen es um genau einen Dienstaufruf geht. Für wirklich mächtige Anwendungen ist das bei weitem nicht genug, wie wir im Folgenden sehen werden. Um John Bosak, den *XML Chief Architect* von Sun Microsystems, zu zitieren:

> "Business is complicated. Any solution that doesn't reflect that complexity is not a real solution. ebXML is no more complicated than it has to be in order to implement real-world business collaborations. Conversely, Web services as they are currently defined seem simple precisely because they're not trying to deal with the complexities of real business relationships involving independent enterprises."

Wir beginnen mit einem Blick auf die heutige Struktur der B2B-Anwendungen, um die folgenden Abschnitte zu motivieren. Dort werden wir dann zunächst mit dem von Bosak erwähnten ebXML einen weiteren Verzeichnisdienst vorstellen und ihn mit UDDI vergleichen. Anschließend wenden wir uns den zwei wichtigsten Komponenten für B2B-Anwendungen zu, nämlich gemeinsamen Vokabularen für den Informationsaustausch und Sprachen zur Beschreibung von Prozessketten, hier insbesondere Workflow-Sprachen.

18.1 B2B-Anwendungen

Zielsetzung von B2B ist es, betriebswirtschaftliche Prozesse wie Bestellwesen, Ausschreibungen oder Abrechnungen über das Internet abzuwickeln. Das sind komplexe Prozesse und hier wird es notwendig, komplette Prozessketten und -abläufe beschreiben zu können.

Zu den interessantesten B2B-Anwendungen gehören branchenspezifische Marktplätze. Einige Beispiele sind www.e-steel.com (Stahl), www.glomedix.de (Krankenhausbedarf), www.telcobuy.com (Telekommunikation) oder www.chemconnect.com (chemische Industrie). Diese Marktplätze werden von unabhängigen Firmen betrieben und ermöglichen den Teilnehmern gegen eine Gebühr die Teilnahme am virtuellen Handel. Die Vorteile liegen auf der Hand: Es ist möglich, in Sekundenschnelle alle Gebote für die benötigte Ware oder Dienstleistung zu erhalten und sofort zu reagieren. Der Marktplatzbetreiber sorgt üblicherweise dafür, dass nur vertrauenswürdige Teilnehmer zugelassen werden, die ihre Rechnungen bezahlen und Termine einhalten. Neben der beschriebenen Organisation durch eine eigenständige Firma sind natürlich auch andere Modelle möglich. Gerade in der Automobilindustrie, wo ein Hersteller auf ein ganzes Netzwerk von Zulieferern angewiesen ist, werden B2B-Systeme auch oft von der belieferten Firma selbst betrieben. Inzwischen gibt es eine Reihe von Software-Lösungen zur Bereitstellung von B2B-Funktionalität. Zu den führenden Anbietern gehören beispielsweise SAP und Intershop. Neben diesen Standardlösungen sind jedoch auch viele eigene Entwicklungen im Einsatz.

Wieso ist ein Standard für den Informationsaustausch so wichtig? Dazu muss man sich erst einmal die momentane Situation anhand eines Beispiels vor Augen halten: Angenommen, ein Zulieferbetrieb will seinen Kunden elektronisch die aktuelle Preisliste übermitteln. Dies fällt unter den Begriff Electronic Data Interchange (EDI) und kann auf viele verschiedene Weisen geschehen. Es könnte ein per Email versandtes Excel-Dokument oder eine ASCII-Datei sein, die auf eine bestimmte, von beiden Firmen festgelegte Art und Weise formatiert ist.

Es ist offensichtlich, dass diese Methoden einige Probleme aufwerfen. So muss die Preisliste wahrscheinlich aus der Datenbank des Zulieferers generiert werden und auch die Verarbeitung beim Kunden erfordert höchstwahrscheinlich bestimmte Formatierungsarbeiten.

Experten der Gartner Group schätzen, dass 35–40% des Programmierungsbudgets einer typischen Firma in proprietäre Lösungen zur Formatierung von Dokumenten und zur Reportgenerierung fließen, die einzig dazu dienen, Daten zwischen verschiedenen Datenbanken und Applikationen auszutauschen.

XML kann hier Abhilfe schaffen: Einigen sich die Firmen auf ein bestimmtes Schema zur Beschreibung der Teile in der Preisliste, können die Daten im XML-Format ausgetauscht werden. Da Datenbanken die Ausgabe der Daten im XML-Format unterstützen, kann der Zulieferer das Ergebnis der SQL-Anfrage, die die Preisliste erzeugt, direkt verwenden. Der Kunde benützt einen XML-Parser oder Software mit einer XML-Importfunktion, um die Ergebnisse zu lesen. Der entscheidende Punkt ist hierbei nicht, dass XML ein Format ist, das besser als EDI-Standard geeignet wäre. XML hat einfach den nötigen Impuls und die Eigendynamik entwickelt, um sich durchzusetzen und von vielen Applikationen unterstützt zu werden.

B2B bedeutet aber nicht nur Datenaustausch. Dazu gehört auch eine bestimmte Semantik, die Kunden von einer B2B-Beziehung erwarten. Diese Semantik umfasst Nicht-Anfechtbarkeit von Transaktionen, rechtlich bindende digitale Verträge und Kollaborationen, Vertraulichkeit, Authentizität etc. All dies muss eine Technologie bieten, die B2B unterstützen will, und Web Services haben sich in dieser Hinsicht schon weit entwickelt.

18.2 Nutzen und Probleme von Standards

Man sieht leicht, wie einfach eine rudimentäre B2B-Lösung implementiert werden kann. Indem ein Marktplatz eine SOAP-Schnittstelle anbietet, können Clients relativ einfach eine Funktionalität implementieren, die den Einkaufs- bzw. Verkaufsprozess unterstützt und teilweise automatisiert. Auf technischer Ebene ist SOAP eine attraktive Lösung, da es in sehr heterogenen Systemen problemlos funktioniert. Allerdings ist auf organisatorischer Ebene bezüglich der Standards noch einiges zu tun, um das volle Potenzial von B2B auszuschöpfen. Das wichtigste Problem ist das der gemeinsamen Sprache. In einer Marktplatz-Anwendung hilft es nichts, wenn sich zwei Teilnehmer über ein gemeinsames Vokabular verständigen – also de facto auf eine WSDL-Beschreibung –, da die anderen damit noch lange nicht mitmachen können. Und ein spontanes Einkaufen auf einem Marktplatz funktioniert schon lange nicht, da man schlicht und einfach nicht mit den anderen sprechen kann.

Ein Marktplatz könnte zum Beispiel die Universal Standard Products and Services Classification (UNSPSC) Kodierung für die Produktidentifikation verwenden. UNSPSC ist eine der Möglichkeiten, die bei einer Registrierung im UDDI-Verzeichnis derzeit zur Klassifizierung von Produkten und Services verwendet werden können. Weiterhin könnte man sich vorstellen, dass die Marktplatz-Schnittstelle der von einem Konsortium vorgegebenen Spezifikation folgt. Dies betrifft die Syntax – also Namen, Parameter und Datentypen – wie auch die Semantik, die ein bestimmer Aufruf hat. Wir wollen uns nun im Folgenden einige der Initiativen anschauen, die eine Vereinheitlichung der B2B-Vokabulare zum Ziel haben. Zunächst folgt aber noch der versprochene Vergleich von UDDI mit ebXML.

18.3 UDDI und ebXML

Bisher hatten wir UDDI als *den* Verzeichnisdienst für Web Services kennen gelernt und dabei verschwiegen, dass es einen großen Konkurrenten gibt, die Electronic Business XML Registry (ebXML). Interessanterweise werden inzwischen beide von OASIS vorangetrieben, wobei, wie wir wissen, UDDI ja zunächst aus einem kleinen Industriekonsortium heraus entstand, während ebXML auf eine Initiative des *United Nations Centre for Trade Facilitation and Electronic Business (UN/CEFACT)* zurückgeht. Das Ziel von ebXML ist es, es Unternehmen jeder Größe und aus jeder geographischen Region zu ermöglichen, ihre Geschäfte über das Internet abzuwickeln.

Zu diesem Zweck umfasst ebXML mehr als nur eine Registry. Es stellt außerdem eine Standard-Methode zur Verfügung, um Nachrichten mit Business-Inhalten auszutauschen und damit Handelsbeziehungen aufzubauen und zu erhalten. Mit anderen Worten: Neben den Funktionen, die es mit UDDI gemein hat, stellt ebXML auch ein Vokabular für B2B-Beziehungen zur Verfügung und könnte eigentlich auch im folgenden Abschnitt mitbehandelt werden. Da ebXML aber ein umfassenderer Ansatz ist, wollen wir ihn hier auch etwas gesondert behandeln.

Abbildung 18.1 zeigt den Aufbau einer ebXML-Registry und die Interaktion eines Clients mit ihr. Natürlich findet auch hier die Kommunikation über XML statt und mehrere ebXML-Registries können miteinander in Kontakt stehen und Informationen austauschen.

Es gibt aber zwei interessante Unterschiede, die erwähnenswert sind. Erstens stellt ebXML nicht nur eine Registry, sondern auch ein Repository zur Verfügung (s. rechts unten in der Grafik). Das bedeutet, ein solches Verzeichnis speichert nicht nur Verweise auf Ressourcen, sondern auch die Ressourcen selbst, wenn das gewünscht wird. Zweitens ist das zentrale *Registry Service Interface* so allgemein gehalten, dass man damit auf verschiedene Arten von Verzeichnissen zugreifen kann, u.a. eben auch auf UDDI-Verzeichnisse. Damit können die beiden Welten tatsächlich koexistieren und voneinander profitieren. Warum aber gibt es nun zwei verschiedene Modelle?

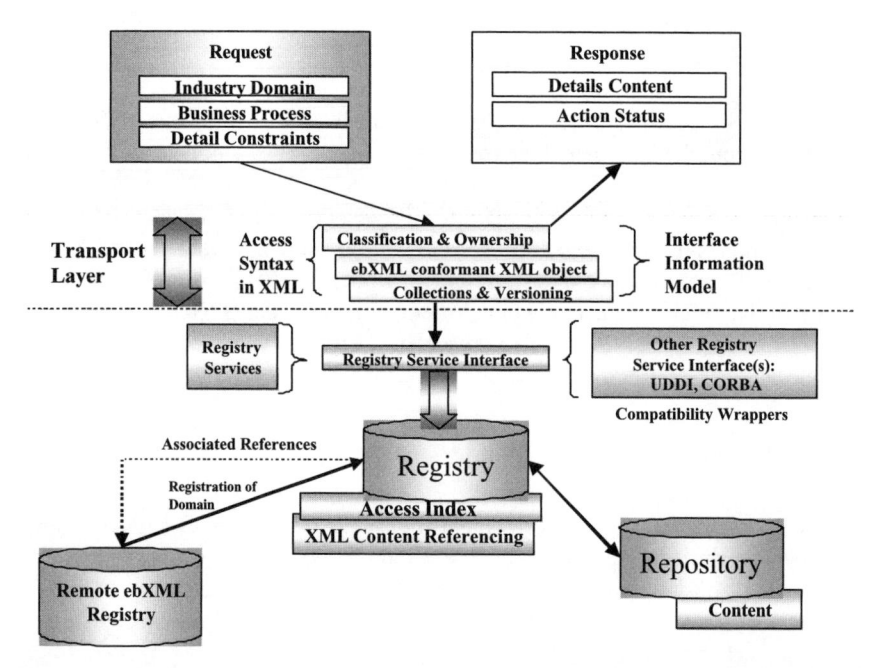

Abbildung 18.1: Struktur der ebXML Registry (Quelle: ebXML Technical Architecture Specification v1.0.4)

Abgesehen davon, dass die beiden Modelle parallel entstanden sind und von unterschiedlichen Firmengruppen vorangetrieben werden (bei ebXML ist Sun Microsystems der wichtigste Vorreiter), haben beide einen unterschiedlichen Fokus. UDDI ist eindeutig auf die Entdeckung von Services beschränkt und hat hier auch die eindeutig führende Rolle. ebXML kann zusätzlich die Zusammenarbeit von Unternehmen unterstützen, indem es die gemeinsame Entwicklung und Nutzung von Geschäftsprozessen ermöglicht. Wie für UDDI gibt es auch fertige ebXML-Werkzeuge und Registry-Implementierungen. Hier lohnt ein Blick auf die entsprechende OASIS-Seite unter http://www.oasis-open.org/committees/tc_home.php?wg_abbrev=regrep. Lösungen werden vor allem von Sun als einer größeren Firma sowie einigen Spezialisten wie ebXMLsoft (http://www.ebxmlsoft.com) und XML Global (http://www.xmlglobal.com) angeboten.

18.4 B2B-Vokabulare

Glücklicherweise gibt es praktisch keine Notwendigkeit mehr, sich im B2B-Umfeld Gedanken über Nachrichtenformate zu machen. Es gibt inzwischen einige so genannte Vokabulare für E-Business-Anwendungen, in denen spezielle Nachrichtenformate z.B. für den Austausch von Rechnungen, Bestellungen, Lieferadressen etc. definiert werden. Die meisten Formate sind auf spezielle Anwendungen zugeschnitten, so dass man sich prinzipiell aus dem großen Angebot etwas aussuchen kann. Sollte genau das Richtige nicht dabei sein, dann kann man sich, basierend auf existierenden Standards, neue Formate zusammenstellen.

Vokabulare und spezielle Formate werden heute typischerweise in Registries bzw. Repositories verfügbar gemacht, so dass jeder, der sie benötigt, einfach darauf zugreifen kann. Wir haben mit ebXML schon einen Ansatz kennen gelernt, der die Speicherung von XML Schemata oder DTDs in seinen Repositories gestattet. Noch stärker spezialisiert auf genau dieses Anwendungsfeld ist der Microsoft Biztalk Server unter http://biztalk.org. Hier kann prinzipiell jeder entsprechende Vokabulare für E-Business-Beziehungen hinterlegen und abrufen.

Wir wollen uns nun im Folgenden mit cXML, xCBL und RosettaNet drei bekannte, auf XML basierende Vokabulare anschauen.

18.4.1 cXML

Die Sprache cXML (Commerce XML, http://www.cxml.org) stellt eines der älteren Vokabulare für E-Business-Transaktionen zur Verfügung. Das erkennt man schon daran, dass cXML komplett per DTD und nicht als XML Schema definiert ist. Bereits im Frühjahr 1999 wurden die entsprechenden Dokumente der Öffentlichkeit zur Verfügung gestellt – cXML ist frei verfügbar, es sind keine Lizenzgebühren zu bezahlen.

Man kann cXML als leichtgewichtiges Protokoll bezeichnen, da es nur einen eingeschränkten Teil möglicher Geschäftsabläufe abdeckt. Zu diesen Elementen gehören:

- Firmendetails
- Kataloginhalt (Produktportfolios)
- Bestellungen
- Lieferscheine
- Rechnungen

Allerdings ist die cXML-Definition so gestaltet, dass sie leicht erweitert werden kann. Applikationen könnten also beispielsweise für ihre Zwecke die Basisbausteine von cXML verwenden und sie um spezifische Elemente erweitern.

Während viele andere Sprachen versuchen, aus Investitionsschutzgründen kompatibel zu EDI zu sein, also vor allem EDI-Nachrichten und -Elemente auf XML abzubilden, ist cXML völlig unabhängig von diesem älteren Standard. Das hat natürlich Vorteile und Nachteile: Einerseits sind cXML-Spezifikationen kompakter und leichter zu verstehen, andererseits kann alte EDI-Software nicht mehr eingebunden werden.

Ein cXML-Dokument besitzt `<cXML>` als Wurzelelement. Als Kindelemente gibt es entweder spezielle Anfrageelemente zusammen mit einem Header oder einfache Nachrichten, die nicht einem Request-Response-Schema folgen. Antworten werden mittels eines Response-Elements kodiert. Schauen wir uns ein einfaches Beispiel für eine Rechnung an, die Web Air an WS-Reisen geschickt haben könnte:

```
<cXML payloadID="5454664543@ws-reisen.de"
        timestamp="2003-07-27T09:59:06-01:00" xml:lang="de">
    <Header>
        ...
    </Header>
    <Request>
```

Den Header lassen wir offen und zeigen nun den Aufbau eines *OrderRequests*, einer Unterart eines *Requests*. Auch diese Bestellungsanfrage, die dann später mit einer entsprechenden Response beantwortet würde, besitzt zunächst einen Header, in dem die ganzen Formalien wie Rechnungs- und Lieferadresse sowie die Zahlweise angegeben werden:

```
<OrderRequest>
    <OrderRequestHeader orderID="F1356-2003" orderDate="2003-07-27"
                        type="new">
        <Total>
            <Money currency="EUR">1399.00</Money>
        </Total>
        <ShipTo>
            <Address>
                <Name xml:lang="de">WS-Reisen</Name>
                <PostalAddress name="default">
                    <DeliverTo>Karl Neumann</DeliverTo>
                    <Street>Irgendwostrasse</Street>
                    <City>WS-Stadt</City>
                    <PostalCode>12345</PostalCode>
                    <Country isoCountryCode="DE">Germany</Country>
                </PostalAddress>
            </Address>
        </ShipTo>
        <BillTo>
            <Address>...</Address>
        </BillTo>
        <Payment>
            <PCard number="9876 5432 1987 6543" expiration="09-04"/>
        </Payment>
```

18.4 B2B-Vokabulare

```
            </OrderRequestHeader>
```

Es folgt die eigentliche Bestellung, die aus `<ItemOut>`-Elementen besteht:

```
            <ItemOut quantity="1" requestedDeliveryDate="2003-08-01"
                     lineNumber="1">
              <ItemID>
                <SupplierPartID>534345365</SupplierPartID>
              </ItemID>
              <ItemDetail>
                <UnitPrice>
                   <Money currency="USD">1399,00</Money>
                </UnitPrice>
                <Description xml:lang="de">Flug FFM-Los Angeles, 3 Plätze
                </Description>
                <URL>www.www.web-air.de</URL>
              </ItemDetail>
            </ItemOut>
          </OrderRequest>
      </Request>
</cXML>
```

Alle verwendeten Tags sind in cXML standardisiert und man kann den Text praktisch mitlesen.

18.4.2 RosettaNet

RosettaNet (http://www.rosettaNet.org) ist ein Konsortium, das inzwischen aus über 400 Unternehmen der Halbleiter-, der elektronischen Komponenten- und der Informationstechnologie-Branche besteht. Dementsprechend beziehen sich die Aktivitäten des Konsortiums auch vor allem auf diesen Industriezweig. Der Name „Rosetta" stammt von dem berühmten Stein ab, der in drei verschiedenen Sprachen beschriftet ist und mit dessen Hilfe die Hieroglyphen entschlüsselt wurde.

RosettaNet hat sich ebenfalls zum Ziel gesetzt, die Erstellung von E-Business-Anwendungen insbesondere im B2B-Bereich zu erleichtern. Neben einem XML-Vokabular zur Formulierung der entsprechenden Datenelemente und Nachrichtenformate stellt RosettaNet auch ein Implementierungsrahmenwerk zur Verfügung, um es Anwendungsentwicklern möglichst einfach zu machen.

RosettaNet geht insofern schon weiter als beispielsweise cXML, da es nicht nur statische Datenelemente, sondern auch schon einfache Workflows, also Geschäftsprozesse beschreiben kann. Dazu definiert es so genannte *Partner Interface Processes (PIPs)*. Es gibt eine große Menge an fertigen PIPs, die jeweils in einem eigenen Dokumentationspaket beschrieben werden. Neben den DTDs für die Beschreibung der verwendeten Datenstrukturen gibt es eine natürlichsprachliche Beschreibung der Abläufe sowie Fluss- und Ablaufdiagramme, die die Reihenfolge der Interaktionen beschreiben. Abbildung 18.2 zeigt ein Beispiel, nämlich das Flussdiagramm für das PIP 3A8 „*Request Purchase Order Change*". Die Interaktion, die hier definiert wird, erlaubt es einem Käufer, eine schon bestehende Bestellung noch einmal zu modifizieren. Der Verkäufer muss laut dieser PIP darauf zunächst entscheiden, ob er die Änderung gestattet oder ablehnt. Kann er es noch nicht entscheiden, dann wird die Anfrage als „pending" eingestuft und später mittels des PIP 3A7 beantwortet.

Wir wollen an dieser Stelle auf ein Beispiel verzichten, da der eigentliche XML-Code zur Beschreibung der Elemente einer Bestellung, einer Bestellungsänderung, einer Rechnung etc. doch recht ähnlich zu anderen Lösungen z.B. in cXML ist. Wir beschränken uns auf den Hinweis, dass RosettaNet eine recht große Bedeutung in der IT-Branche gewonnen hat, da die Sprache erstens von sehr vielen Firmen unterstützt wird und es zweitens eben möglich ist, nicht nur Datenelemente, sondern ganze Geschäftsprozesse zu beschreiben. Diese Beschreibung ist allerdings auf die Grundtypen beschränkt, die in den PIPs spezifiziert sind. Für flexiblere und mächtigere Workflows muss man dann auf Workflow-Beschreibungssprachen ausweichen.

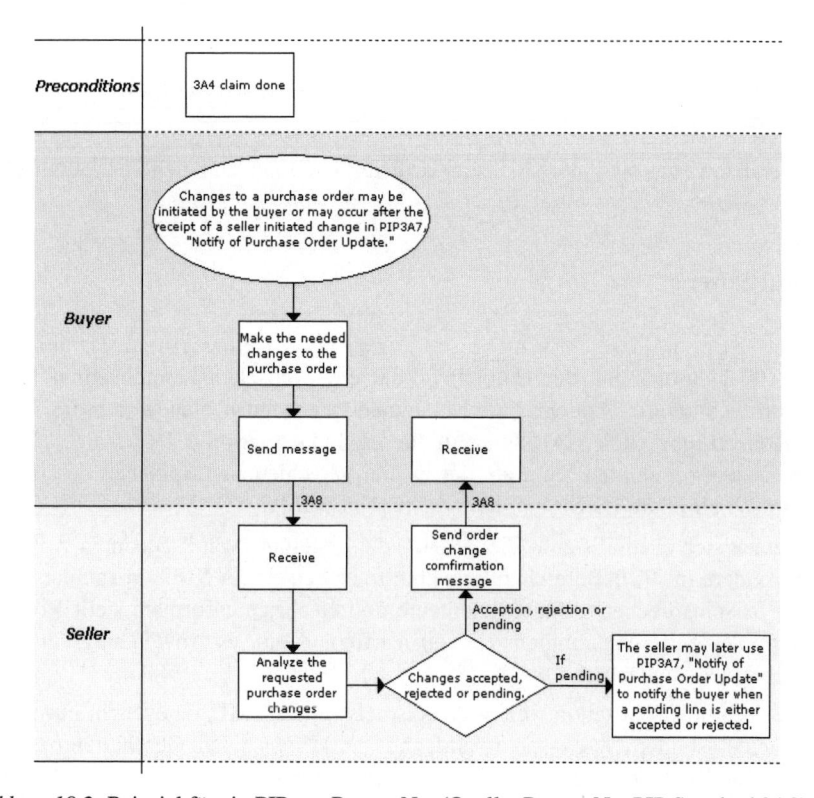

Abbildung 18.2: Beispiel für ein PIP aus RosettaNet (Quelle: RosettaNet PIP Standard 3A8)

18.4.3 xCBL und UBL

Sehr viel umfangreicher als cXML und RosettaNet ist die XML Common Business Library (xCBL, http://www.xcbl.org). Sie liegt inzwischen in der Version 4.0 vor, die komplett auf XML Schema basiert. Verglichen mit cXML können damit unterschiedliche Namespaces verwendet werden, um die Sprache besser zu strukturieren. Ein wichtiges Designziel bestand darin, den Nutzern von EDI einen leichten Übergang in die XML-Welt zu schaffen, indem man die EDI-Semantik weitestgehend übernahm. xCBL wurde ursprünglich allein von der Firma Commerce One entwickelt, bei den neuesten Versionen sind jedoch Firmen wie Microsoft, Sun oder SAP als wichtigste Anwender an der Entwicklung beteiligt. Auch Erfahrungen aus früheren Standards wie das eben erläuterte RosettaNet gingen in das Design der Sprache ein. Die Sprache ist ebenfalls kostenfrei verwendbar.

xCBL will seinen Nutzern vor allem Unterstützung für übergreifende Geschäftsprozesse wie Supply Chain Management, direkte oder indirekte Beschaffung, Auktionen sowie Rechnungsstellung und Bezahlung in einer Umgebung mit mehreren Währungen bieten. Dazu wurden Elemente für die folgenden Bereiche definiert (jeweils in unterschiedlichen Namespaces):

- ein Kernbereich, der die gängigsten Elemente definiert, die man in allen anderen Bereichen benötigt, also z.B. Adressen, Strukturelemente für Dokumente etc.
- ein Bereich für alles rund um Produktkataloge
- der Finanzbereich
- der Materialwirtschaftsbereich
- Elemente für die Vorbestellungsphase (Verfügbarkeits- und Preisprüfungen)
- der eigentliche Bestellbereich
- Elemente für Application Integration, vor allem zum Zugriff auf ERP-Systeme (Enterprise Resource Planning)
- Nachrichtenrahmenformate
- Elemente für Statistik und Vorhersage

Wir verzichten an dieser Stelle auf ein weiteres Beispiel – natürlich ähneln sich die Vokabulare der einzelnen Sprachen erheblich. Verglichen mit cXML kommen hier vor allem noch Namespace-Präfixe hinzu; außerdem sind die Nachrichten etwas länger wegen der größeren Zahl an Strukturelementen. Es muss aber nicht noch einmal betont werden, dass auch bei den B2B-Vokabularen Nachrichten nicht von Hand geschrieben und in SOAP verpackt werden. Natürlich gibt es auch hierzu die entsprechende Werkzeugunterstützung in verschiedenen Programmiersprachen.

Basierend auf den Entwicklungen von xCBL und EDI gibt es seit einiger Zeit eine Initiative, eine weitere Vereinheitlichung der Vokabulare zu erreichen. Die neue Sprache soll Universal Business Language (UBL) heißen und wird von OASIS standardisiert. Seit Februar 2003 gibt es eine Version „0p70", die zur öffentlichen Begutachtung bereitsteht (http://oasis-open.org/committees/ubl/lcsc/0p70/). Man erhofft sich, durch diese weitere Sprache den Dschungel der Business-Sprachen etwas zu lichten – nach den bisherigen Erfahrungen darf man sehr gespannt sein, ob das möglich sein wird.

18.5 Workflow Frameworks

Bei der Diskussion von RosettaNet hatten wir bereits gesehen, dass eine reine Definition von Vokabularen nicht ausreichend für die komplexe B2B-Welt ist. Es ist von ebenso großer Bedeutung, Prozesse beschreiben zu können, die innerhalb eines Unternehmens oder zwischen ihnen ablaufen. RosettaNet definiert mit den PIPs eine Grundmenge von Operationen, die aber auf einige Standardmechanismen beschränkt ist.

In diesem Abschnitt wollen wir uns nun zum Abschluss des Kapitels mit solchen Sprachen beschäftigen, die die Formulierung von Geschäftsprozessen zulassen. Ganz generell folgen alle diese Sprachen einem dreischichtigen Schema, wie es in Abbildung 18.3 zu sehen ist. Aus einem Zustand im Prozessmodell heraus werden, wenn bestimmte Bedingungen erfüllt sind, Aktionen ausgeführt (Web Services aufgerufen), die wiederum auf die eigentlichen Ressourcen eines Unternehmens Bezug nehmen.

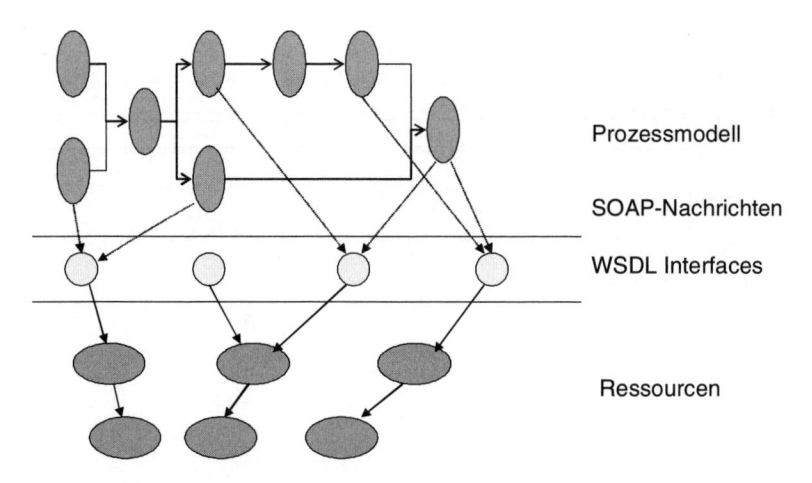

Abbildung 18.3: Modellierung von Geschäftsprozessen

Wir werden uns dabei auf die XML-basierten Sprachen beschränken, da nur diese im Web-Service-Umfeld relevant sind. Natürlich gibt es schon lange viele andere Formalismen zur Workflow-Beschreibung wie z.B. Petri-Netze oder die Modellierungssprache UML. Diese wollen wir bewusst ausklammern. Unsere Beispielsprachen werden BPML, BPEL4WS und WSCI sein. Es gibt in dieser Welt eine Vielfalt von Sprachen, die sich parallel zueinander entwickelt haben. Es gibt zwar einige Initiativen zur Vereinigung der Sprachen, aber man kann sich vorstellen, dass das politisch nicht ganz einfach ist. Tatsächlich ist es sogar so, dass immer wieder neue Sprachen auftauchen. Der ganze Bereich wird als Business Process Management (BPM) bezeichnet.

18.5.1 BPML

Die *Business Process Management Language (BPML)* ist eine der älteren Sprachen, sie wurde allerdings in der aktuellen Version 1.0 erst im Jahr 2001 spezifiziert (es gab einige Vorversionen). Sie basiert bereits auf dem Web-Services-Modell, verwendet also diese Technologie als Grundlage für Dienstbeschreibungen, die dann zu Prozessen komponiert werden. Generell basiert die Sprache auf endlichen Automaten (*finite state machines*), mit denen man das Verhalten von Prozessen und deren Interaktionen beschreiben kann. Die Verhaltensbeschreibung ist ausführbar und kann damit direkt in Programme umgesetzt werden bzw. interpretiert werden. Ein BPML-Interpreter wird als *Business Process Management System (BPMS)* bezeichnet.

BPML besitzt Elemente zur Beschreibung der folgenden Aufgaben:

- grundlegende Aktionselemente zum Senden und Empfangen von Nachrichten sowie zum Aufruf von Diensten
- bedingte, sequentielle und parallele Ausführung von Aktionen
- Unterstützung von Transaktionen, Exception Handling und der Komposition von Prozessen

Die Bedeutung von BPML hat inzwischen deutlich nachgelassen, da es mit BPEL4WS eine neue Sprache gibt, die einerseits existierende ältere Sprachen vereinigt und gleichzeitig auf dem Web-Services-Modell beruht. Nachdem sogar die größeren Nutzer von BPML zu BPEL4WS gewechselt haben, scheint sich diese neue Sprache durchzusetzen, die wir als Nächstes betrachten wollen.

18.5.2 BPEL4WS

Die zurzeit interessanteste, weil am weitesten unterstützte Sprache ist sicherlich die *Business Process Execution Language for Web Services (BPEL4WS,)*. Diese Sprache wird vor allem von IBM und Microsoft vorangetrieben – Sie sehen, es gibt in der Web-Services-Welt doch auch mehrere Lager, wobei meist Microsoft und IBM auf der einen Seite und Sun auf der anderen Seite steht. Sie können also schon fast ahnen, wer den WSCI-Standard besonders unterstützt, den wir im nächsten Abschnitt betrachten wollen.

BPEL4WS hat eine Vorgeschichte: Es ist entstanden aus der Web Service Flow Language (WSFL), die von IBM entwickelt wurde und auf dem schon angesprochenen Petri-Netzmodell beruht, und der XLANG von Microsoft, die das fomale Modell des Pi-Calculus umsetzt. Die Stärke von BPEL4WS beruht natürlich gerade darauf, dass sie aus zwei älteren Sprachen zweier großer Unternehmen entstanden ist – die Synergieeffekte sind nicht zu verkennen.

Die Spezifikation eines Geschäftsprozesses mit BPEL4WS geschieht mit den folgenden Elementen:

- Für eine Sammlung von Web Services kann eine Ausführungsreihenfolge für die zugehörigen Nachrichten vereinbart werden.
- Die Daten, die zwischen diesen Diensten ausgetauscht werden sollen, können beschrieben werden.
- Man kann die Partner beschreiben, die an den Interaktionen beteiligt sind.
- Außerdem kann eine gemeinsame Ausnahmebehandlung formuliert werden.

Eine Prozessformulierung hat dann die folgende Struktur:

```
<process name="reisebuero" xmlns=... >
  <partners>
     <partner name= ... myRole= ... />
     <partner name= ... partnerRole= ... />
  </partners>
  <containers>
     <container name= ... messageType= ... />
     <container name= ... messageType= ... />
  </containers>
```

Die Prozessbeschreibung listet zunächst die am Prozess beteiligten Partner sowie die internen Datenstrukturen auf, in denen eintreffende Nachrichten abgespeichert oder aus denen ausgehende Nachrichten entnommen werden können. Es folgt die eigentliche Ablaufbeschreibung des Prozesses:

```
<sequence>
   <receive name= ... partner= ... portType= ... operation= ...
            container= ... />
   <invoke name= ... partner= ... portType= ... operation= ...
            inputContainer= ... outputContainer ... />
   <reply name= ... partner= ... portType= ... operation= ...
            container= ... />
</sequence>
</process>
```

Die Sequenz beschreibt, dass zunächst eine Nachricht empfangen werden muss, woraufhin dann ein Web Service aufgerufen wird. Anschließend wird eine Antwort an einen Partner geschickt. Die für die aufgerufenen Operationen notwendigen Parameter stammen aus den Containern.

18.5.3 WSCI

Der dritte Ansatz, den wir uns anschauen, ist das *Web Service Choreography Interface (WSCI)*, das vor allem von Sun, BEA und Intallio in der Web Services Choreography Group (http://www.w3.org/2002/ws/chor/) vorangetrieben wird. WSCI wird in der Fachwelt kritisiert, weil es dafür sorgt, dass die Welt der BPM-Sprachen weiter aufgesplit-

18.5 Workflow Frameworks

tert wird. Aber wir hatten ja schon über die politische Motivation für manche Aktivitäten in der Web-Services-Welt gesprochen.

Die Struktur der Sprache ist der von BPEL4WS recht ähnlich, was auch für die Ziele gilt. Deswegen wollen wir nicht vertieft darauf eingehen, sondern uns gleich einem Beispiel zuwenden. Wir wollen den Prozess von WS-Reisen beschreiben, wenn ein Kunde eine Buchungsanfrage schickt. Dabei soll das Reisebüro zunächst eine Reiseanfrage bekommen und anschließend eine Buchung für Tickets. Daraufhin wird es an Web Air eine Flugbuchung schicken. Sobald es die Bestätigung erhalten hat, wird es diese an den Kunden weiterleiten. Grafisch wird dieser Prozess in Abbildung 18.4 gezeigt.

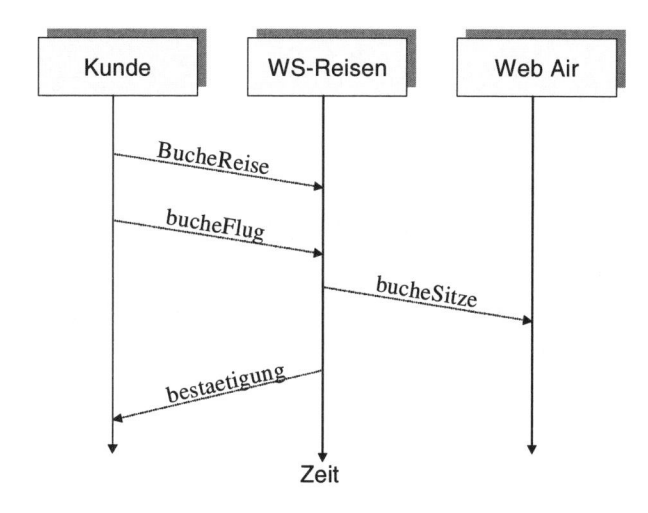

Abbildung 18.4: Beispiel für einen Prozess im Reisebüro

Wie sieht nun die Prozessbeschreibung von WS-Reisen aus, die genau diese Interaktionsabfolge unterstützen kann? In WSCI beginnt alles mit einem `<interface>`-Element. Dieses enthält mehrere Prozessbeschreibungen. Ein erster Prozess heißt „buchePauschalreise" und wird durch den Empfang einer Nachricht gestartet:

```
<interface name="ws-reisen">
    <process name="buchePauschalreise" instantiation="message">
        <sequence>
            <action name="initiiereReisebuchung" role="tns:reisebuero"
                operation="tns:bucheReise" />
            <action name="empfangeTicketanfrage" role="tns:reisebuero"
                operation="tns:bucheFlug">
                <call process="tns:bucheSitze" />
            </action>
            <action name="sendeBestaetigung" role="tns:reisebuero"
                operation="tns:bestaetigung" />
        </sequence>
    </process>
```

Der Prozess besteht demnach aus einer Folge von drei Aktionen. In der ersten Aktion wird die `BucheReise`-Operation ausgeführt, in der zweiten die `bucheFlug`-Operation, die zum Aufruf eines weiteren Prozesses führt, und in der dritten die `bestaetigung`-Operation, in der der Kunde über den Erfolg der Aktionen informiert wird. Es bleibt die Definition des zweiten Prozesses, der vom ersten aufgerufen wird:

```
<process name="bucheSitze" instantiation="other">
    <action name="bucheSitze" role="tns:reisebuero"
            operation="tns:bucheSitze">
    </action>
</process>
</interface>
```

18.6 Übungsaufgaben

1. Was ist der eigentliche Unterschied zwischen B2B und EAI? Warum kann man in beiden Bereichen Lösungen mit denselben Technologien erstellen?

2. Was ist der Unterschied zwischen den aufgeführten Vokabularen für Business-Anwendungen und für Workflow-Sprachen? Schließen sich die Sprachen gegenseitig aus oder ergänzen sie sich? Wie?

Teil IV

Ausblick und Zusammenfassung

Kapitel 19

Ausblick

Fast sind wir am Ende angekommen – die wichtigen Technologien kennen wir nun alle. Wie aber geht es mit Web Services weiter. Darüber wollen wir in diesem Kapitel ein wenig spekulieren. Der erste Abschnitt wirft einen Blick auf die heutige Bedeutung von Web Services. Anschließend wollen wir uns zwei wichtige Zukunftstechnologien des Web bzw. des Internets anschauen, nämlich Semantic Web und Grid Computing. Wir werden dabei feststellen, dass unsere Web Services in beiden eine zentrale Rolle spielen.

19.1 Heutige und zukünftige Bedeutung von Web Services

Zunächst wollen wir uns etwas von der technischen Ebene abheben und uns kritisch mit der Bedeutung und der Akzeptanz von Web Services befassen. Dabei spielen vor allem auch Geschäftsmodelle eine große Rolle.

19.1.1 Web Services heute

Momentan erleben wir einen unglaublichen Boom auf der technischen Ebene. Wir sehen eine Flut von Werkzeugen, die SOAP und WSDL unterstützen. Besonders vielversprechend sind hierbei die Ansätze, Web-Service-Unterstützung in Produkte wie Office XP einzubauen. Dies ermöglicht einem breiten Anwenderkreis Web Services zu nutzen. Auch weiterführende Standards wie das Web Service Invocation Framework (WSIF) oder die Web Service Flow Language (WSFL) machen gute Fortschritte. Es dauert vielleicht nicht mehr lange, dann sind alle WS-Akronyme vergeben.

Web Services werden auch schon sehr erfolgreich als plattformübergreifende Middleware eingesetzt. Besonders von Vorteil ist hierbei die Eigenschaft, auf bestehenden und gut etablierten Internettechnologien wie HTTPS oder DNS aufzubauen, anstatt zu versuchen das Rad neu zu erfinden. Auch die Durchlässigkeit von Firewalls auf den Ports für HTTP und HTTPS ist eine große Hilfe, auch wenn dadurch natürlich das Sicherheitskonzept untergraben wird. Firewalls, die SOAP-Aufrufe erkennen und filtern, werden sicher auch nicht mehr lange auf sich warten lassen.

Sehen wir uns nun an, wie viele Services heute öffentlich zur Verfügung stehen. Mit öffentlich meinen wir, dass ein Service einem breiten Kreis von Benutzern zur Verfügung gestellt wird und nicht nur von einer Gruppe von B2B-Partnern oder von Komponenten eines einzelnen, verteilt implementierten Systems genutzt werden.

Hier ist die Situation derzeit noch sehr kritisch. Es gibt einige sehr prominente Web-Service-Installationen. So kann man beispielsweise bei Google die Suchfunktionalität auch per Web Service aufrufen (`http://www.google.com/apis/`). Auch Amazon bietet im Rahmen des Associates-Programms die Möglichkeit, Produkte programmatisch zu suchen und zu kaufen (`http://www.amazon.com/webservices`). Microsoft bietet den Mappoint Service an, mit dem Kartenmaterial online bezogen werden kann (`http://www.microsoft.com/mappoint/net/`). Dies ist beispielsweise für Hersteller von Online-Navigationssystemen interessant. Das TerraServer-Projekt wurde ursprünglich von Microsoft Research entwickelt (`http://terraservice.net/`). Es integriert verschiedene Luftbildaufnahmen und anderes Kartenmaterial. Auf der Seite kann man sich tatsächlich fast jeden Flecken der USA von oben aus ansehen. Auch diese enorme Datenbank ist per Web Services ansprechbar.

Neben diesen vereinzelten hervorragenden Angeboten werden allerdings noch nicht allzu viele andere Services heute angeboten und man fragt sich natürlich, ob und wann eine breitere Basis an Services zur Verfügung steht. Diese Beobachtung wird durch die sehr geringe Qualität der in UDDI registrierten Angebote untermauert.

19.1.2 Geschäftsmodelle

Wir denken, dass die Internetbenutzer sich bezüglich Web Services noch etwas umstellen müssen, da die bislang geltenden fundamentalen Grundsätze der Internetökonomie nicht mehr gelten. Bislang war eine Web-Seite in gewisser Weise mit einer Zeitung vergleichbar. Wer viele Hits auf seine Seite bekommt, kann natürlich auch viel für Online-Werbung verlangen. Google ist hierfür ein gutes Beispiel. Ein so genannter *sponsored link* bei Google kostet gutes Geld, da quasi auch fast jeder Internetbenutzer auf diese Suchmaschine zurückgreift.

Aber was passiert, wenn die Information per Web Service abgerufen wird? Der Client läuft automatisch und es gibt keinen Platz mehr für Werbung. Was ist also die Motivation, seine Datenkollektion oder seine Bilder- und Artikelsammlung als Service anzubieten. Derzeit ist die Motivation bei den Vorreitern wie Amazon und Google sicherlich, die Führungsrolle und technische Kompetenz zu demonstrieren. Beide Angebote sind aber auch nur eingeschränkt zu nutzen. So muss man sich registrieren und ist auf eine gewisse Anzahl von Aufrufen täglich limitiert. Mappoint basiert auf Basis eines Abonnements. Für eine stattliche Summe ist es erlaubt, im vollen Umfang auf die wertvollen Daten zuzugreifen.

Zweifellos wäre es technisch kein zu großes Problem, die Online-Reiseplanung, das Wörterbuch, die Aktienkurse, die Tagesmeldungen und viele weitere Infos per SOAP zugänglich zu machen. Was fehlt, ist das klare Geschäftsmodell und wohl auch eine sichere technische Bezahlungsmöglichkeit. Letztlich wird man sehen, wohin die Reise geht.

Allerdings sollte man auch nicht zu schwarz sehen. Die Technologie ist schließlich noch sehr neu und auch das Internet brauchte einige Jahre Anlaufzeit.

19.1.3 Einsatzgebiete für Web Services in den nächsten Jahren

Abschließend für diesen Abschnitt und vor dem eigentlichen Ausblicksteil über Semantic Web und Grid Computing wollen wir die zukünftigen Einsatzmöglichkeiten von Web Services ansprechen. Natürlich gibt es unzählige Szenarien, wie verschiedene Angebote genutzt werden können, sei es das intelligente Haus, das Ihnen aufgrund des schlechten Wetterberichts das Mitnehmen des Regenschirms nahe legt, oder Ihr Auto, das Sie künftig über die Radarfalle um die Ecke informiert. Allen Szenarien liegt ein Prinzip zugrunde, nämlich die Kombination der Daten aus verschiedenen Quellen. Web Services übertragen Daten, wie es Web-Server heute schon mit HTML-Seiten tun. Allerdings sind die Daten in XML strukturiert und ermöglichen es dem Client so, die Information programmatisch weiter zu verwenden. Damit ist es möglich, Dinge zu tun, die der einzelne Serviceanbieter nicht leisten kann. Die Staumeldung im Radio ist hilfreich. Sie ist aber noch viel hilfreicher, wenn diese Information mit der GPS Positionsinformation des Nutzers kombiniert wird.

Diese Möglichkeiten werden heute nur ansatzweise genutzt. Wir sind uns allerdings sicher, dass wir in den kommenden Jahren noch vieles über Web Services hören und vor allem sehen werden. Die Werkzeuge stehen bereit, es werden sich Geschäftsmodelle finden, zuverlässige, kostenpflichtige Services werden entstehen und Benutzer und Entwickler werden diese in den innovativsten Arten und Weisen kombinieren.

19.2 Ontologien und das Semantic Web

Der Begriff der Ontologie kommt ursprünglich aus der Metaphysik. Die Encyclopædia Britannica definiert Ontologie als die Theorie des Seins, insbesondere der fundamentalen Charakteristiken der Realität. Diese Definition passt nicht so ganz in die Informatik. Dennoch ist dieser Begriff inzwischen ein viel diskutiertes Thema, allerdings unter einer anderen Definition. Am häufigsten wird hierbei Tom Gruber zitiert. Er beschreibt eine Ontologie als eine formale Spezifikation gemeinsam verwendeter Konzepte. Welche Rolle spielen Ontologien für den Bereich der Web Services oder für B2B allgemein? Tippt man englisch „Ontology" in Google ein, so bekommt man derzeit 656.000 Seiten zurück. Die wenigsten davon haben etwas mit Metaphysik oder Philosophie zu tun. Wir finden aber etliche Einträge in der Art von „Enabling Virtual Business" oder „Gene Ontology Consortium". Führen wir uns Grubers Definition nochmals vor Augen. Auch in unserem Reisebeispiel finden wir gemeinsam benutzte Konzepte wie Flug, Buchung, Passagier, Flughafen und so weiter. Letztlich ist es eine grundlegende, oftmals implizit vorhandene Annahme, dass die Geschäftspartner diese Konzepte teilen. Im Beispiel wird dies dadurch gewährleistet, dass die Partner sich auf einen vorgegebenen B2B-Standard festlegen. Ein solcher Standard umfasst die API-Definitionen, aber üblicherweise auch etliche hundert Seiten an Dokumentation. Darin wird festgelegt, was genau beispielsweise ein Buchungspreis ist. Diese Dokumentation muss so ausführlich sein, denn das Konzept Buchungspreis ist nicht trivial. Es stellt sich beispielsweise die Frage, ob darin Steuern und Flughafengebühr bereits enthalten sind. Auch die Frage der Währungsumrechnung könnte ein Problem darstellen. Die Dokumentation muss diese Punkte klären und folglich muss auch jeder Geschäftspartner, der an einem solchen B2B System teilnimmt, seine Applikationslogik entsprechend der im B2B-Standard vorgegebenen Konventionen implementieren oder bestehende Software entsprechend anpassen. Langer Rede kurzer Sinn: Auch ein B2B-Standard kann als Ontologie aufgefasst werden.

Wie wir im nächsten Abschnitt sehen werden, sind Ontologien ein fundamentaler Bestandteil des Semantic Webs. Was ist nun der Unterschied zwischen der bestehenden Technologie mit den bestehenden Standards und dem neuen Ansatz des Semantic Webs? Wie wir eben bereits andeuteten, ist es für eine Firma alles andere als leicht, einen B2B-Standard zu unterstützen. Es muss derzeit viel Geld ausgegeben werden, um bestehende Systeme anzupassen. B2B-Berater verdienen hier wirklich sehr gutes Geld. Man kann dies allerdings auch als Schmerzensgeld auffassen, denn sich mit diesen Standards herumzuschlagen ist nun wirklich kein Spaß! Auch die Erstellung von Standards ist sehr mühsam. Einerseits muss ein Standard allgemein genug sein, um ein breites Spektrum von Firmen anzusprechen. Andererseits sollte ein Standard einfach und Benutzer- und Entwicklerfreundlich sein. Diese beiden Bedingungen stehen allerdings im Gegensatz zueinander. Somit muss man derzeit feststellen, dass B2B oftmals hinter den Erwartungen zurückbleibt und sich letztendlich nur für große Firmen rentiert.

Genau hier setzt das Semantic Web und die Verwendung von Ontologien an. Das Ziel ist es, eine formale und vor allem maschinenlesbare Definition zu ermöglichen. Die Hoffnung hierbei ist, dass es eines Tages möglich sein wird, Systeme miteinander kommunizieren zu lassen, die zuvor nicht explizit dafür programmiert wurden und die auch nicht einem zuvor definierten Standard entsprechen. Im folgenden Abschnitt zeigen wir nun eine Übersicht der Architektur des Semantic Webs.

19.2.1 Schichtenarchitektur des Semantic Webs

Wie die meisten Web Technologien werden auch die Standards des Semantic Webs unter Aufsicht des W3C entwickelt (http://www.w3.org/2001/sw/). Abbildung 19.1 zeigt die von Tim Berners-Lee, dem Erfinder des heutigen Webs, vorgeschlagene Architektur.

Die Basis bilden Unicode und URIs. Mit diesem Fundament können beliebige Ressourcen weltweit adressiert und sprachunabhängig dargestellt werden. Darauf aufbauend finden wir die Technologien, die auch für Web Services essentiell sind, nämlich XML, XML Schema und Namespaces. Mit dem Resource Description Framework (RDF) und der zugehörigen Schemasprache, RDF Schema, gelangen wir quasi auf das Terrain des Semantic Webs. RDF ermöglicht eine neue Art der Datenmodellierung, die zur Lösung vieler Probleme im Bereich der Datenintegration angewendet werden kann. Wichtige Stichworte hierbei sind die Vergabe global eindeutiger Identifikationen oder Primärschlüssel sowie eine bessere Beschreibung der Felder komplexer Datentypen. Diese Beschreibung basiert nun sehr stark auf Ontologien, womit wir in der zentralen Schicht der Semantic-Web-Architektur angelangt sind. Um die Konzepte maschinenlesbar zu be-

19.2 Ontologien und das Semantic Web

schreiben, erlaubt es die Ontologiesprachen, Axiome in Beschreibungslogik auszudrücken. Weiterführendes für die beschriebene Domäne kann in Regelsprachen ausgedrückt werden. Dieser Bereich basiert somit auf der Ontologieschicht. Bis zu diesem Logikbereich gehen derzeit die konkreten Bestrebungen. Die Vision, dass Softwaresysteme untereinander Vertrauen aufbauen, manifestiert sich in den obersten Schichten. Stellen Sie sich vor, ein Programm fordert Zugriff auf geschützte Daten an. Dieses Programm könnte einen formalen Beweis vorlegen, um dies zu erreichen. Beispielsweise könnte die Argumentation sein: Das Dokument ist für Konsortialmitglieder zugänglich. Ich handle im Auftrag der Firma X, die eine Tochter der Firma Y ist, welche wiederum Konsortialpartner ist. Die entsprechende Information wäre hierbei digital signiert.

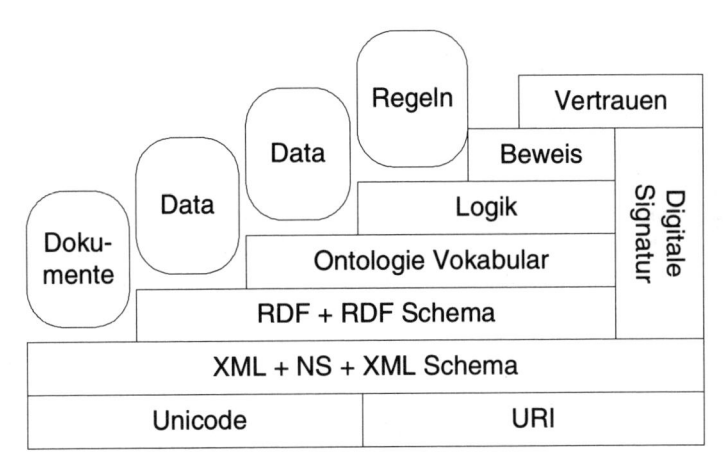

Abbildung 19.1: Das Semantic Web Schichtenmodell nach Tim Berners-Lee.

Soweit zum architektonischen Überblick. Wir wollen nun einige der Semantic-Web-Standards detaillierter betrachten.

19.2.2 RDF/RDF Schema

Wie bereits in der Einführung erwähnt, erlaubt RDF eine andere Art der Datenmodellierung (http://www.w3.org/RDF/). Im XML-Werkzeugkapitel stellten wir ja bereits die Ähnlichkeiten zwischen objektorientierten Sprachen, XML und Datenbanken heraus. All diese Repräsentationsformen basieren auf dem Konzept, dass Daten in Strukturen gruppiert werden. So gibt es eine Struktur Mitarbeiter mit den entsprechenden Informationen über Alter, Gehalt und Name. Eine Struktur kann auf eine andere verweisen. In Programmiersprachen finden wir Pointer oder Referenzen, Datenbanken und XML behelfen sich mit IDs (Primärschlüsseln) und ID-Referenzen (Fremdschlüsseln).

Das Problem hierbei ist, dass diese Referenzen meist nur lokal gültig sind. Lokal bedeutet, innerhalb eines Betriebssystemprozesses bzw. innerhalb einer Datenbank oder eines XML-Dokuments. RDF setzt an dieser Stelle an und verwendet einfach URIs zur Identifikation von Dingen. Natürlich hindert einen niemand daran, dies auch in einer Datenbank zu tun. RDF zwingt einen Benutzer lediglich dazu und definiert genau die syntaktische Art und Weise, wie dies zu tun ist.

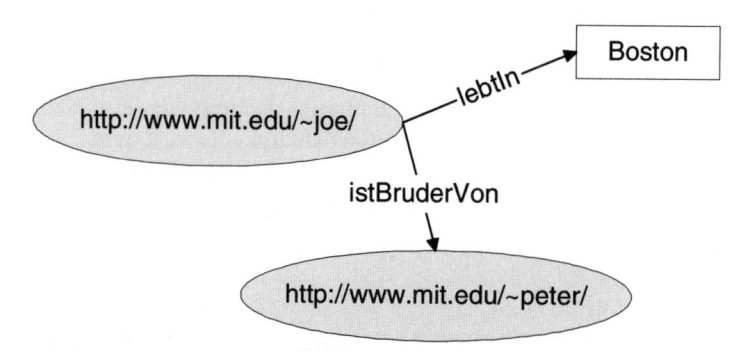

Abbildung 19.2: Das RDF Datenmodell stellt Information als gerichteten, beschrifteten Graphen dar. Die Beschriftungen sind URIs.

Ein weiteres Problem bisheriger Datenstrukturen kommt bei der Integration von Daten zum Vorschein. So gibt es in jeder Firma eine Mitarbeitertabelle, doch diese sieht immer etwas anders aus. Genauso ist die Situation bei Mitarbeiterklassen oder einem Mitarbeiter-XML-Schema. Bei der Datenintegration muss man sich die zugrunde liegenden Definitionen der zu integrierenden Strukturen ansehen und eine Transformation definieren. Dies kommt in der Praxis sehr häufig vor, was auch die Beliebtheit von XSLT erklärt, denn genau diese Transformationen sind eine der Hauptanwendungen von XSLT. RDF geht hier einen komplett anderen Weg. Die traditionellen Datenstrukturen werden aufgegeben, indem die einzelnen Felder nicht nur durch Namen wie Gehalt usw. sondern durch voll mit Namespaces qualifizierte Namen gekennzeichnet werden. Statt einer vorgegebenen Struktur gibt man in RDF die Information in so genannten Tripeln aus Subjekt, Prädikat und Objekt an. Abbildung 19.2 zeigt ein Beispiel in dem zwei solcher Tripel, Joe lebt in Boston und Joe ist der Bruder von Peter, zu sehen sind. Das Subjekt muss hierbei immer eine URI sein. Diese URI wird auch als Ressource oder Graphknoten beschrieben. Eine solche Ressource kann prinzipiell alle möglichen Dinge darstellen. In diesem Beispiel ist es eine Person, die durch die URL deren Homepage am MIT gekennzeichnet ist. Es kann sich aber auch um ein Ereignis oder eine Institution handeln. Die Prädikate wie „lebtIn" stammen aus einem im RDF-Dokument angegebenen Namespace-Vokabular. Das Objekt kann schließlich entweder ein einfacher Text wie Boston oder selbst eine URI sein. Durch diesen einfachen Mechanismus ergibt sich sozusagen ein globaler Informationsgraph von einer URI zur nächsten. Der Graph aus Abbildung 19.2 wird in RDF folgendermaßen aufgeschrieben:

```
<?xml version="1.0"?>
<rdf:RDF
   xmlns:rdf="http://www.w3.org/1999/02/22-rdf-syntax-ns#"
   xmlns:br="http://www.bundesregierung.de/einwohnermeldeamt#"
   xmlns:pers="http://www.personeninfo.org/schema#"
>
```

19.2 Ontologien und das Semantic Web

```
    <rdf:Description about="http://www.mit.edu/~joe/">
        <br:lebtIn>Boston</br:lebtIn>
        <pers:istBruderVon>http://www.mit.edu/~peter/</pers:istBruderVon>
    </rdf:Description>
</rdf:RDF>
```

Man sieht, dass RDF selbst in XML geschrieben werden kann. Eine andere, recht populäre Schreibweise ist beispielsweise N3. Das RDF-Dokument definiert zwei fiktive Namespaces. Der eine stammt von der Deutschen Bundesregierung und bezieht sich auf Daten, die für die Einwohnermeldeämter erheblich sind. Der zweite ist ein Namespace zur Beschreibung von Personen. Man sieht, dass RDF es erlaubt, sich in einer Datendefinition auf mehrere Namespaces zu beziehen. Der Vorteil liegt auf der Hand: Sollen solche Informationen integriert werden, sind sowohl die Knoten als auch die Beschriftungen der Kanten eindeutig über URI spezifiziert. Idealerweise müssen sich hierbei natürlich weit verbreitete Namespaces einbürgern. Abbildung 19.3 zeigt nun, wie die Integration von statten geht. Zwei Graphen werden quasi anhand gemeinsam referenzierter Ressourcen übereinander gelegt. Aus der Vereinigungsmenge der RDF Fakten können wir nun schließen, dass Joes Bruder Peter gerne Fußball spielt.

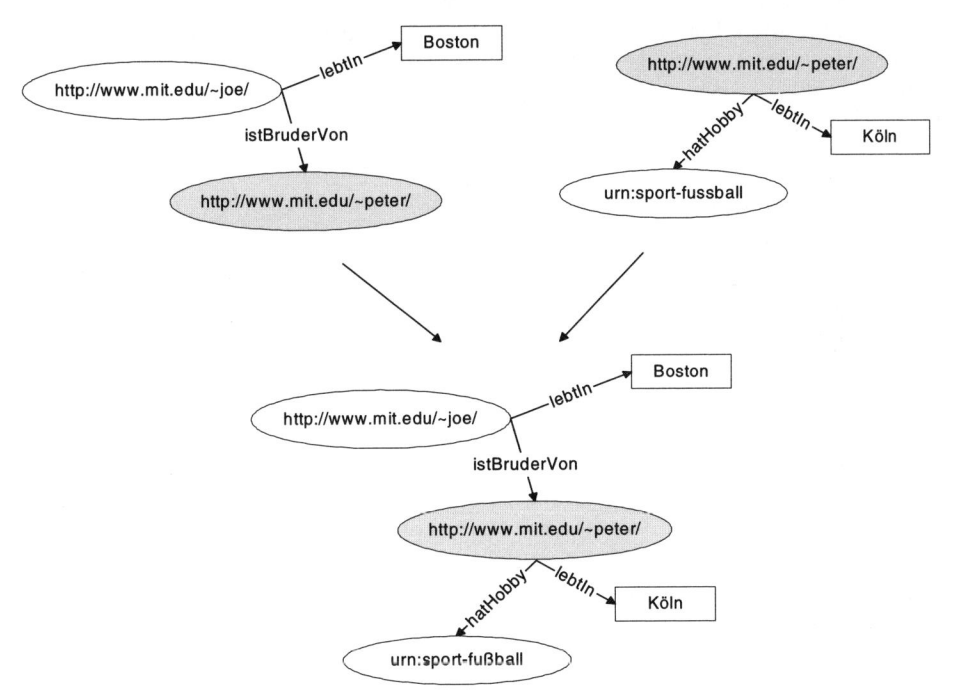

Abbildung 19.3: Durch Überlagern der RDF Graphen oben links und oben rechts werden Datensätze integriert. Unten ist das Ergebnis mit der Überlappung der Ressource http://www.mit.edu/~peter/ zu sehen.

Auf RDF Schema wollen wir nicht weiter eingehen. Es sei nur soviel gesagt: RDF Schema erlaubt es letztendlich, ein Typenmodell für die RDF-Tripel zu definieren. So wäre die Ressource Joe sozusagen eine Instanz einer RDF-Schema-Klasse. Diese Klasse wird natürlich auch wieder über eine URI identifiziert. Weiterhin können die Eigenschaften der Prädikate, also der Beziehungen zwischen Ressourcen, festgelegt werden, indem man beispielsweise „istBruderVon" als Beziehung zweier Personen definiert.

19.2.3 Web Ontology Language

Die Web Ontology Language (OWL, in Anlehnung an das englische Wort für Eule `http://www.w3.org/TR/2003/WD-owl-guide-20030331/`) basiert auf RDF Schema. Mit OWL können Konzepte mit sehr ausdrucksstarken Mechanismen beschrieben werden. In erster Linie ermöglicht OWL, eine Taxonomie von Klassen zu erstellen, die letztendlich einer Klassenhierarchie in objektorientierten Sprachen ähnelt. Um ein Konzept und seine Beziehungen zu anderen Konzepten möglichst genau zu charakterisieren, kann Wissen aus der Domäne mit OWL-Konstrukten repräsentiert werden. Angenommen, es gibt die Klassen männliche und weibliche Person. Diese Klassen können als disjunkt gekennzeichnet werden. Somit ist festgelegt, dass eine Ressource entweder männlich oder weiblich sein muss. Man kann Klassen auch als äquivalent kennzeichnen. Dies ist hilfreich, wenn zwei Ontologien unterschiedliche Klassen für dasselbe abstrakte Konzept definieren. Eine Art Übersetzungsontologie kann die beiden Klassen dann als äquivalent kennzeichnen.

Neben Klassen kann man in OWL auch Wissen über Relationen kodieren. Eine Relation „istVerbundenMit", die angibt, ob Städte beispielsweise über andere Städte erreichbar sind, kann als transitive Relation definiert werden. Ist also A von B und B von C erreichbar, so ist auch A von C erreichbar. Dies spiegelt Wissen über die Relation wider, welches normalerweise explizit in einem Algorithmus umgesetzt werden muss. Eine OWL-Engine würde die entsprechende Information hingegen wie eine Art intelligente Datenbank zur Verfügung stellen. Ein anderes Beispiel ist, die Relation „bezahlt" als inverse Relation zu „wird bezahlt von" zu kennzeichnen. Auch hierdurch kann eine Art Übersetzung von einer in die andere Ontologie bewerkstelligt werden.

Der Kernpunkt des Semantic Webs ist es also, Wissen in eine Ontologie zu verpacken und allen beteiligten Partnern in maschinenlesbarer Form zur Verfügung zu stellen. Die Hoffnung ist, die Probleme der Standardisierung zu lösen, indem die Standards quasi Wissen für intelligente B2B Systeme enthalten. Dieses Wissen könnte dem System also helfen, Informationen, die in einer vorher unbekannten Art und Weise kodiert sind, korrekt zu bearbeiten.

19.2.4 RuleML

Die Rule Markup Language (RuleML) definiert ein generisches Austauschformat für webbasierte Regeln. Diese Regeln arbeiten mit RDF-Fakten und Typen, die in OWL-Ontologien definiert sein können. Die Motivation für RuleML stammt aus der Feststellung, dass nicht alle Regeln und Bedingungen einer Domäne in OWL repräsentiert werden können.

Regeln eignen sich hierbei als ausdrucksstarkes Paradigma zur Wissensrepräsentation. Der Vorteil ist, dass Regeln die Logik in klarer Form widerspiegeln und es so erlauben, die Applikationslogik schnell und effizient anzupassen bzw. sogar mehrere Regelbasen über das Web zu kombinieren.

19.2.5 Semantic Web Services

Als letzten Punkt dieses Abschnitts betrachten wir die Kombination von Web Services und des Semantic Webs. Dieses Thema ist derzeit ein wichtiger Forschungsschwerpunkt. Ziel ist es, Web Services mittels Ontologien semantisch zu beschreiben. Letztlich soll dies dem Client ermöglichen, den Service aufrufen zu können, ohne dass dieser einen B2B-Standard implementiert oder der Client explizit für diesen Service programmiert worden ist. Diese Idee ist natürlich auch für Grid Computing interessant. So wird derzeit auch bereits über das Semantic Grid nachgedacht.

19.3 Grid Computing

Grid Computing ist eines der Schlagworte, die seit einiger Zeit durch die IT-Szene geistern. Wir wollen in diesem Abschnitt kurz die wichtigsten Prinzipien erläutern und den Zusammenhang zu Web Services aufzeigen. Dazu gehen wir zunächst auf die Idee von Grid Computing und die Architektur ein, um abschließend das wichtigste heute verfügbare Werkzeug zum Aufbau eines Grid vorzustellen, das Globus Toolkit.

19.3.1 Idee des Grid Computing

Der Begriff des „Grid" stammt aus dem Amerikanischen und bezeichnet die großen Versorgungsnetzwerke, also vor allem Strom und Wasser. Das wichtigste Kennzeichen dieser Netze ist ihre allgegenwärtige Verfügbarkeit: Wo auch immer man sich befindet, ist ein Strom- oder Wasseranschluss nicht weit.

Grid Computing transferiert diese Idee in die Computerwelt. Ziel ist es, an jedem Ort in der Welt ein unerschöpfliches Reservoir an „Compute Power" zur Verfügung zu stellen bzw., um genauer zu sein, den Zugriff darauf an jedem Ort der Welt zu ermöglichen. Dabei werden vor allem drei Arten von Ressourcen als bedeutend angesehen, nämlich die Verfügbarkeit von reiner Rechenkraft, das Vorhandensein von Speicherplatz und der Zugang zu Netzen, über die weitere Ressourcen verfügbar sind. Für den Anwender ist es dabei völlig gleichgültig, wo diese Ressourcen liegen, denn das Grid sorgt dafür, dass die Anfragen vom lokalen Zugangspunkt entsprechend verteilt werden. Abbildung 19.4 verdeutlicht diese Idee noch einmal grafisch.

Diese Idee klingt vor allem deshalb umsetzbar, weil es im Internet eine gigantische Menge ungenutzter Ressourcen gibt. Betrachten Sie doch einmal Ihren eigenen Rechner: Die meiste Zeit macht der Rechner gar nichts, er wartet einfach darauf, ein wenig beschäftigt zu werden. Wenn Ihr Rechner nun in ein Grid eingebunden wäre, dann könnten andere einen abgeschlossenen Bereich Ihrer Ressourcen nutzen, also z.B. Programme bei Ihnen ausführen oder einen Teil Ihrer Festplatte nutzen. Ihr Nutzen wäre, dass Sie selbst ebenfalls bei Bedarf die Ressourcen der anderen Grid-Computer nutzen könnten.

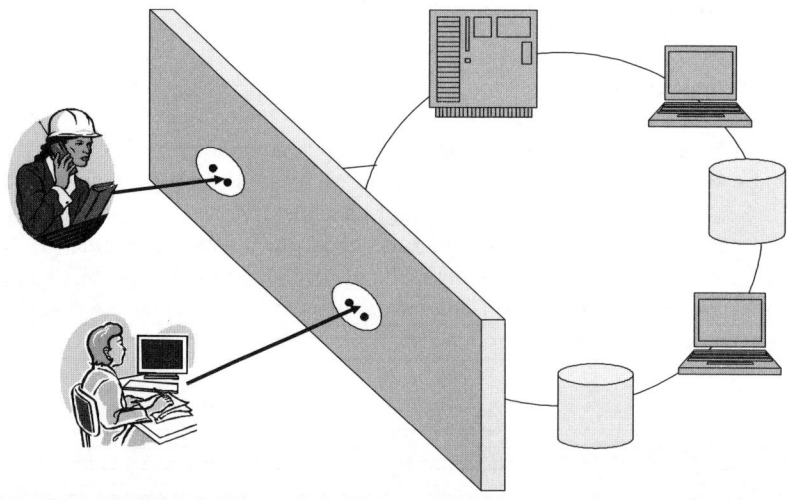

Abbildung 19.4: Die Idee des Grid Computing

Als solches ist die Idee, die hinter Grid Computing steckt, bei weitem nicht neu. In der Verteilten-Systeme-Welt gibt es eine Menge Ansätze, die ähnliche Ziele verfolgen. Grid Computing scheint aber zum ersten Mal die Idee wirklich konsequent zu verfolgen – und hat damit Ähnlichkeiten zu Web Services. Tatsächlich bilden die Web Services einen wichtigen Baustein der Grid-Welt, wie uns der folgende Absatz zeigen wird.

19.3.2 Architektur eines Grid

Das Interesse an Grid Computing erwachte vor allem durch die Aktivitäten einer Arbeitsgruppe um den amerikanischen Forscher Ian Foster vom Argonne National Lab, die sich Gedanken um eine Architektur von großen Grids und gleichzeitig um eine Implementierung machte. Inzwischen sind die Aktivitäten in einem Standardisierungsgremium gebündelt, dem *Global Grid Forum* (GGF, `http://www.gridforum.org`).

Grundlage des von Foster entwickelten Ansatzes ist die *Open Grid Services Architecture* (OGSA). Lassen Sie sich nicht verwirren: OGSA ist auch die Abkürzung der „Ostfriesen Geneaological Society of America", die ist hier aber nicht gemeint ...

Für diese OGSA gibt es im GGF eine eigene Arbeitsgruppe, die diese Architektur weiterentwickelt (`http://www.gridforum.org/ogsa-wg/`). Die aktuell diskutierte Version stammt vom März 2003.

Im Wesentlichen beschreibt die Architektur die Kernsemantik eines Grid und darauf basierend eine Menge integrierter Dienste, die von Anwendungen genutzt werden können. Als Kerntechnologien werden vor allem Web Services und „diverse Grid-Technologien" genannt. OGSA hat vor allem Anwendungen in E-Business und E-Science im Auge.

Den Kern von OGSA bildet OGSI, die Open Grid Services Infrastructure. OGSI definiert die wichtigsten Komponenten für verteilte Systeme wie z.B. Standardschnittstellen und deren Verhalten, Methoden zum Finden von Diensten und Dienstattributen, Erzeugung von Dienstinstanzen und Publish/Subscribe-Methoden. OGSI verwendet massiv die Sprache WSDL (mit diversen OGSI-spezifischen Erweiterungen) zur Definition von Diensten, die dann als Grid Services bezeichnet werden.

Natürlich spielen damit genau all die Überlegungen, die wir bzgl. Web Services angestellt hatten, auch hier eine große Rolle. Nicht zuletzt sind beispielsweise alle Fragen rund um Sicherheit zur Zeit ein wichtiges Thema im GGF.

Wenn wir eines in diesem Buch vermitteln wollten, dann, dass die schönste Technologie ohne Werkzeuge nichts bringt. So ist das auch beim Grid Computing. Die Idee wird nur deshalb gerade so interessiert betrachtet, weil es schon einige Werkzeuge zur Umsetzung gibt. Das Bekannteste ist das Globus Toolkit.

19.3.3 Das Globus Toolkit

Das Globus Toolkit (http://www.globus.org) implementiert, zumindest teilweise, die OGSA/OGSI-Architektur. Seit 30. Juni 2003 gibt es eine neue Version 3.0, die inzwischen der Idee des Grid Computing doch sehr nahe kommt. Das Toolkit ist frei verwendbar, so dass Sie ohne Probleme Ihr eigenes Grid aufbauen können. Und das machen schon sehr viele IT-Leute: Es gibt eine regelmäßig stattfindende Tagung speziell zum Globus Toolkit, an der im Jahr 2002 etwa 450 Leute teilnahmen!

Der Werkzeugkasten von Globus umfasst Sofwaredienstprogramme, Dienste und Bibliotheken zur Ressourcenüberwachung, -entdeckung und zu deren Management. Außerdem werden Dateimanagement und Sicherheitsfragen abgedeckt. Mit seinen grundlegenden Diensten werden Benutzer in die Lage versetzt, auf entfernte Ressourcen genauso zuzugreifen wie auf lokale, wobei sie gleichzeitig die Kontrolle darüber behalten, wer auf die eigenen Ressourcen zugreifen darf. Dazu wird ein entsprechendes Authentifikations- und Autorisierungskonzept eingesetzt.

Zu den verfügbaren Services gehört beispielsweise ein GridFTP, also ein Grid-basierter FTP-Service. Sie speichern damit Dateien nicht auf einem bestimmten Host, sondern im Grid. Das Grid bestimmt, wo konkret ihre Dateien abgelegt werden und garantiert Ihnen, dass es die Dateien bei einer späteren Anfrage auch wiederfindet.

Globus ist in Java implementiert, wobei einige Bibliotheksfunktionen auch in C vorliegen, jeweils ummantelt mit einem Java Interface. Grundlage der Services bilden Web Services, so dass tatsächlich ein Großteil der Werkzeuge, die wir kennen gelernt haben, auch im Grid-Umfeld eingesetzt werden.

Wir wollen in diesem Kapitel nicht weiter auf Grid Computing eingehen, da es schon ein wenig über den Fokus des Buches hinausgeht. Trotzdem lohnt es sich, die Entwicklungen im Auge zu behalten – die Kombination von Web Services mit Grid Computing und Semantic Web hat ein großes Potenzial.

19.4 Übungsaufgaben

1. Was ist derzeit der wichtigste Einsatzbereich von Web Services?

2. Schreiben Sie sich ein kleines Java- oder .Net-Programm, das eine Google-Suche durchführt. (Hinweis: Dazu müssen Sie zuerst die entsprechende Software von der Google-Seite laden.)

3. Was sind die derzeitigen Geschäftmodelle für den Betrieb von Web Services?

4. Was sind die wesentlichen Unterschiede zwischen XML und RDF?

5. Was ist der Unterschied zwischen einer Ontologie und einem B2B-Standard?

6. Was sind die Vor- und Nachteile von Regelbasierten Systemen gegenüber konventioneller Software?

Kapitel 20
Zusammenfassung

Geschafft! Wir können, so glauben wir jedenfalls, behaupten, dass wir Sie auf den vergangenen knapp 400 Seiten auf den neuesten Stand einer für IT-Leute faszinierenden Technologie gebracht haben. Wir wollen nun noch einmal kurz, aber wirklich ganz kurz, das Wichtigste zusammenfassen.

Nach einem allgemeinen Überblick über das Gebiet der verteilten Systeme hatten wir uns den Web Services als der kommenden Technologie für die Implementierung globaler verteilter Systeme zugewandt. Ausgehend von der Definition, wie sie vom W3C veröffentlicht wurde, hatten wir uns die Architektur angeschaut, die wir dann im Rest des Buches mit Leben gefüllt haben.

SOAP, WSDL und UDDI wurden als die Kernkomponenten des Web-Service-Ansatzes identifiziert. SOAP gibt ein allgemeines anwendungsunabhängiges Format für XML-Nachrichten vor, die dann über verschiedene Transportprotokolle zwischen den Kommunikationspartnern ausgetauscht werden können. WSDL fügt die anwendungsbezogene Komponente hinzu: Mittels dieser Sprache kann man die Schnittstelle von konkreten Web Services beschreiben, die aus Namen von Operationen sowie Ein- und Ausgabenachrichten bestehen. Diese Nachrichten werden zur Laufzeit in SOAP-Nachrichten verpackt und dann übertragen. Damit ist es bereits möglich, komplette Web-Service-Aufrufe durchzuführen. UDDI fügt dann schließlich die Möglichkeit hinzu, Web Services öffentlich bekannt zu machen bzw. zu suchen. Erst mit einem solchen Verzeichnisdienst kann aus einer RPC-ähnlichen Technologie eine Plattform für globale verteilte Systeme werden.

Zu Web Services gehört inzwischen aber noch sehr viel mehr. Wir haben uns in diesem Buch vor allem mit zwei wichtigen zusätzlichen Fragen beschäftigt. Erstens wollten wir wissen, wie das drängende Sicherheitsproblem gelöst werden kann. Dazu hatten wir die Lösungen rund um XML Encryption und XML Security sowie mit WS-Security einen Ansatz zur Vereinheitlichung vorgestellt. Zweitens ging es um Fragen rund um B2B als einem der zukünftig wichtigen Einsatzgebiete. Wir sind dazu vor allem auf gemeinsame Vokabulare eingegangen, die es auch Business-Partnern, die sich zunächst einmal gar nicht kennen, ermöglichen, miteinander in Kontakt zu kommen, sowie auf Sprachen zur Beschreibung von Workflows, so dass man ganze Geschäftsprozesse beschreiben kann.

Ein zentrales Konzept des Buches bestand darin, den erläuterten Prinzipien, Sprachen und Protokollen immer wieder mit Hilfe von Beispielen einen Praxisbezug zu geben. Als wichtigstes Beispiel diente das Reisebüro bzw. Reiseportal WS-Reisen, das sowohl mit Kunden als auch mit Lieferanten (z.B. der Firma Web Air) in Kontakt stand. Daneben haben wir an anderen einfachen Beispielen und später vor allem an „real-existierenden" Web Services gezeigt, welches Potential in dieser Technologie steckt.

Als Plattformen für unsere Beispiele dienten uns auf der einen Seite verschiedene Java-Lösungen rund um die Java 2 Enterprise Edition und die Open-Source-Produkte aus dem Apache-Projekt und auf der anderen Seite Microsofts .Net-Framework. Wir hoffen, es ist uns gelungen aufzuzeigen, dass beide Frameworks mächtige Plattformen für die Entwicklung von Web-Service-basierten Anwendungen darstellen. Wir sehen es nicht als unsere Aufgabe zu entscheiden, welches die bessere Plattform ist. Zweifelsohne wird jeder von Ihnen seine persönlichen Präferenzen haben, was an so unterschiedlichen Dingen wie guten oder schlechten Erfahrungen, unterstützten Programmiersprachen oder Lieblingsbetriebssystemen liegen kann. Generell kann man sagen, dass sicherlich die Werkzeugunterstützung ein wichtiges Kriterium sein wird. Die ist bei beiden Plattformen inzwischen sehr ausgereift und vor allem massiv vorhanden. Java und C# sind sich so ähnlich, dass dies auch keine große Rolle spielen wird. So kann vielleicht besonders ein Argument für Ihre Entscheidung bedeutend sein: Web Services in Java bedeutet eine Programmiersprache (Java) auf vielen unterschiedlichen Plattformen, während .Net viele Sprachen auf einer Plattform (Windows) heißt. Wenn Sie also Ihre Visual-Basic-Legacy-Lösung mit einer ASP-Web-Anwendung integrieren möchten, dann wird Ihnen das wesentlich leichter mit .Net fallen. Wenn Ihre Zielumgebung dagegen sehr heterogen aufgebaut ist und aus unterschiedlichen Linux-, Unix- und Windows-Rechnern besteht, dann sollte man ernsthaft über den Einsatz der J2EE nachdenken.

Alles in allem möchten wir Ihnen empfehlen, sich ständig auf dem Laufenden zu halten, was die weitere Entwicklung der Web-Services-Technologie angeht. Die wichtigsten Komponenten wie SOAP, WSDL oder die Sicherheitskomponenten kann man inzwischen als mehr oder weniger fest ansehen, aber es kommen ständig neue Sprachen, Protokolle und Werkzeuge hinzu, wie uns z.B. der Blick auf B2B-Anwendungen gezeigt hat. Web Services haben so viel Momentum gewonnen, dass sich die Technologie auf einem sehr guten Weg befindet, die drängenden Probleme im Bereich EAI und B2B zu lösen. Und es ist nicht ganz unwahrscheinlich, dass Web Services zu einer, wenn nicht *der* wichtigsten Komponente einer globalen verteilten Systemarchitektur werden können, in der sich Anwendungen aus einem reichhaltigen Schatz an Diensten bedienen, um ihre Aufgaben zu erfüllen. Wir haben hier sicherlich erst den Anfang gesehen und sind sehr gespannt darauf, was die Zukunft bringen wird.

Anhang

Literaturverzeichnis und wichtige Web-Seiten

In diesem Anhang wollen wir Sie noch mit einigen Literaturhinweisen und Web-Sites zu den wichtigsten in diesem Buch angesprochenen Themen versorgen. Diese Hinweise haben wir nach Themenbereichen geordnet.

Beginnen wir mit den Standardisierungsorganisationen. Im Buch wurden die drei wichtigsten für den Bereich der Web Services angesprochen:

- World-Wide Web Consortium: `http://www.w3c.org`
- OASIS: `http://www.oasis-open.org`
- Web Service Interoperability: `http://www.ws-i.org`

Zu den Grundlagen bzgl. Netzen und Transportprotokollen findet sich natürlich eine große Menge an Büchern. Wir wollen deshalb nur eine kleine Auswahl nennen:

- A. Tanenbaum: *Computernetzwerke*, 4. Auflage, Pearson, 2003.
- M. v. Steen, A. Tanenbaum: *Verteilte Systeme*, Pearson, 2003.
- J. Gray, A.Reuter: *Transaction Processing: Concepts and Techniques*, Morgan Kaufmann, 1993.
- R. Monson-Haefel et al.: *Java Message Service*, O'Reilly, 2001.

Auch zum Thema XML & Co. könnte man bergeweise Bücher finden. Daher auch hier nur ein kleiner Ausschnitt aus der Vielfalt:

- B. McLaughlin: *Java and XML*, O'Reilly, 2000.
- E. v. d. Vlist: *XML Schema*, O'Reilly, 2003.
- C. Kränzler: *XML/XSL für Buch und Web*, Markt und Technik, 2002.
- Apache-Web-Seiten zum Thema (Software): `http://xml.apache.org/`
- Sun Microsystems Seiten zu XML und Java: `http://java.sun.com/xml/`
- Microsoft: `http://www.microsoft.com/xml`

J2EE und .Net liegen ja doch sehr im Fokus unseres Buches, so dass wir hier ein paar mehr Hinweise geben möchten:

- W. Beer et al.: *Die .Net-Technologie*, dpunkt, 2003.
- T. Thai et al.: *.Net Framework Essentials*, 2. Auflage, O'Reilly, 2002.
- H. Deitel und H. Deitel: *Java – How to Program*, 4. Auflage, Prentice Hall, 2002.
- G. Kröger: *Handbuch der Java-Programmierung*, 3. Auflage, Addison-Wesley, 2002.
- D. Eickstädt und Th. Reuhl: *Java mit Open Source-Tools. J2EE-Projekte mit Tomcat, Struts, ANT und Jboss*, Markt und Technik, 2003.
- A. Schaefer: *JBoss 3.0 Quick Start Guide*, The JBoss Group, 2003.
- A. Eberhart u. S. Fischer: *Java-Bausteine für E-Commerce-Anwendungen*, 2. Auflage, Carl Hanser Verlag, 2001.

EAI und B2B sind ja wichtige Einsatzgebiete. Mehr darüber finden Sie z.B in den folgenden Werken:

- W. Keller: *Enterprise Application Integration*, dpunkt, 2002.
- M. Kaib: *Enterprise Application Integration*, Deutscher Universitäts-Verlag, 2002 (eine Dissertation).
- M. Cunningham: *B2B – Geschäftsbeziehungen im Internet*, Financial Times Prentice Hall, 2001.

Den letzten großen Block bilden die Bücher, Artikel und Web-Seiten zum Thema Web Services, die sich mit SOAP, WSDL, UDDI, Architektur und Implementierung befassen:

- W3C-Seiten zum Thema Web Services: http://www.w3.org/2002/ws/
- Sun Microsystems Seiten zu Web Services: http://java.sun.com/webservices/
- Microsofts Beitrag: http://msdn.microsoft.com/webservices/
- Heather Kreger. *Fulfilling the Web Servcies Promise*, Communications of the ACM, Jahrgang 46, Heft 6, Juni 2003.
- Aaron E Walsh: *UDDI, SOAP, and WSDL: The Web Services Specification Reference Book*, Prentice Hall, 2002.
- S. Graham et al.: *Building Web Services with Java*, Sams, 2001.
- D. Chappell et al.: *Java Web Services*, O'Reilly, 2002
- C. Weyer: *XML Web Service-Anwendungen mit Microsoft .Net*, Addison-Wesley, 2002
- A. Freeman et al.: *.Net XML Webdienste Schritt für Schritt*, Microsoft Press, 2003
- R. Nagappan et al.: *Developing Java Web Services*, Wiley, 2003.

Index

Symbole

.Net *9, 15, 64, 78, 79, 207, 214, 220, 224, 229, 236, 245, 247, 291, 293, 294, 309, 315, 354*
.Net-Architektur *6, 49–61, 79*
.Net-Client *225, 311*
.Net-Plattform *66, 224, 240*
.Net-Programmiersprache *51, 53*
.Net-Remoting *241*
.Net-Service *217*
.Net-Variante *291*
.NET-Welt *207*
<binding> *197*
<bindingTemplate> *305*
<businessEntity> *304*
<businessService> *305*
<CipherData> *270*
<complexType> *133*
<definitions> *197*
<documentation> *197, 200*
<element> *133*
<EncryptedData> *268*
<endpoint> *205*
<HTML> *94*
<interface> *197, 205*
<KeyInfo> *271, 277*
<message> *197, 199*
<part> *199*
<publisherAssertion> *305*
<schema> *133*
<service> *197*
<Signature> *271*
<SignatureValue> *271*
<SignedInfo> *271*
<subscription> *305*
<tModel> *305*
<types> *197*

1:n-Beziehung *164*
2-Tier-Architektur *33*
3-Tier-Anwendung *45*
3-Tier-Architektur *33, 34*
4-Tier-Architektur *33, 34, 35, 43*

A

ABAP *5*
Abarbeitung *152*
   rekursive *147*
Abfolge *200*
Abfrage, programmatische *314*
Abfrageergebnis *171*
Abfragemechanismus *161*
Abfragesprache *5, 8, 20*
Ablaufbeschreibung *336*
Ablaufplan *221*
Ablaufumgebung *5*
Abrechnungsinformation *179*
Absenderadresse *260*
Abstraktion *40*
Abteilung *163*
Access Control Language *280*
Account *277, 278*
ACID *108*
Active Directory *312*
Active Server Pages
   s. ASP
ADAC *1*
Additionsdienst *75*
AdminClient *220, 223, 246*
Administration *44*
   von Tomcat *117*
Administrationsapplikation *116*
Administrationswerkzeug *219*

Administrator 90, 261, 310
ADO.Net 55, 56, 57
Adresse 72, 76, 194, 203, 314
Adressformat 140
Adressierungsschema 186
Adressraum 23
Aktienkursinformationssystem 31
Algorithmus 21, 78, 161, 259, 264
　kryptographischer 262
Alternative 163
Amazon.de 15, 33, 96, 98, 266, 277, 342
Analyst 66
Anbieter 28, 76
Anforderung 186
Anfrage 48
Anfrage-Antwort-Paar 26
Anfragenachricht 181
Anfrageobjekt 47
Anhang, multimedialer 104
Ant 78, 220, 286, 289
Ant-Skript 289, 290
Antwortzeit 17, 319
Anwender 8
Anwenderkreis 341
Anwendung 5, 6, 24, 25, 63, 116, 299, 325
　betriebswirtschaftliche 16, 69
　geschäftskritische 86
　numerische 16
　verteilte 5, 6, 15–62, 72, 86
Anwendungsalgorithmus 21
Anwendungsbereich 161
Anwendungsdaten 179
Anwendungsebene 24, 183
Anwendungsentwickler 331
Anwendungsentwicklung 8
Anwendungsfall 146
Anwendungsfunktionalität 27, 63, 73, 74, 84, 193, 196
Anwendungskomponente 64, 191
Anwendungslogik 9, 26, 33, 34, 35, 45, 56, 249
Anwendungslogikebene 44
Anwendungslogikkomponente 43
Anwendungslösung 73
Anwendungsmodul 195

Anwendungsmöglichkeit 8
Anwendungsobjekt 82
Anwendungsproblem 7, 20, 38
Anwendungsprogramm 35, 36
Anwendungsprogrammierer 24, 41, 49, 82, 83, 303, 308
Anwendungsprogrammierung 53
Anwendungsprotokoll 24
Anwendungsschicht 23, 24, 26
Anwendungssituation 183
Anwendungssoftware 20
Anwendungsszenarien 146
Anwendungstransportprotokoll 7, 88
Anwendungsverzeichnis 52
anyURI 139
Apache 8, 78, 115, 155, 207, 208, 225, 354
Apache Group 78
Apache JServ-Modul 115
Apache-Modul 115
Apache-Server 29, 100, 115
Apache-Software-Lizenz 115
Apache-XML-Initiative 112
API 5, 43, 208, 253, 343
Applet 32, 116
Application Level Gateway 267
Application Programming Interface
　s. API
Applikation 111, 117, 129, 143, 153, 243, 308, 326
Applikationslogik 221, 229, 240, 249, 252, 285, 323, 344
Applikationsobjekt 250
Applikations-Server 9, 16, 36, 38, 43, 44, 110, 167, 249, 250, 251, 252, 253, 254, 256, 257, 285, 286, 289, 293, 295
Applikationsverzeichnis 116
apply-templates 147, 148
Arbeitsgruppe 70
Arbeitsplatz 16
Arbeitsplatzdrucker 18
Arbeitsplatzrechner 16
Arbeitsumfeld 16
Arbeitsumgebung
　verteilte 17
　zentrale 17

Architektur *6, 25, 70, 249, 319*
Archiv *42*
Ariba *66, 195, 301*
ASCII *30, 66, 103, 105, 326*
ASP *31, 36, 146*
ASP.Net *55, 80, 224, 236, 312*
ASP.Net-Beispiel *57*
ASP.Net-Seite *56, 58*
ASP.Net Web Application *58*
ASP.Net Web Matrix *54*
Assembly *52*
Atomicity *109*
Attribut *133, 135, 136, 141, 143, 183, 301*
Aufbereitung einer Web-Seite *2*
Aufruf, rekursiver *154*
Aufrufer *63*
Aufrufergebnis *32*
Auftragseingang *107*
Aufzählung *137*
Auktion *333*
Ausdruck, regulärer *136, 281*
Ausdrucksreichtum *129*
Ausdrucksweise *131*
Ausführungsreihenfolge *336*
Ausführungsumgebung *37*
Ausgabe *8, 63, 182*
  generierte *47*
Ausgabedokument *147*
Ausgabekanal *47, 146*
Ausgabemedium *56*
Ausgabenachricht *200*
Ausgabeparameter *72, 181, 194*
Auslieferung *107, 108*
  garantierte *108*
Ausnahmebehandlung *55*
Aussagekraft *205*
Austauschformat *161*
Auszeichnung *132*
Authentifikation *243, 253, 291, 295*
Authentifizierung *91, 92, 99, 105, 253, 256, 267, 277, 293*
Authentifizierungsinformationen *179*
Authentifizierungstoken *307*
Authentifizierungsverfahren *88, 261*
Authentizität *260, 261, 264, 265, 271, 274,* *326*
Authorization Header *119*
Automat
  endlicher *335*
Automatisierung *170*
Automobilindustrie *129, 140, 326*
Autor *91, 133*
Autorisierung *260, 278, 280*
Autorität *90*
Axis *8, 9, 11, 112, 207, 210, 214, 215, 216, 217, 218, 219, 220, 223, 228, 229, 236, 244, 245, 290, 291, 293*
Axis-Client *216, 236*
Axis-Distribution *208*
Axis-Engine *212, 219, 223*
Axis-Handler *219*
Axis-Homepage *236*
axis.jar *214*
Axis-Klasse *222*
Axis-Klassenverzeichnis *220*
Axis-Paket *112*
Axis-Server *217*
Axis-Servlet *209, 210*
Axis-Web-Applikation *209, 210, 214, 220*
Axis Web Service Suite *208*

B

B2B *36, 64, 66, 67, 75, 85, 239, 244, 249, 293, 302, 311, 319, 320, 325, 326, 327, 342, 343, 353*
B2B-Anwendung *325, 354*
B2B-Beziehung *327*
B2B-Infrastruktur *292*
B2B-Schnittstelle *239, 250, 253*
B2B-Standard *240, 343*
B2B-Vokabular *327, 329, 333*
B2C *64, 240, 257, 293*
B2C-Transaktion *240*
Backend *240*
Bandbreite *17*
Bank *239*
Banknote *109*
Base Class Library *53*

Base64-Format *119*
base-Attribut *141*
Bash *112*, *125*
Basic Authentication *117*, *118*, *228*, *243*, *255*, *256*, *291*, *292*, *295*
BasicHandler *222*
Basis-Interface *165*
Basiskonfiguration *116*
Basisstandard *140*
Basistechnologie *73*
Basistyp *140*
Batch Processing *16*
Baumstruktur *164*
BEA *39*, *44*, *110*, *336*
Bean-Instanz *160*
Bean-Managed Persistence *252*
Behandlung, automatische *72*
Beispielanwendung *6*, *9*, *10*, *15*, *61*, *239*
Beispieldokument *131*
Benutzer *1*, *3*, *16*, *19*, *20*, *27*, *28*, *30*, *31*, *36*, *96*, *105*, *117*, *119*, *152*, *228*, *243*, *251*, *279*, *307*, *310*
Benutzerabfrage *119*
Benutzerdatenbank *256*
Benutzereingabe *16*, *19*, *32*
Benutzerführung *64*
Benutzer-ID *91*
Benutzeridentität *257*
Benutzerkennung *253*
Benutzername *105*, *124*, *277*, *291*, *292*
Benutzeroberfläche *172*
Benutzerprüfung *257*
Benutzerschnittstelle *20*, *33*, *36*, *102*, *112*, *158*, *167*, *239*, *249*, *313*
　　grafische *34*, *64*
　　komponentenbasierte *158*
Beratungsindustrie *39*
Berechtigung *28*, *30*, *93*
Bereich, geschützter *91*, *95*, *117*
Beschreibungsform *89*
Beschreibungssprache *8*, *71*, *72*, *194*, *196*
Besitzer eines Schlüssels *99*
Best Practice *302*
Bestätigungsmeldung *1*
Bestellsystem *140*

Bestellung *107*, *108*, *109*, *261*
Bestellungsschema *140*, *141*
Bestellvorgang *107*
Betreffzeile *123*
Betrieb verteilter Systeme *17*
Betriebssoftware *44*
Betriebssystem *22*, *25*, *36*, *39*, *40*, *50*, *64*, *82*, *88*, *256*, *312*
Betriebssystemebene *51*
Betriebssystemplattform *66*
Betriebssystemprozess *253*
Bezahlung *333*
Bezahlvorgang *33*
Bibliothek *7*, *123*
Bildschirm *19*, *30*, *32*, *38*
Bildschirmaufbau *172*
Bildschirmereignis *229*
bind *301*
BindingPoint *303*
Binding-Template *321*
Bindung *10*, *178*, *186*, *196*, *197*, *199*, *201*, *204*, *276*, *278*, *321*
　　zur Designzeit *10*
　　zur Laufzeit *10*
BizTalk Mapper *171*, *172*
Blue Print *38*
Body *93*, *94*, *180*, *187*, *202*, *207*, *272*
Borland *39*, *44*, *208*
BPEL4WS *334*, *335*
BPML *334*, *335*
BPMS *335*
Branche *10*, *64*, *300*
Brief *106*
Browse-Muster *306*
Browser *49*, *91*, *94*, *101*, *113*, *116*, *168*, *208*, *212*, *224*, *229*, *253*, *287*, *311*, *312*, *313*, *319*
Browser-Fenster *32*
Browser-Schnittstelle *62*
Build-Werkzeug *220*
Büroautomation *16*
Business Process Execution Language for Web Services *335*
Business Process Management Language *335*
Business Process Management System

335
Business-Anwendung *10, 299*
Business-to-Business
  s. B2B
Business-to-Consumer
  s. B2C
Byte *163*
Bytecode *49, 51, 224*

C

C *31, 84*
C# *6, 8, 9, 51, 52, 55, 79, 151, 157, 163, 167,*
  207, 218, 224, 228, 315, 354
C#-Client *234*
C#-Code *231*
C#-Klasse *217, 224*
C#-Komponente *230*
C#-Listing *229*
C#-Methode *229*
C#-Projekt *229*
C#-Web-Applikation *231*
C++ *157, 163, 207*
Caching *323*
Caesar-Chiffre *262*
Callback *127*
CanonicalizationMethod *273*
CapeConnect *236*
Cascading-Stylesheet-Definition *113*
Castor *170, 252*
CERN *27*
Certificate Authority *266, 275, 281*
CGI-Programm *32*
CGI-Skript *31*
Chiffrierung *268*
Chip-Herstellung *17*
choice *138*
CIL *51*
CIL-Anweisung *52*
CIL-Compiler *52*
Circuit Level Gateway *267*
CLASS-Datei *116*
ClassNotFoundException *290*
CLASSPATH *112, 290*

Client *25, 27, 29, 31, 32, 34, 36, 319*
Client-Anfrage *36, 45, 96*
Client-Applikation *215*
Client-Programmierer *77*
Client-Prozess *90, 253*
Client-Rechner *33, 35, 36, 93, 97*
Client-Seite *35, 194, 291*
Client-Server-Anwendung
  TCP-basierte *34*
Client-Server-Beziehung *97*
Client-Server-Modell *25*
Client-Software *36*
Client-Typ *45*
cloudscape *44*
CLR *51, 51–53, 79, 224*
CLS *52*
Cluster *251*
Cobol *239*
Code *159, 165*
Code-Editor *224*
ColdFusion MX *208*
Commerce One *333*
Common Intermediate Language
  s. CIL
Common Language Runtime
  s. CLR
Common Language Specification
  s. CLS
Common Object Request Broker
  Architecture
  s. CORBA
Common Services *82*
Common Type System
  s. CTS
Compiler *51, 84, 160, 212*
Complex Type *137*
Computer *10, 16, 33*
  autonomer *19*
Computernetzwerk *21, 37*
Computerprogramm *4*
Computertransaktion *109*
CONNECT *93*
Connection *48*
Connection Pooling *251*
Consistency *109*

Container-Klasse *53*
Container-Managed Persistence *252*
Cookie *96, 97, 291, 293, 294*
Copy and Paste *214, 312*
CORBA *5, 7, 63, 66, 80, 81, 83, 195, 241*
CORBA-Anwendung *34*
CORBA-IDL *82, 195, 205*
CORBA-Objekt *34, 35*
Crimson *152, 155*
CRM *5, 64*
CTS *52*
Customer Relationship Management
  s. CRM
cXML *329, 330, 331, 332, 333*

D

Dämon *84*
Darstellungsform *46, 165*
Data Type Definition *71*
Datei *20*
Dateigröße *32*
Datei-Server *16, 18*
Dateisystem *105, 254*
Dateiverwaltung *71*
Dateiverzeichnisstruktur *145*
Daten *3, 9, 48*
Datenaustausch *68*
Datenaustauschformat *131*
Datenbank *1, 4, 33, 34, 36, 46, 55, 57, 108, 109, 136, 146, 157, 163, 169, 170, 249*
  objektorientierte *20*
  relationale *20, 110, 161, 309*
  verteilte *18*
Datenbankanbindung *224*
Datenbankapplikation *131*
Datenbankbenutzer *253*
Datenbankebene *44*
Datenbankenbereich *8*
Datenbankrechner *36*
Datenbankschema *135, 167*
Datenbank-Server *16, 163, 253*
Datenbankspalte *170*
Datenbanksystem *20*

Datenbanktabelle *20, 169, 170*
Datenbankverbindung *251*
Datenbankwelt *108*
Datenbestand *5, 34, 64*
Datenebene *43*
Datenelement *196*
Datenformat *10*
Datenkonvertierung *172*
Datenmaterial *28*
Datenmodell *178*
Datenobjekt *97*
Datenquelle *65*
Datensatz *8*
Datenstrom *25, 88*
Datenstruktur *97, 157, 304*
  komplexe *8*
  objektorientierte *157*
Datentyp *40, 163, 190*
  abstrakter *201, 224*
  komplexer *166, 197*
  mehrwertiger *137*
  primitiver *136, 158, 163, 164*
Datentypdefinition *191*
Datenübertragung *90*
  verlässliche *87*
Datenverbund *17*
Datenzugriff *57*
David Megginson *152*
DCOM *5, 7, 26, 63, 66, 81*
DCOM-CORBA-Krieg *207*
DefaultHandler *153, 156*
Defaultregel *148*
Definition
  eines Elements *137*
  maschinenlesbare *344*
DELETE *93*
delete *301*
Denial-of-Service-Angriff *262*
Deployment *117, 210, 217, 218, 239, 253, 285, 286, 287, 295*
Deployment-Deskriptor *219, 220, 221, 222*
Deploymentinformation *289*
Deploymentwerkzeug *251*
deploytool *44*
DES *269*

Deserialisierung *166*, *246*
Designzeit *56*, *159*, *308*, *309*
Designziel *7*
Desktop *16*
Detached Signature *272*
Dezentralisierung *70*
Dienst *1*, *9*, *63*, *67*, *72*, *186*, *193*, *354*
　angebotener *8*
　automatisierter *64*
　verbindungsorientierter *87*
　wohlbekannter *90*
Dienstanbieter *8*, *67*, *299*
Dienstaufruf *73*, *105*, *193*
Dienstbeschreibung *8*, *72*, *194*
　abstrakte *195*
Dienstbeschreibungssprache *193*
Diensteigenschaft *88*
Diensterbringer *72*, *74*, *75*, *76*, *101*, *106*, *189*, *194*, *196*, *261*
Dienstgüte *73*
Dienstleister *279*
Dienstleistung *64*, *326*
Dienstlokalisierung *10*
Dienstnutzer *8*, *9*, *67*, *72*, *74*, *75*, *194*, *196*, *261*, *299*
Dienstplattform, globale *299*
Dienstschnittstelle *9*
Dienstsemantik *194*, *304*
Dienstsoftware *77*
Dienstvermittler *74*
Dienstverzeichnis *74*
Discovery Agent *299*
Discovery-Tool *76*
DNS *27*, *90*, *300*, *341*
DNS-Name *123*, *214*
Document Object Model
　s. DOM
Document Type Definition
　s. DTD
doGet() *47*
Dokument *28*, *72*, *91*, *95*
　Struktur *3*
Dokumentanfrage *29*
Dokumentation *116*, *208*, *344*
Dokumentationsformat *129*

Dokumentenlayout *3*
Dokumenten-Management *142*
Dokumentformat *70*, *131*
Dokumentstruktur *154*
Dokumentwurzel *147*
Dollar-Autovermietung *85*
DOM *8*, *68*, *151*, *153*, *166*, *290*
Domain Name System
　s. DNS
Domäne *104*, *228*, *239*, *279*
DOM-Architektur *153*
DOM-Parser *153*
doPost() *47*
Dotcom-Blase *27*
Drag and Drop *172*
Drill-Down-Muster *306*
Drittanbieter *44*, *221*
Dritter, vertrauenswürdiger *183*, *266*
Drucker *20*
Drucker-Server *18*
DSA-SHA1 *273*
DSL *23*
DTD *71*, *130*, *131*, *136*, *141*, *142*, *143*, *144*, *155*, *329*, *331*
DTD-Definition *142*
DTD-Empfehlung *141*
DTD-Syntax *142*
duplex *25*
Durability *109*
Dynamic Link Library *52*

E

EAI *64*, *65*, *66*, *67*, *85*, *325*, *354*
Ebene *33*
E-Business-Anwendung *331*
ebXML *130*, *327*, *328*
ebXML-Registry *328*
Eclipse *212*, *225*
EDI *326*, *330*, *333*
Editor *151*, *161*, *244*, *286*, *314*
　grafischer *232*
　syntaxgesteuerter *8*
Eigenarbeit *6*

Eigenschaft
    einer Klasse 40
    eines Objekts 83
Eindeutigkeit 179
Einfachheit 70
Eingabe 8
Eingabemaske 172
Eingabenachricht 200
Eingabeparameter 63, 72, 194
Eingabestrom 127
Eingangs-Queue 109
Einkaufswagen, virtueller 97
Einsatzgebiet 36, 97
Einschränkung für XML-Elemente 135
Ein-Weg-Hash-Funktion 263, 265
Einzelkomponente 35
EJB 9, 43, 45, 240, 250, 253, 285, 289, 293, 295
EJB-Applikation 288
EJB-Client 289, 294
EJB-Container 249, 251, 253
EJB-Ebene 45
EJB-Komponente 9, 44, 53
EJB-Referenzimplementation 252
EJB-Service 289
EJB-Spezifikation 43, 251
Electronic Business XML Registry
    s. ebXML
Electronic Data Interchange
    s. EDI
Element 131, 132, 136, 141, 152
    geschachteltes 137
Elementname 133, 154
Emacs 37
Email 7, 9, 17, 75, 101, 102, 103, 111, 122, 123, 177, 189, 214, 257, 260, 263, 265, 275, 326
Email-Adresse 105, 141, 189
Email-API 7
Email-Infrastruktur 71
Email-Protokoll 71, 105
Email-Server 26
Email-Zustellung 105
Empfänger 98, 101, 123, 126, 161, 180, 185, 263

    endgültiger 183
Empfänger-Email-Adresse 123
Empfängerprozess 127
Encoding 133
Ende-zu-Ende 267
Endgerät 21
Endnutzer 64
Endpunkt 196, 201, 203, 204, 216, 217, 220
Endzustand 109
Enterprise Application 37
Enterprise Application Integration
    s. EAI
Enterprise Computing 16
Enterprise Java Beans
    s. EJB
Enterprise Services Architecture 5
Entity 141
Entity Bean 252, 288, 293
Entity-Bean-Instanz 252
Entschlüsselung 16, 267
Entwickler 22, 250, 285
Entwicklungsplattform 239
Entwicklungsprozess 239
Entwicklungsumgebung 44, 54, 59
    integrierte s. IDE
Entwicklungswerkzeug 224, 225, 312
Enveloped Signature 272
Enveloping Signature 272
Ereignis 153
Erfolgsgeschichte von XML 131
ERP-System 43, 333
Ersatzsystem 251
Ethernet 23
etix 1
Eudora 102, 112
Excel 232, 233, 326
Excel-Formel 234
Exception 143, 160, 242, 335
Exolab 125, 170
Expedia 239
Exportbeschränkung 119
Extended Access Control Markup Language
    s. XSCML
eXtensible Stylesheet Language

Index

s. *XSL*
eXtensible Stylesheet Language
   for Transformations
   s. *XSLT*
extension *138*, *140*

F

Factory *152*
Factory-Klasse *151*, *155*, *156*, *215*, *290*, *291*
Factory-Methode *155*, *215*
Faxnummer *141*
Fehler *20*, *156*, *186*
Fehlerbehandlung *222*
Fehlermeldung *29*, *92*, *143*, *156*, *180*, *212*, *215*, *225*
Fehlertoleranz *22*
Fehlertransparenz *20*
Feldname *161*
Fernseher *37*
Festplatte
   lokale *35*
Finanzbereich *333*
Fingerabdruck *261*, *263*, *265*
Firewall *239*, *260*, *262*, *266*, *280*, *341*
Flächenberechnung *40*
Flug *182*
Flug.de *239*
Fluganfrage *3*
Flugbuchung *4*
Fluggesellschaft *240*, *243*, *320*
Fluglinie *239*, *241*
Flugnummer *182*
Form, geometrische *41*
Formalismus *140*
Formel, mathematische *130*
Formelassistent *234*
Formular *2*, *32*, *56*, *320*
Formularelement *229*
Formularfeld *1*, *48*, *57*
forName *159*
Forschungsergebnis *27*
Forte for Java *44*
Fragezeichen *141*

Fremdschlüssel *168*
from *48*
FTP *7*, *26*, *71*
Funknetz *23*
Funktionalität *20*, *139*, *144*
Funktionskopf *194*
Funktionsverbund *18*

G

Garbage Collection *51*, *52*
Gartner Group *66*
Gateway *282*
Geheimnis *262*, *264*
Geheimtext *264*
Gelbe Seiten *300*, *304*
Gerichtsverfahren *50*
Geschäftsidee *10*
Geschäftslogik *253*
Geschäftsmodell *341*, *342*, *343*
Geschäftspartner *9*, *75*, *250*, *321*, *343*
Geschäftsprozess *36*, *64*, *108*, *239*, *240*, *328*, *331*, *334*, *353*
Geschäftsvorfall *64*, *73*
Geschwindigkeitsgewinn *56*
GET *93*, *187*
GET-Anfrage *94*, *95*, *113*
GET-Anfragemethode *47*
getChildNodes *154*
getDocumentElement *154*
GET-Nachricht *178*
getNodeName *154*
getParameter() *48*
GIF-Bild *105*
GIF-Datei *116*
GIOP *82*
Globalisierung *64*
Google *1*, *342*, *343*
GPS *343*
Grafik *27*, *96*
Grafikdesigner *28*, *30*
Grammatik *71*
   kontextfrei *141*
Granularitätsstufe *268*

Green Pages *304*
Grid Computing *10, 11, 341, 343*
Großrechner *16*
Groupware *17*
Grundgerüst *34*
Grundlagen verteilter Systeme *16*
Gruppe *28, 251*
Gruppierungselement *168*

H

h1-Element *147*
Handler *209, 210, 221*
Handler-Implementierung *153*
Handler-Instanz *222*
Handler-Klasse *156, 221*
Handler-Komponente *223*
Handy *38, 101, 276*
Hardware *25, 64*
Hardwarehersteller *37*
Hash-Funktion *263, 269*
Hashtabelle *53*
Hauptdokument *96, 113*
Haushaltsgerät, Steuerung *37*
HEAD *93*
Header *29, 93, 185, 186, 207, 267, 272, 330*
Header-Block *94, 184, 185*
Header-Element *183*
Header-Feld *103*
Heimverzeichnis *119*
Hersteller *70, 208, 326*
Heterogenität *83, 85, 88*
Hilfsklasse *116, 170*
Hintergrundfarbe *158*
Hintergrundprozess *84*
Hochverfügbarkeit *251*
Home Interface *289, 293*
Homebanking *261*
Host *93, 116, 235*
Host-Name *215*
Hotel *1*
HP *66*
HTML *3, 4, 30, 32, 47, 62, 68, 88, 105, 116, 132, 133, 231*

HTML-Antwortdokument *46*
HTML-Code *3, 30, 32, 46, 56, 60*
HTML-Datei *46, 118*
HTML-Dokument *30, 32, 33*
HTML-Editor *31, 46*
HTML-Element *56*
HTML-Formular *48, 225, 229, 255*
HTML-Header *93*
HTML-Schnittstelle *249, 313*
HTML-Seite *31, 116, 230, 343*
HTML-Spezifikation *133*
HTML-Tag *250*
HTML-Text *229*
HTTP *7, 8, 9, 24, 26, 27, 29, 32, 46, 68, 71, 87, 88–98, 111, 146, 177, 186, 217, 230, 267, 278, 300, 341*
HTTP-Anfrage *47, 48, 96, 97, 209, 212*
HTTP-Client *113*
HTTP GET *118, 199, 202, 203*
HTTP-GET-Anfrage *187*
HTTP-GET-Paket *202*
HTTP-GET-Parameter *168*
HTTP-Header *115, 119*
HTTP-Interaktion *96*
HTTP-Methode *92*
HTTP-Paket *93, 98, 187*
HTTP POST *118, 199, 202, 203*
HTTP-POST-Paket *93, 187*
HTTP-Protokoll *34*
HTTP-Protokollnachricht *92*
HTTP-Request *91, 112, 183*
HttpRequest *46*
HTTP-Request-Paket *92*
HTTP-Response *91, 183, 187, 188*
HttpResponse *46*
HTTPS *9, 87, 98–101, 259, 260, 262, 267, 268, 291, 341*
HTTP-Server *100, 113*
HttpServlet *46*
HTTP Session *96, 97*
HTTPS-Server *100*
HTTP-Version *93, 94, 113*
HTTP-Zugangspunkt *203*
Hyperlink *30, 91, 225*
Hypertext *30*

Navigation 30
Hypertext Transport Protocol
    s. *HTTP*
Hypertextsystem 27, 30, 88

IBM 5, 16, 39, 66, 73, 85, 110, 129, 195, 280, 281, 301, 302, 313, 315, 335
IDE 38, 224
Identifikation 131, 140, 170, 179
Identifikationsnummer 241
Identität 138, 260, 266, 279
Identitätswechel 257
IDL 81, 83
IDL-Beschreibung 82
IDL-Datei 195
IDL-Spezifikation 81
IETF 99
IIOP 82
IMAP 105
Implementierung 5, 139, 151, 193, 218
Implementierungsarchitektur 15
Implementierungsrechner 26
Implementierungsumgebung 49
import 229
Import-Element 140
Industriekonsortium 327
Industrieunternehmen 67
Industriezweig 239, 331
Informatik 19, 20
Information Hiding 40
Informationsaustausch 20, 325
Informationsmöglichkeit 27
Informationsquelle 57
Informationssystem 5, 27, 161
    globales 10
Informationssytem 5
Informationsverarbeitung, verteilte 16
Infrastruktur 5, 9, 11, 26, 27, 84, 101, 102, 239, 249, 281
Inhaltsabschnitt 6
Inhaltsverzeichnis 52
Initialisierungsaufgabe 41

In-Multi-Out 200
In-Only 200
In-Out 200
Installation 36
Installationsverzeichnis 116
Instanz 143, 157, 293
Instanziierung 156
Instanzvariable 42, 158, 161, 170, 247
Integer 136, 142, 156, 163
Integer-Wertebereich 163
Integration 19
Integrität 251, 260, 261, 264, 271
Intel 16
Interaktion 75, 263, 336
Interaktionsfolge 95
Interaktionsmodell 70
Interaktionsmuster 181
Interaktivität 16
Interface 83, 196, 201, 204, 244, 288
Interface Definition Language
    s. *IDL*
Internet 6, 7, 16, 22, 27, 37, 63, 71, 83, 87, 101, 129, 214, 235, 325
Internet-Anwendung 7, 16, 51
Internet-Auftritt 27
Internet-Company 50
Internet Explorer 50, 112, 113, 132
Internet Information Server 50, 54, 58, 225, 228, 253, 292
Internet-Mail-Konto 123
Internetökonomie 342
Internetprotokoll 85
Internetschicht 23
Internet Service Provider
    s. *ISP*
Internet Software Consortium 27
Internettechnologie 7
Internet-Werkzeug 50
Interoperabilität 85, 207, 224, 232, 236, 311
Interoperabilitätstest 236
Interpretation 198, 205
    automatische 10
Interprozesskommunikation 84
Intershop 326
Inter-Unternehmenskommunikation 10

Intranet *217, 267, 302*
Investitionsschutz *330*
IONA *208*
IP *7, 23*
IP-Adresse *23, 90, 123, 214, 217, 300*
IP-Protokoll *87*
ISBN-Nummer *136*
ISDN *23*
ISO-8859-1 *133*
ISO-Komitee *130*
Isolation *109*
ISP *105*
IT-Branche *332*
IT-Infrastruktur *34*
IT-System *146*

J

J# *224*
J2EE *15, 36–49, 64, 78, 354*
j2eeadmin *44*
J2EE-Anwendung *38, 45*
J2EE-Architektur *78*
J2EE-Bibliothek *46*
J2EE-Klassenbibliothek *37, 42*
J2EE-Produkt *39*
J2ME *38*
J2SE *38, 78*
J2SE-Bibliothek *42*
JAAS *43, 293, 295*
Jar-Archiv *116*
Jar-Bibliothek *214*
Java *6, 8, 36, 143, 151, 157, 163, 167, 182, 218, 232, 282, 315, 354*
   Entwickler von *37*
   Sprachstandard *37*
   Standardisierung *38*
   Werkzeuge *38*
Java 2 Standard Edition
   s. *J2SE*
Java Activation Framework *123*
Java API *111*
Java API for XML Processing *78*
Java API for XML Registries *78*

Java API for XML-based RPC *78*
Java Architecture for XML Binding *78*
Java Bean *158, 161, 170, 230, 244, 286*
Java Database Connectivity
   s. *JDBC*
Java Development Kit
   s. *JDK*
Java Interface *240*
Java Mail API *122–125*
Java Naming and Directory
   s. *JNDI*
Java Remote Method Invocation *5*
   s. *RMI*
Java Server Faces *78*
Java Web Service Developer Pack *78*
Java WSDP Registry Server *78*
java.io.* *53, 157*
java.net.* *53*
java.net.URL *216*
java.sql *48*
java.swing.* *54*
java.util.* *53*
java.util.Date *246*
java2wsdl *166, 223, 224, 225, 244, 245*
Java-Archiv *112, 123, 212, 214, 286, 288, 290*
Java-Code *46*
Java-Compiler *38, 212*
JavaDoc-Kommentar *286, 288, 289, 290*
Java-Entwicklerkonferenz *39*
Java-Entwicklungswerkzeug *212*
Java-Guru *39*
Java-Klasse *165, 166, 167, 170, 210, 212, 223, 224, 244, 281, 289*
JavaMail *43*
Java-Maschine, virtuelle *38*
Java-Objekt *159, 165, 166*
Java-Paket *208, 220*
Java-Portierung *39*
Java-Programmierer *55*
Java-Programmierumgebung *39*
JavaScript *57*
Java-Skelett *245*
Java-Stub *214*
Java-Swing *249*

Java-Technologie *38*
Java-Web-Server *208*
Java-Welt *6, 43, 315*
javax.mail *123*
javax.xml.messaging *208*
javax.xml.rpc *208*
javax.xml.soap *208*
JAXB *78, 165, 167*
JAXP *78, 151, 152, 154, 155, 290*
JAXR *78*
JAX-RPC *78, 208, 215*
JBoss *9, 249, 285, 286, 289, 290*
JBoss.Net *290*
JBuilder *208*
JCo *43*
JDBC *5, 43, 56, 110, 151*
JDBC-Datenbank *117, 257, 285*
JDBC-Realm *257*
JDBC-Treiber *116*
JDK *38*
JDO *170, 252*
Jetty *208*
JMS *7, 43, 71, 87, 110, 125, 151, 252, 285*
JMS-Empfänger *127*
JMS-Sender *126*
JMS-Server *126*
JMS-Session *127*
JMS-Treiber *110*
JNDI *43, 84, 126, 252, 289, 290, 291, 295*
JNDI-Infrastruktur *289*
JNDI-Kontext *126, 127*
JNDI-Name *288*
JNDI-Schnittstelle *126*
JNDI-Verzeichnis *117*
Job *16*
JPG-Bild *105*
JPG-Datei *116*
JSF *78*
JSP *31, 32, 43, 45, 55, 115, 116, 146, 212, 240, 250, 253, 289, 290, 293, 294*
JSP-Code *254*
JSTL *78*
JUnit-Test *225*
Just-in-Time-Übersetzung *51*
JVM *51, 152*

JWS *210, 217, 253*
JWS-Datei *212, 213, 224*
JWS-Klasse *217*
JWS-Mechanismus *209*

K

Kalender *60*
Kapselung *40*
Kartenmaterial *342*
Kaufvertrag *261*
keytool *292*
Kindelement *131, 132, 137, 141, 154, 156, 161, 172, 181, 182, 183, 197, 268, 330*
Klartext *119, 122, 264*
Klasse *40, 143, 194, 289*
   abstrakte *151*
Klassenbibliothek *26, 38, 42, 49, 53, 79, 224*
Klassendefinition *55*
Klassenhierarchie *40, 41, 46*
Klassenname *152, 155, 159, 161, 170, 217*
Klassenpfad *155, 214, 253*
Klassenvariable *160*
Klassifikationstaxonomie *310*
Knoten, physikalischer *33*
Kodierregel *190, 191*
Kodierschema *178*
Kodierung *157, 196, 209*
Kommandozeile *124, 213, 214, 216, 223, 314*
Kommandozeilen-Client *246*
Kommandozeilenoption *225*
Kommandozeilenparameter *113, 123, 157, 159, 165, 167*
Kommentarzeile *225*
Kommunikation *7, 19, 47*
   asynchrone *43, 106, 111*
   drahtlose *260*
   synchrone *111*
   verbindungslose *57*
   verbindungsorientierte *57*
   zwischen Objekten *40*
Kommunikationsabbruch *21*
Kommunikationsbeziehung *90*

Kommunikationsendpunkt *24*
Kommunikationskanal *126*
Kommunikationsmechanismus *41*
Kommunikationsnetz *19*
Kommunikationspartner *22*, *99*, *179*, *262*, *299*, *353*
Kommunikationsprotokoll *70*, *178*
Kommunikationssicherheit *38*
Kommunikationssoftware *81*, *82*, *194*
Kommunikationssystem *193*
Kommunikationsverbund *17*
Kompetenz, technische *5*
Komplexität *7*, *20*
    des Netzes *63*
Komponente *158*, *194*, *285*
    logische *35*
    physikalische *35*
    eines verteilten Systems *18*
Komponentenanbieter *158*
Komposition *73*
Konfigurationsinformation *116*, *209*
Konfigurationsvokabular *118*
Konkurrenz *7*
Konsole *124*, *157*, *212*, *222*, *223*, *286*
Konsortium *66*
Konstruktionselement *204*
Konstruktor *41*
Kontaktschema *141*
Kontext *254*
Kontextabfrage *256*
Kontextelement *145*, *146*, *147*
Kontextinformation *88*, *96*
Kontextparameter *116*
Kontextpropagierung
    explizite *254*
    implizite *255*
Kontrollinstanz *283*
Konverter *163*
Konvertierung *161*, *165*
Koordination *19*
Koordinationskomponente *19*
Koordinationssoftware *20*
Kopie einer Ressource *20*
Kosten *5*, *37*
Kostendruck *64*

Kosteneinsparung *64*
Kreditkarte *1*
Kreditkartennummer *98*
Kunde *1*, *62*, *64*, *107*, *240*, *320*, *354*
Kundenidentifikation *242*

L

Lagerbestand *108*
Lagerverwaltung *107*
Länge eines Schlüssels *262*
Laständerung *21*
Lastausgleich *21*
Lastbalancierung *251*
Lastverbund *18*
LaTeX *30*
Laufzeit *159*, *299*, *308*, *309*, *311*
Laufzeitumgebung *50*, *292*
Laufzeitverhalten *225*
Layout *5*, *30*, *56*
Layoutanweisung *146*
LDAP *84*
LDAP-Server *256*
LDAP-Verzeichnis *257*
Lebensdauer einer Session *98*, *117*
Leerzeile *103*
Legacy-Anwendung *34*
Legacy-Lösung *354*
Leistungssteigerung *21*
Leistungstransparenz *21*
Leistungsverbund *18*
Leitung *10*, *98*
Leser *6*
Lesezugriff *280*
Lieferant *4*, *62*, *64*, *354*
lingua franca *7*
Link *96*
Linux *39*, *253*, *354*
list *301*
Liste *53*, *163*
Listing *165*
Lizenzkosten *85*
Load-Balancing-System *18*
localhost *216*, *217*

Location *80*
Log-Datei *28*, *109*
Logging *221*
Login *122*, *256*, *303*
Login-Bildschirm *92*
login-config *118*
Login-Information *119*
Login-Kontext *256*
Lokation *20*
lookup *301*
Lösung *6*
Lufthansa *4*, *15*, *277*
Luftschnittstelle *23*

M

Macromedia *208*
Mail-Infrastruktur *189*
Mail-Server *7*, *104*, *123*, *124*
Mail-Session *123*
Mailsystem *24*
Mail-Transportsystem *102*
main *41*, *155*, *160*
Mainframe *16*
Management von Web Services *73*
Manipulation von Strings *145*
Mappoint Service *342*
Marketing *27*
Marketingkampagne *129*
Marketing-Manager *30*
Marktführer *50*, *110*
Marktplatz *326*, *327*
    elektronischer *64*
Marktplatzbetreiber *326*
Marktpotential *67*
Markup-Sprache *130*
Marshalling *219*
Maschine *63*, *64*, *205*
Maschine-Maschine-Kommunikation *303*
Maskierung von Fehlern *20*
Massenfertigung *17*
Massenkommunikationsmedium *27*
match-Attribut *147*
Matching-Prozess *147*

Materialwirtschaft *333*
Mathematik *130*
MathML *130*
maxOccurrs *138*
Medientyp *105*
Medienzugriff *23*
Medium *27*, *260*
Meilenstein *63*
Menge *53*
Mensch-Maschine-Kommunikation *303*
MEP *177*, *180*, *202*
    dialogorientiertes *180*
    RPC-Stil *181*
Merkmal, optionales *131*
Merkmalsidentifikation *155*
Merrill Lynch *85*
Message Driven Bean *288*
Message Exchange Pattern
    s. MEP
Message Queue *106*, *108*, *109*, *111*, *252*, *285*
Message Queues *7*
Message Transfer Agent *102*
Message-Driven Bean *252*
MessageListener *127*
Message-Queue-Server *125*
Meta-Code *55*
Meta-Daten *159*
Meta-Information *52*, *179*
Methode *8*, *25*, *40*, *81*, *160*, *254*
Methodenaufruf *26*, *40*, *57*, *81*, *190*
    entfernter *63*
    lokaler *194*, *216*, *230*, *289*
Methodenname *160*
Methodenparameter *194*
Microsoft *5*, *16*, *49*, *65*, *73*, *85*, *129*, *167*, *195*, *207*, *224*, *256*, *275*, *280*, *301*, *302*, *333*, *335*, *354*
Microsoft Access *164*
Microsoft Biztalk Server *329*
Microsoft Java *224*
Microsoft Management Console *312*
Microsoft Outlook *102*
Microsoft SQL Server *57*, *309*
Microsoft UDDI SDK *314*
Microsoft-Gegner *50*

Middleware *5, 7, 24, 25, 63, 72, 80, 84, 193,*
    243, 254, 255, 300, 341
Middleware-Architektur *84*
Mietwagen *1*
Migrationstransparenz *21*
Mikrowelle *37*
MIME *72*
MIME-Format *104*
MIME-Type *112, 113, 123*
minOccurrs *138*
Mitarbeiter *163*
Mitarbeiterdaten *135*
Mitarbeiterdatentyp *135*
Mithören *122*
Mixed Content *131*
Mobilfunknetz *21*
Mobilität *101*
mod_ssl *100*
Modell, abstraktes *193*
Modellierung *40*
Modul *194*
    kryptografisches *119*
Modularität *70*
Mosaic *27*
MPEG-Video *105*
MQ Series *110*
Multicast-Solicit-Response *200*
Muster *38, 136*
mustUnderstand *183, 185*
mySAP *43*
MySQL *116*

N

Nachricht *8, 25, 67, 71, 72, 106, 109, 185*
    anwendungsspezifische *193*
    geheime *99*
Nachrichtenaustausch *70, 180*
Nachrichtenformat *196, 329*
    anwendungsunabhängiges *177*
Nachrichtenstruktur *179*
Nachrichtentyp *88, 199*
Nachrichtenübertragung *72*
Name
    einer Ressource *20*
    symbolischer *300*
Name Service *66, 83, 300, 301*
Namensdienst *43, 84*
Namensgebung *161, 163*
Namenskonvention *158*
Namensraum *83*
Namensschema *90*
Name-Server *104*
Namespace *8, 70, 129, 133, 134, 139, 140,*
    142, 144, 167, 179, 181, 197, 205, 215,
    229, 244, 333
Namespace-Attribut *197*
Namespace-Empfehlung *133*
Name-Wert-Paar *222*
Naturwissenschaft *130*
Navigation in Dateisystemen *145*
NCSA-Server *29*
Nebenläufigkeit *21*
Nebenläufigkeitstransparenz *20*
NetBeans *44*
Netscape *28, 38, 99*
Netscape Communicator *102*
NetWeaver *44*
Network Computing *36*
Netz *25, 87*
Netzhaut *261*
Netzkommunikation *38*
Netzumgebung *38*
Netzwerk *10, 22, 41, 63, 89, 111, 243, 326*
    physikalisches *23*
Netzwerkarchitektur *22*
Netzwerkkarte *23*
Netzwerkmanagement *70*
Netzwerkplattform *7*
Netzwerkprogramm *53*
Netzwerkprotokollfamilie *70*
Netzwerkschicht *23*
Netzwerktechnologie *17*
Newsgroup *155*
Nicht-Anfechtbarkeit *260, 261, 271, 326*
Nicht-ASCII-Datentyp *177*
Node *154*
noNamespaceSchemaLocation *143, 145*
Notebook *101*

N-Tier-Anwendung 9, 43
N-Tier-Architecture 6, 27, 37
Null-Pointer 198
Nutzer 5
Nutzerrolle 254
Nutzungsform 74
Nutzungsstatistik 310

O

Oak 37
OASIS 67, 68, 278, 301, 327, 328, 333
Oberklasse 40, 41
Object Request Broker 82
Objekt 26, 40, 48, 163, 194, 300
    entferntes 65
Objekthierarchie 40
Objektmodell 314
Objektreferenz 242, 291
Objektsystem
    heterogenes 81
    verteiltes 195
ODBC 57
Offenheit 21
Office Software 50
Office XP 229, 232, 233, 312, 341
Office XP Web Service Toolkit 233
Office-Paket 16
Offline-Suche 308
OLEDB 57
OMG 63
Online-Administration 44
Online-Dokumentation 314
Online-Portal 242
Online-Reisebüro 1, 5, 61
Online-Werbung 342
Ontologie 343, 344
Open JMS Service 7
OpenJMS 110, 125, 126, 170
OpenJMS-Prozess 126
Open-Source 170, 285
Open-Source-Produkt 354
Open-Source-Projekt 112, 207, 208, 315
Open-Source-Werkzeug 225

OpenSSL 100, 101
Operation 181, 182, 187, 196, 199, 200, 353
Option 137
OPTIONS 93
Oracle 110, 129, 208
ORB 82, 83
Ordner 105
Ordnerstruktur 112
Ordnungskriterium 300
org.apache.axis.wsdl 214
Organisation 5, 34, 139, 146
Original einer Ressource 20
Original-Dokument 268
Ortstransparenz 20, 300
OSF DCE 63, 81
Out-In 200
Out-Multi-In 200
Out-Only 200
Overhead 86, 187
Overloading 40

P

Paket 7, 87
Paketfilter 266, 282
Paketformat 94
Paketname 215
Parameter 80, 90, 124, 152, 157, 160, 165, 181, 187, 216
    globaler 152
parsable character data 141
parse 152, 155
Parser 151, 153
Parser-Objekt 151
Parse-Vorgang 142
Partner Interface Process 331
Passwort 91, 105, 117, 119, 124, 242, 243, 261, 277, 291, 292
Patch 29
PC 16, 105
PCDATA 141
PDA 101, 249, 276
Peer-to-Peer-Szenario 77
Performance 86

Performance-Problem *98*
Perl *31*
Perl-Skript *131*
Persistenz *252*
Personal Computing *36*
Personalabteilung *135*
Personalausweisnummer *136*
Petri-Netz *334, 335*
Pflichtenheft *239*
Phaos *282*
PHP *146*
Pi-Calculus *335*
PIN *261*
PIP *331, 332, 334*
Plattenplatz *28*
Plattform *207, 214, 354*
POP *24, 105, 106, 111, 123*
POP3-Client *124*
Port *217, 244, 267, 341*
Portal *229, 240, 244, 319, 320, 323*
Portnummer *90*
Positionsangabe *60*
POST *93, 187*
POST-Anfrage *94*
POST-Anfragemethode *47*
POST-Methode *187*
POST-Nachricht *178*
Postscript *30*
Präfix *133, 135, 136, 139, 140*
Präsentation *249*
Präsentationsaufgabe *45*
Präsentationskomponente *250*
Präsentationslogik *9, 33*
Präsentationsschnittstelle *35*
Praxisbezug *354*
Preisgestaltung *240*
Premiumpartner *5*
PreparedStatement *48*
Primärschlüssel *163, 168, 170*
Primer *178*
println() *47*
Produkt *64, 207*
Produktentwicklung *67*
Produktidentifikation *327*
Produktkatalog *333*

Produktvariante *37*
Produktwelt *6*
Programmablauf *32*
Programmaufruf *90*
Programmbaustein *42*
Programmcode *131, 194, 225*
Programmierer *7, 8, 77, 216*
Programmiermodell *70, 196, 285*
Programmierschnittstelle *10, 24, 43*
Programmiersprache *5, 21, 31, 64, 82, 83,*
 88, 161, 189, 193, 214, 333, 354
 objektorientierte *40, 81, 129*
Programmierstil *131*
Programmierumgebung *229, 233*
Programmierung *5, 131, 142*
 prozedurale *40, 194*
Programmkomponente *36*
Programmlogik *153, 212, 216, 231, 251*
Programmstruktur *315*
Programmsystem *7*
Projektfenster *225*
Projektleiter *218*
Projektpartner *245*
Property *158, 287*
Protokoll *22, 26, 65, 196*
 proprietäres *5*
 standardisiertes *5*
 synchrones *101*
 textbasiertes *29*
 zustandsloses *96*
Protokollablauf *29, 88, 91, 95, 99*
Protokollbindung *177, 186, 196*
Protokollnachricht *90, 278*
Protokollname *90*
Protokollstruktur *72*
Prototyp *58*
Proxy *93, 186*
Prozedur *25, 63, 81, 84*
Prozess *21, 24, 36, 70, 72, 81, 88, 165*
 betriebswirtschaftlicher *325*
Prozessabwicklung *64*
Prozessbeschreibung *336, 337*
Prozesskette *325*
Prozessmodell *334*
Prozessor *37*

Index 375

Prozessorarchitektur 37
Prozesstransparenz 21
Prüfung von Dokumenten 139
Pseudocode 108
Public Key Infrastructure 275
Publikation 313
Publishing 142
Publizierung 58
Punkt-zu-Punkt-Kommunikation 106
PUT 93
Python 207

Q

Quadrat 40
Quality of Service 73
Quellcode 146, 288
Quelldokument 148
Quelltext 30, 96
Query-Element 278

R

Rahmenwerk 10, 53, 70, 177, 188
RAID-System 109
rebind 301
Rechenauftrag 16
Rechenaufwand 16
Recheneinheit 19
Rechenkapazität 19
Rechenleistung 16
Rechenzeit 283
Rechner 16, 21, 81, 87
    entfernter 181
    öffentlich zugänglicher 5
Rechnergrenze 5, 256
Rechnerhardware 88
Rechnerverbund 16
Rechnungsstellung 333
Rechteck 40
Redundanz 40
Referenz 164, 289

Referenzimplementierung 115, 123, 208
Reflection 159, 160, 161
Reflection API 159
Regel 146
Regelabarbeitung 148
Regelkörper 147, 148
Regierungswechsel 50
Registrierung 291, 300, 303, 307
    eines Dienstes 10
Registry Service Interface 328
Reisebüro 4, 180, 299, 337, 354
Reisekostenabrechnung 232, 234
Reiseportal 239, 315, 319, 354
Relation 135
relay 183, 185
Relay-MTA 102
Remote 83, 215
Remote Interface 289
Remote Procedure Call
    s. RPC
RemoteException 83, 215
Replikation 20
Replikationstransparenz 20
Reportgenerierung 326
Repository 328
Repräsentation, sprachunabhängige 130
Request for Comment 88
Request-Nachricht 278
Request-Response 181, 200, 201, 330
Request-Response-Modell 187
Request-Response-Muster 183, 186
Request-Response-Paar 95
Request-Response-Protokoll 71, 91
Request-Response-Protokollablauf 92
Reservierungsdienst 195
Reservierungsnummer 182
RespondWith-Element 278
Ressource 20, 36, 73, 88, 93, 117, 118, 187, 196, 204, 253, 261, 262, 280, 328
ResultSet 48
RFC 88, 89, 103
RMI 7, 26, 63, 80, 83, 84, 215, 241
rmic 83
RMI-Compiler 83
RMI-IIOP-Protokoll 83

RMI-Klasse 290
RMIregistry 84, 126
Roadmap 73
role 183
Rolle 74, 260, 312
Rollenattribut 185
Rollenverteilung 184
ROOT-Applikation 116
RosettaNet 329, 331, 332, 333, 334
Router 23
Routing 177
RPC 8, 63, 178, 256, 257
RPC-Stil 186
RSA 269, 270
RSA-Schlüssel 269
Rückgabe 49
Rückgabewert 157, 181, 194

S

SAAJ 78
Sachbearbeiter 108
SAML 259, 277, 278, 282
SAML Authority 278, 279, 280
SAP 5, 44, 129, 302, 309, 314, 326, 333
SAP NetWeaver 5
SAP R/3 5, 43
SAP-Registry 315
SAX 8, 151, 152, 153, 166, 290
SAXHandler 153
SAX-Parser 152
SBML 130
Schablone 223
Schadensfall 108
Schema 90
Schema-Definition 135, 142
Schema Instance 143
Schema-Instance-Namespace 143
schemaLocation 140, 143, 144
Schicht 7, 72
Schichtenarchitektur 7, 22, 64, 70, 74, 111
Schleife 247
Schlüssel 98, 262, 268, 274, 305
  geheimer 99

öffentlicher 99, 264
privater 264
Schlüsselalgorithmus 268
Schlüsselaustausch 263
Schlüsselmanagement 276
Schlüsseltausch 98
Schlüsselverfahren
  asymmetrisches 98
  symmetrisches 98
Schnittstelle 5, 21, 40, 67, 72, 76, 82, 194,
  218, 300, 308
Schnittstellenbeschreibung 77, 193, 240
Schnittstellenbeschreibungssprache 81
Schnittstellenbibliothek 5
Schnittstellenformat 194
Schnittstellenkonzept 78
Schnittstellenspezifikation 84
Schreibtisch 16
Schreibvorgang 108
Schreibzugriff 280
Schulungsaufwand 36
SCM 5, 64, 333
Secure Socket Layer
  s. SSL
Security Assertions Markup Language
  s. SAML
security-constraint 118
Seitenbeschreibungssprache 32, 88
Seiteneffekt 187
Seitenerzeugung, dynamische 31
select 48
Selection Agent 77
Selektieren von Elementen 145
Semantic Web 10, 134, 341, 343
Semantik 4, 72, 75, 77, 94, 185, 200, 205,
  243, 277, 319, 327
Sender 98, 106, 123, 126, 161, 184, 263
Sendereihenfolge 87
Sender-Email-Adresse 123
Sender-Knoten 187
Senderzone 21
sequence 138
Sequenz 199
Serialisierung 166, 246
Server 25, 29, 37, 319

Server-Adresse *124*
Server-Farm *98*
Server-Komponente *34*, *35*, *286*
Server-Operation *181*
Server-Programm *26*, *189*
Server-Prozess *34*, *90*, *253*
Server-Rechner *28*, *33*, *90*
Server-Schnittstelle *34*
Server-Seite *95*, *98*, *187*, *215*, *228*, *245*, *291*, *309*
Server-Side Include *31*
Server-Software *76*
Service *308*, *313*
Service-Beschreibung *167*, *218*, *244*
Service-Code *221*
Servicedefinition *167*
Service-Deployment *220*
Service-Endpunkt *215*, *223*, *224*, *230*, *311*, *320*
Service-Implementation *221*
Service-Instanz *217*, *305*
Service-Interface *215*, *216*, *217*
ServiceLocator *215*, *216*, *220*
Service-Objekt *215*, *220*, *291*
Service-Proxy *234*
Service-Skelett *219*
Service-Template *308*
Service-URL *321*
Servlet *31*, *32*, *35*, *36*, *43*, *45*, *46*, *56*, *115*, *116*, *209*
Servlet-Anwendung *34*
Servlet-Container *49*
Servlet-Engine *43*, *46*
Servlet-Spezifikation *118*
Session *116*, *126*, *252*, *289*, *293*
Session Bean *252*, *288*, *291*, *293*
    Stateless *252*, *290*
Session-ID *97*, *293*
Session Management *111*
Session-Objekt *123*, *124*, *291*, *294*
setErrorHandler *155*
SETI@Home *18*
SGML *30*, *68*, *129*
SGML-Applikation *130*
SGML-Spezifikation *129*, *131*

SGML-Standard *130*
SHA-1 *271*
Sicherheit *9*, *22*, *45*, *177*, *251*
    von Web Services *259–283*
Sicherheitsanforderung *260*
Sicherheitsarchitektur *295*
Sicherheitsdomäne *277*, *280*
Sicherheitseigenschaft *43*, *259*
Sicherheitseinstellung *288*
Sicherheitselement *281*
Sicherheitsinfrastruktur *312*
Sicherheitskonzept *341*
Sicherheitskopie *109*
Sicherheitsloch *38*
Sicherheitsmechanismus *242*, *262*, *277*
Sicherheitsmodell *73*
Sicherheitspolitik *283*
Sicherheitsproblem *9*, *353*
Sicherheitsspezifikation *73*
Sicherheitsverantwortlicher *283*
Signatur *182*, *215*
    digitale *221*, *262*, *264*, *271*
Signaturalgorithmus *269*, *273*, *281*
Simple API for XML
    s. SAX
Simple Object Access Protocol
    s. SOAP
Simple Type *136*
Single-Sign-On *279*, *282*
Skalierbarkeit *21*, *45*
Skalierungstransparenz *21*
Skeleton *83*, *219*
Skript *31*, *112*, *286*
Skriptsprache *31*
SMTP *7*, *24*, *26*, *71*, *87*, *101–106*, *111*, *123*, *188*, *267*
SMTP-Client *123*
SMTP-Server *123*
SOAP *8*, *66*, *71*, *78*, *79*, *86*, *105*, *177* *191*, *193*, *195*, *199*, *203*, *207*, *214*, *278*, *282*, *291*, *299*, *301*, *333*, *341*, *353*, *354*
SOAP-Anfrage *167*, *209*
SOAP-Aufruf *341*
SOAP-Bindung *201*
SOAP Body *178*, *181*, *182*

SOAP-Datenstruktur *199*
SOAP Encoding *189*
SOAP-Engine *8, 11*
SOAP Envelope *178*
SOAP Header *178, 291, 293*
SOAP-Implementierung *78*
SOAP-Interaktion *183, 267*
SOAP-Knoten *180, 183, 185, 187, 267*
SOAP-Nachricht *72, 80, 86, 103, 105, 106, 108, 177, 179, 181, 183, 185, 186, 189, 190, 193, 202, 207, 210, 267, 272, 281, 353*
SOAP-Nachrichtenformat *178, 202*
SOAP-Namespace *181*
SOAP node *179*
SOAP-Norm *178*
SOAP-Paket *206*
SOAP Proxy *260, 282*
SOAP receiver *179*
SOAP-Schnittstelle *315, 327*
SOAP sender *179*
SOAP-Standardisierung *178*
SOAP with Attachments API for Java *78*
SOAP-Zwischenknoten *268*
Sockets *26*
Socket-Implementierung *25*
Socket-Klasse *41*
Socket-Schnittstelle *24*
Socket-Verbindung *25*
Software *19, 20*
Software AG *129*
Softwareangebot *38*
Softwareentwickler *232*
Softwareentwicklungswerkzeug *78*
Softwareerstellungsprozess *81*
Softwarefehler *108*
Softwaregenerierung *83*
Softwarehaus *81*
Softwarehersteller *129, 152*
Softwareindustrie *64*
Softwarekomponente *28, 77, 82, 108, 142*
Softwarepaket *38, 76*
Software-Rahmenwerk *6*
Solaris *39*
Southwest Airlines *85*
Speicher *52, 152*

Speichermedium *109*
Speicherplatz *38*
Speicherung *163*
Speicherverbrauch *153*
Sperrmechanismus *242*
Spezialanwendung *16*
Spezialrechner *18*
Spezifikation *72, 130, 167, 202*
    formale *343*
Spezifikationsdokument *131*
sponsored link *342*
Spracheinführung *6*
Sprachkonstrukt *55, 193*
    imperatives *149*
    von XML *7*
Sprachspezifikation *224*
Sprachtransparenz *21*
Sprachunabhängigkeit *51, 161*
Spreadsheet *234*
SQL *5, 20, 161, 170*
SQL-Anfrage *146, 326*
SQL-Client *168*
SQL-Datenbank *57*
SQL Server *146, 167, 168, 169, 312*
SQL Server Web Services Toolkit *167*
SQL View *256*
SSL *98, 99, 100, 228, 243, 264, 266, 291, 292, 293*
    Konfiguration *117, 119*
SSL-Dienst *120*
SSL-Handshake-Protokoll *99*
SSL-Konnektor *120*
SSL-Record-Protokoll *99*
SSL-Unterstützung *119*
SSL-Verbindung *122*
Stack Trace *212*
Standard *134, 302, 319*
    zum Datenaustausch *139*
Standardbindung *186*
Standarddefinition *66*
Standard-Internetprotokoll *67*
Standardisierung *64, 68, 73, 319*
Standardisierungsgremium *67, 75, 259, 280*
Standardisierungsorganisation *207, 244, 319*

Standardisierungsprozess *177, 195*
Standardlösung *251*
Standardorientierung *7*
Standardport *113, 122*
Standardprotokoll *267*
Standardszenario *74*
Standardübertragungsformat *193*
Standard-Web-Applikation *117*
Standard-XML *273*
Statistik *114, 333*
Status-Code *94, 115*
Statusinformation *124, 222, 286*
Status-Meldung *94*
Stecker *10*
Steckverbindung *23*
Stereoanlage *37*
Steuerungsprozessor *37*
String *97, 136*
    leerer *198*
String-Variable *136*
Stromnetz *10*
Structured Biology Markup Language *130*
Strukturelement *333*
Stub *83, 216, 217, 218, 234, 293, 320*
Stub-Funktionalität *216*
Stylesheet *8, 146, 148*
Stylesheet Engine *8*
Submit-Knopf *48*
Subnetz *23*
Suche *300, 303, 306, 313*
Suchmaschine *1, 342*
Suchmethode *246*
Suchparameter *47, 48*
Suchraum *306*
Sun *5, 37, 38, 66, 78, 85, 110, 123, 151, 165, 207, 250, 252, 280, 285, 325, 328, 333, 336*
Sun Remote Procedure Call *63*
Sun RPC *80, 84, 194*
SunONE *44, 208, 285*
SunONE Studio *44*
Supply Chain Management
    s. *SCM*
Supply Chain Management Architecture *69*
Supply Chain Management Use Case *69*

Swing-Applikation *249*
Swing-Objekt *250*
Synchronisation *304*
Synergieeffekt *335*
Syntax *75, 136, 141, 205, 225, 277, 327*
Syntaxbeschreibung *72*
Syntaxhervorhebung *225*
Syntaxprüfung *8*
Syntaxvorgabe *179*
System
    dynamisches *10*
    kommunizierendes *19*
    offenes *21, 66*
    verteiltes *6, 15, 35, 353*
    zentralisiertes *22*
System.Collections *53*
System.Data *54, 55*
System.IO *53*
System.Net *53*
System.Web *54, 55, 79*
System.Windows.Forms *54*
System-Account *228, 253, 256*
Systemarchitektur *239, 354*
    dienstorientierte *85*
Systemstruktur *21*
Systinet *208, 309, 310, 312, 315, 319*
Szenario *242, 319*

T

Tabelle *48, 135, 161*
Tabellendefinition *164*
Tabellenname *168*
Tabellenzeile *3*
Tag *134, 147, 153, 179, 291*
    Definition *30*
    Parameter *30*
TAN *261*
targetNamespace *139, 144, 145, 197, 215, 218, 219, 225, 244*
Taxonomie *313*
TCP *7, 24, 90*
TCP-Instanz *90*
TCP Monitor *7, 111–115, 122*

TCP-Port *90*
TCP-Socket *84*
TCP-Verbindung *36, 88, 90, 108, 113*
TCP-Verbindungsaufbauwunsch *267*
TCP/IP *70, 87, 111*
TCP/IP-Implementierung *24*
TCP/IP-Protokollfamilie *7*
TCP/IP-Verkehr *112*
TCP/UDP-Socket *24*
Technologiebasis *36*
Teilkomponente *20, 21, 82*
Teilnehmer *98*
    vertrauenswürdiger *326*
Telefonat *106*
Telefonbesitzer *300*
Telefonbuch *300, 304*
Telefonnetz *300*
Telefonnummer *137, 138, 141, 300, 304*
Telefonzentrale *108*
Telekooperationssystem *17*
Telnet *267*
Template *31, 146*
template-Element *147*
Terminal *11, 19*
TerraServer-Projekt *342*
Test, diagnostischer *93*
Testimplementierung *247*
Text *131*
    linearer *27*
Textbaustein *141*
Texteditor *37*
Textfeld *225*
Textform *134*
Textnachricht *126*
Thin Client *36*
Thread *253, 256, 319*
Tim Berners-Lee *68, 88*
Timeout *116, 320*
Time-Sharing-Betrieb *16*
TLS *99*
tModel *305, 307, 308, 311, 319, 321*
To:-Feld *104*
Toaster *37*
Tochtergesellschaft *135*
Tomcat *7, 78, 115–122, 208, 209, 210, 212,*
214, 216, 217, 222, 223, 225, 257, 285,
286, 290, 292
Tomcat-Distribution *123*
Tomcat-Entwicklerteam *118*
Tomcat-Startseite *116, 122*
TRACE *93*
Trader Service *83*
Tranformator *8*
Transaction Service *83*
Transaktion *57, 109, 289, 335*
    abgeschlossene *109*
    verteilte *251*
Transaktionseinstellung *288*
Transaktionsklammer *83*
Transaktionskonzept *108*
Transaktionskosten *85*
Transaktionsnummer *179*
Transformation *8, 82, 146, 148, 152*
    automatische *165*
Transformationsprozess *146*
Transformationsregel *172*
Transparenz *20*
Transparenzeigenschaft *21*
Transport Level Security *99*
Transportinfrastruktur *7*
Transportmechanismus *108*
Transportmodell *186*
Transportprotokoll *8, 72, 86, 111, 177, 183,*
193, 196, 204, 299, 353
    anwendungsorientiertes *70*
Transportschicht *7, 23, 24, 87–110, 267*
Transportsystem *101, 186*
Triple-DES *269*
Triple-DES-Schlüssel *269, 270*
Trust Services Integration Kit *282*
Typbezeichnung *183*
Typenbeschreibungssprache *195*
Typenbibliothek *145*
Typendefinition *140*
Typenkonformität *160*
Typenkonzept, striktes *37*
Typinformation *52*
Typprüfung *55*
Typsystem *52*

U

Übermittlungsformat *190*
Überschreiben einer Methode *40*
Übersetzung *34*
Übersetzungsprogramm *194*
Übertragung
   sichere *98, 101*
   von Daten *17*
Übertragungsprotokoll *196*
Übertragungsstrecke *98*
Übertragungsweg *184, 186*
Überweisung *109*
UBL *332, 333*
UDDI *9, 10, 66, 73, 244, 291, 299–308, 309,*
   312, 315, 319, 321, 325, 327, 342, 353
   Custody Transfer *305*
   im Intranet *10*
   Inquiry *305*
   Publication *305*
   Replication *305*
   Security *305*
   Subscription *305*
   Subscription Listener *306*
   Value Set *306*
UDDI Business Registry *302*
UDDI4J *315*
UDDI-Abfrage *311*
UDDI-Arbeitsgruppe *301*
UDDI-Browser *308*
UDDI-Client *309*
UDDI-Datenbank *311*
UDDI-Datenmodell *321*
UDDI-Eintrag *304, 307*
UDDI-Informationsmodell *304*
UDDI-Knoten *305, 306, 307, 308*
UDDI-Operation *303*
UDDI-Produkt *310*
UDDI-Registry *302, 303, 304, 309, 310, 313*
   öffentliche *302*
   private *302*
UDDI-Repository *319, 323*
UDDI-Schlüssel *310*
UDDI-Server *10, 78, 312, 313, 319, 320*
   öffentlicher *309*

UDDI-Suche *312, 320*
UDDI-Unterstützung *10*
UDDI-Verbund *305*
UDDI-Verzeichnis *10, 327, 328*
UDP *24, 87*
Umgebung, verteilte *177*
Umgebungsvariable *125, 152, 157, 165,*
   286, 290
Umkehrfunktion *264*
Umkonfiguration *36*
UML *334*
Umleitung *95*
Umsetzung *195*
Umwandlung *8*
UN/CEFACT *327*
unbind *301*
unbounded *138*
Undeployment-Deskriptor *219*
Ungültigkeitserklärung *275*
Uniform Resource Identifier
   s. URI
Uniform Resource Locator
   s. URL
Uniform Resource Name
   s. URN
Universal Business Language *333*
Universal Description, Discovery and
   Integration
   s. UDDI
Unix *37, 84, 131, 354*
Unix-Programm *102*
unmarshall *165*
Unmarshalling *219*
UNSPSC *327*
Unterklasse *40, 41*
Unternehmen *2, 4, 36, 64, 328*
Unternehmensberatung *66*
Unternehmensdatenbank *5*
Unterschrift *261*
   digitale *99*
Unterzeichner *264*
Update *36*
URI *67, 83, 88, 89, 95, 101, 133, 134, 186,*
   187, 196, 269, 291, 300, 302, 304
URL *11, 46, 49, 76, 80, 89, 91, 97, 115, 126,*

134, *135*, *139*, *143*, *144*, *156*, *157*, *202*, *210*, *214*, *215*, *216*, *217*, *218*, *220*, *229*, *244*, *245*, *254*, *291*, *300*, *312*
URL-Präfix *116*
URL Rewriting *97*, *293*
URN *89*
User Agent *102*
using *229*
UTF *133*
UUID *321*

V

Validator *57*
Validierer *144*, *151*, *156*
Validierung *8*, *142*, *143*, *152*, *155*, *276*
Validierungsprozess *275*
value-of *147*
Variable *149*
    interne *40*
Variablenname *31*
Verantwortungsbereich *35*
Verarbeitbarkeit, automatische *2*
Verarbeitung *135*
    automatische *10*
    von XML-Dokumenten *133*
Verarbeitungseinheit
    autonome *20*
Verarbeitungsmodell *177*, *179*, *183*, *186*
Verbindung *101*, *124*
    sichere *99*
    zur Datenbank *48*
    zwischen Rechnern *19*
Verbindungsaufbau *58*
Verbindungsaufbauwunsch *25*
Verbundsystem *17*
Vereinheitlichung *64*, *353*
Vererbung *40*
Vererbungsbeziehung *52*
Vererbungsstruktur *142*
Verfügbarkeit *260*, *262*, *266*
Verhaltensbeschreibung *335*
Verisign *275*, *280*, *282*
Verkabelung *23*

Verlagsbereich *130*
Verlässlichkeit *177*
Vernetzung *64*
Veröffentlichung *76*
Verschlüsselung *16*, *98*, *100*, *243*, *259*, *262*, *268*, *273*, *293*
Verschlüsselungsalgorithmus *99*, *281*
Verschlüsselungsverfahren *262*, *277*
    asymmetrisches *264*
    symmetrisches *263*
Versicherung *108*
Versionierung *133*
Versionsverwaltung *194*
Verteilung, geografische *28*
Verteilungstransparenz *19*
Vertrauenswürdigkeit *5*
Vertraulichkeit *260*, *261*, *263*, *326*
Verzeichnis *300*
    globales *9*
Verzeichnisbaum *28*, *49*
Verzeichnisdienst *66*, *69*, *73*, *251*, *300*, *301*, *353*
Verzeichnisstruktur *117*
Videokonferenz *17*
Virtual Community *17*
Virus *267*
Visual Basic *51*, *79*, *224*, *229*
Visual Basic für Applikationen *233*, *234*
Visual-Basic-Formulareditor *224*
Visual-Basic-Klasse *224*
Visual-Basic-Modul *234*
Visual Studio .Net *54*–*55*, *58*, *79*, *80*, *207*, *208*, *224*, *225*, *228*, *232*, *312*
Vokabular *69*, *133*, *134*, *135*, *139*, *146*, *325*, *327*, *333*, *334*, *353*
Vorgängerversion *134*
Vorhersage *333*
Vorlage *31*

W

W3C *67*, *68*, *69*, *77*, *88*, *129*, *130*, *131*, *133*, *139*, *163*, *178*, *188*, *195*, *207*, *271*, *275*, *278*, *353*

Arbeitsgruppe *129*
Standard *129*
Web-Seite *131*
W3C Empfehlung *136*
W3C Recommendation *268*
W3C-Server *113*
W3C-Standard *135*, *207*
Wählleitung *105*
WAP *249*
War-Archiv *287*
WAR-Datei *117*
Warenbestellung *140*
Warnung *156*
Warteschlange *105*
Wartezeit *17*
WASP *310*
Wassernetz *10*
Web Air *181*, *182*, *189*, *269*, *270*, *272*, *278*, *285*, *299*, *307*, *330*, *337*, *354*
Web-Anfrage *18*
Web-Anwendung *4*, *6*, *9*, *15*, *26*, *33*, *37*, *46*, *53*, *55*, *58*, *64*, *75*, *96*, *98*, *107*
Web Application Resource *117*
Web-Applikation *116*, *117*, *208*, *224*, *225*, *229*, *249*, *255*, *292*
Web-Architektur *70*
Web-Auftritt *27*
Web-Browser *3*, *4*, *29*, *34*, *35*, *37*, *44*, *50*, *57*, *133*, *303*
 grafischer *27*
 XML-fähiger *8*
Web-Browser-Schnittstelle *36*
Web-Client *88*, *90*
Web Control *56*, *57*, *58*, *59*, *78*
Web.de *15*, *123*, *257*
Web-Datei *28*
Web-Dienst *90*
Web-Dokument *90*
Web-Ebene *44*
Web-Formular *107*, *229*
Web-Infrastruktur *27*
WEB-INF-Verzeichnis *116*
Web-Komponente *44*
WebLogic *208*, *285*, *225*

Web-Referenz *233*
web-resource-collection *118*
Web-Schnittstelle *249*, *303*, *308*
Web-Seite *1*, *4*, *27*, *30*, *32*, *35*, *58*, *91*, *135*, *146*, *208*, *229*, *230*, *231*, *236*, *240*, *303*, *320*, *342*
 dynamische *32*
 öffentliche *2*
 zum Buch *11*
Web-Server *5*, *7*, *31*, *34*, *38*, *43*, *46*, *47*, *50*, *78*, *88*, *90*, *92*, *93*, *101*, *113*, *115*, *117*, *208*, *220*, *225*, *253*, *254*, *255*, *256*, *257*, *285*
Web-Server-Administrator *117*
Web-Server-Modul *49*
Web-Server-Produkt *29*
Web-Service-Anfrage *282*
Web-Service-Anwendung *15*, *44*, *71*, *206*
Web-Service-Architektur *8*, *70*, *71*, *77*, *259*
Web-Service-Aufruf *105*, *186*, *267*, *282*, *353*
Web Service Choreography Interface *336*
Web-Service-Client *291*
Web-Service-Datentyp
 komplexer *151*
Web Service Description Language
 s. WSDL
Web Service Description Working Group *195*
Web-Service-Engine *236*, *310*
Web-Service-Erbringer *105*
Web Service Flow Language *335*, *341*
Web-Service-Infrastruktur *289*
Web Service Invocation Framework *341*
Web-Service-Klasse *212*
Web Service Level Agreement *73*
Web-Service-Middleware *123*
Web-Service-Nachricht *122*
Web-Service-Pakete *111*
Web-Service-Partner *7*
Web-Service-Projekt *85*
Web-Service-Protokollstack *71*, *299*
Web-Service-Rahmenwerk *68*
Web Service Remote Procedure Call *135*
Web-Service-Rollenmodell *74*
Web-Service-Schnittstelle *303*
Web Services Architecture Document *70*

Web Services Architecture Working Group *67, 70*
Web Services Enhancements *282*
Web-Service-Standardisierung *67*
Web-Service-Technologie *10*
Web-Service-Werkzeug *207*
Web-Service-Zugangspunkt *299*
Web-Site *97, 228, 285, 293, 310*
Web-Skript *146*
WebSphere *208, 285*
Websphere MQ *110*
Web-Welt *7*
Wegewahl *300*
Weiterleitung *300*
Weiterverarbeitung *8*
Werbeetat *28*
Werkzeug *6, 10, 28, 38, 49, 129, 135, 165, 281*
    Java-basiertes *8*
Werkzeugauswahl *6*
Werkzeugentwicklung *131*
Werkzeugleiste *225*
Werkzeuglösung *7*
Werkzeugpalette *7*
Werkzeugunterstützung *9, 44, 79, 151, 354*
Wertebereich *141, 163*
    eines XML-Elements *136*
Wertparameter *55*
Wetterportal *228*
Wetter-Web-Service *229*
White Pages *304*
Wiederverwendbarkeit *197*
Windows *39, 125, 228, 253, 312, 354*
Windows 2000 *119*
Windows Active Directory *256*
Windows-Batch-Datei *112*
Windows-Benutzerschnittstelle *230*
Windows Domain Controller *228*
Windows Media Player *50*
Windows-Programmierung *53*
Windows Registry *53*
Windows Server 2003 *309*
Windows User Account *256*
Windows-XP-Linie *50*
Wireless LAN *23*

WML *146, 249*
Workflow *10, 73, 77, 325, 331, 332, 334, 353*
Workflowsystem *108*
Working Draft *195*
Working Group *68*
World-Wide Web
    s. WWW
World-Wide-Web-Consortium
    s. W3C
Wrapper *234*
WS-Akronym *341*
WSCI *334, 335, 336*
WSD-Beschreibung *77*
WSD-Dokument *74, 75, 76*
WSDL *8, 9, 72, 79, 130, 142, 193–206, 207, 214, 223, 240, 301, 312, 341, 353, 354*
wsdl2java *214, 216, 217, 223, 225, 228, 292*
WSDL-Beschreibung *195, 205, 212, 215, 217, 218, 220, 223, 225, 240, 244, 276, 304, 320, 327*
WSDL-Compiler *246*
WSDL-Datei *218*
WSDL-Dokument *224, 244, 302*
WSDL-Schema *197*
WSDL-Schnittstelle *217, 319*
WSDL-Spezfikation *308*
WSDL-Standardisierung *195*
WSDL-Werkzeug *195*
WSDP *165, 208*
WSDP-Distribution *165*
WSFL *335*
WS-I *67, 69*
WS-I Basic Profile *69*
WS-I Usage Scenario *69*
WS-Inspection *73*
WS-I-Profile *69*
WSLA *73*
WS-Policy *281*
WS-Reisen *269, 278, 299, 307, 308, 330, 337, 354*
WS-Security *73, 259, 280, 281, 353*
WS-SecurityPolicy *281*
WS-Trust *281*
Wurzel *146, 147*
Wurzelelement *133, 136, 144, 145, 154, 197,*

Index   385

268, 330
Wurzelverzeichnis 90
WWW 9, 16, 24, 27, 29, 33, 67, 88
WWW-Standard 187
WYSIWYG 31

X

X.500 84
X.509-Zertifikat 274, 282
XACML 259, 280, 282
xCBL 329, 332, 333
XDoclet 286, 291
XDR 84
Xerces 152, 155
Xerces-Bibliothek 155
XHTML 146
XHTML-Dokument 115
XHTML-Seite 146
xjc 165
X-KISS 275
XKMS 259, 275, 276, 279
XKMS-Provider 277
X-KRSS 275
XLANG 335
XML 7, 67, 68, 71, 78, 86, 116, 129–149, 206, 225, 239, 282, 325, 326
   Geschichte von 129
   kanonisches 273
XML-Arbeitsgruppe 130
XML-Artefakt 67
XML-Ausgabeformat 146
XML-Baum 148, 153
XMLBus 208, 236
XML Chief Architect 325
XML-Datei 117, 161, 168
XML-Datenbank 8
XML-Datenstruktur 71
XML-Deployment-Deskriptor 289
XML-Deploymentinformation 287
XML-Dokument 7, 8, 78, 115, 131, 132, 133, 135, 136, 141, 142, 144, 146, 152, 155, 156, 157, 161, 165, 166, 180, 187, 211, 220, 244, 251, 268, 282

XML-Dokumentstruktur 166
XML-Editor 171, 172
XML-Element 133, 153, 181, 190, 197
XML Encryption 9, 68, 73, 259, 268–271, 276, 280, 281, 282, 353
XML Encryption Working Group 268
XML-Fachliteratur 139
XML-Fehler 152
XML Key Management Specification
   s. XKMS
XML Key Management Working Group 275
XML-Kodierung 179, 273
XML-Kommentar 120
XML-Nachricht 72, 103, 193, 202, 259, 280, 353
XMLP 178
XML-Parser 8, 78, 131, 134, 142, 151, 172, 224, 326
XML-Parser-Instanz 151
XML Protocol Working Group 178
XML-Protokoll 78
XMLReaderFactory 155
XML Schema 8, 71, 129, 130, 133, 135, 136, 137, 138, 139, 141, 142, 143, 144, 155, 157, 158, 163, 165, 166, 191, 195, 197, 198, 205, 206, 240, 244, 329, 333
XML-Schema-Datei 133
XML-Schema-Definition 163, 166
XML-Schema-Dokument 133, 135, 302, 304
XML-Schema-Dokumentation 134
XML-Schema-Elemente 136
XML-Schema-Namespace 139
XML-Schema-Schlüsselwort 138
XML Schema Spezifikation 131
XML-Schema-Typ 167, 223, 230, 244
XML-Schema-URI 134
XML-Schema-Version 134
XML Security 353
XML Security Suite 281, 282
XML-Servicebeschreibung 166
XML-Spezifikation 133
XML Signature 9, 73, 259, 271–275, 276, 279, 280, 281, 282

XML Signature Working Group *271*
XML Spy *171*, *172*, *223*
XML-Tag *7*
XML Trustcenter *282*
XML-Typ *157*
XML-Vokabular *10*, *70*, *331*
XML-Werkzeug *11*, *129*, *172*, *205*
XPath *145*, *146*
XPath Prozessor *148*
XPath-Ausdruck *145*, *147*, *149*
XPath-Syntax *145*
XPointer *145*
xsd-Präfix *139*
xsi:type *183*, *190*
XSL *130*, *131*, *142*, *145*
XSL-Anweisung *147*
XSL-Stylesheet *146*, *157*, *172*
XSLT *156*
XSLT-Engine *146*, *148*, *156*, *172*
XSLT-Stylesheet *146*
XSLT-Transformation *146*, *157*

Zugriffskontrolle *266*
Zugriffsmethode *40*
Zugriffsrecht *116*
Zugriffssteuerungssprache *280*
Zugriffsteuerung *282*
Zugriffstransparenz *20*
Zukunftstechnologie *341*
Zulieferer *326*
Zusammenschluss von Firmen *146*
Zusatzpaket *43*
Zusicherung *277*
Zustand *289*
 einer Sitzung *56*
 eines Objekts *40*
Zustandsänderung *20*
Zustandsvariable *40*
Zwischenhändler *240*
Zwischenknoten *183*, *185*, *186*, *267*
Zwischenrechner *261*

Y

Yellow Pages *304*

Z

Zeichenkette *136*, *141*, *190*
Zeiteinheit *73*
Zeitverständnis *17*
Zentralrechner *17*, *19*
Zerstörung, physische *262*
Zertifikat *122*, *228*, *262*, *265*, *266*, *282*, *291*
Zieldokument *147*
ZIP-Archiv *112*
ZIP-Datei *115*
Zugangskontrolle *262*
Zugangspunkt *308*
Zugriff
 gleichzeitiger *20*
 unberechtigter *28*